資治通鑑

图文注释本

二

周国林　主编

岳麓書社·长沙

第二册目录

资治通鉴卷第三十七

汉纪二十九　起屠维大荒落，尽阏逢阉茂，凡六年。

王　莽　中

始建国元年　春，正月，朔，莽帅公侯卿士奉皇太后玺韨，上太皇太后，顺符命，去汉号焉。

初，莽娶故丞相王䜣孙宜春侯咸女为妻，立以为皇后；生四男，宇、获前诛死，安颇荒忽，乃以临为皇太子，安为新嘉辟。封宇子六人皆为公[①]。大赦天下。

莽乃策命孺子为定安公，封以万户，地方百里；立汉祖宗之庙于其国，与周后并行其正朔、服色；以孝平皇后为定安太后。读策毕，莽亲执孺子手，流涕歔欷曰[②]："昔周公摄位，终得复子明辟；今予独迫皇天威命，不得如意！"哀叹良久。中傅将孺子下殿，北面而称臣。百僚陪位，莫不感动。

又按金匮封拜辅臣：以太傅、左辅王舜为太师，封安新公；大司徒平晏为太傅，就新公；少阿、羲和刘秀为国师，嘉新公；广汉梓潼哀章为国将[③]，美新公；是为四辅，位上公。太保、后承甄邯为大司马，承新公；丕进侯王寻为大司徒，章新公；步兵将军王邑为大司空，隆新公；是为三公。太阿、右拂、大司空甄丰为更始将军，广新公；京兆王兴为卫将军，奉新公；轻车将军孙建为立国将军，成新公；京兆王盛为前将军，崇新公；是为四将。凡十一公。王兴者，故城门令史；王盛者，卖饼；莽按符命求得此姓名十余人，两人容貌应卜相，径从布衣登用，以示神焉。

是日，封拜卿大夫、侍中、尚书官凡数百人，诸刘为郡守者皆徙为谏大夫。改明光宫为定安馆，定安太后居之；以大鸿胪府为定安公第；皆置门卫使者监领。敕阿乳母不得与婴语，常在四壁中，至于长大，不能名六畜；后莽以女孙宇子妻之。

莽策命群司各以其职，如典诰之文。置大司马司允、大司徒司直、大司空司若，位皆孤卿④。更名大司农曰羲和，后更为纳言；大理曰作士；太常曰秩宗；大鸿胪曰典乐；少府曰共工；水衡都尉曰予虞：与三公司卿分属三公。置二十七大夫，八十一元士，分主中都官诸职。又更光禄勋等名为六监⑤，皆上卿。改郡太守曰大尹，都尉曰大尉，县令、长曰宰；长乐宫曰常乐室，长安曰常安；其余百官、宫室、郡县尽易其名，不可胜纪。

封王氏齐缞之属为侯⑥，大功为伯⑦，小功为子⑧，缌麻为男⑨；其女皆为任⑩。男以“睦”，女以“隆”为号焉。

又曰：“汉氏诸侯或称王，至于四夷亦如之，违于古典，缪于一统。其定诸侯王之号皆称公，及四夷僭号称王者皆更为侯。”于是汉诸侯王三十二人皆降为公，王子侯者百八十一人皆降为子，其后皆夺爵焉。

莽又封黄帝、少昊、颛顼、帝喾、尧、舜、夏、商、周及皋陶、伊尹之后皆为公、侯，使各奉其祭祀⑪。

【注释】

①六人皆为公：指王千为功隆公，王寿为功明公，王吉为功成公，王宗为功崇公，王世为功昭公，王利为功著公。　②歔欷（xū xī 虚希）：哽咽。　③梓潼：县名。即今四川梓潼县。　④孤卿：官名。王莽托古改制，以三孤为三公之佐，分属三人，孤遂为少卿、少傅、少保的别称。⑤六监：光禄勋改名司中，太仆改名太御，卫尉改名太卫，执金吾改名奋武，中尉改名军正。另设大赘官，主管乘舆服御物。　⑥齐缞（cuī 崔）：丧服名。为五服之一，次于斩缞。以粗麻布做成，因其缉边缝齐，故称齐衰。　⑦大功：丧服五服之一，服期九个月。其服用熟麻布做成，较齐缞稍细，较小功为粗，故称大功。　⑧小功：丧服五服之一，服期五个月。用较粗的熟布制成。　⑨缌麻：五服（斩缞、齐缞、大功、小功、缌麻）中

最轻的一种。用疏织细麻制成孝服，服丧三个月。 ⑩任：女爵位名。王莽改称公为任。 ⑪封黄帝……之后皆为公侯：姚恂作为黄帝的后代为初睦侯，梁护作为少昊的后代为修远伯，刘歆（即刘秀）作为颛顼的后代为祁烈伯，皇孙王千作为帝喾后代为功隆公，国师刘秀儿子刘叠作为尧的后代为伊休侯，妫昌作为舜后代为始睦侯，山遵作皋陶的后代为褒谋子，伊玄作伊尹后代为褒衡子。周后代卫公姬党改封为章平公。殷后代宋公孔弘改封为章昭侯。夏后代辽西郡姒丰封为章功侯。

莽因汉承平之业，府库百官之富，百蛮宾服，天下晏然，莽一朝有之，其心意未满，狭小汉家制度，欲更为疏阔。乃自谓黄帝、虞舜之后，至齐王建孙济北王安失国，齐人谓之王家，因以为氏；故以黄帝为初祖，虞帝为始祖。追尊陈胡公曰陈胡王，田敬仲曰田敬王，济北王安曰济北愍王。立祖庙五，亲庙四。天下姚、妫、陈、田、王五姓皆为宗室，世世复，无所与。封陈崇、田丰为侯，以奉胡王、敬王后。

天下牧、守皆以前有翟义、赵朋等作乱，领州郡，怀忠孝，封牧为男，守为附城。

以汉高庙为文祖庙。汉氏园寝庙在京师者，勿罢，祠荐如故。诸刘勿解其复，各终厥身；州牧数存问，勿令有侵冤。

莽以刘之为字"卯、金、刀"也，诏正月刚卯、金刀之利皆不得行[①]，乃罢错刀、契刀及五铢钱，更作小钱，径六分，重一铢，文曰"小钱直一"，与前"大钱五十"者为二品，并行。欲防民盗铸，乃禁不得挟铜、炭。

夏，四月，徐乡侯刘快结党数千人起兵于其国[②]。快兄殷，故汉胶东王，时为扶崇公。快举兵攻即墨[③]，殷闭城门，自系狱。吏民距快；快败走，至长广死[④]。莽赦殷，益其国满万户，地方百里。

莽曰："古者一夫田百亩，什一而税，则国给民富而颂声作。秦坏圣制，废井田，是以兼并起，贪鄙生，强者规田以千数，弱者曾无立锥之居。又置奴婢之市，与牛马同阑，制于民臣，颛断其命，缪于'天地之性人为贵'之义。减轻田租，三十而税一，常有更赋，罢癃咸出；而豪民侵陵，分田劫假。厥名三十税一，实什税五也。

故富者犬马余菽粟，骄而为邪；贫者不厌糟糠，穷而为奸；俱陷于辜，刑用不错。今更名天下田曰‘王田’，奴婢曰‘私属’，皆不得卖买。其男口不盈八而田过一井者，分余田予九族、邻里、乡党。故无田、今当受田者，如制度。敢有非井田圣制、无法惑众者，投诸四裔，以御魑魅，如皇始祖考虞帝故事[⑤]！”

秋，遣五威将王奇等十二人班符命四十二篇于天下：德祥五事，符命二十五，福应十二。五威将奉符命，赍印绶，王侯以下及吏官名更者，外及匈奴、西域、徼外蛮夷，皆即授新室印绶，因收故汉印绶。大赦天下。

五威将乘乾文车，驾坤六马，背负鹙鸟之毛，服饰甚伟。每一将各置五帅，将持节，帅持幢。其东出者至玄菟、乐浪、高句骊、夫馀[⑥]；南出者隃徼外，历益州[⑦]，改句町王为侯；西出者至西域，尽改其王为侯；北出至匈奴庭，授单于印，改汉印文，去玺言章。

冬，雷，桐华。

以统睦侯陈崇为司命，主司察上公以下。又以说符侯崔发等

王莽货币

为中城、四关将军，主十二城门及绕溜、羊头、肴黾、汧陇之固[8]，皆以五威冠其号。

又遣谏大夫五十人分铸钱于郡国。

是岁，真定、常山大雨雹[9]。

【注释】

①刚卯：是一种佩在身上用作避邪的装饰品，或用金、或用玉、或用桃木，长三寸，宽一寸，于正月卯日作成。刻有"……庶疫刚瘅，莫我敢当"等字样。 ②其国：指刘快的封国徐乡县，在今山东龙口市东北乡城。 ③即墨：县名。在今山东郯城县。 ④长广：县名。在今山东莱阳市。 ⑤虞帝故事：指当时不服从虞舜的控制的四个部族的首领。即浑敦、穷奇、梼杌、飨餮。都被虞舜流放。 ⑥玄菟：郡名。治所在今辽宁新宾满族自治县。乐浪：郡名。治所在今朝鲜平壤市。高句骊：县名。在今辽宁新宾满族自治县。夫馀：县名。在今辽宁昌图县。 ⑦益州：郡名。治所在今云南昆明市晋宁区。 ⑧绕溜：今陕西商洛市商州区境七盘十二绕险要。羊头：山西长子县羊头关。肴黾：肴山、渑池，在河南三门峡市陕州区的东边。汧、陇：汧水、陇山。在陕西陇县。 ⑨真定：郡名。治所在今河北正定县。常山：郡名。治所在今河北元氏县。

二年 春，二月，赦天下。

五威将帅七十二人还奏事，汉诸侯王为公者悉上玺绶为民，无违命者。独故广阳王嘉以献符命，鲁王闵以献神书，中山王成都以献书言莽德，皆封列侯。

班固论曰：昔周封国八百，同姓五十有余，所以亲亲贤贤，关诸盛衰，深根固本，为不可拔者也。故盛则周、召相其治，致刑错；衰则五伯扶其弱[1]，与共守；天下谓之共主，强大弗之敢倾。历载八百余年，数极德尽，降为庶人，用天年终。秦讪笑三代，窃自号为皇帝，而子弟为匹夫，内无骨肉本根之辅，外无尺土藩翼之卫；陈、吴奋其白梃，刘、项随而毙之。故曰，周过其历，秦不及期，国势然也。

汉兴之初，惩戒亡秦孤立之败，于是尊王子弟，大启九国。自雁门以东尽辽阳，为燕、代；常山以南，太行左转，渡河、济，渐于海，为齐、赵；谷、泗以往，奄有龟、蒙，为梁、楚；东带江、湖，薄会稽，为荆、吴；北界淮濒，略庐、衡，为淮南；波汉之阳，亘九嶷，为长沙。诸侯比境，周匝三垂，外接胡、越。天子自有三河、东郡、颍川、南阳，自江陵以西至巴、蜀[②]，北自云中至陇西[③]，与京师、内史，凡十五郡；公主、列侯颇邑其中。而藩国大者夸州兼郡，连城数十，宫室、百官同制京师，可谓矫枉过其正矣。虽然，高祖创业，日不暇给，孝惠享国又浅，高后女主摄位，而海内晏如，亡狂狡之忧，卒折诸吕之难，成太宗之业者，亦赖之于诸侯也。

然诸侯原本以大末，流滥以致溢，小者淫荒越法，大者睽孤横逆以害身丧国[④]，故文帝分齐、赵，景帝削吴、楚，武帝下推恩之令而藩国自析。自此以来，齐分为七，赵分为六，梁分为五，淮南分为三。皇子始立者，大国不过十余城。长沙、燕、代虽有旧名，皆亡南北边矣。景遭七国之难，抑损诸侯，减黜其官。武有衡山、淮南之谋，作左官之律，设附益之法；诸侯惟得衣食税租，不与政事。至于哀、平之际，皆继体苗裔，亲属疏远，生于帷墙之中，不为士民所尊，势与富室亡异。而本朝短祚，国统三绝。是故王莽知汉中外殚微，本末俱弱，无所忌惮，生其奸心，因母后之权，假伊、周之称，颛作威福庙堂之上，不降阶序而运天下。诈谋既成，遂据南面之尊，分遣五威之吏，驰传天下，班行符命；汉诸侯王厥角稽首，奉上玺韨，惟恐在后，或乃称美颂德以求容媚，岂不哀哉！

【注释】

①五伯：五霸。此五霸是指齐桓公、晋文公、宋襄公、秦穆公、楚庄王。　②江陵：县名。治所即今湖北江陵县。巴：郡名。治所在今重庆。蜀：郡名。治所在今四川成都市。　③云中：郡、县名。秦时治所在今内蒙古托克托县。陇西：郡名。治所在今甘肃临洮县。　④睽孤：乖离而独处。横逆：强暴不顺理。

国师公刘秀言：“周有泉府之官[①]，收不售，与欲得，即《易》所谓‘理财正辞，禁民为非’者也。”莽乃下诏曰：“《周礼》有赊贷[②]，

《乐语》有五均[3]，传记各有筦焉。今开赊贷、张五均、设诸筦者，所以齐众庶，抑并兼也。”遂于长安及洛阳、邯郸、临菑、宛、成都立五均司市、钱府官。司市常以四时仲月定物上中下之贾，各为其市平。民卖五谷、布帛、丝绵之物不售者，均官考检厥实，用其本贾取之；物贵过平一钱，则以平贾卖与民；贱减平者，听民自相与市。又民有乏绝欲赊贷者，钱府予之；每月百钱收息三钱。

又以《周官》税民，凡田不耕为不殖，出三夫之税；城郭中宅不树艺者为不毛，出三夫之布；民浮游无事，出夫布一匹；其不能出布者冗作，县官衣食之。诸取金、银、连、锡、鸟、兽、鱼、鳖于山林、水泽及畜牧者，嫔妇桑蚕、织纴、纺绩、补缝，工匠、医、巫、卜、祝及他方技，商贩、贾人，皆各自占所为于其所之，县官除其本，计其利十分之，而以其一为贡；敢不自占、自占不以实者，尽没入所采取而作县官一岁。

羲和鲁匡复奏请榷酒酤，莽从之。又禁民不得挟弩、铠，犯者徙西海。

初，莽既班四条于匈奴，后护乌桓使者告乌桓民，毋得复与匈奴皮布税。匈奴遣使者责税，收乌桓酋豪，缚，倒悬之。酋豪兄弟怒，共杀匈奴使。单于闻之，发左贤王兵入乌桓，攻击之，颇杀人民，驱妇女弱小且千人去，置左地，告乌桓曰：“持马畜皮布来赎之！”乌桓持财畜往赎，匈奴受，留不遣。

及五威将王骏等六人至匈奴，重遗单于金帛，谕晓以受命代汉状，因易单于故印。故印文曰“匈奴单于玺”；莽更曰：“新匈奴单于章”。将率既至，授单于印绂，诏令上故印绂。单于再拜受诏。译前，欲解取故印绂，单于举掖授之。左姑夕侯苏从旁谓单于曰：“未见新印文，宜且勿与。”单于止，不肯与。请使者坐穹庐，单于欲前为寿。五威将曰：“故印绂当以时上。”单于曰：“诺。”复举掖授译，苏复曰：“未见印文，且勿与。”单于曰：“印文何由变更！”遂解故印绂奉上将帅，受著新绂，不解视印。饮食至夜，乃罢。右帅陈饶谓诸将帅曰：“曩者姑夕侯疑印文，几令单于不与人。如令视印，见其变改，必求故印，此非辞说所能距也。既得而复失之，辱命莫大焉！不如椎破故印以绝祸根。”将帅犹与，莫有应者。饶、燕士，果悍，即引斧椎坏之。明日，单于果遣右骨都侯当白将帅曰："汉单于印言'玺'不言'章'，又无'汉'字；诸王已下乃有'汉'，言'章'。今去'玺'加'新'，与臣下无别。愿得故印。"将帅示以故印，谓曰："新室顺天制作，故印随将帅所自为破坏。单于宜承天命，奉新室之制！"当还白，单于知已无可奈何，又多得赂遗，即遣弟右贤王舆奉马牛随将帅入谢，因上书求故印。将帅还左犁汙王咸所居地，见乌桓民多，以问咸；咸具言状。将帅曰："前封四条，不得受乌桓降者。亟还之！"咸曰："请密与单于相闻，得语，归之。"单于使咸报曰："当从塞内还之邪，从塞外还之邪？"将帅不敢颛决，以闻。诏报："从塞外还之。"莽悉封五威将为子，帅为男；独陈饶以破玺之功，封威德子。

单于始用夏侯藩求地，有拒汉语，后以求税乌桓不得，因寇掠其人民，衅由是生，重以印文改易，故怨恨；乃遣右大且渠蒲呼卢訾等十余人将兵众万骑，以护送乌桓为名，勒兵朔方塞下④，朔方太守以闻。莽以广新公甄丰为右伯，当出西域。车师后王须置离闻之，惮于供给烦费，谋亡入匈奴；都护但钦召置离，斩之。置离兄辅国侯狐兰支将置离众二千余人，亡降匈奴；单于受之，遣兵与狐兰支共入寇，击车师，杀后城长，伤都护司马，及狐兰兵复还入匈奴。

时戊己校尉刁护病，史陈良、终带、司马丞韩玄、右曲候任商相与谋曰："西域诸国颇背叛，匈奴大侵，要死，可杀校尉，帅人众降匈奴。"遂杀护及其子男、昆弟，尽胁略戊己校尉吏士男女二千余人入匈奴。单于号良、带曰乌贲都尉。

【注释】

①泉府：官名。《周礼》地官的属官，掌管国家税收、收购市场上的滞销货物等。 ②赊贷：出借财物，借者缓期偿还。 ③五均：管理市场物价的官署。 ④朔方：郡名。治所在今内蒙古杭锦旗境内。

冬，十一月，立国将军孙建奏："九月，辛巳，陈良、终带自称废汉大将军，亡入匈奴。又今月癸酉，不知何一男子遮臣建车前，自称'汉氏刘子舆，成帝下妻子也。刘氏当复，趣空宫！'收系男子，即常安姓武字仲[1]。皆逆天违命，大逆无道。汉氏宗庙不当在常安城中，及诸刘当与汉俱废。陛下至仁，久未定，前故安众侯刘崇等更聚众谋反，令狂狡之虏复依托亡汉，至犯夷灭连未止者，此圣恩不早绝其萌芽故也。臣请汉氏诸庙在京师者皆罢；诸刘为吏者皆待除于家。"莽曰："可。嘉新公、国师公以符命为予四辅，明德侯刘龚、率礼侯刘嘉等凡三十二人，皆知天命，或献天符，或贡昌言，或捕告反虏，厥功茂焉。诸刘与三十二人同宗共祖者，勿罢，赐姓曰王。"唯国师以女配莽子，故不赐姓。

安定公太后自刘氏之废，常称疾不朝会。时年未二十，莽敬惮伤哀，欲嫁之，乃更号曰黄皇室主，欲绝之于汉；令孙建世子盛饰，将医往问疾。后大怒，笞鞭其傍侍御，因发病，不肯起。莽遂不复强也。

十二月，雷。

莽恃府库之富，欲立威匈奴，乃更名匈奴单于曰"降奴服于"，下诏遣立国将军孙建等率十二将分道并出：五威将军苗䜣、虎贲将军王况出五原[2]；厌难将军陈钦、震狄将军王巡出云中[3]；振武将军王嘉、平狄将军王萌出代郡[4]；相威将军李棽、镇远将军李翁出西河[5]；诛貉将军杨俊、讨涉将军严尤出渔阳[6]；奋武将军王骏、定胡将军王晏出张掖；及偏裨以下百八十人，募天下囚徒、丁男、甲卒三十万人，转输衣裘、兵器、粮食，自负海江、淮至北边，使者驰传督趣，以军兴法从事。先至者屯边郡，须毕具乃同时出；穷追匈奴，内之丁令[7]。分其国土人民以为十五，立呼韩邪子孙十五人皆为单于。

莽以钱币讫不行，复下书曰："宝货皆重则小用不给，皆轻则僦载烦费；轻重大小各有差品，则用便而民乐。"于是更作金、银、龟、贝、钱、布之品，名曰宝货。钱货六品[8]，金货一品[9]，银货二品[10]，龟货四品[11]，贝货五品[12]，布货十品[13]，凡宝货五物、六名、二十八品。铸作钱布，皆用铜，殽以连、锡。百姓溃乱，其货不行。莽知民愁，乃但行小钱直一与大钱五十，二品并行；龟、贝、布属且寝。盗铸钱者不可禁，乃重其法，一家铸钱，五家坐之，没入为奴婢。吏民出入持钱，以副符传，不持者厨传勿舍，关津苛留。公卿皆持以入宫殿门，欲以重而行之。是时百姓便安汉五铢钱，以莽钱大小两行，难知，又数变改，不信，皆私以五铢钱市买；讹言大钱当罢，莫肯挟。莽患之，复下书："诸挟五铢钱、言大钱当罢者，比非井田制，投四裔！"及坐卖买田宅、奴婢、铸钱，自诸侯、卿大夫至于庶民，抵罪者不可胜数。于是农商失业，食货俱废，民人至涕泣于市道。

莽之谋篡也，吏民争为符命，皆得封侯。其不为者相戏曰："独无天帝除书乎？"司命陈崇白莽曰："此开奸臣作福之路而乱天命，宜绝其原。"莽亦厌之，遂使尚书大夫赵并验治，非五威将帅所班，皆下狱。

初，甄丰、刘秀、王舜为莽心腹，唱导在位，褒扬功德；安汉、宰衡之号及封莽母、两子、兄子，皆丰等所共谋，而丰、舜、秀亦受其赐，并富贵矣，非复欲令莽居摄也。据摄之萌，出于泉陵侯刘庆、前辉光谢嚣、长安令田终术。莽羽翼已成，意欲称摄，丰等承顺其意；莽辄复封舜、秀、丰等子孙以报之。丰等爵位已盛，心意既满，又实畏汉宗室、天下豪桀；而疏远欲进者并作符命，莽遂据以即真，舜、秀内惧而已。丰素刚强，莽觉其不说，故托符命文，徙丰为更始将军，与卖饼儿王盛同列；丰父子默默。时子寻为侍中、京兆大尹、茂德侯，即作符命：新室当分陕，立二伯，以丰为右伯，太傅平晏为左伯，如周、召故事。莽即从之，拜丰为右伯。当述职西出，未行，寻复作符命，言故汉氏平帝后黄皇室主为寻之妻。莽以诈立，心疑大臣怨谤，欲震威以惧下，因是发怒曰："黄皇室

新朝"国宝金匮直万"铜钱

主天下母,此何谓也!"收捕寻。寻亡,丰自杀。寻随方士入华山⑭,岁余,捕得,辞连国师公秀子隆威侯棻、棻弟右曹、长水校尉、伐虏侯泳、大司空邑弟左关将军、掌威侯奇及秀门人侍中、骑都尉丁隆等,牵引公卿党、亲、列侯以下,死者数百人。乃流棻于幽州⑮,放寻于三危⑯,殛隆于羽山⑰,皆驿车传致其尸云。

是岁,莽始兴神仙事,以方士苏乐言⑱,起八风台,台成万金;又种五粱禾于殿中,先以宝玉渍种,计粟斛成一金。

【注释】

①常安:即长安。王莽改长安为常安。在今陕西西安市。 ②五原:郡名。治所在今内蒙古包头市西北。 ③云中:郡名。治所在今内蒙古托克托县。 ④代郡:西汉治所在今河北蔚县。 ⑤西河:郡名。西汉治所在今内蒙古鄂尔多斯市东胜区。 ⑥渔阳:郡名。治所在今北京密云区西南。 ⑦丁令:即丁灵。在今俄罗斯贝加尔湖附近。 ⑧钱货六品:1. 直径六分,重一铢,刻文:"小钱值一。"2. 直径七分,重三铢,刻文:"幺钱一十。"3. 直径八分,重五铢,刻文:"幼钱二十。"4. 直径九分,重七铢,刻文:"中钱三十"。5. 直径一寸,重九铢,刻文:"壮钱四十。"6. 市面流通的"大钱五十",共六种。 ⑨金币:黄金一斤,值一万钱。 ⑩钱币二品:1. 朱提银,重八两,值一千五百八十钱。2. 其他杂银,重八两,值一千钱。朱提,山名,在今四川宜宾市西南,有高品位的银矿。 ⑪龟货四品:1. 元龟币,横宽一尺二寸,值二千六百一十钱。2. 公龟币,横宽九寸,值五百钱。3. 侯龟币,横宽七寸以上,值三百钱。4. 子龟币,横宽五寸以上,值一百钱。 ⑫贝货五品:1. 大贝,四寸八分以上,两个为一对,一对值二百一十六钱。2. 壮贝,三寸六分以上,一对值五十钱。3. 幺贝,二寸四分以上,一对值三十钱。4. 小贝,一寸二分以上,一对值十钱。5. 不满一寸二分,不以对为单位,而以个计,值三钱。 ⑬布币十品:布币不是用布做的钱,而是用铜做的钱。1. 大布。2. 次布。3. 弟布。4. 壮布。5. 中布。6. 差布。7. 厚布。8. 幼布。9. 幺布。10. 小布。自小布以上,每一等长多一分。小布重十五铢,值多一百。如大布长二寸四分,重一两,值一千钱。 ⑭华山:在今陕西华阴市南。 ⑮幽州:治所在今北京。 ⑯三危:山名。在今甘肃敦煌市。⑰羽山:在今山东烟台市蓬莱区境。 ⑱方士:方术之士。指求仙、炼丹,自言能长生不死的人。

三年 遣田禾将军赵并发戍卒屯田五原、北假[1]，以助军粮。

莽遣中郎将蔺苞、副校尉戴级将兵万骑，多赍珍宝至云中塞下，招诱呼韩邪诸子，欲以次拜为十五单于。苞、级使译出塞，诱呼右梨汙王咸、咸子登、助三人。至则胁拜咸为孝单于，助为顺单于，皆厚加赏赐；传送助、登长安。莽封苞为宣威公，拜为虎牙将军；封级为扬威公，拜为虎贲将军。单于闻之，怒曰："先单于受汉宣帝恩，不可负也。今天子非宣帝子孙，何以得立！"遣左骨都侯、右伊秩訾王呼卢訾及左贤王乐将兵入云中益寿塞，大杀吏民。是后，单于历告左右部都尉、诸边王入塞寇盗，大辈万余，中辈数千，少者数百，杀雁门、朔方太守、都尉，略吏民畜产，不可胜数，缘边虚耗。

是时诸将在边，以大众未集，未敢出击匈奴。讨涉将军严尤谏曰："臣闻匈奴为害，所从来久矣，未闻上世有必征之者也。后世三家周、秦、汉征之，然皆未有得上策者也。周得中策，汉得下策，秦无策焉。当周宣王时，猃狁内侵[2]，至于泾阳[3]；命将征之，尽境而还。其视戎狄之侵，譬犹蚊虻[4]，驱之而已，故天下称明，是为中策。汉武帝选将练兵，约赍轻粮，深入远戍，虽有克获之功，胡辄报之。兵连祸结三十余年，中国罢耗，匈奴亦创艾，而天下称武，是为下策。秦始皇不忍小耻而轻民力，筑长城之固，延袤万里[5]，转输之行，起于负海；疆境既完，中国内竭，以丧社稷，是为无策。今天下遭阳九之厄，比年饥馑，西北边尤甚。发三十万众，具三百日粮，东援海、代，南取江、淮，然后乃备。计其道里，一年尚未集合，兵先至者聚居暴露，师老械弊，势不可用，此一难也。边既空虚，不能奉军粮，内调郡国，不相及属，此二难也。计一人三百日食，用糒十八斛，非牛力不能胜；牛又自当赍食，加二十斛，重矣；胡地沙卤，多乏水草，以往事揆之[6]，军出未满百日，牛必物故且尽，余粮尚多，人不能负，此三难也。胡地秋冬甚寒，春夏甚风，多赍釜鍑、薪炭[7]，重不可胜，食糒饮水，以历四时，师有疾疫之忧，是故前世伐胡不过百日，非不欲久，势力不能，此四难也。辎重自随，则轻锐者少，不得疾行，虏徐遁逃，势不能及。幸而逢虏，又累

新朝铜斛

辎重；如遇险阻，衔尾相随，虏要遮前后，危殆不测，此五难也。大用民力，功不可必立，臣伏忧之！今既发兵，宜纵先至者，令臣尤等深入霆击，且以创艾胡虏。”莽不听尤言，转兵谷如故，天下骚动。

咸既受莽孝单于之号，驰出塞归庭，具以见胁状白单于；单于更以为于粟置支侯，匈奴贱官也。后助病死，莽以登代助为顺单于。

吏士屯边者所在放纵，而内郡愁于征发，民弃城郭，始流亡为盗贼，并州、平州尤甚。莽令七公、六卿号皆兼称将军[8]，遣著武将军逯并等镇名都，中郎将、绣衣执法各五十五人，分镇缘边大郡，督大奸猾擅弄兵者。皆乘便为奸于外，挠乱州郡，货赂为市，侵渔百姓。莽下书切责之曰：“自今以来，敢犯此者，辄捕系，以名闻！”然犹放纵自若。北边自宣帝以来，数世不见烟火之警，人民炽盛，牛马布野；及莽挠乱匈奴，与之构难，边民死亡系获，数年之间，北边虚空，野有暴骨矣。

【注释】

①北假：秦汉时期称今内蒙古河套地区以北、阴山以南夹山带河地区为北假。 ②猃狁（xiǎn yǔn 险允）：北方部族。 ③泾阳：县名。治所在今甘肃平凉市。 ④虻（méng 蒙）：虫名，如牛虻。 ⑤袤（mào 茂）：长。 ⑥揆（kuí 奎）：推测揣度。 ⑦鍑（fù 复）：釜属，似瓮。 ⑧七公、六卿：七公指四辅、三公。六卿：指羲和、作士、秩宗、典乐、共工、予虞。

太师王舜自莽篡位后，病悸寖剧，死[1]。

莽为太子置师、友各四人，秩以大夫。以故大司徒马宫等为师疑、傅丞、阿辅、保拂，是为四师；故尚书令唐林等为胥附、奔走、先后、御侮，是为四友。又置师友、侍中、谏议、《六经》祭酒各一人，凡九祭酒，秩皆上卿。

遣使者奉玺书、印绶、安车、驷马迎龚胜，即拜为师友祭酒。使者与郡太守、县长吏、三老、官属、行义、诸生千人以上入胜里致诏。使者欲令胜起迎，久立门外。胜称病笃，为床室中户西、南牖下，东首加朝服拖绅。使者付玺书，奉印绶，内安车、驷马，进谓胜曰："圣朝未尝忘君，制作未定，待君为政；思闻所欲施行，以安海内。"胜对曰："素愚，加以年老被病，命在朝夕，随使君上道，必死道路，无益万分！"使者要说，至以印绶就加胜身；胜辄推不受。使者上言："方盛夏暑热，胜病少气，可须秋凉乃发。"有诏许之。使者五日壹与太守俱问起居，为胜两子及门人高晖等言："朝廷虚心待君以茅土之封，虽疾病，宜移动至传舍，示有行意；必为子孙遗大业。"晖等白使者语，胜自知不见听，即谓晖等："吾受汉家厚恩，无以报；今年老矣，旦暮入地，谊岂以一身事二姓，下见故主哉！"胜因敕以棺敛丧事："衣周于身，棺周于衣。勿随俗动吾冢、种柏，作祠堂！"语毕，遂不复开口饮食。积十四日死。死时[2]，七十九矣。

是时清名之士，又有琅邪纪逡、齐薛方、太原郇越、郇相，沛唐林、唐尊，皆以明经饬行显名于世。纪逡、两唐皆仕莽，封侯，贵重，历公卿位。唐林数上疏谏正，有忠直节。唐尊衣敝，履空，被虚伪名。郇相为莽太子四友，病死[3]，莽太子遣使裞以衣衾[4]，其子攀棺不听，曰："死父遗言：'师友之送，勿有所受！'今于皇太子得托友官，故不受也。"京师称之。莽以安车迎薛方，方因使者辞谢曰："尧、舜在上，下有巢、由。明主方隆唐、虞之德，小臣欲守箕山之节。"使者以闻。莽说其言，不强致。

初，隃麋郭钦为南郡太守[5]，杜陵蒋诩为兖州刺史，亦以廉直为名。莽居摄，钦、诩皆以病免官[6]，归乡里，卧不出户，卒于家。哀、平之际，沛国陈咸以律令为尚书。莽辅政，多改汉制，咸心非之；及何武、鲍宣死，咸叹曰："《易》称'见几而作，不俟终日。'吾可以逝矣!”即乞骸骨去职。及莽篡位,召咸为掌寇大夫;咸谢病不肯应。时三子参、钦、丰皆在位,咸悉令解官归乡里,闭门不出入,犹用汉家祖腊。人问其故,咸曰:“我先人岂知王氏腊乎!”悉收敛其家律令、书文,壁藏之。又,齐栗融、北海禽庆、苏章、山阳曹竟,皆儒生,去官,不仕于莽。

班固赞曰:春秋列国卿大夫及至汉兴将相名臣,耽宠以失其世者多矣,是故清节之士,于是为贵;然大率多能自治而不能治人。王、贡之材,优于龚、鲍。守死善道,胜实蹈焉。贞而不谅,薛方近之。郭钦、蒋诩,好遁不污,绝纪、唐矣。

是岁,濒河郡蝗生。

河决魏郡,泛清河以东数郡。先是,莽恐河决为元城冢墓害⑦;及决东去,元城不忧水,故遂不堤塞。

【注释】

①王舜(? —11):王莽堂弟。为人较谨慎,为太后所信爱。在王莽篡汉后先为车骑将军,后为太师。封新安公。病死。　②龚胜(前68—11):西汉彭城(今江苏徐州市)人,字君宾。三举孝廉,哀帝时,征为谏议大夫。胜居谏官,数上书,论议朝政。后出为勃海太守。王莽摄政,归隐乡里,王莽数遣使臣征召,拜上卿,他拒不接受。绝食十四天死。终年七十九岁。　③郇相(? —11):有清名。王莽时征为太子四友。病卒。④祱(shuì 睡):赠丧衣被。　⑤隃麋:县名。治所在今陕西千阳县东。⑥郭钦:隃麋(今陕西千阳县)人。哀帝时为丞相司直,以论董贤,贬为卢奴令。平帝时迁南郡太守。以廉直名。王莽摄政,以病免官。卒于家。蒋诩:杜陵县(今陕西西安市长安区)人。字元卿。尝于屋前竹下开三径,与友人游赏。哀帝时为兖州刺史,以廉直名。王莽摄政,以病免官。卒于家。　⑦元城:县名,在今河北大名县境。

四年　春,二月,赦天下。

厌难将军陈钦、震狄将军王巡上言:“捕得虏生口验问,言虏犯边者皆孝单于咸子角所为。”莽乃会诸夷,斩咸子登于长安市。

大司马甄邯死①。

莽至明堂,下书:“以洛阳为东都,常安为西都。邦畿连体,各有采、任。州从《禹贡》为九；爵从周氏为五。诸侯之员千有八百，附城之数亦如之[②]，以俟有功。诸公一同，有众万户；其余以是为差。今已受封者，公侯以下凡七百九十六人，附城千五百十一人；以图簿未定，未授国邑，且令受奉都内，月钱数千。”诸侯皆困乏，至有佣作者。

莽性躁扰，不能无为，每有所兴造，动欲慕古，不度时宜，制度又不定；吏缘为奸，天下謷謷[③]，陷刑者众。莽知民愁怨，乃下诏：“诸食王田，皆得卖之，勿拘以法。犯私买卖庶人者，且一切勿治。”然他政悖乱，刑罚深刻，赋敛重数，犹如故焉。

初，五威将帅出西南夷，改句町王为侯[④]，王邯怨怒不附。莽讽牂柯大尹周歆诈杀邯[⑤]。邯弟承起兵杀歆，州郡击之，不能服。莽又发高句骊兵击匈奴；高句骊不欲行，郡强迫，皆亡出塞，因犯法为寇。辽西大尹田谭追击之，为所杀。州郡归咎于高句骊侯驺，严尤奏言：“貉人犯法，不从驺起；正有他心，宜令州郡且尉安之。今猥被以大罪，恐其遂畔，夫馀之属必有和者。匈奴未克，夫馀、涉貉复起，此大忧也。”莽不尉安，涉貉遂反；诏尤击之。尤诱高句骊侯驺至而斩焉，传首长安。莽大说，更名高句骊为下句骊。于是貉人愈犯边，东、北与西南夷皆乱。莽志方盛，以为四夷不足吞灭，专念稽古之事，复下书：“以此年二月东巡狩，具礼仪调度。”既而以文母太后体不安，且止待后。

初，莽为安汉公时，欲谄太皇太后，以斩郅支功奏尊元帝庙为高宗，太后晏驾后，当以礼配食云。及莽改号太后为新室文母，绝之于汉，不令得体元帝，堕坏孝元庙，更为文母太后起庙；独置孝元庙故殿以为文母篹食堂[⑥]，既成，名曰长寿宫，以太后在，故未谓之庙。莽置酒长寿宫，请太后。既至，见孝元庙废彻涂地，太后惊泣曰：“此汉家宗庙，皆有神灵，与何治而坏之！且使鬼神无知，又何用庙为！如令有知，我乃人之妃妾，岂宜辱帝之堂以陈馈食哉！”私谓左右曰：“此人慢神多矣，能久得祐乎！”饮酒不乐而罢。自莽篡位后，知太后怨恨，求所以媚太后者无不为，然愈不说。莽更汉家黑貂著黄貂；又改汉正朔、伏腊日。太后令其官属黑貂；至汉家正、腊日，独与其左右相对饮食。

五年 春，二月，文母皇太后崩，年八十四；葬渭陵，与元帝合，而沟绝之。新室世世献祭其庙；元帝配食，坐于床下。莽为太后服丧三年。

乌孙大、小昆弥遣使贡献。莽以乌孙国人多亲附小昆弥，见匈奴诸边并侵，意欲得乌孙心，乃遣使者引小昆弥使坐大昆弥使上。师友祭酒满昌劾奏使者曰："夷狄以中国有礼谊，故诎而服从。大昆弥，君也，今序臣使于君使之上，非所以有夷狄也。奉使大不敬！"莽怒，免昌官。

西域诸国以莽积失恩信，焉耆先叛⑦，杀都护但钦；西域遂瓦解。

十一月，彗星出；二十余日，不见。

是岁，以挟铜炭者多，除其法。

匈奴乌珠留单于死，用事大臣右骨都侯须卜当，即王昭君女伊墨居次云之婿也。云常欲与中国和亲，又素与伊栗置支侯咸厚善，见咸前后为莽所拜，故遂立咸为乌累若鞮单于。乌累单于咸立，以弟舆为左谷蠡王。乌珠留单于子苏屠胡本为左贤王，后更谓之护于，欲传以国。咸怨乌珠留单于贬己号，乃贬护于为左屠耆王。

【注释】

①甄邯（？—12）：孔光的女婿。王莽引为侍中。王莽篡位，按金匮拜为大司马，封承新公。 ②附城：爵位名。是王莽设此爵名，为的是效古之附庸。 ③嗸嗸（áo 敖）：众口愁声。 ④句町（gōu dīng 勾丁）：县名。治所在今云南广南县。 ⑤牂柯（zāng kē 赃科）：郡名。治所在今贵州黄平县。 ⑥篹（cuàn 篡）：祭品名。 ⑦焉耆：国名。在今新疆焉耆回族自治县。

天凤元年 春，正月，赦天下。

莽下诏："将以是岁四仲月遍行巡狩之礼，太官赍糒、干肉，内者行张坐卧；所过毋得有所给。俟毕北巡狩之礼，即于土中居洛阳之都。"群公奏言："皇帝至孝，新遭文母之丧，颜色未复，饮食损少；今一岁四巡，道路万里，春秋尊，非糒、干肉之所能堪。且无巡狩,须阕大服[①],以安圣体。”莽从之,要期以天凤七年巡狩;厥明年,即土之中,遣太傅平晏、大司空王邑之洛阳营相宅兆,图起宗庙、社稷、郊兆云。

三月,壬申晦,日有食之。大赦天下。以灾异策大司马逯并就侯氏朝位,太傅平晏勿领尚书事。以利苗男䜣为大司马。莽即真,尤备大臣,抑夺下权,朝臣有言其过失者,辄拔擢。孔仁、赵博、费兴等以敢击大臣,故见信任,择名官而居之。国将哀章颇不清,莽为选置和叔,敕曰:“非但保国将闺门,当保亲属在西州者。”诸公皆轻贱,而章尤甚。

夏,四月,陨霜杀草木,海濒尤甚。六月,黄雾四塞。秋,七月,大风拔树,飞北阙直城门屋瓦。雨雹,杀牛羊。

莽以《周官》《王制》之文,置卒正、连率、大尹,职如太守;又置州牧、部监二十五人。分长安城旁六乡,置帅各一人。分三辅为六尉郡[②];河内、河东、弘农、河南、颍川、南阳为六队郡[③]。更名河南大尹曰保忠信卿。益河南属县满三十,置六郊州长各一人,人主五县。及他官名悉改。大郡至分为五,合百二十有五郡。九州之内,县二千二百有三。又仿古六服为惟城、惟宁、惟翰、惟屏、惟垣、惟藩,各以其方为称,总为万国焉。其后,岁复变更,一郡至五易名,而还复其故。吏民不能纪,每下诏书,辄系其故名云。

新朝“货泉”铜母范

匈奴右骨都侯须卜当、伊墨居次云劝单于和亲,遣人之西虎猛制虏塞下,告塞吏云:“欲见和亲侯。”和亲侯者,王昭君兄子歙也[④]。中部都尉以闻,莽遣歙、歙弟骑都尉、展德侯飒使匈奴,贺单于初立,赐黄金、衣被、缯帛;绐言侍子登在,因购求陈良、终带等。单于尽收陈良等二十七人,皆械槛付使者,遣厨唯姑夕王富等四十人送歙、飒。

莽作焚如之刑[5],烧杀陈良等。

缘边大饥,人相食。谏大夫如普行边兵还。言:"军士久屯寒苦,边郡无以相赡。今单于新和,宜因是罢兵。"校尉韩威进曰:"以新室之威而吞胡虏,无异口中蚤虱。臣愿得勇敢之士五千人,不赍斗粮,饥食虏肉,渴饮其血,可以横行!"莽壮其言,以威为将军。然采普言,征还诸将在边者,免陈钦等十八人,又罢四关镇都尉诸屯兵。

单于贪莽赂遗,故外不失汉故事,然内利寇掠;又使还,知子登前死,怨恨,寇虏从左地入不绝。使者问单于,辄曰:"乌桓与匈奴无状黠民共为寇入塞,譬如中国有盗贼耳!咸初立持国,威信尚浅,尽力禁止,不敢有二心!"莽复发军屯。

益州蛮夷愁扰,尽反,复杀益州大尹程隆。莽遣平蛮将军冯茂发巴、蜀、犍为吏士,赋敛取足于民,以击之。

莽复申下金、银、龟、贝之货,颇增减其贾直,而罢大、小钱,改作货布、货泉二品并行[6]。又以大钱行久,罢之恐民挟不止,乃令民且独行大钱;尽六年,毋得复挟大钱矣。每一易钱,民用破业而大陷刑。

【注释】

①阕(què 确):尽也。 ②六尉郡:王莽改郡为大夫。渭城、安陵以西,北至栒邑、义渠十县,属京尉大夫,居故长安寺;高陵以北十县,属师尉大夫,居故廷尉府;新丰(在今陕西西安市临潼区)县以东至湖(在今河南灵宝市)十县,属诩尉大夫,居城东;霸陵(在今陕西西安市东北)县、杜陵,东至蓝田(在今陕西蓝田县),西至武功(在今陕西眉县)县、郁夷(在今陕西宝鸡市)十县,属光尉大夫,居城南;茂陵(在今陕西兴平市)、槐里(在今陕西兴平市)县,至汧(在今陕西千阳县)十县,属扶尉大夫,居城西;长陵(在今陕西咸阳市)、池阳(在今陕西泾阳县)以北,至云阳(在今陕西淳化县)、祋栩(在今陕西铜川市耀州区)十县,属烈尉大夫,居城北。 ③六队郡:队音"遂"。河内后队,河东兆队。弘农右队,荥阳祈队,颍川左队,南阳前队。 ④歙(xī 昔):吸气。 ⑤焚如:《易经》有"焚如""死如"字样,王莽用作刑名。 ⑥货布:重二十五铢,值二十五钱。货泉:重五铢,值一钱。

资治通鉴卷第三十八

汉纪三十　起旃蒙大渊献，尽玄黓敦牂，凡八年。

王　莽　下

天凤二年　春，二月，大赦天下。

民讹言黄龙堕死黄山宫中①，百姓奔走往观者有万数。莽恶之，捕系，问所从起；不能得。

单于咸既和亲，求其子登尸。莽欲遣使送致，恐咸怨恨，害使者，乃收前言当诛侍子者故将军陈钦，以他罪杀之。莽选辩士济南王咸为大使②。夏，五月，莽复遣和亲侯歙与咸等送左厨唯姑夕王，因奉归前所斩侍子登及诸贵人从者丧；单于遣云、当子男大且渠奢等至塞迎之。咸到单于庭，陈莽威德，莽亦多遗单于金珍，因谕说改其号，号匈奴曰“恭奴”，单于曰“善于”，赐印绶，封骨都侯当为后安公，当子男奢为后安侯。单于贪莽金币，故曲听之；然寇盗如故。

莽意以为制定则天下自平，故锐思于地理，制礼，作乐，讲合《六经》之说。公卿旦入暮出，论议连年不决，不暇省狱讼冤结，民之急务。县宰缺者数年守兼，一切贪残日甚。中郎将、绣衣执法在郡国者，并乘权势，传相举奏。又十一公士分布劝农桑，班时令，按诸章，冠盖相望，交错道路，召会吏民，逮捕证左，郡县赋敛，递相赇赂，白黑纷然，守阙告诉者多。莽自见前颛权以得汉政，故务自揽众事，有司受成苟免。诸宝物名、帑藏、钱谷官皆宦者领之;吏民上封事,宦官、左右开发,尚书不得知。其畏备臣下如此。又好变改制度,政令烦多,当奉行者,辄质问乃以从事,前后相乘,愦眊不渫[3]。莽常御灯火至明,犹不能胜。尚书因是为奸,寝事,上书待报者连年不得去,拘系郡县者逢赦而后出,卫卒不交代者至三岁。谷籴常贵,边兵二十余万人,仰衣食县官;五原、代郡尤被其毒,起为盗贼,数千人为辈,转入旁郡。莽遣捕盗将军孔仁将兵与郡县合击,岁余乃定。

邯郸以北大雨,水出,深者数丈,流杀数千人。

【注释】

①黄山宫:西汉惠帝建,在今陕西兴平市西南。 ②济南:郡名。治所在今山东济南市章丘区。 ③愦眊(kuì mào 溃冒):昏乱糊涂。渫(xiè 卸):疏通。

三年 春,二月,乙酉,地震,大雨雪;关东尤甚,深者一丈,竹柏或枯。大司空王邑上书,以地震乞骸骨。莽不许,曰:"夫地有动有震,震者有害,动者不害。《春秋》记地震,《易系》坤动;动静辟翕[1],万物生焉。"其好自诬饰,皆此类也。

先是,莽以制作未定,上自公侯,下至小吏,皆不得俸禄。夏,五月,莽下书曰:"予遭阳九之厄,百六之会,国用不足,民人骚动,自公卿以下,一月之禄十緵布二匹[2],或帛一匹。予每念之,未尝不戚焉。今厄会已度,府帑虽未能充,略颇稍给。其以六月朔庚寅始,赋吏禄皆如制度。"四辅、公卿、大夫、士下至舆、僚,凡十五等。僚禄一岁六十六斛,稍以差称。上至四辅而为万斛云。莽又曰:"古者岁丰穰则充其礼,有灾害则有所损,与百姓同忧喜也。其用上计时通计,天下幸无灾害者,太官膳羞备其品矣;即有灾害,以什率多少而损膳焉。自十一公、六司、六卿以下,各分州郡、国邑保其灾害[3],亦以十率多少而损其禄。郎、从官、中都官吏食禄都内之委者,以太官膳羞备损而为节。冀上下同心,劝进农业,安元元焉。"莽之制度烦碎如此,课计不可理,吏终不得禄,各因官职为奸,受取赇赂以自共给焉。

戊辰,长平馆西岸崩,雍泾水不流,毁而北行。群臣上寿,以为《河图》所谓"以土填水",匈奴灭亡之祥也。莽乃遣并州牧宋弘、游击都尉任萌等将兵击匈奴,至边止屯。

秋,七月,辛酉④,霸城门灾⑤。

戊子晦,日有食之。大赦天下。

平蛮将军冯茂击句町,士卒疾疫死者什六七,赋敛民财什取五,益州虚耗而不克;征还,下狱死。冬,更遣宁始将军廉丹与庸部牧史熊,大发天水、陇西骑士,广汉、巴、蜀、犍为吏民十万人、转输者合二十万人击之。始至,颇斩首数千;其后军粮前后不相及,士卒饥疫。莽征丹、熊,丹、熊愿益调度,必克乃还,复大赋敛。就都大尹冯英不肯给⑥,上言:"自西南夷反叛以来,积且十年,郡县距击不已,续用冯茂,苟施一切之政;僰道以南⑦,山险高深茂,多驱众远居,费以亿计,吏士罹毒气死者什七⑧。今丹、熊惧于自诡,期会调发诸郡兵谷,复訾民取其什四,空破梁州⑨,功终不遂。宜罢兵屯田,明设购赏。"莽怒,免英官;后颇觉寤,曰:"英亦未可厚非。"复以英为长沙连率。越嶲蛮夷任贵亦杀太守枚根。

翟义党王孙庆捕得,莽使太医、尚方与巧屠共刳剥之,量度五藏,以竹筳导其脉,知所终始,云可以治病。

是岁,遣大使五威将王骏、西域都护李崇、戊己校尉郭钦出西域;诸国皆郊迎,送兵谷。骏欲袭击之,焉耆诈降而聚兵自备,骏等将莎车、龟兹兵七千余人分为数部,命郭钦及佐帅何封别将居后。骏等入焉耆;焉耆伏兵要遮骏,及姑墨、封犁、危须国兵为反间,还共袭骏,皆杀之。钦后至焉耆,焉耆兵未还,钦袭击,杀其老弱,从车师还入塞。莽拜钦为填外将军,封剿胡子⑩;何封为集胡男。李崇收余士,还保龟兹。及莽败,崇没,西域遂绝。

【注释】

①翕(xī 稀):和顺。 ②緵(zōng 宗):古代布帛在二尺二寸的幅度内含经线八十根为一緵。 ③各分州郡、国邑保其灾害:东岳,太师、立国将军,保东方三州、一部、二十五郡;南岳,太傅、前将军,保南方二州、一部、二十五郡;西岳,国师、宁始将军,保西方一州、二部、三十五郡;北岳,国将,卫将军,保北方二州、一部、二十五郡;大司马,保纳卿、言卿、仕卿、作卿,京尉、扶尉,兆队、右队、中部左洎前七部;大司徒,保乐卿、典

卿、宗卿、秩卿，翼尉、光尉，左队、前队，中部、右部，有五郡；大司空，保予卿、虞卿、共卿、工卿，师尉、烈尉，祈队、后队，中部洎后十郡。六司、六卿，各受所属的公爵保护。 ④辛酉：疑有误。 ⑤霸城门：长安城南头第一门。也叫青门。 ⑥就都：郡名。治所在今四川成都市双流区。 ⑦僰（bó 驳）道：县名。治所在今四川宜宾市。 ⑧罹（lí 离）：遭受。 ⑨梁州：王莽改益州为梁州。 ⑩剿（jiǎo 绞）：绝。此处为封号用字。

四年 夏，六月，莽更授诸侯王茅土于明堂；亲设文石之平，陈菁茅四色之土[①]，告于岱宗、泰社、后土、先祖、先妣以班授之。莽好空言，慕古法，多封爵人；性实吝啬，托以地理未定，故且先赋茅土，用慰喜封者。

秋，八月，莽亲之南郊，铸作威斗，以五石铜为之，若北斗，长二尺五寸，欲以厌胜众兵。既成，令司命负之，莽出在前，入在御旁。

莽置羲和命士，以督五均、六管[②]。郡有数人，皆用富贾为之，乘传求利，交错天下；因与郡县通奸，多张空簿，府藏不实，百姓愈病。是岁，莽复下诏申明六管，每一管为设科条防禁，犯者罪至死。奸吏猾民并侵，众庶各不安生，又一切调上公以下诸有奴婢者，率一口出三千六百，天下愈愁。纳言冯常以六管谏，莽大怒，免常官。法令烦苛，民摇手触禁，不得耕桑，繇役烦剧，而枯旱、蝗虫相因，狱讼不决。吏用苛暴立威，旁缘莽禁，侵刻小民，富者不能自保，贫者无以自存，于是并起为盗贼，依阻山泽，吏不能禽而覆蔽之，浸淫日广。临淮瓜田仪依阻会稽长州[③]；琅邪吕母聚党数千人[④]，杀海曲宰[⑤]，入海中为盗，其众浸多，至万数。荆州饥馑[⑥]，民众入野泽，掘凫茈而食之[⑦]，更相侵夺。新市人王匡、王凤为平理诤讼[⑧]，遂推为渠帅，众数百人。于是诸亡命者南阳马武、颍川王常、成丹等，皆往从之；共攻离乡聚，臧于绿林山中[⑨]，数月间至七八千人。又有南郡张霸、江夏羊牧等与王匡俱起[⑩]，众皆万人。莽遣使者即赦盗贼，还言："盗贼解辄复合。问其故，皆曰：'愁法禁烦苛，不得举手，力作所得，不足以给贡税；闭门自守，又坐邻伍铸钱挟铜，奸吏因以愁民。'民穷，悉起为盗贼。"莽大怒，免之。其或顺指言“民骄黠当诛”及言“时运适然，且灭不久”，莽说，辄迁官。

【注释】

①四色泥土：指青、赤、白、黑四种颜色的泥土。代表东、南、西、北四方。 ②五均：管理市场物价的官署。分别设在长安、洛阳、临淄、宛城、成都、邯郸等六大都市。六管：对酤酒、卖盐、铁器、铸钱以及从名山大泽开采物资的，统一由政府主管征税，加强对人民的剥削。 ③临淮：郡名。治所在今江苏泗洪县。会稽：郡名。治所在今江苏苏州市。 ④琅邪：郡名。治所在今山东诸城市。 ⑤海曲：县名。治所在今山东日照市。 ⑥荆州：指从今河南南部，穿过湖北中部，一直到湖南西部一带。⑦凫茈（fú cí 孵辞）：指荸荠。 ⑧新市：治所在今湖北京山市。 ⑨绿林中：即今湖北大洪山。 ⑩南郡：治所在今湖北荆州市。江夏：郡名。治所在今湖北武汉市新洲区。

五年 春，正月，朔，北军南门灾。

以大司马司允费兴为荆州牧；见，问到部方略，兴对曰：“荆、扬之民，率依阻山泽，以渔采为业。间者国张六管，税山泽，妨夺民之利，连年久旱，百姓饥穷，故为盗贼。兴到部，欲令明晓告盗贼归田里，假贷犁牛、种食，阔其租赋，冀可以解释安集。”莽怒，免兴官。

扬雄像

天下吏以不得俸禄，并为奸利，郡尹、县宰家累千金。莽乃考始建国二年胡虏猾夏以来诸军吏及缘边吏大夫以上为奸利增产致富者，收其家所有财产五分之四以助边急。公府士驰传天下，考复食饕，开吏告其将、奴婢告其主，冀以禁奸，而奸愈甚。

莽孙功崇公宗坐自画容貌被服天子衣冠、刻三印[①]，发觉，自杀。宗姊妨为卫将军王兴夫人，坐祝诅姑，杀婢以绝口，与兴皆自杀。

是岁，扬雄卒[②]。初，成帝之世，雄为郎，给事黄门，与莽及刘秀并列；哀帝之初，又与董贤同官。莽、贤为三公，权倾人主，所荐莫不拔擢，而雄三世不徙官。及莽篡位，雄以耆老久次，转为大夫。恬于势利，好古乐道，欲以文章成名于后世，乃作《太玄》以综天、地、人之道；又见诸子各以其智舛驰[③]，大抵诋訾圣人，即为怪迂、析辩诡辞以挠世事，虽小辩，终破大道而惑众，使溺于所闻而不自知其非也，故人时有问雄者，常用法应之，号曰《法言》。用心于内，不求于外，于时人皆忽之；唯刘秀及范逡敬焉，而桓谭以为绝伦，巨鹿侯芭师事焉。大司空王邑、纳言严尤闻雄死，谓桓谭曰："子常称扬雄书，岂能传于后世乎？"谭曰："必传，顾君与谭不及见也。凡人贱近而贵远，亲见扬子云禄位容貌不能动人，故轻其书。昔老聃著虚无之言两篇[④]，薄仁义，非礼学，然后好之者尚以为过于《五经》，自汉文、景之君及司马迁皆有是言。今扬子之书文义至深，而论不诡于圣人[⑤]，则必度越诸子矣！"

琅邪樊崇起兵于莒[⑥]，众百余人，转入太山。群盗以崇勇猛，皆附之，一岁间至万余人。崇同郡人逄安[⑦]、东海人徐宣、谢禄、杨音各起兵，合数万人，复引从崇；共还攻莒，不能下，转掠青、徐间。又有东海刁子都，亦起兵抄击徐、兖。莽遣使者发郡国兵击之，不能克。

乌累单于死，弟左贤王舆立，为呼都而尸道皋若鞮单于。舆既立，贪利赏赐，遣大且渠奢与伊墨居次云女弟之子醯椟王俱奉献至长安。莽遣和亲侯歙与奢等俱至制虏塞下，与云及须卜当会；因以兵迫胁云、当，将至长安。云、当小男从塞下得脱，归匈奴。当至长安，莽拜为须卜单于，欲出大兵以辅立之，兵调度亦不合。而匈奴愈怒，并入北边为寇。

【注释】

①三印：其印文一曰："维祉冠，存已夏，处南山，臧薄冰。"二曰："肃

圣宝继。"三曰:"德封昌图。" ②扬雄(前53—18):西汉著名哲学家、辞赋家、语言学家。字子云。蜀郡成都(今四川成都市)人。幼时好学,博闻强记,成帝时为给事黄门郎。王莽时校书天禄阁,后官为大夫。为人口吃不能剧谈,以文章名世。早年所作《长扬赋》《甘泉赋》多仿司马相如,并与之齐名。后来研究哲学,仿《论语》作《法言》,仿《易经》作《太玄》。提出以"玄"作为宇宙万物根源的学说。又著《方言》一书,记述各地方言,是研究古代语言的重要资料。又仿《仓颉篇》编成《训纂篇》,对文字学也有贡献。 ③舛(chuǎn 喘)驰:背道而驰。 ④老聃(dān 单):老子李耳。 ⑤圣人:指周公、孔子。 ⑥莒(jǔ 举):县名。今山东莒县。 ⑦逄(páng 旁):姓。

六年 春,莽见盗贼多,乃令太史推三万六千岁历纪,六岁一改元,布天下;下书自言"己当如黄帝仙升天",欲以诳耀百姓,销解盗贼。众皆笑之。

初献《新乐》于明堂、太庙。

更始将军廉丹击益州,不能克。益州夷栋蚕、若豆等起兵杀郡守;越嶲夷人大牟亦叛[①],杀略吏人。莽召丹还,更遣大司马护军郭兴、庸部牧李晔击蛮夷若豆等、太傅羲叔士孙喜清洁江湖之盗贼。而匈奴寇边甚,莽乃大募天下丁男及死罪囚、吏民奴,名曰猪突、豨勇[②],以为锐卒。一切税天下吏民,訾三十取一,缣帛皆输长安。令公卿以下至郡县黄绶皆保养军马,多少各以秩为差;吏尽复以与民。又博募有奇技术可以攻匈奴者,将待以不次之位,言便宜者以万数;或言能渡水不用舟楫,连马接骑,济百万师;或言不持斗粮,服食药物,三军不饥;或言能飞,一日千里,可窥匈奴;莽辄试之,取大鸟翮为两翼,头与身皆著毛,通引环纽,飞数百步堕。莽知其不可用,苟欲获其名,皆拜为理军,赐以车马,待发。

初,莽之欲诱迎须卜当也,大司马严尤谏曰:"当在匈奴右部,兵不侵边,单于动静辄语中国,此方面之大助也。于今迎当置长安槀街,一胡人耳,不如在匈奴有益。"莽不听。既得当,欲遣尤与廉丹击匈奴,皆赐姓征氏,号二征将军,令诛单于舆而立当代之。出车城西横厩,未发。尤素有智略,非莽攻伐四夷,数谏不从;及当出，廷议，尤固言：“匈奴可且以为后，先忧山东盗贼。”莽大怒，策免尤。

大司空议曹史代郡范升奏记王邑曰[3]：“升闻子以人不间于其父母为孝，臣以下不非其君上为忠。今众人咸称朝圣，皆曰公明；盖明者无不见，圣者无不闻。今天下之事，昭昭于日月，震震于雷霆，而朝云不见，公云不闻，则元元焉所呼天！公以为是而不言，则过小矣；知而从令，则过大矣；二者于公无可以免，宜乎天下归怨于公矣。朝以远者不服为至念，升以近者不悦为重忧。今动与时戾，事与道反，驰骛覆车之辙，踵循败事之后，后出益可怪，晚发愈可惧耳。方春岁首而动发远役，藜藿不充[4]，田荒不耕，谷价腾跃，斛至数千，吏民陷于汤火之中，非国家之民也。如此，则胡、貊守阙[5]，青、徐之寇在于帷帐矣。升有一言，可以解天下倒县[6]，免元元之急；不可书传，愿蒙引见，极陈所怀。”邑不听。

翼平连率田况奏郡县訾民不实[7]，莽复三十取一；以况忠言忧国，进爵为伯，赐钱二百万，众庶皆詈之。青、徐民多弃乡里流亡，老弱死道路，壮者入贼中。

夙夜连率韩博上言[8]：“有奇士，长丈，大十围，来至臣府，欲奋击胡虏，自谓巨毋霸，出于蓬莱东南五城西北昭如海濒，轺车不能载[9]，三马不能胜。即日以大车四马，建虎旗，载霸诣阙。霸卧则枕鼓，以铁箸食，此皇天所以辅新室也！愿陛下作大甲、高车、贲育之衣，遣大将一人与虎贲百人迎之于道，京师门户不容者，开高大之，以示百蛮，镇安天下。”博意欲以风莽；莽闻，恶之，留霸在所新丰[10]，更其姓曰巨母氏，谓因文母太后而霸王符也。征博，下狱，以非所宜言，弃市。

关东饥旱连年，刁子都等党众寖多，至六七万。

【注释】

①越嶲（xī 稀）：郡名，治所在今四川西昌市。 ②猪突豨勇：王莽军队名。说如豕之触突，一往无前。 ③代郡：治所在今河北蔚县。 ④藜藿（lí huò 黎霍）：藜与藿，都是可食的野菜。 ⑤胡：古代泛称我国北方边地与西域的民族为胡。貊（mò 莫）：古代称居于我国东北地区的民族为貊。 ⑥倒县：头向下脚向上地被倒挂，比喻处境极困苦危急。

县：悬。 ⑦连率：王莽改郡守为连率。翼平：郡名，治所在今山东寿光市。 ⑧夙夜：郡名。治所在今山东荣成市。 ⑨轺（yáo 姚）：古代一种轻便的车。 ⑩新丰：县名。治所在今陕西西安市临潼区。

地皇元年 春，正月，乙未[①]，赦天下；改元曰地皇，从三万六千岁历号也。

莽下书曰："方出军行师，敢有趋喧犯法者辄论斩，毋须时！"于是春、夏斩人都市，百姓震惧，道路以目。

莽见四方盗贼多，复欲厌之，又下书曰："予之皇初祖考黄帝定天下，将兵为上将军，内设大将，外置大司马五人，大将军至士吏凡七十三万八千九百人，士千三百五十万人。予受符命之文，稽前人，将条备焉。"于是置前、后、左、右、中大司马之位，赐诸州牧至县宰皆有大将军、偏、裨、校尉之号焉[②]。乘传使者经历郡国，日且十辈，仓无见谷以给；传车马不能足，赋取道中车马，取办于民。

秋，七月，大风毁王路堂[③]。莽下书曰："乃壬午餔时，有烈风雷雨发屋折木之变，予甚恐焉；伏念一旬，迷乃解矣。昔符命立安为新迁王，临国洛阳，为统义阳王，议者皆曰：'临国洛阳为统，谓据土中为新室统也，宜为皇太子。'自此后，临久病，虽瘳不平。临有兄而称太子，名不正。惟即位以来，阴阳未和，谷稼鲜耗，蛮夷猾夏，寇贼奸宄[④]，人民征营，无所错手足。深惟厥咎，在名不正焉。其立安为新迁王，临为统义阳王。"

莽又下书曰："宝黄厮赤。其令郎从官皆衣绛[⑤]。"

望气为数者多言有土功象；九月，甲申，莽起九庙于长安城南，黄帝庙方四十丈，高十七丈，余庙半之，制度甚盛。博征天下工匠及吏民以义入钱谷助作者，骆驿道路；穷极百工之巧；功费数百余万，卒徒死者万数。

是月，大雨，六十余日。

巨鹿男子马适求等谋举燕、赵兵以诛莽。大司空士王丹发觉，以闻。莽遣三公大夫逮治党与，连及郡国豪桀数千人，皆诛死。封丹为辅国侯。

莽以私铸钱死及非沮宝货投四裔，犯法者多，不可胜行；乃更轻其法，私铸作泉布者与妻子没入为官奴婢，吏及比伍知而不举告，与同罪；非沮宝货，民罚作一岁，吏免官。

太傅平晏死；以予虞唐尊为太傅。尊曰："国虚民贫，咎在奢泰。"乃身短衣小袖，乘牝马、柴车，藉稿，以瓦器饮食，又以历遗公卿。出，见男女不异路者，尊自下车，以象刑赭幡污染其衣。莽闻而说之，下诏申敕公卿："思与厥齐。"封尊为平化侯。

汝南郅恽明天文历数，以为汉必再受命，上书说莽曰："上天垂戒，欲悟陛下，令就臣位。取之以天，还之以天，可谓知命矣！"莽大怒，系恽诏狱，逾冬，会赦得出。

【注释】

①乙未：疑有误。 ②大将军：指州牧。偏将军：指卒正、连率、大尹。裨将军：指属令、长。校尉：指县宰。 ③王路堂：王莽改未央宫前殿为王路堂。 ④奸宄（guǐ 轨）：指为非作歹的人（由内而起叫奸，由外而起叫宄）。 ⑤绛（jiàng 酱）：深红色。

二年 春，正月，莽妻死，谥曰孝睦皇后。初，莽妻以莽数杀其子，涕泣失明；莽令太子临居中养焉。莽妻旁侍者原碧，莽幸之，临亦通焉；恐事泄，谋共杀莽。临妻愔，国师公女，能为星，语临宫中且有白衣会，临喜，以为所谋且成；后贬为统义阳王，出在外第，愈忧恐。会莽妻病困，临予书曰："上于子孙至严，前长孙、中孙年俱三十而死。今臣临复适三十，诚恐一旦不保中室，则不知死命所在！"莽候妻疾，见其书，大怒，疑临有恶意，不令得会丧。既葬，收原碧等考问，具服奸、谋杀状。莽欲秘之，使杀案事使者司命从事，埋狱中，家不知所在。赐临药；临不肯饮，自刺死。又诏国师公："临本不知星，事从愔起。"愔亦自杀。

是月，新迁王安病死。初，莽为侯就国时，幸侍者增秩、怀能，生子兴、匡，皆留新都国[①]，以其不明故也。及安死，莽乃以王车遣使者迎兴、匡，封兴为功修公，匡为功建公。

卜者王况谓魏成大尹李焉曰[②]："汉家当复兴，李氏为辅。"因为焉作谶书[③]，合十余万言。事发，莽皆杀之。

莽遣太师羲仲景尚、更始将军护军王党将兵击青、徐贼，国师和仲曹放助郭兴击句町，皆不能克。军师放纵，百姓重困。

莽又转天下谷帛诣西河、五原、朔方、渔阳，每一郡以百万数，欲以击匈奴。须卜当病死，莽以庶女妻其子后安公奢，所以尊宠之甚厚，终欲为出兵立之者。会莽败，云、奢亦死。

秋，陨霜杀菽，关东大饥，蝗。

莽既轻私铸钱之法，犯者愈众，及伍人相坐，没入为官奴婢；其男子槛车，女子步，以铁琐琅当其颈，传诣钟官以十万数。到者易其夫妇。愁苦死者什六七。

上谷储夏自请说瓜田仪降之④；仪未出而死。莽求其尸葬之，为起冢、祠室，谥曰瓜宁殇男。

闰月，丙辰，大赦。

郎阳成修献符命，言继立民母；又曰："黄帝以百二十女致神仙。"莽于是遣中散大夫、谒者各四十五人，分行天下，博采乡里所高有淑女者上名。

莽恶汉高庙神灵，遣虎贲武士入高庙，四面提击，斧坏户牖，桃汤、赭鞭鞭洒屋壁⑤，令轻车校尉居其中。

【注释】

①新都国：县名。治所在今四川成都市新都区。 ②魏成：郡名。治所在今河北临漳县。 ③谶（chèn 趁）书：迷信的人指未来要应验的预言、预兆。 ④上谷：郡名。治所在今河北怀来县。 ⑤桃汤：古时迷信以桃木能驱鬼，因用桃木煮汤挥洒。后来于春节时，以桃汤为饮料，用以辟邪祈福。

是岁，南郡秦丰聚众且万人①；平原女子迟昭平亦聚数千人在河阻中②。莽召问群臣禽贼方略，皆曰："此天囚行尸，命在漏刻。"故左将军公孙禄征来与议，禄曰："太史令宗宣，典星历，候气变，以凶为吉，乱天文，误朝廷；太傅平化侯尊，饰虚伪以偷名位，贼夫人之子；国师嘉信公秀，颠倒《五经》，毁师法，令学士疑惑；明学男张邯、地理侯孙阳，造井田，使民弃土业；羲和鲁匡，设六管以穷工商；说符侯崔发，阿谀取容，令下情不上通。宜诛此数子以慰天下！”又言：“匈奴不可攻，当与和亲。臣恐新室忧不在匈奴而在封域之中也。”莽怒，使虎贲扶禄出，然颇采其言，左迁鲁匡为五原卒正[③]，以百姓怨诽故也；六管非匡所独造，莽厌众意而出之。

初，四方皆以饥寒穷愁起为盗贼，稍群聚，常思岁熟得归乡里，众虽万数，不敢略有城邑，日阕而已；诸长吏牧守皆自乱斗中兵而死，贼非敢欲杀之也，而莽终不谕其故。是岁，荆州牧发奔命二万人讨绿林贼；贼帅王匡等相率迎击于云杜[④]，大破牧军，杀数千人，尽获辎重。牧欲北归，马武等复遮击之，钩牧车屏泥，刺杀其骖乘，然终不敢杀牧。贼遂攻拔竟陵[⑤]，转击云杜、安陆[⑥]，多略妇女，还入绿林中，至有五万余口，州郡不能制。又，大司马士按章豫州，为贼所获，贼送付县。士还，上书具言状。莽大怒，以为诬罔，因下书责七公曰[⑦]：“夫吏者，理也。宣德明恩，以牧养民，仁之道也。抑强督奸，捕诛盗贼，义之节也。今则不然。盗发不辄得，至成群党遮略乘传宰士。士得脱者又妄自言：‘我责数贼：“何故为是？”贼曰：“以贫穷故耳。”贼护出我。’今俗人议者率多若此。惟贫困饥寒犯法为非，大者群盗，小者偷穴，不过二科；今乃结谋连党以千百数，是逆乱之大者，岂饥寒之谓邪！七公其严敕卿大夫、卒正、连率、庶尹，谨牧养善民，急捕殄盗贼！有不同心并力疾恶黠贼，而妄曰饥寒所为，辄捕系，请其罪！”于是群下愈恐，莫敢言贼情者，州郡又不得擅发兵，贼由是遂不制。

唯翼平连率田况素果敢[⑧]，发民年十八以上四万余人，授以库兵，与刻石为约；樊崇等闻之，不敢入界。况自劾奏；莽让况：“未赐虎符而擅发兵，此弄兵也，厥罪乏兴。以况自诡必禽灭贼，故且勿治。”后况自请出界击贼，所向皆破。莽以玺书令况领青、徐二州牧事，况上言：“盗贼始发，其原甚微，部吏、伍人所能禽也；咎在长吏不为意，县欺其郡，郡欺朝廷，实百言十，实千言百。朝廷忽略，不辄督责，遂至延蔓连州，乃遣将帅，多使者，传相监趣。郡县力事上官，应塞诘对，共酒食，具资用，以救断斩，不暇复忧盗贼、治官事。将帅又不能躬率吏士，战则为贼所破，吏气浸伤，徒费百姓。前幸蒙赦令，贼欲解散，或反遮击，恐入山谷，转相告语；故郡县降贼皆更惊骇，恐见诈灭，因饥馑易动，旬日之间更十余万人，此盗贼所以多之故也。今洛阳以东，米石二千，窃见诏书欲遣太师、更始将军；二人爪牙重臣，多从人众，道上空竭，少则无以威示远方。宜急选牧、尹以下，明其赏罚，收合离乡；小国无城郭者，徙其老弱置大城中，积臧谷食，并力固守。贼来攻城，则不能下；所过无食，势不得群聚；如此，招之必降，击之则灭。今空复多出将帅，郡县苦之，反甚于贼。宜尽征还乘传诸使者以休息郡县；委任臣况以二州盗贼，必平定之。"莽畏恶况，阴为发代，遣使者赐况玺书。使者至，见况，因令代监其兵，遣况西诣长安，拜为师尉大夫。况去，齐地遂败。

【注释】

①南郡：治所在今湖北江陵县。 ②平原：县名。治所在今山东平原县。 ③五原：郡名。治所在今内蒙古包头市。 ④云杜：县名。治所在今湖北京山市。 ⑤竟陵：县名。治所在今湖北潜江市。 ⑥安陆：县名。治所在在今湖北安陆市。 ⑦七公：指四辅加三公。 ⑧翼平：郡名。治所在今山东诸城市。

三年 春，正月，九庙成，纳神主。莽谒见，大驾乘六马，以五采毛为龙文衣，著角，长三尺。又造华盖九重，高八丈一尺，载以四轮车；辀者皆呼"登仙"，莽出，令在前。百官窃言："此似辆车[①]，非仙物也。"

二月，樊崇等杀景尚。

关东人相食。

夏，四月，遣太师王匡、更始将军廉丹东讨众贼。初，樊崇等众既寖盛，乃相与为约："杀人者死，伤人者偿创。"其中最尊号三老，次从事，次卒史。及闻太师、更始将讨之，恐其众与莽兵乱，乃皆朱其眉以相识别，由是号曰赤眉。匡、丹合将锐士十余万人，所过放纵。东方为之语曰："宁逢赤眉，不逢太师！太师尚可，更始杀我！"卒如田况之言。

莽又多遣大夫、谒者分教民煮草木为酪，酪不可食，重为烦费。

绿林贼遇疾疫，死者且半，乃各分散引去。王常、成丹西入南郡，号“下江兵”；王凤、王匡、马武及其支党朱鲔、张卬等北入南阳，号“新市兵”；皆自称将军。莽遣司命大将军孔仁部豫州，纳言大将军严尤、秩宗大将军陈茂击荆州，各从吏士百余人，乘传到部募士。尤谓茂曰：“遣将不与兵符，必先请而后动，是犹绁韩卢而责之获也[②]。”

汉草叶规矩四龙纹镜

蝗从东方来，飞蔽天。

流民入关者数十万人，乃置养赡官禀食之，使者监领，与小吏共盗其禀，饥死者什七八。

先是，莽使中黄门王业领长安市买，贱取于民；民甚患之。业以省费为功，赐爵附城。莽闻城中饥馑，以问业。业曰：“皆流民也。”乃市所卖粱饭、肉羹，持入示莽曰：“居民食咸如此。”莽信之。

秋，七月，新市贼王匡等进攻随[③]；平林人陈牧、廖湛复聚众千余人[④]，号“平林兵”，以应之。

莽诏书让廉丹曰：“仓廪尽矣，府库空矣，可以怒矣！可以战矣！将军受国重任，不捐身于中野，无以报恩塞责！”丹惶恐，夜，召其掾冯衍，以书示之。衍因说丹曰：“张良以五世相韩，椎秦始皇博浪之中。将军之先，为汉信臣；新室之兴，英俊不附。今海内溃乱，人怀汉德，甚于周人思召公也；人所歌舞，天必从之。今方为将军计，莫若屯据大郡，镇抚吏士，砥厉其节，纳雄杰之士，询忠智之谋，兴社稷之利，除万人之害，则福禄流于无穷，功烈著于不灭；何与军覆于中原，身膏于草野，功败名丧，耻及先祖哉！”丹不听。衍，左将军奉世曾孙也。

冬，无盐索卢恢等举兵[⑤]，反城附贼，廉丹、王匡攻拔之，斩首万余级。莽遣中郎将奉玺书劳丹、匡，进爵为公，封吏士有功者十余人。

赤眉别校董宪等众数万人在梁郡，王匡欲进击之；廉丹以为新拔城罢劳，当且休士养威。匡不听，引兵独进，丹随之。合战成昌，兵败，匡走；丹使吏持其印、绂、节付匡曰："小儿可走，吾不可！"遂止，战死[6]。校尉汝云、王隆等二十余人别斗，闻之，皆曰："廉公已死，吾谁为生！"驰奔贼，皆战死。

国将哀章自请愿平山东[7]，莽遣章驰东与太师匡并力。又遣大将军阳浚守敖仓[8]；司徒王寻将十余万屯洛阳，镇南宫；大司马董忠养士习射中军北垒；大司空王邑兼三公之职。

【注释】

①輀（ér 而）：丧车。　②绁（xiè 卸）：捆、拴。韩卢：战国时韩国著名的猎狗。　③随：县名。在今湖北随州市。　④平林：在今湖北随州市东北。　⑤无盐：县名。在今山东东平县。　⑥廉丹（？—22）：王莽时将领。京兆杜陵（今陕西西安市东南）人。任大司马庸部（益州）牧。后为更始将军。公元22年在成昌（今山东东平县西）为赤眉所破，被击毙。　⑦山：指今河南洛宁县西北的崤山。　⑧敖仓：在今河南荥阳市东北敖山。

初，长沙定王发生春陵节侯买[1]，买生戴侯熊渠，熊渠生考侯仁。仁以南方卑湿，徙封南阳之白水乡[2]，与宗族往家焉。仁卒，子敞嗣；值莽篡位，国除。节侯少子外为郁林太守[3]，外生巨鹿都尉回，回生南顿令钦[4]。钦娶湖阳樊重女[5]，生三男：縯、仲、秀[6]，兄弟早孤，养于叔父良。縯性刚毅，慷慨有大节，自莽篡汉，常愤愤，怀复社稷之虑，不事家人居业，倾身破产，交结天下雄俊。秀隆准日角，性勤稼穑；縯常非笑之，比于高祖兄仲。秀姊元为新野邓晨妻[7]，秀尝与晨俱过穰人蔡少公[8]，少公颇学图谶，言"刘秀当为天子"；或曰："是国师公刘秀乎？"秀戏曰："何用知非仆邪！"坐者皆大笑，晨心独喜。

宛人李守[9]，好星历、谶记，为莽宗卿师，尝谓其子通曰："刘氏当兴，李氏为辅。"及新市、平林兵起，南阳骚动，通从弟轶谓通曰："今四方扰乱，汉当复兴。南阳宗室，独刘伯升兄弟泛爱容众[10]，可与谋大事。”通笑曰：“吾意也！”会秀卖谷于宛，通遣轶往迎秀，与相见，因具言谶文事，与相约结，定计议。通欲以立秋材官都试骑士日[11]，劫前队大夫甄阜及属正梁丘赐，因以号令大众，使轶与秀归舂陵举兵以相应。于是缜召诸豪桀计议曰：“王莽暴虐，百姓分崩；今枯旱连年，兵革并起，此亦天亡之时，复高祖之业，定万世之秋也！”众皆然之。于是分遣亲客于诸县起兵，缜自发舂陵子弟。诸家子弟恐惧，皆亡匿，曰：“伯升杀我！”及见秀绛衣大冠，皆惊曰：“谨厚者亦复为之！”乃稍自安。凡得子弟七八千人，部署宾客。自称“柱天都部”。秀时年二十八。李通未发，事觉，亡走；父守及家属坐死者六十四人。

缜使族人嘉招说新市、平林兵，与其帅王凤、陈牧西击长聚；进屠唐子乡[12]，又杀湖阳尉。军中分财物不均，众恚恨，欲反攻诸刘；刘秀敛宗人所得物，悉以与之，众乃悦。进拔棘阳[13]，李轶、邓晨皆将宾客来会。

严尤、陈茂破下江兵；成丹、王常、张卬等收散卒入蒌溪[14]，略钟、龙间[15]，众复振；引军与荆州牧战于上唐[16]，大破之。

十一月，有星孛于张。

刘缜欲进攻宛，至小长安聚[17]，与甄阜、梁丘赐战；时天密雾，汉军大败。秀单马走，遇女弟伯姬，与共骑而奔；前行，复见姊元，趣令上马，元以手挥曰：“行矣，不能相救，无为两没也！”会追兵至，元及三女皆死，缜弟仲及宗从死者数十人。

缜复收会兵众，还保棘阳。阜、赐乘胜留辎重于蓝乡[18]，引精兵十万南渡潢淳[19]，临沘水[20]，阻两川间为营，绝后桥，示无还心。新市、平林见汉兵数败，阜、赐军大至，各欲解去，缜甚患之。会下江兵五千余人至宜秋[21]，缜即与秀及李通俱造其壁曰：“愿见下江一贤将，议大事。”众推王常。缜见常，说以合从之利，常大悟曰：“王莽残虐，百姓思汉。今刘氏复兴，即真主也；诚思出身为用，辅成大功。”缜曰：“如事成，岂敢独飨之哉！”遂与常深相结而去。常还，具为余将成丹、张卬言之。丹、卬负其众曰：“大丈夫既起，当各自为主，何故受人制乎！”常乃徐晓说其将帅曰：“王莽苛酷，积失百姓之心，民之讴吟思汉，非一日也，故使吾属因此得起。夫民所怨者，天所去也；民所思者，天所与也。举大事，必当下顺民心，上合天意，功乃可成；若负强恃勇，触情恣欲，虽得天下，必复失之。以秦、项之势，尚至夷覆；况今布衣相聚草泽，以此行之，灭亡之道也。今南阳诸刘举宗起兵，观其来议者，皆有深计大虑，王公之才，与之并合，必成大功，此天所以祐吾属也！”下江诸将虽屈强少识，然素敬常，乃皆谢曰：“无王将军，吾属几陷于不义！”即引兵与汉军、新市、平林合。于是诸部齐心同力，锐气益壮。縯大飨军士，设盟约，休卒三日，分为六部；十二月，晦，潜师夜起，袭取蓝乡，尽获其辎重。

【注释】

①舂(chōng 充)陵：县名。治所在今湖南宁远县。 ②白水乡：在今湖北枣阳市。 ③郁林：郡名。治所在今广西桂平市。 ④南顿：县名。治所在今河南项城市。 ⑤湖阳：县名。治所在今河南唐河县。 ⑥縯(yǎn 演)：人名，刘縯。 ⑦新野：县名。治所在河南新野县。 ⑧穰(ráng 瓤)：县名。治所在今河南邓州市。 ⑨宛：县名。治所在今河南南阳市。 ⑩刘伯升：即刘縯。 ⑪都试：考试。汉制以立秋日总试骑士。 ⑫唐子乡：在今河南唐河县西南。 ⑬棘阳：县名。治所在今河南南阳市南。 ⑭蒌溪：地名。在今湖北随州市北。 ⑮钟：指湖北随州市北三钟山。龙：指湖北广水市北石龙山。 ⑯上唐：地名。在今湖北枣阳市东北。 ⑰小长安聚：地名。在今河南南阳市南十八公里。 ⑱蓝乡：地名。在今河南新野县东。 ⑲潢淳：水名。在新野县境。 ⑳沘水：即今河南西南部泌阳河及其下游唐河。 ㉑宜秋：地名，在今河南唐河县东南。

资治通鉴卷第三十九

汉纪三十一　起昭阳协洽，尽阏逢涒滩，凡二年。

淮　阳　王

更始元年　春，正月，甲子朔，汉兵与下江兵共攻甄阜、梁丘赐，斩之，杀士卒二万余人。王莽纳言将军严尤、秩宗将军陈茂引兵欲据宛，刘縯与战于淯阳下[①]，大破之，遂围宛。先是，青、徐贼众虽数十万人，讫无文书、号令、旌旗、部曲；及汉兵起，皆称将军，攻城略地，移书称说。莽闻之，始惧。

春陵戴侯曾孙玄在平林兵中，号更始将军。时汉兵已十余万，诸将议以兵多而无所统一，欲立刘氏以从人望。南阳豪桀及王常等皆欲立刘縯；而新市、平林将帅乐放纵，惮縯威明，贪玄懦弱，先共定策立之，然后召縯示其议。縯曰："诸将军幸欲尊立宗室，甚厚！然今赤眉起青、徐，众数十万，闻南阳立宗室，恐赤眉复有所立，王莽未灭而宗室相攻，是疑天下而自损权，非所以破莽也。春陵去宛三百里耳，遽自尊立[②]，为天下准的，使后人得承吾敝，非计之善者也。不如且称王以号令，王势亦足以斩诸将。若赤眉所立者贤，相率而往从之，必不夺吾爵位；若无所立，破莽，降赤眉，然后举尊号，亦未晚也。"诸将多曰："善！"张卬拔剑击地曰："疑事无功，今日之议，不得有二！"众皆从之。二月，辛巳朔，设坛场于淯水上沙中[③]，玄即皇帝位，南面立，朝群臣；羞愧流汗，举手不能言。于是大赦，改元，以族父良为国三老，王匡为定国上公，王凤为成国上公，朱鲔为大司马，刘缤为大司徒，陈牧为大司空，余皆九卿将军。由是豪桀失望，多不服。

王莽欲外示自安，乃染其须发，立杜陵史谌女为皇后；置后宫，位号视公、卿、大夫、元士者凡百二十人。

莽赦天下，诏："王匡、哀章等讨青、徐盗贼，严尤、陈茂等讨前队丑虏，明告以生活、丹青之信；复迷惑不解散，将遣大司空、隆新公将百万之师剿绝之矣④。"

三月，王凤与太常偏将军刘秀等徇昆阳、定陵、郾⑤，皆下之。

王莽闻严尤、陈茂败，乃遣司空王邑驰传，与司徒王寻发兵平定山东；征诸明兵法六十三家以备军吏，以长人巨毋霸为垒尉，又驱诸猛兽虎、豹、犀、象之属以助威武。邑至洛阳，州郡各选精兵，牧守自将，定会者四十三万人，号百万；余在道者，旌旗、辎重⑥，千里不绝。夏，五月，寻、邑南出颍川，与严尤、陈茂合。

诸将见寻、邑兵盛，皆反走，入昆阳，惶怖，忧念妻孥⑦，欲散归诸城。刘秀曰："今兵谷既少，而外寇强大，并力御之，功庶可立；如欲分散，势无俱全。且宛城未拔，不能相救；昆阳即拔，一日之间，诸部亦灭矣。今不同心胆，共举功名，反欲守妻子财物邪！"诸将怒曰："刘将军何敢如是！"秀笑而起。会候骑还，言："大兵且至城北，军陈数百里，不见其后。"诸将素轻秀，及迫急，乃相谓曰："更请刘将军计之。"秀复为图画成败，诸将皆曰："诺。"时城中唯有八九千人，秀使王凤与廷尉大将军王常守昆阳，夜与五威将军李轶等十三骑出城南门，于外收兵。

时莽兵到城下者且十万，秀等几不得出。寻、邑纵兵围昆阳，严尤说邑曰："昆阳城小而坚，今假号者在宛，亟进大兵，彼必奔走；宛败，昆阳自服。"邑曰："吾昔围翟义，坐不生得以见责让，今将百万之众，遇城而不能下，非所以示威也。当先屠此城，蹀血而进⑧，前歌后舞，顾不快邪！"遂围之数十重，列营百数，钲鼓之声闻数十里⑨，或为地道、冲輣撞城⑩；积弩乱发，矢下如雨，城中负户而汲。王凤等乞降，不许。寻、邑自以为功在漏刻，不以军事为忧。严尤曰："《兵法》：'围城为之阙'，宜使得逸出以怖宛下。"邑又不听。

【注释】

①淯阳：县名，治所在今河南南阳市南。 ②遽（jù 踞）：匆忙。③淯水：一作“育水”。即今河南嵩县白河镇。 ④剿（jiǎo 绞）绝：灭绝。⑤昆阳：县名，即今河南叶县。定陵：县名，在今河南舞阳县。郾（yǎn 奄）：县名，即今河南漯河市郾城区。 ⑥辎（zī 滋）重：辎是一种有帷盖的大车，辎重本是指出行时所带的包裹箱笼，但后来多用指军用物资。⑦孥（nú 奴）：儿女。 ⑧蹀（dié 迭）血：踏血。 ⑨钲（zhēng 征）鼓：古代军中鸣钲以示休止，擂鼓以进击。 ⑩冲輣（péng 朋）：冲是冲车，古代撞击敌城之用；輣是輣车，也叫楼车，高窥敌城之用。

棘阳守长岑彭与前队贰严说共守宛城，汉兵攻之数月，城中人相食，乃举城降。更始入都之。诸将欲杀彭，刘缜曰：“彭，郡之大吏，执心坚守，是其节也。今举大事，当表义士，不如封之。”更始乃封彭为归德侯。

刘秀至郾、定陵[1]，悉发诸营兵；诸将贪惜财物，欲分兵守之。秀曰：“今若破敌，珍宝万倍，大功可成；如为所败，首领无余，何财物之有！”乃悉发之。六月，己卯朔，秀与诸营俱进，自将步骑千余为前锋，去大军四五里而陈；寻、邑亦遣兵数千合战，秀奔之，斩首数十级[2]。诸将喜曰：“刘将军平生见小敌怯，今见大敌勇，甚可怪也！且复居前，请助将军！”秀复进，寻、邑兵却，诸部共乘之，斩首数百、千级。连胜，遂前，诸将胆气益壮，无不一当百，秀乃与敢死者三千人从城西水上冲其中坚。寻、邑易之，

岑彭像

自将万余人行陈，敕诸营皆按部毋得动，独迎与汉兵战，不利，大军不敢擅相救；寻、邑陈乱，汉兵乘锐崩之，遂杀王寻。城中亦鼓噪而出，中外合势，震呼动天地；莽兵大溃，走者相腾践，伏尸百余里。会大雷、风，屋瓦皆飞，雨下如注，滍川盛溢[③]，虎豹皆股战，士卒赴水溺死者以万数，水为不流。王邑、严尤、陈茂轻骑乘死人渡水逃去，尽获其军实辎重，不可胜算，举之连月不尽，或燔烧其余[④]。士卒奔走，各还其郡，王邑独与所将长安勇敢数千人还洛阳，关中闻之震恐。于是海内豪桀翕然响应[⑤]，皆杀其牧守，自称将军，用汉年号以待诏命；旬月之间，遍于天下。

莽闻汉兵言莽鸩杀孝平皇帝，乃会公卿于王路堂，开所为平帝请命金滕之策，泣以示群臣。

刘秀复徇颍川，攻父城不下[⑥]，屯兵巾车乡[⑦]。颍川郡掾冯异监五县，为汉兵所获。异曰："异有老母在父城，愿归，据五城以效功报德！"秀许之。异归，谓父城长苗萌曰："诸将多暴横，独刘将军所到不虏略，观其言语举止，非庸人也！"遂与萌率五县以降。

新市、平林诸将以刘𬙂兄弟威名益盛，阴劝更始除之。秀谓𬙂曰："事欲不善。"𬙂笑曰："常如是耳。"更始大会诸将，取𬙂宝剑视之；绣衣御史申徒建随献玉玦；更始不敢发。𬙂舅樊宏谓𬙂曰："建得无有范增之意乎？"𬙂不应，李轶初与𬙂兄弟善，后更谄事新贵[⑧]；秀戒𬙂曰："此人不可复信！"𬙂不从，𬙂部将刘稷，勇冠三军，闻更始立，怒曰："本起兵图大事者，伯升兄弟也。今更始何为者邪！"更始以稷为抗威将军，稷不肯拜；更始乃与诸将陈兵数千人，先收稷，将诛之；𬙂固争。李轶、朱鲔因劝更始并执𬙂，即日杀之；以族兄光禄勋赐为大司徒。秀闻之，自父城驰诣宛谢。司徒官属迎吊秀，秀不与交私语，惟深引过而已，未尝自伐昆阳之功；又不敢为𬙂服丧，饮食言笑如平常。更始以是惭，拜秀为破虏大将军，封武信侯。

【注释】

①郾（yǎn 眼）：县名，治所在今河南漯河市郾城区。定陵：县名，治所在今河南舞阳县。 ②斩首数十级：秦法斩一个敌的头赐爵一级，后来就把斩几个人头叫做斩首若干级。 ③滍（zhì 雉）川：经过昆阳城北

的一条河流。 ④燔(fán 凡):烧。 ⑤翕(xī 吸):一致。 ⑥父城:县名,治所在今河南宝丰县。 ⑦巾车乡:在今河南平顶山市南。 ⑧新贵:指朱鲔等人。

道士西门君惠谓王莽卫将军王涉曰:“谶文刘氏当复兴,国师公姓名是也。”涉遂与国师公刘秀、大司马董忠、司中大赘孙伋谋,以所部兵劫莽降汉,以全宗族。秋,七月,伋以其谋告莽,莽召忠诘责,因格杀之,使虎贲以斩马剑剉忠,收其宗族,以醇醯、毒药、白刃、丛棘并一坎而埋之;秀、涉皆自杀。莽以其骨肉、旧臣,恶其内溃,故隐其诛。莽以军师外破,大臣内叛,左右亡所信,不能复远念郡国,乃召王邑还,为大司马,以大长秋张邯为大司徒,崔发为大司空,司中寿容苗䜣为国师。莽忧懑不能食,但饮酒,啖鳆鱼;读军书倦,因冯几寐,不复就枕矣。

成纪隗崔、隗义、上邽杨广、冀人周宗同起兵以应汉[①],攻平襄[②],杀莽镇戎大尹李育。崔兄子嚣,素有名,好经书,崔等共推为上将军;崔为白虎将军,义为左将军。嚣遣使聘平陵方望[③],以为军师。望说嚣立高庙于邑东;己巳,祠高祖、太宗、世宗,嚣等皆称臣执事,杀马同盟,以兴辅刘宗,移檄郡国,数莽罪恶。勒兵十万,击杀雍州牧陈庆、安定大尹王向[④]。分遣诸将徇陇西、武都、金城、武威、张掖、酒泉、敦煌[⑤],皆下之。

初,茂陵公孙述为清水长[⑥],有能名;迁导江卒正[⑦],治临邛[⑧]。汉兵起,南阳宗成、商人王岑起兵徇汉中以应汉,杀王莽庸部牧宋遵,众合数万人。述遣使迎成等,成等至成都,虏掠暴横。述召郡中豪桀谓曰:“天下同苦新室,思刘氏久矣,故闻汉将军到,驰迎道路。今百姓无辜而妇子系获,此寇贼,非义兵也。”乃使人诈称汉使者,假述辅汉将军、蜀郡太守兼益州牧印绶;选精兵西击成等,杀之,并其众。

前钟武侯刘望起兵汝南,严尤、陈茂往归之;八月,望即帝位,以尤为大司马,茂为丞相。

【注释】

①成纪:县名,治所在今甘肃静宁县。上邽(guī 圭):县名,治所在

今甘肃天水市。冀:县名,治所在今甘肃甘谷县。 ②平襄:县名,治所在今甘肃通渭县。 ③平陵:县名,治所在今陕西咸阳市。 ④雍州:郡名,治所在今甘肃东部。安定:郡名,治所在今宁夏固原市。 ⑤陇西:郡名,治所在今甘肃临洮县。武都:郡名,治所在今甘肃西和县。金城:郡名,治所在今甘肃永靖县。武威:郡名,治所在今甘肃武威市。酒泉:郡名,治所在今甘肃酒泉市。张掖:郡名,治所在今甘肃张掖市。 ⑥茂陵:县名,治所在今陕西兴平市。清水:县名,即今甘肃清水县。 ⑦导江:郡名,即蜀郡,治所在今四川成都市。 ⑧临邛(qióng 穷):县名,治所在今四川邛崃市。

王莽使太师王匡、国将哀章守洛阳。更始遣定国上公王匡攻洛阳,西屏大将军申屠建、丞相司直李松攻武关[①],三辅震动。析人邓晔、于匡起兵南乡以应汉[②],攻武关都尉朱萌,萌降;进攻右队大夫宋纲[③],杀之;西拔湖[④]。莽愈忧,不知所出。崔发言:"古者国有大灾,则哭以厌之。宜告天以求救!"莽乃率群臣至南郊,陈其符命本末,仰天大哭,气尽,伏而叩头。诸生、小民旦夕会哭,为设餐粥;甚悲哀者,除以为郎,郎至五千余人。

莽拜将军九人,皆以虎为号,将北军精兵数万人以东,内其妻子宫中以为质。时省中黄金尚六十余万斤,他财物称是,莽愈爱之,赐九虎士人四千钱;众重怨,无斗意。九虎至华阴回溪,距隘自守。王匡、邓晔击之,六虎败走:二虎诣阙归死[⑤],莽使使责死者安在,皆自杀;其四虎亡。三虎收散卒保渭口京师仓[⑥]。

邓晔开武关迎汉兵。李松将三千余人至湖,与晔等共攻京师仓,未下。晔以弘农掾王宪为校尉,将数百人北渡渭,入左冯翊界。李松遣偏将军韩臣等径西至新丰击莽波水将军[⑦],追奔至长门宫。王宪北至频阳[⑧],所过迎降。诸县大姓各起兵称汉将军,率众随宪。李松、邓晔引军至华阴,而长安旁兵四会城下;又闻天水隗氏方到,皆争欲入城,贪立大功、卤掠之利。莽赦城中囚徒,皆授兵,杀豨,饮其血,与誓曰:"有不为新室者,社鬼记之!"使更始将军史谌将之。渡渭桥[⑨],皆散走;谌空还。众兵发掘莽妻、子、父、祖冢,烧其棺椁及九庙、明堂、辟雍,火照城中。

九月，戊申朔，兵从宣平城门入[10]。张邯逢兵见杀；王邑、王林、王巡、䠠恽等分将兵距击北阙下[11]，会日暮，官府、邸第尽奔亡。己酉，城中少年朱弟、张鱼等恐见卤掠，趋欢并和，烧作室门，斧敬法闼，呼曰："反虏王莽，何不出降！"火及掖庭、承明，黄皇室主所居。黄皇室主曰[12]："何面目以见汉家！"自投火中而死。

莽避火宣室前殿，火辄随之。莽绀袀服，持虞帝匕首；天文郎按式于前，莽旋席随斗柄而坐，曰："天生德于予，汉兵其如予何！"庚戌，旦明，群臣扶掖莽自前殿之渐台，公卿从官尚千余人随之。王邑昼夜战，罢极，士死伤略尽，驰入宫，间关至渐台，见其子侍中睦解衣冠欲逃，邑叱之，令还，父子共守莽。军人入殿中，闻莽在渐台，众共围之数百重。台上犹与相射，矢尽，短兵接；王邑父子、䠠恽、王巡战死，莽入室。下铺时，众兵上台，苗䜣、唐尊、王盛等皆死。商人杜吴杀莽[13]，校尉东海公宾就斩莽首；军人分莽身，节解脔分，争相杀者数十人；公宾就持莽首诣王宪。宪自称汉大将军，城中兵数十万皆属焉；舍东宫，妻莽后宫，乘其车服。癸丑，李松、邓晔入长安，将军赵萌、申屠建亦至；以王宪得玺绶不上，多挟宫女，建天子鼓旗，收斩之。传莽首诣宛，县于市；百姓共提击之，或切食其舌。

班固赞曰：王莽始起外戚，折节力行以要名誉，及居位辅政，勤劳国家，直道而行，岂所谓"色取仁而行违"者邪！莽既不仁而有佞邪之材，又乘四父历世之权[14]，遭汉中微，国统三绝[15]，而太后寿考，为之宗主，故得肆其奸慝以成篡盗之祸。推是言之，亦天时，非人力之致矣！及其窃位南面[16]，颠覆之势险于桀、纣，而莽晏然自以黄、虞复出也。乃始恣睢，奋其威诈，毒流诸夏，乱延蛮貉，犹未足以逞其欲焉。是以四海之内，嚣然丧其乐生之心，中外愤怨，远近俱发，城池不守，支体分裂，遂令天下城邑为虚，害遍生民，自书传所载乱臣贼子，考其祸败，未有如莽之甚者也！昔秦燔《诗》《书》以立私议，莽诵《六艺》以文奸言，同归殊涂，俱用灭亡，皆圣王之驱除云尔。

【注释】

①武关:在今陕西商洛市商州区。 ②南乡:乡名,在今河南西峡县境内。析:县名,治所在今河南西峡县。 ③右队:郡名,王莽改弘农郡为右队郡,治所在今河南灵宝市。 ④湖:县名,治所在今河南灵宝市。⑤二虎:即史熊、王况。 ⑥三虎:即郭钦、陈翚(huī 辉)、成重。渭口:在今陕西华阴市灌水注入渭水处。 ⑦新丰:县名,在今陕西西安市临潼区。 ⑧频阳:县名,治所在今陕西富平县。 ⑨渭桥:又名中渭桥、横门桥、石柱桥。在今陕西咸阳市东北秦咸阳城南渭河上。 ⑩宣平城门:长安城北头第一门。 ⑪蘣(dài 带):姓氏。 ⑫黄皇室主:汉平帝正妻,王莽的女儿。死年三十二岁。 ⑬商:县名,今陕西商洛市商州区。 ⑭四父:指王凤、王音、王商、王根相继秉政,都是王莽伯叔父。⑮国统三绝:指汉成帝、哀帝、平帝三个皇帝都无后代。 ⑯南面:古代以坐北朝南为尊位,故天子见群臣,皆南面而坐。

定国上公王匡拔洛阳,生缚莽太师王匡、哀章,皆斩之。冬,十月,奋威大将军刘信击杀刘望于汝南,并诛严尤、陈茂,郡县皆降。

更始将都洛阳,以刘秀行司隶校尉,使前整修宫府。秀乃致僚属,作文移,从事司察,一如旧章。时三辅吏士东迎更始,见诸将过,皆冠帻而服妇人衣[①],莫不笑之;及见司隶僚属,皆欢喜不自胜,老吏或垂涕曰:“不图今日复见汉官威仪!”由是识者皆属心焉。

更始北都洛阳,分遣使者徇郡国,曰:“先降者复爵位!”使者至上谷[②],上谷太守扶风耿况迎,上印绶;使者纳之,一宿,无还意。功曹寇恂勒兵入见使者,请之,使者不与,曰:“天王使者,功曹欲胁之邪!”恂曰:“非敢胁使君,窃伤计之不详也。今天下初定,使君建节衔命,郡国莫不延颈倾耳;今始至上谷而先堕大信,将复何以号令他郡乎!”使者不应。恂叱左右以使者命召况;况至,恂进取印绶带况。使者不得已,乃承制诏之,况受而归。

宛人彭宠、吴汉亡命在渔阳[③],乡人韩鸿为更始使,徇北州,承制拜宠偏将军,行渔阳太守事,以汉为安乐令[④]。

更始遣使降赤眉。樊崇等闻汉室复兴，即留其兵，将渠帅二十余人随使者至洛阳，更始皆封为列侯。崇等既未有国邑，而留众稍有离叛者，乃复亡归其营[5]。

王莽庐江连率颍川李宪据郡自守[6]，称淮南王。

故梁王立之子永诣洛阳；更始封为梁王，都睢阳[7]。

更始欲令亲近大将徇河北，大司徒赐言："诸家子独有文叔可用。"朱鲔等以为不可[8]，更始狐疑，赐深劝之；更始乃以刘秀行大司马事，持节北渡河，镇慰州郡。

以大司徒赐为丞相，令先入关修宗庙、宫室。

大司马秀至河北，所过郡县，考察官吏，黜陟能否，平遣囚徒，除王莽苛政，复汉官名；吏民喜悦，争持牛酒迎劳，秀皆不受。

南阳邓禹杖策追秀，及于邺[9]。秀曰："我得专封拜，生远来，宁欲仕乎？"禹曰："不愿也。"秀曰："即如是，何欲为？"禹曰："但愿明公威德加于四海，禹得效其尺寸，垂功名于竹帛耳[10]！"秀笑，因留宿间语；禹进说曰："今山东未安，赤眉、青犊之属动以万数[11]。更始既是常才而不自听断，诸将皆庸人屈起，志在财币，争用威力，朝夕自快而已，非有忠良明智、深虑远图，欲尊主安民者也。历观往古圣人之兴，二科而已，天时与人事也。今以天时观之，更始既立而灾变方兴；以人事观之，帝王大业非凡夫所任，分崩离析，形势可见。明公虽建藩辅之功，犹恐无所成立也。况明公素有盛德大功，为天下所向服，军政齐肃，赏罚明信。为今之计，莫如延揽英雄[12]，务悦民心，立高祖之业，救万民之命，以公而虑，天下不足定也。"秀大悦，因令禹宿止于中，与定计议；每任使诸将，多访于禹，皆当其才。

秀自兄縯之死，每独居辄不御酒肉，枕席有涕泣处，主簿冯异独叩头宽譬[13]；秀止之曰："卿勿妄言！"异因进说曰："更始政乱，百姓无所依戴[14]。夫人久饥渴，易为充饱。今公专命方面，宜分遣官属徇行郡县，宣布惠泽。"秀纳之。

骑都尉宋子耿纯谒秀于邯郸[15]，退，见官属将兵法度不与他将同，遂自结纳[16]。

故赵缪王子林说秀决列人河水以灌赤眉[17]，秀不从，去之真定[18]。林素任侠于赵、魏间[19]。王莽时,长安中有自称成帝子子舆者,莽杀之。邯郸卜者王郎缘是诈称真子舆,云"母故成帝讴者,尝见黄气从上下,遂任身;赵后欲害之,伪易他人子,以故得全。"林等信之,与赵国大豪李育、张参等谋共立郎[20]。会民间传赤眉将渡河,林等因此宣言"赤眉当立刘子舆",以观众心,百姓多信之。十二月,林等率车骑数百晨入邯郸城,止于王宫,立郎为天子;分遣将帅徇下幽、冀[21],移檄州郡,赵国以北、辽东以西皆望风响应。

【注释】

①帻(zé 责):包头发的巾。初为民间所服,到西汉末年上下通行。 ②上谷:郡名,治所在今河北怀来县。 ③渔阳:郡名,治所在今北京密云区。 ④安乐:县名,治所在今北京顺义区。 ⑤营:指赤眉当时驻地濮阳(今河南濮阳市)。 ⑥庐江:郡名,治所在今安徽庐江县。 ⑦睢阳:治所在今河南商丘市。 ⑧鲔(wěi 伟):人名。 ⑨邺(yè 页):县名,治所在今河北临漳县。 ⑩竹帛:竹指竹简,帛指白绢,古代初无纸,用以书写文字。后用以指书册。 ⑪青犊(dú 读):农民起义军的称号。 ⑫延揽:招纳。 ⑬宽譬:宽慰劝解。 ⑭依戴:亲附尊奉。在旁为依,在上称戴。 ⑮宋子:县名,治所在今河北赵县。 ⑯结纳:犹结交。 ⑰列人:县名,治所在今河北邯郸市肥乡区。 ⑱真定:县名,治所在今河北正定县。 ⑲赵、魏:指今河北南部。 ⑳赵国:在今河北邯郸市。 ㉑幽、冀:幽州在今河北北部,冀州在今河北中部地区。

二年 春,正月,大司马秀以王郎新盛,乃北徇蓟[1]。

申屠建、李松自长安迎更始迁都;二月,更始发洛阳。初,三辅豪桀假号诛莽者,人人皆望封侯;申屠建既斩王宪,又扬言"三辅儿大黠,共杀其主。"吏民惶恐,属县屯聚;建等不能下。更始至长安,乃下诏大赦,非王莽子,他皆除其罪,于是三辅悉平。

时长安唯未央宫被焚,其余宫室、供帐、仓库、官府皆按堵如故,市里不改于旧。更始居长乐宫,升前殿,郎吏以次列庭中,更始羞怍,俯首刮席[2],不敢视。诸将后至者,更始问:"虏掠得几何?"左右侍官皆宫省久吏,惊愕相视。

李松与棘阳赵萌说更始宜悉王诸功臣;朱鲔争之,以为高祖约,非刘氏不王。更始乃先封诸宗室:祉为定陶王,庆为燕王,歙为元氏王,嘉为汉中王,赐为宛王,信为汝阴王;然后立王匡为泚阳王,王凤为宜城王,朱鲔为胶东王,王常为邓王,申屠建为平氏王,陈牧为阴平王,卫尉大将军张卬为淮阳王,执金吾、大将军廖湛为穰王,尚书胡殷为随王,柱天大将军李通为西平王,五威中郎将李轶为舞阴王,水衡大将军成丹为襄邑王,骠骑大将军宗佻为颍阴王,尹尊为郾王。唯朱鲔辞不受;乃以鲔为左大司马,宛王赐为前大司马,使与李轶等镇抚关东。又使李通镇荆州[3],王常行南阳太守事。以李松为丞相,赵萌为右大司马,共秉内任。

更始纳赵萌女为夫人,故委政于萌,日夜饮宴后庭;群臣欲言事,辄醉不能见,时不得已,乃令侍中坐帷中与语。韩夫人尤嗜酒,每侍饮,见常侍奏事,辄怒曰:"帝方对我饮,正用此时持事来邪!"起,抵破书案。赵萌专权,生杀自恣。郎吏有说萌放纵者,更始怒,拔剑斩之,自是无敢复言。以至群小、膳夫皆滥授官爵,长安为之语曰:"灶下养,中郎将。烂羊胃,骑都尉。烂羊头,关内侯。"军师将军李淑上书谏曰:"陛下定业,虽因下江、平林之势,斯盖临时济用,不可施之既安。唯名与器,圣人所重;今加非其人,望其裨益万分,犹缘木求鱼,升山采珠。海内望此,有以窥度汉祚!"更始怒,囚之。诸将在外者皆专行诛赏,各置牧守;州郡交错,不知所从。由是关中离心,四海怨叛。

【注释】

①蓟(jì 寄):县名,治所在今北京西南。 ②俯首:低头。 ③荆州:西汉武帝置十三刺史部之一,治所在今湖南常德市。

更始征隗嚣及其叔父崔、义等。嚣将行,方望以为更始成败未可知,固止之;嚣不听,望以书辞谢而去。嚣等至长安,更始以嚣为右将军,崔、义皆即旧号。

耿况遣其子弇奉奏诣长安[1],弇时年二十一。行至宋子[2],会王郎起,弇从吏孙仓、卫包曰:"刘子舆,成帝正统;舍此不归,远行安之!"弇按剑曰:"子舆弊贼,卒为降虏耳!我至长安,与国家陈上谷、渔阳兵马,归发突骑,以辚乌合之众,如摧枯折腐耳。观公等不识去就，灭族不久也！”仓、包遂亡，降王郎。

弇闻大司马秀在卢奴[③]，乃驰北上谒；秀留署长史，与俱北至蓟。王郎移檄购秀十万户，秀令功曹令史颍川王霸至市中募人击王郎，市人皆大笑，举手邪揄之，霸惭懅而反[④]。秀将南归，耿弇曰：“今兵从南方来，不可南行。渔阳太守彭宠，公之邑人；上谷太守，即弇父也。发此两郡控弦万骑，邯郸不足虑也。”秀官属腹心皆不肯，曰：“死尚南首，奈何北行入囊中！”秀指弇曰：“是我北道主人也。”

会故广阳王子接起兵蓟中以应郎，城内扰乱，言邯郸使者方到，二千石以下皆出迎。于是秀趣驾而出，至南城门，门已闭；攻之，得出，遂晨夜南驰，不敢入城邑，舍食道傍，至芜蒌亭[⑤]，时天寒烈，冯异上豆粥。至饶阳，官属皆乏食。秀乃自称邯郸使者，入传舍，传吏方进食。从者饥，争夺之。传吏疑其伪，乃椎鼓数十通，绐言“邯郸将军至”；官属皆失色。秀升车欲驰，既而惧不免，徐还坐，曰：“请邯郸将军入。”久，乃驾去，晨夜兼行，蒙犯霜雪，面皆破裂。

至下曲阳[⑥]，传闻王郎兵在后，从者皆恐。至滹沱河[⑦]，候吏还白“河水流澌，无船，不可济”。秀使王霸往视之。霸恐惊众，欲且前，阻水还，即诡曰：“冰坚可度。”官属皆喜。秀笑曰：“候吏果妄语也！”遂前，比至河，河冰亦合，乃令王霸护渡，未毕数骑而冰解。至南宫，遇大风雨，秀引车入道傍空舍，冯异抱薪，邓禹爇火，秀对灶燎衣，冯异复进麦饭。

进至下博城西[⑧]，惶惑不知所之。有白衣老父在道旁，指曰：“努力！信都郡为长安城守，去此八十里。”秀即驰赴之。是时郡国皆已降王郎，独信都太守南阳任光、和戎太守信都邳彤不肯从[⑨]。光自以孤城独守，恐不能全，闻秀至，大喜；吏民皆称万岁。邳彤亦自和戎来会，议者多言可因信都兵自送，西还长安。邳彤曰：“吏民歌吟思汉久矣，故更始举尊号而天下响应，三辅清宫除道以迎之。今卜者王郎，假名因势，驱集乌合之众，遂振燕、赵之地，无有根本之固。明公奋二郡之兵以讨之，何患不克！今释此而归，岂徒空失河北，必更惊动三辅，堕损威重，非计之得者也。

若明公无复征伐之意，则虽信都之兵，犹难会也。何者？明公既西，则邯郸势成，民不肯捐父母、背成主而千里送公，其离散亡逃可必也！”秀乃止。

秀以二郡兵弱，欲入城头子路、刁子都军中；任光以为不可。乃发傍县，得精兵四千人，拜任光为左大将军，信都都尉李忠为右大将军，邳彤为后大将军，和戎太守如故，信都令万修为偏将军，皆封列侯。留南阳宗广领信都太守事；使任光、李忠、万修将兵以从；邳彤将兵居前。任光乃多作檄文曰：“大司马刘公将城头子路、刁子都兵百万众从东方来，击诸反虏！”遣骑驰至巨鹿界中。吏民得檄，传相告语。秀投暮入堂阳界[10]，多张骑火，弥满泽中，堂阳即降；又击贳县[11]，降之。城头子路者，东平爰曾也[12]，寇掠河、济间，有众二十余万，刁子都有众六七万，故秀欲依之。昌城人刘植聚兵数千人据昌城[13]，迎秀；秀以植为骁骑将军。耿纯率宗族宾客二千余人，老病者皆载木自随，迎秀于育；拜纯为前将军。进攻下曲阳，降之。众稍合，至数万人，复北击中山[14]。耿纯恐宗家怀异心，乃使从弟䜣宿归，烧庐舍以绝其反顾之望。

秀进拔卢奴，所过发奔命兵，移檄边郡共击邯郸；郡县还复响应。时真定王杨起兵附王郎，众十余万，秀遣刘植说杨，杨乃降。秀因留真定，纳杨甥郭氏为夫人以结之。进击元氏、防子，皆下之。至鄗[15]，击斩王郎将李恽；至柏人[16]，复破郎将李育。育还保城；攻之，不下。

南郑人延岑起兵据汉中[17]；汉中王嘉击降之，有众数十万。校尉南阳贾复见更始政乱，乃说嘉曰：“今天下未定，而大王安守所保，所保得无不可保乎？”嘉曰：“卿言大，非吾任也。大司马在河北，必能相用。”乃为书荐复及长史南阳陈俊于刘秀。复等见秀于柏人，秀以复为破虏将军，俊为安集掾。

秀舍中儿犯法，军市令颍川祭遵格杀之[18]，秀怒，命收遵。主簿陈副谏曰：“明公常欲众军整齐[19]，今遵奉法不避，是教令所行也。”乃贳之，以为刺奸将军，谓诸将曰：“当备祭遵！吾舍中儿犯法尚杀之，必不私诸卿也。”

初，王莽既杀鲍宣，上党都尉路平欲杀其子永[20]；太守苟谏保护之，永由是得全。更始征永为尚书仆射，行大将军事，将兵安集河东、并州，得自置偏裨。永至河东，击青犊，大破之。以冯衍为立汉将军，屯太原，与上党太守田邑等缮甲养士以捍卫并土。

【注释】

①弇(yǎn 眼)：人名。 ②宋子：县名，治所在今河北赵县。 ③卢奴：县名，治所在今河北定州市。 ④惭懅(jù 句)：惭愧。 ⑤芜蒌亭：地名，治所在今河北饶阳县东。 ⑥下曲阳：县名，治所在今河北晋州市。 ⑦滹沱河：即今山西、河北二省境内滹沱河。 ⑧下博：县名，治所在今河北深州市。 ⑨和戎：郡名，治所在今河北晋州市。信都：县名，治所在今河北衡水市冀州区。邳(pī 丕)：姓氏。 ⑩堂阳：县名，治所在今河北新河县。 ⑪贳(shì 试)：县名，治所在今山东曹县南。 ⑫东平：县名，治所在今山东东平县。 ⑬昌城：县名，治所在今河北唐山市丰南区。 ⑭中山：郡名，治所在今河北定州市。 ⑮鄗(hào 浩)：县名，治所在今河北柏乡县。 ⑯柏人：县名，治所在今河北隆尧县。 ⑰南郑：县名，治所在今陕西汉中市东。 ⑱军市令：古时军中立市，进行贸易。军市令就是管制军市的长官。 ⑲明公：古代对有名位者的尊称。 ⑳上党：郡名，治所在今山西长子县。

或说大司马秀以守柏人不如定巨鹿，秀乃引兵东北拔广阿[①]。秀披舆地图，指示邓禹曰："天下郡国如是，今始乃得其一；子前言以吾虑天下不足定，何也？"禹曰："方今海内殽乱[②]，人思明君，犹赤子之慕慈母。古之兴者在德薄厚，不以大小也！"

蓟中之乱，耿弇与刘秀相失，北走昌平[③]，就其父况，因说况击邯郸。时王郎遣将徇渔阳、上谷[④]，急发其兵，北州疑惑，多欲从之。上谷功曹寇恂、门下掾闵业说况曰："邯郸拔起，难可信向。大司马，刘伯升母弟，尊贤下士，可以归之。"况曰："邯郸方盛，力不能独拒，如何？"对曰："今上谷完实，控弦万骑[⑤]，可以详择去就。恂请东约渔阳，齐心合众，邯郸不足图也！"况然之，遣恂东约彭宠，欲各发突骑二千匹、步兵千人诣大司马秀。

安乐令吴汉、护军盖延、狐奴令王梁亦劝宠从秀[⑥]，宠以为然；而官属皆欲附王郎，宠不能夺。汉出止外亭，遇一儒生，召而食之，问以所闻。生言：“大司马刘公，所过为郡县所称；邯郸举尊号者，实非刘氏。”汉大喜，即诈为秀书，移檄渔阳，使生赍以诣宠，令具以所闻说之。会寇恂至，宠乃发步骑三千人，以吴汉行长史，与盖延、王梁将之，南攻蓟，杀王郎大将赵闳。

寇恂像

寇恂还，遂与上谷长史景丹及耿弇将兵俱南，与渔阳军合，所过击斩王郎大将、九卿、校尉以下，凡斩首三万级，定涿郡、中山、巨鹿、清河、河间凡二十二县。前及广阿，闻城中车骑甚众，丹等勒兵问曰：“此何兵？”曰：“大司马刘公也。”诸将喜，即进至城下。城下初传言二郡兵为邯郸来，众皆恐。刘秀自登西城楼勒兵问之；耿弇拜于城下，即召入，具言发兵状。秀乃悉召景丹等入，笑曰：“邯郸将帅数言我发渔阳、上谷兵，吾聊应言‘我亦发之’，何意二郡良为吾来！方与士大夫共此功名耳。”乃以景丹、寇恂、耿弇、盖延、吴汉、王梁皆为偏将军，使还领其兵，加耿况、彭宠大将军；封况、宠、丹、延皆为列侯。

吴汉为人，质厚少文，造次不能以辞自达，然沉厚有智略，邓禹数荐之于秀，秀渐亲重之。

更始遣尚书令谢躬率六将军讨王郎，不能下；秀至，与之合军，东围巨鹿，月余未下。王郎遣将攻信都，大姓马宠等开门内之。更始遣兵攻破信都，秀使李忠还，行太守事。王郎遣将倪宏、刘奉率数万人救巨鹿，秀逆战于南䜌[7]，不利。景丹等纵突骑击之，宏等大败。秀曰：“吾闻突骑天下精兵，今见其战，乐可言邪！”

耿纯言于秀曰："久守巨鹿，士众疲弊；不如及大兵精锐，进攻邯郸，若王郎已诛，巨鹿不战自服矣。"秀从之。夏，四月，留将军邓满守巨鹿；进军邯郸，连战，破之；郎乃使其谏大夫杜威请降。威雅称郎实成帝遗体，秀曰："设使成帝复生，天下不可得，况诈子舆者乎！"威请求万户侯，秀曰："顾得全身可矣！"威怒而去。秀急攻之，二十余日；五月，甲辰，郎少傅李立开门内汉兵，遂拔邯郸。郎夜亡走[8]，王霸追斩之。秀收郎文书，得吏民与郎交关谤毁者数千章；秀不省，会诸将军烧之，曰："令反侧子自安！"

秀部分吏卒各隶诸军，士皆言愿属大树将军。大树将军者，偏将军冯异也，为人谦退不伐，敕吏士非交战受敌，常行诸营之后。每所止舍，诸将并坐论功，异常独屏树下，故军中号曰"大树将军"。

护军宛人朱祜言于秀曰："长安政乱，公有日角之相，此天命也！"秀曰："召刺奸收护军！"祜乃不敢复言。

更始遣使立秀为萧王，悉令罢兵，与诸将有功者诣行在所；遣苗曾为幽州牧，韦顺为上谷太守，蔡充为渔阳太守，并北之部。

萧王居邯郸宫，昼卧温明殿[9]，耿弇入，造床下请间，因说曰："吏士死伤者多，请归上谷益兵。"萧王曰："王郎已破，河北略平，复用兵何为？"弇曰："王郎虽破，天下兵革乃始耳。今使者从西方来，欲罢兵，不可听也。铜马、赤眉之属数十辈，辈数十百万人，所向无前，圣公不能办也，败必不久。"萧王起坐曰："卿失言，我斩卿！"弇曰："大王哀厚弇如父子，故敢披赤心。"萧王曰："我戏卿耳，何以言之？"弇曰："百姓患苦王莽，复思刘氏，闻汉兵起，莫不欢喜，如去虎口得归慈母。今更始为天子，而诸将擅命于山东，贵戚纵横于都内，虏掠自恣，元元叩心，更思莽朝，是以知其必败也。公功名已著，以义征伐，天下可传檄而定也。天下至重，公可自取，毋令他姓得之！"萧王乃辞以河北未平，不就征，始贰于更始。

是时，诸贼铜马、大彤、高湖、重连、铁胫、大枪、尤来、上江、青犊、五校、五幡、五楼、富平、获索等各领部曲[10]，众合数百万人，所在寇掠。萧王欲击之，乃拜吴汉、耿弇俱为大将军，持节北发幽州十郡突骑[11]；苗曾闻之，阴敕诸郡不得应调。吴汉将二十骑先驰至无终⑫，曾出迎于路，汉即收曾，斩之。耿弇到上谷，亦收韦顺、蔡充，斩之。北州震骇，于是悉发其兵。

秋，萧王击铜马于鄡⑬，吴汉将突骑来会清阳⑭，士马甚盛，汉悉上兵簿于莫府，请所付与，不敢自私，王益重之。王以偏将军沛国朱浮为大将军、幽州牧，使治蓟城。铜马食尽，夜遁，萧王追击于馆陶⑮，大破之。受降未尽，而高湖、重连从东南来，与铜马余众合；萧王复与大战于蒲阳⑯，悉破降之，封其渠帅为列侯。诸将未能信贼，降者亦不自安；王知其意，敕令降者各归营勒兵，自乘轻骑按行部陈。降者更相语曰："萧王推赤心置人腹中，安得不投死乎！"由是皆服，悉以降人分配诸将，众遂数十万。赤眉别帅与青犊、上江、大肜、铁胫、五幡十余万众在射犬⑰，萧王引兵进击，大破之；南徇河内，河内太守韩歆降。

【注释】

①广阿：县名，治所在今河北隆尧县。　②殽（xiáo 淆）乱：错杂混乱。　③昌平：县名，治所在今北京昌平区。　④渔阳：郡名，治所在今北京密云区。　⑤控弦：拉弓。引申称士兵。　⑥安乐：县名，治所在今北京顺义区。狐令：县名，治所在今北京顺义区。　⑦南䜌（luán 峦）：县名，治所在今河北巨鹿县。　⑧王郎（？—24）：邯郸人，本以卜相为业，后冒称为汉成帝之子刘子舆。更始二年（24）被西汉宗室刘林和大豪李育等立为汉帝，都邯郸。不久，刘秀攻破邯郸，被杀。　⑨温明殿：指赵王刘如意的宫殿，故基在今河北邯郸市内。　⑩铜马：首领东山荒秃、上淮况等。大肜：首领樊重。尤来：首领樊崇。五校：首领高扈。五楼：首领张文。富平：首领徐少。获索：首领古师郎。其他则史无记载。这些称号或他们的根据地名字，或以军容强盛为号。　⑪幽州十郡：指涿郡、广阳郡、代郡、上谷郡、渔阳郡、辽西郡、辽东郡、右北平郡、玄菟郡、乐浪郡。　⑫无终：县名，治所在今天津市蓟州区。　⑬鄡（qiāo 悄）：县名，治所在今河北辛集市东。　⑭清阳：县名，治所在今河北清河县。⑮馆陶：县名，即今河北馆陶县。　⑯蒲阳：县名，治所在今河北定州市。⑰射犬：聚名，治所在今河南沁阳市。

初，谢躬与萧王共灭王郎，数与萧王违戾，常欲袭萧王，畏其兵强而止；虽俱在邯郸，遂分城而处，然萧王有以慰安之。躬勤于吏职，萧王常称之曰："谢尚书，真吏也，"故不自疑。其妻知之，常戒之曰："君与刘公积不相能，而信其虚谈，终受制矣！"躬不纳。既而躬率其兵数万还屯于邺[①]。及萧王南击青犊，使躬邀击尤来于隆虑山[②]，躬兵大败。萧王因躬在外，使吴汉与刺奸大将军岑彭袭据邺城。躬不知，轻骑还邺，汉等收斩之，其众悉降。

更始遣柱功侯李宝、益州刺史李忠将兵万余人徇蜀、汉；公孙述遣其弟恢击宝、忠于绵竹，大破走之。述遂自立为蜀王，都成都，民、夷皆附之。

冬，更始遣中郎将归德侯飒、大司马护军陈遵使匈奴，授单于汉旧制玺绶，因送云、当余亲属、贵人、从者还匈奴。单于舆骄，谓遵、飒曰："匈奴本与汉为兄弟；匈奴中乱，孝宣皇帝辅立呼韩邪单于，故称臣以尊汉。今汉亦大乱，为王莽所篡，匈奴亦出兵击莽，空其边境，令天下骚动思汉；莽卒以败而汉复兴，亦我力也，当复尊我！"遵与相掌拒[③]，单于终持此言。

赤眉樊崇等将兵入颍川，分其众为二部，崇与逢安为一部，徐宣、谢禄、杨音为一部。赤眉虽数战胜，而疲敝厌兵，皆日夜愁泣，思欲东归[④]；崇等计议，虑众东向必散，不如西攻长安。于是崇、安自武关[⑤]，宣等从陆浑关[⑥]，两道俱入。更始使王匡、成丹与抗威将军刘均等分据河东、弘农以拒之。

萧王将北徇燕、赵，度赤眉必破长安，又欲乘衅并关中，而未知所寄，乃拜邓禹为前将军，中分麾下精兵二万人，遣西入关，令自选偏裨以下可与俱者。时朱鲔、李轶、田立、陈侨将兵号三十万，与河南太守武勃共守洛阳；鲍永、田邑在并州。萧王以河内险要富实，欲择诸将守河内者而难其人，问于邓禹。邓禹曰："寇恂文武备足，有牧人御众之才，非此子莫可使也。"乃拜恂河内太守，行大将军事。萧王谓恂曰："昔高祖留萧何关中，吾今委公以河内；当给足军粮，率厉士马，防遏他兵，勿令北渡而已！"拜冯异为孟津将军，统魏郡、河内兵于河上，以拒洛阳。萧王亲送邓禹至野王[⑦]，禹既西，萧王乃复引兵而北。寇恂调糇粮、治器械以供军；军虽远征，未尝乏绝。

隗崔、隗义谋叛归天水[⑧]；隗嚣恐并及祸，乃告之。更始诛崔、义，以嚣为御史大夫。

梁王永据国起兵，招诸郡豪桀，沛人周建等并署为将帅，攻下济阴、山阳、沛、楚、淮阳、汝南⑨，凡得二十八城。又遣使拜西防贼帅山阳佼强为横行将军，东海贼帅董宪为翼汉大将军，琅邪贼帅张步为辅汉大将军，督青、徐二州，与之连兵，遂专据东方。

郘人秦丰起兵于黎丘⑩，攻得郘、宜城等十余县，有众万人，自号楚黎王。

汝南田戎攻陷夷陵，自称扫地大将军；转寇郡县，众数万人。

【注释】

①邺（yè 页）：县名，治所在今河北临漳县。　②隆虑山：又名林虑山，在今河南林州市西。　③牚（chēng 称）拒：顶撞，争执不下。　④东归：赤眉原是琅邪一带饥民，东归，指要回到自己的家乡。　⑤武关：在今陕西商洛市商州区西南丹江北岸。　⑥陆浑关：在今河南嵩县。⑦野王：县名，治所在今河南沁阳市。　⑧天水：郡名，治所在今甘肃通渭县。　⑨济阴：郡名，治所在今山东菏泽市定陶区。山阳：郡名，治所在今山东金乡县。沛郡：治所在今安徽濉溪县。楚郡：治所在今江苏徐州市。淮阳：封国名，治所在今河南周口市淮阳区。　⑩郘（qǐ 启）：县名，治所在今湖北宜城市。

资治通鉴卷第四十

汉纪三十二　起旃蒙作噩，尽柔兆阉茂，凡二年。

世祖光武皇帝上之上

建武元年　春，正月，方望与安陵人弓林共立前定安公婴为天子[①]，聚党数千人，居临泾[②]。更始遣丞相松等击破，皆斩之。

邓禹至箕关[③]，击破河东都尉，进围安邑[④]。

赤眉二部俱会弘农。更始遣讨难将军苏茂拒之；茂军大败。赤眉众遂大集，乃分万人为一营，凡三十营。三月，更始遣丞相松与赤眉战于蓩乡[⑤]，松等大败，死者三万余人；赤眉遂转北至湖[⑥]。

蜀郡功曹李熊说公孙述宜称天子。夏，四月，述即帝位，号成家，改元龙兴；李熊为大司徒，述弟光为大司马，恢为大司空。越巂任贵据郡降述[⑦]。

萧王北击尤来、大枪、五幡于元氏[⑧]，追至北平[⑨]，连破之；又战于顺水北，乘胜轻进，反为所败。王自投高岸，突骑王丰下马授王，王仅而得免；散兵归保范阳[⑩]。军中不见王，或云已杀，诸将不知所为，吴汉曰："卿曹努力！王兄子在南阳，何忧无主！"众恐惧，数日乃定。贼虽战胜，而惮王威名，夜，遂引去。大军复进至安次[⑪]，连战，破之。贼退入渔阳，所过虏掠。强弩将军陈俊言于王曰："贼无辎重，宜令轻骑出贼前，使百姓各自坚壁以绝其食，可不战而殄也。"王然之，遣俊将轻骑驰出贼前，视人保壁坚完者，敕令固守；放散在野者，因掠取之。贼至，无所得，遂散败。王谓俊曰：

"困此虏者,将军策也。"

冯异遗李轶书,为陈祸福,劝令归附萧王;轶知长安已危,而以伯升之死,心不自安,乃报书曰:"轶本与萧王首谋造汉,今轶守洛阳,将军镇孟津,俱据机轴[12],千载一会,思成断金。唯深达萧王,愿进愚策以佐国安民。"轶自通书之后,不复与异争锋,故异得北攻天井关[13],拔上党两城,又南下河南成皋以东十三县[14],降者十余万。武勃将万余人攻诸畔者,异与战于士乡下[15],大破,斩勃;轶闭门不救。异见其信效,具以白王。王报异曰:"季文多诈,人不能得其要领。今移其书告守、尉当警备者。"众皆怪王宣露轶书;朱鲔闻之,使人刺杀轶,由是城中乖离,多有降者。

朱鲔闻王北征而河内孤,乃遣其将苏茂、贾强将兵三万余人渡巩河,攻温[16];鲔自将数万人攻平阴以缀异[17]。檄书至河内,寇恂即勒军驰出,亦移告属县,发兵会温下。军吏皆谏曰:"今洛阳兵渡河,前后不绝;宜待众军毕集,乃可出也。"恂曰:"温,郡之藩蔽,失温则郡不可守。"遂驰赴之。旦日,合战,而冯异遣救及诸县兵适至,恂令士卒乘城鼓噪[18],大呼言曰:"刘公兵到!"苏茂军闻之,陈动;恂因奔击,大破之。冯异亦渡河击朱鲔,鲔走;异与恂追至洛阳,环城一匝而归[19]。自是洛阳震恐,城门昼闭。

异、恂移檄上状,诸将入贺,因上尊号。将军南阳马武先进曰:"大王虽执谦退,奈宗庙社稷何!宜先即尊位,乃议征伐。今此谁贼而驰骛击之乎?"王惊曰:"何将军出此言?可斩也!"乃引军还蓟。复遣吴汉率耿弇、景丹等十三将军追尤来等,斩首万三千余级,遂穷追至浚靡而还[20]。贼散入辽西、辽东[21],为乌桓、貊人所钞击略尽。

都护将军贾复与五校战于真定,复伤创甚;王大惊曰:"我所以不令贾复别将者,为其轻敌也。果然,失吾名将!闻其妇有孕,生女邪,我子娶之;生男邪,我女嫁之;不令其忧妻子也。"复病寻愈,追及王于蓟,相见甚欢。

还至中山,诸将复上尊号;王又不听。行到南平棘[22],诸将复固请之;王不许。诸将且出,耿纯进曰:"天下士大夫,捐亲戚,弃土壤,从大王于矢石之间者,其计固望攀龙鳞,附凤翼[23],以成其所志耳。今大王留时逆众，不正号位，纯恐士大夫望绝计穷，则有去归之思，无为久自苦也。大众一散，难可复合。"纯言甚诚切，王深感曰："吾将思之。"

行至鄗[24]，召冯异，问四方动静。异曰："更始必败，宗庙之忧在于大王，宜从众议！"会儒生强华自关中奉《赤伏符》[25]来诣王曰："刘秀发兵捕不道，四夷云集龙斗野，四七之际火为主。"群臣因复奏请。六月，己未，王即皇帝位于鄗南；改元，大赦。

【注释】

①安陵：县名，治所在今陕西咸阳市。 ②临泾：县名，治所在今甘肃镇原县。 ③箕关：一名濝关。在今河南济源市西、王屋山南。 ④安邑：县名，治所在今山西夏县。 ⑤蓩乡：地名，在今河南灵宝市境。 ⑥湖：县名，治所在今河南灵宝市。 ⑦越嶲（xī 溪）：郡名，治所在今四川会理市。 ⑧元氏：县名，即今河北元氏县。 ⑨北平：县名，治所在今河北保定市满城区。 ⑩范阳：县名，治所在今河北定兴县。 ⑪安次：县名，即今河北廊坊市安次区。 ⑫机轴：机，弩牙；轴，车轴。比喻枢要之位。 ⑬天井关：一名"太行关"。在今山西晋城市南太行山上。

光武帝刘秀像

⑭成皋：县名，治所在今河南荥阳市。 ⑮士乡：聚名，在今河南洛阳市东。 ⑯温：县名，即今河南温县。 ⑰平阴：县名，治所在今河南洛阳市孟津区。 ⑱鼓噪：古代指出战时擂鼓呐喊，以张声势。今泛指喧嚷。⑲一匝（zā）：一周。 ⑳浚靡：县名，治所在今河北遵化市。 ㉑辽西：郡名，治所在今辽宁义县。辽东：郡名，在今辽宁辽阳市。 ㉒南平棘：县名，治所在今河北赵县。 ㉓攀龙鳞，附凤翼：喻依附有声望的人而立名。后来特指依附帝王以建立功业。 ㉔鄗（hào

昊):县名,治所在今河北柏乡县。 ㉕赤伏符:汉代流行的一种谶语。

邓禹围安邑[1],数月未下,更始大将军樊参将数万人渡大阳[2],欲攻禹;禹逆击于解南[3],斩之。王匡、成丹、刘均合军十余万,复共击禹,禹军不利。明日,癸亥,匡等以六甲穷日[4],不出,禹因得更治兵。甲子,匡悉军出攻禹;禹令军中毋得妄动,既至营下,因传发诸将,鼓而并进,大破之。匡等皆走,禹追斩均及河东太守杨宝,遂定河东,匡等奔还长安。

张卬与诸将议曰:"赤眉旦暮且至,见灭不久,不如掠长安,东归南阳;事若不集,复入湖池中为盗耳!"乃共入,说更始;更始怒不应,莫敢复言。更始使王匡、陈牧、成丹、赵萌屯新丰,李松军掫[5],以拒赤眉。张卬、廖湛、胡殷、申屠建与隗嚣合谋,欲以立秋日貙膢时共劫更始[6],俱成前计。更始知之,托病不出,召张卬等入,将悉诛之;唯隗嚣称疾不入,会客王遵、周宗等勒兵自守。更始狐疑不决,卬、湛、殷疑有变,遂突出;独申屠建在,更始斩建,使执金吾邓晔将兵围隗嚣第。卬、湛、殷勒兵烧门,入战宫中,更始大败;嚣亦溃围,走归天水。明旦,更始东奔赵萌于新丰。更始复疑王匡、陈牧、成丹与张卬等同谋,乃并召入;牧、丹先至,即斩之。王匡惧,将兵入长安,与张卬等合。

赤眉进至华阴,军中有齐巫[7],常鼓舞祠城阳景王,巫狂言:"景王大怒曰:'当为县官,何故为贼!'"有笑巫者辄病,军中惊动。方望弟阳说樊崇等曰:"今将军拥百万之众,西向帝城,而无称号,名为群贼,不可以久;不如立宗室,挟义诛伐,以此号令,谁敢不从!"崇等以为然,而巫言益甚。前至郑[8],乃相与议曰:"今迫近长安,而鬼神若此,当求刘氏共尊立之。"

先是,赤眉过式[9],掠故式侯萌之子恭、茂、盆子三人自随。恭少习《尚书》,随樊崇等降更始于洛阳,复封式侯,为侍中,在长安。茂与盆子留军中,属右校卒史刘侠卿,主牧牛。及崇等欲立帝,求军中景王后,得七十余人,唯茂、盆子及前西安侯孝最为近属。崇等曰:"闻古者天子将兵称上将军,"乃书札为符曰"上将军",又以两空札置笥中,于郑北设坛场,祠城阳景王,诸三老、从事皆大会;

列盆子等三人居中立，以年次探札，盆子最幼；后探，得符；诸将皆称臣，拜。盆子时年十五，被发徒跣，敝衣赭汗，见众拜，恐畏欲啼。茂谓曰："善臧符！"盆子即啮折，弃之。以徐宣为丞相，樊崇为御史大夫，逢安为左大司马，谢禄为右大司马，其余皆列卿、将军。盆子虽立，犹朝夕拜刘侠卿，时欲出从牧儿戏；侠卿怒止之，崇等亦不复候视也。

【注释】

①安邑：县名，治所在今山西夏县。　②大阳：县名，治所在今山西平陆县。　③解：县名，治所在今山西临猗县。　④六甲穷日：指用天干地支相配计算时日，为癸亥日，是以甲子日推而周行，至癸亥为终一甲，故称穷日。迷信的说法以此日为忌。　⑤掫：城镇名，在今陕西西安市临潼区东北。　⑥貙膢（chū lóu 出楼）：立秋名。膢，祭名。貙，虎属。古代常以立秋日祭兽；王者亦以此日出猎，还，以祭宗庙，故称貙膢之祭。⑦齐巫：指齐国之巫。　⑧郑：县名，治所在今陕西渭南市华州区。⑨式：县名，治所在今山东济宁市兖州区。

秋，七月，辛未，帝使使持节拜邓禹为大司徒，封酂侯，食邑万户[①]；禹时年二十四。又议选大司空，帝以《赤伏符》曰"王梁主卫作玄武"，丁丑，以野王令王梁为大司空[②]。又欲以谶文用平狄将军孙咸行大司马，众咸不悦。壬午，以吴汉为大司马。

初，更始以琅邪伏湛为平原太守；时天下兵起，湛独晏然，抚循百姓。门下督谋为湛起兵，湛收斩之；于是吏民信向，平原一境赖湛以全。帝征湛为尚书，使典定旧制。又以邓禹西征，拜湛为司直，行大司徒事；车驾每出征伐，常留镇守。

邓禹自汾阴度河[③]，入夏阳[④]，更始左辅都尉公乘歙引其众十万与左冯翊兵共拒禹于衙[⑤]；禹复破走之。

宗室刘茂聚众京、密间[⑥]，自称厌新将军，攻下颍川、汝南，众十余万人。帝使骠骑大将军景丹、建威大将军耿弇、强弩将军陈俊攻之；茂来降，封为中山王。

己亥[⑦]，帝幸怀[⑧]，遣耿弇、陈俊军五社津[⑨]，备荥阳以东；使吴汉率建义大将军朱祐等十一将军围朱鲔于洛阳。八月，进幸河阳[10]。

李松自掫引兵还[11]，从更始与赵萌共攻王匡、张卬于长安。连战月余，匡等败走，更始徙居长信宫。

赤眉至高陵[12]，王匡、张卬等迎降之，遂共连兵进攻东都门。李松出战，赤眉生得松。松弟况为城门校尉，开门纳之。九月，赤眉入长安；更始单骑走，从厨城门出。式侯恭以赤眉立其弟，自系诏狱；闻更始败走，乃出，见定陶王祉，祉为之除械，相与从更始于渭滨。右辅都尉严本，恐失更始为赤眉所诛，即将更始至高陵，本将兵宿卫，其实围之。更始将相皆降赤眉，独丞相曹竟不降，手剑格死。

辛未，诏封更始为淮阳王；吏民敢有贼害者，罪同大逆；其送诣吏者封列侯。

初，宛人卓茂，宽仁恭爱，恬荡乐道，雅实不为华貌，行己在于清浊之间，自束发至白首，未尝与人有争竞，乡党故旧，虽行能与茂不同，而皆爱慕欣欣焉。哀、平间为密令，视民如子，举善而教，口无恶言，吏民亲爱，不忍欺之。民尝有言部亭长受其米肉遗者，茂曰："亭长为从汝求乎，为汝有事嘱之而受乎，将平居自以恩意遗之乎？"民曰："往遗之耳。"茂曰："遗之而受，何故言邪？"民曰："窃闻贤明之君，使民不畏吏，吏不取民。今我畏吏，是以遗之；吏既卒受，故来言耳。"茂曰："汝为敝民矣！凡人所以群居不乱，异于禽兽者，以有仁爱礼义，知相敬事也。汝独不欲修之，宁能高飞远走，不在人间邪！吏顾不当乘威力强请求耳。亭长素善吏，岁时遗之，礼也。"民曰："苟如此，律何故禁之？"茂笑曰："律设大法，礼顺人情。今我以礼教汝，汝必无怨恶；以律治汝，汝何所措其手足乎？一门之内，小者可论，大者可杀也。且归念之！"初，茂到县，有所废置，吏民笑之，邻城闻者皆蚩其不能。河南郡为置守令；茂不为嫌，治事自若。数年，教化大行，道不拾遗；迁京部丞，密人老少皆涕泣随送。及王莽居摄，以病免归。上即位，先访求茂，茂时年七十余。甲申，诏曰："夫名冠天下，当受天下重赏。今以茂为太傅，封褒德侯。"

臣光曰：孔子称"举善而教不能则劝"。是以舜举皋陶，汤举伊尹，而不仁者远，有德故也。光武即位之初，群雄竞逐，四海鼎沸，彼摧坚陷敌之人，权略诡辩之士，方见重于世，而独能取忠厚之臣，旌循良之吏，拔于草莱之中⑬，寘诸群公之首，宜其光复旧物，享祚久长，盖由知所先务而得其本原故也。

【注释】

①酂(cuó 痤)：西汉封为侯国，东汉复为县。在今湖北老河口市西北。 ②野王：县名，治所在今河南沁阳市。 ③汾阴：县名，治所在今山西万荣县。 ④夏阳：县名，治所在今陕西韩城市。 ⑤衙：县名，治所在今陕西白水县。 ⑥京：县名，治所在今河南荥阳市。密：县名，治所在今河南新密市。 ⑦己亥：七月无此日。 ⑧怀：县名，治所在今河南武陟县。 ⑨五社津：渡口名，在今河南巩义市境内。 ⑩河阳：县名，治所在今河南孟津县。 ⑪掫(zōu 邹)：城名，在今陕西西安市临潼区东北。 ⑫高陵：县名，即今陕西西安市高陵区。 ⑬草莱：田野，比喻未出仕的人。

诸将围洛阳数月，朱鲔坚守不下。帝以廷尉岑彭尝为鲔校尉，令往说之。鲔在城上；彭在城下，为陈成败。鲔曰："大司徒被害时，鲔与共谋，又谏更始无遣萧王北伐，诚自知罪深，不敢降！"彭还，具言于帝。帝曰："举大事者不忌小怨。鲔今若降，官爵可保，况诛罚乎！河水在此，吾不食言！"彭复往告鲔，鲔从城上下索曰："必信，可乘此上。"彭趣索欲上，鲔见其诚，即许降。辛卯，朱鲔面缚，与岑彭俱诣河阳①。帝解其缚，召见之，复令彭夜送鲔归城。明旦，与苏茂等悉其众出降。拜鲔为平狄将军，封扶沟侯；后为少府，传封累世。

帝使侍御史河内杜诗安集洛阳②。将军萧广纵兵士暴横，诗敕晓不改，遂格杀广。还，以状闻。上召见，赐以棨戟③，遂擢任之。

冬，十月，癸丑，车驾入洛阳，幸南宫，遂定都焉。

赤眉下书曰："圣公降者，封为长沙王；过二十日，勿受。"更始遣刘恭请降，赤眉使其将谢禄往受之。更始随禄，肉袒④，上玺绶于盆子。赤眉坐更始，置庭中，将杀之；刘恭、谢禄为请，不能得，遂引更始出。刘恭追呼曰：“臣诚力极，请得先死！”拔剑欲自刎；樊崇等遽共救止之。乃赦更始，封为畏威侯。刘恭复为固请，竟得封长沙王。更始常依谢禄居，刘恭亦拥护之。

刘盆子居长乐宫，三辅郡县、营长遣使贡献，兵士辄剽夺之，又数暴掠吏民，由是皆复固守。

百姓不知所归，闻邓禹乘胜独克而师行有纪，皆望风相携负以迎军，降者日以千数，众号百万。禹所止，辄停车住节以劳来之，父老、童稚，垂发、戴白满其车下，莫不感悦，于是名震关西。

诸将豪桀皆劝禹径攻长安，禹曰：“不然。今吾众虽多，能战者少，前无可仰之积，后无转馈之资；赤眉新拔长安，财谷充实，锋锐未可当也。夫盗贼群居无终日之计，财谷虽多，变故万端，宁能坚守者也！上郡、北地、安定三郡[5]，土广人稀，饶谷多畜，吾且休兵北道，就粮养士，以观其敝，乃可图也。”于是引军北至栒邑[6]，所到，诸营保郡邑皆开门归附。

上遣岑彭击荆州群贼，下犨、叶等十余城[7]。

十一月，甲午，上幸怀[8]。

梁王永称帝于睢阳[9]。

十二月，丙戌[10]，上还洛阳。

三辅苦赤眉暴虐，皆怜更始，欲盗出之；张卬等深以为虑，使谢禄缢杀之。刘恭夜往，收藏其尸；帝诏邓禹葬之于霸陵。中郎将宛人赵憙将出武关，道遇更始亲属，皆裸跣饥困[11]，憙竭其资粮以与之，将护而前；宛王赐闻之，迎还乡里。

东汉绿釉骑马俑

隗嚣归天水[12]，复招聚

其众，兴修故业，自称西州上将军⑬。三辅士大夫避乱者多归嚣，嚣倾身引接，为布衣交；以平陵范逡为师友，前凉州刺史河内郑兴为祭酒，茂陵申屠刚、杜林为治书，马援为绥德将军，杨广、王遵、周宗及平襄行巡、阿阳王捷、长陵王元为大将军⑭，安陵班彪之属为宾客，由此名震西州，闻于山东。马援少时，以家用不足辞其兄况，欲就边郡田牧。况曰："汝大才，当晚成；良工不示人以朴，且从所好。"遂之北地田牧。常谓宾客曰："丈夫为志，穷当益坚，老当益壮。"后有畜数千头，谷数万斛，既而叹曰："凡殖财产，贵其能赈施也，否则守钱虏耳！"乃尽散于亲旧。闻隗嚣好士，往从之。嚣甚敬重，与决筹策。班彪，稚之子也。

【注释】

①河阳：县名，治所在今河南孟州市。　②河内：郡名，治所在今河南武陟县。　③棨戟（qǐ jǐ 起几）：古代官吏出行时用作前导的一种仪仗。　④肉袒：脱去上衣，裸露肢体。古人在谢罪时，常脱衣露体，表示惶惧。　⑤上郡：郡名，治所在今陕西榆林市。北地：郡名，治所在今甘肃庆阳市。安定：郡名，在今宁夏固原市。　⑥栒邑：县名，治所在今陕西旬邑县。　⑦犨（chōu 抽）：县名，治所在今河南鲁山县。叶：县名，治所即今河南叶县。　⑧怀：县名，治所在今河南武陟县。　⑨睢阳：县名，治所在今河南商丘市。　⑩丙戌：十二月无此日。　⑪跣（xiǎn 显）：光着脚。　⑫天水：郡名，治所在今甘肃通渭县。　⑬西州：这时泛指凉州为西州，相当今甘肃中部和西北部一带。　⑭平襄：县名，治所在今甘肃通渭县。阿阳：县名，治所在今山东禹城市。

初，平陵窦融累世仕宦河西①，知其土俗，与更始右大司马赵萌善，私谓兄弟曰："天下安危未可知；河西殷富，带河为固，张掖属国精兵万骑，一旦缓急，杜绝河津，足以自守，此遗种处也！"乃因萌求往河西。萌荐融于更始，以为张掖属国都尉。融既到，抚结雄杰，怀辑羌虏，甚得其欢心。是时，酒泉太守安定梁统、金城太守库钧、张掖都尉茂陵史苞、酒泉都尉竺曾、敦煌都尉辛肜②，并州郡英俊，融皆与厚善。及更始败，融与梁统等计议曰："今天下扰乱，未知所归。河西斗绝在羌、胡中，不同心戮力，则不能自守，权钧力齐，复无以相率，当推一人为大将军，共全五郡[③]，观时变动。”议既定，而各谦让。以位次，咸共推梁统；统固辞，乃推融行河西五郡大将军事。武威太守马期、张掖太守任仲并孤立无党，乃共移书告示之；二人即解印绶去。于是以梁统为武威太守，史苞为张掖太守，竺曾为酒泉太守，辛肜为敦煌太守。融居属国，领都尉职如故；置从事，监察五郡。河西民俗质朴，而融等政亦宽和，上下相亲，晏然富殖[④]；修兵马，习战射，明烽燧，羌、胡犯塞，融辄自将与诸郡相救，皆如符要，每辄破之。其后羌、胡皆震服亲附，内郡流民避凶饥者归之不绝。

王莽之世，天下咸思汉德，安定三水卢芳居左谷中[⑤]，诈称武帝曾孙刘文伯，云“曾祖母，匈奴浑邪王之姊也；”常以是言诳惑安定间。王莽末，乃与三水属国羌、胡起兵。更始至长安，征芳为骑都尉，使镇抚安定以西。更始败，三水豪桀共立芳为上将军、西平王，使使与西羌、匈奴结和亲。单于以为：“汉氏中绝，刘氏来归，我亦当如呼韩邪立之，令尊事我。”乃使句林王将数千骑迎芳兄弟入匈奴，立芳为汉帝，以芳弟程为中郎将，将胡骑还入安定。

帝以关中未定，而邓禹久不进兵，赐书责之曰：“司徒，尧也；亡贼，桀也。长安吏民遑遑无所依归，宜以时进讨，镇慰西京[⑥]，系百姓之心！”禹犹执前意，别攻上郡诸县，更征兵引谷，归至大要[⑦]。积弩将军冯愔、车骑将军宗歆守栒邑，二人争权相攻，愔遂杀歆，因反击禹，禹遣使以闻。帝问使人：“愔所亲爱为谁？”对曰：“护军黄防。”帝度愔、防不能久和，势必相忤，因报禹曰：“缚冯愔者，必黄防也。”乃遣尚书宗广持节往降之。后月余，防果执愔，将其众归罪。更始诸将王匡、胡殷、成丹等皆诣广降，广与东归；至安邑，道欲亡，广悉斩之。

愔之叛也，引兵西向天水；隗嚣逆击，破之于高平[⑧]，尽获其辎重。于是禹承制遣使持节命嚣为西州大将军，得专制凉州、朔方事。

腊日，赤眉设乐大会，酒未行，群臣更相辩斗；而兵众遂各逾宫，斩关入，掠酒肉，互相杀伤。卫尉诸葛稚闻之，勒兵入，格杀百余人，乃定。刘盆子惶恐，日夜啼泣，从官皆怜之。

帝遣宗正刘延攻天井关[9]，与田邑连战十余合，延不得进。及更始败，邑遣使请降；即拜为上党太守。帝又遣谏议大夫储大伯持节征鲍永；永未知更始存亡，疑不肯从，收系大伯，遣使驰至长安，诇问虚实[10]。

初，帝从更始在宛，纳新野阴氏之女丽华。是岁，遣使迎丽华与帝姊湖阳公主、妹宁平公主俱到洛阳；以丽华为贵人。更始西平王李通先娶宁平公主，上征通为卫尉。

初，更始以王闳为琅邪太守，张步据郡拒之。闳谕降，得赣榆等六县[11]；收兵与步战，不胜。步既受刘永官号，治兵于剧[12]，遣将徇泰山、东莱、城阳、胶东、北海、济南、齐郡[13]，皆下之。闳力不敌，乃诣步相见。步大陈兵而见之，怒曰："步有何罪，君前见攻之甚！"闳按剑曰："太守奉朝命，而文公拥兵相拒。闳攻贼耳，何谓甚邪?"步起跪谢，与之宴饮，待为上宾，令闳关掌郡事。

【注释】

①河西：汉时指今甘肃、青海二省黄河以西，即河西走廊与湟水流域一带。　②酒泉：郡名，治所在今甘肃酒泉市。金城：郡名，治所在今甘肃永靖县。　③五郡：指张掖、酒泉、金城、敦煌、武威等五郡。　④富殖：财货充足，殖，指生产的东西多。　⑤三水：县名，治所在今宁夏同心县。　⑥西京：西汉都长安，东汉改都洛阳，因称洛阳为东京，长安为西京。　⑦大要：县名，治所在今甘肃宁县。　⑧高平：县名，治所在今宁夏固原市。　⑨天井关：一名"太行关"，在今山西晋城市南太行山上。⑩诇（xiòng 复）：侦察。　⑪赣榆：县名，即今江苏连云港市赣榆区。⑫剧：县名，治所在今山东寿光市。　⑬泰山：郡名，治所在今山东泰安市。东莱：郡名，治所在今山东莱州市。城阳：郡名，治所在今山东莒县。胶东：郡名，治所在今山东平度市。北海：郡名，治所在今山东昌乐县。济南：郡名，治所在今山东济南市章丘区。齐郡：治所在今山东淄博市。

二年　春，正月，甲子朔，日有食之。

刘恭知赤眉必败，密教弟盆子归玺绶，习为辞让之言。及正旦大会，恭先曰："诸君共立恭弟为帝，德诚深厚！立且一年，殽乱日甚[1]，诚不足以相成，恐死而无益，愿得退为庶人，更求贤知，唯诸君省察!”樊崇等谢曰:“此皆崇等罪也。”恭复固请,或曰:“此宁式侯事邪!”恭惶恐起去。盆子乃下床解玺绶,叩头曰:“今设置县官而为贼如故,四方怨恨,不复信向,此皆立非其人所致。愿乞骸骨,避贤圣路!必欲杀盆子以塞责者,无所离死!”因涕泣嘘唏[②]。崇等及会者数百人,莫不哀怜之,乃皆避席顿首曰:“臣无状,负陛下,请自今已后,不敢复放纵!”因共抱持盆子,带以玺绶;盆子号呼,不得已。既罢出,各闭营自守。三辅翕然,称天子聪明,百姓争还长安,市里且满。后二十余日,复出,大掠如故。

刁子都为其部曲所杀[③],余党与诸贼会檀乡[④],号檀乡贼,寇魏郡、清河。魏郡大吏李熊弟陆谋反城迎檀乡,或以告魏郡太守颍川铫期[⑤],期召问熊,熊叩头首服,愿与老母俱就死。期曰:“为吏傥不若为贼乐者,可归与老母往就陆也!”使吏送出城。熊行,求得陆,将诣邺城西门[⑥];陆不胜愧感,自杀以谢期。期嗟叹,以礼葬之,而还熊故职。于是郡中服其威信。

帝遣吴汉率王梁等九将军击檀乡于邺东漳水上,大破之,十余万众皆降。又使梁与大将军杜茂将兵安辑魏郡、清河、东郡,悉平诸营保,三郡清静,边路流通。

庚辰,悉封诸功臣为列侯;梁侯邓禹、广平侯吴汉皆食四县。博士丁恭议曰:“古者封诸侯不过百里,强干弱枝,所以为治也。今封四县,不合法制。”帝曰:“古之亡国皆以无道,未尝闻功臣地多而灭亡者也。”阴乡侯阴识,贵人之兄也,以军功当增封,识叩头让曰:“天下初定,将帅有功者众,臣托属掖廷,仍加爵邑,不可以示天下;此为亲戚受赏,国人计功也。”帝从之。帝令诸将各言所乐,皆占美县;河南太守颍川丁綝独求封本乡[⑦]。或问其故,綝曰:“綝能薄功微,得乡亭厚矣!”帝从其志,封新安乡侯[⑧]。帝使郎中魏郡冯勤典诸侯封事;勤差量功次轻重,国土远近,地势丰薄,不相逾越,莫不厌服焉。帝以为能,尚书众事皆令总录之。故事:尚书郎以令史久次补之,帝始用孝廉为尚书郎。

起高庙于洛阳,四时合祀高祖、太宗、世宗;建社稷于宗庙之右;立郊兆于城南。

长安城中粮尽,赤眉收载珍宝,大纵火烧宫室、市里,恣行杀掠，长安城中无复人行；乃引兵而西，众号百万，自南山转掠城邑[⑨]，遂入安定、北地。邓禹引兵南至长安，军昆明池，谒祠高庙，收十一帝神主[⑩]，送诣洛阳；因巡行园陵，为置吏士奉守焉。

真定王杨造谶记曰："赤九之后，瘿杨为主[⑪]。"杨病瘿，欲以惑众；与绵曼贼交通[⑫]。帝遣骑都尉陈副、游击将军邓隆征之，杨闭城门不内。帝复遣前将军耿纯持节行幽、冀，所过劳慰王、侯，密敕收杨。纯至真定，止传舍，邀杨相见。纯，真定宗室之出也，故杨不以为疑，且自恃众强，而纯意安静，即从官属诣之；杨兄弟并将轻兵在门外。杨入，见纯，纯接以礼敬，因延请其兄弟皆入；乃闭阁，悉诛之，因勒兵而出。真定震怖，无敢动者。帝怜杨谋未发而诛，复封其子为真定王。

【注释】

①殽（xiáo 淆）乱：错杂混乱。　②嘘唏（xū xī 需希）：哽咽。　③刁子都：据守山东东海郡（今山东郯城县）的变民首领。　④橦乡：县名，治所在今山东济宁市兖州区。　⑤铫（yáo 摇）：姓。　⑥邺城：当时魏郡治所所在地，即今河北临漳县西南邺镇。　⑦綝（lín 琳）：人名。⑧新安乡侯：汉制，大县侯位视三公，小县侯位视上卿，乡亭侯位视中二千石。丁綝：定陵县（今河南舞阳县）人，新安乡属定陵县。　⑨南山：一名"终南山""中南山""周南山"。即今陕西秦岭山脉。　⑩十一帝神主：指高祖、惠帝、文帝、景帝、武帝、昭帝、宣帝、元帝、成帝、哀帝、平帝。⑪"赤九之后，瘿杨为主"：李贤原注：汉朝以火作为象征，所以称赤。刘秀又是刘邦的第九代子孙，所以称九。赤九之后，也就是刘秀之后，应该是刘杨为帝。　⑫绵曼：县名，治所在今河北石家庄市鹿泉区东北。

二月，己酉，车驾幸修武[①]。

鲍永、冯衍审知更始已亡，乃发丧，出储大伯等，封上印绶，悉罢兵，幅巾诣河内[②]。帝见永，问曰："卿众何在？"永离席叩头曰："臣事更始，不能令全，诚惭以其众幸富贵，故悉罢之。"帝曰："卿言大，"而意不悦。既而永以立功见用，衍遂废弃。永谓衍曰："昔高祖赏季布之罪，诛丁固之功；今遭明主，亦何忧哉！"衍曰："人有挑其邻人之妻者，其长者骂而少者报之。后其夫死，取其长者。

或谓之曰：‘夫非骂尔者邪？’曰：‘在人欲其报我，在我欲其骂人也！’夫天命难知，人道易守，守道之臣，何患死亡！”

大司空王梁屡违诏命，帝怒，遣尚书宗广持节即军中斩梁；广槛车送京师。既至，赦之，以为中郎将，北守箕关[3]。

壬子，以太中大夫京兆宋弘为大司空。弘荐沛国桓谭，为议郎、给事中。帝令谭鼓琴，爱其繁声[4]。弘闻之，不悦；伺谭内出[5]，正朝服坐府上，遣吏召之。谭至，不与席而让之[6]，且曰："能自改邪，将令相举以法乎[7]？"谭顿首辞谢；良久，乃遣之。后大会群臣，帝使谭鼓琴；谭见弘，失其常度。帝怪而问之，弘乃离席免冠谢曰："臣所以荐桓谭者，望能以忠正导主；而令朝廷耽悦郑声[8]，臣之罪也。"帝改容谢之。

湖阳公主新寡，帝与共论朝臣，微观其意。主曰："宋公威容德器，群臣莫及。"帝曰："方且图之。"后弘被引见，帝令主坐屏风后，因谓弘曰："谚言‘贵易交，富易妻，’人情乎？"弘曰："臣闻贫贱之知不可忘，糟糠之妻不下堂[9]。"帝顾谓主曰："事不谐矣！"

帝之讨王郎也，彭宠发突骑以助军，转粮食，前后不绝。及帝追铜马至蓟，宠自负其功，意望甚高；帝接之不能满，以此怀不平。及即位，吴汉、王梁，宠之所遣，并为三公，而宠独无所加，愈怏怏不得志，叹曰："如此，我当为王；但尔者，陛下忘我邪！"

是时北州破散，而渔阳差完，有旧铁官，宠转以贸谷，积珍宝，益富强。幽州牧朱浮，年少有俊才，欲厉风迹，收士心，辟召州中名宿及王莽时故吏二千石[10]，皆引置幕府[11]，多发诸郡仓谷禀赡其妻子。宠以为天下未定，师旅方起，不宜多置官属以损军实[12]，不从其令。浮性矜急自多，宠亦狠强，嫌怨转积。浮数谮构之，密奏宠多聚兵谷，意计难量。上辄漏泄令宠闻，以胁恐之。至是，有诏征宠，宠上疏，愿与浮俱征；帝不许。宠益以自疑；其妻素刚，不堪抑屈，固劝无受征，曰："天下未定，四方各自为雄，渔阳大郡，兵马最精，何故为人所奏而弃此去乎！"宠又与所亲信吏计议，皆怀怨于浮，莫有劝行者。帝遣宠从弟子后兰卿喻之；宠因留子后兰卿，遂发兵反，拜署将帅，自将二万余人，攻朱浮于蓟。又以与耿况俱有重功，而恩赏并薄，数遣使要诱况。况不受，斩其使。

延岑复反，围南郑[13]。汉中王嘉兵败走，岑遂据汉中，进兵武都[14]；为更始柱功侯李宝所破，岑走天水。公孙述遣将侯丹取南郑；嘉收散卒得数万人，以李宝为相，从武都南击侯丹，不利，还军河池、下辨[15]，复与延岑连战。岑引北，入散关[16]，至陈仓[17]；嘉追击，破之。

公孙述又遣将军任满从阆中下江州[18]，东据捍关[19]，于是尽有益州之地。

辛卯[20]，上还洛阳。

【注释】

①修武：县名，治所在今河南获嘉县。 ②幅巾：古代男子用绢一幅束发，谓幅巾。 ③箕关：一名濝关。在今河南济源市西、王屋山南。④繁声：指浮靡的音乐。 ⑤伺（sì 祀）观察，守候。 ⑥不与席：不给席位。古时坐席不坐椅，主客异席而坐。 ⑦相：副词，表示二人之间的关系；由一方发出的行为，施及另一个。举以法：据法检举，大概是要检举桓谭失职。 ⑧耽（dān 丹）悦：喜爱。郑声：本指郑国的民间音乐，这里借指不够典雅的凡俗音乐。 ⑨糟糠之妻：一同吃过糟糠的妻子，即一起度过贫苦生活的妻子。下堂：离开堂屋，意思是把她休走，强迫离婚。⑩辟：征召。 ⑪幕府：将帅在外的营帐。军旅无固定住所，以帐幕为府署，故称幕府。这里是指衙署。 ⑫军实：指器械、粮饷等军事物资。⑬南郑：县名，即今陕西汉中市南郑区。 ⑭武都：县名，治所在今甘肃西和县。⑮河池：县名，治所在今甘肃徽县。下辨：县名，治所在今甘肃成县。⑯散关：关名，在今陕西宝鸡市西南大散岭上。 ⑰陈仓：县名，治所在今陕西宝鸡市。 ⑱江州：县名，治所在今重庆。 ⑲捍（hàn 汗）关：一名江关，又名瞿塘关，在今重庆奉节县东赤甲山上。 ⑳辛卯：疑误。

三月，乙未[1]，大赦。

更始诸大将在南方未降者尚多。帝召诸将议兵事，以檄叩地曰[2]："郾最强[3]，宛为次，谁当击之？"贾复率然对曰："臣请击郾。"帝笑曰："执金吾击郾，吾复何忧！大司马当击宛。"遂遣复击郾，破之；尹尊降。又东击更始淮阳太守暴汜[4]，汜降。

夏，四月，虎牙大将军盖延督驸马都尉马武等四将军击刘永，破之；遂围永于睢阳。

故更始将苏茂反，杀淮阳太守潘蹇[5]，据广乐而臣于永[6]；永以茂为大司马、淮阳王。

吴汉击宛，宛王赐奉更始妻子诣洛阳降；帝封赐为慎侯。叔父良、族父歙、族兄祉皆自长安来。甲午，封良为广阳王，祉为城阳王；又封兄縯子章为太原王，兴为鲁王；更始三子求、歆、鲤皆为列侯。

邓王王常降，帝见之甚欢，曰："吾见王廷尉，不忧南方矣！"拜为左曹，封山桑侯。

五月，庚辰，封族父歙为泗水王。

帝以阴贵人雅性宽仁[7]，欲立以为后。贵人以郭贵人有子，终不肯当。六月，戊戌，立贵人郭氏为皇后，以其子强为皇太子；大赦。

丙午，封泗水王子终为淄川王。

秋，贾复南击召陵、新息[8]，平之。复部将杀人于颍川，颍川太守寇恂捕得，系狱。时尚草创，军营犯法，率多相容，恂戮之于市。复以为耻，还，过颍川，谓左右曰："吾与寇恂并列将帅，而为其所陷，今见恂，必手剑之！"恂知其谋，不欲与相见。姊子谷崇曰："崇，将也，得带剑侍侧；卒有变，足以相当。"恂曰："不然，昔蔺相如不畏秦王而屈于廉颇者，为国也。"乃敕属县盛供具，储酒醪[9]；执金吾军入界，一人皆兼二人之馔[10]。恂出迎于道，称疾而还。复勒兵欲追之，而吏士皆醉，遂过去。恂遣谷崇以状闻，帝乃征恂。恂至，引见；时贾复先在坐，欲起相避。帝曰："天下未定，两虎安得私斗！今日朕分之。"于是并坐极欢，遂共车同出，结友而去。

八月，帝自率诸将征五校[11]。丙辰，幸内黄[12]，大破五校于羛阳[13]，降其众五万人。

帝遣游击将军邓隆助朱浮讨彭宠；隆军潞南[14]，浮军雍奴[15]，遣吏奏状。帝读檄，怒，谓使吏曰[16]："营相去百里，其势岂可得相及！比若还，北军必败矣。"彭宠果遣轻兵击隆军，大破之；浮远，遂不能救。

盖延围睢阳数月，克之。刘永走至虞[17]，虞人反，杀其母、妻；

永与麾下数十人奔谯[18]。苏茂、佼强、周建合军三万余人救永;延与战于沛西[19],大破之。永、强、建走保湖陵[20],茂奔还广乐;延遂定沛、楚、临淮。

帝使太中大夫伏隆持节使青、徐二州,招降郡国。青、徐群盗闻刘永破败,皆惶怖请降。张步遣其掾孙昱随隆诣阙上书,献鳆鱼。隆,湛之子也。

堵乡人董䜣反宛城[21],执南阳太守刘驎。扬化将军坚镡攻宛,拔之;䜣走还堵乡。

吴汉徇南阳诸县,所过多侵暴。破虏将军邓奉谒归新野,怒汉掠其乡里,遂反,击破汉军,屯据淯阳[22],与诸贼合从。

【注释】

①乙未:疑误。 ②檄(xí 习):古代官方用来征召、晓谕或声讨的文书。《说文》云:以木简为书,长尺二寸,用以号召。 ③郾(yǎn 眼):县名,治所在今河南漯河市郾城区。 ④氾(fàn 泛):人名。 ⑤蹇(jiǎn 检):人名。 ⑥广乐:县名,治所在今河南漯河市郾城区。 ⑦贵人:西汉后宫之号有十四等,没有贵人。光武中兴,后宫初创,惟有皇后、贵人。⑧召陵:县名,治所在今河南漯河市郾城区。新息:县名,在今河南息县。⑨酒醪(láo 劳):汁滓混合之酒。 ⑩馔(zhuàn 转):饮食。 ⑪五校:农民起义军的名称。 ⑫内黄:县名,即今河南内黄县。 ⑬羛(xì 戏)阳:聚名,在今河南内黄县西南。 ⑭潞:县名,治所在今河北三河市。⑮雍奴:县名,治所在今天津市武清区。 ⑯使吏:派吏为使,所以称使吏。 ⑰虞:县名,治所在今河南虞城县。 ⑱谯:县名,治所在今安徽亳州市。 ⑲沛:郡名,治所在今安徽濉溪县。 ⑳湖陵:县名,治所在今山东鱼台县。 ㉑堵乡:县名,治所在今河南方城县。 ㉒淯阳:县名,治所在今河南南阳市。

九月,壬戌,帝自内黄还。

陕贼苏况攻破弘农;帝使景丹讨之。会丹薨,征虏将军祭遵击弘农、柏华、蛮中贼[1],皆平之。

赤眉引兵欲西上陇,隗嚣遣将军杨广迎击,破之;又追败之于乌氏、泾阳间[2]。赤眉至阳城番须中[3],逢大雪,坑谷皆满,士多冻死;乃复还,发掘诸陵,取其宝货。凡有玉匣殓者,率皆如生;贼遂污辱吕后尸。邓禹遣兵击之于郁夷[4],反为所败;禹乃出之云阳。赤眉复入长安。延岑屯杜陵,赤眉将逢安击之。邓禹以安精兵在外,引兵袭长安;会谢禄救至,禹兵败走。延岑击逢安,大破之,死者十余万人。

廖湛将赤眉十八万攻汉中王嘉;嘉与战于谷口[5],大破之,嘉手杀湛[6],遂到云阳就谷。嘉妻兄新野来歙,帝之姑子也。帝令邓禹招嘉,嘉因歙诣禹降。李宝倨慢,禹斩之。

冬,十一月,以廷尉岑彭为征南大将军。帝于大会中指王常谓群臣曰:"此家率下江诸将辅翼汉室,心如金石,真忠臣也!"即日,拜常为汉忠将军,使与岑彭率建义大将军朱祜等七将军讨邓奉、董䜣。彭等先击堵乡[7],邓奉救之。朱祜军败,为奉所获。

铜马、青犊、尤来余贼共立孙登为天子。登将乐玄杀登,以其众五万余人降。

邓禹自冯愔叛后,威名稍损,又乏粮食,战数不利,归附者日益离散。赤眉、延岑暴乱三辅,郡县大姓各拥兵众,禹不能定。帝乃遣偏将军冯异代禹讨之,车驾送至河南,敕异曰:"三辅遭王莽、更始之乱,重以赤眉、延岑之丑,元元涂炭,无所依诉。将军今奉辞讨诸不轨,营保降者,遣其渠帅诣京师;散其小民,令就农桑[9];坏其营壁,无使复聚。征伐非必略地、屠城,要在平定安集之耳。诸将非不健斗,然好虏掠。卿本能御吏士,念自修敕,无为郡县所苦!"异顿首受命,引而西;所至布威信,群盗多降。

臣光曰:昔周人颂武王之德曰:"铺时绎思,我徂惟求定。"言王者之兵志在布陈威德安民而已。观光武之所以取关中,用是道也。岂不美哉!

又诏征邓禹还,曰:"慎毋与穷寇争锋!赤眉无谷,自当来东;吾以饱待饥,以逸待劳,折棰笞之,非诸将忧也。无得复妄进兵!"

帝以伏隆为光禄大夫,复使于张步,拜步东莱太守,并与新除青州牧、守、都尉俱东。诏隆辄拜令、长以下。

十二月,戊午,诏宗室列侯为王莽所绝者,皆复故国。

三辅大饥,人相食,城郭皆空,白骨蔽野,遗民往往聚为营保,各坚壁清野。赤眉虏掠无所得,乃引而东归,众尚二十余万,随道复散。帝遣破奸将军侯进等屯新安⑩,建威大将军耿弇等屯宜阳⑪,以要其还路,敕诸将曰:"贼若东走,可引宜阳兵会新安;贼若南走,可引新安兵会宜阳。"冯异与赤眉遇于华阴⑫,相拒六十余日,战数十合,降其将卒五千余人。

【注释】

①弘农:县名,治所在今河南灵宝市。柏华:聚名,在今河南洛阳市南。蛮中:聚名,在今河南伊川县境。 ②乌氏:县名,治所在今甘肃固原市。泾阳:县名,治所在今甘肃平凉市。 ③阳城:据郦道元说,阳城在安民县,即在今陕西延川县境。番须:在今陕西陇县。 ④郁夷:县名,在今陕西宝鸡市。 ⑤谷口:县名,在今陕西礼泉县。 ⑥廖湛(? —26):绿林起义军将领。平林(今湖北随州市)人。地皇三年(22),与陈牧等在平林起兵,称"平林兵",后合于绿林军。王莽失败后,刘玄封他为穰王。后遭刘玄疑忌,几为所杀,乃率兵归赤眉军。 ⑦堵乡:在今河南方城县。 ⑧河南:县名,在今河南洛阳市西郊。 ⑨农桑:农耕与蚕桑,指耕织。 ⑩新安:县名,在今河南渑池县。 ⑪宜阳:县名,在今河南宜阳县。 ⑫华阴:县名,在今陕西华阴市。

资治通鉴卷第四十一

汉纪三十三　起强圉大渊献，尽屠维赤奋若，凡三年。

世祖光武皇帝上之下

建武三年　春，正月，甲子，以冯异为征西大将军。邓禹惭于受任无功，数以饥卒徼赤眉战，辄不利；乃率车骑将军邓弘等自河北度至湖[①]，要冯异共攻赤眉。异曰："异与贼相拒数十日，虽虏获雄将，余众尚多，可稍以恩信倾诱，难卒用兵破也。上今使诸将屯渑池[②]，要其东，而异击其西，一举取之，此万成计也！"禹、弘不从，弘遂大战移日[③]。赤眉阳败，弃辎重走；车皆载土，以豆覆其上，兵士饥，争取之。赤眉引还，击弘，弘军溃乱；异与禹合兵救之，赤眉小却。异以士卒饥倦，可且休；禹不听，复战，大为所败，死伤者三千余人，禹以二十四骑脱归宜阳。异弃马步走，上回溪阪，与麾下数人归营[④]，收其散卒，复坚壁自守。

辛巳，立四亲庙于雒阳，祀父南顿君以上至舂陵节侯。

壬午，大赦。

闰月，乙巳，邓禹上大司徒、梁侯印绶；诏还梁侯印绶，以为右将军。

冯异与赤眉约期会战，使壮士变服与赤眉同，伏于道侧。旦日，赤眉使万人攻异前部，异少出兵以救之；贼见势弱，遂悉众攻异，异乃纵兵大战。日昃[⑤]，贼气衰，伏兵卒起，衣服相乱；赤眉不复识别，众遂惊溃；追击，大破之于崤底[⑥]，降男女八万人。帝降玺书劳异曰："始虽垂翅回溪[7]，终能奋翼渑池，可谓失之东隅，收之桑榆[8]。方论功赏，以答大勋。"

赤眉余众东向宜阳。甲辰，帝亲勒六军[9]，严阵以待之。赤眉忽遇大军，惊震不知所谓，乃遣刘恭乞降曰："盆子将百万众降陛下，何以待之？"帝曰："待汝以不死耳！"丙午，盆子及丞相徐宣以下三十余人肉袒降，上所得传国玺绶。积兵甲宜阳城西，与熊耳山齐[10]。赤眉众尚十余万人，帝令县厨皆赐食。明旦，大陈兵马临雒水，令盆子君臣列而观之。帝谓樊崇等曰："得无悔降乎？朕今遣卿归营，勒兵鸣鼓相攻，决其胜负，不欲强相服也。"徐宣等叩头曰："臣等出长安东都门，君臣计议，归命圣德。百姓可与乐成，难与图始，故不告众耳。今日得降，犹去虎口归慈母，诚欢诚喜，无所恨也！"帝曰："卿所谓铁中铮铮[11]，庸中佼佼者也[12]！"戊申，还自宜阳。帝令樊崇等各与妻子居雒阳，赐之田宅。其后樊崇、逄安反，诛；杨音、徐宣卒于乡里。帝怜盆子，以为赵王郎中；后病失明，赐荥阳均输官地，使食其税终身。刘恭为更始报仇，杀谢禄，自系狱；帝赦不诛。

【注释】

①湖：县名，治所在今河南灵宝市。 ②渑池：县名，即今河南渑池县。 ③移日：日影移动，言时间长久。 ④麾（huī 晖）下：指将帅的部下。 ⑤日昃（zè 仄）：太阳偏西。 ⑥峭底：谷名，在今河南洛宁县西北峭谷之底。 ⑦垂翅：鸟翅下垂不能高飞，比喻人受挫折。 ⑧失之东隅，收之桑榆：东隅，日出处；桑榆，日将落的余光照在桑榆之间。比喻这个时候失利，另一个时候得到补偿。 ⑨六军：周制，天子有六军，诸侯国有三军、二军、一军不等。这里是作为军队的统称。 ⑩熊耳山：在今河南卢氏县南。 ⑪铁中铮铮：比喻胜过一般人的人。铮铮：金属相碰的声音。 ⑫庸中佼佼：平常人中的突出者。佼佼：美好。

二月，刘永立董宪为海西王。永闻伏隆至剧[1]，亦遣使立张步为齐王。步贪王爵，犹豫未决。隆晓譬曰："高祖与天下约，非刘氏不王；今可得为十万户侯耳！"步欲留隆，与共守二州；隆不听，求得反命，步遂执隆而受永封。隆遣间使上书曰："臣隆奉使无状，受执凶逆；虽在困厄，授命不顾。又，吏民知步反畔，心不附之，愿以时进兵，无以臣隆为念！臣隆得生到阙廷，受诛有司，此其大愿。若令没身寇手，以父母、昆弟长累陛下。陛下与皇后、太子永享万国，与天无极！”帝得隆奏，召其父湛，流涕示之，曰：“恨不且许而遽求还也！”其后步遂杀之。帝方北忧渔阳，南事梁、楚，故张步得专集齐地，据郡十二焉[②]。

帝幸怀。

吴汉率耿弇、盖延击青犊于轵西[③]，大破降之。

三月，壬寅，以司直伏湛为大司徒。

涿郡太守张丰反，自称无上大将军，与彭宠连兵。朱浮以帝不自征彭宠，上疏求救。诏报曰：“往年赤眉跋扈长安[④]，吾策其无谷必东；果来归附。今度此反虏，势无久全，其中必有内相斩者。今军资未充，故须后麦耳！”浮城中粮尽，人相食，会耿况遣骑来救，浮乃得脱身走，蓟城遂降于彭宠。宠自称燕王，攻拔右北平、上谷数县[⑤]，赂遗匈奴，借兵为助；又南结张步及富平、获索诸贼，皆与交通。

帝自将征邓奉，至堵阳[⑥]；奉逃归淯阳[⑦]，董䜣降。夏，四月，帝追奉至小长安[⑧]，与战，大破之；奉肉袒因朱祜降。帝怜奉旧功臣，且衅起吴汉，欲全宥之。岑彭、耿弇谏曰：“邓奉背恩反逆，暴师经年，陛下既至，不知悔善，而亲在行陈，兵败乃降；若不诛奉，无以惩恶！”于是斩之。复朱祜位。

延岑既破赤眉，即拜置牧守，欲据关中[⑨]。时关中众寇犹盛，岑据蓝田，王歆据下邽，芳丹据新丰，蒋震据霸陵，张邯据长安，公孙守据长陵，杨周据谷口，吕鲔据陈仓，角闳据汧，骆延据盩厔，任良据鄠[⑩]，汝章据槐里，各称将军，拥兵多者万余人，少者数千人，转相攻击。冯异且战且行，屯军上林苑中[⑪]。延岑引张邯、任良共击异；异击，大破之，诸营保附岑者皆来降，岑遂自武关走南阳。时百姓饥饿，黄金一斤易豆五升，道路断隔，委输不至，冯异军士悉以果实为粮。诏拜南阳赵匡为右扶风，将兵助异，并送缣、谷。异兵谷渐盛，乃稍诛击豪桀不从令者，褒赏降附有功劳者，悉遣诸营渠帅诣京师，散其众归本业，威行关中。唯吕鲔、张邯、蒋震遣使降蜀，其余悉平。

【注释】

①剧：县名，治所在今山东昌乐县。 ②郡十二：指城阳、琅邪、高密、胶东、东莱、北海、齐、千乘、济南、平原、泰山、菑川等郡。 ③轵(zhǐ趾)：县名，治所在今河南济源市。 ④跋扈：骄横，强暴。⑤右北平：县名，治所在今河北唐山市丰润区。 ⑥堵阳：县名，治所在今河南方城县。⑦淯阳：县名，治所在今河南南阳市南。 ⑧小长安：地名，治所在河南南阳市境内。 ⑨关中：胡三省注称关中“西有陇关，东有函谷关，南有武关，北有临晋关，西南有散关”。是指今河南灵宝市及其以西陕西关中盆地和丹江流域。 ⑩鄠(hù户)：县名，治所在今陕西西安市鄠邑区。⑪上林苑：在今陕西西安市及周至、户县，周三百余里。秦汉时为帝王射猎、游乐之所。

吴汉率骠骑大将军杜茂等七将军围苏茂于广乐；周建招集得十余万人救之。汉迎与之战，不利，堕马伤膝，还营；建等遂连兵入城。诸将谓汉曰：“大敌在前，而公伤卧，众心惧矣！”汉乃勃然裹创而起，椎牛飨士[①]，慰勉之，士气自倍。旦日，苏茂、周建出兵围汉；汉奋击，大破之，茂走还湖陵。睢阳人反城迎刘永，盖延率诸将围之；吴汉留杜茂、陈俊守广乐，自将兵助延围睢阳。

车驾自小长安引还，令岑彭率傅俊、臧宫、刘宏等三万余人南击秦丰。五月，己酉，车驾还宫。

乙卯晦，日有食之。

六月，壬戌，大赦。

延岑攻南阳，得数城；建威大将军耿弇与战于穰，大破之。岑与数骑走东阳，与秦丰合；丰以女妻之。建义大将军朱祐率祭遵等与岑战于东阳[②]，破之；岑走归秦丰。祐遂南与岑彭等军合。

延岑护军邓仲况拥兵据阴县，而刘歆、孙龚为其谋主。前侍中扶风苏竟以书说之，仲况与龚降。竟终不伐其功[③]，隐身乐道，寿终于家。

秦丰拒岑彭于邓，秋，七月，彭击破之。进围丰于黎丘[④]，别遣积弩将军傅俊将兵徇江东，扬州悉定。

盖延围睢阳百日，刘永、苏茂、周建突出，将走酂[5]；延追击之急，永将庆吾斩永首降。苏茂、周建奔垂惠[6]，共立永子纡为梁王。佼强奔保西防[7]。

冬，十月，壬申，上幸舂陵，祠园庙[8]。

耿弇从容言于帝，自请北收上谷兵未发者，定彭宠于渔阳，取张丰于涿郡，还收富平、获索，东攻张步，以平齐地。帝壮其意，许之。

十一月，乙未，帝还自舂陵。

是岁，李宪称帝，置百官，拥九城[9]，众十余万。

帝谓太中大夫来歙曰："今西州未附[10]，子阳称帝，道里阻远，诸将方务关东，思西州方略，未知所在。"歙曰："臣尝与隗嚣相遇长安。其人始起，以汉为名。臣愿得奉威命，开以丹青之信，嚣必束手自归；则述自亡之势，不足图也！"帝然之，始令歙使于嚣。嚣既有功于汉，又受邓禹爵署，其腹心议者多劝通使京师，嚣乃奉奏诣阙。帝报以殊礼，言称字，用敌国之仪，所以慰藉之甚厚。

【注释】

①椎牛：杀牛。　②东阳：城名，在今河南邓州市南穰东镇。　③苏竟：平陵（今陕西咸阳市西北）人，字伯况，汉平帝时以明易为博士读书祭酒。善图纬，通百家言。拜代郡中尉。时匈奴扰乱，竟完辑一郡。光武即位，拜代郡太守。后为侍中，以病免。　④黎丘：城名，在今湖北宜城市西北。　⑤酂（cuó 矬）：县名，治所在今河南永城市。　⑥垂惠：村镇名，在今安徽蒙城县北。　⑦西防：县名，治所在今山东单县。　⑧园庙：皇帝墓地所在的宗庙。园，陵寝，帝后的葬地。庙，祭祀祖先的地方。这里是指刘秀祖先的园庙。　⑨九城：指庐江郡所属十二县，李宪占了九县。　⑩西州：指隗嚣，当时他占据西州地区。

四年　正月，甲申，大赦。

二月，壬子，上行幸怀；壬申，还雒阳。

延岑复寇顺阳[1]；遣邓禹将兵击破之。岑奔汉中；公孙述以岑为大司马，封汝宁王。

田戎闻秦丰破，恐惧，欲降。其妻兄辛臣图彭宠、张步、董宪、公孙述等所得郡国以示戎曰："雒阳地如掌耳，不如且按甲以观其变。"戎曰："以秦王之强，犹为征南所围，吾降决矣！"乃留辛臣使守夷陵[②]，自将兵沿江溯沔止黎丘[③]。辛臣于后盗戎珍宝，从间道先降于岑彭，而以书招戎曰："宜以时降，无拘前计！"戎疑臣卖己，灼龟卜降，兆中坼，遂复反，与秦丰合；岑彭击破之，戎亡归夷陵。

夏，四月，丁巳，上行幸邺[④]；己巳，幸临平[⑤]，遣吴汉、陈俊、王梁击破五校于临平。鬲县五姓共逐守长[⑥]，据城而反；诸将争欲攻之。吴汉曰："使鬲反者，守长罪也。敢轻冒进兵者斩！"乃移檄告郡使收守长，而使人谢；城中五姓大喜，即相率降。诸将乃服，曰："不战而下城，非众所及也！"

五月，上幸元氏[⑦]；辛巳，幸卢奴[⑧]，将亲征彭宠。伏湛谏曰："今兖、豫、青、冀，中国之都，而寇贼纵横，未及从化。渔阳边外荒耗，岂足先图！陛下舍近务远，弃易求难，诚臣之所惑也！"上乃还。

帝遣建议大将军朱祜、建威大将军耿弇、征虏将军祭遵、骁骑将军刘喜讨张丰于涿郡。祭遵先至，急攻丰；禽之。初，丰好方术，有道士言丰当为天子，以五彩囊裹石系丰肘，云"石中有玉玺"。丰信之，遂反。既执，当斩，犹曰："肘石有玉玺。"傍人为椎破之，丰乃知被诈，仰天叹曰："当死无恨！"

上诏耿弇进击彭宠。弇以父况与宠同功，又兄弟无在京师者，不敢独进，求诣雒阳。诏报曰："将军举宗为国，功效尤著，何嫌何疑，而欲求征！"况闻之，更遣弇弟国入侍。时祭遵屯良乡[⑨]，刘喜屯阳乡[⑩]，彭宠引匈奴兵欲击之；耿况使其子舒袭破匈奴兵，斩两王，宠乃退走。

六月，辛亥，车驾还宫。

秋，七月，丁亥，上幸谯[⑪]，遣捕虏将军马武、骑都尉王霸围刘纡、周建于垂惠。

董宪将贲休以兰陵降[⑫]；宪闻之，自郯围之[⑬]。盖延及平狄将军山阳庞萌在楚[⑭]，请往救之。帝敕曰："可直往捣郯[⑮]，则兰陵自解。"延等以贲休城危，遂先赴之。宪逆战而阳败退，延等因拔围入城。明日，宪大出兵合围；延等惧，遽出突走，因往攻郯。帝让之曰："间欲先赴郯者，以其不意故耳！今既奔走，贼计已立，围岂可解乎！"延等至郯，果不能克；而董宪遂拔兰陵，杀贲休。

八月，戊午，上幸寿春[16]，遣扬武将军南阳马成率诛虏将军南阳刘隆等三将军发会稽、丹阳、九江、六安四郡兵击李宪[17]。九月，围宪于舒[18]。

王莽末，天下乱，临淮大尹河南侯霸独能保全其郡[19]。帝征霸会寿春，拜尚书令。时朝廷无故典，又少旧臣，霸明习故事，收录遗文，条奏前世善政法度，施行之。

冬，十月，甲寅，车驾还宫。

【注释】

①顺阳：县名，治所在今河南南阳市西南。②夷陵：县名，治所在今湖北宜昌市。③沔：即沔水。也就是今汉江。④邺：县名，治所在今河北临漳县。⑤临平：县名，治所在今河北晋州市。⑥鬲（lì 厉）：县名，治所在今山东德州市陵城区。⑦元氏：县名，即今河北元氏县。⑧卢奴：县名，治所在今河北定州市。⑨良乡：县名，治所在今北京房山区。⑩阳乡：侯国名，治所在今河北涿州市。⑪谯：县名，治所在今安徽亳州市。⑫兰陵：县名，治所在今山东兰陵县。⑬郯（tán 谈）：县名，治所在今山东郯城县。⑭山阳：郡名，治所在今山东金乡县。楚：国名，治所在今江苏徐州市。⑮捣（dǎo 岛）：攻击。⑯寿春：县名，治所在今安徽寿县。⑰会稽：郡名，治所在今江苏苏州市。丹阳：郡名，治所在今安徽寿县。六安：郡名，治所在今安徽六安市。⑱舒：县名，治所在今安徽庐江县。⑲临淮：郡名，治所在今江苏泗洪县。

隗嚣使马援往观公孙述。援素与述同里闬[1]，相善，以为既至，当握手欢如平生；而述盛陈陛卫以延援入，交拜礼毕，使出就馆。更为援制都布单衣、交让冠[2]，会百官于宗庙中，立旧交之位，述鸾旗、旄骑[3]，警跸就车[4]，磬折而入[5]，礼飨官属甚盛，欲授援以封侯大将军位。宾客皆乐留，援晓之曰："天下雄雌未定，公孙不吐哺走迎国士[6]，与图成败，反修饰边幅，如偶人形，此子何足久稽天下士乎！"因辞归，谓嚣曰："子阳，井底蛙耳，而妄自尊大！不如专意东方。”

嚣乃使援奉书雒阳。援初到，良久，中黄门引入。帝在宣德殿南庑下，但帻[7]，坐，迎笑，谓援曰：“卿遨游二帝间；今见卿，使人大惭。”援顿首辞谢，因曰：“当今之世，非但君择臣，臣亦择君矣！臣与公孙述同县，少相善；臣前至蜀，述陛戟而后进臣。臣今远来，陛下何知非刺客奸人，而简易若是！”帝复笑曰：“卿非刺客，顾说客耳。”援曰：“天下反覆，盗名字者不可胜数；今见陛下恢廓大度，同符高祖，乃知帝王自有真也。”

太傅卓茂薨[8]。

十一月，丙申，上行幸宛。岑彭攻秦丰三岁，斩首九万余级；丰余兵裁千人，食且尽。十二月，丙寅，帝幸黎丘，遣使招丰，丰不肯降；乃使朱祜等代岑彭围黎丘，使岑彭、傅俊南击田戎。

公孙述聚兵数十万人，积粮汉中；又造十层楼船，多刻天下牧守印章。遣将军李育、程乌将数万众出屯陈仓，就吕鲔，将徇三辅；冯异迎击，大破之，育、乌俱奔汉中。异还，击破吕鲔，营保降者甚众。

是时，隗嚣遣兵佐异有功，遣使上状，帝报以手书曰：“慕乐德义，思相结纳。昔文王三分，犹服事殷，但驽马、铅刀，不可强扶，数蒙伯乐一顾之价[9]。将军南拒公孙之兵，北御羌、胡之乱，是以冯异西征，得以数千百人踯躅三辅[10]。微将军之助，则咸阳已为他人禽矣！如令子阳到汉中，三辅愿因将军兵马，鼓旗相当。倘肯如言，即智士计功割地之秋也！管仲曰：‘生我者父母，成我者鲍子。’自今以后，手书相闻，勿用傍人间构之言[11]。”其后公孙述数遣将间出，嚣辄与冯异合势，共摧挫之。述遣使以大司空、扶安王印绶授嚣；嚣斩其使，出兵击之，以故蜀兵不复北出。

泰山豪桀多与张步连兵。吴汉荐强弩大将军陈俊为泰山太守，击破步兵，遂定泰山。

【注释】

①里闬（hàn 悍）：乡里。　②都布：布名，即答布。单衣：仅次于朝服的盛服。　③鸾旗：天子车上之旗。赤色，编以羽毛，上绣鸾鸟。旄（máo 茅）：即旄头骑。皇帝仪仗队中警卫先驱的骑兵。　④警跸：古时

帝王出入称警跸。左右侍卫为警;止人清道为跸,以戒止行人。 ⑤罄(qìng 庆)折:谓身偻折如罄之背,以示恭敬。 ⑥吐哺:吐出口中的食物。相传周公接待宾客,甚至一沐三握发,一饭三吐哺,停下来招待客人。 ⑦帻(zé 择):包头巾。初为民间所服,到西汉末年,上下通行。 ⑧卓茂(? —28):南阳宛县(今河南南阳市)人。字子康。习《诗》、《礼》、历算。汉平帝时为密县(今河南新密市)县令。王莽专政,任京部丞。王莽摄位,因病免职归家。光武建武元年(25)征为太傅,封褒德侯。 ⑨伯乐一顾之价:《战国策》载:有人出售骏马,在市场上站了三天,没有人问津。马主求见伯乐,说:"如果你一再去察看,临走时还频频回头,表示不忍舍弃,我愿献出十分之一的价款。"伯乐照他的话去做,一天之内,该马身价上涨十倍。 ⑩踯躅(zhí zhú 植竹):踏步不前。 ⑪间构:离间中伤之意。

五年 春,正月,癸巳,车驾还宫。

帝使来歙持节送马援归陇右[①]。隗嚣与援共卧起,问以东方事,曰:"前到朝廷,上引见数十,每接燕语,自夕至旦,才明勇略,非人敌也。且开心见诚,无所隐伏,阔达多大节,略与高帝同;经学博览,政事文辨,前世无比。"嚣曰:"卿谓何如高帝?"援曰:"不如也。高帝无可无不可;今上好吏事,动如节度,又不喜饮酒。"嚣意不怿[②],曰:"如卿言,反复胜邪!"

二月,丙午,大赦。

苏茂将五校兵救周建于垂惠。马武为茂、建所败,奔过王霸营,大呼求救。霸曰:"贼兵盛,出必两败,努力而已!"乃闭营坚壁。军吏皆争之,霸曰:"茂兵精锐,其众又多,吾吏士心恐,而捕虏与吾相恃,两军不一,此败道也。今闭营固守,示不相援,贼必乘胜轻进;捕虏无救,其战自倍。如此,茂众疲劳,吾承其敝,乃可克也。"茂、建果悉出攻武,合战良久,霸军中壮士数十人断发请战,霸乃开营后,出精骑袭其背。茂、建前后受敌,惊乱败走,霸、武各归营。茂、建复聚兵挑战,霸坚卧不出,方飨士作倡乐;茂雨射营中,中霸前酒樽[③],霸安坐不动。军吏皆曰:"茂前日已破,今易击也!"霸曰:"不然,苏茂客兵远来,粮食不足,故数挑战,以徼一时之胜[4]。今闭营休士,所谓‘不战而屈人兵’者也[5]。”茂、建既不得战,乃引还营。其夜,周建兄子诵反,闭城拒之;建于道死,茂奔下邳[6],与董宪合,刘纡奔佼强。

乙丑,上行幸魏郡。

彭宠妻数为恶梦,又多见怪变,卜筮、望气者皆言兵当从中起[7]。宠以子后兰卿质汉归,不信之,使将兵居外,无亲于中。宠斋在便室,苍头子密等三人因宠卧寐,共缚著床,告外吏云:“大王斋禁,皆使吏休。”伪称宠命,收缚奴婢,各置一处。又以宠命呼其妻,妻入,惊曰:“奴反!”奴乃捽其头[8],击其颊[9]。宠急呼曰:“趣为诸将军办装[10]!”于是两奴将妻入取宝物,留一奴守宠。宠谓守奴曰:“若小儿,吾素所爱也。今为子密所迫劫耳!解我缚,当以女珠妻汝,家中财物皆以与若。”小奴意欲解之,视户外,见子密听其语,遂不敢解。于是收金玉衣物,至宠所装之,被马六匹[11],使妻缝两缣囊。昏夜后,解宠手,令作记告城门将军云:“今遣子密等至子后兰卿所,勿稽留之。”书成,斩宠及妻头置囊中,便持记驰出城,因以诣阙[12]。明旦,阁门不开[13],官属逾墙而入,见宠尸,惊怖。其尚书韩立等共立宠子午为王,国师韩利斩午首诣祭遵降,夷其宗族。帝封子密为不义侯。

权德舆议曰:伯通之叛命,子密之戕君,同归于乱,罪不相蔽,宜各致于法,昭示王度;反乃爵于五等,又以“不义”为名。且举以不义,莫可侯也;此而可侯,汉爵为不足劝矣。《春秋》书齐豹盗、三叛人名之义,无乃异于是乎!

【注释】

①陇右:指陇山以西地区,约当今甘肃陇山、六盘山以西和黄河以东一带。 ②怿(yì 诣):喜欢。 ③樽(zūn 尊):古代的盛酒器具。 ④徼(jiǎo 矫):求。 ⑤不战而屈人兵:引自《孙子》:“百战百胜,非善之善者也;不战而屈人兵,善之善者也。” ⑥下邳:县名,在今江苏睢宁县。 ⑦卜筮(shì 轼):古代占卜,用龟甲称卜,用蓍草称筮,合称卜筮。望气:古代迷信占卜法,望云气附会人事,预言吉凶。 ⑧捽(zuó 昨):揪。 ⑨颊(jiá 夹):脸的两侧从眼到下颔的部分,通称脸蛋儿。 ⑩办装:置办行装。 ⑪被马:马背上加上马鞍,称被马。 ⑫诣阙:赴皇帝

的殿庭。　⑬阁门:小门。

帝以扶风郭伋为渔阳太守。伋承离乱之后,养民训兵,开示威信,盗贼销散,匈奴远迹;在职五年,户口增倍。

帝使光禄大夫樊宏持节迎耿况于上谷,曰:“边郡寒苦,不足久居。”况至京师,赐甲第,奉朝请,封牟平侯①。

吴汉率耿弇、王常击富平、获索贼于平原②,大破之;追讨余党,至勃海,降者四万余人。上因诏弇进讨张步。

平敌将军庞萌,为人逊顺,帝信爱之,常称曰:“可以托六尺之孤,寄百里之命者③,庞萌是也。”使与盖延共击董宪。时诏书独下延而不及萌,萌以为延谮己,自疑,遂反袭延军,破之;与董宪连和,自号东平王,屯桃乡之北④。帝闻之,大怒,自将讨萌,与诸将书曰:“吾常以庞萌为社稷之臣,将军得无笑其言乎?老贼当族,其各厉兵马,会睢阳!”

庞萌攻破彭城,将杀楚郡太守孙萌。郡吏刘平伏太守身上,号泣请代其死,身被七创;庞萌义而舍之。太守已绝复苏,渴求饮,平倾创血以饮之。

岑彭攻拔夷陵,田戎亡入蜀,尽获其妻子、士众数万人。公孙述以戎为翼江王。

岑彭谋伐蜀,以夹川谷少,水险难漕,留威虏将军冯骏军江州,都尉田鸿军夷陵,领军李玄军夷道⑤;自引兵还屯津乡⑥,当荆州要会⑦,喻告诸蛮夷降者,奏封其君长。

夏,四月,旱,蝗。

隗嚣问于班彪曰:“往者周亡,战国并争,数世然后定。意者从横之事将复起于今乎,将承运迭兴⑧,在于一人也?”彪曰:“周之废兴,与汉殊异。昔周爵五等⑨,诸侯从政,本根既微⑩,枝叶强大⑪,故其末流有从横之事⑫,势数然也。汉承秦制,改立郡县,主有专己之威,臣无百年之柄⑬。至于成帝,假借外家,哀、平短祚,国嗣三绝,故王氏擅朝,因窃号位,危自上起,伤不及下,是以即真之后,天下莫不引领而叹。十余年间,中外骚扰,远近俱发,假号云合,咸称刘氏,不谋同辞。方今雄桀带州域者,皆无六国世业之资,而百姓讴吟思仰。汉必复兴,已可知矣。”

嚣曰:“生言周、汉之势可也,至于但见愚人习识刘氏姓号之故,而谓汉复兴,疏矣[14]!昔秦失其鹿,刘季逐而掎之[15],时民复知汉乎?”彪乃为之著《王命论》以风切之曰:“昔尧之禅舜曰:‘天之历数在尔躬。’舜亦以命禹。洎于稷、契,咸佐唐、虞[16],至汤、武而有天下。刘氏承尧之祚,尧据火德而汉绍之[17],有赤帝子之符[18],故为鬼神所福飨,天下所归往。由是言之,未见运世无本,功德不纪,而得屈起在此位者也!俗见高祖兴于布衣,不达其故,至比天下于逐鹿,幸捷而得之。不知神器有命[19],不可以智力求也。悲夫,此世所以多乱臣贼子者也!夫饿馑流隶,饥寒道路,所愿不过一金。然终转死沟壑[20],何则?贫穷亦有命也。况乎天子之贵,四海之富,神明之祚,可得而妄处哉!故虽遭罹厄会,窃其权柄,勇如信、布,强如梁、籍,成如王莽,然卒润镬伏质,亨醢分裂;又况幺么尚不及数子[21],而欲暗奸天位者乎!昔陈婴之母以婴家世贫贱,卒富贵不祥,止婴勿王;王陵之母知汉王必得天下,伏剑而死,以固勉陵。夫以匹妇之明,犹能推事理之致,探祸福之机,而全宗祀于无穷,垂策书于春秋,而况大丈夫之事乎!是故穷达有命,吉凶由人,婴母知废,陵母知兴,审此二者,帝王之分决矣。加之高祖宽明而仁恕,知人善任使,当食吐哺,纳子房之策;拔足挥洗,揖郦生之说;举韩信于行陈,收陈平于亡命;英雄陈力,群策毕举,此高祖之大略所以成帝业也。若乃灵瑞符应,其事甚众,故淮阴、留侯谓之天授,非人力也。英雄诚知觉寤,超然远览,渊然深识,收陵、婴之明分,绝信、布之觊觎[22],距逐鹿之瞽说[23],审神器之有授,毋贪不可冀,为二母之所笑,则福祚流于子孙,天禄其永终矣[24]!”嚣不听。彪遂避地河西,窦融以为从事,甚礼重之。彪遂为融画策,使之专意事汉焉。

【注释】

①牟平:县名,治所在今山东烟台市福山区。 ②平原:郡名,治所在今山东平原县。 ③托六尺之孤:托,托付。六尺之孤,指死去父亲待继位的幼主。古代尺短,六尺,形容幼主尚未成人,身体矮小。百里:指诸侯国。 ④桃乡:地名,在今山东宁阳县境。 ⑤夷道:县名,治所在

今湖北宜都市。 ⑥津乡：地名，在今湖北江陵县境。 ⑦荆州：为十三刺史部之一。包括湖南、湖北。 ⑧承运：承受天命。迭（dié 谍）：替换。 ⑨爵五：指公、侯、伯、子、男五等。 ⑩本根：指王室。 ⑪枝叶：指诸侯。 ⑫末流：比喻事势的后来发展状态。 ⑬百年：指人的一生。⑭疏：距事理远，不切实际。 ⑮掎（jǐ 纪）：抓住。 ⑯洎（jì 计）：到。⑰火德：古代方士有“五德”之说，以帝王受命正值五行的火运，称为火德。相传炎帝神农氏始以火德王，唐尧也为火德。绍：承继。 ⑱赤帝子：指汉高祖刘邦。 ⑲神器：指帝位。 ⑳沟壑：溪谷，山沟。 ㉑幺么：微小。指微不足道的人。 ㉒觊觎（jì yú 祭渔）：非分的冀望或希图。㉓瞽（gǔ 鼓）说：不合事理的谬论。 ㉔天禄：天赐的福禄。

初，窦融等闻帝威德，心欲东向，以河西隔远，未能自通，乃从隗嚣受建武正朔；嚣皆假其将军印绶。嚣外顺人望，内怀异心，使辩士张玄说融等曰：“更始事已成，寻复亡灭，此一姓不再兴之效也！今即所有主，便相系属，一旦拘制，自令失柄，后有危败，虽悔无及。方今豪桀竞逐，雌雄未决，当各据土宇[①]，与陇、蜀合从，高可为六国，下不失尉佗[②]。”融等召豪桀议之，其中识者皆曰：“今皇帝姓名见于图书，自前世博物道术之士谷子云、夏贺良等皆言汉有再受命之符，故刘子骏改易名字，冀应其占。及莽末，西门君惠谋立子骏，事觉被杀，出谓观者曰：‘谶文不误，刘秀真汝主也！’此皆近事暴著，众所共见者也。况今称帝者数人，而雒阳土地最广，甲兵最强，号令最明，观符命而察人事，他姓殆未能当也！”众议或同或异。

融遂决策东向，遣长史刘钧等奉书诣雒阳。先是，帝亦发使遗融书以招之，遇钧于道，即与俱还。帝见钧欢甚，礼飨毕，乃遣令还，赐融玺书曰：“今益州有公孙子阳，天水有隗将军。方蜀、汉相攻，权在将军，举足左右，便有轻重。以此言之，欲相厚岂有量哉！欲遂立桓、文，辅微国，当勉卒功业；欲三分鼎足，连衡合从，亦宜以时定。天下未并，吾与尔绝域，非相吞之国。今之议者，必有任嚣教尉佗制七郡之计[③]。王者有分土，无分民，自适己事而已。”因授融为凉州牧。玺书至河西，河西皆惊，以为天子明见万里之外。

朱祜急攻黎丘，六月，秦丰穷困出降；槛车送雒阳[④]。吴汉劾祜废诏命，受丰降；上诛丰，不罪祜。

董宪与刘纡、苏茂、佼强去下邳，还兰陵[⑤]，使茂、强助庞萌围桃城[⑥]。帝时幸蒙，闻之，乃留辎重，自将轻兵晨夜驰赴。至亢父[⑦]，或言百官疲倦，可且止宿；上不听，复行十里，宿任城[⑧]，去桃城六十里。旦日，诸将请进，庞萌等亦勒兵挑战；帝令诸将不得出，休士养锐以挫其锋。时吴汉等在东郡，驰使召之。萌等惊曰："数百里晨夜行，以为至当战，而坚坐任城，致人城下，真不可往也！"乃悉兵攻桃城。城中闻车驾至[⑨]，众心益固；萌等攻二十余日，众疲困，不能下。吴汉、王常、盖延、王梁、马武、王霸等皆至，帝乃率众军进救桃城，亲自搏战，大破之。庞萌、苏茂、佼强夜走从董宪。

秋，七月，丁丑，帝幸沛，进幸湖陵。董宪与刘纡悉其兵数万人屯昌虑[⑩]；宪招诱五校余贼，与之拒守建阳。帝至蕃[⑪]，去宪所百余里，诸将请进；帝不听，知五校乏食当退，敕各坚壁以待其敝。顷之，五校果引去。帝乃亲临，四面攻宪，三日，大破之；佼强将其众降，苏茂奔张步，宪及庞萌走保郯。八月，己酉，帝幸郯，留吴汉攻之，车驾转徇彭城、下邳。吴汉拔郯，董宪、庞萌走保朐[⑫]。刘纡不知所归，其军士高扈斩之以降。吴汉进围朐。

【注释】

①土宇：领土。　②尉佗：即赵佗。秦末任嚣为南海尉，在死之前，命真定（今河北正定县）人赵佗行南海尉事，人因呼为尉佗。　③七郡：指苍梧郡、郁林郡、合浦郡、交趾郡、九真郡、南海郡、日南郡。　④槛（jiàn 见）车：囚车。　⑤兰陵：县名，治所在今山东兰陵县。　⑥桃城：地名，在今山东微山县北。　⑦亢父：县名，治所在今山东济宁市。⑧任城：县名，治所在今山东微山县。　⑨车驾：这里是作为皇帝代称。⑩昌虑：县名，治所在今山东滕州市。　⑪蕃：县名，治所在今山东滕州市。　⑫朐（qú 渠）：县名，治所在今江苏连云港市海州镇。

冬，十月，帝幸鲁。

张步闻耿弇将至，使其大将军费邑军历下[1]，又令兵屯祝阿[2]，别于泰山、钟城列营数十以待之[3]。弇渡河，先击祝阿，自旦攻城，日未中而拔之；故开围一角，令其众得奔归钟城。钟城人闻祝阿已溃，大恐惧，遂空壁亡去。

费邑分遣弟敢守巨里[4]。弇进兵先胁巨里，严令军中趣修攻具，宣敕诸部，后三日当悉力攻巨里城；阴缓生口，令得亡归，以弇期告邑。邑至日，果自将精兵三万余人来救之。弇喜，谓诸将曰：“吾所以修攻具者，欲诱致之耳。野兵不击，何以城为！”即分三千人守巨里；自引精兵上冈阪[5]，乘高合战，大破之，临陈斩邑；既而收首级以示城中，城中凶惧[6]。费敢悉众亡归张步。弇复收其积聚，纵兵击诸未下者，平四十余营，遂定济南。

时张步都剧，使其弟蓝将精兵二万守西安[7]，诸郡太守合万余人守临菑[8]，相去四十里。弇进军画中[9]，居二城之间。弇视西安城小而坚，且蓝兵又精，临菑名虽大而实易攻，乃敕诸校后五日会攻西安。蓝闻之，晨夜警守。至期，夜半，弇敕诸将皆蓐食[10]，会明，至临菑城。护军荀梁等争之，以为“攻临菑，西安必救之，攻西安，临菑不能救，不如攻西安。”弇曰：“不然，西安闻吾欲攻之，日夜为备，方自忧，何暇救人！临菑出不意而至，必惊扰，吾攻之一日，必拔。拔临菑，即西安孤，与剧隔绝，必复亡去，所谓‘击一而得二’者也。若先攻西安，不能卒下，顿兵坚城，死伤必多。纵能拔之，蓝引军还奔临菑，并兵合势，观人虚实；吾深入敌地，后无转输[11]，旬月之间，不战而困矣。”遂攻临菑；半日，拔之，入据其城。张蓝闻之，惧，遂将其众亡归剧。

弇乃令军中无得虏掠，须张步至乃取之，以激怒步。步闻，大笑曰：“以尤来、大彤十余万众，吾皆即其营而破之；今大耿兵少于彼，又皆疲劳，何足惧乎！”乃与三弟蓝、弘、寿及故大彤渠帅重异等兵号二十万，至临菑大城东，将攻弇。弇上书曰：“臣据临菑，深堑高垒；张步从剧县来攻，疲劳饥渴。欲进，诱而攻之；欲去，随而击之。臣依营而战，精锐百倍，以逸待劳，以实击虚，旬日之间，步首可获。”于是弇先出菑水上[12]，与重异遇；突骑欲纵，弇恐挫其锋，令步不敢进，故示弱以盛其气，乃引归小城，陈兵于内，使都尉刘歆、泰山太守陈俊分陈于城下。步气盛，直攻弇营，与刘歆等合战。弇升王宫坏台望之[13]，视歆等锋交，乃自引精兵以横突步陈于东城下，大破之。飞矢中弇股，以佩刀截之，左右无知者。至暮，罢；弇明旦复勒兵出。

是时帝在鲁，闻弇为步所攻，自往救之。未至，陈俊谓弇曰："剧虏兵盛，可且闭营休士，以须上来。"弇曰："乘舆且到，臣子当击牛、酾酒以待百官，反欲以贼虏遗君父邪？"乃出兵大战。自旦及昏，复大破之；杀伤无数，沟堑皆满。弇知步困将退，豫置左右翼为伏以待之；人定时[14]，步果引去，伏兵起纵击，追至巨昧水上[15]，八九十里，僵尸相属，收得辎重二千余两。步还剧，兄弟各分兵散去。

后数日，车驾至临菑，自劳军，群臣大会。帝谓弇曰："昔韩信破历下以开基，今将军攻祝阿以发迹[16]，此皆齐之西界，功足相方[17]。而韩信袭击已降，将军独拔勍敌[18]，其功又难于信也。又，田横亨郦生[19]，及田横降，高帝诏卫尉不听为仇；张步前亦杀伏隆，若步来归命，吾当诏大司徒释其怨，又事尤相类也。将军前在南阳，建此大策，常以为落落难合，有志者事竟成也！"帝进幸剧。

耿弇复追张步，步奔平寿[20]，苏茂将万余人来救之。茂让步曰："以南阳兵精，延岑善战，而耿弇走之，大王奈何就攻其营？既呼茂，不能待邪！"步曰："负负，无可言者！"帝遣使告步、茂，能相斩降者，封为列侯。步遂斩茂，诣耿弇军门肉袒降；弇传诣行在所，而勒兵入据其城，树十二郡旗鼓，令步兵各以郡人诣旗下，众尚十余万，辎重七千余两，皆罢遣归乡里。张步三弟各自系所在狱，诏皆赦之，封步为安丘侯，与妻子居雒阳。

于是琅邪未平，上徙陈俊为琅邪太守；始入境，盗贼皆散。

耿弇复引兵至城阳[21]，降五校余党，齐地悉平，振旅还京师。弇为将，凡所平郡四十六，屠城三百[22]，未尝挫折焉。

【注释】

①历下：城名，在今山东济南市。　②祝阿：县名，治所在今山东济南市历城区。　③钟城：在今山东禹城市。　④巨里：城名，即今山东济南市章丘区西龙山镇。　⑤冈阪：冈，山岭。阪，山坡。　⑥凶惧：恐惧

骚动。⑦西安:县名,治所在今山东淄博市临淄区。 ⑧临淄:县,治所在今山东淄博市。是战国时齐国首都。 ⑨画中:邑名。 ⑩蓐(rù褥)食:早晨未起在寝席上进食。 ⑪转输:运输。 ⑫菑水:即今山东淄河。 ⑬王宫坏台:战国时齐国王宫中坏台。 ⑭人定时:指黄昏后。⑮巨昧水:即具水,今山东浰河。 ⑯发迹:谓立功扬名。 ⑰方:等同。⑱勍敌:强大的敌人。 ⑲亨:通烹,是古代用鼎镬煮人的酷刑。 ⑳平寿:县名,治所在今山东昌乐县。 ㉑城阳国:在今山东莒县。 ㉒屠城:指攻破城池。

初起太学。车驾还宫,幸太学,稽式古典,修明礼乐,焕然文物可观矣[①]!

十一月,大司徒伏湛免,以侯霸为大司徒。霸闻太原闵仲叔之名而辟之[②],既至,霸不及政事,徒劳苦而已。仲叔恨曰:“始蒙嘉命,且喜且惧。今见明公,喜惧皆去。以仲叔为不足问邪,不当辟也。辟而不问,是失人也!”遂辞出,投劾而去。

初,五原人李兴、随昱、朔方人田飒、代郡人石鲔、闵堪各起兵自称将军[③]。匈奴单于遣使与兴等和亲,欲令卢芳还汉地为帝。兴等引兵至单于庭迎芳;十二月,与俱入塞,都九原县[④];掠有五原、朔方、云中、定襄、雁门五郡[⑤],并置守、令,与胡兵侵苦北边。

冯异治关中,出入三岁,上林成都。人有上章言:“异威权至重,百姓归心,号为咸阳王。”帝以章示异;异惶惧,上书陈谢。诏报曰:“将军之于国家,义为君臣,恩犹父子,何嫌何疑,而有惧意!”

隗嚣矜己饰智,每自比西伯,与诸将议欲称王。郑兴曰:“昔文王三分天下有其二,尚服事殷;武王八百诸侯不谋同会,犹还兵待时;高帝征伐累年,犹以沛公行师。今令德虽明,世无宗周之祚[⑥];威略虽振,未有高祖之功;而欲举未可之事,昭速祸患,无乃不可乎!”嚣乃止。后又广置职位以自尊高,郑兴曰:“夫中郎将、太中大夫、使持节官,皆王者之器,非人臣所当制也。无益于实,有损于名,非尊上之意也。”嚣病之而止。

时关中将帅数上书言蜀可击之状,帝以书示嚣,因使击蜀以效其信。嚣上书，盛言三辅单弱，刘文伯在边，未宜谋蜀。帝知嚣欲持两端⑦，不愿天下统一，于是稍黜其礼，正君臣之仪。帝以嚣与马援、来歙相善，数使歙、援奉使往来，劝令入朝，许以重爵。嚣连遣使，深持谦辞，言无功德，须四方平定，退伏闾里。帝复遣来歙说嚣遣子入侍，嚣闻刘永、彭宠皆已破灭，乃遣长子恂随歙诣阙；帝以为胡骑校尉，封镌羌侯。

郑兴因恂求归葬父母，嚣不听，而徙兴舍，益其秩礼。兴入见曰："今为父母未葬，乞骸骨；若以增秩徙舍，中更停留，是以亲为饵也，无礼甚矣，将军焉用之！愿留妻子独归葬，将军又何猜焉？"嚣乃令与妻子俱东。马援亦将家属随恂归雒阳，以所将宾客猥多⑧，求屯田上林苑中；帝许之。

嚣将王元以为天下成败未可知，不愿专心内事，说嚣曰："昔更始西都⑨，四方响应，天下喁喁⑩，谓之太平；一旦坏败，将军几无所厝⑪。今南有子阳，北有文伯，江湖海岱，王公十数，而欲牵儒生之说，弃千乘之基⑫，羁旅危国以求万全⑬，此循覆车之轨者也。今天水完富，士马最强，元请以一丸泥为大王东封函谷关⑭，此万世一时也。若计不及此，且畜养士马，据隘自守，旷日持久，以待四方之变；图王不成，其敝犹足以霸。要之，鱼不可脱于渊，神龙失势，与蚯蚓同！"嚣心然元计，虽遣子入质，犹负其险厄，欲专制方面。

申屠刚谏曰："愚闻人所归者天所与，人所畔者天所去也。本朝诚天之所福⑮，非人力也。今玺书数到，委国归信，欲与将军共同吉凶。布衣相与，尚有没身不负然诺之信，况于万乘者哉⑯！今何畏何利，而久疑若是？卒有非常之变，上负忠孝，下愧当世。夫未至豫言，固常为虚；及其已至，又无所及；是以忠言至谏，希得为用，诚愿反覆愚老之言！"嚣不纳，于是游士长者稍稍去之⑰。

【注释】

①文物：这里是指礼乐典章制度。 ②辟：征召。 ③代郡：治所在今河北蔚县。 ④九原县：治所在今内蒙古包头市。 ⑤定襄：郡名，治所在今内蒙古和林格尔县。 ⑥宗周：指周王朝的宗庙社稷。 ⑦两端：态度左右不定，脚踏两只船。 ⑧猥（wěi 伟）：众多。 ⑨西都：指

长安。 ⑩喁喁（yóng 颙）：比喻群众景仰归向的样子。 ⑪厝（cuò 措）：安置。 ⑫千乘：战国时期诸侯国，小者称千乘，大者称万乘。 ⑬羁旅：旅居作客。 ⑭一丸泥：比喻地势险要，用丸泥封塞，即可阻敌。 ⑮本朝：指东汉。 ⑯万乘：《周》制：天子地方千里，出兵车万乘，诸侯地方百里，出兵车千乘。所以万乘称天子。 ⑰游士：从事游说活动的人。长者：指恭谨朴实的人。

王莽末，交趾诸郡闭境自守[①]。岑彭素与交趾牧邓让厚善，与让书，陈国家威德；又遣偏将军屈充移檄江南，班行诏命。于是让与江夏太守侯登、武陵太守王堂、长沙相韩福、桂阳太守张隆、零陵太守田翕、苍梧太守杜穆、交趾太守锡光等相率遣使贡献[②]；悉封为列侯。锡光者，汉中人，在交趾，教民夷以礼义；帝复以宛人任延为九真太守[③]，延教民耕种嫁娶；故岭南华风始于二守焉[④]。

是岁，诏征处士太原周党、会稽严光等至京师。党入见，伏而不谒，自陈愿守所志。博士范升奏曰："伏见太原周党、东海王良、山阳王成等，蒙受厚恩，使者三聘，乃肯就车；及陛见帝廷，党不以礼屈，伏而不谒，偃蹇骄悍[⑤]，同时俱逝。党等文不能演义，武不能死君，钓采华名，庶几三公之位。臣愿与坐云台之下[⑥]，考试图国之道。不如臣言，伏虚妄之罪；而敢私窃虚名，夸上求高，皆大不敬！"书奏，诏曰："自古明王、圣主，必有不宾之士，伯夷、叔齐不食周粟，太原周党不受朕禄，亦各有志焉。其赐帛四十匹，罢之。"

严光像

帝少与严光同游学[⑦]，及即位，以物色访之，得于齐国，累征乃至，拜谏议大夫，不肯受，去，耕钓于富春山中[8]。以寿终于家。

王良后历沛郡太守、大司徒司直，在位恭俭，布被瓦器，妻子不入官舍。后以病归，一岁复征；至荥阳，疾笃，不任进道，过其友人。友人不肯见，曰：“不有忠言奇谋而取大位，何其往来屑屑不惮烦也！”遂拒之。良惭，自后连征不应，卒于家[9]。

元帝之世，莎车王延尝为侍子京师，慕乐中国。及王莽之乱，匈奴略有西域，唯延不肯附属，常敕诸子：“当世奉汉家，不可负也！”延卒，子康立。康率旁国拒匈奴，拥卫故都护吏士、妻子千余口。檄书河西，问中国动静。窦融乃承制立康为汉莎车建功怀德王、西域大都尉，五十五国皆属焉。

【注释】

①交趾：郡名，治所在今越南河内市。　②江夏：郡名，治所在今湖北武汉市新洲区。武陵：郡名，治所在今湖南溆浦县。长沙：国名，治所在今湖南长沙市。零陵：郡名，治所在今湖南永州市。苍梧：郡名，治所在今广西梧州市。　③九真：郡名，治所在今越南清化省清化县。④岭南：指五岭以南地区，相当今广东、广西二省及越南北部一带。⑤偃蹇（jiǎn 检）：高耸，引申为骄傲、傲慢。　⑥云台：汉宫中高台名。⑦严光：东汉初隐士。字子陵。浙江余姚市人。少与刘秀同学。刘秀即位后，他改名隐居。后被召到京师洛阳，任为谏议大夫，他坚决不肯受，归隐于富春山。　⑧富春山：即今浙江桐庐县西南富春山。　⑨王良：字仲子。山东兰陵县人。王莽时屡次征召不应。建武中累拜大司徒司直。后以病归乡，一年后又征召。自后连征不应，死于家。

资治通鉴卷第四十二

汉纪三十四　起上章摄提格，尽旃蒙协洽，凡六年。

世祖光武皇帝中之上

建武六年　春，正月，丙辰，以舂陵乡为章陵县[①]，世世复徭役，比丰、沛[②]。

吴汉等拔朐，斩董宪、庞萌，江、淮、山东悉平。诸将还京师，置酒赏赐。

帝积苦兵间，以隗嚣遣子内侍，公孙述远据边垂，乃谓诸将曰："且当置此两子于度外耳。"因休诸将于雒阳，分军士于河内，数腾书陇、蜀[③]，告示祸福。

公孙述屡移书中国，自陈符命，冀以惑众。帝与述书曰："图谶言公孙[④]，即宣帝也。代汉者姓当涂，其名高；君岂高之身邪？乃复以掌文为瑞，王莽何足效乎！君非吾贼臣乱子，仓卒时人皆欲为君事耳。君日月已逝，妻子弱小，当早为定计。天下神器[⑤]，不可力争，宜留三思！"署曰"公孙皇帝"。述不答。

其骑都尉平陵荆邯说述曰："汉高祖起于行陈之中，兵破身困者数矣；然军败复合，疮愈复战。何则？前死而成功，愈于却就于灭亡也！隗嚣遭遇运会[⑥]，割有雍州，兵强士附，威加山东；遇更始政乱，复失天下，众庶引领，四方瓦解，嚣不及此时推危乘胜以争天命，而退欲为西伯之事，尊师章句，宾友处士，偃武息戈，卑辞事汉，喟然自以文王复出也！令汉帝释关、陇之忧，专精东伐，四分天下而有其三；发间使⑦，召携贰⑧，使西州豪桀咸居心于山东⑨，则五分而有其四；若举兵天水，必至沮溃，天水既定，则九分而有其八。陛下以梁州之地⑩，内奉万乘，外给三军，百姓愁困，不堪上命，将有王氏自溃之变矣！臣之愚计，以为宜及天下之望未绝，豪桀尚可招诱，急以此时发国内精兵，令田戎据江陵，临江南之会，倚巫山之固，筑垒坚守，传檄吴、楚，长沙以南必随风而靡。令延岑出汉中，定三辅，天水、陇西拱手自服。如此，海内震摇，冀有大利。"述以问群臣，博士吴柱曰："武王伐殷，八百诸侯不期同辞，然犹还师以待天命。未闻无左右之助而欲出师千里之外者也！"邯曰："今东帝无尺土之柄，驱乌合之众，跨马陷敌，所向辄平，不亟乘时与之分功，而坐谈武王之说，是复效隗嚣欲为西伯也！"

述然邯言，欲悉发北军屯士及山东客兵，使延岑、田戎分出两道，与汉中诸将合兵并势。蜀人及其弟光以为不宜空国千里之外，决成败于一举，固争之，述乃止。延岑、田戎亦数请兵立功，述终疑不听，唯公孙氏得任事。

述废铜钱，置铁钱，货币不行，百姓苦之。为政苛细，察于小事，如为清水令时而已，好改易郡县官名。少尝为郎，习汉家故事，出入法驾，鸾旗旄骑⑪。又立其两子为王，食犍为、广汉各数县。或谏曰："成败未可知，戎士暴露而先王爱子，示无大志也！"述不从，由此大臣皆怨。

【注释】

①章陵县：治所在今湖北枣阳市。　②丰：县名，即今江苏丰县。③腾：传递。　④图谶：汉代宣扬符命占验的书。　⑤神器：这里是指帝位。　⑥运会：指时势。　⑦发间使：指来歙、马援。　⑧携贰：指王遵、郑兴、杜林、牛邯先后归顺东汉。　⑨西州：当时指凉州为西州，相当今甘肃中部和西北部一带。　⑩梁州：古九州之一。包括四川及陕西南部。　⑪鸾旗：天子车上的旗。赤色，编以羽毛，上绣鸾鸟。

冯异自长安入朝，帝谓公卿曰："是我起兵时主簿也，为吾披荆棘，定关中。"既罢，赐珍宝、钱帛，诏曰："仓卒芜蒌亭豆粥，虖沱河麦饭，厚意久不报。"异稽首谢曰："臣闻管仲谓桓公曰：'愿君无忘射钩，臣无忘槛车。'齐国赖之。臣今亦愿国家无忘河北之难，小臣不敢忘巾车之恩。"留十余日，令与妻子还西。

申屠刚、杜林自隗嚣所来，帝皆拜侍御史。以郑兴为太中大夫。

三月，公孙述使田戎出江关[①]，招其故众，欲以取荆州，不克。

帝乃诏隗嚣，欲从天水伐蜀。嚣上言："白水险阻[②]，栈阁败绝[③]。述性严酷，上下相患，须其罪恶孰著而攻之，此大呼响应之势也。"帝知其终不为用，乃谋讨之。

夏，四月，丙子，上行幸长安，谒园陵；遣耿弇、盖延等七将军从陇道伐蜀[④]，先使中郎将来歙奉玺书赐嚣谕旨。嚣复多设疑故，事久冘豫不决。歙遂发愤质责嚣曰："国家以君知臧否，晓废兴，故以手书畅意。足下推忠诚，既遣伯春委质，而反欲用佞惑之言，为族灭之计邪！"因欲前刺嚣。嚣起入，部勒兵将杀歙，歙徐杖节就车而去，嚣使牛邯将兵围守之。嚣将王遵谏曰："君叔虽单车远使，而陛下之外兄也，杀之无损于汉，而随以族灭。昔宋执楚使，遂有析骸易子之祸。小国犹不可辱，况于万乘之主，重以伯春之命哉！"歙为人有信义，言行不违，及往来游说，皆可按覆；西州士大夫皆信重之，多为其言，故得免而东归。

五月，己未，车驾至自长安。

隗嚣遂发兵反，使王元据陇坻[⑤]，伐木塞道。诸将因与嚣战，大败，各引兵下陇；嚣追之急，马武选精骑为后拒，杀数千人，诸军乃得还。

六月，辛卯，诏曰："夫张官置吏，所以为民也。今百姓遭难，户口耗少，而县官吏职，所置尚繁；其令司隶、州牧各实所部，省减吏员，县国不足置长吏者并之。"于是并省四百余县，吏职减损，十置其一。

九月，丙寅晦，日有食之。执金吾朱浮上疏曰："昔尧、舜之盛，犹加三考；大汉之兴，亦累功效，吏皆积久，至长子孙。当时吏职，何能悉治，论议之徒，岂不喧哗！盖以为天地之功不可仓卒，艰难之业当累日也。而间者守宰数见换易，迎新相代，疲劳道路。寻其视事日浅，未足昭见其职，既加严切，人不自保，迫于举劾，惧

东汉铜奔马

于刺讥，故争饰诈伪以希虚誉，斯所以致日月失行之应也。夫物暴长者必夭折，功卒成者必亟坏；如摧长久之业而造速成之功，非陛下之福也。愿陛下游意于经年之外，望治于一世之后，天下幸甚！”帝采其言，自是牧守代易颇简。

【注释】

①江关：名捍关，又名瞿塘关。在今重庆奉节县东长江北岸赤甲山上。②白水：县名，治所在今四川青川县。③栈阁：即栈道。因山路悬险，傍山架木而成道路。 ④陇西：郡名，治所在今甘肃临洮县。 ⑤陇坻：地名。一名陇阪、陇山、陇首。在今陕西陇县、宝鸡市与甘肃清水县、张家川回族自治县之间。北入沙漠，南止渭河，为关中平原西部屏障。

十二月，壬辰，大司空宋弘免[①]。

癸巳，诏曰：“顷者师旅未解，用度不足，故行十一之税。今粮储差积，其令郡国收见田租三十税一，如旧制。”

诸将之下陇也，帝诏耿弇军漆[②]，冯异军栒邑[③]，祭遵军汧，吴汉等还屯长安。冯异引军未至栒邑，隗嚣乘胜使王元、行巡将二万余人下陇，分遣巡取栒邑，异即驰兵欲先据之。诸将曰：“虏兵盛而乘胜，不可与争锋，宜止军便地，徐思方略。”异曰：“虏兵临境，忸忕小利[④]，遂欲深入；若得栒邑，三辅动摇。夫攻者不足，守者有余。今先据城，以逸待劳，非所以争也。”潜往，闭城，偃旗鼓。行巡不知，驰赴之。异乘其不意，卒击鼓、建旗而出。巡军惊乱奔走，追击，大破之。祭遵亦破王元于汧。于是北地诸豪长耿定等悉畔隗嚣降。诏异进军义渠[⑤]，击破卢芳将贾览、匈奴奥鞬日逐王，北地、上郡、安定皆降[⑥]。

窦融复遣其弟友上书曰："臣幸得托先后末属，累世二千石，臣复假历将帅，守持一隅，故遣刘钧口陈肝胆，自以底里上露，长无纤介。而玺书盛称蜀、汉二主三分鼎足之权，任嚣、尉佗之谋；窃自痛伤。臣融虽无识无知，利害之际、顺逆之分，岂可背真旧之主，事奸伪之人，废忠贞之节，为倾覆之事，弃已成之基，求无冀之利！此三者，虽问狂夫，犹知去就，而臣独何以用心！谨遣弟友诣阙，口陈至诚。"友至高平，会隗嚣反，道不通，乃遣司马席封间道通书。帝复遣封赐融、友书，所以尉藉之甚厚⑦。

融乃与隗嚣书曰："将军亲遇厄会之际，国家不利之时，守节不回，承事本朝；融等所以欣服高义，愿从役于将军者，良为此也！而忿悁之间⑧，改节易图，委成功，造难就，百年累之，一朝毁之，岂不惜乎！殆执事者贪功建谋，以至于此。当今西州地势局迫，民兵离散，易以辅人，难以自建。计若失路不反，闻道犹迷，不南合子阳，则北入文伯耳。夫负虚交而易强御，恃远救而轻近敌，未见其利也。自兵起以来，城郭皆为丘墟，生民转于沟壑。幸赖天运少还，而将军复重其难，是使积痾不得遂瘳⑨，幼孤将复流离，言之可为酸鼻；庸人且犹不忍，况仁者乎！融闻为忠甚易，得宜实难。忧人太过，以德取怨，知且以言获罪也！"嚣不纳。

融乃与五郡太守共砥厉兵马，上疏请师期；帝深嘉美之。融即与诸郡守将兵入金城，击嚣党先零羌封何等，大破之。因并河，扬威武，伺候车驾。时大兵未进，融乃引还。

帝以融信效著明，益嘉之，修理融父坟墓，祠以太牢，数驰轻使，致遗四方珍羞。

梁统犹恐众心疑惑，乃使人刺杀张玄，遂与隗嚣绝，皆解所假将军印绶。

【注释】

①宋弘：长安（今陕西西安市）人。字仲子。西汉哀帝时任侍中。光武即位，征拜太中大夫，后为大司空，封宣平侯。 ②漆：县名，治所在今陕西彬县。 ③栒邑：县名，治所在今陕西旬邑县。 ④忸忕（niǔ shì 扭氏）：惯习。 ⑤义渠：县名，治所在今甘肃庆阳市。 ⑥北地：郡名，治所在今甘肃庆阳市西北马岭镇。安定：郡名，治所在今宁夏固原市。

⑦尉藉:安慰。 ⑧忿悁(fèn juān 愤绢):怨怒。 ⑨疴(kē 苛):病。

先是,马援闻隗嚣欲贰于汉,数以书责譬之,嚣得书增怒。及嚣发兵反,援乃上书曰:"臣与隗嚣本实交友,初遣臣东,谓臣曰:'本欲为汉,愿足下往观之,于汝意可,即专心矣。'及臣还反,报以赤心,实欲导之于善,非敢谲以非义。而嚣自挟奸心,盗憎主人,怨毒之情,遂归于臣。臣欲不言,则无以上闻,愿听诣行在所,极陈灭嚣之术。"帝乃召之。援具言谋画。

帝因使援将突骑五千,往来游说嚣将高峻、任禹之属,下及羌豪,为陈祸福,以离嚣支党。援又为书与嚣将杨广,使晓劝于嚣曰:"援窃见四海已定,兆民同情,而季孟闭拒背畔,为天下表的[①],常惧海内切齿[②],思相屠裂,故遗书恋恋,以致恻隐之计[③]。乃闻季孟归罪于援,而纳王游翁谄邪之说,因自谓函谷以西[④],举足可定。以今而观,竟何如邪!

援间至河内,过存伯春[⑤],见其奴吉从西方还,说伯春小弟仲舒望见吉,欲问伯春无他否,竟不能言,哓夕号泣。又说其家悲愁之状,不可言也。夫怨仇可刺不可毁,援闻之,不自知泣下也。援素知季孟孝爱,曾、闵不过。夫孝于其亲,岂不慈于其子!可有子抱三木而跳梁妄作[⑥],自同分羹之事乎!

季孟平生自言所以拥兵众者,欲以保全父母之国而完坟墓也;又言苟厚士大夫而已。而今所欲全者将破亡之,所欲完者将伤毁之,所欲厚者将反薄之。季孟尝折愧子阳而不受其爵,今更共陆陆往附之[⑦],将难为颜乎!若复责以重质,当安从得子主给是哉!往时子阳独欲以王相待而春卿拒之,今者归老,更欲低头与小儿曹共槽枥而食[⑧],并肩侧身于怨家之朝乎!

今国家待春卿意深,宜使牛孺卿与诸耆老大人共说季孟,若计画不从,真可引领去矣。前披舆地图,见天下郡国百有六所,奈何欲以区区二邦以当诸夏百有四乎!春卿事季孟,外有君臣之义,内有朋友之道。言君臣邪,固当谏争;语朋友邪,应有切磋。岂有知其无成,而但萎腇咋舌[⑨],叉手从族乎[⑩]!及今成计,殊尚善也,过是,欲少味矣!且来君叔天下信士,朝廷重之,其意依依,常独为西州言。援商朝廷，尤欲立信于此，必不负约。援不得久留，愿急赐报。”广竟不答。

诸将每有疑议，更请呼援，咸敬重焉。

隗嚣上疏谢曰：“吏民闻大兵卒至，惊恐自救；臣嚣不能禁止。兵有大利，不敢废臣子之节，亲自追还。昔虞舜事父，大杖则走，小杖则受。臣虽不敏，敢忘斯义！今臣之事，在于本朝，赐死则死，加刑则刑；如更得洗心，死骨不朽。”有司以嚣言慢，请诛其子；帝不忍，复使来歙至汧，赐嚣书曰：“昔柴将军云：‘陛下宽仁，诸侯虽有亡叛而后归，辄复位号，不诛也。’今若束手⑪，复遣恂弟归阙庭者，则爵禄获全，有浩大之福矣！吾年垂四十⑫，在兵中十岁，厌浮语虚辞⑬。即不欲，勿报。”嚣知帝审其诈，遂遣使称臣于公孙述。

匈奴与卢芳为寇不息，帝令归德侯飒使匈奴以修旧好。单于骄倨⑭，虽遣使报命，而寇暴如故。

【注释】

①表的：目标。贤注：“表犹标也，言为标准为射的也。言背叛之罪，为天下所指射也。” ②切齿：咬紧牙齿，表示极端痛恨。 ③恻隐：同情。 ④函谷：关名，在今河南新安县东。 ⑤过存：问候。伯春：即隗恂。 ⑥三木：古代加在犯人颈、手、脚上的刑具。跳梁：强横。 ⑦陆陆：碌碌。 ⑧槽枥：养马之所。 ⑨萎腇（wěi něi 伟馁）：软弱。咋（zé 则）舌：咬舌。 ⑩叉（chā 差）手：拱手。 ⑪束手：自缚其手，表示不抵抗。 ⑫垂：将近。 ⑬浮语虚辞：指大话空话。浮：空虚不实。 ⑭骄倨：傲慢自大。

七年 春，三月，罢郡国轻车、骑士、材官，令还复民伍。

公孙述立隗嚣为朔宁王，遣兵往来，为之援势①。

癸亥晦，日有食之。诏百僚各上封事②，其上书者不得言圣。太中大夫郑兴上疏曰：“夫国无善政，则谪见日月；要在因人之心，择人处位。今公卿大夫多举渔阳太守郭伋可大司空者，而不以时定；道路流言，咸曰‘朝廷欲用功臣’，功臣用则人位谬矣。愿陛下屈己从众，以济群臣让善之功。顷年日食每在晦，先时而合，皆月行疾也。日君象而月臣象;君亢急而臣下促迫,故月行疾。今陛下高明而群臣惶促,宜留思柔克之政[3],垂意《洪范》之法。"帝躬勤政事,颇伤严急,故兴奏及之。

夏,四月,壬午,大赦。

五月,戊戌,以前将军李通为大司空。

大司农江冯上言:"宜令司隶校尉督察三公。"司空掾陈元上疏曰:"臣闻师臣者帝,宾臣者霸。故武王以太公为师,齐桓以夷吾为仲父[4],近则高帝优相国之礼[5],太宗假宰辅之权[6]。及亡新王莽,遭汉中衰,专操国柄以偷天下,况己自喻,不信群臣,夺公辅之任[7],损宰相之威,以刺举为明,激讦为直,至乃陪仆告其君长,子弟变其父兄,罔密法峻,大臣无所措手足;然不能禁董忠之谋,身为世戮。方今四方尚扰,天下未一,百姓观听,咸张耳目。陛下宜修文、武之圣典,袭祖宗之遗德,劳心下士[8],屈节待贤[9],诚不宜使有司察公辅之名。"帝从之。

酒泉太守竺曾以弟报怨杀人[10],自免去郡;窦融承制拜曾武锋将军[11],更以辛肜为酒泉太守。

秋,隗嚣将步骑三万侵安定,至阴槃[12],冯异率诸将拒之;嚣又令别将下陇攻祭遵于汧;并无利而还。

帝将自征隗嚣,先戒窦融师期,会遇雨,道断,且嚣兵已退,乃止。

帝令来歙以书招王遵,遵来降,拜太中大夫,封向义侯。

冬,卢芳以事诛其五原太守李兴兄弟;其朔方太守田飒、云中太守乔扈各举郡降,帝令领职如故。

帝好图谶,与郑兴议郊祀事,曰:"吾欲以谶断之,何如?"对曰:"臣不为谶!"帝怒曰:"卿不为谶,非之邪?"兴惶恐曰:"臣于书有所未学,而无所非也。"帝意乃解。

南阳太守杜诗政治清平,兴利除害,百姓便之。又修治陂池,广拓土田,郡内比室殷足,时人方于召信臣。南阳为之语曰:"前有召父,后有杜母。"

【注释】

①援势:虚张声势以为援助。 ②封事:密封的奏章。古代百官上

书奏机密事，为防泄露，用皂囊封缄呈进，故称封事，也称封章。 ③柔克：以柔和之道治事。《尚书·洪范》："三德：一曰正直，二曰刚克，三曰柔克。" ④夷吾：即管仲。 ⑤相国：指萧何。 ⑥宰辅：指申屠嘉。 ⑦公辅：三公和辅相。 ⑧劳心：费心思。 ⑨屈节：降身相从，谦恭的样子。 ⑩弟报怨杀人：指竺曾弟竺婴报仇，杀属国侯王胤等。 ⑪承制：秉承皇帝旨意。 ⑫阴槃：县名，治所在今陕西长武县。

八年 春，来歙将二千余人伐山开道，从番须、回中径袭略阳[①]，斩隗嚣守将金梁。嚣大惊曰："何其神也！"帝闻得略阳，甚喜，曰："略阳，嚣所依阻。心腹已坏，则制其支体易矣！"

吴汉等诸将闻歙据略阳，争驰赴之。上以为嚣失所恃，亡其要城，势必悉以精锐来攻；旷日久围而城不拔，士卒顿敝，乃可乘危而进。皆追汉等还。隗嚣果使王元拒陇坻，行巡守番须口，王孟塞鸡头道[②]，牛邯军瓦亭[③]。嚣自悉其大众数万人围略阳，公孙述遣将李育、田弇助之，斩山筑堤，激水灌城。来歙与将士固死坚守，矢尽，发屋断木以为兵。嚣尽锐攻之，累月不能下。

夏，闰四月，帝自将征隗嚣，光禄勋汝南郭宪谏曰："东方初定，车驾未可远征。"乃当车拔佩刀以断车鞅[④]。帝不从，西至漆。诸将多以王师之重，不宜远入险阻，计冘豫未决[⑤]；帝召马援问之。援因说隗嚣将帅有土崩之势[⑥]，兵进有必破之状；又于帝前聚米为山谷，指画形势，开示众军所从道径，往来分析，昭然可晓。帝曰："虏在吾目中矣！"明旦，遂进军，至高平第一。

窦融率五郡太守及羌虏小月氏等步骑数万，辎重五千余两，与大军会。是时军旅草创[⑦]，诸将朝会礼容多不肃，融先遣从事问会见仪适。帝闻而善之，以宣告百僚，乃置酒高会，待融等以殊礼。

遂共进军，数道上陇。使王遵以书招牛邯，下之，拜邯太中大夫。于是嚣大将十三人、属县十六、众十余万皆降。嚣将妻子奔西城[⑧]，从杨广，而田弇、李育保上邽。略阳围解。帝劳赐来歙，班坐绝席[⑨]，在诸将之右，赐歙妻缣千匹。

进幸上邽，诏告隗嚣曰："若束手自诣，父子相见，保无他也。

若遂欲为黥布者[10]，亦自任也。”嚣终不降，于是诛其子恂。使吴汉、岑彭围西城。耿弇、盖延围上邽。

以四县封窦融为安丰侯[11]，弟友为显亲侯，及五郡太守皆封列侯[12]，遣西还所镇。融以久专方面，惧不自安，数上书求代；诏报曰：“吾与将军如左右手耳，数执谦退，何不晓人意！勉循士民，无擅离部曲[13]！”

颍川盗贼群起，寇没属县，河东守兵亦叛，京师骚动。帝闻之曰：“吾悔不用郭子横之言[14]。”秋，八月，帝自上邽晨夜东驰，赐岑彭等书曰：“两城若下，便可将兵南击蜀虏。人苦不知足，既平陇，复望蜀。每一发兵，头须为白！”

九月，乙卯，车驾还宫。帝谓执金吾寇恂曰：“颍川迫近京师，当以时定。惟念独卿能平之耳，从九卿复出以忧国可也！”对曰：“颍川闻陛下有事陇、蜀，故狂狡乘间相诖误耳[15]。如闻乘舆南向，贼必惶怖归死，臣愿执锐前驱。”帝从之。庚申，车驾南征，颍川盗贼悉降。寇恂竟不拜郡，百姓遮道曰[16]：“愿从陛下复借寇君一年。”乃留恂长社[17]，镇抚吏民，受纳余降。

东郡、济阴盗贼亦起[18]，帝遣李通、王常击之。以东光侯耿纯尝为东郡太守[19]，威信著于卫地[20]，遣使拜太中大夫，使与大兵会东郡。东郡闻纯入界，盗贼九千余人皆诣纯降，大兵不战而还；玺书复以纯为东郡太守。戊寅，车驾还自颍川。

安丘侯张步将妻子逃奔临淮，与弟弘、蓝欲招其故众，乘船入海；琅邪太守陈俊追讨，斩之。

冬，十月，丙午，上行幸怀；十一月，乙丑，还雒阳。

杨广死，隗嚣穷困，其大将王捷别在戎丘[21]，登城呼汉军曰：“为隗王城守者，皆必死，无二心，愿诸军亟罢，请自杀以明之。”遂自刎死。

初，帝敕吴汉曰：“诸郡甲卒但坐费粮食，若有逃亡，则沮败众心[22]，宜悉罢之。”汉等贪并力攻嚣，遂不能遣，粮食日少，吏士疲役，逃亡者多。岑彭壅谷水灌西城，城未没丈余。会王元、行巡、周宗将蜀救兵五千余人乘高卒至[23]，鼓噪大呼曰[24]：“百万之众方至！”汉军大惊，未及成陈，元等决围殊死战，遂得入城，迎嚣归冀[25]。吴汉军食尽，乃烧辎重，引兵下陇，盖延、耿弇亦相随而退。嚣出兵尾击诸营，岑彭为后拒，诸将乃得全军东归；唯祭遵屯汧不退。吴汉等复屯长安，岑彭还津乡[26]。于是安定、北地、天水、陇西复反为嚣。

校尉太原温序为嚣将苟宇所获，宇晓譬数四[27]，欲降之。序大怒，叱宇等曰："虏何敢迫胁汉将！"因以节檛杀数人。宇众争欲杀之，宇止之曰："此义士，死节[28]，可赐以剑。"序受剑，衔须于口，顾左右曰："既为贼所杀，无令须污土！"遂伏剑而死。从事王忠持其丧归雒阳，诏赐以冢地，拜三子为郎。

十二月，高句丽王遣使朝贡，帝复其王号。

是岁，大水。

【注释】

①番须：地名，在今陕西陇县西北。回中：道名，即关中平原通往陇东高原的交通要道。南起汧河河谷，北出萧关，抵清水河关，途中经古回中宫。略阳：县名，治所在今甘肃秦安县。 ②鸡头道：地名，在今甘肃平凉市西。 ③瓦亭：地名，在今甘肃平凉市西南。 ④车靷（yǐn 引）：引车前行的皮带，一端系在马颈的皮套上，一端系在车轴上。 ⑤冘（yóu 尤）豫：迟疑不定。 ⑥土崩：像土倒塌，比喻溃败不可收拾。 ⑦草创：凡事初设均称草创。 ⑧西城：即西县城，在今甘肃天水市。 ⑨绝席：不同席。独坐一席，以示尊显。 ⑩黥布：即英布，曾犯法被黥面，故又称黥布。韩信、彭越被杀，英布不自安，遂发兵反，汉高祖亲征，英布败走长沙，为番阳人所杀。 ⑪四县：指安丰县（今河南固始县）、阳泉县（今安徽霍邱县）、蓼安县（今河南固始县）、凤县（今安徽凤阳县）。 ⑫五郡太守皆封列侯：竺曾，助义侯；梁统，成义侯；史苞，褒义侯；库钧，辅义侯；辛肜，扶义侯。 ⑬部曲：古时军队的编制单位。⑭郭子横：即郭宪。 ⑮诖（guà 挂）误：被别人牵连而受到处分或损害。⑯遮道：拦路。 ⑰长社：县名，治所在今河南长葛市。 ⑱济阴：郡名，治所在今山东菏泽市定陶区。 ⑲东光：县名，即今河北东光县。⑳卫：即东郡，治所在今河南濮阳市。 ㉑戎丘：城名，在今陕西安康市西北。 ㉒沮（jǔ 举）败：败坏。 ㉓卒至：突然而到。 ㉔鼓噪（gǔ zào 鼓造）：出战时擂鼓呐喊，以张声势。 ㉕冀：县名，治所在今甘肃甘谷县。 ㉖津乡：县名，治所在今湖北江陵县。 ㉗晓譬：明白劝说。

㉘死节：守节义而死。

九年 春，正月，颍阳成侯祭遵薨于军[①]。诏冯异并将其营。遵为人，廉约小心，克己奉公，赏赐尽与士卒；约束严整，所在吏民不知有军。取士皆用儒术，对酒设乐，必雅歌投壶[②]。临终，遗戒薄葬；问以家事，终无所言。帝愍悼之尤甚，遵丧至河南，车驾素服临之，望哭哀恸；还，幸城门，阅过丧车，涕泣不能已；丧礼成，复亲祠以太牢。诏大长秋、谒者、河南尹护丧事，大司农给费。至葬，车驾复临之；既葬，又临其坟，存见夫人、室家。其后朝会，帝每叹曰："安得忧国奉公如祭征虏者乎！"卫尉铫期曰："陛下至仁，哀念祭遵不已，群臣各怀惭惧。"帝乃止。

祭遵像

隗嚣病且饥，餐糗糒[③]，恚愤而卒[④]。王元、周宗立嚣少子纯为王，总兵据冀。公孙述遣将赵匡、田弇助纯。帝使冯异击之。

公孙述遣其翼江王田戎、大司徒任满、南郡太守程汎将数万人下江关，击破冯骏等军，遂拔巫及夷道、夷陵[⑤]，因据荆门、虎牙[⑥]，横江水起浮桥、关楼，立攒柱以绝水道，结营跨山以塞陆路，拒汉兵。

夏，六月，丙戌，帝幸缑氏[⑦]，登轘辕[⑧]。

吴汉率王常等四将军兵五万余人击卢芳将贾览、闵堪于高柳[⑨]；匈奴救之，汉军不利。于是匈奴转盛，钞暴日增[⑩]。诏朱祜屯常山[⑪]，王常屯涿郡[⑫]，破奸将军侯进屯渔阳，以讨虏将军王霸为上谷太守，以备匈奴。

帝使来歙悉监护诸将屯长安，太中大夫马援为之副。歙上书曰："公孙述以陇西、天水为藩蔽，故得延命假息；今二郡平荡，则述智计穷矣。宜益选兵马，储积资粮。今西州新破，兵人疲馑，若招以财谷，则其众可集。臣知国家所给非一，用度不足，然有不得已也！"帝然之。于是诏于汧积谷六万斛。秋，八月，来歙率冯异等五将军讨隗纯于天水。

骠骑将军杜茂与贾览战于繁畤[13]，茂军败绩。

诸羌自王莽末入居塞内，金城属县多为所有[14]。隗嚣不能讨，因就慰纳，发其众与汉相拒。司徒掾班彪上言："今凉州部皆有降羌，羌胡被发左衽[15]，而与汉人杂处，习俗既异，言语不通，数为小吏黠人所见侵夺，穷恚无聊[16]，故致反叛。夫蛮夷寇乱，皆为此也。旧制，益州部置蛮夷骑都尉，幽州部置领乌桓校尉，凉州部置护羌校尉，皆持节领护，治其怨结，岁时巡行，问所疾苦。又数遣使译，通导动静，使塞外羌夷为吏耳目，州郡因此可得警备。今宜复如旧，以明威防。"帝从之。以牛邯为护羌校尉。

盗杀阴贵人母邓氏及弟䜣。帝甚伤之，封贵人弟就为宣恩侯。复召就兄侍中兴，欲封之，置印绶于前。兴固让曰："臣未有先登陷陈之功，而一家数人，并蒙爵土，令天下觖望[17]，诚所不愿！"帝嘉之，不夺其志。贵人问其故，兴曰："夫外戚家苦不知谦退，嫁女欲配侯王，取妇眄睨公主[18]，愚心实不安也。富贵有极，人当知足，夸奢益为观听所讥。"贵人感其言，深自降挹[19]，卒不为宗亲求位。

帝召寇恂还，以渔阳太守郭伋为颍川太守。伋招降山贼赵宏、召吴等数百人，皆遣归附农；因自劾专命，帝不以咎之。后宏、吴等党与闻伋威信，远自江南，或从幽、冀，不期俱降，骆驿不绝。

莎车王康卒，弟贤立，攻杀拘弥、西夜王[20]，而使康两子王之。

【注释】

①祭遵（？—33）：字弟孙。颍川颍阳（今河南许昌市）人。初从刘秀转战河北，为军市令，迁刺奸将军。建武二年（26），任征虏将军，封颍阳侯。打败割据渔阳的彭宠，攻占其地。建武九年（33），进攻隗嚣时，死于军中。　②雅：书名，即《尔雅》。投壶：古代人宴会时的游戏。设特

制的壶,宾主以次投矢其中,中多的为胜,输的就饮酒。 ③糗糒(qiǔ bèi):干饭。 ④隗嚣(?—33):字季孟。天水成纪(今甘肃秦安县)人。王莽末年,被当地豪强拥立,据有天水、武都、金城(均在甘肃)等郡。一度依附刘玄。自称西州上将军。建武九年(33),以屡为东汉军所败,忧忿而死。 ⑤巫:县名,治所在今重庆巫山县。夷道:县名,治所在今湖北宜都市。夷陵:县名,治所在今湖北宜昌市。 ⑥荆门山:一名郢门山,在今湖北宜都市西北长江西南岸,东北与宜昌市虎牙山隔江相望。 ⑦缑氏:县名,在今河南洛阳市偃师区。 ⑧轘辕:山名,在今河南洛阳市偃师区东南,接巩义市、登封市两界。 ⑨高柳:县名,治所在今山西阳高县。 ⑩钞暴:劫掠滋扰。 ⑪常山:郡名,治所在今河北元氏县。 ⑫涿郡:治所在今河北涿州市。 ⑬繁畤:县名,治所在今山西浑源县。 ⑭金城:郡名,治所在今甘肃永靖县。 ⑮左衽(rèn 任):衽,衣襟。我国古代少数民族的服装,前襟向左,不同于中原一带人民的右衽。 ⑯恚(huì 惠):怨恨。 ⑰觖(jué 厥)望:因不满意而怨恨。 ⑱眄睨(miǎn nì 免溺):斜着眼睛。表示轻傲的神态。 ⑲挹(yì 益):通"抑"。谦退。 ⑳拘弥:国名,一作"扜弥国",本西域城国,在今新疆于田县。西夜:国名,本西域国,在今新疆叶城县。

十年 春,正月,吴汉复率捕虏将军王霸等四将军六万人出高柳击贾览,匈奴数千骑救之,连战于平城下①,破走之。

夏阳节侯冯异等与赵匡、田弇战且一年,皆斩之。隗纯未下,诸将欲且还休兵,异固持不动,共攻落门②,未拔。夏,异薨于军③。

秋,八月,己亥,上幸长安。

初,隗嚣将安定高峻拥兵据高平第一,建威大将军耿弇等围之,一岁不拔。帝自将征之,寇恂谏曰:"长安道里居中,应接近便,安定、陇西必怀震惧;此从容一处,可以制四方也。今士马疲倦,方履险阻,非万乘之固也。前年颍川,可为至戒。"帝不从,进幸汧。峻犹不下,帝遣寇恂往降之。恂奉玺书至第一,峻遣军师皇甫文出谒,辞礼不屈;恂怒,将诛之。诸将谏曰:"高峻精兵万人,率多强弩,西遮陇道,连年不下,今欲降之而反戮其使,无乃不可乎?"恂不应,遂斩之,遣其副归告峻曰:"军师无礼,已戮之矣!欲降,急降;不欲,固守!"峻惶恐,即日开城门降。诸将皆贺,因曰："敢问杀其使而降其城，何也？"恂曰："皇甫文，峻之腹心，其所取计者也。今来，辞意不屈，必无降心。全之则文得其计，杀之亡其胆，是以降耳。"诸将皆曰："非所及也！"

冬，十月，来歙与诸将攻破落门，周宗、行巡、苟宇、赵恢等将隗纯降，王元奔蜀。徙诸隗于京师以东。后隗纯与宾客亡入胡，至武威④，捕得，诛之。

先零羌与诸种寇金城、陇西⑤，来歙率盖延等进击，大破之，斩首虏数千人。于是开仓廪以赈饥乏，陇右遂安，而凉州流通焉。

东汉铁钩镶

庚寅，车驾还宫。

【注释】

①平城：县名，治所在今山西大同市。 ②落门：聚名，即今甘肃武山县东洛门镇。 ③冯异（？—34）：东汉初年将领。字公孙。颍川父城（今河南宝丰县）人。新莽时，任郡掾。后归刘秀，在河北参与消灭王郎割据势力，并镇压铁胫等农民军。刘秀即位后，诸将并坐论功，他常避树下，军中号为"大树将军"。因功被封为阳夏侯，任征西大将军。后率军进攻隗嚣儿子隗纯，死于军中。 ④武威：县名，治所在今甘肃民勤县。⑤金城：郡名，治所在今甘肃永靖县。

十一年 春，三月，己酉，帝幸南阳，还幸章陵；庚午，车驾还宫。

岑彭屯津乡，数攻田戎等，不克。帝遣吴汉率诛虏将军刘隆等三将，发荆州兵凡六万余人、骑五千匹，与彭会荆门。彭装战船数千艘，吴汉以诸郡棹卒多费粮谷[1]，欲罢之；彭以为蜀兵盛，不可遣，上书言状。帝报彭曰："大司马习用步骑，不晓水战，荆门之事，一由征南公为重而已。"

闰月，岑彭令军中募攻浮桥，先登者上赏。于是偏将军鲁奇应募而前，时东风狂急，鲁奇船逆流而上，直冲浮桥，而攒柱有反杷钩，奇船不得去；奇等乘势殊死战，因飞炬焚之，风怒火盛，桥楼崩烧。岑彭悉军顺风并进，所向无前，蜀兵大乱，溺死者数千人，斩任满，生获程汎，而田戎走保江州。

彭上刘隆为南郡太守[2]；自率辅威将军臧宫、骁骑将军刘歆长驱入江关。令军中无得虏掠，所过百姓皆奉牛酒迎劳，彭复让不受；百姓大喜，争开门降。诏彭守益州牧，所下郡辄行太守事，彭若出界，即以太守号付后将军。选官属守州中长吏。

彭到江州，以其城固粮多，难卒拔，留冯骏守之；自引兵乘利直指垫江[3]，攻破平曲[4]，收其米数十万石。吴汉留夷陵，装露桡继进[5]。

夏，先零羌寇临洮[6]。来歙荐马援为陇西太守，击先零羌[7]，大破之。

公孙述以王元为将军，使与领军环安拒河池[8]。六月，来歙与盖延等进攻元、安，大破之，遂克下辨[9]，乘胜遂进。蜀人大惧，使刺客刺歙，未殊[10]，驰召盖延。延见歙，因伏悲哀，不能仰视。歙叱延曰："虎牙何敢然！今使者中刺客，无以报国，故呼巨卿[11]，欲相属以军事，而反效儿女子涕泣乎！刃虽在身，不能勒兵斩公邪！"延收泪强起，受所诫。歙自书表曰[12]："臣夜人定后，为何人所贼伤，中臣要害。臣不敢自惜，诚恨奉职不称，以为朝廷羞。夫理国以得贤为本，太中大夫段襄，骨鲠可任[13]，愿陛下裁察。又臣兄弟不肖，终恐被罪，陛下哀怜，数赐教督。"投笔抽刃而绝[14]。帝闻，大惊，省书揽涕；以扬武将军马成守中郎将代之。歙丧还洛阳，乘舆缟素临吊[15]，送葬。

赵王良从帝送歙丧还，入夏城门，与中郎将张邯争道，叱邯旋车[16]；又诘责门候，使前走数十步。司隶校尉鲍永劾奏："良无藩臣礼，大不敬。"良尊戚贵重，而永劾之，朝廷肃然。永辟扶风鲍恢为都官从事，恢亦抗直[17]，不避强御[18]。帝常曰："贵戚且敛手以避二鲍。"

永行县到霸陵，路经更始墓，下拜，哭尽哀而去；西至扶风，椎牛上苟谏冢。帝闻之，意不平，问公卿曰："奉使如此，何如？"太中大夫张湛对曰："仁者，行之宗，忠者，义之主也；仁不遗旧，忠不忘君，行之高者也。"帝意乃释。

【注释】

①棹卒：水军。　②南郡：在今湖北江陵县。　③垫江：县名，治所在今重庆合川区。　④平曲：可能是重庆合川区东龙洞沱。　⑤露桡：战船名。　⑥临洮：县名，治所在今甘肃岷县。　⑦先零羌：汉代羌族的一支。　⑧河池：县名，治所在今甘肃徽县。　⑨下辨：县名，治所在今甘肃成县。　⑩未殊：没有断气。　⑪盖延：字巨卿。　⑫书表：汉制，下言于上，分章、奏、表、议四种。表的形式，前面不需开头，直说"臣某言"，后面说"诚惶诚恐，顿首顿首，死罪死罪"，左方下附"某官臣甲乙上"。表多用于陈述衷情。　⑬骨鲠：比喻正直。　⑭来歙（？—35）：字君叔。南阳新野（今河南新野县）人。初事刘玄为吏，后归刘秀，任太中大夫，说隗嚣归汉。后隗嚣反叛，他以精兵袭破其众，尽取陇右。建武十一年（35）率军入蜀攻打公孙述，被其人刺死军中。　⑮缟（gǎo 稿）素：白色丧服。　⑯旋车：掉转车头回去。　⑰抗直：坦率耿直。　⑱强御：横暴有势力的人。

帝自将征公孙述；秋，七月，次长安。

公孙述使其将延岑、吕鲔、王元、公孙恢悉兵拒广汉及资中[1]，又遣将侯丹率二万余人拒黄石[2]。岑彭使臧宫将降卒五万，从涪水上平曲，拒延岑，自分兵浮江下还江州，溯都江而上[3]，袭击侯丹，大破之；因晨夜倍道兼行二千余里，径拔武阳[4]。使精骑驰击广都[5]，去成都数十里，势若风雨，所至皆奔散。初，述闻汉兵在平曲，故遣大兵逆之。及彭至武阳，绕出延岑军后，蜀地震骇。述大惊，以杖击地曰："是何神也！"

延岑盛兵于沅水[6]。臧宫众多食少，转输不至，降者皆欲散畔，郡邑复更保聚，观望成败。宫欲引还，恐为所反；会帝遣谒者将兵诣岑彭，有马七百匹，宫矫制取以自益，晨夜进兵，多张旗帜，登山鼓噪，右步左骑，挟船而引，呼声动山谷。岑不意汉军卒至，登山望之，大震恐；宫因纵击，大破之，斩首溺死者万余人，水为之浊。延岑奔成都，其众悉降，尽获其兵马珍宝。自是乘胜追北⑦，降者以十万数。军至阳乡⑧，王元举众降。

帝与公孙述书，陈言祸福，示以丹青之信。述省书太息，以示所亲。太常常少、光禄勋张隆皆劝述降。述曰："废兴，命也，岂有降天子哉？"左右莫敢复言。少、隆皆以忧死。

帝还自长安。

冬，十月，公孙述使刺客诈为亡奴，降岑彭，夜，刺杀彭⑨；太中大夫监军郑兴领其营，以俟吴汉至而授之。彭持军整齐，秋毫无犯。邛谷王任贵闻彭威信，数千里遣使迎降；会彭已被害，帝尽以任贵所献赐彭妻子。蜀人为立庙祠之。

马成等破河地，遂平武都。先零诸种羌数万人，屯聚寇钞，拒浩亹隘⑩。成与马援深入讨击，大破之，徙降羌置天水、陇西、扶风。

是时，朝臣以金城破羌之西⑪，涂远多寇，议欲弃之。马援上言："破羌以西，城多坚牢，易可依固。其田土肥壤，灌溉流通。如令羌在湟中⑫，则为害不休，不可弃也。"帝从之。民归者三千余口，援为置长吏，缮城郭，起坞候⑬，开沟洫⑭，劝以耕牧，郡中乐业。又招抚塞外氐、羌，皆来降附，援奏复其侯王君长；帝悉从之。乃罢马成军。

十二月，吴汉自夷陵将三万人溯江而上⑮，伐公孙述。

郭伋为并州牧，过京师，帝问以得失，伋曰："选补众职，当简天下贤俊，不宜专用南阳人。"是时在位多乡曲故旧，故伋言及之。

【注释】

①广汉：县名，治所在今四川射洪市。资中：县名，即今四川资阳市。②黄石：城名，在今重庆涪陵区东北。　③都江：地名不详。　④武阳：县名，治所在今四川眉山市彭山区。　⑤广都：县名，治所在今四川成都市。　⑥沅水：水名，即沈水。在四川射洪县东南。　⑦追北：追击败逃的敌军。　⑧阳乡：即平阳乡。在今四川德阳市境内。　⑨岑彭（？—

35)：字君然。南阳棘阳(今河南新野县)人。新莽时，为本县长，继降绿林军，属刘縯。再归刘秀，任刺奸大将军，从其转战河北。刘秀即位后，任他为廷尉，行大将军事，封舞阴侯。后率军进攻公孙述，抵达成都附近，被公孙述派人刺死。 ⑩浩亹(mén 门)：县名，治所在今甘肃永登县。 ⑪破羌：县名，治所在今青海都兰县。 ⑫湟中：指今青海湟水两岸一带。汉代为羌、汉、月氏胡等各族杂居地。 ⑬坞候：坞(wū 乌)：小型的城堡。候：通“堠”。古代瞭望敌情的土堡。 ⑭沟洫：田间水道，沟渠。 ⑮溯(sù)：溯流而上。

资治通鉴卷第四十三

汉纪三十五　起柔兆涒滩，尽柔兆敦牂，凡十一年。

世祖光武皇帝中之下

建武十二年　春，正月，吴汉破公孙述将魏党、公孙永于鱼涪津[①]，遂围武阳。述遣子婿史兴救之，汉迎击，破之，因入犍为界；诸县皆城守。诏汉直取广都，据其心腹。汉乃进军攻广都，拔之，遣轻骑烧成都市桥[②]。公孙述将帅恐惧，日夜离叛，述虽诛灭其家，犹不能禁。帝必欲降之，又下诏喻述曰："勿以来歙、岑彭受害自疑，今以时自诣，则宗族完全。诏书手记，不可数得。"述终无降意。

秋，七月，冯骏拔江州，获田戎。

帝戒吴汉曰："成都十余万众，不可轻也。但坚据广都，待其来攻，勿与争锋。若不敢来，公转营迫之，须其力疲，乃可击也。"汉乘利，遂自将步骑二万进逼成都；去城十余里，阻江北营，作浮桥，使副将武威将军刘尚将万余人屯于江南，为营相去二十余里。帝闻之大惊，让汉曰："比敕公千条万端，何意临事勃乱[③]！既轻敌深入，又与尚别营，事有缓急[④]，不复相及。贼若出兵缀公[⑤]，以大众攻尚，尚破，公即败矣。幸无他者，急引兵还广都。"诏书未到，九月，述果使其大司徒谢丰、执金吾袁吉将众十许万，分为二十余营，出攻汉，使别将将万余人劫刘尚，令不得相救。汉与大战一日，兵败，走入壁，丰因围之。汉乃召诸将厉之曰："吾与诸君逾越险阻，转战千里，遂深入敌地，至其城下。而今与刘尚二处受围，势既不接，其祸难量；欲潜师就尚于江南，并兵御之。若能同心一力，人自为战，大功可立；如其不然，败必无余。成败之机，在此一举。”诸将皆曰：“诺[6]。”于是飨士秣马，闭营三日不出，乃多树幡旗，使烟火不绝，夜，衔枚引兵与刘尚合军[7]。丰等不觉，明日，乃分兵拒水北，自将攻江南。汉悉兵迎战，自旦至晡，遂大破之，斩丰、吉。于是引还广都，留刘尚拒述，具以状上，而深自谴责。帝报曰：“公还广都，甚得其宜，述必不敢略尚而击公也。若先攻尚，公从广都五十里悉步骑赴之，适当值其危困，破之必矣！”自是汉与述战于广都、成都之间，八战八克，遂军于其郭中。

臧宫拔绵竹[8]，破涪城[9]，斩公孙恢；复攻拔繁、郫[10]，与吴汉会于成都。

李通欲避权势[11]，乞骸骨；积二岁，帝乃听上大司空印绶，以特进奉朝请。后有司奏封皇子，帝感通首创大谋，即日，封通少子雄为召陵侯。

【注释】

①鱼涪津：地名，在今四川乐山市北岷江上。 ②市桥：桥名，在今四川成都市。 ③勃乱：违背事理，举止错乱。 ④缓急：危急之事，缓字无实义。 ⑤缀（chuò 绰）：牵制。 ⑥诺：答应声。好吧。 ⑦衔枚：枚之状如箸，横衔口中，以禁喧哗。 ⑧绵竹：县名，治所在今四川德阳市。 ⑨涪城：即涪县，治所在今四川绵阳市。 ⑩繁：县名，治所在今四川彭州市。郫：县名，即今四川成都市郫都区。 ⑪避：回避。

东汉观伎画像砖

公孙述困急[1]，谓延岑曰：“事当奈何？”岑曰：“男儿当死中求生，可坐穷乎！

财物易聚耳,不宜有爱。”述乃悉散金帛,募敢死士五千余人以配岑。岑于市桥伪建旗帜,鸣鼓挑战,而潜遣奇兵出吴汉军后袭击破汉,汉堕水,缘马尾得出。汉军余七日粮,阴具船,欲遁去;蜀郡太守南阳张堪闻之,驰往见汉,说述必败,不宜退师之策。汉从之,乃示弱以挑敌。

冬,十一月,臧宫军咸阳门[2];戊寅,述自将数万人攻汉,使延岑拒宫。大战,岑三合三胜,自旦及日中,军士不得食,并疲。汉因使护军高午、唐邯将锐卒数万击之,述兵大乱;高午奔陈刺述,洞胸堕马[3],左右舆入城。述以兵属延岑,其夜,死[4];明旦,延岑以城降。辛巳,吴汉夷述妻子,尽灭公孙氏,并族延岑,遂放兵大掠,焚述宫室。帝闻之怒,以谴汉。又让刘尚曰:“城降三日,吏民从服,孩儿、老母,口以万数,一旦放兵纵火,闻之可为酸鼻[5]。尚宗室子孙,更尝吏职,何忍行此!仰视天,俯视地,观放麑、啜羹[6],二者孰仁?良失斩将吊民之义也!”

初,述征广汉李业为博士,业固称疾不起。述羞不能致,使大鸿胪尹融奉诏命以劫业,“若起则受公侯之位,不起赐以毒酒。”融譬旨曰:“方今天下分崩,孰知是非,而以区区之身试于不测之渊乎!朝廷贪慕名德,旷官缺位,于今七年,四时珍御[7],不以忘君;宜上奉知己,下为子孙,身名俱全,不亦优乎!”业乃叹曰:“古人危邦不入,乱邦不居[8],为此故也。君子见危受命[9],何乃诱以高位重饵哉!”融曰:“宜呼室家计之。”业曰:“丈夫断之于心久矣,何妻子之为!”遂饮毒而死。述耻有杀贤之名,遣使吊祠,赙赠百匹,业子翚逃,辞不受。述又聘巴郡谯玄[10],玄不诣;亦遣使者以毒药劫之,太守自诣玄庐,劝之行,玄曰:“保志全高,死亦奚恨[11]!”遂受毒药。玄子瑛泣血叩头于太守,愿奉家钱千万以赎父死,太守为请,述许之。述又征蜀郡王皓、王嘉,恐其不至,先系其妻子,使者谓嘉曰:“速装,妻子可全。”对曰:“犬马犹识主,况于人乎!”王皓先自刎,以首付使者。述怒,遂诛皓家属。王嘉闻而叹曰:“后之哉!”乃对使者伏剑而死。犍为费贻不肯仕述,漆身为癞,阳狂以避之[12]。同郡任永、冯信皆托青盲以辞征命[13]。帝既平蜀,诏赠常少为太常,张隆为光禄勋。谯玄已卒,祠以中牢[14],敕所在还其家钱,而表李业之间[15]。征费贻、任永、冯信，会永、信病卒，独贻仕至合浦太守[16]。上以述将程乌、李育有才干，皆擢用之。于是西土咸悦，莫不归心焉。

初，王莽以广汉文齐为益州太守，齐训农治兵，降集群夷，甚得其和。公孙述时，齐固守拒险，述拘其妻子，许以封侯，齐不降。闻上即位，间道遣使自闻。蜀平，征为镇远将军，封成义侯。

【注释】

①困：处于困境险地。　②咸阳门：成都城北面东头门。　③洞胸：穿透胸脯。　④公孙述（？—36）：字子阳。扶风茂陵（今陕西兴平市）人。新莽时，为蜀郡太守。起兵后，据益州称帝，号成家。建武十二年（36），为汉军所破，被杀。　⑤酸鼻：因悲痛而鼻辛酸。　⑥放麑（ní 霓）：小鹿。《韩非子·说林》上："孟孙猎得麑，使秦西巴持之归，其母随之而啼，秦西巴弗忍而与之。"后来遂以放麑为仁慈的典故。啜羹：和味的汤。《诗经·鲁颂》："毛炰胾（zì 恣）羹。"《左传·隐公元年》："小人有母，皆尝小人之食矣，未尝君之羹。请以遗之。"　⑦珍御：指珍贵的食品和用品。御，用。　⑧危邦不入，乱邦不居：《论语·泰伯》孔子的话。⑨见危受命：谓在危难关头，不惜牺牲生命。出自《论语·宪问》子张的话。　⑩巴郡：治所在今重庆。　⑪奚：疑问词。　⑫阳狂：装疯。⑬青盲：眼病名，俗称青光眼。　⑭中牢：即少牢，古代祭祀单羊、猪。⑮闾：古代以二十五家为闾。泛指乡里。　⑯合浦：郡名，辖今广西防城港市至广东茂名市地区。

十二月，辛卯，扬武将军马成行大司空事。

是岁，参狼羌与诸种寇武都，陇西太守马援击破之，降者万余人，于是陇右清静。援务开恩信，宽以待下，任吏以职，但总大体[1]，而宾客故人日满其门。诸曹时白外事，援辄曰："此丞、掾之任，何足相烦！颇哀老子，使得遨游，若大姓侵小民，黠吏不从令，此乃太守事耳。"傍县尝有报仇者，吏民惊言羌反，百姓奔入城，狄道长诣门，请闭城发兵。援时与宾客饮，大笑曰："虏何敢复犯我！晓狄道长[2]，归守寺舍。良怖急者，可床下伏！"后稍定，郡中服之。

诏："边吏力不足战则守，追虏料敌，不拘以逗留法[3]。"

山桑节侯王常、牟平烈侯耿况、东光成侯耿纯皆薨[④]。况疾病，乘舆数自临幸，复以弇弟广、举并为中郎将。弇兄弟六人，皆垂青紫[⑤]，省侍医药，当世以为荣。

卢芳与匈奴、乌桓连兵，数寇边。帝遣骠骑大将军杜茂等将兵镇守北边，治飞狐道[⑥]，筑亭障，修烽燧[⑦]，凡与匈奴、乌桓大小数十百战，终不能克。

上诏窦融与五郡太守入朝。融等奉诏而行，官属宾客相随，驾乘千余两，马牛羊被野[⑧]。既至，诣城门，上印绶。诏遣使者还侯印绶，引见，赏赐恩宠，倾动京师。寻拜融冀州牧。又以梁统为太中大夫，姑臧长孔奋为武都郡丞[⑨]。姑臧在河西最为富饶，天下未定，士多不修检操，居县者不盈数月，辄致丰积；奋在职四年，力行清洁，为众人所笑，以为身处脂膏不能自润[⑩]。及从融入朝，诸守、令财货连毂，弥竟川泽；唯奋无资，单车就路，帝以是赏之。

帝以睢阳令任延为武威太守[⑪]，帝亲见，戒之曰："善事上官，无失名誉。"延对曰："臣闻忠臣不和，和臣不忠。履正奉公，臣子之节；上下雷同，非陛下之福。善事上官，臣不敢奉诏。"帝叹息曰："卿言是也！"

【注释】

①大体：大事、原则。　②狄道：县名，治所在今甘肃临洮县。　③逗留：停留不前。　④耿况（？—37）：字侠游。茂陵（今陕西兴平市）人。以明经为郎。与王莽从弟王伋共学《老子》于安丘先生。后为朔调连率。归光武，封牟平侯。耿纯（？—37）：字伯山。巨鹿（今河北赵县）人。更始时，为骑都尉。后率宗族宾客二千余人归刘秀，转战河北。东汉建立，封东光侯，任东郡太守。　⑤青紫：汉制，丞相、太尉皆金印紫绶，御史大夫银印青绶，三府官最崇贵。　⑥飞狐道：东汉初筑，在今河北蔚县、涞源县界。　⑦烽燧：即烽火。古代边防报警的两种信号。白天放烟叫"烽"，夜间举火叫"燧"。　⑧被：覆盖。　⑨姑臧：县名，即今甘肃武威市。　⑩脂膏：油脂。　⑪睢阳：县名，治所在今河南商丘市。

十三年　春，正月，庚申，大司徒侯霸薨[①]。

戊子，诏曰："郡国献异味，其令太官勿复受！远方口实所以荐宗庙[2]，自如旧制。”时异国有献名马者，日行千里，又进宝剑，价直百金。诏以剑赐骑士，马驾鼓车[3]。上雅不喜听音乐[4]，手不持珠玉。尝出猎，车驾夜还，上东门候汝南郅恽拒关不开。上令从者见面于门间，恽曰：“火明辽远。”遂不受诏。上乃回，从东中门入。明日，恽上书谏曰：“昔文王不敢槃于游田[5]，以万民惟正之供。而陛下远猎山林，夜以继昼，其如社稷宗庙何！”书奏，赐恽布百匹，贬东中门候为参封尉。

二月，遣捕虏将军马武屯虖沱河以备匈奴。

卢芳攻云中，久不下。其将随昱留守九原[6]，欲胁芳来降；芳知之，与十余骑亡入匈奴，其众尽归随昱，昱乃诣阙降。诏拜昱五原太守，封镌胡侯。

朱祐奏：“古者人臣受封，不加王爵。”丙辰，诏长沙王兴、真定王得、河间王邵、中山王茂皆降爵为侯。丁巳，以赵王良为赵公，太原王章为齐公，鲁王兴为鲁公。是时，宗室及绝国封侯者凡一百三十七人[7]。富平侯张纯，安世之四世孙也，历王莽世，以敦谨守约保全前封；建武初，先来诣阙，为侯如故。于是有司奏：“列侯非宗室不宜复国。”上曰：“张纯宿卫十有余年[8]，其勿废！”更封武始侯，食富平之半[9]。

庚午，以绍嘉公孔安为宋公，承休公姬常为卫公。

三月，辛未，以沛郡太守韩歆为大司徒。

丙子，行大司空马成复为扬武将军。

吴汉自蜀振旅而还，至宛，诏过家上冢，赐谷二万斛。夏，四月，至京师。于是大飨将士，功臣增邑更封凡三百六十五人，其外戚、恩泽封者四十五人，定封邓禹为高密侯，食四县[10]；李通为固始侯，贾复为胶东侯，食六县[11]；各余有差。已殁者益封其子孙，或更封支庶。

帝在兵间久，厌武事，且知天下疲耗，思乐息肩[12]，自陇、蜀平后，非警急，未尝复言军旅。皇太子尝问攻战之事，帝曰：“昔卫灵公问陈，孔子不对[13]。此非尔所及。”邓禹、贾复知帝偃干戈，修文德，不欲功臣拥众京师，乃去甲兵，敦儒学。帝亦思念，欲完功臣爵土，不令以吏职为过，遂罢左、右将军官。耿弇等亦上大将军、将军印绶，皆以列侯就第，加位特进，奉朝请。

邓禹内行淳备，有子十三人，各使守一艺，修整闺门[14]，教养子孙，皆可以为后世法，资用国邑，不修产利。

贾复为人刚毅方直，多大节，既还私第，阖门养威重[15]。朱祜等荐复宜为宰相，帝方以吏事责三公，故功臣并不用。是时，列侯唯高密、固始、胶东三侯与公卿参议国家大事，恩遇甚厚。帝虽制御功臣[16]，而每能回容[17]，宥其小失。远方贡珍甘，必先遍赐诸侯，而太官无余，故皆保其福禄，无诛谴者。

益州传送公孙述瞽师、郊庙乐器、葆车、舆辇[18]，于是法物始备[19]。时兵革既息，天下少事，文书调役，务从简寡，至乃十存一焉。

甲寅，以冀州牧窦融为大司空。融自以非旧臣，一旦入朝，在功臣之右，每朝会进见，容貌辞气[20]，卑恭已甚[21]，帝以此愈亲厚之。融小心，久不自安，数辞爵位，上疏曰："臣融有子，朝夕教导以经艺[22]，不令观天文，见谶记，诚欲令恭肃畏事[23]，恂恂守道[24]，不愿其有才能，何况乃当传以连城广土，享故诸侯王国哉！"因复请间求见，帝不许。后朝罢，逡巡席后[25]，帝知欲有让，遂使左右传出。他日会见，迎诏融曰："日者知公欲让职还土，故命公暑热且自便；今相见，宜论他事，勿得复言。"融不敢重陈请。

五月，匈奴寇河东。

【注释】

①侯霸（？—37）：字君房。河南新密市人。曾师事九江郡太守房元，治《穀梁春秋》。新莽时，任淮平郡太守。东汉初，为尚书令。他熟知旧制，收录遗文，条奏前代法令制度，多被采行。后为大司徒，封关内侯。　②口实：美食。　③鼓车：载鼓的车。　④雅：平素。　⑤槃（pán 盘）：快乐。　⑥九原：郡名，治所在今内蒙古包头市。　⑦绝国：绝嗣的封国。　⑧宿卫：在宫中值宿，担任警卫。　⑨富平：县名，治所在今宁夏吴忠市。　⑩四县：昌安县，治所在今山东安丘市；夷安县，治所在今山东高密市；淳于县，治所在今山东安丘市；高密县，即今山东高密市。　⑪六县：郁秩县，治所在今山东平度市；壮武县，治所在今山东青岛市即墨区；下密县，治所在今山东昌邑市；即墨县，治所在今山东平

度市；挺县，治所在今山东莱阳市；观阳县，治所在今山东海阳市。⑫息肩：卸去负担。 ⑬孔子不对：《论语》：卫灵公问陈于孔子，孔子说："礼仪方面的事，我是知道的；军队打仗一类事情，我不曾学过。" ⑭闺门：内室之门。 ⑮阖（hé 盒）门：关闭门户。 ⑯制御：支配。⑰回容：曲法宽容。 ⑱瞽师：古代的乐师。 ⑲法物：帝王仪仗队所用的器物。 ⑳辞气：言词声调。 ㉑卑恭：谦虚恭敬。 ㉒经艺：古称六经为六艺，经艺即指诸经。泛指经书，即解说经书之学。 ㉓恭肃：恭敬。 ㉔恂恂：恭顺。守道：遵守封建伦理的常道。 ㉕逡（qūn 囷）巡：迟疑徘徊，欲行又止。

十四年　夏，邛谷王任贵遣使上三年计，即授越嶲太守[①]。

秋，会稽大疫。

莎车王贤、鄯善王安皆遣使奉献。西域苦匈奴重敛，皆愿属汉，复置都护；上以中国新定，不许。

太中大夫梁统上疏曰："臣窃见元帝初元五年，轻殊死刑三十四事，哀帝建平元年，轻殊死刑八十一事；其四十二事手杀人者，减死一等。自是之后，著为常准[②]，故人轻犯法，吏易杀人。臣闻立君之道，仁义为主，仁者爱人，义者正理。爱人以除残为务，正理以去乱为心；刑罚在衷，无取于轻。高帝受命，约令定律，诚得其宜，文帝唯除省肉刑、相坐之法，自余皆率由旧章。至哀、平继体，即位日浅，听断尚寡[③]。丞相王嘉轻为穿凿[④]，亏除先帝旧约成律，数年之间百有余事，或不便于理，或不厌民心，谨表其尤害于体者，傅奏于左。愿陛下宣诏有司，详择其善，定不易之典！"事下公卿。光禄勋杜林奏曰："大汉初兴，蠲除苛政，海内欢欣；及至其后，渐以滋章。果桃菜茹之馈，集以成赃，小事无妨于义，以为大戮。至于法不能禁，令不能止，上下相遁[⑤]，为敝弥深。臣愚以为宜如旧制，不合翻移。"统复上言曰："臣之所奏，非曰严刑。《经》曰：'爰制百姓，于刑之衷。'衷之为言，不轻不重之谓也。自高祖至于孝宣，海内称治，至初元、建平而盗贼浸多，皆刑罚不衷，愚人易犯之所致也。由此观之，则刑轻之作，反生大患，惠加奸轨[⑥]，而害及良善也！"事寝，不报。

【注释】

①越巂(xī 熹):郡名,在今四川西昌市。 ②常准:一定的标准、定法。 ③听断:听讼断狱。 ④穿凿:于理不道,强求其通,也就牵强附会。 ⑤遁:欺骗。 ⑥奸轨:为非作歹之徒。

十五年 春,正月,辛丑,大司徒韩歆免[①]。歆好直言,无隐讳,帝每不能容。歆于上前证岁将饥凶,指天画地,言甚刚切,故坐免归田里。帝犹不释,复遣使宣诏责之[②];歆及子婴皆自杀。歆素有重名,死非其罪,众多不厌;帝乃追赐钱谷,以成礼葬之[③]。

臣光曰:昔高宗命说曰:"若药弗瞑眩,厥疾弗瘳[④]。"夫切直之言,非人臣之利,乃国家之福也。是以人君日夜求之,唯惧弗得闻。惜乎,以光武之世而韩歆用直谏死,岂不为仁明之累哉!

丁未,有星孛于昴[⑤]。

以汝南太守欧阳歙为大司徒。

匈奴寇钞日盛,州郡不能禁。二月,遣吴汉率马成、马武等北击匈奴,徙雁门、代郡、上谷吏民六万余口置居庸、常山关以东[⑥],以避胡寇。匈奴左部遂复转居塞内,朝廷患之,增缘边兵,部数千人。

夏,四月,丁巳,封皇子辅为右翊公,英为楚公,阳为东海公,康为济南公,苍为东平公,延为淮阳公,荆为山阳公,衡为临淮公,焉为左翊公,京为琅邪公。癸丑,追谥兄縯为齐武公,兄仲为鲁哀公;帝感縯功业不就,抚育二子章、兴,恩爱甚笃。以其少贵,欲令亲吏事,使章试守平阴令,兴缑氏令;其后章迁梁郡太守,兴迁弘农太守。

帝以天下垦田多不以实自占,又户口、年纪互有增减,乃诏下州郡检核。于是刺史、太守多为诈巧,苟以度田为名,聚民田中,并度庐屋、里落,民遮道啼呼;或优饶豪右,侵刻羸弱。

时诸郡各遣使奏事,帝见陈留吏牍上有书,视之云:"颍川、弘农可问,河南、南阳不可问。"帝诘吏由趣,吏不肯服,抵言"于长寿街上得之。"帝怒。时东海公阳年十二,在幄后言曰:"吏受郡敕,当欲以垦田相方耳。”帝曰：“既如此，何故言河南、南阳不可问？”对曰：“河南帝城，多近臣；南阳帝乡，多近亲；田宅逾制，不可为准。”帝令虎贲将诘问吏，吏乃实首服，如东海公对。上由是益奇爱阳。

遣谒者考实二千石长吏阿枉不平者。冬，十一月，甲戌，大司徒歙坐前为汝南太守，度田不实，赃罪千余万，下狱。歙世授《尚书》，八世为博士，诸生守阙为歙求哀者千余人，至有自髡剔者。平原礼震，年十七，求代歙死；帝竟不赦，歙死狱中[⑦]。

十二月，庚午，以关内侯戴涉为大司徒。

卢芳自匈奴复入居高柳。

是岁，骠骑大将军杜茂坐使军吏杀人，免。使扬武将军马成代茂，缮治障塞，十里一候，以备匈奴。使骑都尉张堪领杜茂营，击破匈奴于高柳。拜堪渔阳太守。堪视事八年，匈奴不敢犯塞，劝民耕稼，以致殷富。百姓歌曰：“桑无附枝，麦秀两岐。张君为政，乐不可支！”

安平侯盖延薨[⑧]。

交趾麊泠县雒将女子征侧[⑨]，甚雄勇，交趾太守苏定以法绳之，征侧忿怨。

【注释】

①韩歆：字翁君。南阳郡（今河南南阳市）人。官拜大司徒。以从攻伐功封为扶阳侯。 ②宣诏：传旨。 ③成礼：使礼完备。 ④瞑眩：（míng xuàn 明旋）：头晕目眩。喻以逆耳之言规劝人过。 ⑤昴（mǎo 卯）：星名。二十八宿之一。 ⑥常山关：又名鸿上关。即今河北唐县西北太行山麓倒马关。 ⑦欧阳歙：字正思。千乘（今山东高青县）人。自欧阳生传伏生《尚书》，到欧阳歙八代为博士。光武时拜汝南太守，因推用贤俊、政称异迹，在汝南郡教授数百人。征为大司徒。坐汝南赃罪千余万，发觉下狱。死于狱中。 ⑧盖延（？—39）：字巨卿。要阳（今河北丰宁满族自治县）人。身长八尺，弯弓三百斤。彭宠为太守，召盖延署营尉。后与吴汉归刘秀。拜偏将军，从平河北。刘秀即位，任命盖延为虎牙将军。累战功升为左冯翊，封安平侯。食万户，卒于位。 ⑨交趾：郡名，治所在今越南河内市。麊泠（mǐ líng 米凌）：县名，治所在今越

南河内市西北。

十六年 春，二月，征侧与其妹征贰反，九真、日南、合浦蛮俚皆应之①，凡略六十五城，自立为王，都麊泠。交趾刺史及诸太守仅得自守。

三月，辛丑晦，日有食之。

秋，九月，河南尹张伋及诸郡守十余人皆坐度田不实，下狱死。后上从容谓虎贲中郎将马援曰："吾甚恨前杀守、相多也！"对曰："死得其罪，何多之有？但死者既往，不可复生也！"上大笑。

郡国群盗处处并起，郡县追讨，到则解散，去复屯结②，青、徐、幽、冀四州尤甚。冬，十月，遣使者下郡国，听群盗自相纠擿③，五人共斩一人者，除其罪；吏虽逗留回避故纵者④，皆勿问，听以禽讨为效。其牧守令长坐界内有盗贼而不收捕者，又以畏愞捐城委守者⑤，皆不以为负⑥，但取获贼多少为殿最⑦，唯蔽匿者乃罪之⑧。于是更相追捕，贼并解散，徙其魁帅于他郡，赋田受禀，使安生业。自是牛马放牧不收，邑门不闭。

卢芳与闵堪使使请降，帝立芳为代王，堪为代相，赐缯二万匹，因使和集匈奴。芳上疏谢，自陈思望阙庭；诏报芳朝明年正月。

东汉酿酒画像砖

初，匈奴闻汉购求芳⑨，贪得财帛，故遣芳还降。既而芳以自归为功，不称匈奴所遣，单于复耻言其计，故赏遂不行。由是大恨，入寇尤深。

马援奏，宜如旧铸五铢钱，上从之；天下赖其便。

卢芳入朝，南及昌

平[10],有诏止,令更朝明岁。

【注释】

①九真:郡名,治所在今越南清化省清化县。日南:郡名,治所在今越南广治省。合浦:郡名,治所在今广西合浦县。 ②屯结:聚集。③擿(tī 踢):揭发。 ④故纵:故意纵容盗贼。 ⑤畏愞:胆小怯懦。捐城:放弃城池。委守:推卸责任。 ⑥负:罪。 ⑦殿最:古代考核军功或政绩时,以上等为最,下等为殿。 ⑧蔽匿:隐藏。 ⑨购求:悬赏格缉捕。 ⑩昌平:县名,即今北京昌平区。

十七年 春,正月,赵孝公良薨。初,怀县大姓李子春二孙杀人,怀令赵憙穷治其奸,二孙自杀,收系子春。京师贵戚为请者数十,憙终不听。及良病,上临视之,问所欲言,良曰:"素与李子春厚,今犯罪,怀令赵憙欲杀之,愿乞其命。"帝曰:"吏奉法律,不可枉也。更道他所欲。"良无复言。既薨,上追思良,乃贳出子春[1]。迁憙为平原太守。

二月,乙未晦,日有食之。

夏,四月,乙卯,上行幸章陵;五月,乙卯,还宫。

六月,癸巳,临淮怀公衡薨。

妖贼李广攻没皖城[2],遣虎贲中郎将马援、骠骑将军段志讨之。秋,九月,破皖城,斩李广。

郭后宠衰,数怀怨怼[3],上怒之。冬,十月,辛巳,废皇后郭氏,立贵人阴氏为皇后。诏曰:"异常之事,非国休福,不得上寿称庆。"郅恽言于帝曰:"臣闻夫妇之好,父不能得之于子,况臣能得之于君乎!是臣所不敢言。虽然,愿陛下念其可否之计,无令天下有议社稷而已。"帝曰:"恽善恕己量主,知我必不有所左右而轻天下也!"帝进郭后子右翊公辅为中山王,以常山郡益中山国,郭后为中山太后,其余九国公皆为王。

甲申,帝幸章陵,修园庙,祠旧宅[4],观田庐[5],置酒作乐,赏赐。时宗室诸母因酣悦相与语曰[6]:"文叔少时谨信,与人不款曲[7],唯直柔耳[8],今乃能如此!"帝闻之,大笑曰:"吾治天下,亦欲以柔道行之[9]。"十二月,还自章陵。

是岁，莎车王贤复遣使奉献，请都护；帝赐贤西域都护印绶及车旗、黄金、锦绣[⑩]。敦煌太守裴遵上言："夷狄不可假以大权；又令诸国失望。"诏书收还都护印绶，更赐贤以汉大将军印绶；其使不肯易，遵迫夺之。贤由是始恨，而犹诈称大都护，移书诸国，诸国悉服属焉。

匈奴、鲜卑、赤山乌桓数连兵入塞[⑪]，杀略吏民；诏拜襄贲令祭肜为辽东太守[⑫]。肜有勇力，虏每犯塞，常为士卒锋，数破走之。肜，遵之从弟也。

征侧等寇乱连年，诏长沙、合浦、交趾具车船，修道桥，通障溪，储粮谷，拜马援为伏波将军，以扶乐侯刘隆为副，南击交趾。

【注释】

①贳（shì 试）：赦免。　②皖城：县名，治所在今安徽省潜山市。③怨怼（duì 对）：怨恨。　④祠（sì 似）：同"祀"。　⑤田庐：田地和房舍。　⑥酣悦：畅饮喜悦。　⑦款曲：殷勤应酬。　⑧直柔：直率温柔。⑨柔道：温和谦顺之道。　⑩锦绣：锦，织彩为文；绣，刺彩为文。　⑪鲜卑：古族名。东胡的一支。　⑫襄贲：县名，治所在今山东兰陵县。

十八年　二月，蜀郡守将史歆反，攻太守张穆，穆逾城走；宕渠杨伟等起兵以应歆[①]。帝遣吴汉等将万余人讨之。

甲寅，上行幸长安；三月，幸蒲坂[②]，祠后土。

马援缘海而进，随山刊道千余里[③]，至浪泊上[④]，与征侧等战，大破之，追至禁溪[⑤]，贼遂散走。

夏，四月，甲戌，车驾还宫。

戊申，上行幸河内；戊子，还宫。

五月，旱。

卢芳自昌平还，内自疑惧，遂复反，与闵堪相攻连月，匈奴遣数百骑迎芳出塞。芳留匈奴中十余年，病死[⑥]。

吴汉发广汉、巴、蜀三郡兵，围成都百余日，秋，七月，拔之，斩史歆等。汉乃乘桴沿江下巴郡，杨伟等惶恐解散。汉诛其渠帅，徙其党与数百家于南郡、长沙而还。

冬，十月，庚辰，上幸宜城[⑦]；还，祠章陵；十二月，还宫。

是岁，罢州牧，置刺史。

五官中郎将张纯与太仆朱浮奏议："礼，为人子，事大宗[8]，降其私亲。当除今亲庙四，以先帝四庙代之。"大司徒涉等奏"立元、成、哀、平四庙。"上自以昭穆次第[9]，当为元帝后。

十九年 春，正月，庚子，追尊宣帝曰中宗。始祠昭帝、元帝于太庙，成帝、哀帝、平帝于长安，舂陵节侯以下于章陵；其长安、章陵，皆太守、令、长侍祠。

马援斩征侧、征贰。

妖贼单臣、傅镇等相聚入原武城[10]，自称将军。诏太中大夫臧宫将兵围之，数攻不下，士卒死伤。帝召公卿、诸侯王问方略，皆曰："宜重其购赏[11]。"东海王阳独曰："妖巫相劫，势无久立，其中必有悔欲亡者，但外围急，不得走耳。宜小挺缓，令得逃亡，逃亡，则一亭长足以禽矣。"帝然之，即敕宫彻围缓贼，贼众分散。夏四月，拔原武，斩臣、镇等。

马援进击征侧余党都阳等，至居风[12]，降之；峤南悉平[13]。援与越人申明旧制以约束之，自后骆越奉行马将军故事[14]。

【注释】

①宕渠：县名，治所在今四川渠县。 ②蒲坂：县名，治所在今山西永济市。 ③随山：沿山。 ④浪泊：湖名，在今越南永福省内。 ⑤禁溪：县名，在今越南永福省白鹤县。 ⑥卢芳：东汉初割据者。字君期。安定三水（今宁夏同心县）人。新莽末，自称为汉武帝曾孙刘文伯，联合三水地区羌、胡贵族起兵，称上将军、西平王，被匈奴单于立为帝。建武五年（29）底，在匈奴扶植下割据五原、朔方等五郡，都九原。建武十六年（40）底降汉，封代王。建武十八年（42）叛汉，留匈奴十余年，病死。⑦宜城：县名，即今湖北宜城市。 ⑧大宗：周代宗法以始祖的嫡长子为大宗，其他为小宗。 ⑨昭穆：古代宗法制度，宗庙或墓地的辈次排列，以始祖居中。二世、四世、六世，位于始祖的右方，称昭；三世、五世、七世，位于始祖的左方，称穆。用来分别宗族内部的长幼、亲疏和远近。⑩原武城：县名，治所在今河南原阳县。 ⑪购赏：悬赏。 ⑫居风：县名，治所在今越南清化省清化县。 ⑬峤南：岭南。 ⑭骆越：古部族名。百越之一。本称骆。

闰月，戊申，进赵、齐、鲁三公爵皆为王。

郭后既废，太子强意不自安[①]。郅恽说太子曰："久处疑位，上违孝道[②]，下近危殆[③]，不如辞位以奉养母氏。"太子从之，数因左右及诸王陈其恳诚，愿备藩国。上不忍，迟回者数岁。六月，戊申，诏曰："《春秋》之义，立子以贵。东海王阳，皇后之子，宜承大统。皇太子强，崇执谦退，愿备藩国，父子之情，重久违之。其以强为东海王，立阳为皇太子，改名庄。"

袁宏论曰：夫建太子，所以重宗统[④]，一民心也[⑤]，非有大恶于天下，不可移也。世祖中兴汉业[⑥]，宜遵正道以为后法[⑦]。今太子之德未亏于外，内宠既多，嫡子迁位，可谓失矣。然东海归藩，谦恭之心弥亮[⑧]；明帝承统[⑨]，友于之情愈笃[⑩]。虽长幼易位，兴废不同，父子兄弟，至性无间[⑪]。夫以三代之道处之，亦何以过乎！

帝以太子舅阴识守执金吾[⑫]，阴兴为卫尉，皆辅导太子。识性忠厚，入虽极言正议[⑬]，及与宾客语，未尝及国事。帝敬重之，常指识以敕戒贵戚，激厉左右焉[⑭]。兴虽礼贤好施，而门无游侠[⑮]，与同郡张宗、上谷鲜于裒不相好，知其有用，犹称所长而达之[⑯]；友人张汜、杜禽，与兴厚善，以为华而少实，俱私之以财，终不为言；是以世称其忠。

上以沛国桓荣为议郎，使授太子经。车驾幸太学，会诸博士论难于前，荣辨明经义，每以礼让相厌[⑰]，不以辞长胜人，儒者莫之及，特加赏赐。又诏诸生雅歌击磬[⑱]，尽日乃罢。帝使左中郎将汝南钟兴授皇太子及宗室诸侯《春秋》，赐兴爵关内侯。兴辞以无功，帝曰："生教训太子及诸王侯，非大功耶？"兴曰："臣师少府丁恭。"于是复封恭，而兴遂固辞不受。

陈留董宣为雒阳令[⑲]。湖阳公主苍头白日杀人[⑳]，因匿主家[㉑]，吏不能得[㉒]。及主出行，以奴骖乘[㉓]。宣于夏门亭候之[㉔]，驻车叩马[㉕]，以刀画地，大言数主之失[㉖]；叱奴下车，因格杀之。主即还宫诉帝，帝大怒，召宣，欲棰杀之[㉗]。宣叩头曰："愿乞一言而死。"帝曰："欲何言？"宣曰："陛下圣德中兴，而纵奴杀人，将何以治天下乎？臣不须棰，请得自杀！"即以头击楹[㉘]，流血被面[㉙]。帝令小黄门持之[30]。使宣叩头谢主,宣不从;强使顿之[31],宣两手据地,终不肯俯。主曰:“文叔为白衣时[32],藏亡匿死,吏不敢至门;今为天子,威不能行一令乎?”帝笑曰:“天子不与白衣同!”因敕:“强项令出[33]!”赐钱三十万;宣悉以班诸吏[34]。由是能搏击豪强[35],京师莫不震栗[36]。

九月,壬申,上行幸南阳;进幸汝南南顿县舍[37],置酒会,赐吏民,复南顿田租一岁[38]。父老前叩头言:“皇考居此日久[39],陛下识知寺舍[40],每来辄加厚恩[41],愿赐复十年。”帝曰:“天下重器[42],常恐不任,日复一日,安敢远期十岁乎!”吏民又言:“陛下实惜之,何言谦也!”帝大笑,复增一岁。进幸淮阳、梁、沛。

西南夷栋蚕反,杀长吏;诏武威将军刘尚讨之。路由越巂,邛谷王任贵恐尚既定南边,威法必行,己不得自放纵;即聚兵起营,多酿毒酒,欲先劳军,因袭击尚。尚知其谋,即分兵据邛都[43],遂掩任贵,诛之。

【注释】

①意:内心。 ②孝道:奉养父母的准则。 ③危殆:危险。 ④宗统:嫡系继承关系。 ⑤一:统一。 ⑥中兴:复兴。西汉被王莽篡夺,刘秀起兵重建汉朝,所以称中兴。 ⑦正道:正当的道理。 ⑧弥:副词,表示程度加深。 ⑨明帝:即刘庄。 ⑩友于:“于”本介词,“友于”连用以称兄弟间的友爱。笃:深厚。 ⑪至性:纯厚的孝友之情。 ⑫守:代理。 ⑬极言:尽力主张,尽情说出。正议:正言劝谏。 ⑭激厉:激发勉励。 ⑮游侠:指敢于反抗,不顾社会秩序,救人急难的人。⑯达:引进。 ⑰厌:顺服。 ⑱雅歌:高雅之歌。击磬:打击乐器。用石、玉或金属制成,悬挂在架上。有单个的特磬,也有成组的编磬。⑲陈留:县名,在今河南开封

东汉宅院画像砖

市。董宣:字少平。光武时,初为北海相,后为洛阳令。光武帝姐姐湖阳公主苍头白天杀人,逃匿公主家,吏不能捕。董宣候公主于途,面斥公主,格杀苍头。公主还诉于帝,帝强使董宣叩头谢公主,董宣两手据地,终不低头,帝呼为“强项令”。由是京师豪强震惊,号为“卧虎”。并歌之曰:“枹鼓不鸣董少平。” ⑳苍头:奴仆。 ㉑主:公主的简称。 ㉒得:擒获。 ㉓骖(cān 参)乘:陪同乘车。 ㉔夏门亭:夏门城外的亭子。洛阳北城靠西边的城门,叫夏门。 ㉕叩马:迎面上来,手持马缰,不让车马前进。 ㉖数:数落,一条一条的指责。㉗棰(chuí 垂):杖刑。鞭打。 ㉘楹:殿中大柱。 ㉙被:覆盖。 ㉚小黄门:皇宫中豢养大批割去生殖器的男人,用以侍奉皇帝和他的家族。这种人汉朝叫宦官。小黄门,就是资历尚浅的宦官。 ㉛顿:以头叩地。 ㉜白衣:古时平民穿白衣,因而用来指平民。 ㉝强项:硬脖梗儿,意思是说倔不屈。 ㉞班:分给。 ㉟搏击:打击。 ㊱震栗:震惊战栗。 ㊲南顿:县名,治所在今河南项城市。 ㊳复:免除。 ㊴皇考:对亡父的尊称。《礼·曲礼》下:“父曰皇考,母曰皇妣。” ㊵寺舍:官府。 ㊶辄:副词,总是。㊷重器:比喻国家政权。 ㊸邛都:县名,治所在今四川西昌市。

二十年 春,二月,戊子,车驾还宫。

夏,四月,庚辰,大司徒戴涉坐入故太仓令奚涉罪,下狱死。帝以三公连职,策免大司空窦融。

广平忠侯吴汉病笃,车驾亲临,问所欲言,对曰:“臣愚,无所知识,惟愿陛下慎无赦而已。”五月,辛亥,汉薨①;诏送葬如大将军霍光故事。

汉性强力②,每从征伐,帝未安,常侧足而立。诸将见战陈不利,或多惶惧,失其常度,汉意气自若,方整厉器械,激扬吏士③。帝时遣人观大司马何为,还言方修战攻之具,乃叹曰:“吴公差强人意,隐若一敌国矣④!”每当出师,朝受诏,夕则引道,初无辨严之日⑤。及在朝廷,斤斤谨质⑥,形于体貌⑦。汉尝出征,妻子在后买田业,汉还,让之曰:“军师在外,吏士不足,何多买田宅乎!”遂尽以分与昆弟、外家。故能任职以功名终。

匈奴寇上党、天水,遂至扶风⑧。

帝苦风眩,疾甚,以阴兴领侍中,受顾命于云台广室⑨。会疾瘳，召见兴，欲以代吴汉为大司马，兴叩头流涕固让，曰："臣不敢惜身，诚亏损圣德，不可苟冒⑩！"至诚发中⑪，感动左右，帝遂听之。太子太傅张湛⑫，自郭后之废，称疾不朝，帝强起之，欲以为司徒，湛固辞疾笃，不能复任朝事，遂罢之。

六月，庚寅，以广汉太守河内蔡茂为大司徒，太仆朱浮为大司空。壬辰，以左中郎将刘隆为骠骑将军，行大司马事。

乙未，徙中山王辅为沛王。以郭况为大鸿胪，帝数幸其第，赏赐金帛，丰盛莫比，京师号况家为"金穴"。

秋，九月，马援自交趾还，平陵孟冀迎劳之。援曰："方今匈奴、乌桓尚扰北边，欲自请击之，男儿要当死于边野⑬，以马革裹尸还葬耳，何能卧床上在儿女子手中邪！"冀曰："谅⑭！为烈士当如是矣！"

冬，十月，甲午，上行幸鲁、东海、楚、沛国。

十二月，匈奴寇天水、扶风、上党。

壬寅，车驾还宫。

马援自请击匈奴，帝许之，使出屯襄国⑮，诏百官祖道⑯。援谓黄门郎梁松、窦固曰："凡人富贵，当使可复贱也；如卿等欲不可复贱，居高坚自持。勉思鄙言！"松，统之子；固，友之子也。

刘尚进兵与栋蚕等连战，皆破之。

【注释】

①吴汉（？—44）：字子颜。南阳宛县（今河南南阳市）人。新莽末，亡命渔阳（今北京密云区），以贩马为业。后归刘秀，为偏将军，征发渔阳等郡骑兵，助刘秀消灭王郎的割据势力，并镇压铜马、重连等部农民起义军。刘秀即位后，任大司马，封广平侯，率军伐蜀，攻灭割据益州的公孙述。　②强力：强刚、健壮有力。　③激扬：激动振奋。　④隐：威重貌。　⑤辨严：即办装。置办行装。因汉明帝名庄，装、庄音同，故改装为"严"。　⑥斤斤：聪明鉴察，引申为过分计较。　⑦体貌：体态容貌。⑧上党：郡名，治所在今山西长子县。　⑨顾命：《书》篇名，取临终遗命之意。后称天子之遗诏为顾命。　⑩苟冒：随便冒充。　⑪发中：发自内心。　⑫张湛：字子孝。平陵县（今陕西咸阳市）人。矜严好礼。建武初为左冯翊，在郡修典礼设条教，政化大行。拜光禄勋。光武临朝，或

有惰容，湛辄陈谏其失。常乘白马。升太子太傅。居中东门候舍，故时人号曰中东门君。 ⑬边野：边塞野外。引申为疆场。 ⑭谅：确实。⑮襄国：县名，治所在今河北邢台市。 ⑯祖道：饯行。

二十一年 春，正月，追至不韦[①]，斩栋蚕帅，西南诸夷悉平。

乌桓与匈奴、鲜卑连兵为寇，代郡以东尤被乌桓之害；其居止近塞，朝发穹庐[②]，暮至城郭，五郡民庶[③]，家受其辜[④]，至于郡县损坏，百姓流亡，边陲萧条，无复人迹。秋，八月，帝遣马援与谒者分筑保塞，稍兴立郡县，或空置太守、令、长，招还人民。乌桓居上谷塞外白山者最为强富，援将三千骑击之，无功而还。

鲜卑万余骑寇辽东，太守祭彤率数千人迎击之，自被甲陷陈；虏大奔，投水死者过半，遂穷追出塞；虏急，皆弃兵裸身散走。是后鲜卑震怖[⑤]，畏彤，不敢复窥塞[⑥]。

冬，匈奴寇上谷、中山。

莎车王贤浸以骄横，欲兼并西域，数攻诸国，重求赋税，诸国愁惧。车师前王、鄯善、焉耆等十八国俱遣子入侍，献其珍宝；及得见，皆流涕稽首，愿得都护。帝以中国初定，北边未服，皆还其侍子，厚赏赐之。诸国闻都护不出，而侍子皆还，大忧恐，乃与敦煌太守檄[⑦]，"愿留侍子以示莎车，言侍子见留，都护寻出，冀且息其兵。"裴遵以状闻，帝许之。

二十二年 春，闰正月，丙戌，上幸长安。二月，己巳[⑧]，还雒阳。

夏，五月，乙未晦，日有食之。

秋，九月，戊辰，地震。

冬，十月，壬子，大司空朱浮免[⑨]。癸丑，以光禄勋杜林为大司空。

初，陈留刘昆为江陵令，县有火灾，昆向火叩头，火寻灭；后为弘农太守，虎皆负子渡河。帝闻而异之，征昆代林为光禄勋。帝问昆曰："前在江陵，反风灭火，后守弘农，虎北渡河，行何德政而致是事？"对曰："偶然耳。"左右皆笑，帝叹曰："此乃长者之言也！"顾命书诸策。

是岁，青州蝗。

匈奴单于舆死，子左贤王乌达鞮侯立；复死，弟左贤王蒲奴立。匈奴中连年旱蝗，赤地数千里，人畜饥疫，死耗太半[10]。单于畏汉乘其敝，乃遣使诣渔阳求和亲；帝遣中郎将李茂报命[11]。

乌桓乘匈奴之弱，击破之，匈奴北徙数千里，幕南地空[12]。诏罢诸边郡亭候、吏卒，以币帛招降乌桓[13]。

西域诸国侍子久留敦煌，皆愁思亡归。莎车王贤知都护不至，击破鄯善，攻杀龟兹王。鄯善王安上书："愿复遣子入侍，更请都护；都护不出，诚迫于匈奴。"帝报曰："今使者大兵未能得出，如诸国力不从心，东西南北自在也。"于是鄯善、车师复附匈奴。

班固论曰：孝武之世，图制匈奴[14]，患其兼从西国，结党南羌，乃表河曲列四郡[15]，开玉门，通西域，以断匈奴右臂，隔绝南羌、月氏；单于失援，由是远遁，而幕南无王庭。遭值文、景玄默[16]，养民五世，财力有余，士马强盛，故能睹犀布、玳瑁，则建珠厓七郡[17]；感蒟酱[18]、竹杖，则开牂柯、越嶲；闻天马、蒲陶[19]，则通大宛、安息[20]；自是殊方异物，四面而至。于是开苑囿，广宫室，盛帷帐，美服玩，设酒池肉林以飨四夷之客[21]，作鱼龙角抵之戏以观视之[22]；及赂遗赠送，万里相奉，师旅之费，不可胜计。至于用度不足，乃榷酒酤[23]，管盐铁[24]，铸白金，造皮币，算至车船，租及六畜。民力屈，财用竭，因之以凶年，寇盗并起，道路不通，直指之使始出，衣绣杖斧，断斩于郡国，然后胜之。是以末年遂弃轮台之地而下哀痛之诏，岂非仁圣之所悔哉！

且通西域，近有龙堆[25]，远则葱岭[26]，身热、头痛、悬度之厄，淮南、杜钦、扬雄之论，皆以为此天地所以界别区域，绝外内也。西域诸国，各有君长，兵众分弱，无所统一，虽属匈奴，不相亲附；匈奴能得其马畜、旃罽而不能统率，与之进退。与汉隔绝，道里又远，得之不为益，弃之不为损，盛德在我，无取于彼。故自建武以来，西域思汉威德，咸乐内属，数遣使置质于汉，愿请都护。圣上远览古今，因时之宜，辞而未许；虽大禹之序西戎，周公之让白雉，太宗之却走马，义兼之矣！

【注释】

①不韦:县名,治所在今云南保山市。 ②穹庐:毡帐,用毡做帐篷,部落居住的房子。 ③五郡:指代郡、上谷、渔阳、右北平、辽西等五郡。④辜:祸害。 ⑤震怖:震动惊怖。 ⑥窥(kuī 亏):偷看。 ⑦檄:文书。 ⑧己巳:疑误。 ⑨朱浮:字叔元。年少有才能。从光武为偏将军。拜幽州牧,遂讨定北边。历为执金吾大司空。封新息侯。到汉明帝时为人所告,赐死。 ⑩太半:过半数,大多数。 ⑪报命:奉命出使,去曰奉命,回来曰报命。也叫"复命"。 ⑫幕南:即漠南。 ⑬币帛:泛指财物。 ⑭图:设法对付。 ⑮河曲:指今青海东南部黄河曲流处。四郡:指武陵、张掖、酒泉、敦煌四郡。 ⑯玄默:沉静无为。 ⑰珠崖:郡名,治所在今海南海口市琼山区。 ⑱蒟(jǔ 举)酱:蒟子。可作酱以佐食,故称蒟酱。 ⑲天马:骏马。大宛产的马曰天马。 ⑳大宛:国名,本西域国,国都在今乌兹别克斯坦首府塔什干东南卡散赛。安息:国名,国都在今乌兹别克斯坦南部布哈拉。 ㉑酒池肉林:古代传说,殷纣王以酒为池,以肉为林,长夜饮酒作乐。用以形容酒肉非常多,生活奢靡。 ㉒鱼龙:古代的一种杂戏——变幻的戏术。角抵:古代的一种技艺表演,类似今天的摔跤。 ㉓榷:专卖。 ㉔管:管理。 ㉕龙堆:一名白龙堆。在今新疆罗布泊与甘肃敦煌市之间。是古代通往西域的要道。 ㉖葱岭:即今帕米尔高原与喀喇昆仑山脉的总称。历代为通往西方的交通要道。

资治通鉴卷第四十四

汉纪三十六　起强圉协洽，尽上章涒滩，凡十四年。

世祖光武皇帝下

建武二十三年　春，正月，南郡蛮叛[1]；遣武威将军刘尚讨破之。

夏，五月，丁卯，大司徒蔡茂薨[2]。

秋，八月，丙戌，大司空杜林薨[3]。

九月，辛未，以陈留玉况为大司徒[4]。

冬，十月，丙申，以太仆张纯为大司空[5]。

武陵蛮精夫相单程等反[6]，遣刘尚发兵万余人溯沅水入武溪击之。尚轻敌深入，蛮乘险邀之，尚一军悉没。

初，匈奴单于舆弟右谷蠡王知牙师以次当为左贤王[7]，左贤王次即当为单于。单于欲传其子，遂杀知牙师。乌珠留单于有子曰比，为右薁鞬日逐王，领南边八部。比见知牙师死，出怨言曰："以兄弟言之，右谷蠡王次当立；以子言之，我前单于长子，我当立！"遂内怀猜惧，庭会稀阔。单于疑之，乃遣两骨都侯监领比所部兵。及单于蒲奴立，比益恨望，密遣汉人郭衡奉匈奴地图诣西河太守求内附[8]。两骨都侯颇觉其意，会五月龙祠[9]，劝单于诛比。比弟渐将王在单于帐下，闻之，驰以报比。比遂聚八部兵四五万人，待两骨都侯还，欲杀之。骨都侯且到，知其谋，亡去。单于遣万骑击之，见比众盛，不敢进而还。

是岁，鬲侯朱祜卒⑩。祜为人质直，尚儒学；为将多受降，以克定城邑为本，不存首级之功。又禁制士卒不得虏掠百姓。军人乐放纵，多以此怨之。

二十四年 春，正月，乙亥，赦天下。

匈奴八部大人共议立日逐王比为呼韩邪单于，款五原塞⑪，愿永为藩蔽，捍御北虏。事下公卿，议者皆以为："天下初定，中国空虚，夷狄情伪难知，不可许。"五官中郎将耿国独以为："宜如孝宣故事⑫，受之，令东捍鲜卑，北拒匈奴，率厉四夷，完复边郡。"帝从之。

秋，七月，武陵蛮寇临沅⑬；遣谒者李嵩、中山太守马成讨之，不克。马援请行⑭，帝愍其老，未许，援曰："臣尚能被甲上马。"帝令试之。援据鞍顾眄，以示可用，帝笑曰："矍铄哉是翁⑮！"遂遣援率中郎将马武、耿舒等将四万余人征五溪。援谓友人杜愔曰："吾受厚恩，年迫日索，常恐不得死国事；今获所愿，甘心瞑目，但畏长者家儿或在左右，或与从事，殊难得调，介介独恶是耳！"

冬，十月，匈奴日逐王比自立为南单于，遣使诣阙奉藩称臣。上以问朗陵侯臧宫⑯。宫曰："匈奴饥疫分争，臣愿得五千骑以立功。"帝笑曰："常胜之家，难与虑敌，吾方自思之。"

【注释】

①南郡蛮：指雒阳以南一千多里处的南郡山民，后来被刘尚迁到江夏。 ②蔡茂：字子礼。哀平年间以儒学显。王莽居摄时以病自免。建武中代戴涉为大司徒。 ③丙戌：此时待考。杜林：字伯山。时称通儒。光武召为侍御史，官至大司空。 ④玉况：字文伯。京兆（今陕西西安市西北）人。由陈留太守迁大司徒。 ⑤张纯：字伯仁。光武时封为武始侯。他明习礼仪，多所建制。 ⑥武陵：汉郡。治所今湖南常德市。精夫：武陵山民的首领。 ⑦舆：单于咸弟，元凤五年（前76）立，称呼都而尸道皋若鞮单于。匈奴习俗，兄终弟及。舆违俗，杀弟知牙师而立其子。⑧西河：汉郡。治所今内蒙古鄂尔多斯市东胜区境。 ⑨龙祠：匈奴习俗，常以正月、五月、九月的戊日会龙城（一作"龙庭"，在今蒙古国和硕柴达木湖附近）祭天。 ⑩朱祜：《后汉书》有传。鬲：县名。治今山东平原县北。东汉改为侯国，后复为县。 ⑪五原：汉郡。治所今内蒙古

包头市西北。⑫孝宣：汉宣帝。故事：指甘露四年（前50），匈奴呼韩邪、郅支两单于都遣使朝汉。　⑬临沅：县名。治今湖南常德市。　⑭马援（前14—49）：字文渊，右扶风茂陵（今陕西兴平市东北）人。曾任陇西太守、伏波将军。后病死军中。　⑮矍铄（jué shuò 绝硕）：形容老年人精神好。　⑯臧宫：字君翁，以武功历任辅威将军，拜广汉太守，封朗陵侯。

二十五年　春，正月，辽东徼外貊人寇边[①]，太守祭肜招降之[②]。肜又以财利抚纳鲜卑大都护偏何，使招致异种，骆驿款塞[③]。肜曰："审欲立功，当归击匈奴，斩送头首，乃信耳。"偏何等即击匈奴，斩首二千余级，持头诣郡。其后岁岁相攻，辄送首级，受赏赐。自是匈奴衰弱，边无寇警，鲜卑、乌桓并入朝贡。肜为人质厚重毅，抚夷狄以恩信，故皆畏而爱之，得其死力。

南单于遣其弟左贤王莫将兵万余人击北单于弟薁鞬左贤王，生获之；北单于震怖，却地千余里。北部薁鞬骨都侯与右骨都侯率众三万余人归南单于。三月，南单于复遣使诣阙贡献，求使者监护，遣侍子，修旧约。

戊申晦，日有食之。

马援军至临乡[④]，击破蛮兵，斩获二千余人。

初，援尝有疾，虎贲中郎将梁松来候之[⑤]，独拜床下，援不答。松去后，诸子问曰："梁伯孙，帝婿，贵重朝庭，公卿已下莫不惮之，大人奈何独不为礼？"援曰："我乃松父友也，虽贵，何得失其序乎！"

援兄子严、敦并喜讥议，通轻侠，援前在交趾[⑥]，还书诫之曰："吾欲汝曹闻人过失，如闻父母之名，耳可得闻，口不可得言也。好论议人长短，妄是非政法，此吾所大恶也；宁死，不愿闻子孙有此行也。龙伯高敦厚周慎，口无择言，谦约节俭，廉公有威，吾爱之重之，愿汝曹效之。杜季良豪侠好义，忧人之忧，乐人之乐，父丧致客，数郡毕至，吾爱之重之，不愿汝曹效也。效伯高不得，犹为谨敕之士，所谓'刻鹄不成尚类鹜'者也[⑦]；效季良不得，陷为天下轻薄子，所谓'画虎不成反类狗'者也。"伯高者，山都长龙述也[⑧]；季良者，越骑司马杜保也；皆京兆人。会保仇人上书，讼"保为行浮薄，乱群惑众，伏波将军万里还书以诫兄子，而梁松、窦固与之交结，将扇其轻伪，败乱诸夏。”书奏，帝召责松、固，以讼书及援诫书示之，松、固叩头流血，而得不罪。诏免保官，擢拜龙述为零陵太守[9]。松由是恨援。

及援讨武陵蛮，军次下隽[10]，有两道可入，从壶头则路近而水崄，从充则涂夷而运远。耿舒欲从充道；援以为弃日费粮，不如进壶头，扼其喉咽，充贼自破；以事上之，帝从援策。进营壶头，贼乘高守隘，水疾，船不得上；会暑甚，士卒多疫死，援亦中病，乃穿岸为室以避炎气。贼每升险鼓噪，援辄曳足以观之，左右哀其壮意，莫不为之流涕。耿舒与兄好畤侯弇书曰[11]：“前舒上书当先击充，粮虽难运而兵马得用，军人数万，争欲先奋。今壶头竟不得进，大众怫郁行死，诚可痛惜！前到临乡，贼无故自致，若夜击之，即可殄灭。伏波类西域贾胡，到一处辄止，以是失利。今果疾疫，皆如舒言。”弇得书奏之，帝乃使梁松乘驿责问援，因代监军。

会援卒，松因是构陷援。帝大怒，追收援新息侯印绶。初，援在交趾，常饵薏苡实[12]，能轻身，胜障气，军还，载之一车。及卒后，有上书谮之者，以为前所载还皆明珠文犀。帝益怒。

援妻孥惶惧，不敢以丧还旧茔，稿葬城西[13]，宾客故人，莫敢吊会。严与援妻子草索相连，诣阙请罪。帝乃出松书以示之，方知所坐，上书诉冤，前后六上，辞甚哀切。

东汉“伏波将军章”

前云阳令扶风朱勃诣阙上书曰：“窃见故伏波将军马援，拔自西州[14]，钦慕圣义，间关险难，触冒万死，经营陇、冀，谋如涌泉，势如转规，兵动有功，师进辄克。诛锄先零[15]，飞矢贯胫；出征交趾，与妻子生诀。间复南讨,立陷临乡,师已有业,未竟而死;吏士虽疫,援不独存。夫战或以久而立功,或以速而致败,深入未必为得,不进未必为非,人情岂乐久屯绝地不生归哉!惟援得事朝廷二十二年,北出塞漠,南渡江海,触冒害气,僵死军事,名灭爵绝,国土不传,海内不知其过,众庶未闻其毁,家属杜门,葬不归墓,怨隙并兴,宗亲怖慄,死者不能自列,生者莫为之讼,臣窃伤之!夫明主醲于用赏,约于用刑,高祖尝与陈平金四万斤以间楚军,不问出入所为,岂复疑以钱谷间哉!愿下公卿,平援功罪,宜绝宜续,以厌海内之望。"帝意稍解。

初,勃年十二,能诵《诗》《书》,常候援兄况,辞言娴雅,援裁知书,见之自失。况知其意,乃自酌酒慰援曰:"朱勃小器速成,智尽此耳,卒当从汝禀学,勿畏也。"勃未二十,右扶风请试守渭城宰[16]。及援为将军封侯,而勃位不过县令。援后虽贵,常待以旧恩而卑侮之,勃愈身自亲。及援遇谗,唯勃能终焉。

谒者南阳宗均监援军,援既卒,军士疫死者太半,蛮亦饥困。均乃与诸将议曰:"今道远士病,不可以战,欲权承制降之,何如?"诸将皆伏地莫敢应。均曰:"夫忠臣出竟[17],有可以安国家,专之可也。"乃矫制调伏波司马吕种守沅陵长,命种奉诏书入虏营,告以恩信,因勒兵随其后。蛮夷震怖,冬十月,共斩其大帅而降。于是均入贼营,散其众,遣归本郡,为置长吏而还,群蛮遂平。均未至,先自劾矫制之罪。上嘉其功,迎,赐以金帛,令过家上冢。

是岁,辽西乌桓大人郝旦等率众内属,诏封乌桓渠帅为侯、王、君长者八十一人,使居塞内,布于缘边诸郡,令招来种人,给其衣食,遂为汉侦候,助击匈奴、鲜卑。时司徒掾班彪上言[18]:"乌桓天性轻黠,好为寇贼,若久放纵而无总领者,必复掠居人,但委主降掾吏,恐非所能制。臣愚以为宜复置乌桓校尉[19],诚有益于附集,省国家之边虑。"帝从之,于是始复置校尉于上谷宁城[20],开营府,并领鲜卑赏赐、质子,岁时互市焉。

【注释】

①辽东:郡名。治所今辽宁辽阳市。徼(jiào 叫):边界。貊(mò 陌):古族名。　②祭肜(róng 绒):字次孙,以至孝见称。出守辽东近三

十年，有政绩。　③款：敲、叩、到。　④临乡：在湖南常德市的沅水以南。　⑤梁松：字伯孙，光武帝的女婿，官至太仆。　⑥交趾：郡名。治所龙编（今越南北宁省仙游东）。　⑦鹜（wù 务）：鸭子。　⑧山都：县名。治今湖北谷城县东南。　⑨零陵：郡名。治今湖南永州市。　⑩下隽：县名。治今湖北通城县西北。　⑪弇（yǎn 演）：耿弇，耿况子，字伯昭。扶风茂陵（今陕西兴平市东北）人。东汉初年拜建威大将军，封好畤侯。　⑫薏苡（yì yǐ 意以）：俗称药玉米，味甘，可治风湿。　⑬稿：草，此为草率意。　⑭西州：泛指凉州，在今甘肃一带。　⑮先零：汉代羌族的一支。　⑯渭城：治今陕西咸阳市东北。　⑰竟：通“境”。　⑱班彪（3—54）：史学家，字叔皮。东汉初年举为茂才，后因病免官，专事史学。⑲乌桓校尉：官名，西汉置，王莽时废。秩比二千石。　⑳上谷：郡名。治所在今河北怀来县东南。

二十六年　正月，诏增百官奉，其千石已上，减于西京旧制[①]，六百石已下，增于旧秩。

初作寿陵[②]。帝曰：“古者帝王之葬，皆陶人、瓦器、木车、茅马，使后世之人不知其处。太宗识终始之义[③]，景帝能述遵孝道，遭天下反覆，而霸陵独完受其福，岂不美哉！今所制地不过二三顷，无为山陵陂池，裁令流水而已[④]。使迭兴之后，与丘陇同体。”

诏遣中郎将段郴、副校尉王郁使南匈奴，立其庭，去五原西部塞八十里。使者令单于伏拜受诏，单于顾望有顷，乃伏称臣。拜讫，令译晓使者曰：“单于新立，诚惭于左右，愿使者众中无相屈折也。”诏听南单于入居云中[⑤]，始置使匈奴中郎将，将兵卫护之。

夏，南单于所获北虏薁鞬左贤王将其众及南部五骨都侯合三万余人畔归[⑥]，去北庭三百余里，自立为单于。月余，日更相攻击，五骨都侯皆死，左贤王自杀，诸骨都侯子各拥兵自守。

秋，南单于遣子入侍。诏赐单于冠带、玺绶、车马、金帛、甲兵、什器。又转河东米糒二万五千斛[⑦]，牛羊三万六千头以赡给之。令中郎将将弛刑五十人[⑧]，随单于所处，参辞讼，察动静。单于岁尽辄遣奉奏，送侍子入朝，汉遣谒者送前侍子还单于庭，赐单于及阏氏、左、右贤王以下缯彩合万匹，岁以为常。于是云中、五原、朔方、北地、定襄、雁门、上谷、代八郡民归于本土。遣谒者分将弛刑[9]，补治城郭，发遣边民在中国者布还诸县，皆赐以装钱，转给粮食。时城郭丘墟，扫地更为[10]，上乃悔前徙之[11]。

冬，南匈奴五骨都侯子复将其众三千人归南部，北单于使骑追击，悉获其众。南单于遣兵拒之，逆战不利，于是复诏单于徙居西河美稷[12]，因使段郴、王郁留西河拥护之，令西河长史岁将骑二千、弛刑五百人助中郎将卫护单于，冬屯夏罢，自后以为常。南单于既居西河，亦列置诸部王，助汉捍戍北地、朔方、五原、云中、定襄、雁门、代郡，皆领部众，为郡县侦逻耳目。北单于惶恐，颇还所掠汉民以示善意，钞兵每到南部下[13]，还过亭候，辄谢曰："自击亡虏薁鞬日逐耳，非敢犯汉民也。"

二十七年 夏，四月，戊午，大司徒玉况薨。

五月，丁丑，诏司徒、司空并去"大"名，改大司马为太尉。骠骑大将军行大司马刘隆即日罢[14]，以太仆赵熹为太尉[15]，大司农冯勤为司徒[16]。

北匈奴遣使诣武威求和亲，帝召公卿廷议，不决；皇太子言曰："南单于新附，北虏惧于见伐，故倾耳而听，争欲归义耳。今未能出兵而反交通北虏，臣恐南单于将有二心，北虏降者且不复来矣。"帝然之，告武威太守勿受其使。

朗陵侯臧宫、扬虚侯马武上书曰[17]："匈奴贪利，无有礼信，穷则稽首，安则侵盗。虏今人畜疫死，旱蝗赤地，疲困之力，不当中国一郡，万里死命，县在陛下；福不再来，时或易失，岂宜固守文德而堕武事乎！今命将临塞，厚县购赏，喻告高句骊、乌桓、鲜卑攻其左，发河西四郡、天水、陇西羌、胡击其右，如此，北虏之灭，不过数年。臣恐陛下仁恩不忍，谋臣狐疑，令万世刻石之功不立于圣世！"诏报曰："《黄石公记》曰[18]：'柔能制刚，弱能制强。舍近谋远者，劳而无功；舍远谋近者，逸而有终。故曰：务广地者荒，务广德者强，有其有者安，贪人有者残。残灭之政，虽成必败。'今国无善政，灾变不息，百姓惊惶，人不自保，而复欲远事边外乎！孔子曰：'吾恐季孙之忧不在颛臾[19]。'且北狄尚强，而屯田警备，传闻之事，恒多失实。诚能举天下之半以灭大寇，岂非至愿！苟非其时，不如息民。”自是诸将莫敢复言兵事者。

上问赵熹以久长之计，熹请遣诸王就国。冬，上始遣鲁王兴、齐王石就国[20]。

是岁，帝舅寿张恭侯樊宏薨[21]。宏为人，谦柔畏慎，每当朝会，辄迎期先到，俯伏待事；所上便宜，手自书写，毁削草本；公朝访逮，不敢众对。宗族染其化，未尝犯法。帝甚重之。及病困，遗令薄葬，一无所用。以为棺柩一藏，不宜复见，如有腐败，伤孝子之心，使与夫人同坟异藏。帝善其令，以书示百官，因曰："今不顺寿张侯意，无以彰其德；且吾万岁之后，欲以为式。"

【注释】

①西京：指西汉。东汉定都洛阳，西汉的都城长安在洛阳以西，故称西京。 ②寿陵：初作陵无名，取长寿之义名之。 ③太宗：指汉文帝。④裁：通"才"，仅仅。 ③云中：郡名。治所在云中县（今内蒙古托克托县东北）。 ⑥五骨都侯：指韩氏、当于、呼衍、郎氏、粟藉五个部族的骨都侯。 ⑦糒（bèi 备）：干粮。斛（hú 胡）：量器名，十斗为一斛。⑧弛刑：以力役抵罪的刑徒。 ⑨谒（yè 夜）者：掌宾赞及奉诏出使的官员。 ⑩扫地更为：清理废墟，重新营建。 ⑪前徙：建武十五年（39），因匈奴攻掠，光武帝迁雁门等郡吏民于居庸、常山关以东。 ⑫美稷：县名，治今内蒙古准格尔旗西北。 ⑬钞：掠夺。 ⑭刘隆：字元伯，曾任南郡太守，封长平侯。 ⑮赵熹：字伯阳。《后汉书》"熹"作"憙"。⑯冯勤：字伟伯。善计，有政绩。中元初年卒。 ⑰马武：字子张，官拜捕虏将军，好嗜酒，能直言。 ⑱黄石公：传说中的秦隐士，传《太公兵法》。 ⑲此句见《论语·季氏》。 ⑳兴：刘缜次子。石：刘璋之子，缜嫡孙。 ㉑樊宏：樊重子，字靡卿，光武帝舅，拜光禄大夫，封寿张侯。

二十八年 春，正月，己巳[①]，徙鲁王兴为北海王；以鲁益东海。帝以东海王强去就有礼[②]，故优以大封，食二十九县，赐虎贲、旄头[③]，设钟虡之乐[④]，拟于乘舆[⑤]。

夏，六月，丁卯，沛太后郭氏薨[⑥]。

初，马援兄子婿王磐，平阿侯仁之子也。王莽败，磐拥富赀为游侠，有名江、淮间。后游京师，与诸贵戚友善，援谓姊子曹训曰：

"王氏,废姓也,子石当屏居自守[7],而反游京师长者,用气自行,多所陵折,其败必也。"后岁余,磐坐事死;磐子肃复出入王侯邸第。时禁罔尚疏,诸王皆在京师,竞修名誉,招游士。马援谓司马吕种曰:"建武之元,名为天下重开,自今以往,海内日当安耳。但忧国家诸子并壮而旧防未立,若多通宾客,则大狱起矣。卿曹戒慎之!"至是,有上书告肃等受诛之家,为诸王宾客,虑因事生乱。会更始之子寿光侯鲤得幸于沛王,怨刘盆子,结客杀故式侯恭。帝怒,沛王坐系诏狱,三日乃得出。因诏郡县收捕诸王宾客,更相牵引,死者以千数;吕种亦与其祸,临命叹曰:"马将军诚神人也!"

秋,八月,戊寅,东海王强、沛王辅、楚王英、济南王康、淮阳王延始就国。

上大会群臣,问:"谁可傅太子者?"群臣承望上意,皆言太子舅执金吾原鹿侯阴识可[8]。博士张佚正色曰:"今陛下立太子,为阴氏乎,为天下乎?即为阴氏,则阴侯可;为天下,则固宜用天下之贤才!"帝称善,曰:"欲置傅者,以辅太子也;今博士不难正朕,况太子乎!"即拜佚为太子太傅,以博士桓荣为少傅,赐以辎车、乘马。荣大会诸生,陈其车马、印绶,曰:"今日所蒙,稽古之力也,可不勉哉!"

北匈奴遣使贡马及裘,更乞和亲,并请音乐,又求率西域诸国胡洛俱献见[9]。帝下三府议酬答之宜[10],司徒掾班彪曰:"臣闻孝宣皇帝敕边守尉曰:'匈奴大国,多变诈,交接得其情,则却敌折冲;应对入其数,则反为轻欺。'今北单于见南单于来附,惧谋其国,故数乞和亲,又远驱牛马与汉合市,重遣名王,多所贡献,斯皆外示富强以相欺诞也。臣见其献益重,知其国益虚;归亲愈数,为惧愈多。然今既未获助南,则亦不宜绝北,羁縻之义[11],礼无不答。谓可颇加赏赐,略与所献相当,报答之辞,令必有适。今立稿草并上,曰:'单于不忘汉恩,追念先祖旧约,欲修和亲,以辅身安国,计议甚高,为单于嘉之!往者匈奴数有乖乱,呼韩邪、郅支自相仇隙,并蒙孝宣皇帝垂恩救护,故各遣侍子称藩保塞。其后郅支忿戾,自绝皇泽,而呼韩附亲,忠孝弥著。及汉灭郅支,遂保国传嗣,子孙相继。今南单于携众向南,款塞归命,自以呼韩嫡长,次第当

“汉匈奴归义亲汉长”铜印

立，而侵夺失职，猜疑相背，数请兵将，归扫北庭，策谋纷纭，无所不至。惟念斯言不可独听，又以北单于比年贡献，欲修和亲，故拒而未许，将以成单于忠孝之义。汉秉威信，总率万国，日月所照，皆为臣妾，殊俗百蛮，义无亲疏，服顺者褒赏，叛逆者诛罚，善恶之效，呼韩、郅支是也。今单于欲修和亲，款诚已达，何嫌而欲率西域诸国俱来献见！西域国属匈奴与属汉何异！单于数连兵乱，国内虚耗，贡物裁以通礼，何必献马裘！今赍杂缯五百匹，弓鞬韇丸一[12]，矢四发，遗单于；又赐献马左骨都侯、右谷蠡王杂缯各四百匹，斩马剑各一。单于前言“先帝时所赐呼韩邪竽、瑟、空侯皆败，愿复裁赐。”念单于国尚未安，方厉武节，以战攻为务，竽、瑟之用，不如良弓、利剑，故未以赍。朕不爱小物，于单于便宜，所欲遣驿以闻。’”帝悉纳从之。

【注释】

①己巳：此日待考。　②强：刘强，光武帝长子。立为皇太子，自愿出居蕃国，封为东海王。　③虎贲：侍卫，属虎贲中郎将。旄头：警卫骑兵。　④虡（jù 据）：悬挂钟磬的木架。　⑤乘舆：皇帝、诸侯乘坐的车子。　⑥郭氏：光武郭皇后，生皇子藩。建武十七年（41）被废为中山王太后。建武二十年（44），中山王辅徙封沛王，郭氏为沛太后。　⑦子石：王磐字。　⑧阴识：字次伯，历侍中，封原鹿侯。　⑨洛：或作“客”字。⑩三府：太尉、司徒、司空府。　⑪羁縻：束缚与笼络。　⑫鞬（jiān 坚）：马上盛弓箭的器具。韇：通“韣”（dú 独），弓袋。丸：箭箙。

二十九年　春，二月，丁巳朔，日有食之。

三十年　春，二月，车驾东巡。群臣上言："即位三十年，宜封禅泰山。"诏曰："即位三十年，百姓怨气满腹，'吾谁欺，欺天乎[①]！''曾谓泰山不如林放乎[②]！'何事污七十二代之编录！若郡县远遣吏上寿，盛称虚美，必髡[③]，令屯田。"于是群臣不敢复言。

甲子，上幸鲁济南；闰月，癸丑[④]，还宫。

有星孛于紫宫[⑤]。

夏，四月，戊子，徙左翊王焉为中山王。

五月，大水。

秋，七月，丁酉[⑥]，上行幸鲁；冬，十一月，丁酉[⑦]，还宫。

胶东刚侯贾复薨[⑧]。复从征伐，未尝丧败，数与诸将溃围解急，身被十二创。帝以复敢深入，希令远征，而壮其勇节，常自从之，故复少方面之勋。诸将每论功伐，复未尝有言，帝辄曰："贾君之功，我自知之。"

三十一年　夏，五月，大水。

癸酉晦，日有食之。

蝗。

京兆掾第五伦领长安市[⑨]，公平廉介，市无奸枉。每读诏书，常叹息曰："此圣主也，一见决矣。"等辈笑之曰："尔说将尚不能下，安能动万乘乎！"伦曰："未遇知己，道不同故耳。"后举孝廉，补淮阳王医工长。

中元元年　春，正月，淮阳王入朝，伦随官属得会见。帝问以政事，伦因此酬对，帝大悦；明日，复特召入，与语至夕。帝谓伦曰："闻卿为吏，篣妇公[⑩]，不过从兄饭，宁有之邪？"对曰："臣三娶妻，皆无父。少遭饥乱，实不敢妄过人食。众人以臣愚蔽，故生是语耳。"帝大笑，以伦为扶夷长，未到官，追拜会稽太守；为政清而有惠，百姓爱之。

上读《河图会昌符》曰："赤刘之九，会命岱宗。"上感此文，乃诏虎贲中郎将梁松等按察《河》《雒》谶文，言九世当封禅者凡三十六事。于是张纯等复奏请封禅，上乃许焉。诏有司求元封故事[⑪]，当用方石再累，玉检、金泥。上以石功难就，欲因孝武故封石，置玉牒其中[⑫]；梁松等争以为不可，乃命石工取完青石，无必五色[⑬]。

丁卯，车驾东巡，二月，己卯，幸鲁，进幸泰山。辛卯，晨，燎，祭天于泰山下南方，群神皆从，用乐如南郊。事毕，至食时，天子御辇登山[14]，日中后，到山上，更衣。晡时[15]，升坛北面，尚书令奉玉牒检，天子以寸二分玺亲封之，讫，太常命驺骑二千余人登坛上方石[16]，尚书令藏玉牒已，复石覆讫，尚书令以五寸印封石检。事毕，天子再拜。群臣称万岁，乃复道下。夜半后，上乃到山下，百官明旦乃讫。甲午，禅祭地于梁阴，以高后配，山川群神从，如元始中北郊故事[17]。

三月，戊辰，司空张纯薨[18]。

夏，四月，癸酉，车驾还宫；己卯，赦天下，改元。

上行幸长安；五月，乙丑，还宫。

六月，辛卯，以太仆冯鲂为司空。

乙未，司徒冯勤薨。

京师醴泉涌出[19]，又有赤草生于水崖，郡国频上甘露。群臣奏言："灵物仍降，宜令太史撰集，以传来世。"帝不纳。帝自谦无德，于郡国所上，辄抑而不当，故史官罕得记焉。

秋，郡国三蝗。

冬，十月，辛未，以司隶校尉东莱李䜣为司徒。

甲申，使司空告祠高庙[20]，上薄太后尊号曰高皇后[21]，配食地祇。迁吕太后庙主于园[22]，四时上祭。

十一月，甲子晦，日有食之。

是岁，起明堂、灵台、辟雍[23]，宣布图谶于天下[24]。

初，上以《赤伏符》即帝位，由是信用谶文，多以决定嫌疑。给事中桓谭上疏谏曰[25]："凡人情忽于见事而贵于异闻。观先王之所记述，咸以仁义正道为本，非有奇怪虚诞之事。盖天道性命，圣人所难言也，自子贡以下，不得而闻，况后世浅儒，能通之乎！今诸巧慧小才、伎数之人，增益图书，矫称谶记，以欺惑贪邪，诖误人主，焉可不抑远之哉！臣谭伏闻陛下穷折方士黄白之术[26]，甚为明矣；而乃欲听纳谶记，又何误也！其事虽有时合，譬犹卜数只偶之类。陛下宜垂明听，发圣意，屏群小之曲说，述《五经》之正义。"疏奏，帝不悦。会议灵台所处，帝谓谭曰："吾欲以谶决之，何如？"谭默然,良久曰:“臣不读谶。”帝问其故,谭复极言谶之非经。帝大怒曰:“桓谭非圣无法,将下,斩之!”谭叩头流血,良久,乃得解。出为六安郡丞,道病卒。

范晔论曰:桓谭以不善谶流亡,郑兴以逊辞仅免㉗;贾逵能傅会文致㉘,最差贵显;世主以此论学,悲哉!

逵,扶风人也。

南单于比死,弟左贤王莫立,为丘浮尤鞮单于。帝遣使赍玺书拜授玺绶,赐以衣冠及缯彩,是后遂以为常。

【注释】

①“吾谁欺”二句:语出《论语·子罕》。 ②林放:鲁人,他曾向孔子问礼。句出《论语·八佾》。 ③髡(kūn 昆):剃发的刑罚。 ④癸丑:此日待考。 ⑤孛(bèi 背):彗星。 ⑥丁酉:此日待考。 ⑦丁酉:此日待考。 ⑧贾复:字君文,南阳冠军(今河南邓州市西北)人。少学《尚书》,在军中以善战闻名。 ⑨第五伦:字伯鱼,京兆长陵(今陕西咸阳市东北)人。举孝廉,授会稽太守,擢升大司农,以正直廉洁著称。⑩搒(péng 朋):同“榜”,笞打。 ⑪元封:西汉武帝年号。 ⑫玉牒:帝王封禅郊祀所用的文书。 ⑬五色:以黄色居中,青色居东,白色居西,赤色居南,黑色居北。 ⑭辇(niǎn 捻):王室的车子。 ⑮晡(bū 补):申时,即午后三时至五时。 ⑯驺(zōu 邹)骑:骑马的侍从。⑰元始:西汉平帝年号。 ⑱张纯:字伯仁,明习礼仪,官至大司空。⑲醴(lǐ 礼)泉:甘美的泉水。 ⑳高庙:指汉高祖刘邦。 ㉑薄太后:汉高祖姬,孝文帝之母。 ㉒吕太后:吕雉,汉高祖后,分封吕氏亲族为王侯,执政十六年。 ㉓明堂:用于祭礼的建筑,有十二堂、九室。灵台:用于观天和祭祀的高台。辟雍:以水环绕的祭礼建筑。 ㉔图谶:宣扬符命占验的书,专讲王者受命之征验。 ㉕桓谭:无神论思想家。字君山,沛国相(今安徽淮北市西北)人。反对谶纬神学,提出以烛火喻形神的论点。 ㉖黄白之术:指古代方士烧炼丹药点化金银的法术。 ㉗“郑兴”句:事见本书四十二卷七年(31)。 ㉘贾逵:经学家。字景伯,扶风平陵(今陕西咸阳市西北)人。明帝永平年间,贾逵上言,以图谶论刘氏为尧后,帝嘉之。

二年 春,正月,辛未,初立北郊,祀后土。

二月，戊戌，帝崩于南宫前殿，年六十二。帝每旦视朝，日昃乃罢[①]，数引公卿、郎将讲论经理，夜分乃寐。皇太子见帝勤劳不怠，承间谏曰："陛下有禹、汤之明，而失黄、老养性之福，愿颐爱精神，优游自宁。"帝曰："我自乐此，不为疲也！"虽以征伐济大业，及天下既定，乃退功臣而进文吏，明慎政体，总揽权纲，量时度力，举无过事，故能恢复前烈，身致太平。

太尉赵熹典丧事。时经王莽之乱，旧典不存，皇太子与诸王杂止同席，藩国官属出入宫省，与百僚无别。熹正色，横剑殿阶，扶下诸王以明尊卑；奏遣谒者将护官属分止他县，诸王并令就邸，唯得朝晡入临；整礼仪，严门卫，内外肃然。

太子即皇帝位，尊皇后曰皇太后。

山阳王荆哭临不哀，而作飞书，令苍头诈称大鸿胪郭况书与东海王强[②]，言其无罪被废，及郭后黜辱，劝令东归举兵以取天下，且曰："高祖起亭长，陛下兴白水[③]，何况于王，陛下长子、故副主哉[④]！当为秋霜，毋为槛羊。人主崩亡，闾阎之伍尚为盗贼[⑤]，欲有所望，何况王邪！"强得书惶怖，即执其使，封书上之。明帝以荆母弟[⑥]，秘其事，遣荆出止河南宫[⑦]。

三月，丁卯，葬光武皇帝于原陵[⑧]。

夏，四月，丙辰，诏曰："方今上无天子，下无方伯，若涉渊水而无舟楫。夫万乘至重而壮者虑轻，实赖有德左右小子。高密侯禹，元功之首；东平王苍，宽博有谋；其以禹为太傅，苍为骠骑将军。"苍恳辞，帝不许。又诏骠骑将军置长史、掾史员四十人，位在三公上。苍尝荐西曹掾齐国吴良[⑨]，帝曰："荐贤助国，宰相之职也。萧何举韩信，设坛而拜，不复考试，今以良为议郎。"

初，烧当羌豪滇良击破先零[⑩]，夺居其地；滇良卒，子滇吾立，附落转盛。秋，滇吾与弟滇岸率众寇陇西，败太守刘盱于允街[⑪]，于是守塞诸羌皆叛。诏谒者张鸿领诸郡兵击之，战于允吾[⑫]，鸿军败没。冬，十一月，复遣中郎将窦固监捕虏将军马武等二将军、四万人讨之[⑬]。

是岁，南单于莫死，弟汗立，为伊伐於虑鞮单于。

汉光武帝原陵

【注释】

①昃(zè 仄):太阳偏西。 ②苍头:奴仆。 ③白水:光武帝起于南阳春陵之白水乡。 ④副主:指东海王刘强曾为太子。 ⑤闾阎:本为里门,后泛指民间。 ⑥母弟:明帝和刘荆都是阴后所生。 ⑦河南宫:在今河南洛阳市西。 ⑧原陵:在洛阳郊外。 ⑨吴良:字大仪,初为郡吏,后历议郎、司徒长史,卒于官。 ⑩烧当:西羌部族。《后汉书·西羌传》:"从爰剑种五世至研,研最豪健,自后以研为种号。十三世至烧当,复豪健,其子孙更以烧当为种号。"先零:羌族一支。 ⑪允街:在今甘肃武威市东南。 ⑫允吾:县名,治所在今甘肃永靖县西北。 ⑬窦固:字孟孙,扶风平陵(今陕西咸阳市西北)人。袭父窦友封显亲侯。明帝时迁中郎将,熟悉边事,屡有战功。马武:字子张,南阳湖阳(今河南唐河县)人。建武四年(28)任捕虏将军。

显宗孝明皇帝上[①]

永平元年[②] 春,正月,帝率公卿已下朝于原陵,如元会仪[③]。乘舆拜神坐,退,坐东厢;侍卫官皆在神坐后,太官上食,太常奏乐;郡国上计吏以次前[④],当神轩占其郡谷价及民所疾苦[⑤]。是后遂以为常。

夏，五月，高密元侯邓禹薨[⑥]。

东海恭王强病，上遣使者太医乘驿视疾，骆驿不绝。诏沛王辅、济南王康、淮阳王延诣鲁省疾。戊寅，强薨，临终，上书谢恩，言："身既夭命，孤弱复为皇太后、陛下忧虑，诚悲诚惭！息政[⑦]，小人也，猥当袭臣后[⑧]，必非所以全利之也，愿还东海郡。今天下新罹大忧[⑨]，惟陛下加供养皇太后，数进御餐。臣强困劣，言不能尽意，愿并谢诸王，不意永不复相见也！"帝览书悲恸，从太后出幸津门亭发哀[⑩]，使大司空持节护丧事，赠送以殊礼，诏楚王英、赵王栩、北海王兴及京师亲戚皆会葬。帝追惟强深执谦俭，不欲厚葬以违其意，于是特诏："遣送之物，务从约省，衣足敛形，茅车瓦器，物减于制，以彰王卓尔独行之志。"将作大匠留起陵庙[⑪]。

秋，七月，马武等击烧当羌，大破之，余皆降散。

山阳王荆私迎能为星者，与谋议，冀天下有变；帝闻之，徙封荆广陵王，遣之国。

辽东太守祭肜使偏何讨赤山乌桓，大破之，斩其魁帅。塞外震讋[⑫]，西自武威[⑬]，东尽玄菟[⑭]，皆来内附，野无风尘，乃悉罢缘边屯兵。

汉明帝刘庄像

东平王苍以为中兴三十余年，四方无虞，宜修礼乐，乃与公卿共议定南北郊冠冕、车服制度及光武庙登歌、八佾舞数，上之。

好畤愍侯耿弇薨。

二年 春，正月，辛未，宗祀光武皇帝于明堂，帝及公卿列侯，始服冠冕、玉佩以行事。礼毕，登灵台，望云物。赦天下。

三月，临辟雍，初行大射礼。

冬，十月，壬子，上幸辟雍，初行养老礼；以李躬为三老，桓荣为五更。三老服都纻大袍，冠进贤，扶玉杖；五更亦如之，不杖。乘舆到辟雍礼殿，御坐东厢，遣使者安车迎三老、五更于太学讲堂，天子迎于门屏，交礼；道自阼阶，三老升自宾阶；至阶，天子揖如礼。三老升，东面，三公设几，九卿正履，天子亲袒割牲，执酱而馈，执爵而酳[15]，祝鲠在前[16]，祝饐在后[17]。五更南面，三公进供，礼亦如之。礼毕，引桓荣及弟子升堂，上自为下说，诸儒执经问难于前，冠带缙绅之人圜桥门而观听者，盖亿万计。于是下诏赐荣爵关内侯；三老五更皆以二千石禄养终厥身。赐天下三老酒，人一石，肉四十斤。

上自为太子，受《尚书》于桓荣，及即帝位，犹尊荣以师礼。尝幸太常府，令荣坐东面，设几杖，会百官及荣门生数百人，上亲自执业；诸生或避位发难，上谦曰："太师在是。"既罢，悉以太官供具赐太常家。荣每疾病，帝辄遣使者存问，太官、太医相望于道。及笃，上疏谢恩，让还爵土。帝幸其家问起居，入街，下车，拥经而前，抚荣垂涕，赐以床茵[18]、帷帐、刀剑、衣被，良久乃去。自是诸侯、将军、大夫问疾者，不敢复乘车到门，皆拜床下。荣卒[19]，帝亲自变服临丧送葬，赐冢茔于首山之阳。子郁当嗣，让其兄子汎；帝不许，郁乃受封，而悉以租入与之。帝以郁为侍中。

上以中山王焉，郭太后少子，太后尤爱之，故独留京师，至是始与诸王俱就国，赐以虎贲、官骑，恩宠尤厚，独得往来京师。帝礼待阴、郭，每事必均，数受赏赐，恩宠俱渥[20]。

甲子，上行幸长安，十一月，甲申，遣使者以中牢祠萧何[21]、霍光，帝过，式其墓[22]。进幸河东；癸卯，还宫。

十二月，护羌校尉窦林坐欺罔及臧罪，下狱死。林者，融之从兄子也。于是窦氏一公、两侯、三公主、四二千石相与并时，自祖及孙，官府邸第相望京邑，于亲戚功臣中莫与为比。及林诛，帝数下诏切责融，融惶恐乞骸骨，诏令归第养病。

是岁，初迎气于五郊。

新阳侯阴就子丰尚郦邑公主[23]。公主娇妒，丰杀之，被诛，父母皆自杀。

南单于汗死，单于比之子适立，为醢僮尸逐侯鞮单于。

【注释】

①明帝(28—75)：光武帝第四子，幼名阳，后改名庄。母亲阴皇后。建武十九年(43)立为皇太子。在位期间谨守建武制度，勤于理政。②永平元年：58年。③元：元日，农历正月初一，俗为吉日。④计吏：掌计簿的官吏。计簿是载录人事、户口、赋税的簿籍。⑤轩：堂前屋檐下的平台。⑥邓禹(2—58)：字仲华，南阳新野(今河南新野县南)人。光武帝任命他为大司徒，封为高密侯。明帝任他为太傅，为云台二十八将之首。⑦息：子女。⑧猥(wěi委)：谦词，表示谦卑。⑨罹(lí离)：遭遇。此处指遇上光武去世。⑩津门亭：洛阳城南面西头门，又名"津阳门"。⑪将作大匠：掌修宗庙、路寝、宫室、陵园土木之工的官吏。⑫詟(zhé折)：恐惧。⑬武威：治今甘肃武威市。⑭玄菟：治今辽宁新宾满族自治县西南。⑮酳(yìn胤)：宴会的一种礼节，食毕用酒漱口。⑯鲠(gěng耿)：卡喉。⑰饐(yè叶)：通"咽"。⑱茵：垫子。⑲桓荣：字春卿，沛郡龙亢(今安徽怀远县东南龙亢镇)人。家贫，少习《尚书》。建武中拜议郎，后迁太常。明帝尊以师礼，封关内侯卒。⑳渥(wò握)：优厚。㉑中牢：即少牢。以猪羊二牲作祭礼。㉒式：扶着车厢前作扶手的横木敬礼。㉓公主：光武帝女。

三年 春，二月，甲寅，太尉赵熹、司徒李䜣免。丙辰，以左冯翊郭丹为司徒。己未，以南阳太守虞延为太尉。

甲子，立贵人马氏为皇后，皇子炟为太子。

后，援之女也，光武时，以选入太子宫，能奉承阴后，傍接同列，礼则修备，上下安之，遂见宠异；及帝即位，为贵人。时后前母姊女贾氏亦以选入，生皇子炟；帝以后无子，命养之，谓曰："人未必当自生子，但患爱养不至耳！"后于是尽心抚育，劳悴过于所生。太子亦孝性淳笃，母子慈爱，始终无纤介之间。后常以皇嗣未广，荐达左右，若恐不及。后宫有进见者，每加慰纳；若数所宠引，辄加隆遇。

及有司奏立长秋宫[①]，帝未有所言，皇太后曰："马贵人德冠后宫，即其人也。"后既正位宫闱，愈自谦肃，好读书。常衣大练，裙不加缘；朔望诸姬主朝请，望见后袍衣疏粗，以为绮縠[②]，就视，乃笑。后曰："此缯特宜染色，故用之耳。"群臣奏事有难平者，帝数以试后，后辄分解趣理，各得其情，然未尝以家私干政事。帝由是宠敬，始终无衰焉。

帝思中兴功臣，乃图画二十八将于南宫云台，以邓禹为首，次马成、吴汉、王梁、贾复、陈俊、耿弇、杜茂、寇恂、傅俊、岑彭、坚镡、冯异、王霸、朱祐、任光、祭遵、李忠、景丹、万修、盖延、邳彤、铫期、刘植、耿纯、臧宫、马武、刘隆，又益以王常、李通、窦融、卓茂，合三十二人。马援以椒房之亲[③]，独不与焉。

东汉褐色釉立式说唱俑

夏，四月，辛酉，封皇子建为千乘王，羡为广平王。

六月，丁卯，有星孛于天船北[④]。

帝大起北宫。时天旱，尚书仆射会稽钟离意诣阙，免冠、上疏曰："昔成汤遭旱，以六事自责曰：'政不节邪？使民疾邪？宫室营邪？女谒盛邪？苞苴行邪[⑤]？谗夫昌邪[⑥]？'窃见北宫大作，民失农时；自古非苦宫室小狭，但患民不安宁，宜且罢止，以应天心。"帝策诏报曰："汤引六事，咎在一人，其冠、履，勿谢！"又敕大匠止作诸宫，减省不急。诏因谢公卿百僚，遂应时澍雨[⑦]。

意荐全椒长刘平[⑧]，诏征拜议郎。平在全椒，政有恩惠，民或增赀就赋，或减年从役。刺史、太守行部，狱无系囚，人自以得所，不知所问，唯班诏书而去。

帝性褊察，好以耳目隐发为明，公卿大臣数被诋毁，近臣尚书以下至见提曳。常以事怒郎药崧，以杖撞之；崧走入床下，帝怒甚，疾言曰："郎出！"崧乃曰："天子穆穆，诸侯皇皇，未闻人君，自起撞郎。"帝乃赦之。

是时，朝廷莫不悚栗[9]，争为严切以避诛责，唯钟离意独敢谏争，数封还诏书，臣下过失，辄救解之。会连有变异，上疏曰："陛下敬畏鬼神，忧恤黎元，而天气未和，寒暑违节者，咎在群臣不能宣化治职，而以苛刻为俗，百官无相亲之心，吏民无雍雍之志，至于感逆和气，以致天灾。百姓可以德胜，难以力服，《鹿鸣》之诗必言宴乐者，以人神之心洽，然后天气和也。愿陛下垂圣德，缓刑罚，顺时气以调阴阳。"帝虽不能时用，然知其至诚，终爱厚之。

秋，八月，戊辰，诏改太乐官曰太予，用谶文也[10]。

壬申晦，日有食之。诏曰："昔楚庄无灾，以致戒惧，鲁哀祸大，天不降谴。今之动变，倘尚可救，有司勉思厥职，以匡无德！"

冬，十月，甲子，车驾从皇太后幸章陵。荆州刺史郭贺，官有殊政，上赐以三公之服，黼黻[11]，冕旒；敕行部去襜帷[12]，使百姓见其容服，以章有德。戊辰，还自章陵。

是岁，京师及郡国七大水。

莎车王贤以兵威逼夺于寘[13]、大宛、妫塞王国，使其将守之。于寘人杀其将君德，立大人休莫霸为王。贤率诸国兵数万击之，大为休莫霸所败，脱身走还。休莫霸进围莎车，中流矢死，于寘人复立其兄子广德为王，广德使其弟仁攻贤。广德父先拘在莎车，贤乃归其父，以女妻之，与之和亲。

【注释】

①长秋宫：皇后宫，此指皇后。　②绮（qǐ 启）：有花纹的丝织品。縠（hú 狐）：有皱纹的纱。　③椒房：汉皇后所居的宫殿。以椒和泥涂壁，取温、香、多子之义。后以椒房代称后妃。　④天船：又名舟星。⑤苞苴（bāo jū 包居）：裹鱼肉的草包，代指行贿的财物。　⑥此六句引文见于《荀子·大略》。　⑦澍（shù 树）：及时雨。　⑧全椒：治今安徽全椒县。　⑨悚栗（sǒng lì 耸厉）：恐惧。　⑩谶文：指《尚书璇玑钤》之文。　⑪黼黻（fǔ fú 抚幅）：礼服上绣的半青半黑的花纹。　⑫襜帷：车的前帷。　⑬莎车：西域城国名，治今新疆莎车县。

资治通鉴卷第四十五

汉纪三十七　起重光作噩，尽旃蒙大渊献，凡十五年。

显宗孝明皇帝下

永平四年　春，帝近出观览城第，欲遂校猎河内；东平王苍上书谏；帝览奏，即还宫。

秋，九月，戊寅，千乘哀王建薨，无子，国除。

冬，十月，乙卯，司徒郭丹、司空冯鲂免，以河南尹沛国范迁为司徒，太仆伏恭为司空。恭，湛之兄子也。

陵乡侯梁松坐怨望、县飞书诽谤[1]，下狱死。

初，上为太子，太中大夫郑兴子众以通经知名，太子及山阳王荆因梁松以缣帛请之，众曰："太子储君，无外交之义；汉有旧防，蕃王不宜私通宾客。"松曰："长者意，不可逆。"众曰："犯禁触罪，不如守正而死。"遂不往。及松败，宾客多坐之，唯众不染于辞。

于寘王广德将诸国兵三万人攻莎车，诱莎车王贤，杀之，并其国。匈奴发诸国兵围于寘，广德请降。匈奴立贤质子不居征为莎车王，广德又攻杀之，更立其弟齐黎为莎车王。

东平王苍自以至亲辅政，声望日重，意不自安，前后累上疏称："自汉兴以来，宗室子弟无得在公卿位者，乞上骠骑将军印绶，退就藩国。"辞甚恳切，帝乃许苍还国，而不听上将军印绶。

五年　春，二月，苍罢归藩；帝以骠骑长史为东平太傅，掾为中大夫[2]，令史为王家郎，加赐钱五千万，布十万匹。

冬,十月,上行幸邺;是月,还宫。

十一月,北匈奴寇五原;十二月,寇云中,南单于击却之。

是岁,发遣边民在内郡者,赐装钱,人二万。

安丰戴侯窦融年老,子孙纵诞,多不法。长子穆尚内黄公主,矫称阴太后诏,令六安侯刘盱去妇,以女妻之。盱妇家上书言状,帝大怒,尽免穆等官。诸窦为郎吏者,皆将家属归故郡,独留融京师;融寻薨。后数岁,穆等复坐事与子勋、宣皆下狱死。久之,诏还融夫人与小孙一人居雒阳。

六年 春,二月,王雒山出宝鼎[3],献之。夏,四月,甲子,诏曰:"祥瑞之降,以应有德;方今政化多僻,何以致兹!《易》曰:'鼎象三公,'岂公卿奉职得其理邪!其赐三公帛五十匹,九卿、二千石半之。先帝诏书,禁人上事言'圣',而间者章奏颇多浮词;自今若有过称虚誉,尚书皆宜抑而不省,示不为谄子蚩也[4]。"

冬,十月,上行幸鲁;十二月,还幸阳城;壬午,还宫。

是岁,南单于适死,单于莫之子苏立,为丘除车林鞮单于;数月,复死,单于适之弟长立,为湖邪尸逐侯鞮单于。

七年 春,正月,癸卯,皇太后阴氏崩。二月,庚申,葬光烈皇后。

北匈奴犹盛,数寇边,遣使求合市;上冀其交通,不复为寇,许之。

以东海相宗均为尚书令[5]。初,均为九江太守,五日一听事,悉省掾、史,闭督邮府内[6],属县无事,百姓安业。九江旧多虎暴,常募设槛阱[7],而犹多伤害。均下记属县曰:"夫江、淮之有猛兽,犹北土之有鸡豚也,今为民害,咎在残吏,而劳勤张捕,非忧恤之本也。其务退奸贪,思进忠善,可一去槛阱,除削课制。"其后无复虎患。帝闻均名,故任以枢机。均谓人曰:"国家喜文法、廉吏,以为足以止奸也;然文吏习为欺谩,而廉吏清在一己,无益百姓流亡、盗贼为害也。均欲叩头争之,时未可改也,久将自苦之,乃可言耳!"未及言,会迁司隶校尉。后上闻其言,追善之。

【注释】

①县:通"悬",张贴。飞:无根据的。 ②掾(yuàn 愿):古代属官

的通称。 ③王雒山：在汉代的庐江郡（治今安徽庐江县）。 ④蚩：通“嗤”，讥笑。 ⑤宗均：字叔庠，建武中为九江太守，明帝时为尚书令，旋出为河内太守。 ⑥督邮：官名，为郡守佐吏，掌督察纠举，管违法之事。每郡分二部至五部，每部置督邮一人。 ⑦槛阱：设立机关的陷阱。

八年 春，正月，己卯，司徒范迁薨[①]。

三月，辛卯[②]，以太尉虞延为司徒，卫尉赵憙行太尉事。

越骑司马郑众使北匈奴，单于欲令众拜，众不为屈。单于围守，闭之不与水火；众拔刀自誓，单于恐而止，乃更发使，随众还京师。

初，大司农耿国上言：“宜置度辽将军屯五原[③]，以防南匈奴逃亡。”朝廷不从。南匈奴须卜骨都侯等知汉与北虏交使，内怀嫌怨，欲畔，密使人诣北虏，令遣兵迎之。郑众出塞，疑有异；伺候，果得须卜使人。乃上言：“宜更置大将，以防二虏交通。”由是始置度辽营，以中郎将吴棠行度辽将军事，将黎阳虎牙营士屯五原曼柏[④]。

秋，郡国十四大水。

冬，十月，北宫成。

丙子，募死罪系囚诣度辽营；有罪亡命者，令赎罪各有差。楚王英奉黄缣、白纨诣国相曰[⑤]：“托在藩辅，过恶累积，欢喜大恩，奉送缣帛，以赎愆罪。”国相以闻。诏报曰：“楚王诵黄、老之微言[⑥]，尚浮屠之仁慈[⑦]，洁齐三月，与神为誓，何嫌何疑，当有悔吝！其还赎，以助伊蒲塞、桑门之盛馔[⑧]。”

初，帝闻西域有神，其名曰佛，因遣使之天竺求其道[⑨]，得其书及沙门以来。其书大抵以虚无为宗，贵慈悲不杀；以为人死，精神不灭，随复受形；生时所行善恶，皆有报应，故所贵修练精神，以至为佛。善为宏阔胜大之言，以劝诱愚俗。精于其道者，号曰沙门。于是中国始传其术，图其形像，而王公贵人，独楚王英最先好之。

壬寅晦，日有食之，既。诏群司勉修职事，极言无讳。于是在位者皆上封事，各言得失；帝览章，深自引咎，以所上班示百官。诏曰：“群僚所言，皆朕之过。民冤不能理，吏黠不能禁；而轻用民力，缮修宫宇，出入无节，喜怒过差。永览前戒，竦然兢惧；徒恐薄德，久而致怠耳！"

北匈奴虽遣使入贡，而寇钞不息[10]，边城昼闭。帝议遣使报其使者，郑众上疏谏曰："臣闻北单于所以要致汉使者，欲以离南单于之众，坚三十六国之心也；又当扬汉和亲，夸示邻敌，令西域欲归化者局足狐疑，怀土之人绝望中国耳。汉使既到，便偃蹇自信[11]；若复遣之，虏必自谓得谋，其群臣驳议者不敢复言。如是，南庭动摇，乌桓有离心矣。南单于久居汉地，具知形势，万分离析，旋为边害。今幸有度辽之众扬威北垂，虽勿报答，不敢为患。"帝不从，复遣众往，众因上言："臣前奉使，不为匈奴拜，单于恚恨，遣兵围臣；今复衔命，必见陵折，臣诚不忍持大汉节对毡裘独拜[12]，如令匈奴遂能服臣，将有损大汉之强。"帝不听。众不得已，既行，在路连上书固争之；诏切责众，追还，系廷尉，会赦，归家。其后帝见匈奴来者，闻众与单于争礼之状，乃复召众为军司马[13]。

九年 夏，四月，甲辰[14]，诏司隶校尉、部刺史岁上墨绶长吏视事三岁已上[15]、治状尤异者各一人与计偕上，及尤不治者亦以闻。

是岁，大有年。

赐皇子恭号曰灵寿王，党号曰重熹王，未有国邑。

帝崇尚儒学，自皇太子、诸王侯及大臣子弟、功臣子孙，莫不受经。又为外戚樊氏、郭氏、阴氏、马氏诸子立学于南宫，号"四姓小侯"。置《五经》师，搜选高能以授其业。自期门、羽林之士[16]，悉令通《孝经》章句。匈奴亦遣子入学。

广陵王荆复呼相工谓曰[17]："我貌类先帝，先帝三十得天下，我今亦三十，可起兵未？"相者诣吏告之，荆惶恐，自系狱，帝加恩，不考极其事，诏不得臣属吏民，唯食租如故，使相、中尉谨宿卫之。荆又使巫祭祀、祝诅。诏长水校尉樊鯈等杂治其狱[18]，事竟，奏请诛荆。帝怒曰："诸卿以我弟故，欲诛之；即我子，卿等敢尔邪？"鯈对曰："天下者高帝天下，非陛下之天下也。《春秋》之义，君亲无将，将而必诛。臣等以荆属托母弟，陛下留圣心，加恻隐，故敢请耳；如令陛下子，臣等专诛而已。"帝叹息善之。鯈，宏之子也。

【注释】

①范迁：字子庐，历任渔阳太守、司徒，为政清廉。　②辛卯：此日待考。　③度辽将军：西汉昭帝时始置，东汉有吴棠、皇甫规等先后为度辽将军。　④黎阳：县名，治今河南浚县东北。　⑤国相：楚国的相，职如太守，秩二千石。　⑥黄老：托言黄帝、老子的一种思想。　⑦浮屠：又称浮图、佛图，即佛。　⑧蒲塞：受五戒的男子。桑门：又称沙门，佛教的修道者。　⑨天竺：古印度。　⑩钞：掠夺。　⑪偃蹇（yǎn jiǎn 眼简）：傲慢。　⑫毡（zhān 粘）裘：用兽毛制成的衣物。　⑬军司马：官名，秩千石。　⑭甲辰：此日待考。　⑮墨绶：结在印环上的黑色丝带，汉代县令以下秩六百石的官吏用墨绶。　⑯期门：执兵出入护卫。羽林：皇帝的侍卫军。　⑰相工：看相的术士。　⑱樊鯈（yóu 由）：字长鱼，永平初拜长水校尉，通经学，敢直言。

十年　春，二月，广陵思王荆自杀，国除。

夏，四月，戊子，赦天下。

闰月，甲午，上幸南阳，召校官弟子作雅乐，奏《鹿鸣》[①]，帝自奏埙篪和之[②]，以娱嘉宾。还，幸南顿[③]。冬，十二月，甲午，还宫。

初，陵阳侯丁綝卒，子鸿当袭封，上书称病，让国于弟盛，不报。既葬，乃挂衰绖于冢庐而逃去[④]。友人九江鲍骏遇鸿于东海，让之曰："昔伯夷、吴札，乱世权行，故得申其志耳。《春秋》之义，不以家事废王事。今子以兄弟私恩而绝父不灭之基，可乎？"鸿感悟垂涕，乃还就国。鲍骏因上书荐鸿经学至行，上征鸿为侍中。

十一年　春，正月，东平王苍与诸王俱来朝，月余，还国。帝临送归宫，凄然怀思，乃遣使手诏赐东平国中傅曰："辞别之后，独坐不乐，因就车归，伏轼而吟，瞻望永怀，实劳我心。诵及《采菽》[⑤]，以增叹息。日者问东平王：'处家何等最乐？'王言：'为善最乐。'其言甚大，副是要腹矣。今送列侯印十九枚，诸王子年五岁已上能趋拜者，皆令带之。"

十二年　春，哀牢王柳貌率其民五万余户内附[⑥]，以其地置哀牢、博南二县。始通博南山，度兰仓水，行者苦之，歌曰："汉德广，开不宾；度兰仓，为他人。"

初，平帝时，河、汴决坏，久而不修。建武十年，光武欲修之；浚仪令乐俊上言，民新被兵革，未宜兴役，乃止。其后汴渠东侵，日月弥广，兖、豫百姓怨叹，以为县官恒兴他役，不先民急。会有荐乐浪王景能治水者。夏，四月，诏发卒数十万，遣景与将作谒者王吴修汴渠堤⑦，自荥阳东至千乘海口千余里，十里立一水门，令更相洄注，无复溃漏之患。景虽简省役费，然犹以百亿计焉。

秋，七月，乙亥⑧，司空伏恭罢；乙未，以大司农牟融为司空。

是时，天下安平，人无徭役，岁比登稔，百姓殷富，粟斛三十，牛羊被野。

十三年 夏，四月，汴渠成；河、汴分流，复其旧迹。辛巳，帝行幸荥阳，巡行河渠，遂渡河，登太行，幸上党；壬寅，还宫。

冬，十月，壬辰晦⑨，日有食之。

楚王英与方士作金龟、玉鹤，刻文字为符瑞。男子燕广告英与渔阳王平、颜忠等造作图书，有逆谋；事下案验。有司奏"英大逆不道，请诛之。"帝以亲亲不忍。十一月，废英，徙丹阳泾县，赐汤沐邑五百户；男女为侯、主者，食邑如故；许太后勿上玺绶⑩，留住楚宫。先是有私以英谋告司徒虞延者，延以英藩戚至亲，不然其言，及英事觉，诏书切让延。

十四年 春，三月，甲戌，延自杀。以太常周泽行司徒事；顷之，复为太常。夏，四月，丁巳，以巨鹿太守南阳邢穆为司徒。

楚王英至丹阳，自杀。诏以诸侯礼葬于泾。封燕广为折奸侯。

是时，穷治楚狱，遂至累年。其辞语相连，自京师亲戚、诸侯、州郡豪桀及考按吏，阿附坐死、徙者以千数，而系狱者尚数千人。

初，樊鯈弟鲔，为其子赏求楚王英女，鯈闻而止之曰："建武中，吾家并受荣宠，一宗五侯。时特进一言，女可以配王，男可以尚主；但以贵宠过盛，即为祸患，故不为也。且尔一子，奈何弃之于楚乎！"鲔不从。及楚事觉，鯈已卒，上追念鯈谨恪，故其诸子皆得不坐。

英阴疏天下名士，上得其录，有吴郡太守尹兴名，乃征兴及掾史五百余人诣廷尉就考。诸吏不胜掠治，死者太半；惟门下掾陆续、主簿梁宏、功曹史驷勋[11]，备受五毒[12]，肌肉消烂，终无异辞。续母自吴来雒阳，作食以馈续。续虽见考，辞色未尝变，而对食悲泣不自胜。治狱使者问其故，续曰："母来不得见，故悲耳。"问："何以知之？"续曰："母截肉未尝不方，断葱以寸为度，故知之。"使者以状闻，上乃赦兴等，禁锢终身。

颜忠、王平辞引隧乡侯耿建、朗陵侯臧信、濩泽侯邓鲤、曲成侯刘建。建等辞未尝与忠、平相见。是时，上怒甚，吏皆惶恐，诸所连及，率一切陷入，无敢以情恕者。侍御史寒朗心伤其冤，试以建等物色，独问忠、平，而二人错愕不能对。朗知其诈，乃上言："建等无奸，专为忠、平所诬；疑天下无辜，类多如此。"帝曰："即如是，忠、平何故引之？"对曰："忠、平自知所犯不道，故多有虚引，冀以自明。"帝曰："即如是，何不早奏？"对曰："臣恐海内别有发其奸者。"帝怒曰："吏持两端！"促提下捶之。左右方引去，朗曰："愿一言而死。"帝曰："谁与共为章？"对曰："臣独作之。"上曰："何以不与三府[13]议？"对曰："臣自知当必族灭，不敢多污染人。"上曰："何故族灭？"对曰："臣考事一年，不能穷尽奸状，反为罪人讼冤，故知当族灭。然臣所以言者，诚冀陛下一觉悟而已。臣见考囚在事者，咸共言妖恶大故，臣子所宜同疾，今出之不如入之，可无后责。是以考一连十，考十连百。又公卿朝会，陛下问以得失，皆长跪言：'旧制，大罪祸及九族，陛下大恩，裁止于身，天下幸甚！'及其归舍，口虽不言而仰屋窃叹，莫不知其多冤，无敢牾陛下言者。臣今所陈，诚死无悔！"帝意解，诏遣朗出。

后二日，车驾自幸洛阳狱录囚徒，理出千余人。时天旱，即大雨。马后亦以楚狱多滥，乘间为帝言之，帝恻然感悟，夜起彷徨，由是多所降宥。

任城令汝南袁安迁楚郡太守，到郡不入府，先往按楚王英狱事，理其无明验者，条上出之。府丞、掾史皆叩头争，以为"阿附反虏，法与同罪，不可。"安曰："如有不合，太守自当坐之，不以相及也。"遂分别具奏。帝感悟，即报许，得出者四百余家。

夏，五月，封故广陵王荆子元寿为广陵侯，食六县。又封窦融孙嘉为安丰侯。

初作寿陵，制："令流水而已，无得起坟。万年之后，扫地而祭，杅水脯糒而已[14]。过百日，唯四时设奠。置吏卒数人，供给洒扫。敢有所兴作者，以擅议宗庙法从事。"

【注释】

①《鹿鸣》:《诗经·小雅》的篇名，用于宴会的乐歌。 ②埙(xūn 勋):用陶土烧制的吹奏乐器。篪(chí 持):用竹管制成的乐器。 ③南顿:县名，治今河南项城市西南。 ④衰绖(cuī dié 崔迭):丧服用的麻布条。 ⑤《采薮》:《诗经·小雅》篇名。 ⑥哀牢:西南地区少数民族，在今云南盈江县、永平县一带。 ⑦汴渠:自今河南荥阳市东北接黄河，至江苏徐州市北入泗水。 ⑧乙亥:此日待考。 ⑨壬辰:此日待考。 ⑩许太后:刘英母许氏。 ⑪门下掾:在郡门下总录众事的官吏。 ⑫五毒:鞭、棰、灼、徽、缠五种刑罚。 ⑬三府:太尉府、司徒府、司空府。 ⑭杅(yú 于):盛水器。糒(bèi 备):干粮。

十五年 春，二月，庚子，上东巡。癸亥，耕于下邳[1]。三月，至鲁，幸孔子宅，亲御讲堂，命皇太子、诸王说《经》；又幸东平、大梁。夏，四月，庚子，还宫。

封皇子恭为巨鹿王，党为乐成王，衍为下邳王，畅为汝南王，昞为常山王，长为济阴王；帝亲定其封域，裁令半楚、淮阳。马后曰："诸子数县，于制不已俭乎？"帝曰："我子岂宜与先帝子等，岁给二千万足矣！"

乙巳，赦天下。

谒者仆射耿秉数上言请击匈奴，上以显亲侯窦固尝从其世父融在河西[2]，明习边事，乃使秉、固与太仆祭肜、虎贲中郎将马廖、下博侯刘张、好畤侯耿忠等共议之。耿秉曰："昔者匈奴援引弓之类，并左衽之属，故不可得而制。孝武既得河西四郡及居延、朔方，虏失其肥饶畜兵之地，羌、胡分离；唯有西域，俄复内属；故呼韩邪单于请事款塞，其势易乘也。今有南单于，形势相似；然西域尚未内属，北虏未有衅作。臣愚以为当先击白山，得伊吾[3]，破车师，通使乌孙诸国以断其右臂；伊吾亦有匈奴南呼衍一部，破此，复为折其左角，然后匈奴可击也。"上善其言。议者或以为"今兵出白山，匈奴必并兵相助，又当分其东以离其众。”上从之。十二月，以秉为驸马都尉，固为奉车都尉；以骑都尉秦彭为秉副，耿忠为固副，皆置从事、司马，出屯凉州。秉，国之子；忠，弇之子；廖，援之子也。

十六年 春，二月，遣肜与度辽将军吴棠将河东、西河羌、胡及南单于兵万一千骑出高阙塞，窦固、耿忠率酒泉、敦煌、张掖甲卒及卢水羌、胡万二千骑出酒泉塞，耿秉、秦彭率武威、陇西、天水募士及羌、胡万骑出张掖居延塞，骑都尉来苗、护乌桓校尉文穆将太原、雁门、代郡、上谷、渔阳、右北平、定襄郡兵及乌桓、鲜卑万一千骑出平城塞，伐北匈奴。窦固、耿忠至天山，击呼衍王，斩首千余级；追至蒲类海[4]，取伊吾卢地，置宜禾都尉，留吏士屯田伊吾卢城，耿秉、秦彭击匈林王[5]，绝幕六百余里，至三木楼山而还。来苗、文穆至匈河水上，虏皆奔走，无所获。祭肜与南匈奴左贤王信不相得[6]，出高阙塞九百余里，得小山，信妄言以为涿邪山，不见虏而还。肜与吴棠坐逗留畏懦，下狱，免。肜自恨无功，出狱数日，欧血死；临终，谓其子曰：“吾蒙国厚恩，奉使不称，身死诚惭恨，义不可以无功受赏。死后，若悉簿上所得物，身自诣兵屯，效死前行，以副吾心。”既卒，其子逢上疏，具陈遗言。帝雅重肜，方更任用，闻之，大惊，嗟叹良久。乌桓、鲜卑每朝贺京师，常过肜冢拜谒，仰天号泣；辽东吏民为立祠，四时奉祭焉。窦固独有功，加位特进。

固使假司马班超与从事郭恂俱使西域[7]。超行到鄯善[8]，鄯善王广奉超礼敬甚备，后忽更疏懈。超谓其官属曰：“宁觉广礼意薄乎？”官属曰：“胡人不能常久，无他故也。”超曰：“此必有北虏使来，狐疑未知所从故也。明者睹未萌，况已著邪！”乃召侍胡，诈之曰：“匈奴使来数日，今安在乎？”侍胡惶恐曰：“到已三日，去此三十里。”超乃闭侍胡，悉会其吏士三十六人，与共饮，酒酣，因激怒之曰：“卿曹与我俱在绝域，今虏使到裁数日，而王广礼敬即废。如令鄯善收吾属送匈奴，骸骨长为豺狼食矣，为之奈何？”官属皆曰：“今在危亡之地，生死从司马！”超曰：“不入虎穴，不得虎子。当今之计，独有因夜以火攻虏，使彼不知我多少，必大震怖，可殄

班超像

尽也。灭此虏，则鄯善破胆，功成事立矣。”众曰：“当与从事议之。”超怒曰：“吉凶决于今日，从事文俗吏，闻此必恐而谋泄，死无所名，非壮士也。”众曰：“善！”初夜，超遂将吏士往奔虏营。会天大风，超令十人持鼓藏虏舍后，约曰：“见火然，皆当鸣鼓大呼。”余人悉持兵弩，夹门而伏。超乃顺风纵火；前后鼓噪，虏众惊乱，超手格杀三人，吏兵斩其使及从士三十余级，余众百许人悉烧死。明日乃还，告郭恂，恂大惊；既而色动，超知其意，举手曰：“掾虽不行，班超何心独擅之乎！”恂乃悦。超于是召鄯善王广，以虏使首示之，一国震怖。超告以汉威德，“自今以后，勿复与北虏通。”广叩头，“愿属汉，无二心。”遂纳子为质。还白窦固，固大喜，具上超功效，并求更选使使西域。帝曰：“吏如班超，何故不遣，而更选乎！今以超为军司马，令遂前功。”

固复使超使于窴，欲益其兵；超愿但将本所从三十六人，曰：“于窴国大而远，今将数百人，无益于强；如有不虞，多益为累耳。”是时于窴王广德雄张南道，而匈奴遣使监护其国。超既至于窴，广德礼意甚疏。且其俗信巫，巫言：“神怒，何故欲向汉？汉使有騧马，急求取以祠我！”广德遣国相私来比就超请马。超密知其状，报许之，而令巫自来取马。有顷，巫至，超即斩其首；收私来比，鞭笞数百。以巫首送广德，因责让之。广德素闻超在鄯善诛灭虏使，大惶恐，即杀匈奴使者而降。超重赐其王以下，因镇抚焉。于是诸国皆遣子入侍,西域与汉绝六十五载,至是乃复通焉。超,彪之子也。

淮阳王延,性骄奢,而遇下严烈。有上书告"延与姬兄谢弇及姊婿韩光招奸猾,作图谶,祠祭祝诅。"事下按验。五月,癸丑,弇、光及司徒邢穆皆坐死,所连及死徙者甚众。

戊午晦,日有食之。

六月,丙寅,以大司农西河王敏为司徒。

有司奏请诛淮阳王延;上以延罪薄于楚王英,秋,七月,徙延为阜陵王,食二县。

是岁,北匈奴大入云中,云中太守廉范拒之;吏以众少,欲移书傍郡求救,范不许。会日暮,范令军士各交缚两炬,三头爇火[9],营中星列。虏谓汉兵救至,大惊,待旦将退。范令军中蓐食,晨,往赴之,斩首数百级,虏自相辚藉,死者千余人,由此不敢复向云中。范,丹之孙也[10]。

【注释】

①下邳:郡名,治今江苏睢宁县西北。 ②河西:今甘肃、青海二省黄河以西,即河西走廊与湟水流域一带。 ③伊吾:又称伊吾卢,本为匈奴呼衍王庭,东汉在此置宜禾都尉。地点在今新疆哈密市。 ④蒲类海:即婆悉海。即今新疆巴里坤哈萨克自治县西北的巴里坤湖。 ⑤匈林王:或作"句林王"。建武时,匈奴遣句林王迎卢芳。 ⑥祭(zhài 寨)彤:字次孙,颍川颍阳(今河南许昌市西)人。建武中,历任黄门侍郎、辽东太守。明帝时官至太仆。 ⑦班超(32—102):字仲升,扶风安陵(今陕西咸阳市东北)人。班彪之子。永平十六年(73)出使西域,有功绩。永元三年(91)任西域都护,封定远侯,先后在西域活动三十一年。永元十四年(102)死于洛阳。 ⑧鄯善:国名,国都在伊循城(今新疆若羌县东)。 ⑨爇(ruò 若):点燃。 ⑩丹:廉丹,王莽的将领。

十七年 春,正月,上当谒原陵,夜,梦先帝、太后如平生欢,既寤,悲不能寐;即案历,明旦日吉,遂率百官上陵。其日,降甘露于陵树,帝令百官采取以荐。会毕,帝从席前伏御床,视太后镜奁中物[1],感动悲涕,令易脂泽装具;左右皆泣,莫能仰视。

北海敬王睦薨。睦少好学,光武及上皆爱之。尝遣中大夫诣京师朝贺[2],召而谓之曰:"朝廷设问寡人,大夫将何辞以对?"使者曰:"大王忠孝慈仁,敬贤乐士,臣敢不以实对!"睦曰:"吁,子危我哉!此乃孤幼时进趣之行也。大夫其对以孤袭爵以来,志意衰惰,声色是娱,犬马是好,乃为相爱耳。"其智虑畏慎如此。

二月,乙巳,司徒王敏薨。

三月,癸丑,以汝南太守鲍昱为司徒。昱,永之子也。

益州刺史梁国朱辅宣示汉德,威怀远夷,自汶山以西[3],前世所不至,正朔所未加,白狼、槃木等百余国,皆举种称臣奉贡。白狼王唐菆作诗三章[4],歌颂汉德,辅使犍为郡掾由恭译而献之[5]。

初,龟兹王建为匈奴所立,倚恃虏威,据有北道,攻杀疏勒王[6],立其臣兜题为疏勒王。班超从间道至疏勒,去兜题所居槃橐城九十里,逆遣吏田虑先往降之,敕虑曰:"兜题本非疏勒种,国人必不用命;若不即降,便可执之。"虑既到,兜题见虑轻弱,殊无降意。虑因其无备,遂前劫缚兜题,左右出其不意,皆惊惧奔走。虑驰报超,超即赴之,悉召疏勒将吏,说以龟兹无道之状,因立其故王兄子忠为王,国人大悦。超问忠及官属:"当杀兜题邪,生遣之邪?"咸曰:"当杀之。"超曰:"杀之无益于事,当令龟兹知汉威德。"遂解遣之。

夏,五月,戊子,公卿百官以帝威德怀远,祥物显应,并集朝堂奉觞上寿[7]。制曰:"天生神物,以应王者;远人慕化,实由有德;朕以虚薄,何以享斯!唯高祖、光武圣德所被,不敢有辞,其敬举觞,太常择吉日策告宗庙。"仍推恩赐民爵及粟有差。

冬,十一月,遣奉车都尉窦固、驸马都尉耿秉、骑都尉刘张出敦煌昆仑塞[8],击西域,秉、张皆去符,传以属固[9],合兵万四千骑,击破白山虏于蒲类海上,遂进击车师。车师前王,即后王之子也,其廷相去五百余里[10]。固以后王道远,山谷深,士卒寒苦,欲攻前王;秉以为先赴后王,并力根本,则前王自服。固计未决,秉奋身而起曰:"请行前。"乃上马引兵北入,众军不得已,并进,斩首数千级。后王安得震怖,走出门迎秉,脱帽,抱马足降,秉将以诣固;其前王亦归命,遂定车师而还。于是固奏复置西域都护及戊、己校尉。以陈睦为都护;司马耿恭为戊校尉,屯后王部金蒲城[11];谒者关宠为己校尉,屯前王部柳中城,屯各置数百人。恭,况之孙也。

【注释】

①奁(lián 连):梳妆用的镜匣。 ②中大夫:藩国官吏,掌奉王使京城。 ③汶山:又称岷山。汶阜山,在今四川松潘县北。 ④菆(zōu 邹):意为好箭。 ⑤犍为郡:治所在今四川眉山市彭山区东。 ⑥疏勒:今新疆喀什市一带。 ⑦觞(shāng 伤):喝酒用的器物。 ⑧昆仑塞:今甘肃瓜州县南。 ⑨符:兵符。传:符信。 ⑩"其廷"句:车师前王居交河城,今新疆吐鲁番市西北;后王居务涂谷,今新疆吉木萨尔县南。 ⑪金蒲城:治今新疆奇台县东南老奇台。 ⑫柳中城:治今新疆鄯善县西南鲁克沁镇。

十八年 春,二月,诏窦固等罢兵还京师。

北单于遣左鹿蠡王率二万骑击车师,耿恭遣司马将兵三百人救之,皆为所没,匈奴遂破杀车师后王安得而攻金蒲城。恭以毒药傅矢[1],语匈奴曰:"汉家箭神,其中疮者必有异。"虏中矢者,视疮皆沸,大惊。会天暴风雨,随雨击之,杀伤甚众;匈奴震怖,相谓曰:"汉兵神,真可畏也!"遂解去。

夏,六月,己未,有星孛于太微[2]。

耿恭以疏勒城傍有涧水可固,引兵据之。秋,七月,匈奴复来攻,拥绝涧水;恭于城中穿井十五丈,不得水,吏士渴乏,至笮马粪汁而饮之[3]。恭身自率士挽笼,有顷,水泉奔出,众皆称万岁。乃令吏士扬水以示虏,虏出不意,以为神明,遂引去。

八月,壬子,帝崩于东宫前殿,年四十八。遗诏:"无起寝庙,藏主于光烈皇后更衣别室。"

帝遵奉建武制度,无所变更,后妃之家不得封侯与政。馆陶公主为子求郎[4],不许,而赐钱千万,谓群臣曰:"郎官上应列宿,出宰百里,苟非其人,则民受其殃,是以难之。"公车以反支日不受章奏[5],帝闻而怪曰:"民废农桑,远来诣阙,而复拘以禁忌,岂为政之意乎!"于是遂蠲其制[6]。尚书阎章二妹为贵人,章精力晓旧典,久次当迁重职,帝为后宫亲属,竟不用。是以吏得其人,民乐其业,远近畏服，户口滋殖焉。

太子即位，年十八。尊皇后为皇太后。

明帝初崩，马氏兄弟争欲入宫。北宫卫士令杨仁被甲持戟[7]，严勒门卫，人莫敢轻进者。诸马乃共谮仁于章帝，言其峻刻。帝知其忠，愈善之，拜为什邡令[8]。

壬戌，葬孝明皇帝于显节陵。

冬，十月，丁未，赦天下。

诏以行太尉事节乡侯熹为太傅，司空融为太尉，并录尚书事。

十一月，戊戌，以蜀郡太守第五伦为司空。伦在郡公清，所举吏多得其人，故帝自远郡用之。

焉耆、龟兹攻没都护陈睦，北匈奴围关宠于柳中城。会中国有大丧，救兵不至，车师复叛，与匈奴共攻耿恭。恭率厉士众御之，数月，食尽穷困，乃煮铠弩，食其筋革。恭与士卒推诚同死生，故皆无二心，而稍稍死亡，余数十人。单于知恭已困，欲必降之，遣使招恭曰："若降者，当封为白屋王，妻以女子。"恭诱其使上城，手击杀之，炙诸城上。单于大怒，更益兵围恭，不能下。

关宠上书求救，诏公卿会议，司空伦以为不宜救；司徒鲍昱曰："今使人于危难之地，急而弃之，外则纵蛮夷之暴，内则伤死难之臣，诚令权时，后无边事可也。匈奴如复犯塞为寇，陛下将何以使将！又二部兵人裁各数十，匈奴围之，历旬不下，是其寡弱力尽之效也。可令敦煌、酒泉太守各将精骑二千，多其幡帜[9]，倍道兼行以赴其急；匈奴疲极之兵，必不敢当，四十日间足还入塞。"帝然之。乃遣征西将军耿秉屯酒泉，行太守事，遣酒泉太守段彭与谒者王蒙、皇甫援发张掖、酒泉、敦煌三郡及鄯善兵合七千余人以救之。

甲辰晦，日有食之。

太后兄弟虎贲中郎廖及黄门郎防、光，终明帝世未尝改官。帝以廖为卫尉，防为中郎将，光为越骑校尉。廖等倾身交结，冠盖之士争赴趣之。第五伦上疏曰："臣闻《书》曰[10]：'臣无作威作福，其害于而家，凶于而国。'近世光烈皇后虽友爱天至，而抑损阴氏，不假以权势。其后梁、窦之家，互有非法，明帝即位，竟多诛之。

自是雒中无复权戚，书记请托，一皆断绝。又谕诸外戚曰：‘苦身待士，不如为国。戴盆望天，事不两施。’今之议者，复以马氏为言。窃闻卫尉廖以布三千匹，城门校尉防以钱三百万，私赡三辅衣冠，知与不知，莫不毕给。又闻腊日亦遗其在雒中者钱各五千⑪。越骑校尉光，腊用羊三百头，米四百斛，肉五千斤。臣愚以为不应经义，惶恐，不敢不以闻。陛下情欲厚之，亦宜所以安之。臣今言此，诚欲上忠陛下，下全后家也。”

是岁，京师及兖、豫、徐州大旱。

【注释】

①傅：附着。 ②太微：太微垣，在北斗之角，轸宿和翼宿之北。古人以为是天子之廷、诸侯之府。 ③筰（zuó 昨）：竹具。 ④馆陶公主：光武帝女，嫁给韩光。 ⑤反支：古代术数星命之说，以月朔为正，如戌亥朔一日为支，申酉朔二日为反支，反支日为凶。 ⑥蠲（juān 捐）：通“捐”，除去。 ⑦北宫：京城雒阳有南、北二宫，各有卫士数百人，设卫士令一人。 ⑧什邡：市名，治今四川什邡市。 ⑨幡（fān 帆）：用竹竿等挑起的长条形旗子。 ⑩《书》：《尚书》。下引文见《尚书·洪范》。⑪腊日：阴历十二月初八日。

资治通鉴卷第四十六

汉纪三十八　起柔兆困敦，尽阏逢涒滩，凡九年。

肃宗孝章皇帝上[1]

建初元年　春，正月，诏兖、豫、徐三州禀赡饥民[2]。上问司徒鲍昱[3]："何以消复旱灾?"对曰："陛下始践天位，虽有失得，未能致异。臣前为汝南太守，典治楚事，系者千余人，恐未能尽当其罪。夫大狱一起，冤者过半。又，诸徙者骨肉离分，孤魂不祀。宜一切还诸徙家，蠲除禁锢，使死生获所，则和气可致。"帝纳其言。

汉章帝刘炟像

校书郎杨终上疏曰[4]："间者北征匈奴，西开三十六国，百姓频年服役，转输烦费；愁困之民足以感动天地，陛下宜留念省察!"帝下其章，第五伦亦同终议。牟融、鲍昱皆以为："孝子无改父之道，征伐匈奴，屯戍西域，先帝所建，不宜回异。"终复上疏曰："秦筑长城，功役繁兴；胡亥不革，卒亡四海。故孝元弃珠崖之郡[⑤]，光武绝西域之国，不以介鳞易我衣裳[⑥]。鲁文公毁泉台，《春秋》讥之曰：'先祖为之而己毁之，不如勿居而已，'以其无妨害于民也；襄公作三军，昭公舍之，君子大其复古，以为不舍则有害于民也。今伊吾之役，楼兰之屯兵久而未还[⑦]，非天意也[⑧]。"帝从之。

丙寅，诏："二千石勉劝农桑；罪非殊死，须秋按验。有司明慎选举，进柔良，退贪猾，顺时令，理冤狱。"是时承永平故事，吏政尚严切，尚书决事，率近于重。尚书沛国陈宠以帝新即位，宜改前世苛俗，乃上疏曰："臣闻先王之政，赏不僭，刑不滥；与其不得已，宁僭无滥。往者断狱严明，所以威惩奸慝[⑨]；奸慝既平，必宜济之以宽。陛下即位，率由此义，数诏群僚，弘崇晏晏，而有司未悉奉承，犹尚深刻；断狱者急于篣格酷烈之痛，执宪者烦于诋欺放滥之文，或因公行私，逞纵威福。夫为政犹张琴瑟，大弦急者小弦绝。陛下宜隆先王之道，荡涤烦苛之法，轻薄棰楚以济群生，全广至德以奉天心！"帝深纳宠言，每事务于宽厚。

酒泉太守段彭等兵会柳中，击车师，攻交河城[⑩]，斩首三千八百级，获生口三千余人。北匈奴惊走，车师复降。会关宠已殁，谒者王蒙等欲引兵还；耿恭军吏范羌，时在军中，固请迎恭。诸将不敢前，乃分兵二千人与羌，从山北迎恭，遇大雪丈余，军仅能至。城中夜闻兵马声，以为虏来，大惊。羌遥呼曰："我范羌也，汉遣军迎校尉耳。"城中皆称万岁。开门，共相持涕泣。明日，遂相随俱归。虏兵追之，且战且行。吏士素饥困，发疏勒时，尚有二十六人，随路死没，三月至玉门，唯余十三人，衣屦穿决[⑪]，形容枯槁。中郎将郑众为恭以下洗沐，易衣冠，上疏奏："恭以单兵守孤城，当匈奴数万之众，连月逾年，心力困尽，凿山为井，煮弩为粮，前后杀伤丑虏数百千计，卒全忠勇，不为大汉耻，宜蒙显爵，以厉将帅。"恭至雒阳，拜骑都尉。诏悉罢戊、己校尉及都护官，征还班超。

超将发还，疏勒举国忧恐；其都尉黎弇曰："汉使弃我，我必复为龟兹所灭耳，诚不忍见汉使去。"因以刀自刭。超还至于窴，王侯以下皆号泣，曰："依汉使如父母，诚不可去！"互抱超马脚不得行。超亦欲遂其本志，乃更还疏勒。疏勒两城已降龟兹，而与尉头连兵。超捕斩反者，击破尉头，杀六百余人，疏勒复安。

甲寅，山阳、东平地震[12]。

东平王苍上便宜三事。帝报书曰："间吏民奏事亦有此言；但明智浅短，或谓倘是，复虑为非，不知所定。得王深策，恢然意解；思惟嘉谋，以次奉行。特赐王钱五百万。"后帝欲为原陵、显节陵起县邑，苍上疏谏曰："窃见光武皇帝躬履俭约之行，深睹始终之分，勤勤恳恳，以葬制为言；孝明皇帝大孝无违，承德遵行[13]；谦德之美，于斯为盛。臣愚以园邑之兴，始自强秦。古者丘陇且不欲其著明，岂况筑郭邑、建都郛哉[14]！上违先帝圣心，下造无益之功，虚费国用，动摇百姓，非所以致和气、祈丰年也。陛下履有虞之至性[15]，追祖祢之深思[16]，臣苍诚伤二帝纯德之美不畅于无穷也！"帝乃止。自是朝廷每有疑政，辄驿使谘问，苍悉心以对，皆见纳用。

秋，八月，庚寅，有星孛于天市[17]。

初，益州西部都尉广汉郑纯，为政清洁，化行夷貊[18]，君长感慕，皆奉珍内附；明帝为之置永昌郡，以纯为太守。纯在官十年而卒。后人不能抚循夷人，九月，哀牢王类牢杀守令反[19]，攻博南[20]。

阜陵王延数怀怨望，有告延与子男鲂造逆谋者；上不忍诛，冬十一月，贬延为阜陵侯，食一县，不得与吏民通。

北匈奴皋林温禺犊王将众还居涿邪山[21]，南单于与边郡及乌桓共击破之。是岁，南部大饥，诏禀给之。

【注释】

①汉章帝（58—88）：汉明帝第五子，名炟。母贾贵人，以马后母养为嫡。即位后，废明帝苛政，重视儒学和礼仪，在位十三年，先后以建初、元和、章和为年号。　②禀：赐人以谷。赡（shàn 善）：供给人财物。③鲍昱（yù 玉）：字文泉，上党屯留（今山西长治市屯留区南）人。历沘阳长、汝南太守、司徒、太尉诸职，有政绩。　④校书郎：官名，掌兰台典校秘书。杨终：字子山，成都人，精研《春秋》。　⑤珠崖：郡名，西汉元封元年（前 110）置，治所在今海南海口市琼山区东南。初元三年（前46）废。　⑥介鳞：喻周边民族与鱼鳖无异。衣裳：喻中国。　⑦楼兰：西域城国，西汉元凤四年（前 77）迁都伊循城（今新疆若羌县东米兰），改名鄯善。　⑧引文参见《春秋公羊传·文公十六年》。　⑨慝（tè 特）：

奸邪。 ⑩交河城：车师前王国的都城，在今新疆吐鲁番市西北雅尔湖村附近。 ⑪屦（jù 锯）：古代的一种鞋子。 ⑫山阳、东平：在今山东金乡县、东平县一带。 ⑬“孝明”句：事见明帝永平十四年（71）。 ⑭郛（fú 俘）：古代城圈外的大城。 ⑮有虞：传说夏禹之前的帝王，也就是舜。 ⑯祖祢（mí 迷）：祖先。祢，父死以神主入庙供奉称祢。 ⑰天市：星名。《史记·天官书》：“东北曲十二星曰旗，旗中四星曰天市。” ⑱貊（mò 脉）：对东北民族的贬称。 ⑲哀牢：我国西南民族之一，生活在今云南的哀牢山一带。 ⑳博南：县名，东汉永平十二年（69）置，治今云南永平县西南花桥。 ㉑涿邪山：约当今蒙古国阿尔泰山脉东南部一带。

二年 春，三月，甲辰，罢伊吾卢屯兵[①]，匈奴复遣兵守其地。

永昌、越巂[②]、益州三郡兵及昆明夷卤承等击哀牢王类牢于博南，大破，斩之。

夏，四月，戊子，诏还坐楚、淮阳事徙者四百余家[③]。

上欲封爵诸舅，太后不听。会大旱，言事者以为不封外戚之故，有司请依旧典。太后诏曰：“凡言事者，皆欲媚朕以要福耳[④]。昔王氏五侯同日俱封，黄雾四塞[⑤]，不闻澍雨之应。夫外戚贵盛，鲜不倾覆；故先帝防慎舅氏，不令在枢机之位，又言‘我子不当与先帝子等[⑥]’，今有司奈何欲以马氏比阴氏乎！且阴卫尉[⑦]，天下称之，省中御者至门，出不及履，此蘧伯玉之敬也[⑧]；新阳侯虽刚强[⑨]，微失理，然有方略，据地谈论，一朝无双；原鹿贞侯[⑩]，勇猛诚信；此三人者，天下选臣，岂可及哉！马氏不及阴氏远矣。吾不才，夙夜累息，常恐亏先后之法，有毛发之罪吾不释，言之不舍昼夜，而亲属犯之不止，治丧起坟，又不时觉，是吾言之不立而耳目之塞也。

吾为天下母，而身服大练[⑪]，食不求甘，左右但著帛布，无香薰之饰者，欲身率下也。以为外亲见之，当伤心自敕；但笑言‘太后素好俭’。前过濯龙门上[⑫]，见外家问起居者，车如流水，马如游龙，仓头衣绿褠[⑬]，领袖正白，顾视御者，不及远矣。故不加谴怒，但绝岁用而已，冀以默愧其心；犹懈怠无忧国忘家之虑。知臣莫若君，况亲属乎！吾岂可上负先帝之旨，下亏先人之德，重袭西京败亡之祸哉[14]!”固不许。

帝省诏悲叹,复重请曰:“汉兴,舅氏之封侯,犹皇子之为王也。太后诚存谦虚,奈何令臣独不加恩三舅乎!且卫尉年尊[15],两校尉有大病[16],如令不讳,使臣长抱刻骨之恨。宜及吉时,不可稽留。”太后报曰:“吾反覆念之,思令两善,岂徒欲获谦让之名而使帝受不外施之嫌哉!昔窦太后欲封王皇后之兄,丞相条侯言:‘高祖约,无军功不侯。[17]’今马氏无功于国,岂得与阴、郭中兴之后等邪!常观富贵之家,禄位重迭,犹再实之木,其根必伤。且人所以愿封侯者,欲上奉祭祀,下求温饱耳;今祭祀则受太官之赐,衣食则蒙御府余资,斯岂不可足,而必当得一县乎!吾计之孰矣,勿有疑也!

夫至孝之行,安亲为上。今数遭变异,谷价数倍,忧惶昼夜,不安坐卧,而欲先营外家之封,违慈母之拳拳乎!吾素刚急,有匈中气[18],不可不顺也。子之未冠,由于父母,已冠成人,则行子之志。念帝,人君也;吾以未逾三年之故,自吾家族,故得专之。若阴阳调和,边境清静,然后行子之志;吾但当含饴弄孙[19],不能复关政矣。”上乃止。

太后尝诏三辅:诸马婚亲有属托郡县、干乱吏治者,以法闻。太夫人葬起坟微高,太后以为言,兄卫尉廖等即时减削。其外亲有谦素义行者,辄假借温言,赏以财位;如有纤介,则先见严恪之色,然后加谴。其美车服、不遵法度者,便绝属籍,遣归田里。广平、巨鹿、乐成王[20],车骑朴素,无金银之饰,帝以白太后,即赐钱各五百万。于是内外从化,被服如一;诸家惶恐,倍于永平时。置织室,蚕于濯龙中,数往观视,以为娱乐。常与帝旦夕言道政事及教授小王《论语》经书[21],述叙平生,雍和终日。

马廖虑美业难终,上疏劝成德政曰:“昔元帝罢服官[22],成帝御浣衣[23],哀帝去乐府[24],然而侈费不息,至于衰乱者,百姓从行不从言也。夫改政移风,必有其本。《传》曰:‘吴王好剑客,百姓多创瘢;楚王好细腰,宫中多饿死。’长安语曰:‘城中好高结,四方高一尺;城中好广眉,四方且半额;城中好大袖,四方全匹帛。’斯言如戏,有切事实。前下制度未几,后稍不行;虽或吏不奉法,良由慢起京师。今陛下素简所安，发自圣性，诚令斯事一竟，则四海诵德，声熏天地，神明可通，况于行令乎！”太后深纳之。

初，安夷县吏略妻卑湳种羌人妇[25]，吏为其夫所杀，安夷长宗延追之出塞。种人恐见诛，遂共杀延而与勒姐、吾良二种相结为寇。于是烧当羌豪滇吾之子迷吾率诸种俱反，败金城太守郝崇[26]。诏以武威太守北地傅育为护羌校尉，自安夷徙居临羌。迷吾又与封养种豪布桥等五万余人共寇陇西、汉阳[27]。秋，八月，遣行车骑将军马防、长水校尉耿恭将北军五校兵及诸郡射士三万人击之[28]。第五伦上疏曰：“臣愚以为贵戚可封侯以富之，不当任以职事。何者？绳以法则伤恩，私以亲则违宪。伏闻马防今当西征，臣以太后恩仁，陛下至孝，恐卒有纤介，难为意爱。”帝不从。

马防等军到冀，布桥等围南部都尉于临洮，防进击，破之，斩首虏四千余人，遂解临洮围；其众皆降，唯布桥等二万余人屯望曲谷不下[29]。

十二月，戊寅，有星孛于紫宫[30]。

帝纳窦勋女为贵人，有宠。贵人母，即东海恭王女沘阳公主也。

第五伦上疏曰：“光武承王莽之余，颇以严猛为政，后代因之，遂成风化；郡国所举，类多办职俗吏，殊未有宽博之选以应上求者也。陈留令刘豫，冠军令驷协，并以刻薄之姿，务为严苦，吏民愁怨，莫不疾之。而今之议者反以为能，违天心，失经义；非徒应坐豫、协，亦宜谴举者。务进仁贤以任时政，不过数人，则风俗自化矣。臣尝读书记，知秦以酷急亡国，又目见王莽亦以苛法自灭，故勤勤恳恳，实在于此。又闻诸王、主、贵戚，骄奢逾制，京师尚然，何以示远！故曰：‘其身不正，虽令不行。’以身教者从，以言教者讼。”上善之。伦虽天性峭直，然常疾俗吏苛刻，论议每依宽厚云。

【注释】

①屯兵：此事见本书永平十六年（73）。 ②越嶲（xī 夕）：郡名，治所在今四川西昌市东南。 ③徙者：此指因楚王刘英案和阜陵王刘延案受牵连的流放者。 ④要（yāo 妖）：设法取得某人的重用。 ⑤五侯事：见本书成帝建始元年（301）。 ⑥“我子”句：见本书永平十五年

(72)。 ⑦阴卫尉:阴兴,字君陵,历黄门侍郎,卫尉。有战功,世称其忠。 ⑧蘧伯玉:春秋时卫大夫,名瑗。灵公与夫人南子夜坐,闻车声辚辚,至阙而止。夫人说:"来的是伯玉,君子不为冥冥堕行。" ⑨新阳侯:阴就。邑地在新阳县,属河南汝南郡。 ⑩原鹿贞侯:阴识。邑地在原鹿县,属河南汝南郡。 ⑪大练:粗帛。 ⑫濯(zhuó 着)龙:北宫旁的花园名。 ⑬褠(gōu 沟):臂衣。 ⑭西京事:指西汉外戚吕禄等专权败亡事。 ⑮卫尉:太后兄马廖。 ⑯两校尉:太后兄马防、马光。 ⑰"高祖"句:见本书卷第十六景帝中元三年(前 147)。 ⑱匈:通"胸"。 ⑲饴(yí 疑):用米、麦制成的糖。 ⑳广平王:刘羡。巨鹿王:刘恭。乐成王:刘党。他们都是汉明帝儿子。 ㉑小王:未成年的诸王。㉒罢服官:事见本书初元五年(前 44)。 ㉓浣(huàn 宦):洗涤。㉔去乐府:事见本书卷第三十三绥和二年(前 7)。 ㉕安夷县:治今青海海东市乐都区西。略:通"掠"。卑湳(nán 南):族名。 ㉖金城:郡名,治今甘肃永靖县西北。 ㉗汉阳:本为天水郡,明帝永平十七年(74)改名汉阳。 ㉘五校:分别是越骑、屯骑、步兵、长水、射声五支军队。 ㉙望曲谷:在甘肃临洮县西南。 ㉚紫宫:星座名。居于中垣。古代天文学家认为是天帝的居室。

三年 春,正月,己酉,宗祀明堂,登灵台,赦天下。

马防击布桥,大破之,布桥将种人万余降,诏征防还。留耿恭击诸未服者,斩首虏千余人,勒姐、烧何等十三种数万人,皆诣恭降。恭尝以言事忤马防,监营谒者承旨,奏恭不忧军事,坐征下狱,免官。

三月,癸巳,立贵人窦氏为皇后。

初,显宗之世,治虖沱、石臼河[①],从都虑至羊肠仓[②],欲令通漕。太原吏民苦役,连年无成,死者不可胜算。帝以郎中邓训为谒者,监领其事。训考量隐括,知其难成,具以上言。夏,四月,己巳,诏罢其役,更用驴辇,岁省费亿万计,全活徒士数千人。训,禹之子也。

闰月,西域假司马班超率疏勒、康居、于窴、拘弥兵一万人攻姑墨石城[③],破之,斩首七百级。

冬,十二月,丁酉,以马防为车骑将军。

武陵溇中蛮反[4]。

是岁，有司奏遣广平王羡、巨鹿王恭、乐成王党俱就国；上性笃爱，不忍与诸王乖离，遂皆留京师。

四年 春，二月，庚寅，太尉牟融薨。

夏，四月，戊子，立皇子庆为太子。

己丑，徙巨鹿王恭为江陵王，汝南王畅为梁王，常山王昺为淮阳王。

辛卯，封皇子伉为千乘王[5]，全为平春王。

有司连据旧典，请封诸舅；帝以天下丰稔，方垂无事，癸卯，遂封卫尉廖为顺阳侯，车骑将军防为颍阳侯，执金吾光为许侯。太后闻之曰："吾少壮时，但慕竹帛，志不顾命。今虽已老，犹戒之在得，故日夜惕厉，思自降损，冀乘此道，不负先帝。所以化导兄弟，共同斯志，欲令瞑目之日，无所复恨，何意老志复不从哉！万年之日长恨矣！"廖等并辞让，愿就关内侯，帝不许。廖等不得已受封爵而上书辞位，帝许之。五月，丙辰，防、廖、光皆以特进就第。

甲戌，以司徒鲍昱为太尉，南阳太守桓虞为司徒。

六月，癸丑，皇太后马氏崩。帝既为太后所养，专以马氏为外家，故贾贵人不登极位，贾氏亲族无受宠荣者。及太后崩，但加贵人王赤绶，安车一驷，永巷宫人二百，御府杂帛二万匹，大司农黄金千斤，钱二千万而已。

秋，七月，壬戌，葬明德皇后。

校书郎杨终建言："宣帝博征群儒，论定《五经》于石渠阁[6]。方今天下少事，学者得成其业，而章句之徒，破坏大体。宜如石渠故事，永为后世则。"帝从之。冬，十一月，壬戌，诏太常："将、大夫、博士、郎官及诸儒会白虎观[7]，议《五经》同异。"使五官中郎将魏应承制问，侍中淳于恭奏，帝亲称制临决，作《白虎议奏》[8]，名儒丁鸿、楼望、成封、桓郁、班固、贾逵及广平王羡皆与焉。固，超之兄也。

五年 春，二月，庚辰朔，日有食之；诏举直言极谏。

荆、豫诸郡兵讨溇中蛮，破之。

夏，五月，辛亥，诏曰："朕思迟直士，侧席异闻，其先至者，各已发愤吐懑[9]，略闻子大夫之志矣。皆欲置于左右，顾问省纳。建武诏书又曰：'尧试臣以职，不直以言语笔札。'今外官多旷，并可以补任。"

戊辰，太傅赵憙薨。

班超欲遂平西域，上疏请兵曰："臣窃见先帝欲开西域，故北击匈奴，西使外国，鄯善、于寘即时向化，今拘弥、莎车、疏勒、月氏、乌孙、康居复愿归附，欲共并力，破灭龟兹，平通汉道。若得龟兹，则西域未服者百分之一耳。前世议者皆曰：'取三十六国，号为断匈奴右臂。'今西域诸国，自日之所入，莫不向化，大小欣欣，贡奉不绝，唯延耆、龟兹独未服从。臣前与官属三十六人奉使绝域，备遭艰厄，自孤守疏勒，于今五载，胡夷情数，臣颇识之，问其城郭小大，皆言倚汉与依天等。以是效之，则葱领可通，龟兹可伐。今宜拜龟兹侍子白霸为其国王，以步骑数百送之，与诸国连兵，岁月之间，龟兹可禽。以夷狄攻夷狄，计之善者也！臣见莎车、疏勒田地肥广，草牧饶衍，不比敦煌、鄯善间也，兵可不费中国而粮食自足。且姑墨、温宿二王，特为龟兹所置，既非其种，更相厌苦，其势必有降者；若二国来降，则龟兹自破。愿下臣章，参考行事，诚有万分，死复何恨！臣超区区特蒙神灵，窃冀未便僵仆，目见西域平定，陛下举万年之觞，荐勋祖庙，布大喜于天下。"书奏，帝知其功可成，议欲给兵。平陵徐干上疏，愿奋身佐超，帝以干为假司马，将弛刑及义从千人就超[10]。

先是莎车以为汉兵不出，遂降于龟兹，而疏勒都尉番辰亦叛。会徐干适至，超遂与干击番辰，大破之，斩首千余级。欲进攻龟兹，以乌孙兵强，宜因其力，乃上言："乌孙大国，控弦十万。故武帝妻以公主[11]，至孝宣帝卒得其用，今可遣使招慰，与共合力。"帝纳之。

六年　春，二月，辛卯，琅邪孝王京薨。

夏，六月，丙辰，太尉鲍昱薨。

辛未晦，日有食之。

秋，七月，癸巳，以大司农邓彪为太尉。

武都太守廉范迁蜀郡太守[12]。成都民物丰盛，邑宇逼侧，旧制，禁民夜作以防火灾，而更相隐蔽，烧者日属。范乃毁削先令。但严使储水而已。百姓以为便，歌之曰："廉叔度，来何暮！不禁火，民安作。昔无襦[13]，今五绔。"

帝以沛王等将入朝，遣谒者赐貂裘及太官食物、珍果，又使大鸿胪窦固持节郊迎。帝亲自循行邸第，豫设帷床，其钱帛、器物无不充备。

【注释】

①虖（hū 乎）沱河：在今山西、河北二省境内。石臼河：在今河北唐县东北。 ②羊肠仓：在今山西交城县东北。 ③姑墨：西域城国名，在今新疆阿克苏地区拜城县一带。 ④溇（lóu 蒌）：水名，在今湖南。 ⑤伉：音 kàng（抗）。 ⑥论定事：见本书卷第二十七甘露三年（258）。 ⑦白虎观：宫观名。建初四年（79）在此举行讨论《五经》的会议，班固撰写了《白虎通义》。 ⑧《白虎议奏》：已佚。 ⑨懑（mèn 闷）：烦闷。 ⑩弛刑：刑徒。义从：志愿从行者。 ⑪公主事：见本书卷第二十一元封六年（前 105）。 ⑫廉范：字叔度，举茂才，任云中太守，迁蜀郡太守，后免归乡里，世称其好义。 ⑬襦（rú 如）：短衣。

七年 春，正月，沛王辅、济南王康、东平王苍、中山王焉、东海王政、琅邪王宇来朝。诏沛、济南、东平、中山王赞拜不名；升殿乃拜，上亲答之，所以宠光荣显，加于前古。每入宫，辄以辇迎，至省阁乃下，上为之兴席改容，皇后亲拜于内；皆鞠躬辞谢不自安。三月，大鸿胪奏遣诸王归国，帝特留东平王苍于京师。

初，明德太后为帝纳扶风宋杨二女为贵人，大贵人生太子庆；梁松弟竦有二女，亦为贵人，小贵人生皇子肇。窦皇后无子，养肇为子。宋贵人有宠于马太后，太后崩，窦皇后宠盛，与母沘阳公主谋陷宋氏，外令兄弟求其纤过，内使御者侦伺得失。宋贵人病，思生兔，令家求之，因诬言欲为厌胜之术[1]，由是太子出居承禄观。夏六月，甲寅，诏曰："皇太子有失惑无常之性，不可以奉宗庙。大义灭亲，况降退乎！今废庆为清河王。皇子肇，保育皇后，承训怀衽，今以肇为皇太子。"遂出宋贵人姊妹置丙舍[2]，使小黄门蔡伦案之。二贵人皆饮药自杀，父议郎杨免归本郡。庆时虽幼，亦知避嫌畏祸，言不敢及宋氏；帝更怜之，敕皇后令衣服与太子齐等。太子亦亲爱庆，入则共室，出则同舆。

己未，徙广平王羡为西平王[3]。

秋，八月，饮酎毕[4]，有司复奏遣东平王苍归国，帝乃许之，手诏赐苍曰："骨肉天性，诚不以远近为亲疏；然数见颜色，情重昔时。念王久劳，思得还休，欲署大鸿胪奏，不忍下笔，顾授小黄门；中心恋恋，恻然不能言。"于是车驾祖送[5]，流涕而诀；复赐乘舆服御、珍宝、舆马，钱布以亿万计。

九月，甲戌，帝幸偃师[6]，东涉卷津[7]，至河内[8]，下诏曰："车驾行秋稼，观收获，因涉郡界，皆精骑轻行，无他辎重[9]。不得辄修道桥，远离城郭，遣吏逢迎，刺探起居，出入前后，以为烦扰。动务省约，但患不能脱粟瓢饮耳。"己酉[10]，进幸邺；辛卯，还宫。

冬，十月，癸丑，帝行幸长安，封萧何末孙熊为酂侯。进幸槐里、岐山；又幸长平，御池阳宫，东至高陵；十二月，丁亥[11]，还宫。

东平献王苍疾病，驰遣名医、小黄门侍疾，使者冠盖不绝于道。又置驿马，千里传问起居。

八年 春，正月，壬辰，王薨。诏告中傅[12]"封上王自建武以来章奏，并集览焉"。遣大鸿胪持节监丧，令四姓小侯、诸国王、主悉会葬。

夏，六月，北匈奴三木楼訾大人稽留斯等率三万余人款五原塞降。

冬，十二月，甲午，上行幸陈留、梁国、淮阳、颍阳；戊申，还宫。

太子肇之立也，梁氏私相庆；诸窦闻而恶之。皇后欲专名外家，忌梁贵人姊妹，数谮之于帝，渐致疏嫌。是岁，窦氏作飞书，陷梁竦以恶逆，竦遂死狱中，家属徙九真[13]，贵人姊妹以忧死。辞语连及梁松妻舞阴公主，坐徙新城[14]。

顺阳侯马廖，谨笃自守，而性宽缓，不能教勒子弟，皆骄奢不谨。校书郎杨终与廖书，戒之曰："君位地尊重，海内所望。黄门郎年幼，血气方盛，既无长君退让之风[15]，而要结轻狡无行之客，纵而莫诲，视成行性，览念前往，可为寒心！"廖不能从。防、光兄弟资产巨亿，大起第观，弥亘街路，食客常数百人。防又多牧马畜，赋敛羌、胡。帝不喜之，数加谴敕，所以禁遏甚备。由是权势稍损，宾客亦衰。

廖子豫为步兵校尉，投书怨诽。于是有司并奏防、光兄弟奢侈逾僭，浊乱圣化，悉免就国。临上路，诏曰："舅氏一门俱就国封，四时陵庙无助祭先后者，朕甚伤之。其令许侯思愆田庐，有司勿复请，以慰朕渭阳之情[16]。"光比防稍为谨密，故帝特留之，后复位特进。豫随廖归国，考击物故。后复有诏还廖京师。

诸马既得罪，窦氏益贵盛。皇后兄宪为侍中、虎贲中郎将[17]，弟笃为黄门侍郎，并侍宫省，赏赐累积，喜交通宾客。司空第五伦上疏曰："臣伏见虎贲中郎将窦宪，椒房之亲，典司禁兵，出入省闼，年盛志美，卑让乐善，此诚其好士交结之方。然诸出入贵戚者，类多瑕衅禁锢之人，尤少守约安贫之节；士大夫无志之徒，更相贩卖，云集其门，盖骄佚所从生也。三辅论议者至云，'以贵戚废锢，当复以贵戚浣濯之，犹解酲当以酒也[18]'。诐险趣势之徒[19]，诚不可亲近。臣愚愿陛下、中宫严敕宪等闭门自守，无妄交通士大夫，防其未萌，虑于无形，令宪永保福禄，君臣交欢，无纤介之隙，此臣之所至愿也！"

宪恃宫掖声势，自王、主及阴、马诸家，莫不畏惮。宪以贱直请夺沁水公主园田[20]，主逼畏不敢计。后帝出过园，指以问宪，宪阴喝不得对。后发觉，帝大怒，召宪切责曰："深思前过夺主田园时，何用愈赵高指鹿为马！久念使人惊怖。昔永平中，常令阴党、阴博、邓叠三人更相纠察，故诸豪戚莫敢犯法者。今贵主尚见枉夺，何况小民哉！国家弃宪，如孤雏、腐鼠耳！"宪大惧，皇后为毁服深谢[21]，良久乃得解，使以田还主。虽不绳其罪，然亦不授以重任。

臣光曰：人臣之罪，莫大于欺罔，是以明君疾之。孝章谓窦宪何异指鹿为马，善矣；然卒不能罪宪，则奸臣安所惩哉！夫人主之于臣下，患在不知其奸，苟或知之而复赦之，则不若不知之为愈也。何以言之？彼或为奸而上不之知，犹有所畏；既知而不能讨，彼知其不足畏也，则放纵而无所顾矣！是故知善而不能用，知恶而不能去，人主之深戒也。

下邳周纡为雒阳令，下车，先问大姓主名；吏数闾里豪强以对数。纡厉声怒曰："本问贵戚若马、窦等辈，岂能知此卖菜佣乎！"于是部吏望风旨，争以激切为事，贵戚跼蹐[22]，京师肃清。窦笃夜至止奸亭，亭长霍延拔剑拟笃，肆詈恣口[23]。笃以表闻，诏召司隶校尉、河南尹诣尚书谴问，遣剑戟士收纡，送廷尉诏狱，数日，贳出之[24]。

帝拜班超为将兵长史，以徐干为军司马，别遣卫侯李邑护送乌孙使者。邑到于窴，值龟兹攻疏勒，恐惧不敢前，因上书陈西域之功不可成。又盛毁超："拥爱妻，抱爱子，安乐外国，无内顾心。"超闻之叹曰："身非曾参而有三至之谗，恐见疑于当时矣！"遂去其妻。帝知超忠，乃切责邑曰："纵超拥爱妻，抱爱子，思归之士千余人，何能尽与超同心乎！"令邑诣超受节度，诏："若邑任在外者，便留与从事。"超即遣邑将乌孙侍子还京师。徐干谓超曰："邑前亲毁君，欲败西域，今何不缘诏书留之，更遣他吏送侍子乎？"超曰："是何言之陋也！以邑毁超，故今遣之。内省不疚，何恤人言！快意留之，非忠臣也。"

帝以侍中会稽郑弘为大司农。旧交趾七郡贡献转运[25]，皆从东冶泛海而至[26]，风波艰阻，沉溺相系。弘奏开零陵、桂阳峤道[27]，自是夷通，遂为常路。在职二年，所省息以亿万计。遭天下旱，边方有警，民食不足，而帑藏殷积。弘又奏宜省贡献，减徭费以利饥民；帝从之。

【注释】

①厌胜：一种以为能用诅咒制胜的迷信。此处因兔子口有缺，怕生子为兔唇，从口出。　②丙舍：宫中的居室，以甲乙丙为尊卑。　③西平：在今河南西平县以西。　④酎（zhòu 纣）：醇酒。　⑤祖送：饯行。祖，祖道。古人于出行前祭祀路神称祖道。　⑥偃师：县名，治今河南洛阳市偃师区东。　⑦卷津：在卷县，治今河南原阳县。　⑧河内：指今河南黄河以北地区。　⑨辎（zī 资）重：携带的物资。　⑩乙酉：此日待考。⑪丁亥：此日待考。　⑫中傅：官名，多由宦官担任，职掌教导诸侯王。⑬九真：郡名，属今越南。　⑭新城：县名，治今河南伊川县西南。⑮长君：孝文窦皇后兄长君，退让不敢以富贵骄人。　⑯渭阳：甥舅。马

防、马光是太后之弟，与章帝为舅甥关系。典出《诗经·秦风·渭阳》："我送舅氏，曰至渭阳。" ⑰窦宪：字伯度，扶风平陵（今陕西咸阳市西北）人。章帝时任为郎将。和帝时任车骑将军、大将军，操纵朝政。永元四年（92）自杀。 ⑱酲（chéng 承）：喝醉了神志不清。 ⑲诐（bì 闭）：邪僻。 ⑳沁水公主：明帝女。沁水县：治今河南济源市东北。 ㉑毁服：降一个等级的服饰。 ㉒跼蹐（jú jí 局吉）：拘束不敢放纵。 ㉓詈（lì 例）：骂。 ㉔贳（shì 市）：赦免。 ㉕七郡：南海、苍梧、郁林、合浦、交趾、九真、日南共七郡，都属交趾州。 ㉖东冶：今福建福州市。 ㉗峤（jiào 叫）：山道。

元和元年 春，闰正月，辛丑，济阴悼王长薨。

夏，四月，己卯，分东平国，封献王子尚为任城王[①]。

六月，辛酉，沛献王辅薨。

陈事者多言"郡国贡举，率非功次，故守职益懈而吏事浸疏，咎在州郡"。有诏下公卿朝臣议。大鸿胪韦彪上议曰[②]："夫国以简贤为务，贤以孝行为首，是以求忠臣必于孝子之门。夫人才行少能相兼，是以孟公绰优于赵、魏老[③]，不可以为滕、薛大夫[④]。忠孝之人，持心近厚；锻炼之吏，持心近薄。士宜以才行为先，不可纯以阀阅[⑤]。然其要归，在于选二千石。二千石贤，则贡举皆得其人矣。"彪又上疏曰："天下枢要，在于尚书，尚书之选，岂可不重！而间者多从郎官超升此位，虽晓习文法，长于应对，然察察小慧，类无大能。宜鉴啬夫捷急之对[⑥]，深思绛侯木讷之功也[⑦]。"帝皆纳之。彪，贤之玄孙也。

秋，七月，丁未，诏曰："律云：'掠者唯得榜、笞、立[⑧]；'又《令丙》[⑨]，棰长短有数。自往者大狱以来，掠考多酷，钻鑚之属，惨苦无极。念其痛毒，怵然动心[⑩]！宜及秋冬治狱，明为其禁。"

八月，甲子，太尉邓彪罢，以大司农郑弘为太尉。

癸酉，诏改元[⑪]。丁酉[⑫]，车驾南巡。诏："所经道上州县，毋得设储跱[⑬]。命司空自将徒支柱桥梁。有遣使奉迎，探知起居，二千石当坐。"

九月，辛丑，幸章陵；十月，己未，进幸江陵；还，幸宛。召前临淮太守宛人朱晖[14]，拜尚书仆射。晖在临淮，有善政，民歌之曰："强直自遂，南阳朱季，吏畏其威，民怀其惠。"时坐法免，家居，故上召而用之。十一月，己丑，车驾还宫。尚书张林上言："县官经用不足，宜自煮盐，及复修武帝均输之法[15]。"朱晖固执以为不可，曰："均输之法，与贾贩无异，盐利归官，则下民穷怨，诚非明主所宜行。"帝因发怒切责诸尚书，晖等皆自系狱。三日，诏敕出之，曰："国家乐闻驳义，黄发无愆。诏书过耳，何故自系！"晖因称病笃，不肯复署议。尚书令以下惶怖，谓晖曰："今临得谴让，奈何称病，其祸不细！"晖曰："行年八十，蒙恩得在机密，当以死报。若心知不可，而顺旨雷同，负臣子之义！今耳目无所闻见，伏待死命。"遂闭口不复言。诸尚书不知所为，乃共劾奏晖。帝意解，寝其事。后数日，诏使直事郎问晖起居[16]，太医视疾，太官赐食，晖乃起谢；复赐钱十万，布百匹，衣十领。

鲁国孔僖、涿郡崔骃同游太学[17]，相与论："孝武皇帝，始为天子，崇信圣道，五六年间，号胜文、景；及后恣己，忘其前善。"邻房生梁郁上书，告"骃、僖诽谤先帝，刺讥当世"，事下有司。骃诣吏受讯。僖以书自讼曰："凡言诽谤者，谓实无此事而虚加诬之也。至如孝武皇帝，政之美恶，显在汉史，坦如日月，是为直说书传实事，非虚谤也。夫帝者，为善为恶，天下莫不知，斯皆有以致之，故不可以诛于人也。且陛下即位以来，政教未过而德泽有加，天下所具也，臣等独何讥刺哉！假使所非实是，则固应悛改[18]，傥其不当，亦宜含容，又何罪焉！陛下不推原大数，深自为计，徒肆私忌以快其意，臣等受戮，死即死耳；顾天下之人，必回视易虑，以此事窥陛下心，自今以后，苟见不可之事，终莫复言者矣。齐桓公亲扬其先君之恶以唱管仲[19]，然后群臣得尽其心。今陛下乃欲为十世之武帝远讳实事[20]，岂不与桓公异哉！臣恐有司卒然见构，衔恨蒙枉，不得自叙，使后世论者擅以陛下有所比方，宁可复使子孙追掩之乎！谨诣阙伏待重诛。"书奏，帝立诏勿问，拜僖兰台令史。

十二月，壬子，诏："前以妖恶禁锢三属者，一皆蠲除之，但不得在宿卫而已。"

庐江毛义，东平郑均，皆以行义称于乡里。南阳张奉慕义名，往候之，坐定而府檄适至，以义守安阳令，义捧檄而入，喜动颜色；奉心贱之，辞去。后义母死，征辟皆不至，奉乃叹曰："贤者固不可测。往日之喜，乃为亲屈也。"均兄为县吏，颇受礼遗，均谏不听，乃脱身为佣，岁余得钱帛，归以与兄曰："物尽可复得，为吏坐臧，终身捐弃。"兄感其言，遂为廉洁。均仕为尚书，免归。帝下诏褒宠义、均，赐谷各千斛，常以八月长吏问起居，加赐羊酒。

武威太守孟云上言："北匈奴复愿与吏民合市。"诏许之。北匈奴大且渠伊莫訾王等驱牛马万余头来与汉交易，南单于遣轻骑出上郡钞之，大获而还。

帝复遣假司马和恭等将兵八百人诣班超。超因发疏勒、于窴兵击莎车。莎车以赂诱疏勒王忠，忠遂反，从之，西保乌即城。超乃更立其府丞成大为疏勒王，悉发其不反者以攻忠，使人说康居王执忠以归其国，乌即城遂降。

【注释】

①任城：封国名，治今山东微山县西北。 ②韦彪：字孟达，博学，明帝时征拜为谒者，章帝时累官大鸿胪，著《韦卿子》。 ③句出《论语·宪问》。孟公绰：春秋时鲁国大夫。老：大夫的家臣。 ④滕：春秋时的小国，治今山东滕州市西南。薛：小国，在滕州市南。 ⑤阀阅：本指仕宦人家大门外的左右柱。此处指功绩和经历。 ⑥"啬夫"句：参见十四卷文帝三年（前177）。 ⑦木讷：质朴而不善辞令。 ⑧掠：问。榜：击。笞：击。立：站着。 ⑨《令丙》：法律的篇名。有《令甲》《令乙》《令丙》诸篇。 ⑩怵（chù 处）：恐惧。 ⑪改元：改元元和。 ⑫丁酉：此日待考。 ⑬储峙（zhì 至）：储备器物以待用。 ⑭临淮：郡名，治今江苏泗洪县东南。朱晖：字文季，有气节，历卫士令，临淮太守、尚书令。⑮均输之法：汉武帝时，大司农下设管运输的均输官，令各地交纳贡物折价和运费，准输官在低价地方买货转运京师或在高价地方出售。⑯直：通"值"。 ⑰孔僖：字仲和，博学，章帝时任兰台令史。崔骃：字亭伯，少游太学，善属文，后得罪窦宪，弃官而归。 ⑱悛（quān 圈）：改。⑲齐桓公事：见《国语》，鲁庄公束缚管仲，送交给齐桓公，齐桓公亲自到郊外迎接，自述先君劣行，管仲答以致霸之术。 ⑳十世：从汉武帝，历昭、宣、元、成、哀、平、光、明，至章帝为十世。

资治通鉴卷第四十七

汉纪三十九　起旃蒙作噩，尽重光单阏，凡七年。

肃宗孝章皇帝下

元和二年　春，正月，乙酉，诏曰："令云：'民有产子者，复勿算三岁[①]。'今诸怀妊者，赐胎养谷人三斛，复其夫勿算一岁。著以为令[②]！"又诏三公曰："安静之吏，悃愊无华[③]，日计不足，月计有余。如襄城令刘方[④]，吏民同声谓之不烦，虽未有他异，斯亦殆近之矣！夫以苛为察，以刻为明，以轻为德，以重为威，四者或兴，则下有怨心。吾诏书数下，冠盖接道，而吏不加治，民或失职，其咎安在？勉思旧令，称朕意焉！"

北匈奴大人车利涿兵等亡来入塞，凡七十三辈。时北虏衰耗，党众离畔，南部攻其前，丁零寇其后，鲜卑击其左，西域侵其右，不复自立，乃远引而去。

南单于长死，单于汗之子宣立，为伊屠于闾鞮单于。

《太初历》施行百余年[⑤]，历稍后天。上命治历编䜣、李梵等综校其状，作《四分历》[⑥]；二月，甲寅，始施行之。

帝之为太子也，受《尚书》于东郡太守汝南张酺[⑦]。丙辰，帝东巡，幸东郡，引酺及门生并郡县掾史并会庭中。帝先备弟子之仪，使酺讲《尚书》一篇，然后修君臣之礼；赏赐殊特，莫不沾洽。行过任城，幸郑均舍，赐尚书禄以终其身，时人号为"白衣尚书"。

乙丑，帝耕于定陶。辛未，幸泰山，柴告岱宗；进幸奉高。壬申，宗祀五帝于汶上明堂[8]；丙子，赦天下。进幸济南。三月，己丑，幸鲁；庚寅，祠孔子于阙里，及七十二弟子[9]，作六代之乐[10]，大会孔氏男子二十以上者六十二人。帝谓孔僖曰："今日之会，宁于卿宗有光荣乎？"对曰："臣闻明王圣主，莫不尊师贵道。今陛下亲屈万乘，辱临敝里，此乃崇礼先师，增辉圣德；至于光荣，非所敢承！"帝大笑曰："非圣者子孙焉有斯言乎！"拜僖郎中。

壬辰，帝幸东平，追念献王[11]，谓其诸子曰："思其人，至其乡；其处在，其人亡。"因泣下沾襟。遂幸献王陵，祠以太牢，亲拜祠坐，哭泣尽哀。献王之归国也，骠骑府吏丁牧、周栩以献王爱贤下士，不忍去之，遂为王家大夫数十年，事祖及孙。帝闻之，皆引见，既愍其淹滞，且欲扬献王德美，即皆擢为议郎。乙未，幸东阿，北登太行山，至天井关[12]。夏，四月，乙卯，还宫。庚申，假于祖祢。

五月，徙江陵王恭为六安王[13]。

秋，七月，庚子，诏曰："《春秋》重三正[14]，慎三微[15]。其定律无以十一月、十二月报囚，止用冬初十月而已。"

冬，南单于遣兵与北虏温禺犊王战于涿邪山，斩获而还。武威太守孟云上言："北虏以前既和亲，而南部复往抄掠，北单于谓汉欺之，谋欲犯塞，谓宜还南所掠生口以慰安其意。"诏百官议于朝堂。太尉郑弘、司空第五伦以为不可许，司徒桓虞及太仆袁安以为当与之。弘因大言激厉虞曰："诸言当还生口者，皆为不忠！"虞廷叱之，伦及大鸿胪韦彪皆作色变容。司隶校尉举奏弘等，弘等皆上印绶谢。诏报曰："久议沉滞，各有所志，盖事以议从，策由众定，訚訚衎衎[16]，得礼之容，寝嘿抑心，更非朝廷之福。君何尤而深谢！其各冠履！"帝乃下诏曰："江海所以能长百川者，以其下之也。少加屈下，尚何足病！况今与匈奴君臣分定，辞顺约明，贡献累至，岂宜违信，自受其曲！其敕度辽及领中郎将庞奋倍雇南部所得生口以还北虏；其南部斩首获生，计功受赏，如常科。"

三年　春，正月，丙申，帝北巡；辛丑，耕于怀；二月，乙丑，敕侍御史、司空曰[17]："方春所过，毋得有所伐杀；车可以引避，引避之；骓马可辍解[18]，辍解之。"戊辰，进幸中山，出长城；癸酉，还，幸元氏[19]；三月，己卯，进幸赵；辛卯，还宫。

太尉郑弘数陈侍中窦宪权势太盛，言甚苦切，宪疾之。会弘奏宪党尚书张林、雒阳令杨光在官贪残。书奏，吏与光故旧，因以告之，光报宪。宪奏弘大臣，漏泄密事，帝诘让弘。夏，四月，丙寅，收弘印绶。弘自诣廷尉，诏敕出之，因乞骸骨归，未许。病笃，上书陈谢曰："窦宪奸恶，贯天达地，海内疑惑，贤愚疾恶，谓'宪何术以迷主上！近日王氏之祸[20]，昺然可见[21]'。陛下处天子之尊，保万世之祚，而信谗佞之臣，不计存亡之机；臣虽命在晷刻[22]，死不忘忠，愿陛下诛四凶之罪，以厌人鬼愤结之望[23]！"帝省章，遣医视弘病，比至，已薨。

以大司农宋由为太尉。

司空第五伦以老病乞身；五月，丙子，赐策罢，以二千石俸终其身。伦奉公尽节，言事无所依违。性质悫[24]，少文采，在位以贞白称。或问伦曰："公有私乎？"对曰："昔人有与吾千里马者，吾虽不受，每三公有所选举，心不能忘，亦终不用也。若是者，岂可谓无私乎！"

以太仆袁安为司空。

秋，八月，乙丑，帝幸安邑[25]，观盐池。九月，还宫。

烧当羌迷吾复与弟号吾及诸种反。号吾先轻入，寇陇西界，督烽掾李章追之，生得号吾，将诣郡。号吾曰："独杀我，无损于羌；诚得生归，必悉罢兵，不复犯塞。"陇西太守张纡放遣之，羌即为解散，各归故地。迷吾退居河北归义城[26]。

疏勒王忠从康居王借兵，还据损中，遣使诈降于班超，超知其奸而伪许之。忠从轻骑诣超，超斩之，因击破其众，南道遂通。

楚许太后薨[27]。诏改葬楚王英，追爵谥曰楚厉侯。

帝以颍川郭躬为廷尉。决狱断刑，多依矜恕，条诸重文可从轻者四十一，奏之，事皆施行。

博士鲁国曹褒上疏，以为"宜定文制，著成汉礼"。太常巢堪以为"一世大典，非褒所定，不可许"。帝知诸儒拘挛[28]，难与图始，朝廷礼宪，宜以时立，乃拜褒侍中。玄武司马班固以为"宜广集诸儒，共议得失[29]"。帝曰："谚言：'作舍道边，三年不成。'会礼之家，名为聚讼，互生疑异，笔不得下，昔尧作《大章》，一夔足矣[30]。"

【注释】

①复：免除赋税徭役。算：算赋，汉代的人丁税。 ②著(zhuó 浊)：附着，加上。 ③悃愊(kǔn bì 捆壁)：至诚。 ④刘方：字伯况，平原(今山东平原县)人。 ⑤《太初历》：汉武帝太初元年，邓平等人编制的历法，王莽初年废。光武帝中兴，废王莽所用历法，重用《太初历》，至此时，发现《太初历》与实际的季节不符，稍后于自然现象。 ⑥《四分历》：汉章帝时编䜣、李梵等编制。沿袭《三统历》，以十九年为一章，一年为三百六十五又四分之一日，故称四分。 ⑦东郡：治所在今河南濮阳市西南。张酺：字孟侯。细阳(今安徽锦州市太和区)人。从祖父张充受《尚书》。章帝时任东郡太守，和帝时官至司徒。 ⑧汶上：治所在今山东济宁市。 ⑨七十二弟子：孔子的弟子颜回等。 ⑩六代之乐：传说黄帝、尧、舜、禹、汤、周分别有《云门》《咸池》《大韶》《大夏》《大濩》《大武》六乐。 ⑪献王：刘苍。参见本书卷第四十五永平四年(61)。 ⑫天井关：又称太行关，在今山西晋城市南太行山上。 ⑬六安：侯国，治所在今安徽六安市。 ⑭三正：夏代建寅，以农历正月一日为一年之始；殷代建丑，以农历十二月为正月；周代建子，以农历十一月为正月。 ⑮三微：三正之始。 ⑯訚衎(yín kàn 银看)：和颜快乐。 ⑰侍御史：掌举劾的官吏。司空：掌土功的官吏。 ⑱騑(fēi 飞)马：四马驾车时，两旁的两匹马为騑马。辍(chuò 绰)：停止。 ⑲元氏：县名，治今河北元氏县西北。 ⑳王氏之祸：王莽以外戚篡国之祸。 ㉑昺(bǐng 丙)：明显。 ㉒晷(guǐ 鬼)刻：片刻，顷刻。 ㉓厌：满足。 ㉔悫(què 确)：诚笃、忠厚。㉕安邑：县名，治今山西夏县。 ㉖归义城：在今青海西宁市西南。 ㉗许太后：楚王刘英的母亲。 ㉘挛(luán 峦)：手脚蜷曲。 ㉙玄武司马：官名，掌管南宫玄武门。 ㉚夔(kuí 逵)：上古尧时的乐官。

章和元年 春，正月，帝召褒，授以叔孙通《汉仪》十二篇[①]曰："此制散略，多不合经，今宜依礼条正，使可施行。"

护羌校尉傅育欲伐烧当羌，为其新降，不欲出兵，乃募人斗诸羌、胡；羌、胡不肯，遂复叛出塞，更依迷吾。育请发诸郡兵数万人共击羌。未及会，三月，育独进军。迷吾闻之，徙庐落去。育遣精骑三千穷追之，夜，至三兜谷[②]，不设备，迷吾袭击，大破之，杀育及

东汉错银铜牛灯

吏士八百八十人。及诸郡兵到，羌遂引去。诏以陇西太守张纡为校尉，将万人屯临羌。

夏，六月，戊辰，司徒桓虞免。癸卯[3]，以司空袁安为司徒，光禄勋任隗为司空。隗，光之子也。

齐王晃及弟利侯刚[4]，与母太姬更相诬告。秋，七月，癸卯，诏贬晃爵为芜湖侯，削刚户三千，收太姬玺绶。

壬子，淮阳顷王昺薨。

鲜卑入左地，击北匈奴，大破之，斩优留单于而还。

羌豪迷吾复与诸种寇金城塞，张纡遣从事河内司马防，与战于木乘谷；迷吾兵败走，因译使欲降，纡纳之。迷吾将人众诣临羌，纡设兵大会，施毒酒中，伏兵杀其酋豪八百余人，斩迷吾头以祭傅育冢，复放兵击其余众，斩获数千人。迷吾子迷唐，与诸种解仇，结婚交质，据大、小榆谷以叛[5]，种众炽盛，张纡不能制。

壬戌，诏以瑞物仍集，改元章和。是时，京师四方屡有嘉瑞，前后数百千，言事者咸以为美。而太尉掾平陵何敞独恶之，谓宋由、袁安曰："夫瑞应依德而至，灾异缘政而生。今异鸟翔于殿屋，怪草生于庭际，不可不察！"由、安惧不敢答。

八月，癸酉，帝南巡。戊子，幸梁；乙未晦，幸沛。

日有食之。

九月，庚子，帝幸彭城。辛亥，幸寿春；复封阜陵侯延为阜陵王[6]。己未，幸汝阴。冬，十月，丙子，还宫。

北匈奴大乱，屈兰储等五十八部、口二十八万诣云中、五原、朔方、北地降。

曹褒依准旧典，杂以《五经》《谶记》之文，撰次天子至于庶人冠、婚、吉、凶终始制度凡百五十篇，奏之。帝以众论难一，故但纳之，不复令有司平奏。

是岁，班超发于寘诸国兵共二万五千人击莎车，龟兹王发温宿、姑墨、尉头兵合五万人救之。超召将校及于寘王议曰："今兵少不敌，其计莫若各散去；于寘从是而东，长史亦于此西归，可须夜鼓声而发[7]。"阴缓所得生口。龟兹王闻之，大喜，自以万骑于西界遮超，温宿王将八千骑于东界徼于寘[8]。超知二虏已出，密召诸部勒兵，驰赴莎车营。胡大惊乱，奔走，追斩五千余级，莎车遂降，龟兹等因各退散。自是威震西域。

【注释】

①叔孙通：西汉初年的儒者，他杂采古礼及秦制，建汉代朝仪。②三兜谷：在今甘肃武山县东。 ③癸卯：此日待考。 ④晃：齐武王刘縯的曾孙、殇王刘石之子。 ⑤榆谷：在今青海尖扎、贵德二县之间。⑥阜陵：侯国，治今安徽全椒县东。延：刘延，在建初元年（303）被贬为侯。 ⑦须：待。 ⑧徼（yāo 腰）：拦截。

二年 春，正月，济南王康、阜陵王延、中山王焉来朝。上性宽仁，笃于亲亲，故叔父济南、中山二王，每数入朝，特加恩宠，及诸昆弟并留京师，不遣就国。又赏赐群臣，过于制度，仓帑为虚[1]。何敞奏记宋由曰："比年水旱，民不收获；凉州缘边，家被凶害；中州内郡，公私屈竭；此实损膳节用之时。国恩覆载，赏赉过度，但闻腊赐[2]，自郎官以上，公卿、王侯以下，至于空竭帑藏，损耗国资。寻公家之用，皆百姓之力。明君赐赉，宜有品制；忠臣受赏，亦应有度。是以夏禹玄圭，周公束帛。今明公位尊任重，责深负大，上当匡正纲纪，下当济安元元[3]，岂但空空无违而已哉！宜先正己以率群下，还所得赐，因陈得失，奏王侯就国，除苑囿之禁，节省浮费，赈恤穷孤，则恩泽下畅，黎庶悦豫矣[4]。"由不能用。

尚书南阳宋意上疏曰："陛下至孝烝烝，恩爱隆深，礼宠诸王，同之家人，车入殿门，即席不拜，分甘损膳，赏赐优渥[5]。康、焉幸以支庶，享食大国，陛下恩宠逾制，礼敬过度。《春秋》之义，诸父、昆弟，无所不臣，所以尊尊卑卑，强干弱枝者也。陛下德业隆盛，当为万世典法，不宜以私恩损上下之序，失君臣之正。又西平王羡等六王，皆妻子成家，官属备具，当早就蕃国，为子孙基址；而室第相望，久磐京邑[⑥]，骄奢僭拟，宠禄隆过。宜割情不忍，以义断恩，发遣康、焉，各归蕃国，令羡等速就便时，以塞众望。"帝未及遣。

壬辰[⑦]，帝崩于章德前殿，年三十一。遗诏："无起寝庙，一如先帝法制。"

范晔论曰：魏文帝称明帝察察，章帝长者。章帝素知人，厌明帝苛切，事从宽厚；奉承明德太后，尽心孝道；平徭简赋，而民赖其庆；又体之以忠恕，文之以礼乐。谓之长者，不亦宜乎！

太子即位，年十岁，尊皇后曰皇太后。

三月，用遗诏徙西平王羡为陈王[⑧]，六安王恭为彭城王[⑨]。

癸卯，葬孝章皇帝于敬陵。

南单于宣死，单于长之弟屯屠何立，为休兰尸逐侯鞮单于。

太后临朝，窦宪以侍中内干机密，出宣诰命；弟笃为虎贲中郎将，笃弟景、瑰并为中常侍，兄弟皆在亲要之地。宪客崔骃以书戒宪曰[⑩]："《传》曰：'生而富者骄，生而贵者傲。'生富贵而能不骄傲者，未之有也。今宠禄初隆，百僚观行，岂可不'庶几夙夜，以永终誉'乎！昔冯野王以外戚居位[⑪]，称为贤臣；近阴卫尉克己复礼[⑫]，终受多福。外戚所以获讥于时，垂愆于后者，盖在满而不挹[⑬]，位有余而仁不足也。汉兴以后，迄于哀、平，外家二十，保族全身，四人而已[⑭]。《书》曰：'鉴于有殷，'可不慎哉！"

庚戌，皇太后诏："以故太尉邓彪为太傅[⑮]，赐爵关内侯，录尚书事，百官总己以听。"窦宪以彪有义让，先帝所敬，而仁厚委随，故尊崇之。其所施为，辄外令彪奏，内白太后，事无不从。彪在位，修身而已，不能有所匡正。宪性果急，睚眦之怨[⑯]，莫不报复。永平时，谒者韩纡考劾宪父勋狱[⑰]，宪遂令客斩纡子，以首祭勋冢。

癸亥[⑱]，陈王羡、彭城王恭、乐成王党、下邳王衍、梁王畅始就国。

夏，四月，戊寅，以遗诏罢郡国盐铁之禁，纵民煮铸。

五月，京师旱。

北匈奴饥乱，降南部者岁数千人。秋，七月，南单于上言："宜及北虏分争，出兵讨伐，破北成南，并为一国，令汉家长无北念。臣等生长汉地，开口仰食，岁时赏赐，动辄亿万，虽垂拱安枕，惭无报效之义，愿发国中及诸郡故胡新降精兵[19]，分道并出，期十二月同会虏地。臣兵众单少，不足以防内外，愿遣执金吾耿秉、度辽将军邓鸿及西河、云中、五原、朔方、上郡太守并力而北，冀因圣帝威神，一举平定。臣国成败，要在今年，已敕诸部严兵马，唯裁哀省察！"太后以示耿秉。秉上言："昔武帝单极天下[20]，欲臣虏匈奴，未遇天时，事遂无成。今幸遭天授，北虏分争，以夷伐夷，国家之利，宜可听许。"秉因自陈受恩，分当出命效用。太后议欲从之。尚书宋意上书曰[21]："夫戎狄简贱礼义，无有上下，强者为雄，弱即屈服。自汉兴以来，征伐数矣，其所克获，曾不补害。光武皇帝躬服金革之难，深昭天地之明，因其来降，羁縻畜养[22]，边民得生，劳役休息，于兹四十余年矣。今鲜卑奉顺，斩获万数，中国坐享大功而百姓不知其劳，汉兴功烈，于斯为盛。所以然者，夷虏相攻，无损汉兵者也。臣察鲜卑侵伐匈奴，正是利其抄掠；及归功圣朝，实由贪得重赏。今若听南虏还都北庭，则不得不禁制鲜卑；鲜卑外失暴掠之愿，内无功劳之赏，豺狼贪婪，必为边患。今北虏西遁，请求和亲，宜因其归附，以为外捍，巍巍之业，无以过此。若引兵费赋，以顺南虏，则坐失上略，去安即危矣。诚不可许。"

会齐殇王子都乡侯畅来吊国忧，太后数召见之，窦宪惧畅分宫省之权，遣客刺杀畅于屯卫之中[23]，而归罪于畅弟利侯刚，乃使侍御史与青州刺史杂考刚等。尚书颍川韩棱以为"贼在京师，不宜舍近问远，恐为奸臣所笑"。太后怒，以切责棱，棱固执其议。何敞说宋由曰："畅宗室肺府，茅土藩臣，来吊大忧，上书须报，亲在武卫，致此残酷。奉宪之吏，莫适讨捕，踪迹不显，主名不立。敞备数股肱[24]，职典贼曹，欲亲至发所[25]，以纠其变。而二府执事以为三公不与贼盗[26]。公纵奸慝，莫以为咎。敞请独奏案之。"由乃许焉。二府闻敞行，皆遣主者随之。于是推举，具得事实。太后怒，闭宪于内宫。宪惧诛，因自求击匈奴以赎死。

冬，十月，乙亥，以宪为车骑将军，伐北匈奴，以执金吾耿秉为副；发北军五校[27]、黎阳、雍营、缘边十二郡骑士及羌、胡兵出塞[28]。

公卿举故张掖太守邓训代张纡为护羌校尉。迷唐率兵万骑来至塞下，未敢攻训，先欲胁小月氏胡[29]。训拥卫小月氏胡，令不得战。议者咸以羌、胡相攻，县官之利，不宜禁护。训曰："张纡失信，众羌大动，凉州吏民，命县丝发。原诸胡所以难得意者，皆恩信不厚耳。今因其追急，以德怀之，庶能有用。"遂令开城及所居园门，悉驱群胡妻子内之，严兵守卫。羌掠无所得，又不敢逼诸胡，因即解去。由是湟中诸胡皆言[30]："汉家常欲斗我曹；今邓使君待我以恩信，开门内我妻子，乃是得父母也！"咸欢喜叩头曰："唯使君所命！"训遂抚养教谕，小大莫不感悦。于是赏赂诸羌种，使相招诱，迷唐叔父号吾将其种人八百户来降。训因发湟中秦、胡、羌兵四千人出塞，掩击迷唐于写谷，破之，迷唐乃去大、小榆，居颇岩谷，众悉离散。

【注释】

①帑（tǎng 躺）：库府的钱财。 ②腊赐：岁末的赏赐。 ③元元：平民。 ④豫：快乐。 ⑤优渥（wò 握）：优厚。 ⑥磐（pán 盘）：盘石，此处为磐桓不去。 ⑦壬辰：此日待考 ⑧陈：封国名，改淮阳国而置，治所在今河南淮阳县。 ⑨彭城：封国名，以楚国改名，治所在今江苏徐州市。 ⑩崔骃：字亭伯，涿郡安平（今河北安平县）人，博学多才。窦太后临朝，为窦宪府掾，后改任主簿。因得罪窦宪，出为长岑长，归家不仕。公元 92 年去世。 ⑪冯野王：西汉外戚。其妹为元帝昭仪，九卿之中，冯野王多有贤行。 ⑫阴卫尉：阴兴。此处指他辞让侯爵。 ⑬挹（yì 邑）：舀出。此处指谦让。 ⑭四人：文帝薄太后、窦后，景帝王后、印成王后。 ⑮邓彪：字智伯。父邯以功封侯，父卒，彪让爵于异母弟凤，明帝高其节。和帝即位，以为太傅，赐爵关中侯。做官清白，是众僚的榜样。 ⑯睚眦（yá zì 涯自）：发怒瞪眼。 ⑰勋狱：事见本书卷第四十五明帝永平五年(62)。 ⑱癸亥：此日待考。 ⑲故胡：南匈奴旧部。 ⑳单：同"殚"，竭尽。 ㉑宋意：宋均子，字伯志，历任辽东太守、尚书，司隶校尉职。 ㉒羁縻（jī mí 基谜）：联络，维系。 ㉓屯卫：京城的屯卫军队。 ㉔股肱：手臂，此指朝廷的职能机构。 ㉕发所：发生凶

案的处所。 ㉖二府：司空、司徒。 ㉗北军五校：屯骑、越骑、步兵、长水、射声五校尉所掌宿卫兵。 ㉘十二郡：上郡、西河、五原、云中、定襄、雁门、朔方、代郡、上谷、渔阳、安定、北地等十二郡。 ㉙小月氏胡：月氏族的残众。 ㉚湟：指今青海湟水两岸一带。

孝和皇帝上[1]

永元元年 春，迷唐欲复归故地；邓训发湟中六千人，令长史任尚将之，缝革为船，置于箄上以度河[2]，掩击迷唐，大破之，斩首前后一千八百余级，获生口二千人，马牛羊三万余头，一种殆尽。迷唐收其余众西徙千余里，诸附落小种皆畔之。烧当豪帅东号，稽颡归死[3]，余皆款塞纳质。于是训绥接归附，威信大行，遂罢屯兵，各令归郡，唯置弛刑徒二千余人，分以屯田、修理坞壁而已。

窦宪将征匈奴，三公、九卿诣朝堂上书谏，以为："匈奴不犯边塞，而无故劳师远涉，损费国用，徼功万里，非社稷之计。"书连上，辄寝，宋由惧，遂不敢复署议，而诸卿稍自引止；唯袁安、任隗守正不移[4]，至免冠朝堂固争，前后且十上，众皆为之危惧，安、隗正色自若。侍御史鲁恭上疏曰[5]："国家新遭大忧，陛下方在谅暗[6]，百姓阙然，三时不闻警跸之音[7]，莫不怀思皇皇，若有求而不得。今乃以盛春之月兴发军役，扰动天下以事戎夷，诚非所以垂恩中国，改元正时，由内及外也。万民者，天之所生；天爱其所生，犹父母爱其子，一物有不得其所，则天气为之舛错，况于人乎！故爱民者必有天报。夫戎狄者，四方之异气，与鸟兽无别；若杂居中国，则错乱天气，污辱善人，是以圣王之制，羁縻不绝而已。今匈奴为鲜卑所破，远藏于史侯河西，去塞数千里，而欲乘其虚耗，利其微弱，是非义之所出也。今始征发，而大司农调度不足，上下相迫，民间之急，亦已甚矣。群僚百姓咸曰不可，陛下奈何以一人之计，弃万人之命，不恤其言乎！上观天心，下察人志，足以知事之得失。臣恐中国不为中国，岂徒匈奴而已哉！"尚书令韩棱、骑都尉朱晖、议郎京兆乐恢，皆上疏谏，太后不听。

又诏使者为宪弟笃、景并起邸第，劳役百姓。侍御史何敞上疏曰："臣闻匈奴之为桀逆久矣，平城之围[8]，慢书之耻[9]，此二辱者，臣子所为捐躯而必死，高祖、吕后忍怒含忿，舍而不诛。今匈奴无逆节之罪，汉朝无可惭之耻，而盛春东作，兴动大役，元元怨恨，咸怀不悦。又猥为卫尉笃、奉车都尉景缮修馆第，弥街绝里。笃、景亲近贵臣，当为百僚表仪。今众军在道，朝廷焦唇，百姓愁苦，县官无用，而遽起大第，崇饰玩好，非所以垂令德、示无穷也。宜且罢工匠，专忧北边，恤民之困。"书奏，不省。

窦宪尝使门生赍书诣尚书仆射郅寿，有所请托，寿即送诏狱，前后上书，陈宪骄恣，引王莽以诫国家；又因朝会，刺讥宪等以伐匈奴、起第宅事，厉音正色，辞旨甚切。宪怒，陷寿以买公田、诽谤，下吏，当诛，何敞上疏曰[10]："寿机密近臣，匡救为职，若怀默不言，其罪当诛。今寿违众正议以安宗庙，岂其私邪！臣所以触死瞽言，非为寿也。忠臣尽节，以死为归；臣虽不知寿，度其甘心安之。诚不欲圣朝行诽谤之诛，以伤晏晏之化，杜塞忠直，垂讥无穷。臣敞谬与机密，言所不宜，罪名明白，当填牢狱，先寿僵仆，万死有余。"书奏，寿得减死论，徙合浦，未行，自杀。寿，恽之子也。

夏，六月，窦宪、耿秉出朔方鸡鹿塞，南单于出满夷谷，度辽将军邓鸿出稒阳塞，皆会涿邪山。宪分遣副校尉阎盘、司马耿夔、耿谭将南匈奴精骑万余，与北单于战于稽洛山，大破之，单于遁走；追击诸部，遂临私渠北鞮海，斩名王已下万三千级，获生口甚众，杂畜百余万头，诸裨小王率众降者，前后八十一部二十余万人。宪、秉出塞三千余里，登燕然山[11]，命中护军班固刻石勒功，纪汉威德而还。遣军司马吴汜、梁讽奉金帛遗北单于，时虏中乖乱，汜、讽及北单于于西海上，宣国威信，以诏致赐，单于稽首拜受。讽因说令修呼韩邪故事[12]，单于喜悦，即将其众与讽俱还；到私渠海，闻汉军已入塞，乃遣弟右温禺鞮王奉贡入侍，随讽诣阙。宪以单于不自身到，奏还其侍弟。

秋，七月，乙未，会稽山崩。

九月，庚申，以窦宪为大将军，中郎将刘尚为车骑将军，封宪武阳侯，食邑二万户；宪固辞封爵，诏许之。旧，大将军位在三公下，至是，诏宪位次太傅下、三公上；长史、司马秩中二千石。封耿秉为美阳侯。

窦氏兄弟骄纵，而执金吾景尤甚，奴客缇骑强夺人财货[13]，篡取罪人，妻略妇女；商贾闭塞，如避寇仇；又擅发缘边诸郡突骑有才力者。有司莫敢举奏，袁安劾景"擅发边兵，惊惑吏民；二千石不待符信而辄承景檄[14]，当伏显诛"。又奏"司隶校尉河南尹阿附贵戚，不举劾，请免官案罪"。并寝不报。驸马都尉瑰，独好经书，节约自修。

尚书何敞上封事曰："昔郑武姜之幸叔段[15]，卫庄公之宠州吁[16]，爱而不教，终至凶戾。由是观之，爱子若此，犹饥而食之以毒，适所以害之也。伏见大将军宪，始遭大忧，公卿比奏，欲令典干国事；宪深执谦退，固辞盛位，恳恳勤勤，言之深至，天下闻之，莫不说喜[17]。今逾年未几，入礼未终，卒然中改，兄弟专朝，宪秉三军之重，笃、景总宫卫之权，而虐用百姓，奢侈僭偪，诛戮无罪，肆心自快。今者论议讻讻，咸谓叔段、州吁复生于汉。臣观公卿怀持两端，不肯极言者，以为宪等若有匪懈之志，则已受吉甫褒申伯之功[18]；如宪等陷于罪辜，则自取陈平、周勃顺吕后之权，终不以宪等吉凶为忧也！臣敞区区诚欲计策两安，绝其绵绵，塞其涓涓[19]，上不欲令皇太后损文母之号[20]、陛下有誓泉之讥[21]，下使宪等得长保其福祐也。驸马都尉瑰，比请退身，愿抑家权，可与参谋，听顺其意，诚宗庙至计，窦氏之福！"时济南王康尊贵骄甚[22]，宪乃白出敞为济南太傅。康有违失，敞辄谏争，康虽不能从，然素敬重敞，无所嫌牾焉。

冬，十月，庚子，阜陵质王延薨。

是岁，郡国九大水。

【注释】

①孝和皇帝：刘肇（zhào 罩）（79—105），章帝第四子，十岁即位，窦太后临朝。窦氏兄弟专权。在位十七年，以永元、元兴为年号。 ②箄（pái 牌）：大筏。 ③稽颡（sǎng 嗓）：以额触地之礼。 ④袁安：字邵公，汝南汝阳（今河南商水县西北）人。历任楚郡太守、河南尹、太仆、司空、司徒诸职，多次弹劾外戚，为时人所称道。任隗（kuí 魁）：字仲和，历

官至司空，能鲠言直议。 ⑤鲁恭：字仲康，历官至司徒。 ⑥谅暗：又称“亮阴”“谅阴”。指代天子居丧。 ⑦三时：夏、秋、冬。警跸（bì 毕）：出入。 ⑧平城之围：事见本书卷第十一高帝七年（前 200）。 ⑨慢书之耻：事见本书卷第十二惠帝三年（前 192）。 ⑩何敞：字文高，历侍御史、尚书职，因直言得罪窦宪，出为济南太傅。 ⑪燕然山：今蒙古国杭爱山。 ⑫呼韩邪故事：西汉宣帝时匈奴呼韩邪单于与汉和亲，保持友好关系。 ⑬缇（tí 提）骑：担任警卫的随从，以其穿橘红色衣服，乘马，故称缇骑。 ⑭符信：作为信物的虎符。 ⑮“郑武姜”句：春秋时，郑武姜爱少子叔段，郑庄公应武姜请求，赐给叔段食邑，叔段发展实力，反叛失败。 ⑯“卫庄公”句：春秋时，卫庄公宠幸庶子州吁。州吁拥兵反叛，弑桓公。 ⑰说：通“悦”。⑱“吉甫”句：周代，周宣王元舅申伯有美德，尹吉甫作诗赞誉他。 ⑲“绝其”句：古语云：涓涓不壅，终为江河。绵绵不绝，或成网罗。 ⑳文母：文王之母。典出《诗经·大雅·思齐》。 ㉑誓泉之讥：郑武姜诱导叔段作乱，庄公把武姜置于城颍，发誓说：“不及黄泉，无相见也。”后来，庄公又后悔不该如此发誓。 ㉒康：刘康，光武帝的小儿子。

二年 春，正月，丁丑，赦天下。

二月，壬午，日有食之。

夏，五月，丙辰，封皇弟寿为济北王，开为河间王，淑为城阳王；绍封故淮南顷王子侧为常山王。

窦宪遣副校尉阎砻将二千余骑掩击北匈奴之守伊吾者[①]，复取其地。车师震慑，前、后王各遣子入侍。

月氏求尚公主，班超拒还其使，由是怨恨，遣其副王谢将兵七万攻超。超众少，皆大恐；超譬军士曰：“月氏兵虽多，然数千里逾葱岭来，非有运输，何足忧邪！但当收谷坚守，彼饥穷自降，不过数十日决矣！”谢遂前攻超，不下，又钞掠无所得。超度其粮将尽，必从龟兹求食，乃遣兵数百于东界要之。谢果遣骑赍金银珠玉以赂龟兹，超伏兵遮击，尽杀之，持其使首以示谢。谢大惊，即遣使请罪，愿得生归，超纵遣之。月氏由是大震，岁奉贡献。

初，北海哀王无后[②]，肃宗以齐武王首创大业而后嗣废绝，心常愍之，遗诏令复齐、北海二国。丁卯，封芜湖侯无忌为齐王，北海敬王庶子威为北海王。

六月，辛卯，中山简王焉薨。焉，东海恭王之母弟，而窦太后，恭王之甥也；故加赙钱一亿[3]，大为修冢茔，平夷吏民冢墓以千数，作者万余人，凡征发摇动六州十八郡。

诏封窦宪为冠军侯，笃为郾侯，瑰为夏阳侯；宪独不受封。

秋，七月，乙卯，窦宪出屯凉州[4]，以侍中邓叠行征西将军事为副。

北单于以汉还其侍弟，九月，复遣使款塞称臣，欲入朝见。冬，十月，窦宪遣班固、梁讽迎之。会南单于复上书求灭北庭，于是遣左谷蠡王师子等将左右部八千骑出鸡鹿塞，中郎将耿谭遣从事将护之，袭击北单于。夜至，围之，北单于被创，仅而得免，获阏氏及男女五人[5]，斩首八千级，生虏数千口。班固至私渠海而还。是时，南部党众益盛，领户三万四千，胜兵五万。

三年　春，正月，甲子，帝用曹褒新礼，加元服[6]，擢褒监羽林左骑。

窦宪以北匈奴微弱，欲遂灭之。二月，遣左校尉耿夔、司马任尚出居延塞[7]，围北单于于金微山[8]，大破之，获其母阏氏、名王已

鸡鹿塞遗址

下五千余级，北单于逃走，不知所在。出塞五千余里而还，自汉出师所未尝至也。封夔为粟邑侯。

窦宪既立大功，威名益盛，以耿夔、任尚等为爪牙，邓叠、郭璜为心腹，班固、傅毅之徒典文章，刺史、守、令，多出其门，赋敛吏民，共为赂遗。司徒袁安、司空任隗举奏诸二千石并所连及，贬秩免官四十余人，窦氏大恨；但安、隗素行高，亦未有以害之。尚书仆射乐恢，刺举无所回避，宪等疾之。恢上书曰："陛下富于春秋[9]，纂承大业，诸舅不宜干正王室，以示天下之私。方今之宜，上以义自割，下以谦自引，四舅可长保爵土之荣，皇太后永无惭负宗庙之忧，诚策之上者也。"书奏，不省。恢称疾乞骸骨，归长陵[10]；宪风厉州郡，迫胁恢饮药死。于是朝臣震慑，望风承旨，无敢违者。袁安以天子幼弱，外戚擅权，每朝会进见及与公卿言国家事，未尝不喑呜流涕；自天子及大臣，皆恃赖之。

冬，十月，癸未，上行幸长安，诏求萧、曹近亲宜为嗣者，绍其封邑。

诏窦宪与车驾会长安。宪至，尚书以下议欲拜之，伏称万岁，尚书韩稜正色曰："夫上交不谄，下交不渎；礼无人臣称万岁之制！"议者皆惭而止。尚书左丞王龙私奏记、上牛酒于宪，稜举奏龙，论为城旦。

龟兹、姑墨、温宿诸国皆降。十二月，复置西域都护、骑都尉、戊己校尉官[11]。以班超为都护，徐干为长史。拜龟兹侍子白霸为龟兹王，遣司马姚光送之。超与光共胁龟兹，废其王尤利多而立白霸，使光将尤利多还诣京师。超居龟兹它乾城，徐干屯疏勒，惟焉耆、危须、尉犁以前没都护，犹怀二心，其余悉定。

初，北单于既亡，其弟右谷蠡王於除鞬自立为单于，将众数千人止蒲类海，遣使款塞。窦宪请遣使立於除鞬为单于，置中郎将领护，如南单于故事。事下公卿议，宋由等以为可许；袁安、任隗奏以为："光武招怀南虏，非谓可永安内地，正以权时之算，可得捍御北狄故也。今朔漠已定，宜令南单于反其北庭，并领降众，无缘更立於除鞬以增国费。"事奏，未以时定。安惧宪计遂行，乃独上封事曰："南单于屯先父举众归德，自蒙恩以来四十余年，三帝积累以遗陛下，陛下深宜追述先志，成就其业。况屯首创大谋，空尽北虏，辍而弗图[12]，更立新降；以一朝之计，违三世之规，失信于所养，建立于无功。《论语》曰：'言忠信，行笃敬，虽蛮貊行焉[13]。'今若失信于一屯，则百蛮不敢复保誓矣。又，乌桓、鲜卑新杀北单于，凡人之情，咸畏仇雠，今立其弟，则二虏怀怨。且汉故事，供给南单于，费直岁一亿九十余万，西域岁七千四百八十万；今北庭弥远，其费过倍，是乃空尽天下而非建策之要也。"诏下其议，安又与宪更相难折。宪险急负执，言辞骄讦[14]，至诋毁安，称光武诛韩歆、戴涉故事[15]，安终不移；然上竟从宪策。

【注释】

①阎砻（lóng 茏）：其名有疑，"砻"或作"盘"。 ②北海哀王：刘基，章帝元和三年（86）去世，无后。 ③赙（fù 赋）：办丧事的钱财。 ④凉州：治今甘肃张家川回族自治县。 ⑤阏氏（yān zhī 淹之）：匈奴君主的正妻。 ⑥元服：加冠于首。 ⑦居延：治今内蒙古额济纳旗东南。⑧金微山：又称金山，即今蒙古国境内阿尔泰山脉。 ⑨富于春秋：春秋尚多，年纪还轻。 ⑩长陵：县名，治今陕西咸阳市东北。 ⑪"复置"句：章帝建初元年（76）罢西域都护及戊己校尉官，现复置。 ⑫辍（chuò 绰）：中止。 ⑬"言忠信"句：出自《论语·卫灵公》，原文："子张问行。子曰：'言忠信，行笃敬，虽蛮貊之邦，行矣。'" ⑭讦（jié 节）：揭发别人的阴私。 ⑮韩歆事：见本书卷第四十三建武十五年（39）。戴涉事：见本书卷第四十三建武二十年（44）。

资治通鉴卷第四十八

汉纪四十　起玄黓执徐，尽旃蒙大荒落，凡十四年。

孝和皇帝下

永元四年　春，正月，遣大将军左校尉耿夔授於除鞬印绶，使中郎将任尚持节卫护屯伊吾，如南单于故事。

初，庐江周荣辟袁安府[①]，安举奏窦景及争立北单于事，皆荣所具草，窦氏客太尉掾徐齮深恶之[②]。胁荣曰："子为袁公腹心之谋，排奏窦氏，窦氏悍士、刺客满城中，谨备之矣！"荣曰："荣，江淮孤生，得备宰士，纵为窦氏所害，诚所甘心！"因敕妻子："若卒遇飞祸，无得殡敛，冀以区区腐身觉悟朝廷。"

三月，癸丑，司徒袁安薨。

闰月，丁丑，以太常丁鸿为司徒。

夏，四月，丙辰，窦宪还至京师。

六月，戊戌朔，日有食之。丁鸿上疏曰[③]："昔诸吕擅权，统嗣几移；哀、平之末，庙不血食[④]。故虽有周公之亲而无其德[⑤]，不得行其势也。今大将军虽欲敕身自约，不敢僭差；然而天下远近，皆惶怖承旨。刺史、二千石初除[⑥]，谒辞、求通待报，虽奉符玺，受台敕，不敢便去，久者至数十日，背王室，向私门，此乃上威损，下权盛也。人道悖于下，效验见于天，虽有隐谋，神照其情，垂象见戒，以告人君。禁微则易，救末则难；人莫不忽于微细以致其大，恩不忍诲，义不忍割，去事之后，未然之明镜也。夫天不可以不刚，不刚则三光不明[7]；王不可以不强，不强则宰牧从横。宜因大变，改政匡失，以塞天意！”

丙辰，郡国十三地震。

旱，蝗。

窦氏父子兄弟并为卿、校[8]，充满朝廷，穰侯邓叠、叠弟步兵校尉磊及母元、宪女婿射声校尉郭举、举父长乐少府璜共相交结；元、举并出入禁中，举得幸太后，遂共图为杀害，帝阴知其谋。是时，宪兄弟专权，帝与内外臣僚莫由亲接，所与居者阉宦而已。帝以朝臣上下莫不附宪，独中常侍钩盾令郑众[9]，谨敏有心几，不事豪党，遂与众定议诛宪，以宪在外，虑其为乱，忍而未发；会宪与邓叠皆还京师。时清河王庆，恩遇尤渥[10]，常入省宿止；帝将发其谋，欲得《外戚传》，惧左右，不敢使，令庆私从千乘王求，夜，独内之；又令庆传语郑众，求索故事。庚申，帝幸北宫，诏执金吾、五校尉勒兵屯卫南、北宫，闭城门，收捕郭璜、郭举、邓叠、邓磊，皆下狱死。遣谒者仆射收宪大将军印绶，更封为冠军侯，与笃、景、瑰皆就国。帝以太后故，不欲名诛宪，为选严能相督察之。宪、笃、景到国，皆迫令自杀。

初，河南尹张酺，数以正法绳治窦景，及窦氏败，酺上疏曰：“方宪等宠贵，群臣阿附唯恐不及，皆言宪受顾命之托，怀伊、吕之忠，至乃复比邓夫人于文母[11]，今严威既行，皆言当死，不顾其前后，考折厥衷。臣伏见夏阳侯瑰每存忠善，前与臣言，常有尽节之心，检敕宾客，未尝犯法。臣闻王政骨肉之刑，有三宥之义[12]，过厚不过薄。今议者欲为瑰选严能相，恐其迫切，必不完免，宜裁加贷宥，以崇厚德。”帝感其言，由是瑰独得全。窦氏宗族宾客以宪为官者，皆免归故郡。

初，班固奴尝醉骂洛阳令种兢，兢因逮考窦氏宾客，收捕固，死狱中。固尝著《汉书》，尚未就，诏固女弟曹寿妻昭踵而成之[13]。

华峤论曰：固之序事，不激诡，不抑抗，赡而不秽，详而有体，使读之者亹亹而不厌[14]，信哉其能成名也！固讥司马迁是非颇谬于圣人，然其论议，常排死节，否正直，而不叙杀身成仁之为美，则轻仁义，贱守节甚矣！

初，窦宪纳妻，天下郡国皆有礼庆。汉中郡亦当遣吏，户曹李郃谏曰："窦将军椒房之亲，不修德礼而专权骄恣，危亡之祸，可翘足而待；愿明府一心王室，勿与交通。"太守固遣之，郃不能止，请求自行，许之。郃遂所在迟留以观其变，行至扶风而宪就国。凡交通者皆坐免官，汉中太守独不与焉。

帝赐清河王庆奴婢、舆马、钱帛、珍宝，充牣其第[15]。庆或时不安，帝朝夕问讯，进膳药，所以垂意甚备。庆亦小心恭孝，自以废黜，尤畏事慎法，故能保其宠禄焉。

帝除袁安子赏为郎，任隗子屯为步兵校尉，郑众迁大长秋。帝策勋班赏，众每辞多受少，帝由是贤之，常与之议论政事，宦官用权至此始矣。

秋，七月，己丑，太尉宋由以窦氏党策免，自杀。

八月，辛亥，司空任隗薨。

癸丑，以大司农尹睦为太尉。太傅邓彪以老病上还枢机职，诏许焉，以睦代彪录尚书事。

冬，十月，以宗正刘方为司空。

武陵、零陵、澧中蛮叛。

护羌校尉邓训卒[16]，吏、民、羌、胡旦夕临者数千人。羌、胡或以刀自割，又刺杀其犬马牛羊，曰："邓使君已死，我曹亦俱死耳！"前乌桓吏士皆奔走道路，至空城郭；吏执，不听，以状白校尉徐傿，傿叹息曰："此为义也！"乃释之。遂家家为训立祠，每有疾病，辄请祷求福。

东汉吾作神人神兽画像镜

蜀郡太守聂尚代训为护羌校尉，欲以恩怀诸羌，乃遣译使招呼迷唐，使还居大、小榆谷。迷唐既还，遣祖母卑缺诣尚，尚自送至塞下，为设祖道，令译田汜等五人护送至庐落。迷唐遂反，与诸种共生屠裂汜等，以血盟诅，复寇金城塞。尚坐免。

【注释】

①周荣：字平孙，舒县（今安徽庐江县西南）人，章帝时举明经，辟司徒袁安府。敢直言，官终山阳太守。 ②徐崎（yǐ 椅）：时任太尉属官。③丁鸿：字孝公，通《尚书》，征拜侍中，和帝时历司徒，弹劾窦宪，名震一时。 ④血食：古人杀牲取血，用以祭祀。 ⑤周公：姬旦，周文王第四子。曾佐武王伐商，又辅助年幼的成王，政绩卓著。 ⑥除：任职。⑦三光：日月星。 ⑧卿、校：九卿和诸校尉。 ⑨钩盾令：秩六百石，主管池苑囿。郑众：宦官，字季产，为人机敏，以诛灭外戚功，升任大长秋，封鄛乡侯，为东汉宦官参政之始。 ⑩渥（wò 卧）：优厚。 ⑪邓夫人：穰侯邓叠母元。 ⑫三宥：三次赦免。 ⑬昭：曹大家。 ⑭亹亹（wěi 伟）：勤勉不倦。 ⑮充牣（rèn 认）：充满。 ⑯邓训：字平叔，邓禹第六子。历郎中、乌桓校尉、张掖太守、护羌校尉。元兴初年封为平寿侯，女儿为和帝后。

五年 春，正月，乙亥，宗祀明堂，登灵台，赦天下。

戊子，千乘贞王伉薨[①]。

辛卯，封皇弟万岁为广宗王。

甲寅[②]，太傅邓彪薨。

戊午[③]，陇西地震。

夏，四月，壬子，绍封阜陵殇王兄鲂为阜陵王。

九月，辛酉，广宗殇王万岁薨，无子，国除。

初，窦宪既立於除鞬为北单于，欲辅归北庭，会宪诛而止[④]。於除鞬自畔还北，诏遣将兵长史王辅以千余骑与任尚共追讨，斩之，破灭其众。

耿夔之破北匈奴也，鲜卑因此转徙据其地。匈奴余种留者尚有十余万落，皆自号鲜卑；鲜卑由此渐盛。

冬，十月，辛未[⑤]，太尉尹睦薨。

十一月，乙丑，太仆张酺为太尉。酺与尚书张敏等奏“射声校尉曹褒[⑥]，擅制汉礼，破乱圣术，宜加刑诛”。书凡五奏。帝知酺守学不通，虽寝其奏，而汉礼遂不行。

是岁，武陵郡兵破叛蛮，降之。

梁王畅与从官卞忌祠祭求福，忌等谄媚云："神言王当为天子。"畅与相应答，为有司所奏，请征诣诏狱。帝不许，但削成武、单父二县。畅渐惧，上疏深自刻责曰："臣天性狂愚，不知防禁，自陷死罪，分伏显诛。陛下圣德，枉法曲平，横赦贷臣，为臣受污。臣知大贷不可再得⑦，自誓束身约妻子，不敢复出入失绳墨，不敢复有所横费，租入有余，乞裁食睢阳、谷熟、虞、蒙、宁陵五县，还余所食四县⑧。臣畅小妻三十七人，其无子者，愿还本家，自选择谨敕奴婢二百人，其余所受虎贲、官骑及诸工技、鼓吹、仓头、奴婢、兵弩、厩马⑨，皆上还本署。臣畅以骨肉近亲，乱圣化，污清流，既得生活，诚无心面目以凶恶复居大宫，食大国，张官属，藏杂物，愿陛下加恩开许。"上优诏不听。

护羌校尉贯友遣译使构离诸羌⑩，诱以财货，由是解散。乃遣兵出塞，攻迷唐于大、小榆谷，获首虏八百余人，收麦数万斛，遂夹逢留大河筑城坞⑪，作大航，造河桥，欲度兵击迷唐。迷唐率部落远徙，依赐支河曲。

单于屯屠何死，单于宣弟安国立。安国初为左贤王，无称誉；及为单于，单于适之子左谷蠡王师子以次转为左贤王。师子素勇黠多知，前单于宣及屯屠何皆爱其气决，数遣将兵出塞，掩击北庭，还，受赏赐，天子亦加殊异。由是国中尽敬师子而不附安国，安国欲杀之；诸新降胡，初在塞外数为师子所驱掠，多怨之。安国委计降者，与同谋议。师子觉其谋，乃别居五原界，每龙庭会议，师子辄称病不往。度辽将军皇甫稜知之，亦拥护不遣，单于怀愤益甚。

【注释】

①贞：谥号，事君无猜曰贞。伉：音 kàng（抗）。　②甲寅：此日待考。　③戊午：此日待考。　④此事见于上卷永元三年（91）。　⑤辛未：此日待考。　⑥曹褒：字叔通，章帝召定礼制，撰冠婚吉凶制度凡百五十篇上之，累迁至侍中。教授诸生千余人。　⑦贷：饶恕。　⑧四县：此处指下邑、尉氏、薄、鄢四县。　⑨虎贲：负责仪卫的人员，属虎贲中郎

将。官骑：主驾车马的骑从。鼓吹：本为乐名，此为奏乐人员。仓头：汉代对奴仆的称呼。弩（nǔ 努）：一种用机械力量射箭的弓。厩（jiù 就）：马棚。 ⑩构：交接。 ⑪逢留大河：黄河上游的一段，在二榆谷以北。

六年 春，正月，皇甫稜免，以执金吾朱徽行度辽将军。时单于与中郎将杜崇不相平，乃上书告崇，崇讽西河太守令断单于章，单于无由自闻。崇因与朱徽上言："南单于安国，疏远故胡，亲近新降，欲杀左贤王师子及左台且渠刘利等；又，右部降者，谋共迫胁安国起兵背畔，请西河、上郡、安定为之儆备[①]。"帝下公卿议，皆以为："蛮夷反复，虽难测知，然大兵聚会，必未敢动摇。今宜遣有方略使者之单于庭[②]，与杜崇、朱徽及西河太守并力，观其动静。如无他变，可令崇等就安国会其左右大臣，责其部众横暴为边害者，共平罪诛。若不从命，令为权时方略，事毕之后，裁行赏赐[③]，亦足以威示百蛮。"于是徽、崇遂发兵造其庭[④]。安国夜闻汉军至，大惊，弃帐而去，因举兵欲诛师子。师子先知，乃悉将庐落入曼柏城[⑤]；安国追到城下，门闭，不得入。朱徽遣吏晓譬和之[⑥]，安国不听；城既不下，乃引兵屯五原。崇、徽因发诸郡骑追赴之急，众皆大恐，安国舅骨都侯喜为等虑并被诛，乃格杀安国，立师子为亭独尸逐侯鞮单于。

己卯，司徒丁鸿薨。

二月，丁未，以司空刘方为司徒，太常张奋为司空。

夏，五月，城阳怀王淑薨，无子，国除。

秋，七月，京师旱。

西域都护班超发龟兹、

黄香像

鄯善等八国兵合七万余人讨焉耆，到其城下，诱焉耆王广、尉犁王泛等于陈睦故城，斩之，传首京师；因纵兵钞掠，斩首五千余级，获生口万五千人，更立焉耆左侯元孟为焉耆王。超留焉耆半岁，慰抚之。于是西域五十余国悉纳质内属，至于海滨⑦，四万里外，皆重译贡献。

南单于师子立，降胡五六百人夜袭师子，安集掾王恬将卫护士与战⑧，破之。于是降胡遂相惊动，十五部二十余万人皆反，胁立前单于屯屠何子薁鞬日逐王逢侯为单于，遂杀略吏民，燔烧邮亭、庐帐，将车重向朔方，欲度幕北⑨。九月，癸丑⑩，以光禄勋邓鸿行车骑将军事，与越骑校尉冯柱、行度辽将军朱徽将左右羽林、北军五校士及郡国迹射、缘边兵⑪，乌桓校尉任尚将乌桓、鲜卑⑫，合四万人讨之。时南单于及中郎将杜崇屯牧师城⑬，逢侯将万余骑攻围之。冬，十一月，邓鸿等至美稷，逢侯乃解围去，向满夷谷。南单于遣子将万骑及杜崇所领四千骑，与邓鸿等追击逢侯于大城塞⑭，斩首四千余级。任尚率鲜卑、乌桓要击逢侯于满夷谷⑮，复大破之，前后凡斩万七千余级。逢侯遂率众出塞，汉兵不能追而还。

以大司农陈宠为廷尉⑯。宠性仁矜，数议疑狱，每附经典，务从宽恕，刻敝之风，于此少衰。

帝以尚书令江夏黄香为东郡太守，香辞以："典郡从政，才非所宜，乞留备冗官，赐以督责小职，任之宫台烦事⑰。"帝乃复留香为尚书令，增秩二千石，甚见亲重。香亦祗勤物务，忧公如家。

【注释】

①儆（jǐng 警）：戒备。 ②之：往。 ③裁：裁量。 ④造：到……去。 ⑤曼柏城：在今内蒙古达拉特旗东南。 ⑥譬和：说服调和。 ⑦海滨：西域以外的地带，有条支、大秦等国。 ⑧安集掾：官名，负责安集匈奴。 ⑨幕（mò 莫）：通"漠"。 ⑩癸丑：此日待考。 ⑪迹射：汉有迹射士，以寻迹而射得名。 ⑫任尚：初为西域戊己校尉，历任中郎将、护羌校尉。多次镇压汉羌人民。元初五年（118），与邓遵争功，为邓太后所杀。 ⑬牧师城：汉代在边郡置牧师苑养马。牧师城在今内蒙古准格尔旗西北。 ⑭大城塞：治今内蒙古伊金霍洛旗西。 ⑮要（yāo 妖）：半路拦截。 ⑯陈宠（？—106）：字昭公，沛国洨（今安徽灵璧县

南)人。主张废烦苛之法,撰《决事都目》等书。官至司空。 ⑰宫台:“宫”指宫中;“台”指尚书台。

七年 春,正月,邓鸿等军还,冯柱将虎牙营留屯五原,鸿坐逗留失利,下狱死。后帝知朱徽、杜崇失胡和,又禁其上书,以致胡反,皆征,下狱死。

夏,四月,辛亥朔,日有食之。

秋,七月,乙巳,易阳地裂①。

九月,癸卯,京师地震。

乐成王党坐贼杀人,削东光、鄡二县②。

八年 春,二月,立贵人阴氏为皇后。后,识之曾孙也。

夏,四月,乐成靖王党薨。子哀王崇立。寻死,无子,国除。

五月,河内、陈留蝗。

南匈奴右温禺犊王乌居战畔出塞。秋,七月,度辽将军庞奋、越骑校尉冯柱追击破之,徙其余众及诸降胡二万余人于安定、北地③。

车师后部王涿鞮反,击前王尉毕大④,获其妻子。

九月,京师蝗。

冬,十月,乙丑,北海王威以非敬王子,又坐诽谤,自杀。

十二月,辛亥,陈敬王羡薨。

丁巳,南宫宣室殿火。

护羌校尉贯友卒,以汉阳太守史充代之。充至,遂发湟中羌、胡出塞击迷唐⑤。迷唐迎败充兵,杀数百人。充坐征,以代郡太守吴祉代之。

九年 春,三月,庚辰,陇西地震。

癸巳,济南安王康薨。

西域长史王林击车师后王,斩之。

夏,四月,丁卯,封乐成王党子巡为乐成王。

五月,封皇后父屯骑校尉阴纲为吴房侯,以特进就第。

六月,旱,蝗。

秋,八月,鲜卑寇肥如⑥,辽东太守祭参坐沮败,下狱死。

闰月，辛巳，皇太后窦氏崩。初，梁贵人既死，宫省事秘，莫有知帝为梁氏出者。舞阴公主子梁扈遣从兄禅奏记三府[⑦]，以为“汉家旧典，崇贵母氏，而梁贵人亲育圣躬，不蒙尊号，求得申议”。太尉张酺言状，帝感恸良久，曰：“于君意若何？”酺请追上尊号，存录诸舅。帝从之。会贵人姊南阳樊调妻嫕上书自讼曰：“妾父竦冤死牢狱[⑧]，骸骨不掩；母氏年逾七十，及弟棠等远在绝域，不知死生。愿乞收竦朽骨，使母、弟得归本郡。”帝引见嫕，乃知贵人枉殁之状。三公上奏，“请依光武黜吕太后故事，贬窦太后尊号，不宜合葬先帝”。百官亦多上言者。帝手诏曰：“窦氏虽不遵法度，而太后常自减损。朕奉事十年，深惟大义；礼，臣子无贬尊上之文，恩不忍离，义不忍亏。按前世，上官太后亦无降黜，其勿复议！”丙申，葬章德皇后。

烧唐羌迷唐率众八千人寇陇西，胁塞内诸种羌合步骑三万人击破陇西兵，杀大夏长[⑨]。诏遣行征西将军刘尚、越骑校尉赵世副之，将汉兵、羌、胡三万人讨之。尚屯狄道，世屯枹罕；尚遣司马寇盱监诸郡兵，四面并会。迷唐惧，弃老弱，奔入临洮南。尚等追至高山，大破之，斩虏千余人。迷唐引去，汉兵死伤亦多，不能复追，乃还。

九月，庚申，司徒刘方策免，自杀。

甲子，追尊梁贵人为皇太后，谥曰恭怀，追复丧制。冬，十月，乙酉，改葬梁太后及其姊大贵人于西陵[⑩]。擢樊调为羽林左监。追封谥皇太后父竦为褒亲愍侯，遣使迎其丧，葬于恭怀皇后陵旁。征还竦妻子；封子棠为乐平侯，棠弟雍为乘氏侯，雍弟翟为单父侯，位皆特进，赏赐以巨万计，宠遇光于当世，梁氏自此盛矣。

清河王庆始敢求上母宋贵人冢，帝许之，诏太官四时给祭具。庆垂涕曰：“生虽不获供养，终得奉祭祀，私愿足矣！”欲求作祠堂，恐有自同恭怀梁后之嫌，遂不敢言，常泣向左右，以为没齿之恨[⑪]。后上言：“外祖母王年老，乞诣雒阳疗疾。”于是诏宋氏悉归京师，除庆舅衍、俊、盖、暹等皆为郎。

十一月，癸卯，以光禄勋河南吕盖为司徒。

十二月，丙寅，司空张奋罢。壬申，以太仆韩稜为司空。

西域都护定远侯班超遣掾甘英使大秦、条支⑫，穷西海，皆前世所不至，莫不备其风土，传其珍怪焉。及安息西界⑬，临大海，欲渡，船人谓英曰："海水广大，往来者逢善风⑭，三月乃得渡，若遇迟风，亦有二岁者；故入海，人皆赍三岁粮，海中善使人思土恋慕，数有死亡者。"英乃止。

【注释】

①易阳：县名。治今河北邯郸市永年区东南。 ②东光、鄡（qiāo敲）：县名，属今河北。 ③安定：郡名，治所在今甘肃泾川县。北地：郡名。治所在今宁夏吴忠市。 ④尉毕大：又作尉卑大，车师前部王。 ⑤湟中：指今青海湟水两岸，时为各族杂居之地。 ⑥肥如：县名。治今河北卢龙县北。 ⑦扈：梁松子。三府：太尉、司徒、司空。 ⑧嫕（yì义）：和蔼。竦：梁竦，建中初为窦氏所陷，死于狱中。 ⑨大夏：县名。治今甘肃广河县西北。 ⑩西陵：以其在敬陵之西，故名。 ⑪没齿：犹言终身。 ⑫大秦：古罗马帝国，又称海西国。条支：西域国名。在安息以西，临西海、底格里斯和幼发拉底河之间。 ⑬安息：伊朗高原古国。⑭善风：顺风。

十年 夏，五月，京师大水。

秋，七月，己巳①，司空韩棱薨。八月，丙子，以太常太山巢堪为司空。

冬，十月，五州雨水。

行征西将军刘尚、越骑校尉赵世坐畏懦征，下狱，免。谒者王信领尚营屯枹罕，谒者耿谭领世营屯白石②。谭乃设购赏，诸种颇来内附。迷唐恐，乃请降；信、谭遂受降罢兵。十二月，迷唐等帅种人诣阙贡献。

戊寅，梁节王畅薨。

初，居巢侯刘般薨，子恺当嗣，称父遗意，让其弟宪，遁逃久之，有司奏请绝恺国。肃宗美其义，特优假之，恺犹不出。积十余岁，有司复奏之，侍中贾逵上书曰："孔子称'能以礼让为国乎何有③'。有司不原乐善之心，而绳以循常之法，惧非长克让之风，成含弘之化也。"帝纳之，下诏曰："王法崇善，成人之美，其听宪嗣

贾逵像

爵;遭事之宜,后不得以为比。"乃征恺,拜为郎。

南单于师子死,单于长之子檀立,为万氏尸逐鞮单于。

十一年　夏,四月,丙寅,赦天下。

帝因朝会,召见诸儒,使中大夫鲁丕与侍中贾逵、尚书令黄香等相难数事,帝善丕说,罢朝,特赐衣冠。丕因上疏曰:"臣闻说经者,传先师之言,非从己出,不得相让;相让则道不明,若规矩权衡之不可枉也[4]。难者必明其据,说者务立其义,浮华无用之言,不陈于前,故精思不劳而道术愈章。法异者各令自说师法,博观其义,无令刍荛以言得罪[5],幽远独有遗失也。"

十二年　夏,四月,戊辰,秭归山崩[6]。

秋,七月,辛亥朔,日有食之。

九月,戊午,太尉张酺免。丙寅,以大司农张禹为太尉。

烧当羌豪迷唐既入朝,其余种人不满二千[7],饥窘不立,入居金城,帝令迷唐将其种人还大、小榆谷;迷唐以汉作河桥[8],兵来无常,故地不可复居,辞以种人饥饿,不肯远出。护羌校尉吴祉等多赐迷唐金帛,令籴谷市畜,促使出塞,种人更怀猜惊。是岁,迷唐复叛,胁将湟中诸胡寇钞而去,王信、耿谭、吴祉皆坐征。

十三年　秋,八月,己亥,北宫盛馔门阁火[9]。

迷唐复还赐支河曲[10],将兵向塞。护羌校尉周鲔与金城太守侯霸及诸郡兵、属国羌、胡合三万人至允川[11]。侯霸击破迷唐,种人瓦解,降者六千余口,分徙汉阳、安定、陇西。迷唐遂弱,远逾赐支河首,依发羌居[12]。久之,病死,其子来降,户不满数十。

荆州雨水。

冬,十一月,丙辰,诏曰:"幽、并、凉州户口率少,边役众剧,束修良吏进仕路狭[13]。抚接夷狄，以人为本，其令缘边郡口十万以上，岁举孝廉一人，不满十万，二岁举一人，五万以下，三岁举一人。”

鲜卑寇右北平，遂入渔阳，渔阳太守击破之。

戊辰，司徒吕盖以老病致仕。

巫蛮许圣以郡收税不均[14]，怨恨，遂反；辛卯[15]，寇南郡。

【注释】

①己巳：此日待考。 ②白石：县名。治今甘肃临夏市。 ③“能以”句：出自《论语·里仁》。 ④权：秤锤。衡：秤。 ⑤刍荛（ráo 饶）：割草打柴的人。 ⑥秭归：治今湖北秭归县。 ⑦种人：同一部族的人。 ⑧河桥：事见本卷“五年（93）”，贯友造河桥。 ⑨盛馔门阁：御厨门阁。 ⑩赐支河曲：又名赐支河，即今青海海南藏族自治州境黄河河段。 ⑪允川：离赐支河几十里，在大、小榆谷之西。 ⑫发羌：羌族的一支。 ⑬束修：束发自修者。 ⑭巫蛮：此指今重庆巫山县一带的土著。 ⑮辛卯：此日待考。

十四年 春，安定降羌烧何种反，郡兵击灭之。时西海及大、小榆谷左右无复羌寇，隃麋相曹凤上言[1]：“自建武以来，西羌犯法者，常从烧当种起，所以然者，以其居大、小榆谷，土地肥美，有西海鱼盐之利，阻大河以为固。又，近塞诸种，易以为非，难以攻伐，故能强大，常雄诸种，恃其拳勇，招诱羌、胡。今者衰困，党援坏沮[2]，亡逃栖窜，远依发羌。臣愚以为宜及此时建复西海郡县[3]，规固二榆，广设屯田，隔塞羌、胡交关之路，遏绝狂狡窥欲之源。又殖谷富边，省委输之役[4]，国家可以无西方之忧。”上从之。缮修故西海郡，徙金城西部都尉以戍之，拜凤为金城西部都尉，屯龙耆[5]。后增广屯田，列屯夹河，合三十四部。其功垂立，会永初中诸羌叛，乃罢。

三月，戊辰，临辟雍飨射，赦天下。

夏，四月，遣使者督荆州兵万余人，分道讨巫蛮许圣等，大破之。圣等乞降，悉徙置江夏。

阴皇后多妒忌，宠遇浸衰，数怀恚恨。后外祖母邓朱，出入宫掖，有言后与朱共挟巫蛊道者[6]；帝使中常侍张慎与尚书陈褒案之，劾以大逆无道，朱二子奉、毅，后弟辅皆考死狱中。六月，辛卯，后坐废，迁于桐宫，以忧死。父特进纲自杀，后弟轶、敞及朱家属徙日南比景[7]。

秋，七月，壬子，常山殇王侧薨，无子，立其兄防子侯章为常山王。

三州大水。

班超久在绝域[8]，年老思土，上书乞归曰："臣不敢望到酒泉郡[9]，但愿生入玉门关[10]。谨遣子勇随安息献物入塞，及臣生在，令勇目见中土。"朝廷久之未报，超妹曹大家上书曰[11]："蛮夷之性，悖逆侮老；而超旦暮入地，久不见代，恐开奸宄之原[12]，生逆乱之心。而卿大夫咸怀一切，莫肯远虑，如有卒暴，超之气力不能从心，便为上损国家累世之功，下弃忠臣竭力之用，诚可痛也！故超万里归诚，自陈苦急，延颈逾望，三年于今，未蒙省录。妾窃闻古者十五受兵，六十还之，亦有休息，不任职也。故妾敢触死为超求哀，丐超余年[13]，一得生还，复见阙庭，使国家无劳远之虑，西域无仓卒之忧，超得长蒙文王葬骨之恩[14]，子方哀老之惠[15]。"帝感其言，乃征超还。八月，超至雒阳，拜为射声校尉；九月，卒。

超之被征，以戊己校尉任尚代为都护。尚谓超曰："君侯在外国三十余年，而小人猥承君后，任重虑浅，宜有以诲之！"超曰："年老失智。君数当大位，岂班超所能及哉！必不得已，愿进愚言：塞外吏士，本非孝子顺孙，皆以罪过徙补边屯；而蛮夷怀鸟兽之心，难养易败。今君性严急，水清无大鱼，察政不得下和，宜荡佚简易，宽小过，总大纲而已。"超去，尚私谓所亲曰："我以班君当有奇策，今所言，平平耳。"尚后竟失边和，如超所言。

初，太傅邓禹尝谓人曰："吾将百万之众，未尝妄杀一人，后世必有兴者。"其子护羌校尉训，有女曰绥，性孝友，好书传，常昼修妇业，暮诵经典，家人号曰"诸生"。叔父陔曰："尝闻活千人者子孙有封。兄训为谒者，使修石臼河[16]，岁活数千人，天道可信，家必蒙福。"绥后选入宫为贵人，恭肃小心，动有法度，承事阴后，接抚同列，常克己以下之，虽宫人隶役，皆加恩借，帝深嘉焉。尝有疾，帝特令其母、兄弟入亲医药，不限以日数，贵人辞曰："宫禁至重，而使外舍久在内省[17]，上令陛下有私幸之讥，下使贱妾获不知足之谤，上下交损，诚不愿也！"帝曰："人皆以数入为荣，贵人反以为忧邪！"每有宴会，诸姬竞自修饰，贵人独尚质素，其衣有与阴后同色者，即时解易，若并时进见，则不敢正坐离立[18]，行则偻身自卑[19]，帝每有所问，常逡巡后对[20]，不敢先后言。阴后短小，举止时失仪，左右掩口而笑，贵人独怆然不乐，为之隐讳，若已之失。帝知贵人劳心曲体，叹曰："修德之劳，乃如是乎！"后阴后宠衰，贵人每当御见，辄辞以疾。时帝数失皇子，贵人忧继嗣不广，数选进才人以博帝意[21]。阴后见贵人德称日盛，深疾之；帝尝寝病，危甚，阴后密言："我得意，不令邓氏复有遗类！"贵人闻之，流涕言曰："我竭诚尽心以事皇后，竟不为所祐。今我当从死，上以报帝之恩，中以解宗族之祸，下不令阴氏有人豕之讥[22]。"即欲饮药。宫人赵玉者固禁之，因诈言"属有使来，上疾已愈"，贵人乃止。明日，上果瘳[23]。及阴后之废，贵人请救，不能得；帝欲以贵人为皇后，贵人愈称疾笃，深自闭绝。冬，十月，辛卯，诏立贵人邓氏为皇后；后辞让，不得已，然后即位。郡国贡献，悉令禁绝，岁时但供纸墨而已。帝每欲官爵邓氏，后辄哀请谦让，故兄骘终帝世不过虎贲中郎将[24]。

丁酉，司空巢堪罢。

十一月，癸卯，以大司农沛国徐防为司空。防上疏，以为："汉立博士十有四家[25]，设甲乙之科以勉劝学者[26]。伏见太学试博士弟子，皆以意说，不修家法，私相容隐，开生奸路。每有策试，辄兴诤讼，论议纷错，互相是非。孔子称'述而不作[27]'，又曰'吾犹及史之阙文[28]'。今不依章句，妄生穿凿，以遵师为非义，意说为得理，轻侮道术，浸以成俗，诚非诏书实选本意。改薄从忠，三代常道；专精务本，儒学所先。臣以为博士及甲乙策试，宜从其家章句，开五十难以试之，解释多者为上第，引文明者为高说。若不依先师，义有相伐，皆正以为非。"上从之。

是岁，初封大长秋郑众为鄛乡侯[29]。

【注释】

①隃麋（mí 迷）：县名。治今陕西千阳县东。　②坏沮（jǔ 举）：败

坏。 ③西海郡事：见本书卷第三十六平帝元始四年(4)。 ④委输：委派输送。⑤龙耆：在今青海海晏县。一说在甘肃永靖县西。 ⑥巫蛊(gǔ 古)：巫师用邪术加祸于人。 ⑦日南：郡名，属今越南。 ⑧“班超”句：见本书卷第四十五明帝永平十六年(73)。 ⑨酒泉郡：治所在今甘肃酒泉市。⑩玉门关：在今甘肃敦煌市。 ⑪曹大家：班超妹，嫁扶风人曹寿，博学有才，和帝令教后宫，人称大家。家，相传读为姑。⑫宄(guǐ 鬼)：坏人。 ⑬丐：乞求。 ⑭文王事：见《新序》，周文王修灵台，掘地得死人骨，令改葬之，世人以为文王泽及朽骨。 ⑮子方：魏文侯的国师田子方，将国君抛弃的老马收养，世人以为这是仁惠之举。⑯石臼河：事见本书卷第四十六章帝建初三年(78)。 ⑰外舍：犹言外家。 ⑱离：并。 ⑲偻(lóu 楼)：俯。 ⑳逡(qūn 群)：退却。 ㉑才人：东汉时设置的宫中女子爵号。 ㉒人豕：人彘，事见本书卷第十二惠帝元年(前194)。 ㉓瘳(chōu 抽)：病愈。 ㉔邓骘(zhì 志)：字昭伯，南阳新野(今河南新野县)人。和帝时任虎贲中郎将、车骑将军。安帝时专断朝政，任大将军。121 年自杀。 ㉕十有四家：东汉置有十四家博士，《易》有施雠、孟喜、梁丘贺、京房；《尚书》有欧阳和伯、夏侯胜、夏侯建；《诗经》有申公、辕固、韩婴；《春秋》有严彭祖、颜安乐；《礼记》有戴德、戴圣。 ㉖甲乙之科：汉代博士弟子，岁课甲科四十人为郎中，乙科二十人为太子舍人。 ㉗“述而”句：见《论语·述而》。 ㉘“吾犹”句：见《论语·卫灵公》。 ㉙鄛乡侯：宦官封侯自此始。鄛乡在棘阳县，今河南南阳市南。

十五年 夏，四月，甲子晦，日有食之。时帝遵肃宗故事，兄弟皆留京师，有司以日食阴盛，奏遣诸王就国。诏曰：“甲子之异，责由一人。诸王幼稚，早离顾复①，弱冠相育，常有《蓼莪》《凯风》之哀②。选懦之恩，知非国典，且复宿留。”

秋，九月，壬午，车驾南巡，清河、济北、河间三王并从。

四州雨水。

冬，十月，戊申，帝幸章陵；戊午，进幸云梦③。时太尉张禹留守，闻车驾当幸江陵，以为不宜冒险远游，驿马上谏。诏报曰：“祠谒既讫，当南礼大江；会得君奏，临汉回舆而旋。”十一月，甲申，还宫。

岭南旧贡生龙眼、荔枝，十里一置，五里一候，昼夜传送。临武长汝南唐羌上书曰："臣闻上不以滋味为德，下不以贡膳为功。伏见交趾七郡[4]，献生龙眼等，鸟惊风发；南州土地炎热，恶虫猛兽，不绝于路，至于触犯死亡之害。死者不可复生，来者犹可救也。此二物升殿，未必延年益寿。"帝下诏曰："远国珍羞，本以荐奉宗庙[5]，苟有伤害，岂爱民之本，其敕太官勿复受献！"

东汉西王母画像砖

是岁，初令郡国以日北至按薄刑。

十六年 秋，七月，旱。

辛酉，司徒鲁恭免。

庚午，以光禄勋张酺为司徒；八月，己酉，酺薨。冬，十月，辛卯，以司空徐防为司徒，大鸿胪陈宠为司空。

十一月，己丑[6]，帝行幸缑氏[7]，登百岯山。

北匈奴遣使称臣贡献，愿和亲，修呼韩邪故约。帝以其旧礼不备，未许；而厚加赏赐，不答其使。

元兴元年 春，高句骊王宫入辽东塞，寇略六县。

夏，四月，庚午[8]，赦天下，改元。

秋，九月，辽东太守耿夔击高句骊，破之。

冬，十二月，辛未，帝崩于章德前殿。初，帝失皇子，前后十数，后生者辄隐秘养于民间，群臣无知者。及帝崩，邓皇后乃收皇子于民间。长子胜，有痼疾；少子隆，生始百余日，迎立以为皇太子，是夜，即皇帝位。尊皇后曰皇太后，太后临朝。是时新遭大水，法禁未设，宫中亡大珠一箧[9]；太后念欲考问，必有不辜，乃亲阅宫人，观察颜色，即时首服。又，和帝幸人吉成御者共枉吉成以巫蛊事[10]，下掖庭考讯，辞证明白。太后以吉成先帝左右，待之有恩,平日尚无恶言,今反若此,不合人情;更自呼见实核,果御者所为,莫不叹服以为圣明。

北匈奴重遣使诣敦煌贡献,辞以国贫未能备礼,愿请大使,当遣子入侍。太后亦不答其使,加赐而已。

雒阳令广汉王涣,居身平正,能以明察发擿奸伏[11],外行猛政,内怀慈仁。凡所平断,人莫不悦服,京师以为有神,是岁卒官,百姓市道,莫不咨嗟流涕。涣丧西归,道经弘农[12],民庶皆设盘案于路,吏问其故,咸言:"平常持米到雒,为吏卒所钞,恒亡其半,自王君在事,不见侵枉,故来报恩。"雒阳民为立祠、作诗,每祭,辄弦歌而荐之。太后诏曰:"夫忠良之吏,国家之所以为治也,求之甚勤,得之至寡,今以涣子石为郎中,以劝劳勤。"

【注释】

①顾复:父母的养育之恩。《诗经·小雅·蓼莪》:"父兮生我,母兮鞠我,拊我畜我,长我育我,顾我复我,出入腹我。" ②凯风:《诗经·国风》篇目,内有"凯风自南,吹披棘薪。母氏圣善,我无令人。"表达了慰母之情。 ③云梦:云梦泽,在今湖北孝感市和荆州市一带。 ④七郡:交趾州有南海、苍梧、郁林、合浦、交州、九真、日南七郡。 ⑤荐奉宗庙:汉代礼制,各地以土特产进贡,用以奉祀宗庙。 ⑥己丑:此日待考。 ⑦缑氏:县名,治今河南洛阳市偃师区东南。县内有缑氏山。 ⑧庚午:此日待考。 ⑨箧(qiè 怯):箱子。 ⑩幸人:受和帝亲幸(信)之人。 ⑪擿(zhì 至):揭发。 ⑫弘农:县名。治今河南灵宝市东北。

资治通鉴卷第四十九

汉纪四十一 起柔兆敦牂，尽旃蒙单阏，凡十年。

孝殇皇帝

延平元年 春，正月，辛卯，以太尉张禹为太傅，司徒徐防为太尉，参录尚书事。太后以帝在襁褓，欲令重臣居禁内。乃诏禹舍宫中，五日一归府；每朝见，特赞[①]，与三公绝席。

封皇兄胜为平原王。

癸卯，以光禄勋梁鲔为司徒。

三月，甲申，葬孝和皇帝于慎陵[②]，庙曰穆宗。

丙戌，清河王庆、济北王寿、河间王开、常山王章始就国；太后特加庆以殊礼。庆子祜，年十三，太后以帝幼弱，远虑不虞，留祜与嫡母耿姬居清河邸。耿姬，况之曾孙也；祜母，犍为左姬也。

夏，四月，鲜卑寇渔阳，渔阳太守张显率数百人出塞追之。兵马掾严授谏曰[③]："前道险阻，贼势难量，宜且结营，先令轻骑侦视之。"显意甚锐，怒，欲斩之，遂进兵。遇虏伏发，士卒悉走，唯授力战，身被十创，手杀数人而死。主簿卫福、功曹徐咸皆自投赴显，俱殁于陈。

丙寅，以虎贲中郎将邓骘为车骑将军、仪同三司。骘弟黄门侍郎悝为虎贲中郎将，弘、阊皆侍中。

司空陈宠薨。

五月，辛卯，赦天下。

壬辰，河东垣山崩。

六月，丁未，以太常尹勤为司空。

郡国三十七雨水。

己未，太后诏减太官、导官、尚方、内署诸服御、珍膳、靡丽难成之物[④]，自非供陵庙，稻粱米不得导择，朝夕一肉饭而已。旧太官、汤官经用岁且二万万[⑤]，自是裁数千万。及郡国所贡，皆减其过半；悉斥卖上林鹰犬；离宫、别馆储峙米糒、薪炭，悉令省之。

丁卯，诏免遣掖庭宫人及宗室没入者皆为庶民。

秋，七月，庚寅，敕司隶校尉、部刺史曰："间者郡国或有水灾，妨害秋稼，朝廷惟咎，忧惶悼惧。而郡国欲获丰穰虚饰之誉，遂覆蔽灾害，多张垦田，不揣流亡，竞增户口，掩匿盗贼，令奸恶无惩，署用非次，选举乖宜，贪苛惨毒，延及平民。刺史垂头塞耳，阿私下比，不畏于天，不愧于人。假贷之恩，不可数恃[⑥]，自今以后，将纠其罚。二千石长吏其各实核所伤害，为除田租刍稿[⑦]。"

八月，辛卯[⑧]，帝崩。癸丑，殡于崇德前殿。太后与兄车骑将军骘、虎贲中郎将悝等定策禁中，其夜，使骘持节以王青盖车迎清河王子祜[⑨]，斋于殿中。皇太后御崇德殿，百官皆吉服陪位，引拜祜为长安侯。乃下诏，以祜为孝和皇帝嗣，又作策命。有司读策毕，太尉奉上玺绶，即皇帝位，太后犹临朝。

诏告司隶校尉、河南尹、南阳太守曰："每览前代，外戚宾客浊乱奉公，为民患苦，咎在执法怠懈，不辄行其罚故也。今车骑将军骘等虽怀敬顺之志，而宗门广大，姻戚不少，宾客奸猾，多干禁宪，其明加检敕，勿相容护。"自是亲属犯罪，无所假贷。

九月，六州大水。

丙寅[⑩]，葬孝殇皇帝于康陵。以连遭大忧，百姓苦役，方中秘藏及诸工作事[⑪]，事减约十分居一。

乙亥，殒石于陈留[⑫]。

诏以北地梁慬为西域副校尉。慬行至河西，会西域诸国反，攻都护任尚于疏勒；尚上书求救，诏慬将河西四郡羌、胡五千骑驰赴之。慬未至而尚已得解，诏征尚还，以骑都尉段禧为都护，西域长史赵博为骑都尉。禧、博守它乾城，城小，梁慬以为不可固，乃谲说龟兹王白霸[13]，欲入共保其城；白霸许之，吏民固谏，白霸不听。憕既入，遣将急迎段禧、赵博，合军八九千人。龟兹吏民并叛其王，而与温宿、姑墨数万兵反[14]，共围城，憕等出战，大破之。连兵数月，胡众败走，乘胜追击，凡斩首万余级，获生口数千人，龟兹乃定。

冬，十月，四州大水，雨雹。

清河孝王庆病笃，上书求葬樊濯宋贵人冢旁[15]。十二月，甲子，王薨。

乙酉[16]，罢鱼龙曼延戏[17]。

尚书郎南阳樊准以儒风浸衰，上疏曰："臣闻人君不可以不学。光武皇帝受命中兴，东西诛战，不遑启处，然犹投戈讲艺，息马论道。孝明皇帝庶政万机，无不简心，而垂情古典，游意经艺，每飨射礼毕，正坐自讲，诸儒并听，四方欣欣。又多征名儒，布在廊庙，每宴会则论难衎衎[18]，共求政化，期门、羽林介胄之士，悉通《孝经》，化自圣躬，流及蛮荒，是以议者每称盛时，咸言永平。今学者益少，远方尤甚，博士倚席不讲，儒者竞论浮丽，忘謇謇之忠[19]，习谖谖之辞[20]。臣愚以为宜下明诏，博求幽隐，宠进儒雅，以俟圣上讲习之期。"太后深纳其言，诏："公、卿、中二千石各举隐士、大儒，务取高行，以劝后进，妙简博士，必得其人。"

【注释】

①特赞：朝见时的殊礼，先受赞拜。　②慎陵：在河南洛阳市东南。　③兵马掾（yuàn 院）：汉代在缘边郡曹设兵马掾，掌兵马。　④太官：掌管天子御膳的官员。导官：掌择御米的官员。尚方：掌作御刀剑诸器物的官员。　⑤汤官：掌管酒的官员，属太官令。　⑥数恃：数次依仗。　⑦稿：稻、麦的秆子。　⑧辛卯：此日待考。　⑨王青盖车：汉仪，皇子乘青盖车。　⑩丙寅：此日待考。　⑪方中：陵中。古代天子之葬，掘地为方圹。　⑫陈留：县名。治今河南开封市东南。　⑬谲（jué 掘）：欺诈。　⑭温宿：西域城国，治今新疆乌什县。姑墨：西域城国，治今新疆阿克苏市。　⑮宋贵人：刘庆母。　⑯乙酉：此日待考。　⑰鱼龙曼延戏：见武帝元封三年（前 108）。　⑱衎衎（kàn 看）：和乐貌。　⑲謇謇（jiǎn 简）：不畏难险，忠于君主。　⑳谖谖（jiàn 箭）：能言善辩，机巧。

孝安皇帝上

永初元年 春,正月,癸酉朔,赦天下。

蜀郡徼外羌内属[①]。

二月,丁卯,分清河国封帝弟常保为广川王。

庚午,司徒梁鲔薨。

三月,癸酉,日有食之。

己卯,永昌徼外僬侥种夷陆类等举种内附[②]。

甲申,葬清河孝王于广丘,司空、宗正护丧事,仪比东海恭王。

自和帝之丧,邓骘兄弟常居禁中。骘不欲久在内,连求还第,太后许之。夏,四月,封太傅张禹、太尉徐防、司空尹勤、车骑将军邓骘,城门校尉邓悝、虎贲中郎将邓弘、黄门郎邓阊皆为列侯,食邑各万户,骘以定策功增三千户;骘及诸弟辞让不获,遂逃避使者,间关诣阙,上疏自陈,至于五六,乃许之。

五月,甲戌,以长乐卫尉鲁恭为司徒。恭上言:"旧制立秋乃行薄刑,自永元十五年以来,改用孟夏。而刺史、太守因以盛夏征召农民,拘对考验,连滞无已;上逆时气,下伤农业。按《月令》'孟夏断薄刑'者,谓其轻罪已正,不欲令久系,故时断之也。臣愚以为今孟夏之制,可从此令;其决狱案考,皆以立秋为断。"又奏:"孝章皇帝欲助三正之微,定律著令,断狱皆以冬至之前。小吏不与国同心者,率十一月得死罪贼,不问曲直,便即格杀,虽有疑罪,不复谳正[③]。可令大辟之科,尽冬月乃断。"朝廷皆从之。

丁丑,诏封北海王睦孙寿光侯普为北海王。

九真徼外、夜郎蛮夷[④],举土内属。

西域都护段禧等虽保龟兹,而道路隔塞,檄书不通。公卿议者以为"西域阻远,数有背叛,吏士屯田,其费无已"。六月,壬戌,罢西域都护,遣骑都尉王弘发关中兵迎禧及梁慬、赵博、伊吾卢、柳中屯田吏士而还。

初,烧当羌豪东号之子麻奴随父来降[⑤],居于安定。时诸降羌布在郡县,皆为吏民豪右所徭役,积以愁怨。及王弘西迎段禧,发金城、陇西、汉阳羌数百千骑与俱，郡县迫促发遣。群羌惧远屯不还，行到酒泉，颇有散叛，诸郡各发兵邀遮，或覆其庐落；于是勒姐、当煎大豪东岸等愈惊[6]，遂同时奔溃。麻奴兄弟因此与种人俱西出塞，滇零与钟羌诸种大为寇掠，断陇道。时羌归附既久，无复器甲，或持竹竿木枝以代戈矛，或负板案以为楯，或执铜镜以象兵，郡县畏懦不能制。丁卯，赦除诸羌相连结谋叛逆者罪。

秋，九月，庚午，太尉徐防以灾异、寇贼策免。三公以灾异免，自防始。辛未，司空尹勤以水雨漂流策免。

仲长统《昌言》曰[7]：光武皇帝愠数世之失权[8]，忿强臣之窃命[9]，矫枉过直，政不任下，虽置三公，事归台阁[10]。自此以来，三公之职，备员而已；然政有不治，犹加谴责。而权移外戚之家，宠被近习之竖，亲其党类，用其私人，内充京师，外布州郡，颠倒贤愚，贸易选举，疲驽守境，贪残牧民，挠扰百姓，忿怒四夷，招致乖叛，乱离斯瘼[11]，怨气并作，阴阳失和，三光亏缺，怪异数至，虫螟食稼，水旱为灾。此皆戚宦之臣所致然也，反以策让三公，至于死、免，乃足为叫呼苍天，号咷泣血者矣[12]！又，中世之选三公也，务于清悫谨慎[13]，循常习故者，是乃妇女之检柙[14]，乡曲之常人耳，恶足以居斯位邪！势既如彼，选又如此，而欲望三公勋立于国家，绩加于生民，不亦远乎！昔文帝之于邓通[15]，可谓至爱，而犹展申徒嘉之志。夫见任如此，则何患于左右小臣哉！至如近世，外戚、宦竖，请托不行，意气不满，立能陷人于不测之祸，恶可得弹正者哉！曩者任之重而责之轻，今者任之轻而责之重。光武夺三公之重，至今而加甚；不假后党以权，数世而不行；盖亲疏之势异也！今人主诚专委三公，分任责成，而在位病民[16]，举用失贤，百姓不安，争讼不息，天地多变，人物多妖，然后可以分此罪矣！

壬午，诏太仆、少府减黄门鼓吹以补羽林士[17]；厩马非乘舆常所御者，皆减半食；诸所造作，非供宗庙园陵之用，皆且止。

庚寅，以太傅张禹为太尉，太常周章为司空。

大长秋郑众、中常侍蔡伦等皆秉势豫政，周章数进直言，太后

东汉延平元年木简

不能用。初，太后以平原王胜有痼疾，而贪殇帝孩抱，养为己子，故立焉。及殇帝崩，群臣以胜疾非痼，意咸归之；太后以前不立胜，恐后为怨，乃迎帝而立之。周章以众心不附，密谋闭宫门，诛邓骘兄弟及郑众、蔡伦，劫尚书，废太后于南宫，封帝为远国王而立平原王。事觉，冬，十一月，丁亥，章自杀。

戊子，敕司隶校尉、冀、并二州刺史，“民讹言相惊，弃捐旧居，老弱相携，穷困道路。其各敕所部长吏躬亲晓喻：若欲归本郡，在所为封长檄[18]；不欲，勿强”。

十二月，乙卯，以颍川太守张敏为司空。

诏车骑将军邓骘、征西校尉任尚将五营及诸郡兵五万人，屯汉阳以备羌。

是岁，郡国十八地震，四十一大水，二十八大风，雨雹。

鲜卑大人燕荔阳诣阙朝贺。太后赐燕荔阳王印绶、赤车、参驾[19]，令止乌桓校尉所居宁城下，通胡市，因筑南、北两部质馆[20]。鲜卑邑落百二十部各遣入质。

【注释】

①徼(jiào 叫)：边界。 ②僬侥(jiāo yáo 焦摇)：传说中的矮人。《列子·汤问》：“从中州以东四十万里，得僬侥国，人长一尺五寸。” ③谳(yàn 燕)：审判定罪。 ④九真：郡名。治所在今越南境内。夜郎：县名。治今贵州关岭布依族苗族自治县南。 ⑤东号事：见本书卷第四十七和帝永元元年(89)。 ⑥勒姐：羌族的一支，在今甘肃兰州市西南一带。 ⑦仲长统(180—220)：政论家。字公理，山阳高平(今山东邹

城市西南）人。每论古今，发愤叹息，有《昌言》三十四篇，多评论时政。⑧愠（yùn 韵）：怨恨。 ⑨强臣：指王莽。 ⑩台阁：尚书。 ⑪瘼（mò 漠）：病。 ⑫号咷（táo 逃）：放声大哭。 ⑬悫（què 雀）：诚实。 ⑭检柙（xiá 侠）：规矩。 ⑮“文帝”三句：事见本书卷第十四文帝后元二年（前162）。 ⑯病民：百姓受害。 ⑰黄门鼓吹：举行享宴时的奏乐人员。羽林：侍卫人员。 ⑱长檄：长牒。一种凭证物。 ⑲赤车：以红色装备的车子，帷裳衡轭皆红。参驾：三匹马驾的车。 ⑳质馆：以接纳人质的机构。

二年 春，正月，邓骘至汉阳；诸郡兵未至，钟羌数千人击败骘军于冀西，杀千余人。梁慬还，至敦煌，逆诏慬留为诸军援。慬至张掖[①]，破诸羌万余人，其能脱者十二三；进至姑臧，羌大豪三百余人诣慬降，并慰譬，遣还故地。

御史中丞樊准以郡国连年水旱，民多饥困，上疏：“请令太官、尚方、考功、上林池籞诸官[②]，实减无事之物；五府调省中都官吏、京师作者。又，被灾之郡，百姓凋残，恐非赈给所能胜赡[③]，虽有其名，终无其实。可依征和元年故事，遣使持节慰安，尤困乏者徙置荆、扬孰郡。今虽有西屯之役[④]，宜先东州之急[⑤]。”太后从之。悉以公田赋与贫民，即擢准与议郎吕仓并守光禄大夫。二月，乙丑，遣准使冀州、仓使兖州禀贷[⑥]，流民咸得苏息。

夏，旱。五月，丙寅，皇太后幸雒阳寺，及若卢狱录囚徒。雒阳有囚，实不杀人而被考自诬，羸困舆见[⑦]，畏吏不敢言，将去，举头若欲自诉。太后察视觉之，即呼还问状，具得枉实。即时收雒阳令下狱抵罪。行未还宫，澍雨大降[⑧]。

六月，京师及郡国四十大水，大风，雨雹。

秋，七月，太白入北斗。

闰月，广川王常保薨，无子，国除。

癸未[⑨]，蜀郡徼外羌举土内属。

冬，邓骘使任尚及从事中郎河内司马钧率诸郡兵与滇零等数万人战于平襄[⑩]，尚军大败，死者八千余人，羌众遂大盛，朝廷不能制。湟中诸县，粟石万钱，百姓死亡不可胜数，而转运难剧。故左校令河南庞参先坐法输作若卢[11]，使其子俊上书曰："方今西州流民扰动，而征发不绝，水潦不休，地力不复，重之以大军，疲之以远戍，农功消于转运，资财竭于征发，田畴不得垦辟，禾稼不得收入，搏手困穷，无望来秋，百姓力屈，不复堪命。臣愚以为万里运粮，远就羌戎，不若总兵养众，以待其疲。车骑将军骘宜且振旅，留征西校尉任尚，使督凉州士民转居三辅，休徭役以助其时，止烦赋以益其财，令男得耕种，女得织纴[12]，然后畜精锐，乘懈沮，出其不意，攻其不备，则边民之仇报，奔北之耻雪矣。"书奏，会樊准上疏荐参，太后即擢参于徒中，召拜谒者，使西督三辅诸军屯[13]。十一月，辛酉，诏邓骘还师，留任尚屯汉阳为诸军节度。遣使迎拜骘为大将军。既至，使大鸿胪亲迎，中常侍郊劳，王、主以下候望于道，宠灵显赫，光震都鄙。

滇零自称天子，于北地招集武都参狼、上郡、西河诸杂种羌断陇道，寇钞三辅，南入益州，杀汉中太守董炳。梁慬受诏当屯金城，闻羌寇三辅，即引兵赴击，转战武功、美阳间，连破走之，羌稍退散。

十二月，广汉塞外参狼羌降。

是岁，郡国十二地震。

三年　春，正月，庚子，皇帝加元服，赦天下。

遣骑都尉任仁督诸郡屯兵救三辅。仁战数不利，当煎、勒姐羌攻没破羌县，钟羌攻没临洮县，执陇西南部都尉。

三月，京师大饥，民相食。壬辰，公卿诣阙谢；诏"务思变复[14]，以助不逮"。

壬寅，司徒鲁恭罢。恭再在公位，选辟高第至列卿、郡守者数十人，而门下耆生或不蒙荐举[15]，至有怨望者。恭闻之，曰："学之不讲，是吾忧也，诸生不有乡举者乎！"终无所言，亦不借之议论。学者受业，必穷核问难，道成，然后谢遣之。学者曰："鲁公谢与议论，不可虚得。"

夏，四月，丙寅，以大鸿胪九江夏勤为司徒。

三公以国用未足，奏令吏民入钱谷得为关内侯、虎贲、羽林郎、五官、大夫、官府吏、缇骑、营士各有差[16]。

甲申，清河愍王虎威薨，无子。五月，丙申，封乐安王宠子延平为清河王，奉孝王后。

六月，渔阳乌桓与右北平胡千余寇代郡、上谷。

汉人韩琮随匈奴南单于入朝，既还，说南单于云："关东水潦，人民饥饿死尽，可击也。"单于信其言，遂反。

秋，七月，海贼张伯路等寇滨海九郡，杀二千石、令、长；遣侍御史巴郡庞雄督州郡兵击之，伯路等乞降，寻复屯聚。

九月，雁门乌桓率众王无何允与鲜卑大人丘伦等及南匈奴骨都侯合七千骑寇五原⑰，与太守战于高渠谷，汉兵大败。

南单于围中郎将耿种于美稷。冬，十一月，以大司农陈国何熙行车骑将军事，中郎将庞雄为副，将五营及边郡兵二万余人，又诏辽东太守耿夔率鲜卑及诸郡兵共击之。以梁慬行度辽将军事。雄、夔击南匈奴薁鞬日逐王⑱，破之。

十二月，辛酉，郡国九地震。

乙亥，有星孛于天苑⑲。

是岁，京师及郡国四十一雨水，并、凉二州大饥，人相食。

太后以阴阳不和，军旅数兴，诏岁终飨遣卫士勿设戏作乐，减逐疫侲子之半⑳。

【注释】

①张掖：郡名。治所在今甘肃张掖市西北。 ②籞（yù 御）：帝王的禁苑。 ③赡（shàn 善）：供给人财物。 ④西屯：西边的讨羌之师。 ⑤东州之急：指洛阳以东的冀州、兖州遭水旱。 ⑥禀（lǐn 廪）贷：官家以粮食借给人。 ⑦羸（léi 雷）：瘦弱。舆：箯（biān 边）舆，竹编的舆床。 ⑧澍（shù 数）：及时雨。 ⑨癸未：此日待考。 ⑩平襄：县名。治今甘肃通渭县西。 ⑪左校令：将作大匠的属官，秩六百石。若卢：汉官署名，掌诏狱，藏兵器。 ⑫纴（rèn 任）：纺织。 ⑬三辅：汉代在京畿之地设京兆尹、左冯翊、右扶风，相当于今陕西关中地区。 ⑭变复：改过以复于善。 ⑮耆（qí 奇）：老。 ⑯缇（tí 提）：橘红色。 ⑰五原：郡名。治所在今内蒙古包头市西北。 ⑱薁：音 yù（郁）。鞬：音 jiàn（健）。 ⑲天苑：星象名。占星家认为是天之苑囿。 ⑳侲（zhèn 振）子：逐疫之人，童子。

四年 春，正月，元会，彻乐[1]，不陈充庭车[2]。

邓骘在位，颇能推进贤士，荐何熙、李郃等列于朝廷，又辟弘农杨震、巴郡陈禅等置之幕府[3]，天下称之。震孤贫好学，明欧阳《尚书》，通达博览，诸儒为之语曰："关西孔子杨伯起。"教授二十余年，不答州郡礼命，众人谓之晚暮，而震志愈笃。骘闻而辟之，时震年已五十余，累迁荆州刺史、东莱太守。当之郡，道经昌邑，故所举荆州茂才王密为昌邑令，夜怀金十斤以遗震。震曰："故人知君，君不知故人，何也？"密曰："暮夜无知者。"震曰："天知，地知，我知，子知，何谓无知者！"密愧而出。后转涿郡太守。性公廉，子孙常蔬食、步行；故旧或欲令为开产业，震不肯，曰："使后世称为清白吏子孙，以此遗之，不亦厚乎！"

张伯路复攻郡县，杀守令。党众浸盛；诏遣御史中丞王宗持节发幽、冀诸郡兵，合数万人，征宛陵令扶风法雄为青州刺史[4]，与宗并力讨之。

南单于围耿种数月，梁慬、耿夔击斩其别将于属国故城，单于自将迎战，慬等复破之，单于遂引还虎泽[5]。

丙午，诏减百官及州郡县奉各有差。

二月，南匈奴寇常山。

滇零遣兵寇褒中[6]，汉中太守郑勤移屯褒中。

任尚军久出无功，民废农桑，乃诏尚将吏兵还屯长安，罢遣南阳、颍州、汝南吏士。

乙丑，初置京兆虎牙都尉于长安，扶风都尉于雍[7]，如西京三辅都尉故事。

谒者庞参说邓骘，"徙边郡不能自存者入居三辅"，骘然之，欲弃凉州，并力北边。乃会公卿集议，骘曰："譬若衣败坏，一以相补，犹有所完，若不如此，将两无所保。"郎中陈国虞诩言于太尉张禹曰："若大将军之策，不可者三：先帝开拓土宇，劬劳后定[8]，而今惮小费，举而弃之，此不可一也。凉州既弃，即以三辅为塞，则园陵单外，此不可二也。喭曰：'关西出将，关东出相[9]。'烈士武臣，多出凉州，士风壮猛，便习兵事。今羌、胡所以不敢入据三辅为心腹之害者，以凉州在后故也。凉州士民所以推锋执锐，蒙矢石于行陈，父死于前，子战于后，无反顾之心者，为臣属于汉故也。今推而捐之，割而弃之，民庶安土重还，必引领而怨曰：'中国弃我于夷狄！'虽赴义从善之人，不能无恨。如卒然起谋，因天下之饥敝，乘海内之虚弱，豪雄相聚，量材立帅，驱氐、羌以为前锋，席卷而东，虽贲、育为卒，太公为将，犹恐不足当御；如此，则函谷以西，园陵旧京非复汉有，此不可三也。议者喻以补衣犹有所完，诩恐其疽食侵淫而无限极也！"禹曰："吾意不及此，微子之言[10]，几败国事！"诩因说禹："收罗凉土豪桀，引其牧守子弟于朝，令诸府各辟数人，外以劝厉答其功勤，内以拘致防其邪计。"禹善其言，更集四府，皆从诩议。于是辟西州豪桀为掾属，拜牧守、长吏子弟为郎，以安慰之。

邓骘由是恶诩[11]，欲以吏法中伤之。会朝歌贼宁季等数千人攻杀长吏，屯聚连年，州郡不能禁，乃以诩为朝歌长。故旧皆吊之，诩笑曰："事不避难，臣之职也。不遇槃根错节，无以别利器，此乃吾立功之秋也！"始到，谒河内太守马稜。稜曰："君儒者，当谋谟庙堂，乃在朝歌，甚为君忧之！"诩曰："此贼犬羊相聚，以求温饱耳，愿明府不以为忧！"稜曰："何以言之？"诩曰："朝歌者，韩、魏之郊，背太行，临黄河，去敖仓不过百里，而青、冀之民流亡万数，贼不知开仓招众，劫库兵，守成皋，断天下右臂，此不足忧也。今其众新盛，难与争锋；兵不厌权，愿宽假辔策[12]，勿令有所拘阂而已[13]。"及到官，设三科以募求壮士，自掾史以下各举所知，其攻劫者为上，伤人偷盗者次之，不事家业者为下，收得百余人。诩为飨会，悉贯其罪[14]，使入贼中诱令劫掠，乃伏兵以待之，遂杀贼数百人。又潜遣贫人能缝者佣作贼衣，以采线缝其裾，有出市里者，吏辄禽之。贼由是骇散，咸称神明，县境皆平。

三月，何熙军到五原曼柏，暴疾，不能进；遣庞雄与梁慬、耿种将步骑万六千人攻虎泽，连营稍前。单于见诸军并进，大恐怖，顾让韩琮曰："汝言汉人死尽，今是何等人也！"乃遣使乞降，许之。单于脱帽徒跣[15]，对庞雄等拜陈，道死罪。于是赦之，遇待如初，乃还所钞汉民男女及羌所略转卖入匈奴中者合万余人。会熙卒，即拜梁慬为度辽将军。庞雄还，为大鸿胪。

先零羌复寇褒中，郑勤欲击之，主簿段崇谏，以为“虏乘胜，锋不可当，宜坚守待之”。勤不从，出战，大败，死者三千余人，段崇及门下史王宗、原展以身捍刃，与勤俱死。

徙金城郡居襄武。

戊子，杜陵园火。

癸巳，郡国九地震。

夏，四月，六州蝗。

丁丑，赦天下。

王宗、法雄与张伯路连战，破走之。会赦到，贼以军未解甲，不敢归降。王宗召刺史太守共议，皆以为当遂击之，法雄曰：“不然。兵凶器，战危事，勇不可恃，胜不可必。贼若乘船浮海，深入远岛，攻之未易也。及有赦令，可且罢兵以慰诱其心，势必解散，然后图之，可不战而定也。”宗善其言，即罢兵。贼闻，大喜，乃还所略人；而东莱郡兵独未解甲⑯，贼复惊恐，遁走辽东，止海岛上。

秋，七月，乙酉，三郡大水。

骑都尉任仁与羌战累败，而兵士放纵，槛车征诣廷尉，死。护羌校尉段禧卒，复以前校尉侯霸代之，移居张掖。

九月，甲申，益州郡地震⑰。

皇太后母新野君病，太后幸其第，连日宿止；三公上表固争，乃还宫。冬，十月，甲戌，新野君薨，使司空护丧事，仪比东海恭王⑱。邓骘等乞身行服，太后欲不许，以问曹大家，大家上疏曰：“妾闻谦让之风，德莫大焉。今四舅深执忠孝⑲，引身自退，而以方垂未静，拒而不许，如后有毫毛加于今日，诚恐推让之名不可再得。”太后乃许之。及服除，诏骘复还辅朝政，更授前封，骘等叩头固让，乃止。于是并奉朝请，位次三公下，特进、侯上，其有大议，乃诣朝堂，与公卿参谋。

太后诏阴后家属皆归故郡⑳，还其资财五百余万。

【注释】

①彻：通“撤”。 ②“不陈”句：以年饥，不陈车辇于庭。 ③杨震：字伯起，弘农华阴（今陕西华阴市东）人，博览经籍。年五十，始仕州郡。历官至太尉。124 年免官自杀。 ④宛陵：县名。治今安徽宣城市宣州

区。 ⑤虎泽:在西河郡谷罗县西北。谷罗县治今内蒙古准格尔旗西南。 ⑥褒中:县名。治今陕西汉中市西北褒城镇东。 ⑦雍:在今陕西咸阳市南。⑧劬(qú 渠):劳累。 ⑨啖:同"谚"。 ⑩微:无。⑪诩:虞诩,字升卿,陈国武平(今河南鹿邑县西北)人。通《尚书》,历官郎中、议郎、尚书令。 ⑫辔(pèi 配):驾驭牲口的嚼子和缰绳。 ⑬阂(hé 核):阻隔。 ⑭贳(shì 市):赦免。 ⑮跣(xiǎn 显):光着脚。⑯东莱郡:治所在今山东龙口市东。 ⑰益州:郡名。治所在今云南昆明市晋宁区东北晋城镇。 ⑱恭王事:见本书卷第四十四明帝永平元年(58)。 ⑲四舅:邓骘、邓悝、邓弘、邓阊。 ⑳故郡:指河南南阳市。

五年 春,正月,庚辰朔,日有食之。

丙戌,郡国十地震。

己丑,太尉张禹免。甲申[①],以光禄勋颍川李修为太尉。

先零羌寇河东,至河内,百姓相惊,多南奔度河,使北军中候朱宠将五营士屯孟津[②],诏魏郡、赵国、常山、中山缮作坞候六百一十六所[③]。羌既转盛,而缘边二千石、令、长多内郡人,并无守战意,皆争上徙郡县以避寇难。三月,诏陇西徙襄武[④],安定徙美阳[⑤],北地徙池阳[⑥],上郡治衙[⑦]。百姓恋土,不乐去旧,遂乃刈其禾稼,发彻室屋[⑧],夷营壁,破积聚。时连旱蝗饥荒,而驱蹙劫掠[⑨],流离分散,随道死亡,或弃捐老弱,或为人仆妾,丧其太半。复以任尚为侍御史,击羌于上党羊头山,破之;乃罢孟津屯。

夫馀王寇乐浪[⑩],高句骊王宫与涉貊寇玄菟[⑪]。

夏,闰四月,丁酉,赦凉州、河西四郡。

海贼张伯路复寇东

东汉铭文砖

莱，青州刺史法雄击破之；贼逃还辽东，辽东人李久等共斩之，于是州界清静。

秋，九月，汉阳人杜琦及弟季贡、同郡王信等与羌通谋，聚众据上邽城[12]。冬，十二月，汉阳太守赵博遣客杜习刺杀琦；封习讨奸侯。杜季贡、王信等将其众据樗泉营。

是岁，九州蝗，郡国八雨水。

六年　春，正月，甲寅，诏曰："凡供荐新味，多非其节，或郁养强孰，或穿掘萌芽，味无所至而夭折生长，岂所以顺时育物乎！《传》曰：'非其时不食[13]。'自今当奉祠陵庙及给御者，皆须时乃上。"凡所省二十三种。

三月，十州蝗。

夏，四月，乙丑[14]，司空张敏罢。己卯，以太常刘恺为司空。

诏建武元功二十八将皆绍封。

五月，旱。

丙寅，诏令中二千石下至黄绶，一切复秩。

六月，壬辰，豫章员溪原山崩。

辛巳，赦天下。

侍御史唐喜讨汉阳贼王信，破斩之。杜季贡亡，从滇零。是岁，滇零死，子零昌立，年尚少，同种狼莫为其计策，以季贡为将军，别居丁奚城[15]。

七年　春，二月，丙午[16]，郡国十八地震。

夏，四月，乙未，平原怀王胜薨，无子；太后立乐安夷王宠子得为平原王。

丙申晦，日有食之。

秋，护羌校尉侯霸、骑都尉马贤击先零别部牢羌于安定，获首虏千人。

蝗。

【注释】

①甲申：此日待考。　②五营：屯骑、越骑、步兵、长水、射声。③坞：土堡。候：哨所。　④襄武：县名。治今甘肃陇西县东南。　⑤美阳：县名。治今陕西武功县西北。　⑥池阳：县名。治今陕西泾阳县西

北。 ⑦衙:县名。治今陕西白水县东北。 ⑧彻:通“撤”。 ⑨蹙(cù 醋):急迫。 ⑩夫馀:古族名。又作“扶馀”。活动在今松花江中游平原上。以今吉林农安县为中心。部落首领有“马加”“牛加”等称号。⑪玄菟:郡名。治所在今辽宁沈阳市东。 ⑫上邽城:在今甘肃天水市。⑬“《传》曰”句:《论语·乡党》有“不归不食”句。 ⑭乙丑:此日待考。⑮丁奚城:在今宁夏灵武市东南。 ⑯丙午:此日待考。

元初元年 春,正月,甲子,改元。

二月,乙卯,日南地坼[①],长百余里。

三月,癸亥,日有食之。

诏遣兵屯河内通谷冲要三十三所,皆为坞壁,设鸣鼓,以备羌寇。

夏,四月,丁酉,赦天下。

京师及郡国五旱,蝗。

五月,先零羌寇雍城。

蜀郡夷寇蚕陵[②],杀县令。

九月,乙丑,太尉李修罢。

羌豪号多与诸种钞掠武都、汉中,巴郡板楯蛮救之,汉中五官掾程信率郡兵与蛮共击破之。号多走还,断陇道,与零昌合,侯霸、马贤与战于枹罕,破之。

辛未,以大司农山阳司马苞为太尉。

冬十月,戊子朔,日有食之。

凉州刺史皮杨击羌于狄道[③],大败,死者八百余人。

是岁,郡国十五地震。

二年 春,护羌校尉庞参以恩信招诱诸羌,号多等帅众降;参遣诣阙,赐号多侯印,遣之。参始还治令居[④],通河西道。

零昌分兵寇益州,遣中郎将尹就讨之。

夏,四月,丙午,立贵人荥阳阎氏为皇后。后性妒忌,后宫李氏生皇子保,后鸩杀李氏[⑤]。

五月,京师旱,河南及郡国十九蝗。

六月,丙戌,太尉司马苞薨。

秋，七月，辛巳，以太仆泰山马英为太尉。

八月，辽东鲜卑围无虑[⑥]；九月，又攻夫犁营，杀县令。

壬午晦，日有食之。

尹就击羌党吕叔都等，蜀人陈省、罗横应募刺杀叔都，皆封侯，赐钱。

诏屯骑校尉班雄屯三辅。雄，超之子也。以左冯翊司马钧行征西将军，督关中诸郡兵八千余人。庞参将羌、胡兵七千余人，与钧分道并击零昌。参兵至勇士东[⑦]，为杜季贡所败，引退。钧等独进，攻拔丁奚城，杜季贡率众伪逃。钧令右扶风仲光等收羌禾稼，光等违钧节度，散兵深入，羌乃设伏要击之，钧在城中，怒而不救。冬十月，乙未，光等兵败，并没，死者三千余人，钧乃遁还。庞参既失期，称病引还。皆坐征，下狱，钧自杀。时度辽将军梁慬亦坐事抵罪。校书郎中扶风马融上书称参、慬智能[⑧]，宜宥过责效。诏赦参等，以马贤代参领护羌校尉，复以任尚为中郎将，代班雄屯三辅。

怀令虞诩说尚曰："兵法：弱不攻强，走不逐飞，自然之势也。今虏皆马骑，日行数百里，来如风雨，去如绝弦，以步追之，势不相及，所以虽屯兵二十余万，旷日而无功也。为使君计，莫如罢诸郡兵，各令出钱数千，二十人共市一马，以万骑之众，逐数千之虏，追尾掩截[⑨]，其道自穷。便民利事，大功立矣！"尚即上言，用其计，遣轻骑击杜季贡于丁奚城，破之。

太后闻虞诩有将帅之略，以为武都太守。羌众数千遮诩于陈仓崤谷[⑩]，诩即停军不进，而宣言"上书请兵，须到当发"。羌闻之，乃分钞傍县。诩因其兵散，日夜进道，兼行百余里，令吏士各作两灶，日增倍之，羌不敢逼。或问曰："孙膑减灶而君增之[⑪]；兵法日行不过三十里，以戒不虞，而今日且二百里，何也？"诩曰："虏众多，吾兵少，徐行则易为所及，速进则彼所不测。虏见吾灶日增，必谓郡兵来迎，众多行速，必惮追我。孙膑见弱，吾今示强，势有不同故也。"既到郡，兵不满三千，而羌众万余，攻围赤亭数十日。诩乃令军中，强弩勿发，而潜发小弩；羌以为矢力弱，不能至，并兵急攻。诩于是使二十强弩共射一人，发无不中，羌大震，退。诩因出城奋击,多所伤杀。明日,悉陈其兵众,令从东郭门出,北郭门入,贸易衣服[12],回转数周;羌不知其数,更相恐动。诩计贼当退,乃潜遣五百余人于浅水设伏,候其走路;虏果大奔,因掩击,大破之,斩获甚众,贼由是败散。诩乃占相地势,筑营壁百八十所,招还流亡,假赈贫民,开通水运。诩始到郡,谷石千,盐石八千,见户万三千;视事三年,米石八十,盐石四百,民增至四万余户,人足家给,一郡遂安。

十一月,庚申,郡国十地震。

十二月,武陵澧中蛮反[13],州郡讨平之。

己酉,司徒夏勤罢。庚戌,以司空刘恺为司徒,光禄勋袁敞为司空。敞,安之子也。

前虎贲中郎将邓弘卒。弘性俭素,治欧阳《尚书》,授帝禁中。有司奏赠弘骠骑将军,位特进,封西平侯。太后追弘雅意,不加赠位、衣服,但赐钱千万,布万匹;兄骘等复辞不受。诏封弘子广德为西平侯。将葬,有司复奏发五营轻车骑士,礼仪如霍光故事[14]。太后皆不听,但白盖双骑,门生挽送。后以帝师之重,分西平之都乡[15],封广德弟甫德为都乡侯。

【注释】

①坼(chè 彻):裂开。 ②蚕陵:县名。治今四川成都市北。③狄道:县名。治今甘肃临洮县。 ④令居:县名。治今甘肃古浪县西。⑤鸩(zhèn 震):传说中的一种毒鸟。其羽毛紫绿色,放在酒中能毒杀人。 ⑥无虑:县名。治今辽宁北镇市东南。 ⑦勇士:县名。治今甘肃榆中县东北。 ⑧马融:东汉经学家。字季长。扶风茂陵(今陕西兴平市东北)人。任校书郎,于东观典校秘书。后任南郡太守、议郎等官。⑨尾:在后面尾随。 ⑩陈仓:县名。治今陕西宝鸡市东。 ⑪孙膑事:见本书卷第二周显王二十八年(前341)。 ⑫贸易:更换。 ⑬武陵:郡名。治所在今湖南常德市。 ⑭霍光故事:汉宣帝时事,见《汉书》。⑮西平:县名。治今河南西平县西。

资治通鉴卷第五十

汉纪四十二　起柔兆执徐，尽阏逢困敦，凡九年。

孝安皇帝中

元初三年　春，正月，苍梧、郁林、合浦蛮夷反[①]；二月，遣侍御史任逴督州郡兵讨之。

郡国十地震。

三月，辛亥，日有食之。

夏，四月，京师旱。

五月，武陵蛮反，州郡讨破之。

癸酉，度辽将军邓遵率南单于击零昌于灵州，斩首八百余级。

越巂徼外夷举种内属[②]。

六月，中郎将任尚遣兵击破先零羌于丁奚城。

秋，七月，武陵蛮复反，州郡讨平之。

九月，筑冯翊北界候坞五百所以备羌。

冬，十一月，苍梧、郁林、合浦蛮夷降。

旧制：公卿、二千石、刺史不得行三年丧，司徒刘恺以为"非所以师表百姓，宣美风俗"。丙戌，初听大臣行三年丧。

癸卯，郡国九地震。

十二月，丁巳，任尚遣兵击零昌于北地，杀其妻子，烧其庐舍，斩首七百余级。

四年　春，二月，乙巳朔，日有食之。

乙卯，赦天下。

壬戌，武库灾。

任尚遣当阗种羌榆鬼等刺杀杜季贡，封榆鬼为破羌侯。

司空袁敞[3]，廉劲不阿权贵，失邓氏旨。尚书郎张俊有私书与敞子俊，怨家封上之。夏，四月，戊申，敞坐策免，自杀；俊等下狱当死。俊上书自讼；临刑，太后诏以减死论。

己巳，辽西鲜卑连休等入寇[4]，郡兵与乌桓大人於秩居等共击，大破之，斩首千三百级。

六月，戊辰，三郡雨雹。

尹就坐不能定益州，征抵罪；以益州刺史张乔领其军屯，招诱叛羌，稍稍降散。

秋，七月，京师及郡国十雨水。

九月，护羌校尉任尚复募效功种羌号封刺杀零昌；封号封为羌王。

冬，十一月，己卯，彭城靖王恭薨。

越巂夷以郡县赋敛烦数，十二月，大牛种封离等反，杀遂久令[5]。

甲子，任尚与骑都尉马贤共击先零羌狼莫，追至北地，相持六十余日，战于富平河上[6]，大破之，斩首五千级，狼莫逃去。于是西河虔人种羌万人诣邓遵降，陇右平。

是岁，郡国十三地震。

五年 春，三月，京师及郡国五旱。

夏，六月，高句骊与涉貊寇玄菟。

永昌、益州、蜀郡夷皆叛应封离，众至十余万，破坏二十余县，杀长吏，焚掠百姓，骸骨委积，千里无人。

秋，八月，丙申朔，日有食之。

代郡鲜卑入寇，杀长吏；发缘边甲卒、黎阳营兵屯上谷以备之。冬，十月，鲜卑寇上谷，攻居庸关[7]，复发缘边诸郡黎阳营兵、积射士步骑二万人屯列冲要。

邓遵募上郡全无种羌雕何刺杀狼莫[8]；封雕何为羌侯。自羌叛十余年间，军旅之费，凡用二百四十余亿，府帑空竭，边民及内郡死者不可胜数，并、凉二州遂至虚耗。及零昌、狼莫死，诸羌瓦解，三辅、益州无复寇警。诏封邓遵为武阳侯，邑三千户。遵以太后从弟，故爵封优大。任尚与遵争功，又坐诈增首级、受赇枉法赃千万已上[⑨]，十二月，槛车征尚，弃市[⑩]，没入财物。邓骘子侍中凤尝受尚马，骘髡妻及凤以谢罪[⑪]。

是岁，郡国十四地震。

太后弟悝、阊皆卒，封悝子广宗为叶侯，阊子忠为西华侯。

【注释】

①苍梧：郡名。治所在广信（今广西梧州市）。郁林：郡名。治所在布山（今广西桂平市西故城）。合浦：郡名。治所在合浦（今广西合浦县东北）。 ②越巂（xī 西）：郡名。治所在今四川西昌市东南。 ③袁敞：字叔平。和帝时历东郡太守，征拜太仆光禄勋，迁司空。 ④辽西：郡名。治所在今辽宁义县西。 ⑤遂久：县名。治今云南丽江纳西族自治县。 ⑥富平：县名。治今宁夏吴忠市西南黄河东岸。 ⑦居庸关：在今北京昌平区西北部。 ⑧上郡：治今陕西榆林市东南。 ⑨赇（qiú 球）：贿赂。 ⑩弃市：处以死刑。 ⑪髡（kūn 昆）：剃去头发的刑罚。

六年　春，二月，乙巳，京师及郡国四十二地震。

夏，四月，沛国、勃海大风，雨雹。

五月，京师旱。

六月，丙戌，平原哀王得薨，无子。

秋，七月，鲜卑寇马城塞[①]，杀长吏，度辽将军邓遵及中郎将马续率南单于追击，大破之。

九月，癸巳，陈怀王竦薨，无子，国除。

冬，十二月，戊午朔，日有食之，既。

郡国八地震。

是岁，太后征和帝弟济北王寿、河间王开子男女年五岁以上四十余人，及邓氏近亲子孙三十余人，并为开邸第，教学经书，躬自监试[②]。诏从兄河南尹豹、越骑校尉康等曰："末世贵戚食禄之家，温衣美饭，乘坚驱良，而面墙术学，不识臧否，斯故祸败之所从来也。"

豫章有芝草生[3]，太守刘祇欲上之，以问郡人唐檀，檀曰："方今外戚豪盛，君道微弱，斯岂嘉瑞乎！"祇乃止。

益州刺史张乔遣从事杨竦将兵至楪榆[4]，击封离等，大破之，斩首三万余级，获生口千五百人。封离等惶怖，斩其同谋渠帅，诣竦乞降。竦厚加慰纳，其余三十六种皆来降附。竦因奏长吏奸猾，侵犯蛮夷者九十人，皆减死论。

初，西域诸国既绝于汉，北匈奴复以兵威役属之，与共为边寇。敦煌太守曹宗患之，乃上遣行长史索班将千余人屯伊吾以招抚之。于是车师前王及鄯善王复来降。

初，疏勒王安国死[5]，无子，国人立其舅子遗腹为王，遗腹叔父臣磐在月氏，月氏纳而立之。后莎车叛于窴[6]，属疏勒，疏勒遂强，与龟兹、于窴为敌国焉。

【注释】

①马城：县名。治今河北怀安县西。　②躬：亲自。　③芝草：真菌的一种，古人以为瑞草。　④楪（yè 叶）榆：县名。治今云南大理市东北。　⑤疏勒：西域城国，国都在疏勒城（今新疆喀什市）。　⑥莎车：西域城国，国都在莎车城（今新疆莎车县）。

永宁元年　春，三月，丁酉，济北惠王寿薨。

北匈奴率车师后王军就共杀后部司马及敦煌长史索班等，遂击走其前王，略有北道。鄯善逼急[1]，求救于曹宗，宗因此请出兵五千人击匈奴，以报索班之耻，因复取西域；公卿多以为宜闭玉门关，绝西域。太后闻军司马班勇有父风[2]，召诣朝堂问之。勇上议曰："昔孝武皇帝患匈奴强盛，于是开通西域，论者以为夺匈奴府藏，断其右臂。光武中兴，未遑外事[3]，故匈奴负强，驱率诸国；及至永平，再攻敦煌，河西诸郡，城门昼闭。孝明皇帝深惟庙策，乃命虎臣出征西域，故匈奴远遁，边境得安；及至永元，莫不内属。会间者羌乱，西域复绝，北虏遂遣责诸国，备其逋租[4]，高其价直，严以期会，鄯善、车师皆怀愤怨[5]，思乐事汉，其路无从；前所以时有叛者，皆由牧养失宜，还为其害故也。今曹宗徒耻于前负，欲报雪匈奴[6]，而不寻出兵故事，未度当时之宜也。夫要功荒外，万无一成，若兵连祸结，悔无所及。况今府藏未充，师无后继，是示弱于远夷，暴短于海内，臣愚以为不可许也。旧敦煌郡有营兵三百人，今宜复之，复置护西域副校尉，居于敦煌，如永元故事，又宜遣西域长史将五百人屯楼兰，西当焉耆、龟兹径路，南强鄯善、于窴心胆，北捍匈奴，东近敦煌，如此诚便。"

尚书复问勇："利害云何?"勇对曰："昔永平之末，始通西域，初遣中郎将居敦煌[7]，后置副校尉于车师[8]，既为胡虏节度，又禁汉人不得有所侵扰，故外夷归心，匈奴畏威。今鄯善王尤还，汉人外孙。若匈奴得志，则尤还必死。此等虽同鸟兽，亦知避害，若出屯楼兰，足以招附其心，愚以为便。"

长乐卫尉镡显、廷尉綦毋参、司隶校尉崔据难曰："朝廷前所以弃西域者，以其无益于中国而费难供也。今车师已属匈奴，鄯善不可保信，一旦反覆，班将能保北虏不为边害乎?"勇对曰："今中国置州牧者，以禁郡县奸猾盗贼也。若州牧能保盗贼不起者，臣亦愿以要斩保匈奴之不为边害也。今通西域则虏势必弱，虏势弱则为患微矣；孰与归其府藏，续其断臂哉? 今置校尉以捍抚西域，设长史以招怀诸国，若弃而不立，则西域望绝，望绝之后，屈就北虏，缘边之郡将受困害，恐河西城门必须复有昼闭之儆矣[9]！今不廓开朝廷之德而拘屯戍之费，若此，北虏遂炽，岂安边久长之策哉！"

太尉属毛轸难曰："今若置校尉，则西域骆驿遣使，求索无厌，与之则费难供，不与则失其心，一旦为匈奴所迫，当复求救，则为役大矣。"勇对曰："今设以西域归匈奴，而使其恩德大汉，不为钞盗，则可矣。如其不然，则因西域租入之饶，兵马之众，以扰动缘边，是为富仇雠之财[10]，增暴夷之势也。置校尉者，宣威布德，以系诸国内向之心而疑匈奴觊觎之情[11]，而无费财耗国之虑也。且西域之人，无他求索，其来入者不过禀食而已；今若拒绝，势归北属夷虏，并力以寇并、凉，则中国之费不止十亿。置之诚便。"

于是从勇议，复敦煌郡营兵三百人，置西域副校尉居敦煌，虽复羁縻西域，然亦未能出屯[12]。其后匈奴果数与车师共入寇钞，河西大被其害。

沈氐羌寇张掖[13]。

夏,四月,丙寅,立皇子保为太子,改元,赦天下。

己巳,绍封陈敬王子崇为陈王,济北惠王子苌为乐成王,河间孝王子翼为平原王。

六月,护羌校尉马贤将万人讨沈氐羌于张掖,破之,斩首千八百级,获生口千余人,余虏悉降。时当煎等大豪饥五等,以贤兵在张掖,乃乘虚寇金城,贤还军出塞,斩首数千级而还。烧当、烧何种闻贤军还,复寇张掖,杀长吏。

秋,七月,乙酉朔,日有食之。

冬,十月,己巳,司空李郃免。癸酉[14],以卫尉庐江陈褒为司空。

京师及郡国三十三大水。

十二月,永昌徼外掸国王雍曲调遣使者献乐及幻人[15]。

戊辰,司徒刘恺请致仕;许之,以千石禄归养。

辽西鲜卑大人乌伦、其至鞬各以其众诣度辽将军邓遵降。

癸酉,以太常杨震为司徒。

是岁,郡国二十三地震。

太后从弟越骑校尉康,以太后久临朝政,宗门盛满,数上书太后,以为宜崇公室,自损私权,言甚切至。太后不从。康谢病不朝,太后使内侍者问之;所使者乃康家先婢,自通"中大人[16]",康闻而诟之。婢怨恚,还,白康诈疾而言不逊[17]。太后大怒,免康官,遣归国[18],绝属籍。

初,当煎种饥五同种大豪卢忽、忍良等千余户别留允街[19],而首施两端。

【注释】

①鄯善:西域城国,原名楼兰国,国都在伊循城(今新疆若羌县东米兰古城遗址)。 ②班勇:班超少子,字宜僚。主张在西域置校尉长史。被任命为西域长史,平定车师六国。后与张朗同攻焉耆,勇以后期下狱免。 ③遑(huáng 黄):闲暇。 ④逋:拖欠。 ⑤车师:西域城国。有车师后国和车师前国,都在今新疆境内。 ⑥报雪:报伊吾之役,雪索班之耻。⑦中郎将:指郑众。 ⑧副校尉:指耿恭、关宠。 ⑨"复有昼

闭”句：明帝永平年间，北匈奴犯河西郡县，使得城门昼闭，警声不绝。⑩富：作动词解。意为“使……富”。 ⑪觊觎（jì yú 继于）：非分的企图。 ⑫出屯：出屯楼兰以西。 ⑬沈氐：羌族的一支，活动在上郡一带。 ⑭癸酉：此日待考。 ⑮掸（shàn 善）：国名。东汉永元九年（97）、永宁元年（120），其国先后遣使来中国。其地为今缅甸掸邦。幻人：能作幻术之人，实际是古代的魔术师。 ⑯中大人：宫中耆宿的称呼。 ⑰白：诬告。 ⑱归国：邓康于永初年间封为夷安侯，此指回封地。 ⑲允街：县名。治今甘肃永靖县西北。

建光元年 春，护羌校尉马贤召卢忽，斩之，因放兵击其种人，获首虏二千余，忍良等皆亡出塞。

幽州刺史巴郡冯焕、玄菟太守姚光、辽东太守蔡讽等将兵击高句丽，高句丽王宫遣子遂成诈降而袭玄菟、辽东，杀伤二千余人。

二月，皇太后寝疾，癸亥，赦天下。三月，癸巳，皇太后邓氏崩。未及大敛，帝复申前命，封邓骘为上蔡侯，位特进。

丙午，葬和熹皇后①。

太后自临朝以来，水旱十载，四夷外侵，盗贼内起，每闻民饥，或达旦不寐，躬自减彻，以救灾厄，故天下复平，岁还丰穰②。

上始亲政事，尚书陈忠荐隐逸及直道之士颍川杜根、平原成翊世之徒，上皆纳用之。忠，宠之子也。初，邓太后临朝，根为郎中，与同时郎上书言：“帝年长，宜亲政事。”太后大怒，皆令盛以缣囊③，于殿上扑杀之，既而载出城外，根得苏；太后使人检视，根遂诈死，三日，目中生蛆，因得逃窜，为宜城山中酒家保④，积十五年。成翊世以郡吏亦坐谏太后不归政抵罪。帝皆征诣公车，拜根侍御史，翊世尚书郎。或问根曰：“往者遇祸，天下同义，知故不少，何至自苦如此？”根曰：“周旋民间，非绝迹之处，邂逅发露⑤，祸及亲知，故不为也。”

戊申，追遵清河孝王曰孝德皇，皇妣左氏曰孝德后，祖妣宋贵人曰敬隐后。初，长乐太仆蔡伦受窦后讽旨诬陷宋贵人⑥，帝敕使自致廷尉⑦，伦饮药死。

夏，四月，高句丽复与鲜卑入寇辽东，蔡讽追击于新昌[8]，战殁。功曹掾龙端、兵马掾公孙酺以身捍讽，俱没于陈。

丁巳，尊帝嫡母耿姬为甘陵大贵人。

甲子，乐成王苌坐骄淫不法，贬为芜湖侯。

己巳，令公卿下至郡国守相各举有道之士一人。尚书陈忠以诏书既开谏争，虑言事者必多激切，或致不能容，乃上疏豫通广帝意曰："臣闻仁君广山薮之大，纳切直之谋，忠臣尽謇谔之节[9]，不畏逆耳之害，是以高祖舍周昌桀、纣之譬[10]，孝文喜袁盎人豕之讥[11]，武帝纳东方朔宣室之正[12]，元帝容薛广德自刎之切[13]。今明诏崇高宗之德，推宋景之诚，引咎克躬，谘访群吏。言事者见杜根、成翊世等新蒙表录，显列二台，必承风响应，争为切直。若嘉谋异策，宜辄纳用；如其管穴，妄有讥刺，虽苦口逆耳，不得事实，且优游宽容，以示圣朝无讳之美；若有道之士对问高者，宜垂省览，特迁一等，以广直言之路。"书御，有诏，拜有道高第士沛国施延为侍中。

初，汝南薛包，少有至行，父娶后妻而憎包，分出之。包日夜号泣，不能去，至被殴扑，不得已，庐于舍外，旦入洒扫。父怒，又逐之，乃庐于里门，昏晨不废。积岁余，父母惭而还之。及父母亡，弟子求分财异居；包不能止，乃中分其财，奴婢引其老者，曰："与我共事久，若不能使也。"田庐取其荒顿者，曰："吾少时所治，意所恋也。"器物取朽败者，曰："我素所服食，身口所安也。"弟子数破其产，辄复赈给。帝闻其名，令公车特征，至，拜侍中。包以死自乞，有诏赐告归，加礼如毛义[14]。

【注释】

①和熹皇后：即和帝皇后、邓太后邓绥。南阳新野（今河南新野县南）人。和帝死后，她迎立殇帝、安帝，临朝执政，使其兄骘居要职。②穰（ráng 攘）：丰盛。 ③缣（jiān 兼）：细绢。 ④宜城：县名。治今湖北宜城市。 ⑤邂逅（xiè hòu 懈后）：没约会而遇到。 ⑥蔡伦：东汉宦官。字敬仲，桂阳（今湖南郴州市）人。和帝时任中常侍，后任尚方令，主管制造御用器物，改进造纸。 ⑦廷尉：此指牢狱官吏。 ⑧新昌：县名。治今辽宁海城市东北。 ⑨謇谔（jiǎn è 简恶）：直言。

⑩高祖事：传闻汉高祖刘邦正在拥抱戚姬时，被周昌撞见，周昌指责刘邦是桀、纣一类的君主。 ⑪孝文事：见本书卷第十三文帝二年（前178）。⑫武帝事：见本书卷第十八武帝元光五年（前130）。 ⑬元帝事：见本书卷第二十八元帝永光元年（465）。 ⑭毛义事：见本书卷第四十六章帝元和元年（806）。

帝少号聪明，故邓太后立之。及长，多不德，稍不可太后意；帝乳母王圣知之。太后征济北、河间王子诣京师；河间王子翼，美容仪，太后奇之，以为平原怀王后，留京师。王圣见太后久不归政，虑有废置，常与中黄门李闰、江京候伺左右，共毁短太后于帝，帝每怀忿惧。及太后崩，宫人先有受罚者怀怨恚，因诬告太后兄弟悝、弘、阊先从尚书邓访取废帝故事，谋立平原王。帝闻，追怒，令有司奏悝等大逆无道，遂废西平侯广宗、叶侯广德、西华侯忠、阳安侯珍、都乡侯甫德皆为庶人①，邓骘以不与谋，但免特进，遣就国；宗族免官归故郡②，没入骘等赀财田宅。徙邓访及家属于远郡，郡县迫逼，广宗及忠皆自杀。又徙封骘为罗侯；五月，庚辰，骘与子凤并不食而死。骘从弟河南尹豹、度辽将军舞阳侯遵、将作大匠畅皆自杀；唯广德兄弟以母与阎后同产，得留京师。复以耿夔为度辽将军，征乐安侯邓康为太仆。丙申，贬平原王翼为都乡侯，遣归河间。翼谢绝宾客，闭门自守，由是得免。

初，邓后之立也，太尉张禹、司徒徐防欲与司空陈宠共奏追封后父训，宠以先世无奏请故事，争之，连日不能夺；及训追加封谥，禹、防复约宠俱遣子奏礼于虎贲中郎将骘，宠不从；故宠子忠不得志于邓氏。骘等败，忠为尚书，数上疏陷成其恶。

大司农京兆朱宠痛骘无罪遇祸③，乃肉袒舆榇④，上疏曰："伏惟和熹皇后圣善之德，为汉文母。兄弟忠孝，同心忧国，社稷是赖；功成身退，让国逊位，历世贵戚，无与为比，当享积善履谦之祐。而横为宫人单辞所陷⑤，利口倾险，反乱国家，罪无申证⑥，狱不讯鞫⑦，遂令骘等罹此酷陷，一门七人⑧，并不以命，尸骸流离，冤魂不反，逆天感人，率土丧气。宜收还冢次，宠树遗孤，奉承血祀⑨，以谢亡灵。"宠知其言切，自致廷尉；陈忠复劾奏宠，诏免官归田里。众庶多为骘称枉者，帝意颇悟，乃谴让州郡，还葬骘等于北芒[10]，诸从昆弟皆得归京师。

帝以耿贵人兄牟平侯宝监羽林左军车骑；封宋杨四子皆为列侯，宋氏为卿、校、侍中大夫、谒者、郎吏十余人；阎皇后兄弟显、景、耀，并为卿、校，典禁兵。于是内宠始盛。

帝以江京尝迎帝于邸，以为京功，封都乡侯，封李闰为雍乡侯，闰、京并迁中常侍。京兼大长秋，与中常侍樊丰、黄门令刘安、钩盾令陈达及王圣、圣女伯荣扇动内外，竞为侈虐；伯荣出入宫掖，传通奸赂。司徒杨震上疏曰[11]："臣闻政以得贤为本，治以去秽为务；是以唐、虞俊乂在官[12]，四凶流放，天下咸服，以致雍熙。方今九德未事[13]，嬖幸充庭[14]。阿母王圣，出自贱微，得遭千载，奉养圣躬，虽有推燥居湿之勤，前后赏惠，过报劳苦，而无厌之心不知纪极，外交属托，扰乱天下，损辱清朝，尘点日月。夫女子、小人，近之喜，远之怨，实为难养。宜速出阿母，令居外舍，断绝伯荣，莫使往来；令恩德两隆，上下俱美。"奏御，帝以示阿母等，内幸皆怀忿恚。

而伯荣骄淫尤甚，通于故朝阳侯刘护从兄瑰，瑰遂以为妻，官至侍中，得袭护爵。震上疏曰："经制，父死子继，兄亡弟及，以防篡也。伏见诏书，封故朝阳侯刘护再从兄瑰袭护爵为侯；护同产弟威，今犹见在。臣闻天子专封，封有功；诸侯专爵，爵有德。今瑰无他功行，但以配阿母女，一时之间，既位侍中，又至封侯，不稽旧制，不合经义，行人喧哗，百姓不安。陛下宜鉴镜既往，顺帝之则。"尚书广陵翟酺上疏曰[15]："昔窦、邓之宠，倾动四方，兼官重绂[16]，盈金积货，至使议弄神器，改更社稷，岂不以势尊威广以致斯患乎！及其破坏，头颡堕地[17]，愿为孤豚[18]，岂可得哉！夫致贵无渐，失必暴；受爵非道，殃必疾。今外戚宠幸，功均造化，汉元以来未有等比[19]。陛下诚仁恩周洽，以亲九族，然禄去公室，政移私门，覆车重寻，宁无摧折！此最安危之极戒，社稷之深计也。昔文帝爱百金于露台，饰帷帐于皂囊，或有讥其俭者，上曰：'朕为天下守财耳，岂得妄用之哉！'今自初政以来，日月未久，费用赏赐，已不可算。敛天下之财，积无功之家，帑藏单尽[20]，民物雕伤，卒有不虞，复当重赋，百姓怨叛既生，危乱可待也。愿陛下勉求忠贞之臣，诛远佞谄之党，割情欲之欢，罢宴私之好，心存亡国所以失之，鉴观兴王所以得之，庶灾害可息，丰年可招矣。”书奏，皆不省。

【注释】

①忠：邓阊之子。珍：邓京之子。　②故郡：治所在今河南南阳市。③朱宠：京兆（今陕西西安市西北）人，字仲威。初辟邓骘府，稍迁颍川太守。顺帝时拜太尉，录尚书事，封安乡侯。　④榇（chèn 趁）：棺材。⑤横：横蛮。单辞：单方面的只言片语。　⑥申：明白。　⑦鞫：通“鞫”，审讯。⑧七人：邓骘，骘堂弟豹、遵、畅，骘子凤，凤堂弟广宗、忠。⑨血祀：杀牲取血祭庙。　⑩北芒：山名，在今河南洛阳市北。　⑪杨震：字伯起，弘农华阴（今陕西华阴市东）人，少好学，人称“关西孔子”。历官至太尉，后遭中常侍樊丰诬，免官自杀。　⑫俊乂（yì 义）：俊德能治之士。乂，安。　⑬九德：《尚书·皋陶谟》以宽而栗，柔而立，愿而恭，乱而敬，扰而毅，直而温，简而廉，刚而塞，强而义为九德。　⑭嬖：古代谥法以贱而得爱曰嬖。　⑮广陵：据胡三省考证《后汉书》，“广陵”当改为“广汉”。广汉郡治所在今四川金堂县东。　⑯绂（fú 福）：系印章或佩玉用的丝带，其颜色依官位品级而不同。　⑰颡（sǎng 嗓）：额。⑱豚（tún 屯）：小猪。　⑲元：初。　⑳单：殚。

秋，七月，己卯，改元，赦天下。

壬寅，太尉马英薨。

烧当羌忍良等，以麻奴兄弟本烧当世嫡，而校尉马贤抚恤不至，常有怨心，遂相结，共胁将诸种寇湟中，攻金城诸县。八月，贤将先零种击之，战于牧苑[①]，不利。麻奴等又败武威、张掖郡兵于令居[②]，因胁将先零、沈氐诸种四千余户缘山西走，寇武威。贤追到鸾鸟[③]，招引之，诸种降者数千，麻奴南还湟中。

甲子，以前司徒刘恺为太尉。初，清河相叔孙光坐臧抵罪，遂增禁锢二世。至是，居延都尉范邠复犯臧罪，朝廷欲依光比；刘恺独以为：“《春秋》之义，善善及子孙，恶恶止其身[④]，所以进人于善也。如今使臧吏禁锢子孙，以轻从重，惧及善人，非先王详刑之意也。”陈忠亦以为然。有诏：“太尉议是。”

鲜卑其至鞬寇居庸关。九月,云中太守成严击之,兵败,功曹杨穆以身捍严,与之俱殁;鲜卑于是围乌桓校尉徐常于马城[⑤]。度辽将军耿夔与幽州刺史庞参发广阳、渔阳、涿郡甲卒救之,鲜卑解去。

戊子,帝幸卫尉冯石府,留饮十余日,赏赐甚厚,拜其子世为黄门侍郎,世弟二人皆为郎中。石,阳邑侯鲂之孙也,父柱尚显宗女获嘉公主,石袭公主爵,为获嘉侯[⑥],能取悦当世,故为帝所宠。

京师及郡国二十七雨水。

冬,十一月,己丑,郡国三十五地震。

鲜卑寇玄菟。

尚书令祋讽等奏[⑦],以为"孝文定约礼之制,光武皇帝绝告宁之典,贻则万世,诚不可改,宜复断大臣行三年丧"。尚书陈忠上疏曰:"高祖受命,萧何创制,大臣有宁告之科[⑧],合于致忧之义。建武之初,新承大乱,凡诸国政,多趣简易,大臣既不得告宁而群司营禄念私,鲜循三年之丧以报顾复之恩者,礼义之方,实为雕损。陛下听大臣终丧,圣功美业,靡以尚兹。《孟子》曰:'老吾老以及人之老,幼吾幼以及人之幼,天下可运于掌[⑨]。'臣愿陛下登高北望,以甘陵之思揆度臣子之心[⑩],则海内咸得其所。"时宦官不便之,竟寝忠奏。庚子[⑪],复断二千石以上行三年丧。

袁宏论曰[⑫]:古之帝王所以笃化美俗,率民为善,因其自然而不夺其情,民犹有不及者,而况毁礼止哀,灭其天性乎!

十二月,高句骊王宫率马韩、涉貊数千骑围玄菟[⑬],夫馀王遣子尉仇台将二万余人与州郡并力讨破之。是岁,宫死,子遂成立。玄菟太守姚光上言,欲因其丧,发兵击之,议者皆以为可许。陈忠曰:"宫前桀黠[⑭],光不能讨,死而击之,非义也。宜遣使吊问,因责让前罪[⑮],赦不加诛,取其后善。"帝从之。

【注释】

①牧苑:汉代边郡都有牧苑以养马,此牧苑在金城界。 ②令居:县名。治今甘肃永登县西北。东汉元初二年(115)护羌校尉庞参在此设立机构。 ③鸾鸟:县名。治今甘肃武威市南。 ④"善善"句:见《左传》昭公二十年(前522)。 ⑤马城:县名。治今河北怀安县西。 ⑥获

嘉：县名。治今河南新乡市西南。 ⑦祋（duì 对）讽：安帝时为光禄勋。 ⑧宁告：官吏告假奔丧。官吏亲丧，归家穿丧服称宁。 ⑨“老吾”句：出自《孟子·梁惠王》。 ⑩揆度（kuí duó 葵夺）：揣测。 ⑪庚子：此日待考。 ⑫袁宏（328—376）：东晋史学家，字彦伯。撰《后汉纪》三十卷，言辞精审。 ⑬马韩：古国名，与辰韩、弁韩合称三韩，在今朝鲜半岛南部，后为百济所灭。 ⑭桀：凶暴。 ⑮让：责备。

延光元年 春，三月，丙午，改元，赦天下。

护羌校尉马贤追击麻奴，到湟中，破之，种众散遁。

夏，四月，京师、郡国四十一雨雹，河西雹大者如斗。

幽州刺史冯焕、玄菟太守姚光数纠发奸恶，怨者诈作玺书，谴责焕、光，赐以欧刀[①]，又下辽东都尉庞奋，使速行刑。奋即斩光，收焕。焕欲自杀，其子绲疑诏文有异，止焕曰：“大人在州，志欲去恶，实无他故。必是凶人妄诈，规肆奸毒。愿以事自上，甘罪无晚。”焕从其言，上书自讼，果诈者所为，征奋，抵罪。

癸巳，司空陈褒免。五月，庚戌，宗正彭城刘授为司空。

己巳，封河间孝王子德为安平王，嗣乐成靖王后。

六月，郡国蝗。

秋，七月，癸卯，京师及郡国十三地震。

高句骊王遂成还汉生口[②]，诣玄菟降，其后涉貊率服，东垂少事。

虔人羌与上郡胡反，度辽将军耿夔击破之。

八月，阳陵园寝火。

九月，甲戌[③]，郡国二十七地震。

鲜卑既累杀郡守，胆气转盛，控弦数万骑，冬，十月，复寇雁门、定襄[④]；十一月，寇太原。

烧当羌麻奴饥困，将种众诣汉阳太守耿种降。

是岁，京师及郡国二十七雨水。

帝数遣黄门常侍及中使伯荣往来甘陵，尚书仆射陈忠上疏曰：“今天心未得，隔并屡臻[⑤]，青、冀之域，淫雨漏河，徐、岱之滨，海水盆溢，兖、豫蝗蝝滋生[⑥]，荆、扬稻收俭薄，并、凉二州羌戎叛戾，加以百姓不足，府帑虚匮[7]。陛下以不得亲奉孝德皇园庙，比遣中使致敬甘陵，朱轩骈马[8]，相望道路，可谓孝至矣。然臣窃闻使者所过，威权翕赫[9]，震动郡县，王、侯、二千石至为伯荣独拜车下，发民修道，缮理亭传，多设储偫[10]，征役无度，老弱相随，动有万计，赂遗仆从，人数百匹，顿踣呼嗟[11]，莫不叩心。河间托叔父之属[12]，清河有陵庙之尊，及剖符大臣，皆猥为伯荣屈节车下，陛下不问，必以为陛下欲其然也。伯荣之威，重于陛下，陛下之柄，在于臣妾，水灾之发，必起于此。昔韩嫣托副车之乘[13]，受驰视之使，江都误为一拜，而嫣受欧刀之诛。臣愿明主严天元之尊，正乾刚之位，不宜复令女使干错万机。重察左右，得无石显漏泄之奸[14]？尚书纳言，得无赵昌谮崇之诈[15]？公卿大臣，得无朱博阿傅之援[16]？外属近戚，得无王凤害商之谋[17]？若国政一由帝命，王事每决于己，则下不得逼上，臣不得干君，常雨大水必当霁止，四方众异不能为害。”书奏，不省。

时三府任轻，机事专委尚书，而灾眚变咎，辄切免三公，陈忠上疏曰：“汉兴旧事，丞相所请，靡有不听。今之三公，虽当其名而无其实，选举诛赏，一由尚书，尚书见任，重于三公，陵迟以来，其渐久矣。臣忠心常独不安。近以地震，策免司空陈褒，今者灾异，复欲切让三公。昔孝成皇帝以妖星守心，移咎丞相[18]，卒不蒙上天之福，徒乖宋景之诚；故知是非之分，较然有归矣。又尚书决事，多违故典，罪法无例，诋欺为先，文惨言丑，有乖章宪。宜责求其意，割而勿听，上顺国典，下防威福，置方员于规矩，审轻重于衡石[19]，诚国家之典，万世之法也！”

汝南太守山阳王龚[20]，政崇宽和，好才爱士。以袁阆为功曹[21]，引进郡人黄宪、陈蕃等[22]；宪虽不屈，蕃遂就吏。阆不修异操而致名当时，蕃性气高明，龚皆礼之，由是群士莫不归心。

宪世贫贱[23]，父为牛医。颍川荀淑至慎阳，遇宪于逆旅，时年十四，淑竦然异之，揖与语，移日不能去，谓宪曰：“子，吾之师表也。”既而前至袁阆所，未及劳问，逆曰：“子国有颜子，宁识之乎？”阆曰：“见吾叔度耶？”是时同郡戴良，才高倨傲，而见宪未尝不正容，及归，罔然若有失也。其母问曰：“汝复从牛医儿来邪？”对曰：

"良不见叔度,自以为无不及;既睹其人,则瞻之在前,忽然在后,固难得而测矣。"陈蕃及同郡周举尝相谓曰:"时月之间[24],不见黄生,则鄙吝之萌复存乎心矣[25]。"太原郭泰,少游汝南,先过袁阆,不宿而退;进,往从宪,累日方还。或以问泰,曰:"奉高之器,譬诸氿滥[26],虽清而易挹。叔度汪汪若千顷陂,澄之不清,淆之不浊,不可量也。"宪初举孝廉,又辟公府。友人劝其仕,宪亦不拒之,暂到京师,即还,竟无所就,年四十八终。

范晔论曰:黄宪言论风旨,无所传闻;然士君子见之者靡不服深远,去玼吝[27],将以道周性全,无德而称乎!余曾祖穆侯以为:"宪,隤然其处顺,渊乎其似道,浅深莫臻其分,清浊未议其方,若及门于孔氏,其殆庶乎!"

【注释】

①欧刀:刑刀。古代欧冶子善作剑,故以"欧"名刀。 ②生口:指奴隶、俘虏或被贩卖的人。 ③甲戌:此日待考。 ④定襄:县名。治今山西定襄县东南。 ⑤隔并:旱涝不调。 ⑥蝝(yuán 元):蝗的幼虫。 ⑦帑(tǎng 躺):钱财或钱库。 ⑧朱轩:使者乘坐的朱轩车。 ⑨翕(xī 希)赫:显赫。 ⑩偫(zhì 至):储备。 ⑪踣(bó 伯):跌倒。 ⑫叔父:河间王刘开是安帝的叔父。 ⑬韩嫣:汉武帝时的宠臣,常与武帝共卧起。 ⑭石显事:见本书卷第二十九元帝建昭二年(前37)。 ⑮赵昌事:见本书卷第三十四哀帝建平四年(前3)。 ⑯朱博事:见本书卷第三十四建平二年(前5)。 ⑰王凤事:见本书卷第三十成帝河平四年(前25)。 ⑱移咎事:见本书卷第三十三绥和二年(前7)。 ⑲衡石:代指法度。衡,称衡。三十斤为钧,四钧为石。 ⑳王龚:字伯宗,安帝时为青州刺史,劾奏贪污二千石数人。累官至太尉。 ㉑袁阆(làng 浪):字奉高。为郡功曹。数辞公府之命,不修异操而致名当时。 ㉒陈蕃:字仲举。桓帝时为太尉,反对宦官专权。灵帝时任太傅。谋诛宦官,被杀。 ㉓宪:黄宪,字叔度。初举孝廉,又辟公府,无意仕途。年四十八卒。天下号曰征君。 ㉔时月:三月为一时。 ㉕鄙吝:卑贱羞愧之事。 ㉖氿(guǐ 轨):从侧面喷出的泉。 ㉗玼:疑玭之误。玭,通"疵"。

二年 春,正月,旄牛夷反,益州刺史张乔击破之。

夏,四月,戊子,爵乳母王圣为野王君。

北匈奴连与车师入寇河西，议者欲复闭玉门、阳关以绝其患。敦煌太守张珰上书曰："臣在京师，亦以为西域宜弃，今亲践其土地，乃知弃西域则河西不能自存。谨陈西域三策：北虏呼衍王常展转蒲类、秦海之间[①]，专制西域，共为寇钞。今以酒泉属国吏士二千余人集昆仑塞[②]，先击呼衍王，绝其根本，因发鄯善兵五千人胁车师后部，此上计也。若不能出兵，可置军司马，将士五百人，四郡供其犁牛、谷食[③]，出据柳中[④]，此中计也。如又不能，则宜弃交河城[⑤]，收鄯善等悉使入塞，此下计也。"朝廷下其议。陈忠上疏曰："西域内附日久，区区东望扣关者数矣，此其不乐匈奴、慕汉之效也。今北虏已破车师，势必南攻鄯善，弃而不救，则诸国从矣。若然，则虏财贿益增，胆势益殖，威临南羌[⑥]，与之交通，如此，河西四郡危矣。河西既危，不可不救，则百倍之役兴，不訾之费发矣。议者但念西域绝远，恤之烦费，不见孝武苦心勤劳之意也。方今敦煌孤危，远来告急；复不辅助，内无以慰劳吏民，外无以威示百蛮，蹙国减土，非良计也。臣以为敦煌宜置校尉，按旧增四郡屯兵，以西抚诸国。"帝纳之，于是复以班勇为西域长史[⑦]，将兵五百人出屯柳中。

秋，七月，丹阳山崩。

九月，郡国五雨水。

冬，十月，辛未，太尉刘恺罢；甲戌，以司徒杨震为太尉，光禄勋东莱刘熹为司徒。大鸿胪耿宝自候震，荐中常侍李闰兄于震曰："李常侍国家所重，欲令公辟其兄；宝唯传上意耳。"震曰："如朝廷欲令三府辟召，故宜有尚书敕。"宝大恨而去。执金吾阎显亦荐所亲于震，震又不从。司空刘授闻之，即辟此二人；由是震益见怨。时诏遣使者大为王圣修第；中常侍樊丰及侍中周广、谢恽等更相扇动，倾摇朝廷。震上疏曰："臣伏念方今灾害滋甚，百姓空虚，三边震扰，帑藏匮乏，殆非社稷安宁之时。诏书为阿母兴起第舍，合两为一[⑧]，连里竟街，雕修缮饰，穷极巧伎，攻山采石，转相迫促，为费巨亿。周广、谢恽兄弟，与国无肺府枝叶之属，依倚近幸奸佞之人，与之分威共权，属托州郡，倾动大臣，宰司辟召，承望旨意，招来海内贪污之人，受其货赂，至有臧锢弃世之徒[⑨]，复得显用；

白黑浑淆，清浊同源，天下喧哗，为朝结讥。臣闻师言，上之所取，财尽则怨，力尽则叛，怨叛之人，不可复使，惟陛下度之！”上不听。

鲜卑其至鞬自将万余骑攻南匈奴于曼柏，薁鞬日逐王战死，杀千余人。

十二月，戊辰，京师及郡国三地震。

陈忠荐汝南周燮[10]、南阳冯良学行深纯，隐居不仕，名重于世；帝以玄纁羔币聘之[11]；燮宗族更劝之曰：“夫修德立行，所以为国，君独何为守东冈之陂乎[12]？”燮曰：“夫修道者度其时而动，动而不时，焉得亨乎！”与良皆自载至近县，称病而还。

【注释】

①蒲类：古地名，在今新疆巴里坤哈萨克自治县一带。秦海：大秦国一带。又名海西，即古罗马帝国。 ②昆仑塞：又名昆仑障，在今甘肃瓜州县南。 ③四郡：武威、酒泉、张掖、敦煌。 ④柳中：古地名，在今新疆鄯善县西南鲁克沁镇，班勇作为西域长史驻此。 ⑤交河城：在今新疆吐鲁番市西北雅尔湖村附近。车师前王国建都于此。 ⑥南羌：即湟中及南山诸羌。 ⑦长史：西域都护长史。 ⑧合两为一：连接两坊为一宅。 ⑨臧锢：因赃贿被禁锢。 ⑩周燮（xiè 蟹）：字彦祖。生有丑貌，精于儒经。年七十余卒。⑪玄：黑色。纁（xūn 勋）：浅绛色。羔：小羊，最驯服的动物，古人以“羔”喻“知礼”。 ⑫东冈：周燮居住在汝南安城，有先人草庐，结于东冈。

三年　春，正月，班勇至楼兰[1]，以鄯善归附，特加三绶，而龟兹王白英犹自疑未下；勇开以恩信，白英乃率姑墨、温宿，自缚诣勇，因发其兵步骑万余人到车师前王庭，击走匈奴伊蠡王于伊和谷，收得前部五千余人，于是前部始复开通；还，屯田柳中。

二月，丙子，车驾东巡。辛卯，幸泰山。三月，戊戌，幸鲁；还，幸东平，至东郡，历魏郡、河内而还。

初，樊丰、周广、谢恽等见杨震连谏不从，无所顾忌，遂诈作诏书，调发司农钱谷、大匠见徒材木，各起冢舍、园池、庐观，役费无数。震复上疏曰：“臣备台辅，不能调和阴阳，去年十二月四日，京师地动，其日戊辰；三者皆土[2]，位在中宫[3]，此中臣、近官持权用事之象也。臣伏惟陛下以边境未宁，躬自菲薄，宫殿垣屋倾倚，枝拄而已。而亲近幸臣，未崇断金[④]，骄溢逾法，多请徒士，盛修第舍，卖弄威福，道路喧哗，地动之变，殆为此发。又，冬无宿雪，春节未雨，百僚焦心，而缮修不止，诚致旱之征也。惟陛下奋乾刚之德，弃骄奢之臣，以承皇天之戒！"震前后所言转切，帝既不平之，而樊丰等皆侧目愤怨，以其名儒，未敢加害。会河间男子赵腾上书指陈得失，帝发怒，遂收考诏狱，结以罔上不道[⑤]。震上疏救之曰："臣闻殷、周哲王，小人怨詈[⑥]，则还自敬德[⑦]。今赵腾所坐，激讦谤语[⑧]，为罪与手刃犯法有差，乞为亏除，全腾之命，以诱刍荛舆人之言。"帝不听，腾竟伏尸都市。及帝东巡，樊丰等因乘舆在外，竞修第宅，太尉部掾高舒召大匠令史考校之，得丰等所诈下诏书，具奏，须行还上之，丰等惶怖。会太史言星变逆行，遂共谮震云："自赵腾死后，深用怨怼[⑨]；且邓氏故吏，有恚恨之心。"壬戌，车驾还京师，便时太学，夜，遣使者策收震太尉印绶；震于是柴门绝宾客[⑩]。丰等复恶之，令大鸿胪耿宝奏："震大臣，不服罪，怀恚望。"有诏，遣归本郡。震行至城西夕阳亭，乃慷慨谓其诸子、门人曰："死者，士之常分。吾蒙恩居上司，疾奸臣狡猾而不能诛，恶嬖女倾乱而不能禁，何面目复见日月！身死之日，以杂木为棺，布单被，裁足盖形，勿归冢次，勿设祭祀！"因饮鸩而卒。弘农太守移良承樊丰等旨，遣吏于陕县留停震丧，露棺道侧，谪震诸子代邮行书；道路皆为陨涕。

太仆征羌侯来历曰："耿宝托元舅之亲，荣宠过厚，不念报国恩，而倾侧奸臣，伤害忠良，其天祸亦将至矣。"历，歙之曾孙也。

夏，四月，乙丑，车驾入宫。

戊辰，以光禄勋冯石为太尉。

南单于檀死，弟拔立，为乌稽侯尸逐鞮单于。时鲜卑数寇边，度辽将军耿夔与温禺犊王呼尤徽将新降者连年出塞击之，还使屯列冲要。耿夔征发烦剧，新降者皆怨恨，大人阿族等遂反，胁呼尤徽欲与俱去。呼尤徽曰："我老矣，受汉家恩，宁死，不能相随！"众欲杀之，有救者，得免。阿族等遂将其众亡去。中郎将马翼与胡骑追击，破之，斩获殆尽。

日南徼外蛮夷内属。

六月，鲜卑寇玄菟。

庚午，阆中山崩[11]。

秋，七月，辛巳[12]，以大鸿胪耿宝为大将军。

王圣、江京、樊丰等谮太子乳母王男、厨监邴吉等，杀之，家属徙比景；太子思男、吉，数为叹息。京、丰惧有后害，乃与阎后妄造虚无，构谗太子及东宫官属。帝怒，召公卿以下，议废太子。耿宝等承旨，皆以为当废。太仆来历与太常桓焉、廷尉犍为张皓议曰："经说，年未满十五，过恶不在其身；且男、吉之谋，皇太子容有不知；宜选忠良保傅，辅以礼义。废置事重，此诚圣恩所宜宿留[13]！"帝不从。焉，郁之子也。张皓退，复上书曰："昔贼臣江充造构谗逆[14]，倾覆戾园，孝武久乃觉寤，虽追前失，悔之何及。今皇太子方十岁，未习保傅之教，可遽责乎！"书奏，不省。九月，丁酉，废皇太子保为济阴王，居于德阳殿西钟下。来历乃要结光禄勋祋讽、宗正刘玮、将作大匠薛皓、侍中闾丘弘、陈光、赵代、施延、太中大夫九江朱伥等十余人，俱诣鸿都门证太子无过。帝与左右患之，乃使中常侍奉诏胁群臣曰："父子一体，天性自然；以义割恩，为天下也。历、讽等不识大典，而与群小共为喧哗[15]，外见忠直而内希后福，饰邪违义，岂事君之礼！朝廷广开言路，故且一切假贷；若怀迷不反，当显明刑书。"谏者莫不失色。薛皓先顿首曰："固宜如明诏。"历怫然[16]，廷诘皓曰："属通谏何言，而今复背之？大臣乘朝车，处国事，固得辗转若此乎！"乃各稍自引起。历独守阙，连日不肯去。帝大怒，尚书令陈忠与诸尚书遂共劾奏历等，帝乃免历兄弟官，削国租，黜历母武安公主不得会见。

陇西郡始还狄道[17]。

烧当羌豪麻奴死，弟犀苦立。

庚申晦，日有食之。

冬，十月，上行幸长安；十一月，乙丑，还雒阳。

是岁，京师及诸郡国二十三地震，三十六大水、雨雹。

【注释】

①楼兰：西域城国，国都在扜泥城，后迁伊循城（今新疆若羌县东）。

②皆土：按五行，戊干为土，辰支为土，地震亦为土，此为三者皆土。③中宫：五行以土为中，故称祸在中宫。 ④断金：《易·系辞》：二人同心，其利断金。故古人以“断金”喻“同心”。 ⑤结以：决定其罪。⑥詈（lì 利）：骂。 ⑦“敬德”句：此为《尚书·无逸》之辞。 ⑧讦（jié 节）：揭发。 ⑨怼（duì 对）：怨恨。 ⑩柴：塞。 ⑪阆中：县名。治今四川阆中市。 ⑫辛巳：此日待考。 ⑬宿（xiǔ 朽）留：停留。 ⑭江充事：见本书卷第二十三武帝征和二年（前91）、三年（前90）。 ⑮喧哗：大声吵闹。 ⑯怫（fú 佛）然：忿怒的样子。 ⑰狄道：县名。治今甘肃临洮县。

资治通鉴卷第五十一

汉纪四十三　起旃蒙赤奋若，尽昭阳作噩，凡九年。

孝安皇帝下

延光四年　春，二月，乙亥[1]，下邳惠王衍薨。

甲辰，车驾南巡。

三月，戊午朔，日有食之。

庚申，帝至宛，不豫[2]。乙丑，帝发自宛；丁卯，至叶[3]，崩于乘舆。年三十二。

皇后与阎显兄弟、江京、樊丰等谋曰："今晏驾道次，济阴王在内，邂逅公卿立之[4]，还为大害。"乃伪云"帝疾甚"，徙御卧车，所在上食、问起居如故。驱驰行四日，庚午[5]，还宫。辛未[6]，遣司徒刘熹诣郊庙、社稷，告天请命；其夕，发丧。尊皇后曰皇太后。太后临朝。以显为车骑将军、仪同三司。太后欲久专国政，贪立幼年，与显等定策禁中，迎济北惠王子北乡侯懿为嗣[7]。济阴王以废黜，不得上殿亲临梓宫，悲号不食；内外群僚莫不哀之。

甲戌，济南孝王香薨，无子，国绝。

乙酉，北乡侯即皇帝位。

夏，四月，丁酉，太尉冯石为太傅，司徒刘熹为太尉，参录尚书事；前司空李郃为司徒。

阎显忌大将军耿宝位尊权重[8]，威行前朝，乃风有司奏"宝及其党与中常侍樊丰、虎贲中郎将谢恽、侍中周广、野王君王圣、圣女永等更相阿党，互作威福，皆大不道。”辛卯[9]，丰、恽、广皆下狱，死；家属徙比景。贬宝及弟子林虑侯承皆为亭侯[10]，遣就国；宝于道自杀。王圣母子徙雁门。于是以阎景为卫尉，耀为城门校尉，晏为执金吾，兄弟并处权要，威福自由。

己酉，葬孝安皇帝于恭陵[11]，庙曰恭宗。

九〔六〕月，乙巳，赦天下。

秋，七月，西域长史班勇发敦煌、张掖、酒泉六千骑及鄯善、疏勒、车师前部兵击后部王军就，大破之，获首虏八千余人，生得军就及匈奴持节使者，将至索班没处斩之[12]，传首京师。

冬，十月，丙午，越巂山崩。

北乡侯病笃，中常侍孙程谓济阴王谒者长兴渠曰：“王以嫡统，本无失德，先帝用谗，遂至废黜。若北乡侯不起，相与共断江京、阎显，事无不成者。”渠然之。又中黄门南阳王康，先为太子府史，及长乐太官丞京兆王国等并附同于程。江京谓阎显曰：“北乡侯病不解，国嗣宜以时定，何不早征诸王子，简所置乎！”显以为然。辛亥，北乡侯薨；显白太后，秘不发丧，更征诸王子，闭宫门，屯兵自守。

十一月，乙卯，孙程、王康、王国与中黄门黄龙、彭恺、孟叔、李建、王成、张贤、史泛、马国、王道、李元、杨佗、陈予、赵封、李刚、魏猛、苗光等聚谋于西钟下，皆截单衣为誓。丁巳，京师及郡国十六地震。是夜，程等共会崇德殿上，因入章台门。时江京、刘安及李闰、陈达等俱坐省门下[13]，程与王康共就斩京、安、达。以李闰权势积为省内所服，欲引为主，因举刃胁闰曰：“今当立济阴王，毋得摇动！”闰曰：“诺。”于是扶闰起，俱于西钟下迎济阴王即皇帝位，时年十一。召尚书令、仆射以下从辇幸南宫，程等留守省内，遮捍内外。帝登云台，召公卿、百僚，使虎贲、羽林士屯南、北宫诸门。

阎显时在禁中，忧迫不知所为，小黄门樊登劝显以太后诏召越骑校尉冯诗、虎贲中郎将阎崇将兵屯平朔门以御程等。显诱诗入省，谓曰：“济阴王立，非皇太后意，玺绶在此。苟尽力效功，封侯可得。”太后使授之印曰：“能得济阴王者，封万户侯；得李闰者，五千户侯。”诗等皆许诺，辞以“卒被召，所将众少”。显使与登迎吏士于左掖门外，诗因格杀登，归营屯守。

显弟卫尉景遽从省中还外府，收兵至盛德门。孙程传召诸尚书使收景。尚书郭镇时卧病，闻之，即率直宿羽林出南止车门，逢景从吏士拔白刃呼曰："无干兵！"镇即下车持节诏之，景曰："何等诏！"因斫镇，不中。镇引剑击景堕车，左右以戟叉其胸，遂禽之[14]，送廷尉狱，即夜死。

戊午，遣使者入省，夺得玺绶，帝乃幸嘉德殿，遣侍御史持节收阎显及其弟城门校尉耀、执金吾晏，并下狱，诛；家属皆徙比景[15]。迁太后于离宫。己未，开门，罢屯兵。壬戌，诏司隶校尉："惟阎显、江京近亲，当伏辜诛，其余务崇宽贷。"封孙程等皆为列侯：程食邑万户，王康、王国食九千户，黄龙食五千户，彭恺、孟叔、李建食四千二百户，王成、张贤、史泛、马国、王道、李元、杨佗、陈予、赵封、李刚食四千户，魏猛食二千户，苗光食千户：是为十九侯[16]，加赐车马、金银、钱帛各有差；李闰以先不豫谋，故不封。擢孙程为骑都尉。初，程等入章台门，苗光独不入。诏书录功臣，令王康疏名，康诈疏光入章台门。光未受符策，心不自安，诣黄门令自告。有司奏康、光欺诈主上；诏书勿问。以将作大匠来历为卫尉。祋讽、闾丘弘等先卒，皆拜其子为郎。朱伥、施延、陈光、赵代皆见拔用，后至公卿。征王男、邴吉家属还京师，厚加赏赐。帝之见废也，监太子家小黄门籍建、傅高梵、长秋长赵熹、丞良贺、药长夏珍皆坐徙朔方[17]；帝即位，并擢为中常侍。

初，阎显辟崔骃之子瑗为吏，瑗以北乡侯立不以正，知显将败，欲说令废立，而显日沉醉，不能得见，乃谓长史陈禅曰："中常侍江京等惑蛊先帝，废黜正统，扶立疏孽[18]。少帝即位，发病庙中，周勃之征，于斯复见。今欲与君共求见说将军，白太后，收京等，废少帝，引立济阴王，必上当天心，下合人望，伊、霍之功不下席而立，则将军兄弟传祚于无穷；若拒违天意，久旷神器，则将以无罪并辜元恶；此所谓祸福之会，分功之时也。"禅犹豫未敢从。会显败，瑗坐被斥；门生苏祇欲上书言状，瑗遽止之。时陈禅为司隶校尉，召瑗谓曰："弟听祇上书，禅请为之证。"瑗曰："此譬犹儿妾屏语耳，愿使君勿复出口[19]！"遂辞归，不复应州郡命。

己卯，以诸王礼葬北乡侯。

司空刘授以阿附恶逆，辟召非其人[20]，策免。十二月，甲申，以少府河南陶敦为司空。

杨震门生虞放、陈翼诣阙追讼震事；诏除震二子为郎，赠钱百万，以礼改葬于华阴潼亭[21]，远近毕至。有大鸟高丈余集震丧前；郡以状上。帝感震忠，诏复以中牢具祠之[22]。

议郎陈禅以为："阎太后与帝无母子恩，宜徙别馆，绝朝见。"群臣议者咸以为宜。司徒掾汝南周举谓李郃曰："昔瞽瞍常欲杀舜，舜事之逾谨；郑武姜谋杀庄公，庄公誓之黄泉，秦始皇怨母失行，久而隔绝，后感颍考叔、茅蕉之言，复修子道；书传美之。今诸阎新诛，太后幽在离宫，若悲愁生疾，一旦不虞，主上将何以令于天下！如从禅议，后世归咎明公。宜密表朝廷，令奉太后，率群臣朝觐如旧，以厌天心，以答人望！"郃即上疏陈之。

【注释】

①乙亥：此日待考。 ②豫：安乐。 ③叶：县名。治今河南叶县西南。 ④邂逅：不期而会。 ⑤庚午：此日待考。 ⑥辛未：此日待考。 ⑦惠王：刘寿，章帝子。 ⑧耿宝：字君达，袭封牟平侯。安帝时位至大将军。谮废皇太子，诽谤杨震。阎太后贬宝为亭侯，宝自杀。 ⑨辛卯：此日待考。 ⑩林虑：即隆虑，避殇帝讳，改"隆"为"林"。 ⑪恭陵：在今河南南阳市东北。 ⑫索班事：见上卷永宁元年（301）。 ⑬省门：宫禁大门。 ⑭禽：通"擒"。 ⑮比景：县名。属交州日南郡。 ⑯十九侯：浮阳侯孙程、华容侯王康、酈侯王国、湘南侯黄龙、西平昌侯彭恺、中庐侯孟宿、复阳侯李建、广宗侯王成、祝阿侯张贤、临沮侯史泛、广平侯马国、范县侯王道、褒信侯李元、山都侯杨佗、下雋侯陈予、析县侯赵封、枝江侯李刚、夷陵侯魏猛、东阿侯苗光。 ⑰长秋长：大长秋，掌管宦官。 ⑱孽（niè 聂）：树木砍去后又长出来的新芽。古代宗法以嫡子喻干，以庶子喻孽。 ⑲使君：陈禅时为司隶校尉。 ⑳辟召事：见上卷延光二年（123）。 ㉑潼亭：在今陕西西安市临潼区以西。 ㉒中牢：即少牢，以羊、豕祭祀。

孝顺皇帝上

永建元年 春，正月，帝朝太后于东宫，太后意乃安。

甲寅，赦天下。

辛未，皇太后阎氏崩。

辛巳，太傅冯石、太尉刘熹以阿党权贵免。司徒李郃罢。

二月，甲申，葬安思皇后。

丙戌，以太常桓焉为太傅；大鸿胪朱宠为太尉，参录尚书事；长乐少府朱伥为司徒。

封尚书郭镇为定颍侯[①]。

陇西钟羌反，校尉马贤击之，战于临洮，斩首千余级，羌众皆降；由是凉州复安。

六月，己亥，封济南简王错子显为济南王。

秋，七月，庚午，以卫尉来历为车骑将军。

八月，鲜卑寇代郡[②]，太守李超战殁。

司隶校尉虞诩到官数月，奏冯石、刘熹，免之，又劾奏中常侍程璜、陈秉、孟生、李闰等，百官侧目，号为苛刻。三公劾奏："诩盛夏多拘系无辜[③]，为吏民患。"诩上书自讼曰："法禁者，俗之堤防；刑罚者，民之衔辔。今州曰任郡，郡曰任县，更相委远，百姓怨穷；以苟容为贤，尽节为愚。臣所发举，臧罪非一。三府恐为臣所奏，遂加诬罪。臣将从史鱼死[④]，即以尸谏耳！"帝省其章，乃不罪诩。

东汉陶灶

中常侍张防卖弄权势，请托受取；诩案之，屡寝不报。诩不胜其愤,乃自系廷尉,奏言:“昔孝安皇帝任用樊丰[⑤],交乱嫡统,几亡社稷。今者张防复弄威柄,国家之祸将重至矣。臣不忍与防同朝,谨自系以闻,无令臣袭杨震之迹!”书奏,防流涕诉帝,诩坐论输左校[⑥];防必欲害之,二日之中,传考四狱。狱吏劝诩自引,诩曰:“宁伏欧刀以示远近!喑呜自杀,是非孰辨邪!”浮阳侯孙程、祝阿侯孙贤相率乞见,程曰:“陛下始与臣等造事之时,常疾奸臣,知其倾国。今者即位而复自为,何以非先帝乎!司隶校尉虞诩为陛下尽忠,而更被拘系;常侍张防臧罪明正,反构忠良。今客星守羽林,其占宫中有奸臣;宜急收防送狱,以塞天变。”时防立在帝后,程叱防曰:“奸臣张防,何不下殿!”防不得已,趋就东箱。程曰:“陛下急收防,无令从阿母求请!”帝问诸尚书,尚书贾朗素与防善,证诩之罪;帝疑焉,谓程曰:“且出,吾方思之!”于是诩子颉与门生百余人,举幡候中常侍高梵车[⑦],叩头流血,诉言枉状。梵入言之,防坐徙边,贾朗等六人或死或黜;即日赦出诩。程复上书陈诩有大功,语甚切激。帝感悟,复征拜议郎;数日,迁尚书仆射。

诩上疏荐议郎南阳左雄曰[⑧]:“臣见方今公卿以下,类多拱默[⑨],以树恩为贤,尽节为愚,至相戒曰:‘白璧不可为,容容多后福。’伏见议郎左雄,有王臣蹇蹇之节,宜擢在喉舌之官,必有匡弼之益。”由是拜雄尚书。

浮阳侯孙程等怀表上殿争功,帝怒;有司劾奏“程等干乱悖逆,王国等皆与程党,久留京师,益其骄恣”。帝乃免程等官,悉徙封远县;因遣十九侯就国,敕雒阳令促期发遣。

司徒掾周举说朱伥曰:“朝廷在西钟下时[⑩],非孙程等岂立!今忘其大德,录其小过;如道路夭折,帝有杀功臣之讥。及今未去,宜急表之!”伥曰:“今诏指方怒,吾独表此,必致罪谴。”举曰:“明公年过八十,位为台辅,不于今时竭忠报国,惜身安宠,欲以何求!禄位虽全,必陷佞邪之讥;谏而获罪,犹有忠贞之名;若举言不足采,请从此辞!”伥乃表谏,帝果从之。

程徙封宜城侯;到国,怨恨恚怼,封还印绶、符策,亡归京师,往来山中。诏书追求,复故爵土,赐车马、衣物,遣还国。

冬，十月，丁亥，司空陶敦免。

朔方以西，障塞多坏，鲜卑因此数侵南匈奴；单于忧恐，上书乞修复障塞。庚寅，诏："黎阳营兵出屯中山北界[11]；令缘边郡增置步兵，列屯塞下，教习战射。"

以廷尉张皓为司空。

班勇更立车师后部故王子加特奴为王。勇又使别校诛斩东且弥王[12]，亦更立其种人为王；于是车师六国悉平。

勇遂发诸国兵击匈奴，呼衍王亡走，其众二万余人皆降。生得单于从兄，勇使加特奴手斩之，以结车师、匈奴之隙。北单于自将万余骑入后部，至金且谷；勇使假司马曹俊救之，单于引去，俊追斩其贵人骨都侯。于是呼衍王遂徙居枯梧河上，是后车师无复虏迹。

【注释】

①定颍：县名。治今河南西平县东。 ②代郡：治所在今山西阳高县西北。 ③"盛夏"句：旧时认为盛夏应当顺应天地长物之性，不当违法拘系无辜。 ④史鱼事：见《韩诗外传》，卫大夫史鱼临死前自称生不能进贤、退不肖，遗言死不当治丧正堂。 ⑤樊丰事：见上卷安帝延光三年（124）。 ⑥输左校：免官为徒，输作左校。左校属将作大匠，掌左工徒。 ⑦幡（fān 翻）：用竹竿挂着的长条形旗子。 ⑧左雄：字伯豪，南郡涅阳（今河南镇平县南）人。安帝时任冀州刺史。顺帝时拜议郎，迁尚书令，主张革除弊端，崇尚经术。 ⑨拱默：拱手而默无一言。 ⑩朝廷：代指天子。 ⑪中山：郡名。治所在今河北定州市。 ⑫东且弥：西域国名。国都在天山东兑虚谷，属西域都护府。

二年 春，正月，中郎将张国以南单于兵击鲜卑其至鞬，破之。

二月，辽东鲜卑寇辽东玄菟；乌桓校尉耿晔发缘边诸郡兵及乌桓出塞击之，斩获甚众；鲜卑三万人诣辽东降。

三月，旱。

初，帝母李氏瘗在雒阳北[1]，帝初不知；至是，左右白之，帝乃发哀，亲到瘗所，更以礼殡。六月，乙酉，追谥为恭愍皇后，葬于恭陵之北。

西域城郭诸国皆服于汉，唯焉耆王元孟未降，班勇奏请攻之。于是遣敦煌太守张朗将河西四郡兵三千人配勇，因发诸国兵四万余人分为两道击之，勇从南道，朗从北道，约期俱至焉耆。而朗先有罪，欲徼功自赎[②]，遂先期至爵离关[③]，遣司马将兵前战，获首虏二千余人，元孟惧诛，逆遣使乞降。张朗径入焉耆，受降而还。朗得免诛，勇以后期征，下狱，免。

秋，七月，申戌朔，日有食之。

壬午，太尉朱宠、司徒朱伥免。庚子，以太常刘光为太尉、录尚书事，光禄勋汝南许敬为司徒。光，矩之弟也。敬仕于和、安之间。当窦、邓、阎氏之盛，无所屈桡[④]；三家既败，士大夫多染污者，独无谤言及于敬，当世以此贵之。

初，南阳樊英，少有学行，名著海内，隐于壶山之阳[⑤]，州郡前后礼请，不应；公卿举贤良、方正、有道，皆不行；安帝赐策书征之，不赴。是岁，帝复以策书、玄纁，备礼征英，英固辞疾笃；诏切责郡县，驾载上道。英不得已，到京，称疾不肯起；强舆入殿，犹不能屈。帝使出就太医养疾，月致羊酒。其后帝乃为英设坛，令公车令导，尚书奉引，赐几、杖，待以师傅之礼，延问得失，拜五官中郎将。数月，英称疾笃；诏以为光禄大夫，赐告归，令在所送谷，以岁时致牛酒。英辞位不受[⑥]，有诏譬旨，勿听。

英初被诏命，众皆以为必不降志。南郡王逸素与英善[⑦]，因与其书，多引古譬谕，劝使就聘。英顺逸议而至；及后应对无奇谋深策，谈者以为失望。河南张楷与英俱征，谓英曰："天下有二道，出与处也。吾前以子之出，能辅是君也，济斯民也。而子始以不訾之身怒万乘之主，及其享受爵禄，又不闻匡救之术，进退无所据矣。"

臣光曰：古之君子，邦有道则仕，邦无道则隐。隐非君子之所欲也。人莫己知而道不得行，群邪共处而害将及身，故深藏以避之。王者举逸民，扬仄陋[⑧]，固为其有益于国家，非以徇世俗之耳目也。是故有道德足以尊主，智能足以庇民，被褐怀玉[⑨]，深藏不市，则王者当尽礼致之，屈己以访之，克己以从之，然后能利泽施于四表，功烈格于上下。盖取其道不取其人，务其实不务其名也。

其或礼备而不至，意勤而不起，则姑内自循省而不敢强致其人，曰：岂吾德之薄而不足慕乎？政之乱而不可辅乎？群小在朝而不敢进乎？诚心不至而忧其言之不用乎？何贤者之不我从也？苟其德已厚矣，政已治矣，群小远矣，诚心至矣，彼将扣阍以自售，又安有勤求而不至者哉！荀子曰："耀蝉者[⑩]，务在明其火，振其木而已；火不明，虽振其木，无益也。今人主有能明其德，则天下归之，若蝉之归明火也。"或者人主耻不能致，乃至诱之以高位，胁之以严刑。使彼诚君子邪，则位非所贪，刑非所畏，终不可得而致也；可致者，皆贪位畏刑之人也，乌足贵哉！

若乃孝弟著于家庭，行谊隆于乡曲，利不苟取，仕不苟进，洁己安分，优游卒岁，虽不足以尊主庇民，是亦清修之吉士也；王者当褒优安养，俾遂其志。若孝昭之待韩福[⑪]，光武之遇周党[⑫]，以励廉耻，美风俗，斯亦可矣，固不当如范升之诋毁，又不可如张楷之责望也。

至于饰伪以邀誉，钓奇以惊俗，不食君禄而争屠沽之利，不受小官而规卿相之位，名与实反，心与迹违，斯乃华士、少正卯之流[⑬]，其得免于圣王之诛幸矣，尚何聘召之有哉！

时又征广汉杨厚、江夏黄琼[⑭]。琼，香之子也。厚既至，豫陈汉有三百五十年之厄以为戒，拜议郎。琼将至，李固以书逆遗之曰："君子谓伯夷隘，柳下惠不恭[⑮]。不夷不惠，可否之间，圣贤居身之所珍也。诚欲枕山栖谷，拟迹巢、由[⑯]，斯则可矣；若当辅政济民，今其时也。自生民以来，善政少而乱俗多，必待尧、舜之君，此为士行其志终无时矣。尝闻语曰：'峣峣者易缺，皦皦者易污。'盛名之下，其实难副。近鲁阳樊君被征初至，朝廷设坛席，犹待神明，虽无大异，而言行所守，亦无所缺；而毁谤布流，应时折减者，岂非观听望深，声名太盛乎！是故俗论皆言'处士纯盗虚声'。愿先生弘此远谟，令众人叹服，一雪此言耳！"琼至，拜议郎，稍迁尚书仆射。琼昔随父在台阁，习见故事；及后居职，达练官曹，争议朝堂，莫能抗夺。数上疏言事，上颇采用之。

李固[17]，郃之子，少好学，常改易姓名，杖策驱驴，负笈从师，不远千里，遂究览坟籍，为世大儒。每到太学，密入公府，定省父母，不令同业诸生知其为郃子也。

【注释】

①瘗（yì 意）：埋葬。　②徼：通“邀”，求取。　③爵离关：在龟兹国以北。　④桡：通“挠”，屈服。　⑤壶山：又名大胡山、大孤山，在今河南泌阳县东北。　⑥英：樊英，字季齐，习京氏《易》，兼明五经，善风角。有声誉，然而没有治国良策，时人失望。　⑦王逸：文学家。南郡宜城（今湖北宜城市南）人，安帝时为校书郎，顺帝时为侍中，有《楚辞章句》。⑧仄（zè 昃）：通“侧”，旁边。　⑨褐（hè 贺）：粗布或粗布衣服。　⑩蝉（chán 禅）：昆虫名。又叫“知了”。　⑪孝昭事：汉昭帝元凤元年（前80）三月，赐给涿郡韩福等人五十匹帛，以鼓励其行义。　⑫光武事：见本书卷第四十一建武五年（29）。　⑬华士：见《韩非子》，华士是周初隐士，华而不实，被姜太公所杀。少正卯：见《论语》，孔子以其有五恶，杀之。　⑭黄琼（86—164）：字世英，江夏安陆（今湖北安陆市西北）人。魏郡太守黄香之子。顺帝时推举为议郎，历官至太尉。　⑮“君子”句：典出《孟子·公孙丑》，原文：“孟子曰：‘伯夷隘，柳下惠不恭，隘与不恭，君子不由也。’”　⑯巢：传说中的陶唐氏时隐士巢父。他隐居在山中的树上，尧以天下让之，不受。由：许由，与巢父同时的隐君子，隐于箕山。尧请他出山，他不屑多听，到颍水边洗耳，以示清高。　⑰李固（94—147）：字子坚，汉中南郑（今陕西汉中市）人，年少好学。顺帝时任为议郎、大司农，冲帝时官至太尉，后为梁冀所诬，被杀。

三年　春，正月，丙子，京师地震。

夏，六月，旱。

秋，七月，茂陵园寝灾。

九月，鲜卑寇渔阳[1]。

冬，十二月，己亥，太傅桓焉免。

车骑将军来历罢。

南单于拔死，弟休利立，为去特若尸逐就单于。

帝悉召孙程等还京师。

四年 春，正月，丙寅，赦天下。

丙子，帝加元服。

夏，五月，壬辰，诏曰："海内颇有灾异，朝廷修政，太官减膳，珍玩不御。而桂阳太守文砻[2]，不惟竭忠宣畅本朝，而远献大珠以求幸媚，今封以还之！"

五州雨水。

秋，八月，丁巳，太尉刘光、司空张皓免。

尚书仆射虞诩上言："安定、北地、上郡，山川险厄，沃野千里，土宜畜牧，水可溉漕。顷遭元元之灾，众羌内溃，郡县兵荒，二十余年。夫弃沃壤之饶，捐自然之财，不可谓利；离河山之阻，守无险之处，难以为固。今三郡未复，园陵单外[3]，而公卿选懦[4]，容头过身，张解设难，但计所费，不图其安。宜开圣听，考行所长。"九月，诏复安定、北地、上郡归旧土。

癸酉，以大鸿胪庞参为太尉、录尚书事。太常王龚为司空。

冬，十一月，庚辰，司徒许敬免。

鲜卑寇朔方。

十二月，己卯，以宗正弘农刘崎为司徒。

是岁，于窴王放前杀拘弥王兴，自立其子为拘弥王，而遣使者贡献，敦煌太守徐由上求讨之。帝赦于窴罪，令归拘弥国；放前不肯。

五年 夏，四月，京师旱。

京师及郡国十二蝗。

定远侯班超之孙始尚帝姑阴城公主[5]。主骄淫无道；始积忿怒，伏刃杀主。冬，十月，乙亥，始坐腰斩，同产皆弃市[6]。

六年 春，二月，庚午，河间孝王开薨；子政嗣。政傲很不奉法[7]，帝以侍御史吴郡沈景有强能，擢为河间相。景到国，谒王，王不正服，箕踞殿上；侍郎赞拜，景峙不为礼，问王所在。虎贲曰："是非王邪！"景曰："王不正服，常人何别！今相谒王，岂谒无礼者邪！"王惭而更服，景然后拜；出，住宫门外，请王傅责之曰[8]："前发京师，陛见受诏，以王不恭，相使检督。诸君空受爵禄，曾无训导之义！"因奏治其罪，诏书让政而诘责傅。景因捕诸奸人，奏案其罪，杀戮尤恶者数十人，出冤狱百余人。政遂为改节，悔过自修。

帝以伊吾膏腴之地⑨，傍近西域，匈奴资之以为钞暴⑩；三月，辛亥，复令开设屯田，如永元时事，置伊吾司马一人。

初，安帝薄于艺文，博士不复讲习，朋徒相视怠散，学舍颓敝，鞠为园蔬，或牧儿、荛竖薪刈其下⑪。将作大匠翟酺上疏请修缮，诱进后学，帝从之。秋，九月，缮起太学，凡所造构二百四十房，千八百五十室。

护乌桓校尉耿晔遣兵击鲜卑，破之。

护羌校尉韩皓转湟中屯田置两河间⑫，以逼群羌。皓坐事征，以张掖太守马续代为校尉。两河间羌以屯田近之，恐必见图，乃解仇诅盟，各自儆备；续上移田还湟中，羌意乃安。

帝欲立皇后，而贵人有宠者四人，莫知所建，议欲探筹⑬，以神定选。尚书仆射南郡胡广与尚书冯翊郭虔、史敞上疏谏曰："窃见诏书，以立后事大，谦不自专，欲假之筹策，决疑灵神；篇籍所记，祖宗典故，未尝有也。恃神卜筮，既未必当贤；就值其人，犹非德选。夫岐嶷形于自然⑭，俔天必有异表⑮，宜参良家，简求有德，德同以年，年钧以貌；稽之典经，断之圣虑。"帝从之。

恭怀皇后弟子乘氏侯商之女⑯，选入掖庭为贵人，常特被引御，从容辞曰："夫阳以博施为德，阴以不专为义。《螽斯》则百福所由兴也⑰。愿陛下思云雨之均泽，小妾得免于罪。"帝由是贤之。

【注释】

①渔阳：郡名。治所在今北京密云区西南。 ②桂阳：郡名。治所在今湖南郴州市。砻：音 lóng（龙）。 ③单外：单薄而无蔽障。 ④选懦（nuò 诺）：柔怯。懦，软弱。 ⑤尚：取公主为妻。 ⑥同产：同母兄弟。 ⑦慠：同"傲"。 ⑧王傅：诸侯国的太傅。 ⑨伊吾：本为匈奴呼衍王庭，东汉永平十六年（73）取之以通西域，置宜禾都尉。其地在今新疆哈密市。腴（yú 余）：肥美。 ⑩钞：强取掠夺。暴：欺凌损害。 ⑪荛竖：割草者。 ⑫两河：即赐支河和逢留大河，属今青海省。 ⑬探筹：将四个贵人的姓名写在筹上，祷之于神而探之，得之而入选。 ⑭岐嶷：典出《诗经·大雅·生民》："诞实匍匐，克岐克嶷。"后常以形容幼年聪慧。 ⑮俔（qiàn 欠）：好比。《诗经·大雅·大明》："大邦有子，俔天

之妹。” ⑯恭怀皇后：和帝母梁贵人。 ⑰螽（zhōng 中）斯：《诗经·周南》篇名，其中有“宜尔子孙振振兮”等句，后人以“螽斯”喻子孙成群。

阳嘉元年 春，正月，乙巳，立贵人梁氏为皇后。

京师旱。

三月，扬州六郡妖贼章河等寇四十九县[①]，杀伤长吏。

庚寅，赦天下，改元。

夏，四月，梁商加位特进；顷之，拜执金吾。

冬，耿晔遣乌桓戎末魔等钞击鲜卑，大获而还。鲜卑复寇辽东属国，耿晔移屯辽东无虑城以拒之。

尚书令左雄上疏曰：“昔宣帝以为吏数变易，则下不安业；久于其事，则民服教化；其有政治者，辄以玺书勉励，赠秩赐金，公卿缺则以次用之。是以吏称其职，民安其业，汉世良吏，于兹为盛。今典城百里，转动无常，各怀一切，莫虑长久。谓杀害不辜为威风，聚敛整办为贤能；以治己安民为劣弱，奉法循理为不治。髡钳之戮[②]，生于睚眦[③]；覆尸之祸，成于喜怒。视民如寇仇，税之如豺虎。监司项背相望，与同疾疢[④]，见非不举，闻恶不察。观政于亭传，责成于期月；言善不称德，论功不据实。虚诞者获誉，拘检者离毁[⑤]；或因罪而引高，或色斯而求名，州宰不覆[⑥]，竞共辟召，踊跃升腾，超等逾匹。或考奏捕案，而亡不受罪，会赦行赂，复见洗涤，朱紫同色，清浊不分。故使奸猾枉滥，轻忽去就，拜除如流，缺动百数。乡官、部吏，职贱禄薄，车马衣服，一出于民，廉者取足，贪者充家；特选、横调[⑦]，纷纷不绝，送迎烦费，损政伤民。和气未洽，灾眚不消，咎皆在此。臣愚以为守相、长吏惠和有显效者，可就增秩，勿移徙；非父母丧，不得去官。其不从法禁，不式王命，锢之终身，虽会赦令，不得齿列。若被劾奏，亡不就法者，徙家边郡，以惩其后。其乡部亲民之吏，皆用儒生清白任从政者，宽其负算[⑧]，增其秩禄；吏职满岁，宰府州郡乃得辟举。如此，威福之路塞，虚伪之端绝，送迎之役损，赋敛之源息，循理之吏得成其化，率土之民各宁其所矣。”帝感其言，复申无故去官之禁，又下有司考吏治真伪，详所施行；而宦官不便，终不能行。

雄又上言："孔子曰'四十不惑'，《礼》称强仕[9]。请自今，孝廉不满四十，不得察举，皆先诣公府，诸生试家法，文吏课笺奏，副之端门，练其虚实，以观异能，以美风俗；有不承科令者，正其罪法。若有茂材异行[10]，自可不拘年齿。"帝从之。

胡广、郭虔、史敞上书驳之曰："凡选举因才，无拘定制。六奇之策[11]，不出经学；郑、阿之政[12]，非必章奏；甘、奇显用[13]，年乖强仕；终、贾扬声[14]，亦在弱冠。前世以来，贡举之制，莫或回革[15]。今以一臣之言，刬戾旧章[16]，便利未明，众心不厌[17]。矫枉变常，政之所重，而不访台司，不谋卿士；若事下之后，议者剥异[18]，异之则朝失其便，同之则王言已行。臣愚以为可宣下百官，参其同异，然后览择胜否，详采厥衷。"帝不从。

辛卯[19]，初令"郡国举孝廉，限年四十以上；诸生通章句，文吏能笺奏，乃得应选。其有茂才异行，若颜渊、子奇，不拘年齿"。

久之，广陵所举孝廉徐淑，年未四十；台郎诘之[20]，对曰："诏书曰：'有如颜回、子奇，不拘年齿。'是故本郡以臣充选。"郎不能屈。左雄诘之曰："颜回闻一知十，孝廉闻一知几邪？"淑无以对；乃罢却之。郡守坐免。

> 袁宏论曰：夫谋事作制，以经世训物，必使可为也。古者四十而仕，非谓弹冠之会必将是年也，以为可仕之时在于强盛，故举其大限以为民衷。且颜渊、子奇，旷代一有，而欲以斯为格，岂不偏乎！

然雄公直精明，能审核真伪，决志行之。顷之，胡广出为济阴太守，与诸郡守十余人皆坐谬举免黜；唯汝南陈蕃、颍川李膺、下邳陈球等三十余人得拜郎中。自是牧、守畏栗，莫敢轻举。迄于永嘉[21]，察选清平，多得其人。

闰月，庚子，恭陵百丈庑灾[22]。

上闻北海郎顗精于阴阳之学。

【注释】

①六郡：九江、丹杨、庐江、会稽、吴、豫章。　②髡（kūn 坤）：剃去头发的刑罚。钳：在脖子上加上枷锁。　③睚眦（yá zì 牙字）：小的仇恨。④疢（chèn 称）：热病。　⑤离：遭到。　⑥覆：审。　⑦特选、横调：出

于常赋之外的特派。 ⑧负:欠。算:人丁税。 ⑨《礼》:《曲礼》。⑩茂材:秀才。汉光武帝讳秀。 ⑪六奇:陈平六出奇计以佐刘邦。⑫郑:子产相郑,择能而使之,郑国大治。阿:晏子任东阿县令,教化有成。 ⑬甘:秦国派12岁的甘罗出使赵国,赵王割五城以求和,秦封甘罗为上卿。奇:子奇18岁时治理齐国的东阿县,卓有政绩。 ⑭终:终军18岁时,自请愿以长缨必羁南越王而致之阙下,武帝任命终军为谏大夫。贾:贾谊18岁时,名气已高,文帝很赏识他。 ⑮回:转,改。⑯刬(chǎn 产):削去。戾(lì 丽):违背。 ⑰厌:满。 ⑱剥:通“驳”。⑲辛卯:此日待考。 ⑳台郎:尚书郎。 ㉑永嘉:汉冲帝年号。㉒庑:廊屋。

二年 春,正月,诏公车征顗,问以灾异。顗上章曰:“三公上应台阶,下同元首,政失其道,则寒阴反节。今之在位,竞托高虚,纳累钟之奉[①],亡天下之忧。栖迟偃仰[②],寝疾自逸,被策文,得赐钱,即复起矣,何疾之易而愈之速!以此消伏灾眚,兴致升平,其可得乎!今选牧、守,委任三府;长吏不良,既咎州、郡,州、郡有失,岂得不归责举者!而陛下崇之弥优,自下慢事愈甚,所谓‘大网疏,小纲数[③]’。三公非臣之仇,臣非狂夫之作,所以发愤忘食,恳恳不已者,诚念朝廷,欲致兴平。臣书不择言,死不敢恨!”因条便宜七事:“一,园陵火灾,宜念百姓之劳,罢缮修之役。二,立春以后阴寒失节,宜采纳良臣,以助圣化。三,今年少阳之岁,春当旱,夏必有水,宜遵前典,惟节惟约。四,去年八月,荧惑出入轩辕,宜简出宫女,恣其姻嫁。五,去年闰十月,有白气从西方天苑趋参左足,入玉井,恐立秋以后,将有羌寇畔戾之患,宜豫告诸郡,严为备御。六,今月十四日乙卯,白虹贯日,宜令中外官司,并须立秋然后考事。七,汉兴以来三百三十九岁,于时三期,宜大蠲法令[④],有所变更。王者随天,譬犹自春徂夏,改青服绛也。自文帝省刑,适三百年,而轻微之禁,渐已殷积。王者之法,譬犹江、河,当使易避而难犯也。”

二月,顗复上书荐黄琼、李固,以为宜加擢用。又言:“自冬涉春,讫无嘉泽,数有西风,反逆时节,朝廷劳心,广为祷祈,荐祭山川，暴龙移市[5]。臣闻皇天感物，不为伪动；灾变应人，要在责己。若令雨可请降，水可攘止，则岁无隔并，太平可待。然而灾害不息者，患不在此也！”书奏，特拜郎中；辞病不就。

三月，使匈奴中郎将赵稠遣从事将南匈奴兵出塞击鲜卑，破之。

初，帝之立也，乳母宋娥与其谋[6]，帝封娥为山阳君，又封执金吾梁商子冀为襄邑侯[7]。尚书令左雄上封事曰：“高皇帝约，非刘氏不王，非有功不侯。孝安皇帝封江京、王圣等，遂致地震之异。永建二年封阴谋之功，又有日食之变。数术之士，咸归咎于封爵。今青州饥虚，盗贼未息，诚不宜追录小恩，亏失大典。”诏不听。

雄复谏曰：“臣闻人君莫不好忠正而恶谗谀，然而历世之患，莫不以忠正得罪，谗谀蒙幸者，盖听忠难，从谀易也。夫刑罪，人情之所甚恶，贵宠，人情之所甚欲，是以时俗为忠者少而习谀者多；故令人主数闻其美，稀知其过，迷而不悟，以至于危亡。臣伏见诏书，顾念阿母旧德宿恩，欲特加显赏。案尚书故事，无乳母爵邑之制，唯先帝时阿母王圣为野王君，圣造主谗贼废立之祸，生为天下所咀嚼[8]，死为海内所欢快。桀、纣贵为天子，而庸仆羞与为比者，以其无义也；夷、齐贱为匹夫，而王侯争与为伍者，以其有德也。今阿母躬蹈俭约，以身率下，群僚蒸庶，莫不向风；而与王圣并同爵号，惧违本操，失其常愿。臣愚以为凡人之心，理不相远，其所不安，古今一也。百姓深惩王圣倾覆之祸，民萌之命危于累卵，常惧时世复有此类，怵惕之念未离于心[9]，恐惧之言未绝于口。乞如前议，岁以千万给奉阿母，内足以尽恩爱之欢，外可不为吏民所怪。梁冀之封，事非机急，宜过灾厄之运，然后平议可否。”于是冀父商让还冀封；书十余上，帝乃从之。

夏，四月，己亥，京师地震。五月，庚子，诏群公、卿士各直言厥咎，仍各举敦朴士一人。左雄复上疏曰：“先帝封野王君，汉阳地震，今封山阳君而京城复震，专政在阴，其灾尤大。臣前后瞽言[10]，封爵至重，王者可私人以财，不可以官，宜还阿母之封以塞灾异。今冀已高让，山阳君亦宜崇其本节。”雄言切至，娥亦畏惧辞让；而帝恋恋不能已，卒封之。

是时，大司农刘据以职事被谴，召诣尚书，传呼促步⑪，又加以捶扑。雄上言："九卿位亚三事，班在大臣，行有佩玉之节，动则有庠序之仪。孝明皇帝始有扑罚，皆非古典。"帝纳之，是后九卿无复捶扑者⑫。

戊午，司空王龚免。六月，辛未，以太常鲁国孔扶为司空。

【注释】

①钟：量器，六石四斗为一钟，古代常以钟计算俸禄。 ②栖迟：游息。偃仰：卧。 ③数：密。 ④蠲(juān 涓)：免除。 ⑤暴龙移市：汉代每逢干旱，在都市设龙以求雨。 ⑥与：通"豫"。 ⑦冀：梁冀，字伯卓，安定乌氏(今甘肃平凉市西北)人，大将军梁商之子，两妹为顺帝、桓帝皇后。顺帝死，梁太后临朝，任大将军，骄奢横暴。延熹二年(159)被诛。 ⑧咀(jǔ 举)：细嚼。 ⑨怵(cù 畜)惕：提心吊胆，害怕。 ⑩瞽(gǔ 谷)：瞎眼。这里有自谦的意思。 ⑪促步：速行。 ⑫捶扑：殴打。

丁丑，雒阳宣德亭地坼，长八十五丈；帝引公卿所举敦朴之士，使之对策，及特问以当世之敝，为政所宜。李固对曰："前孝安皇帝变乱旧典，封爵阿母，因造妖孽，改乱嫡嗣，至令圣躬狼狈，亲遇其艰。既拔自困殆，龙兴即位，天下喁喁①，属望风政。积敝之后，易致中兴，诚当沛然，思惟善道，而论者犹云'方今之事，复同于前'；臣伏在草泽，痛心伤臆②！实以汉兴以来三百余年，贤圣相继十有八主③，岂无阿乳之恩，岂忘贵爵之宠？然上畏天威，俯案经典，知义不可，故不封也。今宋阿母虽有大功、勤谨之德，但加赏赐，足以酬其劳苦；至于裂土开国，实乖旧典。闻阿母体性谦虚，必有逊让，陛下宜许其辞国之高，使成万安之福。夫妃、后之家所以少完全者，岂天性当然？但以爵位尊显，颛总权柄，天道恶盈，不知自损，故致颠仆。先帝宠遇阎氏，位号太疾，故其受祸曾不旋时，《老子》曰：'其进锐者其退速也。'今梁氏戚为椒房，礼所不臣，尊以高爵，尚可然也；而子弟群从，劳显兼加，永平、建初故事，殆不如此。宜令步兵校尉冀及诸侍中还居黄门之官，使权去外戚，政归国家，岂不休乎！又，诏书所以禁侍中、尚书、中臣子弟不得为吏、察孝廉者，以其秉威权，容请托故也。而中常侍在日月之侧，声势振天下，子弟禄任，曾无限极，虽外托谦默，不干州郡，而谄伪之徒，望风进举。今可为设常禁，同之中臣。昔馆陶公主为子求郎[4]，明帝不许，赐钱千万，所以轻厚赐，重薄位者，为官人失才，害及百姓也。窃闻长水司马武宣、开阳城门候羊迪等[5]，无他功德，初拜便真[6]，此虽小失而渐坏旧章。先圣法度，所宜坚守，故政教一跌，百年不复；《诗》云：'上帝板板，下民卒瘅[7]，'刺周王变祖法度，故使下民将尽病也。今陛下之有尚书，犹天之有北斗也。斗为天喉舌，尚书亦为陛下喉舌。斗斟酌元气，运乎四时；尚书出纳王命，赋政四海，权尊势重，责之所归，若不平心，灾眚必至，诚宜审择其人，以毗圣政[8]。今与陛下共天下者，外则公、卿、尚书，内则常侍、黄门，譬犹一门之内，一家之事，安则共其福庆，危则通其祸败。刺史、二千石，外统职事，内受法则。夫表曲者景必邪，源清者流必洁，犹叩树本，百枝皆动也。由此言之，本朝号令，岂可蹉跌！天下之纪纲，当今之急务也。夫人君之有政，犹水之有堤防；堤防完全，虽遭雨水霖潦，不能为变；政教一立，暂遭凶年，不足为忧。诚令堤防穿漏，万夫同力，不能复救；政教一坏，贤智驰骛[9]，不能复还；今堤防虽坚，渐有孔穴。譬之一人之身，本朝者，心腹也；州、郡者，四支也，心腹痛则四支不举。故臣之所忧，在腹心之疾，非四支之患也。苟坚堤防，务政教，先安心腹，整理本朝，虽有寇贼、水旱之变，不足介意也；诚令堤防坏漏，心腹有疾，虽无水旱之灾，天下固可以忧矣。又宜罢退宦官，去其权重，裁置常侍二人方直有德者省事左右；小黄门五人，才智闲雅者给事殿中。如此，则论者厌塞，升平可致也！"

扶风功曹马融对曰："今科条品制，四时禁令，所以承天顺民者，备矣，悉矣，不可加矣。然而天犹有不平之效，民犹有咨嗟之怨者，百姓屡闻恩泽之声而未见惠和之实也。古之足民者，非能家赡而人足之，量其财用，为之制度。故嫁娶之礼俭，则婚者以时矣；丧祭之礼约，则终者掩藏矣；不夺其时，则农夫利矣。夫妻子以累其心，产业以重其志，舍此而为非者，有必不多矣！"

太史令南阳张衡对曰[10]："自初举孝廉，迄今二百岁矣，皆先孝行；行有余力，始学文法。辛卯诏书，以能章句、奏案为限；虽有至孝，犹不应科，此弃本而取末。曾子长于孝，然实鲁钝，文学不若游、夏，政事不若冉、季。今欲使一人兼之，苟外有可观，内必有阙，则违选举孝廉之志矣。且郡国守相，剖符宁境，为国大臣，一旦免黜十有余人，吏民罢于送迎之役，新故交际，公私放滥，或临政为百姓所便而以小过免之，是为夺民父母使嗟号也。《易》不远复[11]，《论》不惮改[12]，朋友交接且不宿过，况于帝王，承天理物，以天下为公者乎！中间以来，妖星见于上，震裂著于下，天诫详矣，可为寒心！明者销祸于未萌，今既见矣，修政恐惧，则祸转为福矣。"

上览众对，以李固为第一，即时出阿母还舍，诸常侍悉叩头谢罪，朝廷肃然。以固为议郎；而阿母、宦者皆疾之，诈为飞章以陷其罪。事从中下，大司农南郡黄尚等请之于梁商，仆射黄琼复救明其事。久乃得释，出为洛令，固弃官归汉中。融博通经籍，美文辞；对奏，亦拜议郎。衡善属文，通贯《六艺》，虽才高于世，而无骄尚之情；善机巧，尤致思于天文、阴阳、历算，作浑天仪，著《灵宪》。性恬憺，不慕当世；所居之官辄积年不徙。

太尉庞参[13]，在三公中最名忠直，数为左右所毁。会所举用忤帝旨，司隶承风案之。时当会茂才、孝廉，参以被奏，称疾不会。广汉上计掾段恭因会上疏曰："伏见道路行人、农夫、织妇皆曰：'太尉参竭忠尽节，徒以直道不能曲心，孤立群邪之间，自处中伤之地。'夫以谗佞伤毁忠正，此天地之大禁，人臣之至诫也！昔白起赐死[14]，诸侯酌酒相贺；季子来归[15]，鲁人喜其纾难[16]。夫国以贤治，君以忠安；今天下咸欣陛下有此忠贤，愿卒宠任以安社稷。"书奏，诏即遣小黄门视参疾，太医致羊酒。后参夫人疾前妻子，投于井而杀之；雒阳令祝良奏参罪。秋，七月，己未，参竟以灾异免。

八月，己巳，以大鸿胪施延为太尉。

鲜卑寇马城，代郡太守击之，不克。顷之，其至鞬死。鲜卑由是抄盗差稀。

【注释】

①喁喁：众人景仰归向。 ②臆（yì 意）：胸。 ③十有八主：指汉代的高、惠、文、景、武、昭、宣、元、成、哀、平、光武、明、章、和、殇、安、顺帝。

④馆陶公主事:见本书卷第四十五永平十八年(75)。 ⑤长水司马:北军五营校尉的属官。开阳城门候:洛阳城有十二门,每门候一人,秩六百石。 ⑥真:汉制,初做官称“守”,满一年称“真”。 ⑦板:反。卒:尽。瘅:病。 ⑧毗(pí 疲):辅。 ⑨骛(wù 误):乱跑。 ⑩张衡(78—139):科学家、文学家。字平子,南阳西鄂(今河南南阳市北)人。永元中,举孝廉,不就。安帝时,公车特征,迁为太史令。顺帝时,官至尚书。⑪《易》:《周易》有“不远复,无祇悔”句。 ⑫《论》:《论语》有“过则勿惮改”句。 ⑬庞参:字仲达。举孝廉,拜左校令,历汉阳太守,以惠政得民,累官太尉。 ⑭白起事:见本书卷第五周赧王五十年(前265)。⑮季子:鲁公子季友,贤明有声誉。 ⑯纾:缓。

资治通鉴卷第五十二

汉纪四十四　起阏逢阉茂，尽旃蒙作噩，凡十二年。

孝顺皇帝下

阳嘉三年　夏，四月，车师后部司马率后王加特奴掩击北匈奴于阊吾陆谷，大破之；获单于母。

五月，戊戌，诏以春夏连旱，赦天下。上亲自露坐德阳殿东厢请雨。以尚书周举才学优深，特加策问。举对曰："臣闻阴阳闭隔，则二气否塞[①]。陛下废文帝、光武之法，而循亡秦奢侈之欲，内积怨女，外有旷夫[②]。自枯旱以来，弥历年岁，未闻陛下改过之效，徒劳至尊暴露风尘，诚无益也。陛下但务其华，不寻其实，犹缘木希鱼，却行求前。诚宜推信革政，崇道变惑，出后宫不御之女，除太官重膳之费。《易传》曰：'阳感天不旋日。'惟陛下留神裁察！"帝复召举面问得失，举对以"宜慎官人，去贪污，远佞邪"。帝曰："官贪污、佞邪者为谁乎？"对曰："臣从下州超备机密[③]，不足以别群臣。然公卿大臣数有直言者，忠贞也；阿谀苟容者，佞邪也。"

太史令张衡亦上疏言："前年京师地震土裂，裂者，威分；震者，民扰也。窃惧圣思厌倦，制不专己，恩不忍割，与众共威。威不可分，德不可共。愿陛下思惟所以稽古率旧，勿使刑德八柄不由天子[④]，然后神望允塞，灾消不至矣！"

衡又以中兴之后，儒者争学《图纬》[⑤]，上疏言："《春秋元命包》有公输班与墨翟，事见战国，又言别有益州，益州之置在于汉世。又刘向父子领校秘书，阅定九流，亦无《谶录》。则知《图谶》成于哀、平之际，皆虚伪之徒以要世取资，欺罔较然，莫之纠禁。且律历、卦候、九宫、风角[6]，数有征效，世莫肯学，而竞称不占之书，譬犹画工恶图犬马而好作鬼魅，诚以实事难形而虚伪不穷也！宜收藏《图谶》，一禁绝之，则朱紫无所眩[7]，典籍无瑕玷矣[8]！”

秋，七月，钟羌良封等复寇陇西、汉阳。诏拜前校尉马贤为谒者，镇抚诸种。冬，十月，护羌校尉马续遣兵击良封，破之。

十一月，壬寅，司徒刘崎、司空孔扶免，用周举之言也。乙巳，以大司农黄尚为司徒，光禄勋河东王卓为司空。

耿贵人数为耿氏请，帝乃绍封耿宝子箕为牟平侯[9]。

四年 春，北匈奴呼衍王侵车师后部。帝令敦煌太守发兵救之，不利。

二月，丙子，初听中官得以养子袭爵。初，帝之复位，宦官之力也，由是有宠，参与政事。御史张纲上书曰：“窃寻文、明二帝，德化尤盛，中官常侍，不过两人，近幸赏赐，裁满数金，惜费重民，故家给人足。而顷者以来，无功小人，皆有官爵，非爱民重器、承天顺道者也。”书奏，不省。纲，皓之子也[10]。

旱。

谒者马贤击钟羌，大破之。

夏，四月，甲子，太尉施延免。戊寅，以执金吾梁商为大将军，故太尉庞参为太尉。

商称疾不起且一年，帝使太常桓焉奉策就第即拜，商乃诣阙受命。商少通经传，谦恭好士，辟汉阳巨览、上党陈龟为掾属，李固为从事中郎，杨伦为长史。

东汉长乐璧

李固以商柔和自守，不能有所整裁，乃奏记于商曰："数年以来，灾怪屡见。孔子曰：'智者见变思形，愚者睹怪讳名。'天道无亲，可为祇畏[11]。诚令王纲一整，道行忠立，明公踵伯成之高[12]，全不朽之誉，岂与此外戚凡辈耽荣好位者同日而论哉！"商不能用。

秋，闰八月，丁亥朔，日有食之。

冬，十月，乌桓寇云中，度辽将军耿晔追击，不利。十一月，乌桓围晔于兰池城[13]；发兵数千人救之，乌桓乃退。

十二月，甲寅，京师地震。

【注释】

①否(pǐ 匹)：不通。　②旷夫：被耽搁的男子、光棍。　③下州：周举从冀州刺史提拔为尚书，所以称"冀州"为"下州"。　④八柄：统治者驾驭臣下的八种手段，即爵、禄、予、置、生、夺、废、诛，以之调节剥削阶级内部财产、权力分配的矛盾。　⑤图纬：附会经义以占验术数为主要内容的书。图，河图。纬，六经诸纬和孝经纬。　⑥律历：音律和历法方面的术数。卦候：以六十四卦与节候相配。九宫：阴阳家以八卦加上中央合为九宫。风角：以四方四隅之风推测吉凶。　⑦眩：迷乱。　⑧瑕(xiá 霞)玷：斑点。　⑨耿宝事：见上卷安帝延光四年(125)。　⑩张皓事：见本书卷第五十安帝延光三年(124)。　⑪祇：敬。　⑫伯成：传说中的上古部落首领，至禹时，去而耕于野。　⑬兰池城：在今内蒙古准格尔旗东北。

永和元年　春，正月，己巳，改元，赦天下。

冬，十月，丁亥，承福殿火。

十一月，丙子，太尉庞参罢。

十二月，象林蛮夷反[1]。

乙巳，以前司空王龚为太尉[2]。

龚疾宦官专权，上书极言其状。诸黄门使客诬奏龚罪；上命龚亟自实。李固奏记于梁商曰："王公以坚贞之操，横为谗佞所构，众人闻知，莫不叹栗[3]。夫三公尊重，无诣理诉冤之义，纤微感概，辄引分决，是以旧典不有大罪，不至重问。王公卒有他变，则朝廷获害贤之名，群臣无救护之节矣！语曰：'善人在患，饥不及餐。’斯其时也！”商即言之于帝，事乃得释。

是岁，以执金吾梁冀为河南尹。冀性嗜酒，逸游自恣，居职多纵暴非法。父商所亲客雒阳令吕放以告商，商以让冀。冀遣人于道刺杀放，而恐商知之，乃推疑放之怨仇，请以放弟禹为雒阳令，使捕之；尽灭其宗、亲、宾客百余人。

武陵太守上书，以蛮夷率服，可比汉人，增其租赋。议者皆以为可。尚书令虞诩曰：“自古圣王，不臣异俗。先帝旧典，贡赋多少[4]，所由来久矣；今猥增之，必有怨叛。计其所得，不偿所费，必有后悔。”帝不从。澧中、溇中蛮各争贡布非旧约[5]，遂杀乡吏，举种反。

二年　春，武陵蛮二万人围充城[6]，八千人寇夷道。

二月，广汉属国都尉击破白马羌[7]。

帝遣武陵太守李进击叛蛮，破平之。进乃简选良吏，抚循蛮夷，郡境遂安。

三月，司空王卓薨。丁丑，以光禄勋郭虔为司空。

夏，四月，丙申，京师地震。

五月，癸丑，山阳君宋娥坐构奸诬罔，收印绶，归里舍。黄龙、杨佗、孟叔、李建、张贤、史泛、王道、李元、李刚等九侯坐与宋娥更相赂遗，求高官增邑，并遣就国，减租四分之一。

象林蛮区怜等攻县寺，杀长吏。交趾刺史樊演发交趾、九真兵万余人救之，兵士惮远役，秋，七月，二郡兵反，攻其府。府虽击破反者，而蛮势转盛。

冬，十月，甲申，上行幸长安；扶风田弱荐同郡法真博通内、外学[8]，隐居不仕，宜就加衮职[9]。帝虚心欲致之，前后四征，终不屈。友人郭正称之曰：“法真名可得闻，身难得而见。逃名而名我随，避名而名我追，可谓百世之师者矣！”真，雄之子也[10]。

丁卯[11]，京师地震。

太尉王龚以中常侍张昉等专弄国权，欲奏诛之。宗亲有以杨震行事谏之者，龚乃止。

十二月，乙亥，上还自长安。

【注释】

①象林：县名。治今越南承天省广田县。　②王龚：字伯宗。安帝时为青州刺史，迁汝南太守，进知名人士，累官至太尉。　③栗(lì 利)：发抖。　④"贡赋"句：汉代规定武陵少数民族的"大人"每年缴纳賨布，作为赋税。　⑤澧中：今湖南澧县一带。溇中：今湖南慈利县一带。⑥充城：在今湖南桑植县。　⑦广汉：郡名。治今四川广汉市北。⑧内、外学：东汉儒生以七纬为内学，以六经为外学。　⑨衮(gǔn 滚)：帝王或上公的衣服。　⑩法雄事：见本书卷第四十九安帝永初四年(110)。　⑪丁卯：此日待考。

三年　春，二月，乙亥，京师及金城、陇西地震，二郡山崩。

夏，闰四月，己酉，京师地震。

五月，吴郡丞羊珍反[①]，攻郡府；太守王衡破斩之。

侍御史贾昌与州郡并力讨区怜，不克，为所攻围；岁余，兵谷不继。帝召公卿百官及四府掾属问以方略；皆议遣大将，发荆、扬、兖、豫四万人赴之。李固驳曰："若荆、扬无事，发之可也。今二州盗贼磐结不散，武陵、南郡蛮夷未辑[②]，长沙、桂阳数被征发，如复扰动，必更生患，其不可一也。又，兖、豫之人卒被征发，远赴万里，无有还期，诏书迫促，必致叛亡，其不可二也。南州水土温暑，加有瘴气，致死亡者十必四五，其不可三也。远涉万里，士卒疲劳，比至岭南，不复堪斗，其不可四也。军行三十里为程，而去日南九千余里，三百日乃到，计人禀五升，用米六十万斛，不计将吏驴马之食，但负甲自致，费便若此，其不可五也。设军所在，死亡必众，既不足御敌，当复更发，此为刻割心腹以补四支，其不可六也。九真、日南相去千里，发其吏民犹尚不堪，何况乃苦四州之卒以赴万里之艰哉！其不可七也。前中郎将尹就讨益州叛羌，益州谚曰：'虏来尚可，尹来杀我。'后就征还，以兵付刺史张乔；乔因其将吏，旬月之间破殄寇虏[③]。此发将无益之效，州郡可任之验也。宜更选有勇略仁惠任将帅者，以为刺史、太守，悉使共住交趾。今日南兵单无谷，守既不足，战又不能，可一切徙其吏民，北依交趾，事静之后，乃命归本；还募蛮夷使自相攻，转输金帛以为其资;有能反间致头首者,许以封侯裂土之赏。故并州刺史长沙祝良,性多勇决,又南阳张乔,前在益州有破虏之功,皆可任用。昔太宗就加魏尚为云中守[④],哀帝即拜龚舍为泰山守;宜即拜良等,便道之官。"四府悉从固议,即拜祝良为九真太守,张乔为交趾刺史。乔至,开示慰诱,并皆降散。良到九真,单车入贼中,设方略,招以威信,降者数万人,皆为良筑起府寺。由是岭外复平。

秋,八月,己未,司徒黄尚免。九月,己酉[⑤],以光禄勋长沙刘寿为司徒。

丙戌,令大将军、三公举刚毅、武猛、谋谟任将帅者各二人[⑥],特进、卿、校尉各一人。

初,尚书令左雄荐冀州刺史周举为尚书;既而雄为司隶校尉,举故冀州刺史冯直任将帅。直尝坐臧受罪,举以此劾奏雄。雄曰:"诏书使我选武猛,不使我选清高。"举曰:"诏书使君选武猛,不使君选贪污也!"雄曰:"进君,适所以自伐也。"举曰:"昔赵宣子任韩厥为司马,厥以军法戮宣子仆,宣子谓诸大夫曰:'可贺我矣!吾选厥也任其事。'今君不以举之不才误升诸朝,不敢阿君以为君羞;不寤君之意与宣子殊也。"雄悦,谢曰:"吾尝事冯直之父,又与直善;今宣光以此奏吾[⑦],是吾之过也!"天下益以此贤之。

是时,宦官竞卖恩势,唯大长秋良贺清俭退厚。及诏举武猛,贺独无所荐。帝问其故,对曰:"臣生自草茅,长于宫掖,既无知人之明,又未尝交加士类。昔卫鞅因景监以见,有识知其不终[⑧]。今得臣举者,匪荣伊辱,是以不敢!"帝由是赏之。

冬,十月,烧当羌那离等三千余骑寇金城,校尉马贤击破之。

十二月,戊戌朔,日有食之。

大将军商以小黄门南阳曹节等用事于中[⑨],遣子冀、不疑与为交友;而宦官忌其宠,反欲陷之。中常侍张逵、蘧政、杨定等与左右连谋,共谮商及中常侍曹腾、孟贲[⑩],云"欲征诸王子,图议废立,请收商等案罪"。帝曰:"大将军父子,我所亲,腾、贲,我所爱,必无是,但汝曹共妒之耳。"逵等知言不用,惧迫,遂出,矫诏收缚腾、贲于省中。帝闻,震怒,敕宦者李歙急呼腾、贲释之;收逵等下狱。

【注释】

①吴郡:治今江苏苏州市。 ②辑:平定。 ③张乔事:见本书卷第四十九安帝元初二年(115)。 ④魏尚:汉文帝时为云中太守,爱护士卒,军纪严明,匈奴不敢犯云中塞。 ⑤己酉:此日待考。 ⑥谟:计谋。 ⑦宣光:周举字。 ⑧卫鞅事:见本书卷第二周显王三十一年(前338)。 ⑨曹节:字汉丰,由小黄门迁中常侍。灵帝时封长安乡侯,后迁大长秋。 ⑩曹腾:字秀兴,顺帝时任中常侍、大长秋,在省闼三十多年,历事四帝,进达贤能。桓帝时封为费亭侯。

四年 春,正月,庚辰,逵等伏诛,事连弘农太守张凤、安平相杨皓,皆坐死;辞所连染,延及在位大臣。商惧多侵枉,乃上疏曰:"《春秋》之义,功在元帅,罪止首恶。大狱一起,无辜者众,死囚久系,纤微成大[①],非所以顺迎和气,平政成化也。宜早讫竟,以止逮捕之烦。"帝纳之,罪止坐者。

二月,帝以商少子虎贲中郎将不疑为步兵校尉。商上书辞曰:"不疑童孺,猥处成人之位。昔晏平仲辞鄁殿以安其富[②],公仪休不受鱼飧以定其位[③];臣虽不才,亦愿固福禄于圣世!"上乃以不疑为侍中、奉车都尉。

三月,乙亥,京师地震。

烧当羌那离等复反;夏,四月,癸卯[④],护羌校尉马贤讨斩之,获首虏千二百余级。

戊午,赦天下。

五月,戊辰,封故济北惠王寿子安为济北王。

秋,八月,太原旱。

五年 春,二月,戊申,京师地震。

南匈奴句龙王吾斯、车纽等反,寇西河;招诱右贤王合兵围美稷[⑤],杀朔方、代郡长吏。夏,五月,度辽将军马续与中郎将梁并等发边兵及羌、胡合二万余人掩击[⑥],破之。吾斯等复更屯聚,攻没城邑。天子遣使责让单于;单于本不预谋,乃脱帽避帐,诣并谢罪。并以病征,五原太守陈龟代为中郎将。龟以单于不能制下,逼迫单于及其弟左贤王皆令自杀。龟又欲徙单于近亲于内郡,而降者遂更狐疑。龟坐下狱，免。

大将军商上表曰："匈奴寇叛，自知罪极；穷鸟困兽，皆知救死，况种类繁炽，不可单尽[7]。今转运日增，三军疲苦，虚内给外，非中国之利。度辽将军马续，素有谋谟，且典边日久，深晓兵要；每得续书，与臣策合。宜令续深沟高壁，以恩信招降，宣示购赏，明为期约，如此，则丑类可服，国家无事矣！"帝从之，乃诏续招降畔虏。

商又移书续等曰："中国安宁，忘战日久。良骑野合，交锋接矢，决胜当时，戎狄之所长而中国之所短也；强弩乘城，坚营固守，以待其衰，中国之所长而戎狄之所短也。宜务先所长而观其变，设购开赏，宣示反悔[8]，勿贪小功以乱大谋。"于是右贤王部抑鞮等万三千口皆诣续降。

己丑晦，日有食之。

初，那离等既平，朝廷以来机为并州刺史，刘秉为凉州刺史。机等天性虐刻，多所扰发；且冻、傅难种羌遂反，攻金城，与杂种羌、胡大寇三辅，杀害长吏。机等并坐征。于是拜马贤为征西将军，以骑都尉耿叔为副，将左右羽林五校士及诸州郡兵十万人屯汉阳。

九月，令扶风、汉阳筑陇道坞三百所，置屯兵。

辛未，太尉王龚以老病罢。

且冻羌寇武都，烧陇关[9]。

壬午，以太常桓焉为太尉。

匈奴句龙王吾斯等立车纽为单于，东引乌桓，西收羌、胡等数万人攻破京兆虎牙营，杀上郡都尉及军司马，遂寇掠并、凉、幽、冀四州。乃徙西河治离石[10]，上郡治夏阳[11]，朔方治五原。十二月，遣使匈奴中郎将张耽将幽州、乌桓诸郡营兵击车纽等，战于马邑，斩首三千级，获生口甚众。车纽乞降，而吾斯犹率其部曲与乌桓寇钞。

初，上命马贤讨西羌，大将军商以为贤老，不如太中大夫宋汉[12]；帝不从。汉，由之子也。贤到军，稽留不进。武都太守马融上疏曰："今杂种诸羌转相钞盗，宜及其未并，亟遣深入，破其支党;而马贤等处处留滞。羌、胡百里望尘,千里听声,今逃匿避回,漏出其后,则必侵寇三辅,为民大害。臣愿请贤所不可,用关东兵五千,裁假部队之号,尽力率厉,埋根、行首以先吏士;三旬之中,必克破之。臣又闻吴起为将,暑不张盖,寒不披裘;今贤野次垂幕,珍肴杂遝[13],儿子侍妾,事与古反。臣惧贤等专守一城,言攻于西而羌出于东,且其将士将不堪命,必有高克溃叛之变也[14]。"安定人皇甫规亦见贤不恤军事,审其必败,上书言状。朝廷皆不从。

【注释】

①纤微:细小的事情。 ②平仲:晏婴字。邶(bèi 背):邑名。春秋齐地,在今山东昌邑市西。 ③公仪休:战国时鲁穆公相,奉法循理。飧(sūn 孙):晚饭。 ④癸卯:此日待考。 ⑤美稷:县名。治今内蒙古准格尔旗西北。 ⑥马续:马严子,字季则,博观群籍。顺帝时为护羌校尉、度辽将军。 ⑦单:通"殚",尽。 ⑧宣示反悔:宣示招降之意以开其反悔之心。 ⑨陇关:陇山之关,又称大震关,在今陕西陇县。 ⑩离石:县名。治今山西吕梁市离石区。 ⑪夏阳:县名。治今陕西韩城市南。 ⑫宋汉:字仲和,举茂才,四迁至西河太守,永建初为度辽将军。迁太仆,拜太中大夫。 ⑬遝(tà 踏):相及。 ⑭高克:春秋时郑大夫。郑文公使克将兵御狄,克陈师不进,众溃而归。

六年　春,正月,丙子,征西将军马贤与且冻羌战于射姑山[1],贤军败,贤及二子皆没,东、西羌遂大合[2]。闰月,巩唐羌寇陇西,遂及三辅,烧园陵,杀掠吏民。

二月,丁巳,有星孛于营室[3]。

三月,上巳,大将军商大会宾客,宴于雒水;酒阑,继以《薤露之歌》[4]。从事中郎周举闻之,叹曰:"此所谓

马融像

哀乐失时，非其所也，殃将及乎！”

武都太守赵冲追击巩唐羌[5]，斩首四百余级，降二千余人。诏冲督河西四郡兵为节度[6]。

安定上计掾皇甫规上疏曰[7]：“臣比年以来，数陈便宜：羌戎未动，策其将反；马贤始出，知其必败；误中之言，在可考校。臣每惟贤等拥众四年，未有成功，县师之费[8]，且百亿计，出于平民，回入奸吏[9]，故江湖之人，群为盗贼，青、徐荒饥，襁负流散[10]。夫羌戎溃叛，不由承平，皆因边将失于绥御[11]，乘常守安则加侵暴，苟竞小利则致大害，微胜则虚张首级，军败则隐匿不言。军士劳怨，困于猾吏，进不得快战以徼功，退不得温饱以全命，饿死沟渠，暴骨中原；徒见王师之出，不闻振旅之声。酋豪泣血，惊惧生变，是以安不能久，叛则经年，臣所以搏手扣心而增叹者也！愿假臣两营、二郡屯列坐食之兵五千[12]，出其不意，与赵冲共相首尾。土地山谷，臣所晓习；兵势巧便，臣已更之；可不烦方寸之印，尺帛之赐，高可以涤患[13]，下可以纳降。若谓臣年少、官轻，不足用者，凡诸败将，非官爵之不高，年齿之不迈。臣不胜至诚，没死自陈！”帝不能用。

庚子，司空郭虔免。丙午，以太仆赵戒为司空。

夏，使匈奴中郎将张耽、度辽将军马续率鲜卑到谷城[14]，击乌桓于通天山[15]，大破之。

巩唐羌寇北地。北地太守贾福与赵冲击之，不利。

秋，八月，乘氏忠侯梁商病笃，敕子冀等曰：“吾生无以辅益朝廷，死何可耗费帑藏！衣衾、饭含、玉匣、珠贝之属，何益朽骨！百僚劳扰，纷华道路，只增尘垢耳。宜皆辞之。”丙辰，薨；帝亲临丧。诸子欲从其诲，朝廷不听，赐以东园秘器、银镂、黄肠、玉匣[16]。及葬，赐轻车、介士，中宫亲送。帝至宣阳亭，瞻望车骑。壬戌，以河南尹、乘氏侯梁冀为大将军，冀弟侍中不疑为河南尹。

臣光曰：成帝不能选任贤俊，委政舅家，可谓暗矣；犹知王立之不材，弃而不用。顺帝援大柄，授之后族，梁冀顽嚣凶暴，著于平昔，而使之继父之位，终于悖逆，荡覆汉室；校于成帝，暗又甚焉！

初，梁商病笃，帝亲临幸，问以遗言。对曰：“臣从事中郎周举，清高忠正，可重任也。”由是拜举谏议大夫。

九月，诸羌寇武威。

辛亥晦，日有食之。

冬，十月，癸丑，以羌寇充斥，凉部震恐，复徙安定居扶风，北地居冯翊。十一月，庚子，以执金吾张乔行车骑将军事，将兵万五千人屯三辅。

荆州盗贼起，弥年不定；以大将军从事中郎李固为荆州刺史。固到，遣吏劳问境内，赦寇盗前衅，与之更始[17]。于是贼帅夏密等率其魁党六百余人自缚归首，固皆原之，遣还，使自相招集，开示威法；半岁间，余类悉降，州内清平。奏南阳太守高赐等臧秽；赐等重赂大将军梁冀，冀为之千里移檄，而固持之愈急，冀遂徙固为泰山太守。时泰山盗贼屯聚历年，郡兵常千人追讨，不能制；固到，悉罢遣归农，但选留任战者百余人，以恩信招诱之。未满岁，贼皆弭散[18]。

【注释】

①射姑山：在今甘肃庆阳市北。　②东、西羌：当时居住在安定、北地郡、上郡、西河郡的是东羌；居住在陇西郡、汉阳郡、金城塞外的是西羌。　③营室：古代以营室二星为天子之宫，又为军粮之府。　④薤（xiè 谢）：一种开紫色花的细弱小草。薤露之歌：一种挽歌。　⑤武都：郡名，治所在今甘肃成县。按此处武都或为武威，详见胡三省注。⑥节度：至唐代始成为正式官名。　⑦上计掾（yuàn 院）：负责文书的官员。　⑧县：通：“悬”，悬远。　⑨回：回流，侵占。　⑩襁（qiǎng 抢）负：用布包着婴儿背着。　⑪绥（suí 随）：安抚。　⑫两营：谓马贤和赵冲的军队。二郡：谓安定、陇西二郡。　⑬涤：铲除。　⑭谷城：县名，治今内蒙古准格尔旗西南。　⑮通天山：即今山西石楼县东南石楼山。⑯东园秘器：御用棺木。黄肠：以柏木黄心为椁。　⑰更始：重新做人。⑱弭（mǐ 米）：止。

汉安元年　春，正月，癸巳，赦天下，改元。

秋，八月，南匈奴句龙吾斯与薁鞬[1]、台耆等复反，寇掠并部[2]。丁卯，遣侍中河内杜乔、周举、守光禄大夫周栩、冯羡、魏郡栾巴、张纲、郭遵、刘班分行州郡，表贤良，显忠勤；其贪污有罪者，刺史、二千石驿马上之[③]，墨绶以下便辄收举[④]。乔等受命之部，张纲独埋其车轮于雒阳都亭，曰："豺狼当路，安问狐狸！"遂劾奏："大将军冀、河南尹不疑，以外戚蒙恩，居阿衡之任[⑤]，而专肆贪叨[⑥]，纵恣无极，谨条其无君之心十五事，斯皆臣子所切齿者也。"书御，京师震竦[⑦]。时皇后宠方盛，诸梁姻戚满朝，帝虽知纲言直，不能用也。杜乔至兖州，表奏泰山太守李固政为天下第一，上征固为将作大匠。八使所劾奏，多梁冀及宦者亲党；互为请救，事皆寝遏[⑧]。侍御史河南种暠疾之，复行案举。廷尉吴雄、将作大匠李固亦上言："八使所纠，宜急诛罚。"帝乃更下八使奏章，令考正其罪。

梁冀恨张纲，思有以中伤之。时广陵贼张婴寇乱扬、徐间积十余年，二千石不能制，冀乃以纲为广陵太守[⑨]。前太守率多求兵马，纲独请单车之职。既到，径诣婴垒门；婴大惊，遽走闭垒。纲于门外罢遣吏民，独留所亲者十余人，以书喻婴，请与相见。婴见纲至诚，乃出拜谒。纲延置上坐，譬之曰："前后二千石多肆贪暴，故致公等怀愤相聚；二千石信有罪矣，然为之者又非义也。今主上仁圣，欲以恩德服叛，故遣太守来，思以爵禄相荣，不愿以刑罚相加，今诚转祸为福之时也。若闻义不服，天子赫然震怒，荆、扬、兖、豫大兵云合，身首横分，血嗣俱绝[⑩]。二者利害，公其深计之！"婴闻，泣下曰："荒裔愚民，不能自通朝廷，不堪侵枉，遂复相聚偷生，若鱼游釜中，知其不可久，且以喘息须臾间耳！今闻明府之言，乃婴等更生之辰也！"乃辞还营。明日，将所部万余人与妻子面缚归降。纲单车入婴垒，大会，置酒为乐，散遣部众，任从所之；亲为卜居宅、相田畴；子孙欲为吏者，皆引召之。人情悦服，南州晏然。朝廷论功当封，梁冀遏之。在郡一岁，卒；张婴等五百余人为之制服行丧，送到犍为，负土成坟。诏拜其子续为郎中，赐钱百万。

是时，二千石长吏有能政者，有雒阳令任峻、冀州刺史京兆苏章、胶东相陈留吴祐。雒阳令自王涣之后[⑪]，皆不称职；峻能选用文武吏，各尽其用，发奸不旋踵，民间不畏吏，其威禁猛于涣，而文理政教不如也。章为冀州刺史[⑫]，有故人为清河太守[⑬]，章行部[⑭]，欲案其奸臧，乃请太守为设酒肴，陈平生之好甚欢。太守喜曰："人皆有一天，我独有二天[15]！"章曰："今夕苏孺文与故人饮者，私恩也；明日冀州刺史案事者，公法也。"遂举正其罪[16]；州境肃然。后以摧折权豪忤旨[17]，坐免。时天下日敝，民多愁苦，论者日夜称章，朝廷遂不能复用也。祐为胶东相[18]，政崇仁简，民不忍欺。啬夫孙性[19]，私赋民钱，市衣以进其父，父得而怒曰："有君如是，何忍欺之！"促归伏罪。性惭惧诣阁，持衣自首。祐屏左右问其故，性具谈父言。祐曰："掾以亲故受污秽之名，所谓'观过斯知仁矣。'[20]"使归谢其父，还以衣遗之。

冬，十月，辛未，太尉桓焉、司徒刘寿免。

罕羌邑落五千余户诣赵冲降，唯烧何种据参䜌未下[21]。甲戌，罢张乔军屯。

十一月，壬午，以司隶校尉下邳赵峻为太尉，大司农胡广为司徒。

【注释】

①薁（yù 郁）鞬：匈奴首领。　②并部：即并州，治所在今山西太原市。　③驿马：意为以驿站快马速达京阙。　④墨绶：本为结在印环上的黑色丝带，此处指县令。　⑤阿衡：本为商代官名，后引申为辅导帝王，主持国政。　⑥叨（tāo 涛）：承受。　⑦竦（sǒng 耸）：同"悚"，恐惧。　⑧寝遏：搁置。　⑨广陵：郡名，治所在今江苏扬州市。　⑩血嗣：血缘子孙。　⑪王涣事：见本书卷第四十八和帝元兴元年（402）。⑫章：苏章，字孺文，年轻时博学多才，举"贤良方正"为官，任冀州刺史。⑬清河：郡名，治所在今山东临清市东。　⑭行部：汉代规定刺史在每年八月巡行州境，查核官吏治绩，称为行部。　⑮"我独"句：意为苏章也是一个天，以为苏章会掩盖其罪恶。　⑯举正：纠举审定。　⑰忤旨：违背了皇帝的心思。　⑱胶东：侯国名，相当于今山东胶莱河以东地区。⑲啬夫：当时县置啬夫一人，掌管民情。　⑳"观过"句：出自《论语·里仁》。　㉑参䜌（luán 峦）：在今甘肃庆阳市西北。

二年　夏，四月，庚戌，护羌校尉赵冲与汉阳太守张贡击烧当羌于参䜌①，破之。

六月，丙寅，立南匈奴守义王兜楼储为呼兰若尸逐就单于[②]。时兜楼储在京师，上亲临轩授玺绶，引上殿，赐车马、器服、金帛甚厚。诏太常、大鸿胪与诸国侍子于广阳门外祖会[③]，飨赐、作乐、角抵、百戏[④]。

冬，闰十月，赵冲击烧当羌于阿阳[⑤]，破之。

十一月，使匈奴中郎将扶风马寔遣人刺杀句龙吾斯。

凉州自九月以来，地百八十震，山谷坼裂，坏败城寺，民压死者甚众。

尚书令黄琼以前左雄所上孝廉之选，专用儒学、文吏，于取士之义犹有所遗，乃奏增孝悌及能从政为四科[⑥]；帝从之。

建康元年 春，护羌从事马玄为诸羌所诱，将羌众亡出塞，领护羌校尉卫琚追击玄等，斩首八百余级。赵冲复追叛羌到建威鹯阴河[⑦]；军渡竟，所将降胡六百余人叛走；冲将数百人追之，遇羌伏兵，与战而殁。冲虽死，而前后多所斩获，羌遂衰耗。诏封冲子为义阳亭侯。

夏，四月，使匈奴中郎将马寔击南匈奴左部[⑧]，破之。于是胡、羌、乌桓悉诣寔降。

辛巳，立皇子炳为太子，改元[⑨]，赦天下。太子居承光宫，帝使侍御史种暠监太子家。中常侍高梵从中单驾出迎太子，时太傅杜乔等疑不欲从而未决，暠乃手剑当车曰："太子，国之储副，人命所系。今常侍来，无诏信，何以知非奸邪？今日有死而已！"梵辞屈，不敢对，驰还奏之。诏报，太子乃得去。乔退而叹息，愧暠临事不惑；帝亦嘉其持重，称善者良久。

扬、徐盗贼群起，盘互连岁。秋，八月，九江范容、周生等寇掠城邑，屯据历阳[⑩]，为江、淮巨患；遣御史中丞冯绲督州兵讨之。

庚午，帝崩于玉堂前殿。太子即皇帝位，年二岁。尊皇后曰皇太后。太后临朝。丁丑，以太尉赵峻为太傅，大司农李固为太尉，参录尚书事。

九月，丙午，葬孝顺皇帝于宪陵，庙曰敬宗。

是日，京师及太原、雁门地震。

庚戌，诏举贤良方正之士，策问之。皇甫规对曰："伏惟孝顺皇帝初勤王政，纪纲四方，几以获安；后遭奸伪，威分近习[11]，受赂卖爵，宾客交错，天下扰扰，从乱如归，官民并竭，上下穷虚。陛下体兼乾坤，聪哲纯茂，摄政之初，拔用忠贞，其余维纲，多所改正，远近翕然望见太平，而灾异不息，寇贼纵横，殆以奸臣权重之所致也。其常侍尤无状者，宜亟黜遣，披扫凶党，收入财贿，以塞痛怨，以答天诫。大将军冀、河南尹不疑，亦宜增修谦节，辅以儒术，省去游娱不急之务，割减庐第无益之饰。夫君者，舟也；民者，水也；群臣，乘舟者也；将军兄弟，操楫者也。若能平志毕力，以度元元，所谓福也；如其怠弛，将沦波涛，可不慎乎！夫德不称禄，犹凿墉之趾以益其高[12]，岂量力审功，安固之道哉！凡诸宿猾、酒徒、戏客，皆宜贬斥，以惩不轨；令冀等深思得贤之福，失人之累。"梁冀忿之，以规为下第，拜郎中；托疾，免归，州郡承冀旨，几陷死者再三，遂沉废于家，积十余年。

扬州刺史尹耀、九江太守邓显讨范容等于历阳，败殁。

冬，十月，日南蛮夷复反[13]，攻烧县邑。交趾刺史九江夏方招诱降之。

十一月，九江盗贼徐凤、马勉攻烧城邑；凤称无上将军，勉称皇帝，筑营于当涂山中[14]，建年号，置百官。

十二月，九江贼黄虎等攻合肥。

是岁，群盗发宪陵[15]。

【注释】

①烧当：疑作"烧何"。　②立单于事：自永和五年(349)，南匈奴单于休利死后，一直虚位，至是始立。　③太常：掌乐之官。大鸿胪：掌四夷之官。祖会：祖道之会。古人于出行前祭祀路神，后引申为饯行。④角抵：古代的一种技艺表演，类似于今之摔跤。百戏：古代的散乐杂技，有扛鼎、吞刀、爬竿、履火等。　⑤阿阳：在今甘肃静宁县境。　⑥四科：分别为儒学、文吏、孝悌、能从政者。　⑦鹯(zhān 沾)阴河：在今甘肃靖远县。　⑧左部：即南匈奴的句龙吾斯部。　⑨改元：改为建康元年(144)。　⑩历阳：县名，治所在今安徽和县。　⑪近习：身边的佞幸小人。　⑫墉(yōng 拥)：城墙。　⑬日南：郡名，治所在今越南广治省。⑭当涂：县名，治所在今安徽怀远县。　⑮宪陵：汉顺帝刘保坟墓。

孝冲皇帝

永嘉元年　春，正月，戊戌，帝崩于玉堂前殿。梁太后以扬、徐盗贼方盛，欲须所征诸王侯到乃发丧。太尉李固曰："帝虽幼少，犹天下之父。今日崩亡，人神感动，岂有人子反共掩匿乎！昔秦皇沙丘之谋及近日北乡之事[①]，皆秘不发丧，此天下大忌，不可之甚者也！"太后从之，即暮发丧。

征清河王蒜及渤海孝王鸿之子缵皆至京师[②]。蒜父曰清河恭王延平；延平及鸿皆乐安夷王宠之子，千乘贞王伉之孙也。清河王为人严重，动止有法度，公卿皆归心焉。李固谓大将军冀曰："今当立帝，宜择长年，高明有德，任亲政事者，愿将军审详大计，察周、霍之立文、宣，戒邓、阎之利幼弱[③]！"冀不从，与太后定策禁中。丙辰，冀持节以王青盖车迎缵入南宫。丁巳，封为建平侯。其日，即皇帝位，年八岁。蒜罢归国。

将卜山陵，李固曰："今处处寇贼，军兴费广，新创宪陵，赋发非一；帝尚幼小，可起陵于建陵茔内，依康陵制度。"太后从之。己未，葬孝冲皇帝于怀陵。

太后委政宰辅，李固所言，太后多从之，宦官为恶者一皆斥遣，天下咸望治平；而梁冀深忌疾之。

初，顺帝时所除官多不以次；及固在事，奏免百余人。此等既怨，又希望冀旨，遂共作飞章诬奏固曰[④]："太尉李固，因公假私，依正行邪，离间近戚，自隆支党。大行在殡，路人掩涕，固独胡粉饰貌，搔头弄姿，槃旋偃仰，从容冶步，曾无惨怛伤悴之心[⑤]。山陵未成，违矫旧政，善则称己，过则归君；斥逐近臣，不得侍送。作威作福，莫固之甚矣！夫子罪莫大于累父，臣恶莫深于毁君，固之过衅，事合诛辟。"书奏，冀以白太后，使下其书；太后不听。

广陵贼张婴复聚众数千人反，据广陵。

二月，乙酉，赦天下。

西羌叛乱积年，费用八十余亿。诸将多断盗牢禀[⑥]，私自润入，皆以珍宝货赂左右。上下放纵，不恤军事，士卒不得其死者，白骨相望于野。左冯翊梁并以恩信招诱叛羌；离湳、狐奴等五万余户皆诣并降，陇右复平[7]。

太后以徐、扬盗贼益炽，博求将帅。三公举涿令北海滕抚有文武才[8]；诏拜抚九江都尉，与中郎将赵序助冯绲，合州郡兵数万人共讨之。又广开赏募，钱、邑各有差。又议遣太尉李固，未及行。三月，抚等进击众贼，大破之，斩马勉、范容、周生等千五百级。徐凤以余众烧东城县[9]。夏，五月，下邳人谢安应募，率其宗亲设伏击凤，斩之。封安为平乡侯。拜滕抚中郎将，督扬、徐二州事。

丙辰[10]，诏曰："孝殇皇帝即位逾年，君臣礼成。孝安皇帝承袭统业，而前世遂令恭陵在康陵之上，先后相逾，失其次序。今其正之！"

六月，鲜卑寇代郡[11]。

秋，庐江盗贼攻寻阳[12]，又攻盱台[13]。滕抚遣司马王章击破之。

九月，庚戌，太傅赵峻薨。

滕抚进击张婴；冬，十一月，丙午，破婴，斩获千余人。丁未，中郎将赵序坐畏懦、诈增首级，弃市。

历阳贼华孟自称黑帝，攻杀九江太守杨岑。滕抚进击，破之，斩孟等三千八百级，虏获七百余人。于是东南悉平，振旅而还。以抚为左冯翊。

永昌太守刘君世，铸黄金为文蛇，以献大将军冀；益州刺史种暠纠发逮捕，驰传上言。冀由是恨暠。会巴郡人服直，聚党数百人，自称天王，暠与太守应承讨捕，不克，吏民多被伤害；冀因此陷之，传逮暠、承。李固上疏曰："臣伏闻讨捕所伤，本非暠、承之意，实由县吏惧法畏罪，迫逐深苦，致此不详。比盗贼群起，处处未绝。暠、承以首举大奸而相随受罪，臣恐沮伤州县纠发之意，更共饰匿，莫复尽心！"太后省奏，乃赦暠、承罪，免官而已。金蛇输司农[14]，冀从大司农杜乔借观之，乔不肯与；冀小女死，令公卿会丧，乔独不往；冀由是衔之。

【注释】

①沙丘之谋：见本书卷第七秦始皇三十七年（前210）。北乡之事：

见上卷安帝延光四年(125)。 ②渤海孝王:严衍《通鉴补》作“乐安王”,可从。 ③“察周”句:周勃事见本书卷第十三高后八年(前180)。霍光事见本书卷第二十四昭帝元平元年(74)。邓氏事见本书卷第四十八和帝元兴元年(402)、本书卷第四十九殇帝延平元年(106)。阎氏事见上卷安帝延光四年(125)。 ④飞章:匿名诬告文书。 ⑤怛(dá达):痛苦,忧伤。⑥牢:廪食。即公家发给的粮食。禀:食物。牢禀:军粮。 ⑦陇右:今陕西省西部。 ⑧涿:县名,治今河北涿州市。 ⑨东城县:治今安徽定远县。 ⑩丙辰:此日待考。 ⑪代郡:治所在今山西大同市东。 ⑫寻阳:县名,治今湖北黄梅县。 ⑬盱台:县名,治今江苏盱眙县。 ⑭司农:掌管钱谷金帛的官吏。

资治通鉴卷第五十三

汉纪四十五　起柔兆阉茂，尽柔兆涒滩，凡十一年。

孝质皇帝

本初元年　夏，四月，庚辰，令郡、国举明经诣太学[①]，自大将军以下皆遣子受业；岁满课试，拜官有差。又千石、六百石、四府掾属、三署郎、四姓小侯先能通经者[②]，各令随家法，其高第者上名牒[③]，当以次赏进。自是游学增盛，至三万余生。

五月，庚寅，徙乐安王鸿为渤海王。

海水溢，漂没民居。

六月，丁巳，赦天下。

帝少而聪慧，尝因朝会，目梁冀曰："此跋扈将军也！"冀闻，深恶之。闰月，甲申，冀使左右置毒于煮饼以进之；帝苦烦盛，使促召太尉李固。固入前，问帝得患所由；帝尚能言，曰："食煮饼。今腹中闷，得水尚可活。"时冀亦在侧，曰："恐吐，不可饮水。"语未绝而崩。固伏尸号哭，推举侍医；冀虑其事泄，大恶之。

将议立嗣，固与司徒胡广、司空赵戒先与冀书曰："天下不幸，频年之间，国祚三绝[④]。今当立帝，天下重器，诚知太后垂心，将军劳虑，详择其人，务存圣明；然愚情眷眷[⑤]，窃独有怀。远寻先世废立旧仪，近见国家践祚前事，未尝不询访公卿，广求群议，令上应天心，下合众望。《传》曰：'以天下与人易，为天下得人难[⑥]。'昔昌邑之立[⑦]，昏乱日滋；霍光忧愧发愤，悔之折骨。自非博陆忠勇，延年奋发，大汉之祀，几将倾矣。至忧至重，可不熟虑！悠悠万事，唯此为大；国之兴衰，在此一举。”冀得书，乃召三公、中二千石、列侯，大议所立。固、广、戒及大鸿胪杜乔皆以为清河王蒜明德著闻，又属最尊亲[8]，宜立为嗣，朝臣莫不归心。而中常侍曹滕尝谒蒜，蒜不为礼，宦者由此恶之。初，平原王翼既贬归河间[9]，其父请分蠡吾县以侯之[10]；顺帝许之。翼卒，子志嗣；梁太后欲以女弟妻志，征到夏门亭[11]。会帝崩，梁冀欲立志。众论既异，愤愤不得意，而未有以相夺。曹滕等闻之，夜往说冀曰："将军累世有椒房之亲[12]，秉摄万机，宾客纵横，多有过差。清河王严明，若果立，则将军受祸不久矣！不如立蠡吾侯，富贵可长保也。”冀然其言，明日，重会公卿，冀意气凶凶，言辞激切，自胡广、赵戒以下莫不慑惮，皆曰："惟大将军令！”独李固、杜乔坚守本议。冀厉声曰："罢会！”固犹望众心可立，复以书劝冀，冀愈激怒。丁亥，冀说太后，先策免固。戊子，以司徒胡广为太尉；司空赵戒为司徒，与大将军冀参录尚书事；太仆袁汤为司空。汤，安之孙也。庚寅[13]，使大将军冀持节以王青盖车迎蠡吾侯志入南宫[14]；其日，即皇帝位，时年十五。太后犹临朝政。

秋，七月，乙卯，葬孝质皇帝于静陵[15]。

大将军掾朱穆奏记劝戒梁冀曰："明年丁亥之岁，刑德合于乾位[16]，《易经》龙战之会，阳道将胜，阴道将负。愿将军专心公朝，割除私欲，广求贤能，斥远佞恶，为皇帝置师傅，得小心忠笃敦礼之士，将军与之俱入，参劝讲授，师贤法古，此犹倚南山、坐平原也，谁能倾之！议郎大夫之位，本以式序儒术高行之士，今多非其人，九卿之中亦有乖其任者，惟将军察焉！”又荐种暠、栾巴等，冀不能用。穆，晖之孙也。

九月，戊戌[17]，追尊河间孝王为孝穆皇，夫人赵氏曰孝穆后，庙曰清庙，陵曰乐成陵；蠡吾先侯曰孝崇皇，庙曰烈庙，陵曰博陵；皆置令、丞、使司徒持节奉策书玺绶，祠以太牢。

冬，十月，甲午，尊帝母匽氏为博园贵人。

滕抚性方直，不交权势，为宦官所恶；论讨贼功当封[18]，太尉胡广承旨奏黜之；卒于家。

【注释】

①明经：通晓儒学经义。 ②四府：西汉以丞相府、御史府、车骑将军府、前将军府为四府，东汉以大将军府、太尉府、司徒府、司空府为四府。三署：五官署、左署、右署，属光禄勋。四姓：东汉外戚樊、郭、阴、马为四姓，此时四姓已衰，梁氏当权。 ③名牒：记载名字的册子。 ④三绝：指顺帝、冲帝、质帝先后死去。 ⑤眷（juàn 绢）：顾念之情。 ⑥“为天下”句：出自《孟子》。 ⑦昌邑：指西汉刘贺，事见二十四卷昭帝元平元年（前74）。 ⑧最尊亲：刘蒜是质帝之兄。 ⑨翼：河间王刘开之子，事见本书卷第五十安帝建光元年（121）。 ⑩蠡吾县：治今河北博野县。 ⑪夏门亭：在洛阳北城外。 ⑫椒房之亲：梁冀为外戚，和帝刘肇的母亲和皇太后梁妠都出自梁家。 ⑬庚寅：此日疑误。 ⑭蠡吾侯：刘志，即汉桓帝。 ⑮静陵：在洛阳东南。 ⑯刑德：太岁运行所至的方位。 ⑰戊戌：此日疑误。 ⑱讨贼事：指平定扬、徐之事。

孝桓皇帝上之上

建和元年 春，正月，辛亥朔，日有食之。

戊午，赦天下。

三月，龙见谯[①]。

夏，四月，庚寅，京师地震。

立阜陵王代兄勃遒亭侯便为阜陵王[②]。

六月，太尉胡广罢[③]。光禄勋杜乔为太尉。自李固之废，朝野丧气，群臣侧足而立；唯乔正色无所回桡[④]，由是朝野皆倚望焉。

秋，七月，渤海孝王鸿薨。无子；太后立帝弟蠡吾侯悝为渤海王，以奉鸿祀。

诏以定策功，益封梁冀万三千户，封冀弟不疑为颍阳侯，蒙为西平侯，冀子胤为襄邑侯，胡广为安乐侯，赵戒为厨亭侯，袁汤为安国侯。又封中常侍刘广等皆为列侯。

杜乔谏曰：“古之明君，皆以用贤、赏罚为务。失国之主，其朝岂无贞干之臣[⑤]，典诰之篇哉？患得贤不用其谋，韬书不施其教，闻善不信其义，听谗不审其理也。陛下自藩臣即位，天人属心，不急忠贤之礼而先左右之封，梁氏一门，宦者微孽，并带无功之绂[6]，裂劳臣之土，其为乖滥，胡可胜言！夫有功不赏，为善失其望；奸回不诘，为恶肆其凶。故陈资斧而人靡畏，班爵位而物无劝。苟遂斯道，岂伊伤政为乱而已。丧身亡国，可不慎哉！”书奏，不省。

八月，乙未，立皇后梁氏。梁冀欲以厚礼迎之，杜乔据执旧典，不听。冀属乔举汜宫为尚书，乔以宫为臧罪，不用。由是日忤于冀。九月，丁卯，京师地震。乔以灾异策免。冬，十月，以司徒赵戒为太尉，司空袁汤为司徒，前太尉胡广为司空。

宦者唐衡、左悺共谮杜乔于帝曰[7]：“陛下前当即位，乔与李固抗议，以为不堪奉汉宗祀。”帝亦怨之。

十一月，清河刘文与南郡妖贼刘鲔交通，妄言“清河王当统天下”，欲共立蒜。事觉，文等遂劫清河相谢暠曰：“当立王为天子，以暠为公。”暠骂之，文刺杀暠。于是捕文、鲔[8]，诛之。有司劾奏蒜；坐贬爵为尉氏侯，徙桂阳[9]，自杀。

梁冀因诬李固、杜乔，云与文、鲔等交通，请逮按罪；太后素知乔忠，不许。冀遂收固下狱；门生渤海王调贯械上书[10]，证固之枉，河内赵承等数十人亦要鈇锧诣阙通诉[11]；太后诏赦之。及出狱，京师市里皆称万岁。冀闻之，大惊，畏固名德终为己害，乃更据奏前事。大将军长史吴祐伤固之枉，与冀争之；冀怒，不从。从事中郎马融主为冀作章表[12]，融时在坐，祐谓融曰：“李公之罪，成于卿手。李公若诛，卿何面目视天下人！”冀怒，起，入室；祐亦径去。固遂死于狱中[13]；临命，与胡广、赵戒书曰：“固受国厚恩，是以竭其股肱，不顾死亡，志欲扶持王室，比隆文、宣。何图一朝梁氏迷谬，公等曲从，以吉为凶，成事为败乎！汉家衰微，从此始矣。公等受主厚禄，颠而不扶，倾覆大事，后之良史岂有所私！固身已矣，于义得矣，夫复何言！”广、戒得书悲惭，皆长叹流涕而已。

冀使人胁杜乔曰：“早从宜[14]，妻子可得全。”乔不肯。明日，冀遣骑至其门，不闻哭者，遂白太后收系之；亦死狱中。

冀暴固、乔尸于城北四衢，令：“有敢临者加其罪。”固弟子汝南郭亮尚未冠，左提章、钺，右秉鈇锧，诣厥上书，乞收固尸，不报；

与南阳董班俱往临哭,守丧不去。夏门亭长呵之曰:“卿曹何等腐生!公犯诏书,欲干试有司乎!”亮曰:“义之所动,岂知性命,何为以死相惧邪!”太后闻之,皆赦不诛。杜乔故掾陈留杨匡,号泣星行,到雒阳,著故赤帻⑮,托为夏门亭吏,守护尸丧,积十二日;都官从事执之以闻,太后赦之。匡因诣阙上书,并乞李、杜二公骸骨,使得归葬,太后许之。匡送乔丧还家,葬讫,行服,遂与郭亮、董班皆隐匿,终身不仕。

梁冀出吴祐为河间相⑯,祐自免归,卒于家。

冀以刘鲔之乱,思朱穆之言⑰,于是请种暠为从事中郎,荐栾巴为议郎,举穆高第,为侍御史。

是岁,南单于兜楼储死,伊陵尸逐就单于车儿立。

【注释】

①谯:县名,治今安徽亳州市。 ②阜陵王:刘代死后无子,故以刘便绍封。 阜陵:治今安徽全椒县。 遒:音 qiú(求)。 ③胡广:字伯始,南郡华容(湖北监利市北)人,安帝时举孝廉,历事安、顺、冲、质、桓、灵六帝,先后担任司空、司徒、太尉、太傅,时人有“天下中庸有胡公”之谚谣。 ④回桡:曲屈。 ⑤贞干:“贞”同“桢”,筑墙时所用的木柱,竖于两端的叫桢,两旁的叫干。后引申为能胜重任之人。 ⑥绂(fú 福):系印章或佩玉用的丝带。 ⑦左悺(guàn 贯):河南平阴(今河南洛阳市孟津区东北)人。后以灭外戚梁氏而封侯,165 年因司隶校尉韩演告发,自杀。 ⑧鲔(wěi 萎):刘鲔,术士。 ⑨桂阳:县名,治今湖南郴州市。 ⑩贯械:身戴刑具。 ⑪铁(fū 夫):斧头。锧(zì 质):铁砧板,古代的刑具。 ⑫马融:经学家、文学家。桓帝时为南郡太守,后遭梁冀迫害,流放。 ⑬固:李固,字子坚,汉中南郑(今陕西汉中市)人。顺帝时为议郎,后任大司农。冲帝时官至太尉,为梁冀所诬而死。 ⑭从宜:令其自尽。 ⑮赤帻(zé 责):束发的赤巾。 ⑯河间:侯国名,治所在今河北献县。 ⑰朱穆:字公权,南阳宛(今河南南阳市)人。顺帝时典兵事,桓帝时任侍御史,后擢为冀州刺史,触犯宦官,罚为刑徒。163 年死。

二年 春,正月,甲子,帝加元服①。庚午,赦天下。

三月,戊辰,帝从皇太后幸大将军冀府。

白马羌寇广汉属国②,杀长史。益州刺史率板楯蛮讨破之。

李膺像

夏，四月，丙子，封帝弟顾为平原王，奉孝崇皇祀；尊孝崇皇夫人马氏为孝崇园贵人。

五月，癸丑，北宫掖廷中德阳殿及左掖门火，车驾移幸南宫。

六月，改清河为甘陵。立安平孝王得子经侯理为甘陵王[3]，奉孝德皇祀。

秋，七月，京师大水。

三年　夏，四月，丁卯晦，日有食之。

秋，八月，乙丑，有星孛于天市。

京师大水。

九月，己卯，地震。庚寅，地又震。

郡、国五山崩。

冬，十月，太尉赵戒免；以司徒袁汤为太尉，大司农河内张歆为司徒。

是岁，前朗陵侯相荀淑卒[4]。淑少博学有高行，当世名贤李固、李膺皆师宗之。在朗陵，莅事明治，称为神君。有子八人：俭、绲、靖、焘、汪、爽、肃、专，并有名称，时人谓之八龙。所居里旧名西豪，颍阴令渤海苑康以为昔高阳氏有才子八人[5]，更命其里曰高阳里。

膺性简亢[6]，无所交接，唯以淑为师，以同郡陈寔为友[7]。荀爽尝就谒膺，因为其御；既还，喜曰："今日乃得御李君矣！"其见慕如此。

陈寔出于单微，为郡西门亭长。同郡钟皓以笃行称，前后九辟公府，年辈远在寔前，引与为友。皓为郡功曹，辟司徒府；临辞，太守问："谁可代卿者？"皓曰："明府欲必得其人，西门亭长陈寔

东汉银釦圆形漆盒

可。”寔闻之曰：“钟君似不察人，不知何独识我！”太守遂以寔为功曹。时中常侍侯览托太守高伦用吏，伦教署为文学掾，寔知非其人，怀檄请见，言曰：“此人不宜用，而侯常侍不可违，寔乞从外署，不足以尘明德。”伦从之。于是乡论怪其非举，寔终无所言。伦后被征为尚书，郡中士大夫送至纶氏[8]，伦谓众人曰：“吾前为侯常侍用吏，陈君密持教还而于外白署，比闻议者以此少之，此咎由故人畏惮强御[9]，陈君可谓‘善则称君，过则称己’者也[10]。”寔固自引愆，闻者方叹息，由是天下服其德。后为太丘长[11]，修德清静，百姓以安。邻县民归附者，寔辄训导譬解发遣，各令还本。司官行部，吏虑民有讼者，白欲禁之[12]；寔曰：“讼以求直，禁之，理将何申！其勿有所拘。”司官闻而叹息曰：“陈君所言若是，岂有冤于人乎！”亦竟无讼者。以沛相赋敛违法[13]，解印绶去；吏民追思之。

钟皓素与荀淑齐名，李膺常叹曰：“荀君清识难尚；钟君至德可师。”皓兄子瑾母，膺之姑也。瑾好学慕古，有退让风，与膺同年，俱有声名。膺祖太尉修常言：“瑾似我家性，‘邦有道，不废；邦无道，免于刑戮[14]’。”复以膺妹妻之。膺谓瑾曰：“孟子以为‘人无是非之心，非人也’，弟于是何太无皂白邪[15]！”瑾尝以膺言白皓。皓曰：“元礼祖、父在位，诸宗并盛，故得然乎！昔国子好招人过[16]，以致怨恶，今岂其时邪！必欲保身全家，尔道为贵。”

【注释】

①元服：帽子，冠礼的服仪。　②广汉属国：今甘肃文县一带。③经：县名，治今河北广宗县东北。　④荀淑：字季知，颍川颍阴（今河南许昌市）人。李固、李膺的老师，东汉名士。　⑤“高阳氏”句：传闻上古高阳部酋长颛顼有八子：苍舒、聩敳、梼戭、大临、尨降、庭坚、仲容、叔达。

⑥膺：李膺，字元礼，颍川襄城（今河南襄城县）人。桓帝时，官河南尹，反对宦官专权，被禁锢。 ⑦陈寔：字仲弓，颍川许（今河南许昌市东）人。少作县吏，后为太丘长。党锢时，自请囚禁，后遇赦。 ⑧纶氏：县名，治今河南登封市。 ⑨故人：高伦的自称。 ⑩“善则”句：出自《礼记》。 ⑪太丘：县名，治今河南永城市。 ⑫白：告诉。一般用于下对上。 ⑬沛相：陈寔担任沛国宰相。沛国治今安徽濉溪县。 ⑭“邦有”句：出自《论语·公冶长》。 ⑮皂：黑色。 ⑯“昔国”句：出自《国语》。春秋时，齐国国佐见单襄公，单子云：“立于淫乱之国而好尽言以招人过，怨之本也。”

和平元年 春，正月，甲子，赦天下，改元。

乙丑，太后诏归政于帝，始罢称制。二月，甲寅，太后梁氏崩[①]。

三月，车驾徙幸北宫。

甲午[②]，葬顺烈皇后。增封大将军冀万户，并前合三万户；封冀妻孙寿为襄城君，兼食阳翟租[③]，岁入五千万，加赐赤绂，比长公主。寿善为妖态以蛊惑冀，冀甚宠惮之。冀爱监奴秦宫，官至太仓令，得出入寿所，威权大震，刺史、二千石皆谒辞之。冀与寿对街为宅，殚极土木，互相夸竞，金玉珍怪，充积藏室；又广开园圃，采土筑山，十里九阪[④]，深林绝涧，有若自然，奇禽驯兽飞走其间。冀、寿共乘辇车[⑤]，游观第内，多从倡伎，酣讴竟路。或连日继夜以骋娱恣。客到门不得通，皆请谢门者；门者累千金。又多拓林苑，周遍近县，起兔苑于河南城西，经亘数十里，移檄所在调发生兔，刻其毛以为识，人有犯者，罪至死刑。尝有西域贾胡不知禁忌，误杀一兔，转相告言，坐死者十余人。又起别第于城西，以纳奸亡；或取良人悉为奴婢，至数千口，名曰自卖人。冀用寿言，多斥夺诸梁在位者，外以示谦让，而实崇孙氏。孙氏宗亲冒名为侍中、卿、校、郡守、长吏者十余人，皆贪饕凶淫[⑥]，各使私客籍属县富人，被以他罪，闭狱掠拷，使出钱自赎，赀物少者至于死。又扶风人士孙奋，居富而性吝，冀以马乘遗之，从贷钱五千万，奋以三千万与之。冀大怒，乃告郡县，认奋母为其守藏婢，云盗白珠十斛、紫金千斤以叛，遂收考奋兄弟死于狱中，悉没其资财亿七千余万。冀又遣客周流四方，远至塞外，广求异物，而使人复乘势横暴，妻略妇女，驱击吏卒，所在怨毒。

侍御史朱穆自以冀故吏，奏记谏曰："明将军地有申伯之尊[7]，位为群公之首，一日行善，天下归仁；终朝为恶，四海倾覆。顷者官民俱匮，加以水虫为害，京师诸官费用增多，诏书发调，或至十倍，各言官无见财，皆当出民，搒掠割剥[8]，强令充足。公赋既重，私敛又深，牧守长吏多非德选，贪聚无厌，遇民如虏，或绝命于棰楚之下，或自贼于迫切之求。又掠夺百姓，皆托之尊府，遂令将军结怨天下，吏民酸毒，道路叹嗟。昔永和之末，纲纪少弛，颇失人望，四五岁耳，而财空户散，下有离心，马勉之徒乘敝而起[9]，荆、扬之间几成大患；幸赖顺烈皇后初政清静，内外同力，仅乃讨定。今百姓戚戚，困于永和，内非仁爱之心可得容忍，外非守国之计所宜久安也。夫将相大臣，均体元首，共舆而驰，同舟而济，舆倾舟覆，患实共之。岂可以去明即昧，履危自安，主孤时困而莫之恤乎！宜时易宰守非其人者，减省第宅园池之费，拒绝郡国诸所奉送，内以自明，外解人惑；使挟奸之吏无所依托，司察之臣得尽耳目。宪度既张，远迩清壹，则将军身尊事显，德耀无穷矣！"冀不纳。冀虽专朝纵横，而犹交结左右宦官，任其子弟、宾客为州郡要职，欲以自固恩宠。穆又奏记极谏，冀终不悟，报书云："如此，仆亦无一可邪！"然素重穆，亦不甚罪也。

冀遣书诣乐安太守陈蕃[10]，有所请托，不得通。使者诈称他客求谒蕃；蕃怒，笞杀之。坐左转修武令[11]。

时皇子有疾，下郡县市珍药；而冀遣客赍书诣京兆，并货牛黄。京兆尹南阳延笃发书收客，曰："大将军椒房外家，而皇子有疾，必应陈进医方，岂当使客千里求利乎！"遂杀之。冀惭而不得言。有司承旨求其事，笃以病免。

夏，五月，庚辰，尊博园匽贵人曰孝崇后，宫曰永乐；置太仆、少府以下，皆如长乐宫故事。分巨鹿九县为后汤沐邑[12]。

秋，七月，梓潼山崩[13]。

【注释】

①太后:梁妠,顺帝皇后。安定乌氏(今甘肃平凉市西北)人。顺帝在位时,其父梁商任大将军。商死,其兄梁冀继任。顺帝死后,迭连迎立冲、质、桓三帝,均由她临朝执政。梁氏一门先后有七侯、三皇后、六贵人、一大将军,权归梁门。 ②甲午:此日待考。 ③阳翟:县名,治今河南禹州市。 ④阪(bǎn 版):山坡。 ⑤辇(niǎn 捻):人推挽的车子。 ⑥饕(tāo 滔):传说中的一种凶恶的兽。 ⑦申伯:申国之伯,周宣王之元舅。 ⑧搒(péng 蓬):用棍子、竹板打人。 ⑨马勉事:见上卷。 ⑩陈蕃:字仲举,汝南平舆(今河南平舆县北)人。桓帝时为太尉,反对宦官专权。乐安:郡名,治所在今山东博兴县。 ⑪修武:县名,治今河南获嘉县。 ⑫汤沐邑:封邑,邑内收入供主人汤沐之用。 ⑬梓潼:县名,治今四川梓潼县。

元嘉元年 春,正月朔,群臣朝会,大将军冀带剑入省。尚书蜀郡张陵呵叱令出,敕虎贲、羽林夺剑。冀跪谢,陵不应,即劾奏冀,请廷尉论罪。有诏,以一岁俸赎;百僚肃然。河南尹不疑尝举陵孝廉,乃谓陵曰:"昔举君,适所以自罚也[①]!"陵曰:"明府不以陵不肖,误见擢序,今申公宪以报私恩!"不疑有愧色。

癸酉,赦天下,改元。

梁不疑好经书,喜待士,梁冀疾之,转不疑为光禄勋;以其子胤为河南尹。胤年十六,容貌甚陋,不胜冠带;道路见者莫不蚩笑。不疑自耻兄弟有隙[②],遂让位归第,与弟蒙闭门自守。冀不欲令与宾客交通,阴使人变服至门,记往来者。南郡太守马融、江夏太守田明初除,过谒不疑[③];冀讽有司奏融在郡贪浊,及以他事陷明,皆髡笞徙朔方[④]。融自刺不殊[⑤],明遂死于路。

夏,四月,己丑,上微行,幸河南尹梁胤府舍。是日,大风拔树,昼昏。尚书杨秉上疏曰:"臣闻天不言语,以灾异谴告。王者至尊,出入有常,警跸而行[⑥],静室而止,自非郊庙之事,则銮旗不驾。故诸侯入诸臣之家,《春秋》尚列其诫;况于以先王法服而私出槃游,降乱尊卑,等威无序,侍卫守空宫,玺绂委女妾!设有非常之变,任章之谋[⑦],上负先帝,下悔靡及!"帝不纳。秉,震之子也。

京师旱，任城、梁国饥[8]，民相食。

司徒张歆罢，以光禄勋吴雄为司徒。

北匈奴呼衍王寇伊吾[9]，败伊吾司马毛恺，攻伊吾屯城。诏敦煌太守马达将兵救之；至蒲类海[10]，呼衍王引去。

秋，七月，武陵蛮反。

冬，十月，司空胡广致仕。

十一月，辛巳，京师地震。诏百官举独行之士。涿郡举崔寔，诣公车，称病，不对策；退而论世事，名曰《政论》。其辞曰："凡天下所以不治者，常由人主承平日久，俗渐敝而不悟，政寖衰而不改，习乱安危，怢不自睹[11]。或荒耽耆欲，不恤万机；或耳蔽箴诲，厌伪忽真；或犹豫岐路，莫适所以；或见信之佐，括囊守禄；或疏远之臣，言以贱废；是以王纲纵弛于上，智士郁伊于下[12]。悲夫！

自汉兴以来，三百五十余岁矣，政令垢玩，上下怠懈，百姓嚣然，咸复思中兴之救矣！且济时拯世之术，在于补绽决坏[13]，枝拄邪倾，随形裁割，要措斯世于安宁之域而已。故圣人执权，遭时定制，步骤之差，各有云设，不强人以不能，背急切而慕所闻也。盖孔子对叶公以来远[14]，哀公以临人，景公以节礼，非其不同，所急异务也。俗人拘文牵古，不达权制，奇伟所闻，简忽所见，乌可与论国家之大事哉！故言事者虽合圣听，辄见掎夺[15]。何者？其顽士暗于时权，安习所见，不知乐成，况可虑始，苟云率由旧章而已；其达者或矜名妒能，耻策非己，舞笔奋辞以破其义。寡不胜众，遂见摈弃，虽稷、契复存，犹将困焉。斯贤智之论所以常愤郁而不伸者也。

凡为天下者，自非上德，严之则治，宽之则乱。何以明其然也？近孝宣皇帝明于君人之道，审于为政之理，故严刑峻法，破奸轨之胆，海内清肃，天下密如，算计见效，优于孝文。及元帝即位，多行宽政，卒以堕损，威权始夺，遂为汉室基祸之主。政道得失，于斯可鉴。昔孔子作《春秋》，褒齐桓，懿晋文[16]，叹管仲之功；夫岂不美文、武之道哉？诚达权救敝之理也。故圣人能与世推移，而俗士苦不知变，以为结绳之约，可复治乱秦之绪，干戚之舞，足以解平城之围。夫熊经鸟伸，虽延历之术，非伤寒之理；呼吸吐纳，虽度纪之道⑰，非续骨之膏。盖为国之法，有似理身，平则致养，疾则攻焉。夫刑罚者，治乱之药石也；德教者，兴平之粱肉也。夫以德教除残，是以粱肉养疾也；以刑罚治平，是以药石供养也。方今承百王之敝，值厄运之会，自数世以来，政多恩贷，驭委其辔，马骀其衔⑱，四牡横奔，皇路险倾，方将拑勒鞬辀以救之⑲，岂暇鸣和銮⑳，调节奏哉！昔文帝虽除肉刑，当斩右趾者弃市，笞者往往至死。是文帝以严致平，非以宽致平也。”寔，瑗之子也。山阳仲长统尝见其书，叹曰：“凡为人主，宜写一通㉑，置之坐侧。”

臣光曰：汉家之法已严矣，而崔寔犹病其宽，何哉？盖衰世之君，率多柔懦，凡愚之佐，唯知姑息，是以权幸之臣有罪不坐，豪猾之民犯法不诛；仁恩所施，止于目前；奸宄得志㉒，纪纲不立。故崔寔之论，以矫一时之枉，非百世之通义也。孔子曰：“政宽则民慢，慢则纠之以猛；猛则民残，残则施之以宽。宽以济猛，猛以济宽，政是以和。”斯不易之常道矣。

【注释】

①适：恰好。 ②有隙：内讧。 ③过谒：登门拜访。 ④髡（kūn 昆）：剃去头发的刑罚。朔方：郡名，治所在今内蒙古鄂尔多斯市西北。 ⑤殊：死。 ⑥警跸（bì 毕）：清道，禁止行人往来。 ⑦任章之谋：汉宣帝时，任宣坐谋反诛，任宣的儿子任章逃至渭城，半夜更换衣服混入皇家祭庙，装扮成卫士，图谋刺杀宣帝，事泄，被诛。 ⑧任城：侯国，在今山东济宁市一带。梁国：侯国，在今河南商丘市一带。 ⑨伊吾：在今新疆哈密市一带。 ⑩蒲类海：在今新疆巴里坤湖一带。 ⑪怢（tū 突）：忽视，不经意。 ⑫郁伊：不得意的样子。 ⑬绽（zhàn 栈）：同“绽”，补破孔。⑭“孔子”句：出自《韩非子·难三》。 ⑮掎（jǐ 济）：拖住。 ⑯懿（yì 意）：美。 ⑰度纪：延年。 ⑱骀（tái 台）：劣马。 ⑲拑：以木衔马口。勒：马辔。鞬：约束。辀（zhōu 舟）：车。 ⑳暇（xiá 狭）：闲空。銮（luán 峦）：一种铃铛。 ㉑一通：一份。 ㉒宄（guǐ 轨）：坏人。

闰月，庚午，任城节王崇薨①；无子，国绝。

以太常黄琼为司空。

帝欲褒崇梁冀，使中朝二千石以上会议其礼[②]。特进胡广、太常羊溥、司隶校尉祝恬、太中大夫边韶等咸称冀之勋德宜比周公，锡之山川、土田、附庸[③]。黄琼独曰："冀前以亲迎之劳，增邑万三千户；又其子胤亦加封赏。今诸侯以户邑为制，不以里数为限，冀可比邓禹，合食四县。"朝廷从之。于是有司奏："冀入朝不趋，剑履上殿，谒赞不名[④]，礼仪比萧何；悉以定陶、阳成余户增封为四县[⑤]，比邓禹；赏赐金钱、奴婢、彩帛、车马、衣服、甲第，比霍光；以殊元勋。每朝会，与三会绝席[⑥]。十日一入，平尚书事。宣布天下，为万世法。"冀犹以所奏礼薄，意不悦。

二年 春，正月，西域长史王敬为于窴所杀。初，西域长史赵评在于窴，病痈死。评子迎丧，道经拘弥[⑦]。拘弥王成国与于窴王建素有隙，谓评子曰："于窴王令胡医持毒药著创中，故致死耳！"评子信之，还，以告敦煌太守马达。会敬代为长史，马达令敬隐核于窴事[⑧]。敬先过拘弥，成国复说云："于窴国人欲以我为王，今可因此罪诛建，于窴必服矣。"敬贪立功名，前到于窴，设供具，请建而阴图之。或以敬谋告建，建不信，曰："我无罪，王长史何为欲杀我？"旦日，建从官属数十人诣敬，坐定，建起行酒，敬叱左右执之。吏士并无杀建意，官属悉得突走。时成国主簿秦牧随敬在会，持刀出，曰："大事已定，何为复疑！"即前斩建。于窴侯、将输僰等遂会兵攻敬[⑨]，敬持建头上楼宣告曰："天子使我诛建耳！"输僰不听，上楼斩敬，悬首于市。输僰自立为王；国人杀之，而立建子安国。马达闻王敬死，欲将诸郡兵出塞击于窴；帝不听，征达还，而以宋亮代为敦煌太守。亮到，开募于窴[⑩]，令自斩输僰；时输僰死已经月，乃断死人头送敦煌而不言其状，亮后知其诈，而竟不能讨也。

丙辰[⑪]，京师地震。

夏，四月，甲辰[⑫]，孝崇皇后匽氏崩；以帝弟平原王石为丧主，敛送制度比恭怀皇后。五月，辛卯，葬于博陵。

秋，七月，庚辰，日有食之。

冬，十月，乙亥，京师地震。

十一月，司空黄琼免。十二月，以特进赵戒为司空。

【注释】

①节：谥号，古以好廉自克曰节。崇：刘崇，刘尚之侄。　②中朝：内朝。　③锡：通“赐”。　④谒赞：近侍礼宾报朝臣姓名。　⑤定陶：县名，治今山东菏泽市定陶区。　⑥绝席：不同席。　⑦拘弥：在今新疆于田县。　⑧隐核：秘密调查。　⑨输僰(pèi 配)：于寘国将领。　⑩开募：开导，并悬赏。　⑪丙辰：此日待考。　⑫甲辰：疑有误，应为甲寅。

永兴元年　春，三月，帝幸鸿池[1]。

夏，四月，丙申，赦天下，改元。

丁酉，济南悼王广薨；无子，国除。

秋，七月，郡、国三十二蝗，河水溢。百姓饥穷流冗者数十万户[2]，冀州尤甚。诏以侍御史朱穆为冀州刺史。冀部令长闻穆济河，解印绶去者四十余人。及到，奏劾诸郡贪污者，有至自杀，或死狱中。宦者赵忠丧父，归葬安平，僭为玉匣[3]；穆下郡案验，吏畏其严，遂发墓剖棺，陈尸出之。帝闻，大怒，征穆诣廷尉，输作左校[4]。太学书生颍川刘陶等数千人诣阙上书讼穆曰：“伏见弛刑徒朱穆，处公忧国，拜州之日，志清奸恶。诚以常侍贵宠，父子兄弟布在州郡，竞为虎狼，噬食小民[5]，故穆张理天纲，补缀漏目[6]，罗取残祸，以塞天意。由是内官咸共恚疾[7]，谤讟烦兴[8]，谗隙仍作，极其刑谪，输作左校。天下有识，皆以穆同勤禹、稷而被共、鲧之戾[9]，若死者有知，则唐帝怒于崇山[10]，重华忿于苍墓矣[11]！当今中官近习，窃持国柄，手握王爵，口衔天宪[12]，运赏则使饿隶富于季孙[13]，呼噏则令伊、颜化为桀、跖；而穆独亢然不顾身害，非恶荣而好辱，恶生而好死也，徒感王纲之不摄，惧天纲之久失，故竭心怀忧，为上深计。臣愿黥首系趾，代穆输作。”帝览其奏，乃赦之。

冬，十月，太尉袁汤免，以太常胡广为太尉。司徒吴雄、司空赵戒免，以太仆黄琼为司徒，光禄勋房植为司空。

武陵蛮詹山等反[14]，武陵太守汝南应奉招降之。

车师后部王阿罗多与戊部候严皓不相得[15]，忿戾而反，攻围屯田，杀伤吏士。后部侯炭遮领余民畔阿罗多，诣汉吏降。阿罗多迫急，从百余骑亡入北匈奴。敦煌太守宋亮上立后故王军就质子卑君为王。后阿罗多复从匈奴中还,与卑君争国,颇收其国人。戊校尉严详虑其招引北虏,将乱西域,乃开信告示[16],许复为王;阿罗多乃诣详降。于是更立阿罗多为王,将卑君还敦煌,以后部人三百帐与之[17]。

二年 春,正月,甲午,赦天下。

二月,辛丑,复听刺史、二千石行三年丧。

癸卯,京师地震。

夏,蝗。

东海朐山崩[18]。

乙卯,封乳母马惠子初为列侯。

秋,九月,丁卯朔,日有食之。

太尉胡广免;以司徒黄琼为太尉。闰月,以光禄勋尹颂为司徒。

冬,十一月,甲辰,帝校猎上林苑[19],遂至函谷关[20]。

泰山、琅邪贼公孙举、东郭窦等反,杀长吏。

【注释】

①鸿池:在洛阳以东。 ②冗(rǒng 榕上):闲散。 ③玉匣:汉代皇帝、王侯的葬服。 ④左校:署名,属将作。 ⑤噬(shì 事):吞。⑥缀(zhuì 坠):缝补。 ⑦内官:宦官。 ⑧讟(dú 读):诽谤。 ⑨戾(lì 隶):罪过。 ⑩唐帝:尧。崇山:在今湖南张家界市。 ⑪重华:舜。苍:苍梧山,在今湖南宁远县南。传闻舜葬于此。 ⑫天宪:王法。⑬季孙:鲁桓公之子,其财富超过了先祖。 ⑭武陵:郡名,治所在今湖南常德市。 ⑮车师后部:在今新疆奇台县一带。 ⑯开信:开以丹青之信。 ⑰帐:户。 ⑱朐(qú 渠)山:在今江苏东海县境。 ⑲上林苑:皇帝的御花园,在洛阳以西。 ⑳函谷关:在河南新安县东。

永寿元年 春,正月,戊申,赦天下,改元。

二月,司隶、冀州饥[1],人相食。

太学生刘陶上疏陈事曰:“夫天之与帝,帝之与民,犹头之与足,相须而行也。陛下目不视鸣条之事[2],耳不闻檀车之声[3],天灾不有痛于肌肤,震食不即损于圣体[4],故蔑三光之谬,轻上天之怒。

伏念高祖之起，始自布衣，合散扶伤，克成帝业，勤亦至矣；流福遗祚，至于陛下。陛下既不能增明烈考之轨，而忽高祖之勤，妄假利器，委授国柄，使群丑刑隶，芟刈小民[5]，虎豹窟于麑场[6]，豺狼乳于春囿[7]，货殖者为穷冤之魂，贫馁者作饥寒之鬼，死者悲于窀穸[8]，生者戚于朝野，是愚臣所为咨嗟长怀叹息者也！且秦之将亡，正谏者诛，谀进者赏，嘉言结于忠舌，国命出于谗口，擅阎乐于咸阳，授赵高以车府，权去己而不知，威离身而不顾。古今一揆[9]，成败同势；愿陛下远览强秦之倾，近察哀、平之变，得失昭然，祸福可见。臣又闻危非仁不扶，乱非智不救；窃见故冀州刺史南阳朱穆、前乌桓校尉臣同郡李膺，皆履正清平，贞高绝俗，斯实中兴之良佐，国家之柱臣也，宜还本朝，挟辅王室。臣敢吐不时之义于讳言之朝，犹冰霜见日，必至消灭；臣始悲天下之可悲，今天下亦悲臣之愚惑也。"书奏，不省。

夏，南阳大水。

司空房植免；以太常韩缜为司空。

巴郡、益州郡山崩。

秋，南匈奴左薁鞬台耆、且渠伯德等反，寇美稷[10]；东羌复举种应之。安定属国都尉敦煌张奂初到职，壁中唯有二百许人，闻之，即勒兵而出；军吏以为力不敌，叩头争止之。奂不听，遂进屯长城，收集兵士，遣将王卫招诱东羌，因据龟兹县，使南匈奴不得交通。东羌诸豪遂相率与奂共击薁鞬等，破之。伯德惶恐，将其众降，郡界以宁。羌豪遗奂马二十匹，金鐻八枚[11]。奂于诸羌前以酒酹地曰："使马如羊，不以入厩；使金如粟，不以入怀。"悉以还之。前此八都尉率好财货，为羌所患苦；及奂正身洁己，无不悦服，威化大行。

【注释】

①司隶：京畿一带。 ②鸣条之事：夏末，汤与桀会战于鸣条（今山西运城市西郊），夏亡。 ③檀车：兵车。此处代指周武王灭纣事。《诗经·大雅·大明》描述牧野之战："牧野洋洋，檀车煌煌。" ④震食：地震和日食。 ⑤芟（shān 山）：除去。刈（yì 义）：割。 ⑥麑（ní 泥）：小鹿。 ⑦囿（yòu 幼）：园子。 ⑧窀穸（zhūn xī 谆夕）：墓穴。 ⑨揆

(kuí 葵):道理。 ⑩美稷:在今内蒙古准格尔旗一带。 ⑪镰(qú 渠):一种金属食器。

二年 春,三月,蜀郡属国夷反[①]。

初,鲜卑檀石槐[②],勇健有智略,部落畏服,乃施法禁,平曲直,无敢犯者,遂推以为大人。檀石槐立庭于弹汙山、歠仇水上[③],去高柳北三百余里,兵马甚盛;东、西部大人皆归焉。因南抄缘边,北拒丁零[④],东却夫馀[⑤],西击乌孙[⑥],尽据匈奴故地,东西万四千余里。

秋,七月,檀石槐寇云中[⑦]。以故乌桓校尉李膺为度辽将军。膺到边,羌、胡皆望风畏服,先所掠男女,悉诣塞下送还之。

公孙举、东郭窦等聚众至三万人,寇青、兖、徐三州,破坏郡县。连年讨之,不能克。尚书选能治剧者,以司徒掾颍川韩韶为嬴长[⑧]。贼闻其贤,相戒不入嬴境。余县流民万余户入县界;韶开仓赈之,主者争谓不可。韶曰:"长活沟壑之人,而以此伏罪,含笑入地矣。"太守素知韶名德,竟无所坐。韶与同郡荀淑、钟皓、陈寔皆尝为县长[⑨],所至以德政称,时人谓之"颍川四长"。

初,鲜卑寇辽东,属国都尉段颎率所领驰赴之。既而恐贼惊去,乃使驿骑诈赍玺书召颎,颎于道伪退,潜于还路设伏;虏以为信然,乃入追颎,颎因大纵兵,悉斩获之。坐诈为玺书,当伏重刑;以有功,论司寇;刑竟,拜议郎。至是,诏以东方盗贼昌炽,令公卿选将帅有文武材者。司徒尹颂荐颎,拜中郎将,击举、窦等,大破斩之,获首万余级,余党降散。封颎为列侯。

冬,十二月,地震。

封梁不疑子马为颍阴侯,梁胤子桃为城父侯。

【注释】

①蜀郡属国:在今四川芦山县一带。延光元年(122),以蜀郡西部都尉为属国都尉。 ②檀石槐:鲜卑部族首领。建庭于高柳北弹汙山(今山西阳高县西北一带)。曾东败夫馀,西击乌孙,北拒丁零,南扰汉边,逐步控制了匈奴故地。将鲜卑分为东、西、中三部,与东汉政府接触频繁。 ③歠(chuò 绰)仇水:在山西、内蒙古之间。 ④丁零:我国古代西部民

族之一,在贝加尔湖一带。 ⑤夫馀:我国古代东部民族之一,在今辽宁昌图县一带。 ⑥乌孙:我国古代西部民族之一,在今新疆伊宁市一带。⑦云中:在今内蒙古托克托县一带。 ⑧嬴:县名,治今山东济南市莱芜区。 ⑨“韶与”句:荀淑曾为当涂长,韩韶为嬴长,陈寔为太丘长,钟皓为林虑长。

资治通鉴卷第五十四

汉纪四十六　起强圉作噩，尽昭阳单阏，凡七年。

孝桓皇帝上之下

永寿三年　春，正月，己未[①]，赦天下。

居风令贪暴无度[②]，县人朱达等与蛮夷同反，攻杀令，聚众至四五千人。夏，四月，进攻九真[③]，九真太守兒式战死。诏九真都尉魏朗讨破之。

闰月，庚辰晦，日有食之。

京师蝗。

或上言："民之贫困以货轻钱薄，宜改铸大钱。"事下四府[④]群僚及太学能言之士议之。太学生刘陶上议曰："当今之忧，不在于货，在乎民饥。窃见比年已来，良苗尽于蝗螟之口，杼轴空于公私之求[⑤]。民所患者，岂谓钱货之厚薄，铢两之轻重哉！就使当今沙砾化为南金，瓦石变为和玉，使百姓渴无所饮，饥无所食，虽皇、羲之纯德，唐、虞之文明，犹不能以保萧墙之内也[⑥]。盖民可百年无货，不可一朝有饥，故食为至急也。议者不达农殖之本，多言铸冶之便。盖万人铸之，一人夺之，犹不能给；况今一人铸之，则万人夺之乎！虽以阴阳为炭，万物为铜，役不食之民，使不饥之士，犹不能足无厌之求也。夫欲民殷财阜，要在止役禁夺，则百姓不劳而足。陛下愍海内之忧戚[⑦]，欲铸钱齐货以救其弊，犹养鱼沸鼎之中，栖鸟烈火之上；水、木本鱼鸟之所生也，用之不时，必至焦烂。

愿陛下宽锲薄之禁，后冶铸之议，听民庶之谣吟，问路叟之所忧，瞰三光之文耀，视山河之分流，天下之心，国家大事，粲然皆见，无有遗惑者矣。伏念当今地广而不得耕，民众而无所食，群小竞进，秉国之位，鹰扬天下，鸟钞求饱，吞肌及骨，并噬无厌。诚恐卒有役夫、穷匠起于版筑之间[⑧]，投斤攘臂，登高远呼，使愁怨之民响应云合，虽方尺之钱，何有能救其危也！”遂不改钱。

东汉盐场画像砖

冬，十一月，司徒尹颂薨。

长沙蛮反，寇益阳。

以司空韩缜为司徒；以太常北海孙朗为司空。

【注释】

①己未：此日待考。 ②居风：县名，治今越南清化市西北。 ③九真：郡名，治今越南义安省等地。 ④四府：三公府和大将军府。 ⑤杼（zhù 著）轴：织机的主要零件，此处代指织机。 ⑥萧墙：门屏。古人称内乱为萧墙之祸。 ⑦愍（mǐn 敏）：忧愁。 ⑧版筑：筑墙时用两板相夹，以泥置其中，用杵舂实。后代指工匠劳作。

延熹元年 夏，五月，甲戌晦，日有食之。太史令陈授因小黄门徐璜陈“日食之变咎在大将军冀”。冀闻之，讽雒阳收考授，死于狱。帝由是怒冀。

京师蝗。

六月，戊寅[①]，赦天下，改元。

大雩[②]。

秋，七月，甲子[③]，太尉黄琼免；以太常胡广为太尉。

冬，十月，帝校猎广成，遂幸上林苑。

十二月，南匈奴诸部并叛，与乌桓、鲜卑寇缘边九郡。帝以京兆尹陈龟为度辽将军。龟临行，上疏曰："臣闻三辰不轨[④]，擢士为相，蛮夷不恭，拔卒为将。臣无文武之材而忝鹰扬之任[⑤]，虽殁躯体，无所云补。今西州边鄙，土地堉埆[⑥]，民数更寇虏，室家残破，虽含生气，实同枯朽。往岁并州水雨，灾螟互生，稼穑荒耗，租更空阙。陛下以百姓为子，焉可不垂抚循之恩哉！古公、西伯天下归仁[⑦]，岂复舆金辇宝以为民惠乎[⑧]！陛下继中兴之统，承光武之业，临朝听政而未留圣意。且牧守不良，或出中官，惧逆上旨，取过目前。呼嗟之声，招致灾害，胡虏凶悍，因衰缘隙，而令仓库单于豺狼之口[⑨]，功业无铢两之效，皆由将帅不忠，聚奸所致。前凉州刺史祝良，初除到州，多所纠罚，太守令长，贬黜将半，政未逾时，功效卓然，实应赏异，以劝功能；改任牧守，去斥奸残；又宜更选匈奴、乌桓护羌中郎将、校尉，简练文武，授之法令；除并、凉二州今年租、更[⑩]，宽赦罪隶，扫除更始[⑪]。则善吏知奉公之祐，恶者觉营私之祸，胡马可不窥长城，塞下无候望之患矣。"帝乃更选幽、并刺史，自营、郡太守、都尉以下，多所革易。下诏为陈将军除并、凉一年租赋[⑫]，以赐吏民。龟到职，州郡重足震栗，省息经用，岁以亿计。

诏拜安定属国都尉张奂为北中郎将，以讨匈奴、乌桓等。匈奴、乌桓烧度辽将军门，引屯赤阬，烟火相望，兵众大恐，各欲亡去。奂安坐帷中，与弟子讲诵自若，军士稍安。乃潜诱乌桓，阴与和通，遂使斩匈奴、屠各渠帅，袭破其众，诸胡悉降。奂以南单于车儿不能统理国事，乃拘之，奏立左谷蠡王为单于[⑬]。诏曰："《春秋》大居正[⑭]；车儿一心向化，何罪而黜！其遣还庭！"

大将军冀与陈龟素有隙，谮其沮毁国威，挑取功誉，不为胡虏所畏，坐征还，以种暠为度辽将军[⑮]。龟遂乞骸骨归田里，复征为尚书。冀暴虐日甚，龟上疏言其罪状，请诛之，帝不省。龟自知必为冀所害，不食七日而死。种暠到营所，先宣恩信，诱降诸胡，其有不服，然后加讨；羌虏先时有生见获质于郡县者，悉遣还之；诚心怀抚，信赏分明，由是羌、胡皆来顺服。暠乃去烽燧，除候望，边方晏然无警;入为大司农。

【注释】

①戊寅:此日待考。 ②雩(yú 于):为求雨而举行的祭祀。 ③甲子:此日待考。 ④三辰:日、月、星。 ⑤忝:辱,旧时的谦词。鹰扬:代指重任。 ⑥埆埆(què 确):土地贫瘠。 ⑦古公:周人的祖先古公亶父,他率周族沿渭水而下,卜居岐山南的周原,营建城郭。西伯:姬昌,周文王。商时封为西伯。他为武王灭商打下基础。 ⑧舆:用车装载。辇:同“舆”,用作动词。 ⑨单:同“殚”。 ⑩更:劳役。 ⑪扫除:免除其负担及罪责。更始:让他们重新做人。 ⑫陈将军:指陈龟。 ⑬谷(lù 鹿)蠡:匈奴藩王封号。 ⑭大居正:安于正道。 ⑮种暠(hào 耗):洛阳人,字景伯。以家财赈恤邑里贫民,顺帝时举孝廉,为侍御史,出为益州刺史。

二年 春,二月,鲜卑寇雁门。

蜀郡夷寇蚕陵[1]。

三月,复断刺史、二千石行三年丧。

夏,京师大水。

六月,鲜卑寇辽东。

梁皇后恃姊、兄荫势[2],恣极奢靡,兼倍前世,专宠妒忌,六宫莫得进见。及太后崩,恩宠顿衰。后既无嗣,每宫人孕育,鲜得全者。帝虽迫畏梁冀,不敢谴怒,然进御转希,后益忧恚。秋,七月,丙午,皇后梁氏崩。乙丑,葬懿献皇后于懿陵。

梁冀一门,前后七侯[3],三皇后[4],六贵人,二大将军,夫人、女食邑称君者七人,尚公主者三人,其余卿、将、尹、校五十七人。冀专擅威柄,凶恣日积,宫卫近侍,并树所亲,禁省起居,纤微必知。其四方调发,岁时贡献,皆先输上第于冀,乘舆乃其次焉。吏民赍货求官、请罪者,道路相望。百官迁召,皆先到冀门笺檄谢恩,然后敢诣尚书。下邳吴树为宛令[5],之官辞冀,冀宾客布在县界,以情托树,树曰:“小人奸蠹,比屋可诛。明将军处上将之位,宜崇贤善以补朝阙。自侍坐以来,未闻称一长者,而多托非人,诚非敢闻!”冀默然不悦。树到县,遂诛杀冀客为人害者数十人。树后为荆州刺史，辞冀，冀鸩之[6]，出，死车上。辽东太守侯猛初拜，不谒冀，冀托以他事腰斩之。郎中汝南袁著，年十九，诣阙上书曰："夫四时之运，功成则退，高爵厚宠，鲜不致灾。今大将军位极功成，可为至戒；宜遵县车之礼，高枕颐神。传曰：'木实繁者披枝害心。'若不抑损盛权，将无以全其身矣！"冀闻而密遣掩捕，著乃变易姓名，托病伪死，结蒲为人，市棺殡送；冀知其诈，求得，笞杀之。太原郝洁、胡武，好危言高论，与著友善，洁、武尝连名奏记三府，荐海内高士，而不诣冀；冀追怒之，敕中都官移檄禽捕[7]，遂诛武家，死者六十余人。洁初逃亡，知不得免，因舆榇奏书冀门[8]，书入，仰药而死，家乃得全。安帝嫡母耿贵人薨，冀从贵人从子林虑侯承求贵人珍玩，不能得，冀怒，并族其家十余人。涿郡崔琦以文章为冀所善，琦作《外戚箴》《白鹄赋》以风[9]；冀怒。琦曰："昔管仲相齐，乐闻讥谏之言；萧何佐汉，乃设书过之吏。今将军屡世台辅，任齐伊、周，而德政未闻，黎元涂炭，不能结纳贞良以救祸败，反欲钳塞士口，杜蔽主听，将使玄黄改色、鹿马易形乎！"冀无以对，因遣琦归。琦惧而亡匿，冀捕得，杀之。

冀秉政几二十年，威行内外，天子拱手，不得有所亲与，帝既不平之；及陈授死，帝愈怒。和熹皇后从兄子郎中邓香妻宣，生女猛，香卒，宣更适梁纪；纪，孙寿之舅也。寿以猛色美，引入掖庭，为贵人，冀欲认猛为其女，易猛姓为梁。冀恐猛姊婿议郎邴尊沮败宣意，遣客刺杀之。又欲杀宣，宣家与中常侍袁赦相比，冀客登赦屋，欲入宣家，赦觉之，鸣鼓会众以告宣。宣驰入白帝，帝大怒，因如厕，独呼小黄门史唐衡，问："左右与外舍不相得者[10]，谁乎？"衡对："中常侍单超、小黄门史左悺与梁不疑有隙[11]；中常侍徐璜、黄门令具瑗常私忿疾外舍放横，口不敢道。"于是帝呼超、悺入室，谓曰："梁将军兄弟专朝，迫胁内外，公卿以下，从其风旨，今欲诛之，于常侍意如何？"超等对曰："诚国奸贼，当诛日久；臣等弱劣，未知圣意如何耳。"帝曰："审然者，常侍密图之。"对曰："图之不难，但恐陛下腹中狐疑。"帝曰："奸臣胁国，当伏其罪，何疑乎！"于是更召璜、瑗等，五人共定其议，帝啮超臂出血为盟。超等曰："陛下今计已决，勿复更言，恐为人所疑。"

冀心疑超等，八月，丁丑，使中黄门张恽入省宿，以防其变。具瑗敕吏收恽，以“辄从外入，欲图不轨”。帝御前殿，召诸尚书入，发其事，使尚书令尹勋持节勒丞、郎以下皆操兵守省阁[12]，敛诸符节送省中，使具瑗将左右厩驺、虎贲、羽林、都候剑戟士合千余人[13]，与司隶校尉张彪共围冀第，使光禄勋袁盱持节收冀大将军印绶，徙封比景都乡侯。冀及妻寿即日皆自杀；不疑、蒙先卒。悉收梁氏、孙氏中外宗亲送诏狱，无长少皆弃市；他所连及公卿、列校、刺史、二千石，死者数十人。太尉胡广、司徒韩缜、司空孙朗皆坐阿附梁冀，不卫宫，止长寿亭，减死一等，免为庶人。故吏、宾客免黜者三百余人，朝廷为空。是时，事猝从中发，使者交驰，公卿失其度，官府市里鼎沸，数日乃定；百姓莫不称庆。收冀财货，县官斥卖，合三十余万万，以充王府用，减天下税租之半，散其苑囿，以业穷民。

壬午，立梁贵人为皇后，追废懿陵为贵人冢。帝恶梁氏，改皇后姓为薄氏[14]，久之，知为邓香女，乃复姓邓氏。

诏赏诛梁冀之功，封单超、徐璜、具瑗、左悺、唐衡皆为县侯，超食二万户，璜等各万余户，世谓之五侯[15]。仍以悺、衡为中常侍。又封尚书令尹勋等七人皆为亭侯。

以大司农黄琼为太尉，光禄大夫中山祝恬为司徒，大鸿胪梁国盛允为司空。

是时，新诛梁冀，天下想望异政，黄琼首居公位，乃举奏州郡素行暴污，至死徙者十余人，海内翕然称之。

【注释】

①蚕陵：县名，治今四川松潘县。　②姊：指顺烈皇后。兄：指梁冀。③七侯：冀祖雍封乘氏侯，冀封襄邑侯；及嗣乘氏侯，又封其子胤襄邑侯，弟不疑颍阳侯，蒙西平侯，不疑子马颍阴侯，胤子桃城父侯。　④三皇后：恭怀、顺烈、懿献三皇后。　⑤下邳：县名，治所在今江苏宿迁市西北。　⑥鸩（zhèn 振）：用鸩的羽毛泡成的毒酒。　⑦禽：通“擒”。⑧舆榇：装着棺材。　⑨风：讽劝。《外戚箴》讽云：“无谓我贵，天将尔摧；无恃常好，色有歇微；无怙常幸，爱有陵迟；无曰我能，天人尔迟。”⑩左右：指宦官。外舍：外戚。　⑪单超：宦官，河南（今河南洛阳市西）

人。为中常侍，后封新丰侯。 ⑫节：符节。 ⑬厩驺：骑士和马夫。 ⑭薄氏：传闻汉文帝薄太后家谨良，故改姓薄。 ⑮五侯：单超新丰侯、徐璜武原侯、具瑗东武阳侯、左悺上蔡侯、唐衡汝阳侯。

琼辟汝南范滂[①]。滂少厉清节，为州里所服。尝为清诏使，案察冀州，滂登车揽辔[②]，慨然有澄清天下之志。守令臧污者，皆望风解印绶去；其所举奏，莫不厌塞众议。会诏三户掾属举谣言，滂奏刺史、二千石权豪之党二十余人。尚书责滂所劾猥多，疑有私故；滂对曰："臣之所举，自非叨秽奸暴[③]，深为民害，岂以污简札哉！间以会日迫促，故先举所急，其未审者，方更参实。臣闻农夫去草，嘉谷必茂；忠臣除奸，王道以清。若臣言有贰，甘受显戮！"尚书不能诘。

尚书令陈蕃上疏荐五处士，豫章徐稚、彭城姜肱、汝南袁闳、京兆韦著，颍川李昙[④]；帝悉以安车、玄纁备礼征之，皆不至。

稚家贫，常自耕稼，非其力不食，恭俭义让，所居服其德；屡辟公府，不起。陈蕃为豫章太守，以礼请署功曹；稚不之免，既谒而退。蕃性方峻，不接宾客，唯稚来，特设一榻，去则县之[⑤]。后举有道，家拜太原太守，皆不就。稚虽不应诸公之辟，然闻其死丧，辄负笈赴吊。常于家预炙鸡一只[⑥]，以一两绵絮渍酒中暴干，以裹鸡，径到所赴冢隧外，以水渍绵，使有酒气，斗米饭，白茅为藉，以鸡置前，醊酒毕[⑦]，留谒则去，不见丧主。

范滂像

肱与二弟仲海、季江俱以孝友著闻，常同被而寝，不应征聘。肱尝与弟季江俱诣郡，夜于道为盗所劫,欲杀之,肱曰:“弟年幼,父母所怜,又未聘娶,愿杀身济弟。”季江曰:“兄年德在前,家之珍宝,国之英俊,乞自受戮,以代兄命。”盗遂两释焉,但掠夺衣资而已。既至,郡中见肱无衣服,怪问其故,肱托以他辞,终不言盗。盗闻而感悔,就精庐求见征君[8],叩头谢罪,还所略物。肱不受,劳以酒食而遣之。帝既征肱不至,乃下彭城,使画工图其形状。肱卧于幽暗,以被韬面[9],言患眩疾,不欲出风,工竟不得见之。

闳,安之玄孙也,苦身修节,不应辟召。

著隐居讲授,不修世务。

昙继母苦烈,昙奉之逾谨,得四时珍玩,未尝不先拜而后进,乡里以为法。

帝又征安阳魏桓,其乡人劝之行,桓曰:“夫干禄求进,所以行其志也。今后宫千数,其可损乎?厩马万匹,其可减乎?左右权豪,其可去乎?”皆对曰:“不可。”桓乃慨然叹曰:“使桓生行死归,于诸子何有哉!”遂隐身不出。

帝既除梁冀,故旧恩私,多受封爵;追赠皇后父邓香为车骑将军,封安阳侯;更封后母宣为昆阳君,兄子康、秉皆为列侯,宗族皆列校、郎将,赏赐以巨万计。中常侍侯览上缣五千匹[10],帝赐爵关内侯[11],又托以与议诛冀,进封高乡侯[12];又封小黄门刘普、赵忠等八人为乡侯[13],自是权势专归宦官矣;五侯尤贪纵,倾动内外。时灾异数见,白马令甘陵李云露布上书[14],移副三府曰[15]:“梁冀虽持权专擅,虐流天下,今以罪行诛,犹召家臣扼杀之耳,而猥封谋臣万户以上[16];高祖闻之,得无见非,西北列将,得无解体[17]!孔子曰:‘帝者,谛也[18]。’今官位错乱,小人谄进,财货公行,政化日损;尺一拜用[19],不经御省[20],是帝欲不谛乎!”帝得奏震怒,下有司逮云,诏尚书都护剑戟送黄门北寺狱[21],使中常侍管霸与御史、廷尉杂考之。时弘农五官掾杜众伤云以忠谏获罪,上书“愿与云同日死”,帝愈怒,遂并下廷尉。大鸿胪陈蕃上疏曰[22]:“李云所言,虽不识禁忌,干上逆旨,其意归于忠国而已。昔高祖忍周昌不讳之谏[23],成帝赦朱云腰领之诛[24],今日杀云,臣恐剖心之讥,复议于世矣!”太常杨秉、雒阳市长沐茂、郎中上官资并上疏请云。帝恚甚[25],有司奏以为大不敬；诏切责蕃、秉，免归田里，茂、资贬秩二等。时帝在濯龙池，管霸奏云等事，霸跪言曰："李云草泽愚儒，杜众郡中小吏，出于狂戆[26]，不足加罪。"帝谓霸曰："'帝欲不谛'，是何等语，而常侍欲原之邪！"顾使小黄门可其奏，云、众皆死狱中，于是嬖宠益横[27]。太尉琼自度力不能制，乃称疾不起，上疏曰："陛下即位以来，未有胜政，诸梁秉权，竖宦充朝，李固、杜乔既以忠言横见残灭，而李云、杜众复以直道继踵受诛，海内伤惧，益以怨结，朝野之人，以忠为讳。尚书周永，素事梁冀，假其威势，见冀将衰，乃阳毁示忠，遂因奸计，亦取封侯。又，黄门挟邪，群辈相党，自冀兴盛，腹背相亲，朝夕图谋，共构奸轨；临冀当诛，无可设巧，复托其恶以要爵赏。陛下不加清征，审别真伪，复与忠臣并时显封，粉墨杂糅，所谓抵金玉于沙砾，碎珪璧于泥涂，四方闻之，莫不愤叹。臣世荷国恩，身轻位重，敢以垂绝之日，陈不讳之言。"书奏，不纳。

【注释】

①范滂：字孟博，汝南征羌（今河南漯河市郾城区东南）人。任汝南太守宗资的属吏，压抑豪强，疾恶如仇。　②辔（pèi 配）：驾驭牲口的缰绳。　③叨（dāo 刀）：说，揭发。　④徐稚：隐士，字孺子，豫章南昌（今江西南昌市）人。家境贫穷，屡征不仕，时有"南州高士"之称。　⑤县：悬。　⑥炙（zhì 治）：烤。　⑦醊（zhuì 坠）：祭奠。　⑧精庐：精舍，住宅。征君：尊称，因姜肱曾蒙征聘。　⑨韬：遮掩。　⑩缣（jiān 尖）：双丝的细绢。　⑪关内侯：爵位名称，位在列侯之次。　⑫高乡：县名，治今山东莒南县。　⑬乡侯：汉制的列侯分别以县、乡、亭为食邑，乡侯食乡。乡、亭都是行政区划。　⑭白马：县名，治今河南滑县。露布上书：所上书奏不加缄封。　⑮移：平级官署之间传阅。副：副本。三府：太尉、司徒、司空三公的官府。　⑯猥（wěi 委）：滥。　⑰得无：岂不。解体：人心离叛。　⑱谛（dì 弟）：审谛。此句出自《春秋运斗枢》。　⑲尺一：诏书。书写皇帝诏命的木板一尺一寸长，因而用"尺一"代指诏书。⑳御省（xǐng 醒）：皇帝过目。　㉑都护：统带监管。剑戟：代指持剑持戟的兵士。北寺狱：黄门署属的监狱。　㉒大鸿胪（lú 卢）：掌管皇家礼仪及接待宾客的官吏。　㉓周昌事：西汉初年，御史大夫周昌见刘邦拥抱戚姬，指责刘邦是桀纣一类的君主。　㉔朱云事：见三十二卷成帝元延元年（前12）。　㉕恚（huì 会）：愤怒。　㉖狂戆（zhuàng 壮）：任情放

纵。 ㉗嬖(bì 闭):宠幸。

冬,十月,壬申[1],上行幸长安。

中常侍单超疾病;壬寅,以超为车骑将军。

十二月,己巳,上还自长安。

烧当、烧何、当煎、勒姐等八种羌寇陇西金城塞[2],护羌校尉段颎击破之[3],追至罗亭,斩其酋豪以下二千级,获生口万余人。

诏复以陈蕃以光禄勋,杨秉为河南尹。单超兄子匡为济阴太守[4],负势贪放。兖州刺史第五种使从事卫羽案之,得臧五六千万,种即奏匡,并以劾超。匡窘迫,赂客任方刺羽。羽觉其奸,捕方,囚系雒阳。匡虑杨秉穷竟其事,密令方等突狱亡走。尚书召秉诘责,秉对曰:"方等无状,衅由单匡,乞槛车征匡,考核其事,则奸慝踪绪,必可立得。"秉竟坐论作左校。时泰山贼叔孙无忌寇暴徐、兖[5],州郡不能讨,单超以是陷第五种,坐徙朔方;超外孙董援为朔方太守,稸怒以待之[6]。种故吏孙斌知种必死,结客追种、及于太原,劫之以归,亡命数年,会赦得免。种,伦之曾孙也。

是时,封赏逾制,内宠猥盛。陈蕃上疏曰:"夫诸侯上象四七[7],藩屏上国;高祖之约,非功臣不侯。而闻追录河南尹邓万世父遵之微功,更爵尚书令黄隽先人之绝封[8],近习以非义授邑,左右以无功传赏,至乃一门之内,侯者数人,故纬象失度,阴阳谬序。臣知封事已行,言之无及,诚欲陛下从是而止。又,采女数千,食肉衣绮,脂油粉黛,不可赀计。鄙谚言'盗不过五女门',以女贫家也;今后宫之女,岂不贫国乎!"帝颇采其言,为出宫女五百余人,但赐隽爵关内侯,而封万世南乡侯。

帝从容问侍中陈留爰延:"朕何如主也?"对曰:"陛下为汉中主。"帝曰:"何以言之?"对曰:"尚书令陈蕃任事则治,中常侍黄门与政则乱:是以知陛下可与为善,可与为非。"帝曰:"昔朱云廷折栏槛,今侍中面称朕违,敬闻阙矣。"拜五官中郎将,累迁大鸿胪。会客星经帝坐[9],帝密以问延,延上封事曰:"陛下以河南尹邓万世有龙潜之旧,封为通侯,恩重公卿,惠丰宗室;加顷引见,与之对博,上下媟黩[10],有亏尊严。臣闻之,帝左右者,所以咨政德也。善人同处，则日闻嘉训；恶人从游，则日生邪情。惟陛下远谗谀之人，纳謇謇之士[11]，则灾变可除。”帝不能用。延称病，免归。

【注释】

①壬寅：此日待考。②金城：在今甘肃兰州市一带。③段颎（jiǒng 窘）：字纪明。武威姑臧（今甘肃武威市）人。初举孝廉，后迁辽东属国都尉。因击鲜卑功，征为议郎。以镇压东郭窦起义，封列侯。179年，坐宦官事，下狱自杀。④济阴：郡名，治所在今山东菏泽市定陶区。⑤泰山：在山东泰安市。⑥稸：通“蓄”。⑦四七：代指二十八宿。⑧黄儁（jùn 俊）：尚书令，后封关内侯。⑨“客星”句：古人以天象附会朝政。当流星经过帝坐时，就认为有小人犯皇帝。⑩媟（xiè 屑）黩：相处过于亲昵而近于放荡。⑪謇（jiǎn 简）：正直。

三年 春，正月，丙申，赦天下，诏求李固后嗣。初，固既策罢，知不免祸，乃遣三子基、兹、燮皆归乡里。时燮年十三，姊文姬为同郡赵伯英妻，见二兄归，具知事本，默然独悲曰：“李氏灭矣！自太公已来[1]，积德累仁，何以遇此！”密与二兄谋，豫藏匿燮，托言还京师，人咸信之。有顷，难作，州郡收基、兹，皆死狱中。文姬乃告父门生王成曰：“君执义先公，有古人之节；今委君以六尺之孤[2]，李氏存灭，其在君矣！”成乃将燮乘江东下，入徐州界，变姓名为酒家佣，而成卖卜于市，各为异人，阴相往来。积十余年，梁冀既诛，燮乃以本末告酒家，酒家具车重厚遣之，燮皆不受。遂还乡里，追行丧服，姊弟相见，悲感傍人。姊戒燮曰：“吾家血食将绝，弟幸而得济，岂非天邪！宜杜绝众人，勿妄往来，慎无一言加于梁氏！如梁氏则连主上，祸重至矣，唯引咎而已。”燮谨从其诲。后王成卒，燮以礼葬之，每四节为设上宾之位而祠焉[3]。

丙午，新丰侯单超卒，赐东园秘器，棺中玉具；及葬，发五营骑士、将作大匠起冢茔。其后四侯转横，天下为之语曰：“左回天[4]，具独坐[5]，徐卧虎[6]，唐雨堕[7]。”皆竞起第宅，以华侈相尚，其仆从皆乘牛车而从列骑，兄弟姻戚，宰州临郡，辜较百姓，与盗无异，虐遍天下；民不堪命，故多为盗贼焉。

中常侍侯览[8]，小黄门段珪，皆有田业近济北界，仆从宾客，劫掠行旅。济北相滕延，一切收捕，杀数十人，陈尸路衢。览、珪以事诉帝，延坐征诣廷尉，免。

左悺兄胜为河东太守[9]，皮氏长京兆赵岐耻之[10]，即日弃官西归。唐衡兄玹为京兆尹，素与岐有隙，收岐家属宗亲，陷以重法，尽杀之。岐逃难四方，靡所不历，自匿姓名，卖饼北海市中[11]；安丘孙嵩见而异之，载与俱归，藏于复壁中。及诸唐死，遇赦，乃敢出。

闰月，西羌余众复与烧何大豪寇张掖[12]，晨，薄校尉段颎军。颎下马大战，至日中，刀折矢尽，虏亦引退。颎追之，且斗且行，昼夜相攻，割肉食雪，四十余日，遂至积石山，出塞二千余里，斩烧何大帅，降其余众而还。

夏，五月，甲戌，汉中山崩。

六月，辛丑，司徒祝恬薨。

秋，七月，以司空盛允为司徒，太常虞放为司空。

长沙蛮反，屯益阳，零陵蛮寇长沙。

九真余贼屯据日南[13]，众转强盛；诏复拜桂阳太守夏方为交趾刺史。方威惠素著，冬，十一月，日南贼二万余人相率诣方降。

勒姐、零吾种羌围允街[14]；段颎击破之。

泰山贼叔孙无忌攻杀都尉侯章；遣中郎将宗资讨破之。诏征皇甫规，拜泰山太守。规到官，广设方略，寇虏悉平。

【注释】

①太公：指李郃。 ②六尺之孤：谓年十五以下。 ③四节：四时之祭。 ④回天：言权大能回天。 ⑤独坐：言骄贵无偶。 ⑥卧虎：言无人敢惹。 ⑦雨堕：言流毒遍天下。 ⑧侯览：山阳防东（今山东单县北）人。桓帝初为中常侍。延熹年间因议诛梁冀有功，进封高乡侯。后因过于放肆，被人告发而自

东汉辎车画像砖

杀。 ⑨河东：郡名，治所在今山西夏县。 ⑩皮氏：县名，治今山西河津市。 ⑪北海：郡名，治所在今山东昌乐县。 ⑫张掖：县名，治今甘肃张掖市。 ⑬九真：郡名，治所在今越南义安省。 ⑭允街：在今甘肃永登县东南。

四年 春，正月，辛酉，南宫嘉德殿火；戊子，丙署火。

大疫。

二月，壬辰，武库火。

司徒盛允免，以大司农种暠为司徒。

三月，太尉黄琼免[①]；夏，四月，以太常沛国刘矩为太尉。

初，矩为雍丘令[②]，以礼让化民；有讼者，常引之于前，提耳训告，以为忿恚可忍，县官不可入，使归更思。讼者感之，辄各罢去。

甲寅，封河间孝王子参户亭侯博为任城王，奉孝王后。

五月，辛酉，有星孛于心。

丁卯，原陵长寿门火。

己卯，京师雨雹。

六月，京兆、扶风及凉州地震。

庚子，岱山及博尤来山并穨裂[③]。

己酉，赦天下。

司空虞放免，以前太尉黄琼为司空。

犍为属国夷寇钞百姓[④]。益州刺史山昱击破之。

零吾羌与先零诸种反，寇三辅。

秋，七月，京师雩[⑤]。

减公卿已下奉，贷王侯半租[⑥]，占卖关内侯、虎贲、羽林缇骑、营士、五大夫钱各有差。

九月，司空黄琼免，以大鸿胪东莱刘宠为司空。

宠常为会稽太守，简除烦苛，禁察非法，郡中大治；征为将作大匠。山阴县有五六老叟[⑦]，自若邪山谷间出，人赍百钱以送宠曰："山谷鄙生，未尝识郡朝，他守时，吏发求民间，至夜不绝，或狗吠竟夕，民不得安。自明府下车以来，狗不夜吠，民不见吏；年老遭值圣明，今闻当见弃去，故自扶奉送。"宠曰："吾政何能及公言邪！勤苦父老！”为人选一大钱受之。

冬，先零、沈氏羌与诸种羌寇并、凉二州，校尉段颎将湟中义从讨之[⑧]。凉州刺史郭闳贪共其功，稽固颎军，使不得进；义从役久恋乡旧，皆悉叛归。郭闳归罪于颎，颎坐征下狱，输作左校，以济南相胡闳代为校尉。胡闳无威略，羌遂陆梁，覆没营坞，转相招结，唐突诸郡，寇患转盛。泰山太守皇甫规上疏曰：“今猾贼就灭，泰山略平，复闻群羌并皆反逆。臣生长邠岐[⑨]，年五十有九，昔为郡吏，再更叛羌，豫筹其事，有误中之言[⑩]。臣素有痼疾，恐犬马齿穷，不报大恩，愿乞冗官，备单车一介之使，劳来三辅，宣国威泽，以所习地形兵势佐助诸军。臣穷居孤危之中，坐观郡将已数十年，自鸟鼠至于东岱[⑪]，其病一也。力求猛敌，不如清平；勤明孙、吴，未若奉法。前变未远，臣诚戚之，是以越职尽其区区。”诏以规为中郎将，持节监关西兵讨零吾等[⑫]。十一月，规击羌，破之，斩首八百级。先零诸种羌慕规威信，相劝降者十余万。

【注释】

①黄琼(86—164)：字世英，江夏安陆(今湖北安陆市西北)人，魏郡太守黄香之子。历任议郎、尚书仆射、尚书令、太尉。 ②雍丘：县名，治今河南杞县。 ③博：县名，治所在今山东泰安市东南。 ④犍为属国：在今四川宜宾市一带。 ⑤雩：旱祭。 ⑥贠(tè 特)：求乞，此处为借贷。 ⑦山阴：县名，治今浙江绍兴市。 ⑧湟中：在今青海省东北。 ⑨邠：邠山，在陕西彬县南。 ⑩误中之言：事见五十二卷顺帝永和五年(349)。 ⑪鸟鼠：山名，在今甘肃陇西县。 ⑫关西：函谷关以西。

五年 春，正月，壬午，南宫丙署火[①]。

三月，沈氏羌寇张掖、酒泉。皇甫规发先零诸种羌，共讨陇右，而道路隔绝，军中大疫，死者十三四。规亲入庵庐，巡视将士，三军感悦。东羌遂遣使乞降，凉州复通。

先是安定太守孙隽受取狼藉[②]，属国都尉李翕、督军御史张禀多杀降羌，凉州刺史郭闳、汉阳太守赵熹并老弱不任职，而皆倚恃权贵，不遵法度。规到，悉条奏其罪，或免或诛；羌人闻之，翕然反善，沈氏大豪滇昌、饥恬等十余万口复诣规降。

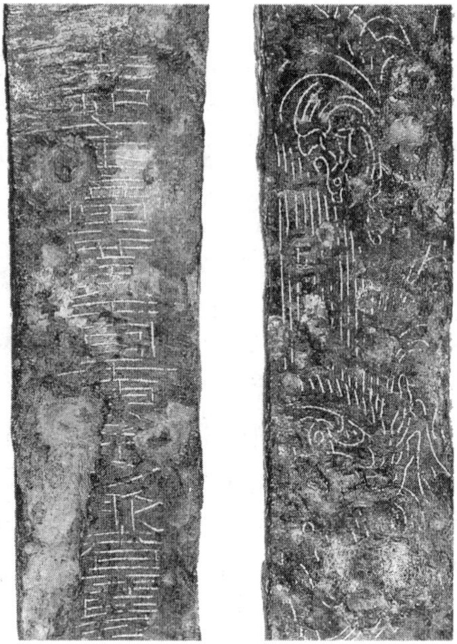

东汉错金铁书刀

夏，四月，长沙贼起，寇桂阳、苍梧。

乙丑[3]，恭陵东阙火。戊辰[4]，虎贲掖门火。五月，康陵园寝火。

长沙、零陵贼入桂阳、苍梧、南海[5]，交趾刺史及苍梧太守望风逃奔，遣御史中丞盛修督州郡募兵讨之，不能克。

乙亥，京师地震。

甲申，中藏府丞禄署火[6]。秋，七月，己未，南宫承善闼火[7]。

鸟吾羌寇汉阳，陇西、金城诸郡兵讨破之。

艾县贼攻长沙郡县[8]，杀益阳令，众至万余人；谒者马睦督荆州刺史刘度击之，军败，睦、度奔走。零陵蛮亦反。冬，十月，武陵蛮反，寇江陵，南郡太守李肃奔走，主簿胡爽扣马首谏曰："蛮夷见郡无儆备，故敢乘间而进。明府为国大臣，连城千里，举旗鸣鼓，应声十万，奈何委符守之重，而为逋逃之人乎！"肃拔刃向爽曰："掾促去！太守今急，何暇此计！"爽抱马固谏，肃遂杀爽而走。帝闻之，征肃，弃市；度、睦减死一等；复爽门闾，拜家一人为郎。

尚书朱穆举右校令山阳度尚为荆州刺史[9]。辛丑[10]，以太常冯绲为车骑将军[11]，将兵十余万讨武陵蛮。先是，所遣将帅，宦官多陷以折耗军资，往往抵罪，绲愿请中常侍一人监军财费。尚书朱穆奏"绲以财自嫌，失大臣之节"。有诏勿劾。绲请前武陵太守应奉与俱，拜从事中郎。十一月，绲军至长沙，贼闻之，悉诣营乞降。进击武陵蛮夷，斩首四千余级，受降十余万人，荆州平定。诏书赐钱一亿，固让不受，振旅还京师，推功于应奉，荐以为司隶校尉；而上书乞骸骨，朝廷不许。

滇那羌寇武威、张掖、酒泉。

太尉刘矩免,以太常杨秉为太尉。

皇甫规持节为将,还督乡里,既无他私惠,而多所举奏,又恶绝宦官,不与交通。于是中外并怨,遂共诬规货赂群羌,令其文降⑫,帝玺书诮让相属⑬。

规上书自讼曰:“四年之秋,戎丑蠢戾,旧都惧骇,朝廷西顾。臣振国威灵,羌戎稽首,所省之费一亿以上。以为忠臣之义不敢告劳,故耻以片言自及微效,然比方先事,庶免罪悔。前践州界,先奏孙儁、李翕、张禀;旋师南征,又上郭闳、赵熹,陈其过恶,执据大辟。凡此五臣,支党半国,其余墨绶下至小吏,所连及者复有百余。吏托报将之怨,子思复父之耻,载贽驰车,怀粮步走,交构豪门,竞流谤讟,云臣私报诸羌,雠以钱货。若臣以私财,则家无担石;如物出于官,则文簿易考。就臣愚惑,信如言者,前世尚遗匈奴以宫姬⑭,镇乌孙以公主⑮;今臣但费千万以怀叛羌,则良臣之才略,兵家之所贵,将有何罪负义违理乎!自永初以来,将出不少,覆军有五⑯,动资巨亿,有旋车完封,写之权门,而名成功立,厚加爵封。今臣还本土,纠举诸郡,绝交离亲,戮辱旧故,众谤阴害,固其宜也!”

帝乃征规还,拜议郎,论功当封;而中常侍徐璜、左悺欲从求货,数遣宾客就问功状,规终不答。璜等忿怒,陷以前事,下之于吏。官属欲赋敛请谢,规誓而不听,遂以余寇不绝,坐系廷尉,论输左校。诸公及太学生张凤等三百余人诣阙讼之,会赦,归家。

【注释】

①丙署:殿名。　②狼藉:败坏不可收拾。　③乙丑:四月无乙丑日,疑误。　④戊辰:四月无戊辰日,疑误。　⑤桂阳:郡名,治所在今湖南郴州市。　⑥中藏府:皇宫钱币库。　⑦闼(tà 踏):门。　⑧艾县:治今江西永修县。　⑨右校令:将作大匠的属官,掌右工徒。　⑩辛丑:此日待考。　⑪冯绲(gǔn 滚):字鸿卿,巴郡宕渠(今四川渠县东北)人。初举孝廉,历官广汉属国都尉、御史中丞、陇西太守、辽东太守、京兆尹、司隶校尉、车骑将军。　⑫文降:假意投降。　⑬诮(qiào 俏):责备。　⑭遗宫姬事:指汉元帝以王昭君赐呼韩邪单于。　⑮“镇乌孙”

句：指汉武帝以江都王建女细君妻乌孙王昆莫。 ⑯覆军有五：指邓骘败于冀西，任尚败于平襄，司马钧败于丁奚城，马贤败于射姑山，赵冲败于鹯阴河。

六年 春，二月，戊午，司徒种暠薨。

三月，戊戌，赦天下。

以卫尉颍川许栩为司徒。

夏，四月，辛亥，康陵东署火。

五月，鲜卑寇辽东属国。

秋，七月，甲申，平陵园寝火[1]。

桂阳贼李研等寇郡界，武陵蛮复反；太守陈举讨平之。宦官素恶冯绲，八月，绲坐军还，盗贼复发，免。

冬，十月，丙辰，上校猎广成，遂幸函谷关、上林苑。光禄勋陈蕃上疏谏曰："安平之时，游畋宜有节[2]，况今有三空之厄哉！田野空，朝廷空，仓库空。加之兵戎未戢[3]，四方离散，是陛下焦心毁颜，坐以待旦之时也，岂宜扬旗曜武，骋心舆马之观乎！又前秋多雨，民始种麦，今失其劝种之时，而令给驱禽除路之役，非贤圣恤民之意也。"书奏，不纳。

十一月，司空刘宠免。十二月，以卫尉周景为司空[4]。景，荣之孙也。

时宦官方炽，景与太尉杨秉上言[5]："内外吏职，多非其人。旧典，中臣子弟，不得居位秉势；而今枝叶宾客，布列职署，或年少庸人，典据守宰；上下忿患，四方愁毒。可遵用旧章，退贪残，塞灾谤。请下司隶校尉、中二千石、城门、五营校尉、北军中候[6]，各实核所部；应当斥罢，自以状言三府，廉察有遗漏，续上。"帝从之。于是秉条奏牧、守青州刺史羊亮等五十余人，或死或免，天下莫不肃然。

诏征皇甫规为度辽将军。初，张奂坐梁冀故吏，免官禁锢，凡诸交旧，莫敢为言；唯规荐举，前后七上，由是拜武威太守。及规为度辽，到营数月，上书荐奂，"才略兼优，宜正元帅，以从众望。若犹谓愚臣宜充举事者，愿乞冗官，以为奂副"。朝廷从之。以奂代规为度辽将军，以规为使匈奴中郎将。

西州吏民守阙为前护羌校尉段颎讼冤者甚众；会滇那等诸种羌益炽，凉州几亡[⑦]，乃复以颎为护羌校尉。

尚书朱穆疾宦官恣横，上疏曰："按汉故事，中常侍参选士人，建武以后，乃悉用宦者。自延平以来，浸益贵盛，假貂珰之饰[⑧]，处常伯之任，天朝政事，一更其手；权倾海内，宠贵无极，子弟亲戚，并荷荣任，放滥骄溢，莫能禁御，穷破天下，空竭小民。愚臣以为可悉罢省，遵复往初，更选海内清淳之士明达国体者，以补其处，即兆庶黎萌[⑨]，蒙被圣化矣！"帝不纳。后穆因进见，复口陈曰："臣闻汉家旧典，置侍中、中常侍各一人，省尚书事；黄门侍郎一人，传发书奏；皆用姓族。自和熹太后以女主称制，不接公卿，乃以阉人为常侍，小黄门通命两宫。自此以来，权倾人主，穷困天下，宜皆罢遣，博选耆儒宿德，与参政事。"帝怒，不应。穆伏不肯起，左右传"出"！良久，乃趋而去。自此中官数因事称诏诋毁之。穆素刚，不得意，居无几，愤懑发疽卒[⑩]。

【注释】

①平陵：汉昭帝刘弗陵墓园。 ②畋（tián 甜）：打猎。 ③戢（jí 集）：止。 ④周景：字仲享。曾任河内太守，历官至太尉。 ⑤杨秉：杨震子，字叔节。曾任豫、荆、徐、兖四州刺史，历官至太尉。敢于直言，不为酒色财所惑。 ⑥司隶校尉：官名，负责三辅、三河、弘农等郡的劳役和治安。中二千石：官职品级的一种，一年可得二千石以上俸禄。中者，满也。城门校尉：掌管十二城门。五营校尉：掌管屯骑、越骑、步兵、长水、射声五营。北军中候：掌监五营。 ⑦凉州：治所在今甘肃张家川回族自治县。 ⑧貂：貂的尾巴，置于帽的右侧。珰：帽子上贵重的金制装饰品。 ⑨兆庶：兆民，百姓。黎萌：黎民。 ⑩懑（mèn 闷）：烦闷。

资治通鉴卷第五十五

汉纪四十七　起阏逢执徐，尽柔兆敦牂，凡三年。

孝桓皇帝中

延熹七年　春，二月，丙戌[①]，邟乡忠侯黄琼薨[②]。将葬，四方远近名士会者六七千人。

初，琼之教授于家，徐稚从之咨访大义[③]，及琼贵，稚绝不复交。至是，稚往吊之，进酹[④]，哀哭而去，人莫知者。诸名士推问丧宰，宰曰："先时有一书生来，衣粗薄而哭之哀，不记姓字。"众曰："必徐孺子也。"于是选能言者陈留茅容轻骑追之[⑤]，及于途。容为沽酒市肉，稚为饮食。容问国家之事，稚不答。更问稼穑之事，稚乃答之。容还，以语诸人，或曰："孔子云：'可与言而不与言，失人[⑥]。'然则孺子其失人乎？"太原郭泰曰："不然。孺子之为人，清洁高廉，饥不可得食，寒不可得衣，而为季

郭泰像

伟饮酒食肉，此为已知季伟之贤故也！所以不答国事者，是其智可及，其愚不可及也！”

泰博学，善谈论。初游雒阳，时人莫识，陈留符融一见嗟异，因以介于河南尹李膺[⑦]。膺与相见，曰：“吾见士多矣，未有如郭林宗者也。其聪识通朗，高雅密博，今之华夏，鲜见其俦。”遂与为友，于是名震京师。后归乡里，衣冠诸儒送至河上[⑧]，车数千两，膺唯与泰同舟而济，众宾望之，以为神仙焉。

泰性明知人，好奖训士类，周游郡国。茅容，年四十余，耕于野，与等辈避雨树下，众皆夷踞相对[⑨]，容独危坐愈恭，泰见而异之，因请寓宿。旦日，容杀鸡为馔[⑩]，泰谓为己设；容分半食母，余半庋置[⑪]，自以草蔬与客同饭。泰曰：“乡贤哉远矣！郭林宗犹减三牲之具以供宾旅[⑫]，而卿如此，乃我友也。”起，对之揖，劝令从学，卒为盛德。巨鹿孟敏[⑬]，客居太原，荷甑堕地[⑭]，不顾而去。泰见而问其意，对曰：“甑已破矣，视之何益！”泰以为有分决，与之言，知其德性，因劝令游学，遂知名当世。陈留申屠蟠，家贫，佣为漆工；鄢陵庾乘[⑮]，少给事县廷为门士；泰见而奇之，其后皆为名士。自余或出于屠沽、卒伍，因泰奖进成名者甚众。

陈国童子魏昭请于泰曰[⑯]：“经师易遇，人师难遭[⑰]，愿在左右，供给洒扫。”泰许之。泰尝不佳，命昭作粥，粥成，进泰，泰呵之曰：“为长者作粥，不加意敬，使不可食！”以杯掷地[⑱]。昭更为粥重进，泰复呵之。如此者三，昭姿容无变。泰乃曰：“吾始见子之面，而今而后，知卿心耳！”遂友而善之。

陈留左原，为郡学生，犯法见斥，泰遇诸路，为设酒肴以慰之。谓曰：“昔颜涿聚，梁甫之巨盗[⑲]，段干木，晋国之大驵[⑳]，卒为齐之忠臣，魏之名贤；蘧瑗、颜回尚不能无过[㉑]，况其余乎！慎勿恚恨[㉒]，责躬而已！”原纳其言而去。或有讥泰不绝恶人者，泰曰：“人而不仁，疾之已甚，乱也[㉓]。”原后忽更怀忿结客，欲报诸生。其日，泰在学，原愧负前言，因遂罢去。后事露，众人咸谢服焉。

或问范滂曰：“郭林宗何如人？”滂曰：“隐不违亲，贞不绝俗，天子不得臣，诸侯不得友，吾不知其他[㉔]。”

泰尝举有道[㉕]，不就，同郡宋冲素服其德，以为自汉元以来，未见其匹，尝劝之仕。泰曰："吾夜观乾象[26]，昼察人事，天之所废，不可支也，吾将优游卒岁而已[27]。"然犹周旋京师，诲诱不息。徐稚以书戒之曰："大木将颠，非一绳所维，何为栖栖不遑宁处！"泰感寤曰："谨拜斯言，以为师表。"

济阴黄允[28]，以隽才知名[29]，泰见而谓曰："卿高才绝人，足成伟器，年过四十，声名著矣。然至于此际，当深自匡持[30]，不然，将失之矣！"后司徒袁隗欲为从女求姻[31]，见允，叹曰："得婿如是，足矣。"允闻而黜遣其妻[32]。妻请大会宗亲为别，因于众中攘袂数允隐慝十五事而去[33]，允以此废于时。

初，允与汉中晋文经并恃其才智，曜名远近，征辟不就[34]。托言疗病京师，不通宾客，公卿大夫遣门生旦暮问疾，郎吏杂坐其门[35]，犹不得见；三公所辟召者，辄以询访之，随所臧否[36]，以为与夺。符融谓李膺曰："二子行业无闻，以豪桀自置，遂使公卿问疾，王臣坐门，融恐其小道破义，空誉违实，特宜察焉。"膺然之。二人自是名论渐衰，宾徒稍省，旬日之间，惭叹逃去，后并以罪废弃。

陈留仇香，至行纯嘿，乡党无知者。年四十，为蒲亭长[37]。民有陈元，独与母居，母诣香告元不孝，香惊曰："吾近日过元舍，庐落整顿，耕耘以时，此非恶人，当是教化未至耳。母守寡养孤，苦身投老，奈何以一旦之忿，弃历年之勤乎！且母养人遗孤，不能成济，若死者有知，百岁之后，当何以见亡者！"母涕泣而起。香乃亲到元家，为陈人伦孝行，譬以祸福之言，元感悟，卒为孝子。考城令河内王奂署香主簿[38]，谓之曰："闻在蒲亭，陈元不罚而化之，得无少鹰鹯之志邪[39]？"香曰："以为鹰鹯不若鸾凤，故不为也。"奂曰："枳棘之林非鸾凤所集[40]，百里非大贤之路。"乃以一月奉资香[41]，使入太学。郭泰、符融赍刺谒之[42]，因留宿；明旦，泰起，下床拜之曰："君，泰之师，非泰之友也。"香学毕归乡里，虽在宴居[43]，必正衣服，妻子事之若严君；妻子有过，免冠自责，妻子庭谢思过，香冠，妻子乃敢升堂，终不见其喜怒声色之异。不应征辟，卒于家。

【注释】

①丙戌：疑误。　②郝（káng 扛）乡：古地名，在今河南汝州市东。黄琼：黄香之子。官至太尉，卒年 79 岁。　③徐稚：字孺子。　④酹（lèi

类)：洒酒于地，表示祭奠。 ⑤陈留：汉郡之一，在今河南开封市一带。茅容：字季伟。 ⑥"可与"句：出自《论语·卫灵公》。 ⑦河南尹：东汉都城所在的地方行政长官。 ⑧衣冠：古代士以上戴冠，衣冠代指士绅。⑨夷踞：蹲在地上。 ⑩馔(zhuàn 转)：饮食。 ⑪庋(guǐ 轨)：搁。 ⑫三牲：牛、羊、豕。此为养亲之物。 ⑬巨鹿：汉郡之一，治所在今河北省宁晋县西南。 ⑭荷(hè 和)：扛。甑(zèng 赠)：古代蒸饭的一种瓦器。 ⑮鄢陵：鄢陵邑，治所在今河南鄢陵县西北。庾：音 yǔ(语)。 ⑯陈国：治所在今河南周口市淮阳区。国相当于郡。汉代郡国并置。 ⑰经师：学识渊博的人。人师：德行高尚的人。 ⑱杯：汉代的杯就是现在的碗。 ⑲颜涿聚：传说他本是梁甫的巨盗，后学于孔子，当上了齐国的大夫。梁甫：又作梁父，在今山东泰安市东南。 ⑳驵：马市的中间介绍人。 ㉑蘧(qú 渠)瑗：春秋末卫国大夫。他善于改过，与时无忤。颜回：孔子的得意门人。 ㉒恚(huì 会)：恨，怒。 ㉓"人而"句：出自《论语·八佾》。 ㉔"隐不"句：这是以介子推、柳下惠之类的人作为比喻。㉕有道：汉代选举的一项科目。 ㉖乾：天，与坤相对。㉗优游：《诗经·小雅·采菽》："优哉游哉，亦是戾矣。" ㉘济阴：汉郡之一，今山东菏泽市一带。 ㉙隽(jùn 俊)：才智过人。 ㉚匡持：检束。 ㉛隗：音 kuí(奎)。 ㉜"允闻"句：黄允欲废黜其妻而娶袁隗之女。 ㉝攘袂(mèi 妹)：卷起袖子。 ㉞征辟：朝廷根据德才授以官职。㉟郎吏：泛指朝廷官吏。 ㊱臧否(pǐ 匹)：好坏。 ㊲蒲亭长：相当于乡长，薄亭在陈留郡的考城县。 ㊳河内：汉郡之一，今河南北部。主簿：县府的属官。 ㊴鹯(zhān 粘)：传说中的一种猛禽。 ㊵枳(zhǐ 只)：落叶灌木，枝多硬刺。 ㊶奉：通俸。 ㊷刺：名片。 ㊸宴：安。

三月，癸亥[①]，陨石于鄠[②]。

夏，五月，己丑，京师雨雹。

荆州刺史度尚募诸蛮夷击艾县贼[③]，大破之，降者数万人。桂阳宿贼卜阳、潘鸿等逃入深山，尚穷追数百里，破其三屯，多获珍宝。阳、鸿党众犹盛，尚欲击之，而士卒骄富，莫有斗志。尚计缓之则不战，逼之必逃亡，乃宣言："卜阳、潘鸿作贼十年，习于攻守，今兵寡少，未易可进，当须诸郡所发悉至，乃并力攻之。"申令军中恣听射猎，兵士喜悦，大小皆出。尚乃密使所亲客潜焚其营，珍积皆尽；猎者来还，莫不泣涕。尚人人慰劳，深自咎责，因曰："卜阳等财宝足富数世，诸卿但不并力耳，所亡少少，何足介意！"众咸愤踊。尚敕令秣马蓐食[4]，明旦，径赴贼屯，阳、鸿等自以深固，不复设备，吏士乘锐，遂破平之。尚出兵三年，群寇悉定，封右乡侯。

冬，十月，壬寅[5]，帝南巡；庚申[6]，幸章陵[7]；戊辰，幸云梦，临汉水，还，幸新野[8]。时公卿、贵戚车骑万计，征求费役，不可胜极。护驾从事桂阳胡腾上言："天子无外，乘舆所幸，即为京师。臣请以荆州刺史比司隶校尉，臣自同都官从事。"帝从之。自是肃然，莫敢妄干扰郡县。帝在南阳，左右并通奸利，诏书多除人为郎，太尉杨秉上疏曰："太微积星[9]，名为郎位，入奉宿卫，出牧百姓，宜割不忍之恩，以断求欲之路。"于是诏除乃止。

护羌校尉段颎击当煎羌，破之。

十二月，辛丑，车驾还宫。

中常侍汝阳侯唐衡、武原侯徐璜皆卒。

初，侍中寇荣，恂之曾孙也，性矜洁，少所与，以此为权宠所疾。荣从兄子尚帝妹益阳长公主，帝又纳其从孙女于后宫。左右益忌之，遂共陷以罪，与宗族免归故郡[10]，吏承望风旨，持之浸急。荣恐不免，诣阙自讼。未至，刺史张敬追劾荣以擅去边，有诏捕之。荣逃窜数年，会赦，不得除，积穷困，乃自亡命中上书曰："陛下统天理物，作民父母，自生齿以上，咸蒙德泽；而臣兄弟独以无辜，为专权之臣所见批抵[11]，青蝇之人所共构会[12]，令陛下忽慈母之仁，发投杼之怒[13]。残谄之吏，张设机网，并驱争先，若赴仇敌，罚及死没，髡剔坟墓，欲使严朝必加滥罚；是以不敢触突天威而自窜山林，以俟陛下发神圣之听，启独睹之明，救可济之人，援没溺之命。不意滞怒不为春夏息，淹恚不为岁时怠[14]，遂驰使邮驿，布告远近，严文克剥，痛于霜雪，逐臣者穷人途，追臣者极车轨，虽楚购伍员，汉求季布[15]，无以过也。臣遇罚以来，三赦再赎，无验之罪，足以蠲除；而陛下疾臣愈深，有司咎臣甫力[16]，止则见扫灭，行则为亡虏，苟生则为穷人，极死则为冤鬼，天广而无以自覆，地厚而无以自载，蹈陆土而有沉沦之忧，远岩墙而有镇压之患。如臣犯元恶大憝[17]，足以陈原野，备刀锯，陛下当班布臣之所坐，以解众论之疑。臣思入国门，坐于肺石之上[18]，使三槐九棘平臣之罪[19]，而阊阖九重[20]，陷阱步设，举趾触罘罝[21]，动行絓罗网[22]，无缘至万乘之前，永无见信之期。悲夫，久生亦复何聊！盖忠臣杀身以解君怒，孝子殒命以宁亲怨，故大舜不避涂廪、浚井之难[23]，申生不辞姬氏谗邪之谤[24]，臣敢忘斯义，不自毙以解明朝之忿哉！乞以身塞责，愿陛下丐兄弟死命，使臣一门颇有遗类，以崇陛下宽饶之惠。先死陈情，临章泣血！"帝省章愈怒，遂诛荣，寇氏由是衰废。

【注释】

①癸亥：三月无此日，疑误。 ②鄠（hù 户）：县名，治今陕西西安市鄠邑区。 ③艾县：治今江西修水县。 ④秣（mò 末）：喂养。蓐（rù 入）：在寝蓐上吃饭。 ⑤壬寅：十一月无此日，疑误。 ⑥庚申：十一月无此日，疑误。 ⑦章陵：在今湖北枣阳市。刘秀的先人墓冢在此。 ⑧新野：县名，治今河南新野县。 ⑨太微：太微垣，星官名。又为星区，三垣中的上垣。 ⑩故郡：寇荣的故乡上谷，在今河北怀来县。 ⑪批抵：诋毁。 ⑫青蝇之人：典出《诗经·青蝇》，青蝇能混淆黑白。 ⑬投杼之怒：见三卷周赧王七年（前308）。 ⑭"滞怒"句：言怒恚积蓄，不因春秋、岁时而冲淡消散。 ⑮季布事：见十卷高祖五年（前202）。 ⑯甫：始。 ⑰憝（duì 兑）：怨恨。 ⑱肺石：古代宫廷之外有一块巨石，受冤者立石投诉，司法官记录并秉报上级处理。 ⑲三槐九棘：三公九卿，代指高级官吏。 ⑳阊阖：宫门。 ㉑罘罝（fújiē 浮阶）：兔网 ㉒絓（guà 挂）：牵阻。 ㉓"大舜"句：传闻舜不畏迫害，在盖茅屋和掘井时化险为夷。 ㉔"申生"句：晋献公时，骊姬加害于太子申生，申生自缢而死。

八年 春，正月，帝遣中常侍左悺之苦县祠老子[1]。

勃海王悝，素行险僻，多僭傲不法。北军中候陈留史弼上封事曰："臣闻帝王之于亲戚，爱虽隆必示之以威，体虽贵必禁之以度，如是，和睦之道兴，骨肉之恩遂矣。窃闻勃海王悝，外聚剽轻不逞之徒[2]，内荒酒乐，出入无常，所与群居，皆家之弃子，朝之斥臣，必有羊胜、伍被之变[3]。州司不敢弹纠，傅相不能匡辅，陛下隆于友于[4]，不忍遏绝，恐遂滋蔓，为害弥大。乞露臣奏，宣示百僚，平处其法。法决罪定，乃下不忍之诏；臣下固执，然后少有所许；

如是，则圣朝无伤亲之讥，勃海有享国之庆[5]；不然，惧大狱将兴矣。”上不听。悝果谋为不道，有司请废之，诏贬为廮陶王[6]，食一县。

丙申晦，日有食之。诏公、卿、校尉举贤良方正。

千秋万岁殿火。

中常侍侯览弟参为益州刺史，残暴贪婪，累臧亿计。太尉杨秉奏槛车征参，参于道自杀，阅其车重三百余两，皆金银锦帛。秉因奏曰：“臣案旧典，宦官本在给使省闼，司昏守夜；而今猥受过宠，执政操权，附会者因公褒举，违忤者求事中伤，居法王公，富拟国家，饮食极肴膳，仆妾盈纨素[7]。中常侍侯览弟参，贪残元恶，自取祸灭；览顾知衅重，必有自疑之意，臣愚以为不宜复见亲近。昔懿公刑邴歜之父，夺阎职之妻[8]，而使二人参乘，卒有竹中之难。览宜急屏斥，投畀有虎[9]，若斯之人，非恩所宥，请免官送归本郡。”书奏，尚书召对秉掾属，诘之曰：“设官分职，各有司存。三公统外，御史察内；今越奏近官，经典、汉制，何所依据？其开公具对！”秉使对曰：“《春秋传》曰：‘除君之恶，唯力是视。’邓通懈慢，申屠嘉召通诘责，文帝从而请之[10]。汉世故事，三公之职，无所不统。”尚书不能诘，帝不得已，竟免览官。司隶校尉韩缜因奏左悺罪恶，及其兄太仆南乡侯称请托州郡，聚敛为奸，宾客放纵，侵犯吏民。悺、称皆自杀。缜又奏中常侍具瑗兄沛相恭臧罪，征诣廷尉。瑗诣狱谢，上还东武侯印绶，诏贬为都乡侯。超及璜、衡袭封者，并降为乡侯，子弟分封者，悉夺爵土。刘普等贬为关内侯，尹勋等亦皆夺爵。

帝多内宠，宫女至五六千人，及驱役从使复兼倍于此[11]，而邓后恃尊骄忌，与帝所幸郭贵人更相谮诉。癸亥[12]，废皇后邓氏，送暴室[13]，以忧死。河南尹邓万世、虎贲中郎将邓会皆下狱诛。

护羌校尉段颎击罕姐羌，破之。

三月，辛巳，赦天下。

宛陵大姓羊元群罢北海郡，臧污狼籍；郡舍溷轩有奇巧[14]，亦载之以归。河南尹李膺表按其罪；元群行赂宦官，膺竟反坐。单超弟迁为山阳太守，以罪系狱，廷尉冯绲考致其死；中官相党，共飞章诬绲以罪。中常侍苏康、管霸，固天下良田美业，州郡不敢诘，大司农刘祐移书所在，依科品没入之；帝大怒，与膺、绲俱输作左校。

【注释】

①苦县：治今河南鹿邑县。 ②剽轻：剽悍轻捷。不逞：包藏祸心而不得逞者。 ③羊胜事：见十六卷景帝中元二年（前148）。伍被事：见十九卷武帝元狩元年（前122）。 ④友于："于"本作介词，后常与"友"连用，以称兄弟间的友爱。 ⑤勃海：治所在今河北南皮县。 ⑥廮（yǐng影）陶：县名，治所在今河北宁晋县。 ⑦纨（wán完）素：精致洁白的细绢。 ⑧邴歜（bǐngchù丙处）事：齐懿公未当国君时，与邴歜的父亲争田，不胜，等当了国君，邴歜的父亲已死，就挖出尸首，施以酷刑，强占了阎职的妻子。后来，邴歜和阎职联合杀了齐懿公。 ⑨畀（bì闭）：给与。 ⑩文帝事：见十五卷文帝后元二年（前162）。 ⑪驱役从使：在宫中从事杂役的人。 ⑫癸亥：此日待考。 ⑬暴室：在掖庭内，宫中妇人有疾病居此治疗。皇后或贵人有罪，亦就此室。 ⑭溷（hùn混）：肮脏。溷轩：厕所。

夏，四月，甲寅，安陵园寝火[①]。

丁巳，诏坏郡国诸淫祀，特留雒阳王涣、密县卓茂二祠。

五月，丙戌，太尉杨秉薨。秉为人，清白寡欲，尝称"我有三不惑：酒、色、财也"。

秉既没，所举贤良广陵刘瑜乃至京师上书言："中官不当比肩裂土，竞立胤嗣[②]，继体传爵。又，嬖女充积，冗食空宫，伤生费国。又，第舍增多，穷极奇巧，掘山攻石，促以严刑。州郡官府，各自考事，奸情赇赂[③]，皆为吏饵。民愁郁结，起入贼党，官辄兴兵诛讨其罪，贫困之民，或有卖其首级以要酬赏，父兄相代残身，妻孥相视分裂。又，陛下好微行近习之家，私幸宦者之舍，宾客市买，熏灼道路，因此暴纵，无所不容。惟陛下开广谏道，博观前古，远佞邪之人，放郑、卫之声[④]，则政致和平，德感祥风矣。"诏特召瑜问灾咎之征。执政者欲令瑜依违其辞，乃更策以他事，瑜复悉心对八千余言，有切于前，拜为议郎。

荆州兵朱盖等叛，与桂阳贼胡兰等复攻桂阳，太守任胤弃城走，贼众遂至数万。转攻零陵[5]，太守下邳陈球固守拒之。零陵下湿，编木为城，郡中惶恐。掾史白球遣家避难，球怒曰："太守分国虎符，受任一邦，岂顾妻孥而沮国威乎！复言者斩！"乃弦大木为弓，羽矛为矢，引机发之，多所杀伤。贼激流灌城，球辄于内因地势，反决水淹贼，相拒十余日不能下。时度尚征还京师，诏以尚为中郎将，率步骑二万余人救球，发诸郡兵并势讨击，大破之，斩兰等首三千余级，复以尚为荆州刺史。苍梧太守张叙为贼所执，及任胤皆征弃市。胡兰余党南走苍梧，交趾刺史张磐击破之，贼复还入荆州界。度尚惧为己负，乃伪上言苍梧贼入荆州界，于是征磐下廷尉。辞状未正，会赦见原，磐不肯出狱，方更牢持械节[6]。狱吏谓磐曰："天恩旷然，而君不出，可乎？"磐曰："磐备位方伯[7]，为尚所枉，受罪牢狱。夫事有虚实，法有是非，磐实不辜，赦无所除；如忍以苟免，永受侵辱之耻，生为恶吏，死为敝鬼。乞传尚诣廷尉，面对曲直，足明真伪。尚不征者，磐埋骨牢槛，终不虚出，望尘受枉！"廷尉以其状上，诏书征尚，到廷尉，辞穷，受罪，以先有功得原。

闰月，甲午，南宫朔平署火[8]。

段颎击破西羌，进兵穷追，展转山谷间，自春及秋，无日不战，虏遂败散，凡斩首二万三千级，获生口数万人，降者万余落。封颎都乡侯。

秋，七月，以太中大夫陈蕃为太尉[9]。蕃让于太常胡广、议郎王畅、弛刑徒李膺[10]，帝不许。

畅，龚之子也；尝为南阳太守，疾其多贵戚豪族，下车，奋厉威猛，大姓有犯，或使吏发屋伐树，堙井夷灶[11]。功曹张敞奏记谏曰："文翁、召父、卓茂之徒[12]，皆以温厚为政，流闻后世。发屋伐树，将为严烈，虽欲惩恶，难以闻远。郡为旧都，侯甸之国[13]，园庙出于章陵，三后生自新野[14]，自中兴以来，功臣将相，继世而隆。愚以为恳恳用刑，不如行恩；孳孳求奸，未若礼贤。舜举皋陶，不仁者远，化人在德，不在用刑。"畅深纳其言，更崇宽政，教化大行。

八月，戊辰，初令郡国有田者亩敛税钱。

九月，丁未，京师地震。

冬，十月，司空周景免；以太常刘茂为司空。茂，恺之子也。

郎中窦武，融之玄孙也，有女为贵人。采女田圣有宠于帝[15]，帝将立之为后。司隶校尉应奉上书曰："母后之重，兴废所因；汉立飞燕[16]，胤祀泯绝。宜思《关雎》之所求[17]，远五禁之所忌[18]。"太尉陈蕃亦以田氏卑微，窦族良家，争之甚固。帝不得已，辛巳，立窦贵人为皇后，拜武为特进、城门校尉，封槐里侯。

十一月，壬子，黄门北寺火[19]。

陈蕃数言李膺、冯绲、刘祐之枉，请加原宥，升之爵任，言及反覆，诚辞恳切，以至流涕；帝不听。应奉上疏曰："夫忠贤武将，国之心膂[20]。窃见左校弛刑徒冯绲、刘祐、李膺等，诛举邪臣，肆之以法；陛下既不听察，而猥受谮诉，遂令忠臣同愆元恶[21]，自春迄冬，不蒙降恕，遐迩观听，为之叹息。夫立政之要，记功忘失，是以武帝舍安国于徒中[22]，宣帝征张敞于亡命[23]。绲前讨蛮荆，均吉甫之功[24]；祐数临督司，有不吐茹之节[25]；膺著威幽、并，遗爱度辽[26]。今三垂蠢动，王旅未振，乞原膺等，以备不虞。"书奏，乃悉免其刑。久之，李膺复拜司隶校尉。时小黄门张让弟朔为野王令[27]，贪残无道，畏膺威严，逃还京师，匿于兄家合柱中[28]。膺知其状，率吏卒破柱取朔，付雒阳狱，受辞毕，即杀之。让诉冤于帝，帝召膺，诘以不先请便加诛之意。对曰："昔仲尼为鲁司寇，七日而诛少正卯。今臣到官已积一旬，私惧以稽留为愆，不意获速疾之罪。诚自知衅责，死不旋踵，特乞留五日，克殄元恶，退就鼎镬[29]，始生之愿也。"帝无复言，顾谓让曰："此汝弟之罪，司隶何愆！"乃遣出。自此诸黄门、常侍皆鞠躬屏气，休沐不敢出宫省。帝怪问其故，并叩头泣曰："畏李校尉。"时朝廷日乱，纲纪颓阤，而膺独持风裁，以声名自高，士有被其容接者，名为登龙门云[30]。

征东海相刘宽为尚书令[31]。宽，崎之子也，历典三郡，温仁多恕，虽在仓卒，未尝疾言遽色。吏民有过，但用蒲鞭罚之，示辱而已，终不加苦。每见父老，慰以农里之言，少年，勉以孝悌之训，人皆悦而化之。

【注释】

①安陵:汉惠帝陵。 ②胤(yìn 印):后代。 ③赇(qiú 求):贿赂。④郑、卫之声:儒家认为郑卫之声是淫荡之声。 ⑤零陵:县名,治今湖南永州市。 ⑥牢:作为动词,加牢固。械节:刑具的接扣处。 ⑦方伯:古者设八州八伯。方伯仍一方之要员。 ⑧朔平署:掌管宫廷北门的警卫机构。 ⑨陈蕃:字仲举。举孝廉,为乐安太守,累拜太尉。桓帝死后,与窦武共参朝政,因谋诛宦官未遂,被害。 ⑩王畅:字叔茂。由陈蕃举荐,任南阳太守,有政绩,征为长乐卫尉,迁司空。 ⑪堙(yīn 殷):堵塞。 ⑫文翁:西汉汉景帝时的蜀郡郡守。召父:西周召公姬奭。卓茂:字子康,元帝时官吏,颇有政绩。东汉初年拜为太傅。 ⑬侯甸之国:古代以京城千里之内为甸服,又其外五百里为侯服。 ⑭三后:光烈皇后、和帝阴后、邓后。 ⑮采女:妃嫔的第二级。 ⑯飞燕事:见三十三卷哀帝建平元年(前6)。 ⑰《关雎》:《诗经》篇目,有"窈窕淑女,君子好逑"语。 ⑱五禁:据《韩诗外传》有五种女子不可娶,分别是母亲早死的、家有遗传恶疾的、家里有人受过刑罚的、乱家的、叛逆之家的。⑲黄门北寺:禁宫侍从署所辖北寺监狱。 ⑳膂(lǚ 旅):脊骨。 ㉑愆(qiān 千):罪过。 ㉒武帝事:有误,应为景帝事。当时,韩安国为梁大夫,坐法抵罪,后来,景帝从囚徒中启用韩安国为内史。 ㉓张敞事:见二十七卷宣帝甘露元年(前53)。 ㉔吉甫:周朝大臣尹吉甫,曾讨伐猃狁。 ㉕吐茹:典出《诗经·大雅·烝民》:"柔则茹之,刚则吐之。"原意为"软的东西他吞下,硬的东西他就吐出"。茹(rú 如),吃。 ㉖度辽:李膺曾任度辽将军,在北疆有威望。 ㉗野王:县名,治今河南沁阳市。㉘合柱:夹墙夹板之中。 ㉙镬(huò 获):用于酷刑的大锅。 ㉚龙门:在山西河津市西北,河床落差形成大瀑布,鱼虾齐集瀑下,欲跳至瀑上。 ㉛东海:侯国名,治所在今山东郯城县。

九年 春,正月,辛卯朔,日有食之。诏公卿、郡国举至孝。太常赵典所举荀爽对策曰:"昔者圣人建天地之中而谓之礼[①],众礼之中,昏礼为首。阳性纯而能施,阴体顺而能化,以礼济乐,节宣其气,故能丰子孙之祥,致老寿之福。及三代之季,淫而无节,阳竭于上,阴隔于下,故周公之戒曰:'时亦罔或克寿[②]。'《传》曰:'截趾适履,孰云其愚,何与斯人,追欲丧躯。'诚可痛也。臣窃闻后宫采女五六千人，从官、侍使复在其外[3]，空赋不辜之民，以供无用之女，百姓穷困于外，阴阳隔塞于内，故感动和气，灾异屡臻。臣愚以为诸未幸御者，一皆遣出，使成妃合[4]，此诚国家之大福也。”诏拜郎中。

司隶、豫州饥，死者什四五，至有灭户者。

诏征张奂为大司农，复以皇甫规代为度辽将军。规自以为连在大位，欲求退避，数上病，不见听。会友人丧至，规越界迎之，因令客密告并州刺史胡芳，言规擅远军营，当急举奏。芳曰：“威明欲避第仕途[5]，故激发我耳。吾当为朝廷爱才，何能申此子计邪！”遂无所问。

夏，四月，济阴、东郡、济北、平原河水清。

司徒许栩免；五月，以太常胡广为司徒。

庚午[6]，上亲祠老子于濯龙宫，以文罽为坛饰[7]，淳金钔器，设华盖之坐，用郊天乐。

鲜卑闻张奂去，招结南匈奴及乌桓同叛。六月，南匈奴、乌桓、鲜卑数道入塞，寇掠缘边九郡。秋，七月，鲜卑复入塞，诱引东羌与共盟诅。于是上郡沈氐、安定先零诸种共寇武威、张掖，缘边大被其毒。诏复以张奂为护匈奴中郎将，以九卿秩督幽、并、凉三州及度辽、乌桓二营，兼察刺史、二千石能否。

【注释】

①中：准则。 ②“时亦”句：出自《尚书·无逸》。 ③从官：有爵秩的侍从官。侍使：无爵秩的侍从官，主要为后妃、贵人服务。 ④妃：通“配”。 ⑤威明：皇甫规字。规有兵略，延熹中以降服羌人功拜度辽将军，及党事起，乃自上言宜坐，朝廷不问。历任尚书、弘农太守、护羌校尉。 ⑥庚午：五月无此日，疑误。 ⑦文罽（jì 寄）：用毛做成的毡子。

初，帝为蠡吾侯[1]，受学于甘陵周福[2]，及即位，擢福为尚书。时同郡河南尹房植有名当朝，乡人为之谣曰：“天下规矩，房伯武[3]；因师获印，周仲进[4]。”二家宾客，互相讥揣，遂各树朋徒，渐成尤隙。由是甘陵有南北部，党人之议自此始矣。

汝南太守宗资以范滂为功曹[5]，南阳太守成瑨以岑晊为功曹，皆委心听任，使之褒善纠违，肃清朝府[6]。滂尤刚劲，疾恶如仇。滂甥李颂，素无行，中常侍唐衡以属资，资用为吏；滂寝而不召。资迁怒，捶书佐朱零[7]，零仰曰："范滂清裁，今日宁受笞而死，滂不可违。"资乃止。郡中中人以下，莫不怨之。于是二郡为谣曰："汝南太守范孟博[8]，南阳宗资主画诺；南阳太守岑公孝[9]，弘农成瑨但坐啸。"

太学诸生三万余人，郭泰及颍川贾彪为其冠[10]，与李膺、陈蕃、王畅更相褒重。学中语曰："天下模楷，李元礼[11]；不畏强御，陈仲举[12]；天下俊秀，王叔茂[13]。"于是中外承风，竞以臧否相尚，自公卿以下，莫不畏其贬议，屣履到门。

宛有富贾张泛者[14]，与后宫有亲，又善雕镂玩好之物，颇以赂遗中宫，以此得显位，用势纵横。岑晊与贼曹史张牧劝成瑨收捕泛等[15]；既而遇赦，瑨竟诛之，并收其宗族宾客，杀二百余人，后乃奏闻。小黄门晋阳赵津[16]，贪暴放恣，为一县巨患。太原太守平原刘瓆使郡吏王允讨捕[17]，亦于赦后杀人。于是中常侍侯览使张泛妻上书讼冤，宦官因缘谮诉瑨、瓆。帝大怒，征瑨、瓆，皆下狱。有司承旨，奏瑨、瓆罪当弃市。

山阳太守翟超以郡人张俭为东部督邮[18]。侯览家在防东[19]，残暴百姓；览丧母还家，大起茔冢[20]。俭举奏览罪，而览伺候遮截，章竟不上。俭遂破览冢宅，藉没资财，具奏其状，复不得御。徐璜兄子宣为下邳令，暴虐尤甚。尝求故汝南太守李暠女不能得，遂将吏卒至暠家，载其女归，戏射杀之。东海相汝南黄浮闻之[21]，收宣家属，无少长，悉考之。掾史以下固争[22]，浮曰："徐宣国贼，今日杀之，明日坐死，足以瞑目矣！"即案宣罪弃市，暴其尸。于是宦官诉冤于帝，帝大怒，超、浮并坐髡钳[23]，输作左校。

【注释】

①蠡（lí梨）吾：侯国，治所在今河北博野县西南。汉桓帝以蠡吾侯即帝位。　②甘陵：县名。治所在今山东临清市东北。　③伯武：房植的字。　④仲进：周福的字。　⑤功曹：郡府职掌人事的属官。　⑥朝府：郡县政府机构。　⑦书佐：掌管文书的小吏。　⑧孟博：范滂的字。⑨公孝：岑晊的字。　⑩颍川：汉郡之一，在今河南许昌市一带。　⑪元

礼：李膺的字。⑫仲举：陈番的字。⑬叔茂：王畅的字。⑭宛：治所在今河南南阳市。⑮贼曹史：主管盗贼事务的官吏。⑯晋阳：治所在今山西太原市西南。⑰平原：治所在今山东平原县西南。⑱山阳：郡名，治所在今山东金乡县西北。督邮：为郡守佐吏，掌督察纠举所领县违法之事。⑲防东：汉代山阳郡的一个县，治所在今山东单县东北。⑳茔（yíng 迎）：坟墓。㉑东海：汉郡之一，治所在今山东郯城县北。㉒掾（yuàn 院）史：分曹治事的属吏。㉓髡（kūn 昆）钳：一种剃去头发的刑罚。

太尉陈蕃、司空刘茂共谏，请瑨、瓆、超、浮等罪，帝不悦。有司劾奏之，茂不敢复言。蕃乃独上疏曰："今寇贼在外，四支之疾；内政不理，心腹之患。臣寝不能寐，食不能饱，实忧左右日亲，忠言日疏，内患渐积，外难方深。陛下超从列侯[①]，继承天位，小家畜产百万之资，子孙尚耻愧失其先业，况乃产兼天下，受之先帝，而欲懈怠以自轻忽乎！诚不爱己，不当念先帝得之勤苦邪！前梁氏五侯[②]，毒遍海内，天启圣意，收而戮之。天下之议，冀当小平；明鉴未远，覆车如昨，而近习之权，复相扇结。小黄门赵津、大猾张泛等，肆行贪虐，奸媚左右。前太原太守刘瓆、南阳太守成瑨纠而戮之，虽言赦后不当诛杀，原其诚心，在乎去恶，至于陛下，有何悁悁[③]！而小人道长，荧惑圣听，遂使天威为之发怒，必加刑谴，已为过甚，况乃重罚令伏欧刀乎[④]！又，前山阳太守翟超、东海相黄浮，奉公不桡，疾恶如仇，超没侯览财物，浮诛徐宣之罪，并蒙刑坐，不逢赦恕。览之从横，没财已幸；宣犯衅过，死有余辜。昔丞相申屠嘉召责邓通[⑤]，雒阳令董宣折辱公主[⑥]，而文帝从而请之，光武加以重赏，未闻二臣有专命之诛。而今左右群竖，恶伤党类，妄相交构，致此刑谴，闻臣是言，当复啼诉。陛下深宜割塞近习与政之源，引纳尚书朝省之士，简练清高，斥黜佞邪。如是天和于上，地洽于下，休祯符瑞，岂远乎哉！"帝不纳。宦官由此疾蕃弥甚，选举奏议，辄以中诏谴却，长史以下多至抵罪，犹以蕃名臣，不敢加害。

平原襄楷诣阙上疏曰[⑦]："臣闻皇天不言，以文象设教。臣窃见太微，天廷五帝之坐，而金、火罚星扬光其中[⑧]，于占，天子凶；又俱入房、心[9]，法无继嗣。前年冬大寒，杀鸟兽，害鱼鳖，城傍竹柏之叶有伤枯者。臣闻于师曰：‘柏伤竹枯，不出二年，天子当之。’今自春夏以来，连有霜雹及大雨雷电，臣作威作福，刑罚急刻之所感也。太原太守刘瓆，南阳太守成瑨，志除奸邪，其所诛翦，皆合人望。而陛下受阉竖之谮，乃远加考逮，三公上书乞哀瓆等，不见采察而严被谴让，忧国之臣，将遂杜口矣。臣闻杀无罪，诛贤者，祸及三世。自陛下即位以来，频行诛罚，梁、寇、孙、邓并见族灭[10]，其从坐者又非其数。李云上书，明主所不当讳；杜众乞死[11]，谅以感悟圣朝；曾无赦宥而并被残戮，天下之人咸知其冤，汉兴以来，未有拒谏诛贤，用刑太深如今者也！昔文王一妻，诞致十子[12]；今宫女数千，未闻庆育，宜修德省刑以广《螽斯》之祚[13]。按春秋以来，及古帝王，未有河清。臣以为河者，诸侯位也。清者，属阳；浊者，属阴。河当浊而反清者，阴欲为阳，诸侯欲为帝也。京房《易传》曰：‘河水清，天下平。’今天垂异，地吐妖，人疠疫，三者并时而有河清，犹春秋麟不当见而见，孔子书之以为异也。愿赐清闲，极尽所言。”书奏，不省。

十余日，复上书曰：“臣闻殷纣好色，妲己是出；叶公好龙，真龙游廷。今黄门、常侍，天刑之人，陛下爱待，兼倍常宠，系嗣未兆，岂不为此！又闻宫中立黄、老、浮屠之祠[14]，此道清虚，贵尚无为，好生恶杀，省欲去奢。今陛下耆欲不去，杀罚过理，既乖其道，岂获其祚哉！浮屠不三宿桑下，不欲久生恩爱，精之至也；其守一如此，乃能成道。今陛下淫女艳妇，极天下之丽，甘肥饮美，单天下之味[15]，奈何欲如黄、老乎！”书上，即召入，诏尚书问状。楷言：“古者本无宦臣，武帝末数游后宫，始置之耳。”尚书承旨，奏：“楷不正辞理，而违背经艺，假借星宿，造合私意，诬上罔事，请下司隶正楷罪法，收送雒阳狱。”帝以楷言虽激切，然皆天文恒象之数，故不诛；犹司寇论刑。自永平以来，臣民虽有习浮屠术者，而天子未之好；至帝，始笃好之，常躬自祷祠，由是其法浸盛，故楷言及之。

【注释】

①列侯：言桓帝以蠡吾侯即位。 ②梁氏五侯：梁胤、梁让、梁淑、梁忠、梁戟。见《后汉书·梁冀传》。 ③悁悁：恚忿之情。 ④欧刀：刑

刀。　⑤申屠嘉事：见十四卷文帝后二年（前162）。　⑥董宣事：见本书卷第四十三所记光武建武十九年。　⑦平原：郡名，治今山东平原县。⑧“太微”句：古人认为太微垣是天子之庭、五帝之坐。太白星是金星，荧惑星是火星。如果民间有违逆夏、秋节令，金星、火星则各有显示。⑨房：星名。古人认为房四星为明堂，天子布政之宫。心：星名。古人认为心三星为天子正位，中星为明堂，前星为太子，后星为庶子。　⑩族灭事：分别为梁冀、寇荣、孙寿、邓万世等族被诛。　⑪杜众事：见上卷二年（156）。　⑫十子：传闻周文王正妃太姒生有十个儿子。　⑬螽（zhōng中）斯：一种昆虫。《诗经》有《螽斯》篇，以螽斯喻繁衍。　⑭浮屠：即佛陀。　⑮单：同“殚”。

符节令汝南蔡衍、议郎刘瑜表救成瑨、刘瓆[①]，言甚切厉，亦坐免官。瑨、瓆竟死狱中。瑨、瓆素刚直，有经术，知名当时，故天下惜之。岑晊、张牧逃窜获免。

晊之亡也，亲友竞匿之；贾彪独闭门不纳[②]，时人望之。彪曰：“《传》言‘相时而动，无累后人[③]’。公孝以要君致衅，自遗其咎，吾已不能奋戈相待，反可容隐之乎！”于是咸服其裁正。彪尝为新息长，小民困贫，多不养子；彪严为其制，与杀人同罪。城南有盗劫害人者，北有妇人杀子者，彪出按验，掾吏欲引南；彪怒曰：“贼寇害人，此则常理；母子相残，逆天违道！”遂驱车北行，按致其罪。城南贼闻之，亦面缚自首。数年间，人养子者以千数。曰：“此贾父所生也。”皆名之为贾。

河南张成，善风角[④]，推占当赦，教子杀人。司隶李膺督促收捕，既而逢宥获免；膺愈怀愤疾，竟按杀之。成素以方伎交通宦官，帝亦颇讯其占；宦官教成弟子牢修上书，告“膺等养太学游士，交结诸郡生徒，更相驱驰，共为部党，诽讪朝廷[⑤]，疑乱风俗”。于是天子震怒，班下郡国，逮捕党人，布告天下，使同忿疾。案经三府，太尉陈蕃却之曰：“今所按者，皆海内人誉，忧国忠公之臣，此等犹将十世宥也[⑥]，岂有罪名不章而致收掠者乎！”不肯平署。帝愈怒，遂下膺等于黄门北寺狱，其辞所连及，太仆颍川杜密、御史中丞陈翔及陈寔、范滂之徒二百余人。或逃遁不获，皆悬金购募，使者四出相望。陈寔曰："吾不就狱，众无所恃。"乃自往请囚。范滂至狱，狱吏谓曰："凡坐系者，皆祭皋陶[7]。"滂曰："皋陶，古之直臣，知滂无罪，将理之于帝；如其有罪，祭之何益！"众人由此亦止。陈蕃复上书极谏；帝讳其言切，托以蕃辟召非其人，策免之。

时党人狱所染逮者，皆天下名贤，度辽将军皇甫规，自以西州豪桀，耻不得与，乃自上言："臣前荐故大司农张奂[8]，是附党也。又，臣昔论输左校时，太学生张凤等上书讼臣，是为党人所附也，臣宜坐之。"朝廷知而不问。

杜密素与李膺名行相次[9]，时人谓之李、杜，故同时被系。密尝为北海相，行春，到高密，见郑玄为乡啬夫[10]，知其异器，即召署郡职，遂遣就学，卒成大儒。后密去官还家，每谒守令，多所陈托。同郡刘胜，亦自蜀郡告归乡里，闭门扫轨，无所干及。太守王昱谓密曰："刘季陵清高士，公卿多举之者。"密知昱以激己，对曰："刘胜位为大夫，见礼上宾，而知善不荐，闻恶无言，隐情惜己，自同寒蝉[11]，此罪人也。今志义力行之贤而密达之，违道失节之士而密纠之，使明府赏刑得中，令问休扬，不亦万分之一乎！"昱惭服，待之弥厚。

九月，以光禄勋周景为太尉。

郑玄像

司空刘茂免；冬，十二月，以光禄勋汝南宣酆为司空。

以越骑校尉窦武为城门校尉。武在位，多辟名士，清身疾恶，礼赂不通；妻子衣食裁充足而已，得两宫赏赐[12]，悉散与太学诸生及丐施贫民。由是众誉归之。

匈奴乌桓闻张奂至，皆相率还降，凡二十万口；奂但诛其首恶，余皆慰纳之，唯鲜卑出塞去。朝廷患檀石槐不能制，遣使持印绶封为王，欲与和亲。檀石槐不肯受，而寇抄滋甚；自分其地为三部：从右北平以东至辽东[13]，接夫馀、涉貊二十余邑，为东部；从右北平以西，至上谷十余邑[14]，为中部；从上谷以西至敦煌、乌孙二十余邑，为西部：各置大人领之。

【注释】

①符节令：掌管印信的官吏，属少府。 ②贾彪：名士。字伟节，颍川定陵（今河南舞阳县东北）人。举孝廉，补新息长。与党人结交，评议朝政，禁锢于家。 ③《传》言：出自《左传·隐公十一年》。 ④风角：谓候四方四隅之风，以占吉凶。 ⑤讪（shàn 扇）：讥。 ⑥宥（yòu 幼）：饶恕。 ⑦皋陶：上古东夷部族首领，曾任刑狱之官。 ⑧荐张奂事：见上卷六年。 ⑨杜密：字周甫，颍川阳城（今河南登封市东南）人。历任代郡太守，太山太守、北海相、尚书令、河南尹、太仆，后因党锢之祸而自杀。 ⑩郑玄（127—200）：经学家，字康成，北海高密（今山东高密市西南）人。他博通经学，以古文经说为主，兼采今文经学，是汉代经学的集大成者。在党锢之祸中，他与同郡孙嵩等人被禁。 ⑪寒蝉：喻寂寞。 ⑫两宫：谓天子和皇后。 ⑬右北平：郡名。治所在今河北唐山市丰润区。辽东：郡名。治所在今辽宁辽阳市。 ⑭上谷：郡名，治所在今河北怀来县。

资治通鉴卷第五十六

汉纪四十八　起强圉协洽，尽重光大渊献，凡五年。

孝桓皇帝下

永康元年　春，正月，东羌先零围祋祤[①]，掠云阳[②]，当煎诸种复反。段颎击之于鸾鸟[③]，大破之，西羌遂定。

夫馀王夫台寇玄菟[④]；玄菟太守公孙域击破之。

夏，四月，先零羌寇三辅，攻没两营[⑤]，杀千余人。

五月，壬子晦，日有食之。

陈蕃既免，朝臣震栗，莫敢复为党人言者。贾彪曰："吾不西行[⑥]，大祸不解。"乃入雒阳，说城门校尉窦武[⑦]、尚书魏郡霍谞等，使讼之。武上疏曰："陛下即位以来，未闻善政，常侍、黄门，竞行谲诈[⑧]，妄爵非人。伏寻西京，佞臣执政，终丧天下。今不虑前事之失，复循覆车之轨，臣恐二世之难，必将复及，赵高之变，不朝则夕。近者奸臣牢修造设党议，遂收前司隶校尉李膺等逮考，连及数百人，旷年拘录，事无效验。臣惟膺等建忠抗节，志经王室，此诚陛下稷、契、伊、吕之佐；而虚为奸臣贼子之所诬枉，天下寒心，海内失望。惟陛下留神澄省，时见理出，以厌神鬼喁喁之心[⑨]。今台阁近臣，尚书朱寓、荀绲、刘祐、魏朗、刘矩、尹勋等，皆国之贞士，朝之良佐；尚书郎张陵、妫皓、苑康、杨乔、边韶、戴恢等，文质彬彬，明达国典，内外之职，群才并列。而陛下委任近习，专树饕餮，外典州郡，内干心膂，宜以次贬黜，案罪纠罚；信任忠良，平决臧否，使邪正毁誉，各得其所，宝爱天官，唯善是授，如此，咎征可消，天应可待。间者有嘉禾、芝草、黄龙之见。夫瑞生必于嘉士，福至实由善人，在德为瑞，无德为灾。陛下所行不合天意，不宜称庆。”书奏，因以病上还城门校尉、槐里侯印绶。霍谞亦为表请。帝意稍解，因中常侍王甫就狱讯党人范滂等，皆三木囊头[⑩]，暴于阶下，甫以次辩诘曰：“卿等更相拔举，迭为唇齿，其意如何？”滂曰：“仲尼之言：‘见善如不及，见恶如探汤[⑪]。’滂欲使善善同其清，恶恶同其污，谓王政之所愿闻，不悟更以为党。古之修善，自求多福，今之修善，身陷大戮。身死之日，愿埋滂于首阳山侧[⑫]，上不负皇天，下不愧夷、齐。”甫愍然为之改容，乃得并解桎梏。李膺等又多引宦官子弟，宦官惧，请帝以天时宜赦。六月，庚申，赦天下，改元；党人二百余人皆归田里，书名三府，禁锢终身。

【注释】

①祋栩（duì xǔ 对许）：县名。治所在今陕西铜川市耀州区东。②云阳：县名。治所在今陕西淳化县西北。③鸾鸟：在今甘肃武威市南。④玄菟：郡名。治所在今辽宁沈阳市。⑤两营：京兆虎牙营、扶风雍营。⑥西行：自颍川至洛阳为西行。⑦窦武：字游平，扶风平陵（今陕西咸阳市西北）人。长女为桓帝皇后，他被封为槐里侯，任城门校尉。桓帝死后，他迎立灵帝，任大将军。因谋诛宦官未遂，自杀。⑧谲（jué 绝）：欺诈。⑨喁喁：众人景仰归向。⑩三木囊头：头、手、足都有木枷，又以物覆盖其头。⑪“见善”句：出自《论语·季氏》。⑫首阳山：在洛阳东北。古代的贤臣伯夷和叔齐不食周粟饿死于首阳山。

范滂往候霍谞而不谢[①]。或让之，滂曰：“昔叔向不见祁奚[②]，吾何谢焉！”滂南归汝南，南阳士大夫迎之者，车数千两，乡人殷陶、黄穆侍卫于旁，应对宾客。滂曰陶等曰：“今子相随，是重吾祸也！”遂遁还乡里。

初，诏书下举钩党，郡国所奏相连及者，多至百数，唯平原相史弼独无所上。诏书前后迫切州郡，髡笞掾史。从事坐传舍责曰：“诏书疾恶党人，旨意恳恻。青州六郡，其五有党，平原何治而得独无？”弼曰：“先王疆理天下，画界分境，水土异齐，风俗不同。

他郡自有，平原自无，胡可相比！若承望上司，诬陷良善，淫刑滥罚，以逞非理，则平原之人，户可为党。相有死而已，所不能也！”从事大怒，即收郡僚职送狱，遂奉奏弼。会党禁中解，弼以俸赎罪。所脱者甚众。

窦武所荐：朱寓，沛人[③]；苑康，勃海人；杨乔，会稽人；边韶，陈留人。乔容仪伟丽，数上言政事，帝爱其才貌，欲妻以公主，乔固辞，不听，遂闭口不食，七日而死。

秋，八月，巴郡言黄龙见。初，郡人欲就池浴，见池水浊，因戏相恐，“此中有黄龙”，语遂行民间，太守欲以为美，故上之。郡吏傅坚谏曰：“此走卒戏语耳。”太守不听。

六月，大水，勃海溢。

冬，十月，先零羌寇三辅，张奂遣司马尹端、董卓拒击，大破之，斩其酋豪，首虏万余人，三州清定[④]。奂论功当封，以不事宦官故不果封，唯赐钱二十万，除家一人为郎。奂辞不受，请徙属弘农[⑤]。旧制，边人不得内徙，诏以奂有功，特许之。拜董卓为郎中。卓[⑥]，陇西人，性粗猛有谋，羌胡畏之。

十二月，壬申，复瘿陶王悝为勃海王。

丁丑，帝崩于德阳前殿。戊寅，尊皇后曰皇太后。太后临朝。初，窦后既立，御见甚稀，唯采女田圣等有宠。后素忌忍，帝梓宫尚在前殿，遂杀田圣。城门校尉窦武议立嗣，召侍御史河间刘鯈，问以国中宗室之贤者，鯈称解渎亭侯宏[⑦]。宏者，河间孝王之曾孙也，祖淑，父苌，世封解渎亭侯。武乃入白太后，定策禁中，以鯈守光禄大夫，与中常侍曹节并持节将中黄门、虎贲、羽林千人，奉迎宏，时年十二。

【注释】

①霍谞：字叔智。举孝廉，稍迁金城太守，历官至太尉。　②“叔向”句：春秋时，晋范宣子囚叔向，祁奚请而免之，不见叔向而归，叔向亦不告免焉而朝。　③沛：侯国名。治今安徽濉溪县东。　④三州：指幽、并、凉三州。　⑤弘农：郡名，治所在今河南灵宝市。　⑥卓：董卓，字仲颖，陇西临洮（今甘肃岷县）人。性刚猛。灵帝时专断朝政，自为太师。初平三年(192)为王允、吕布所杀。　⑦解渎亭：在河北安国市东北。

孝灵皇帝上之上[1]

建宁元年 春,正月,壬午。以城门校尉窦武为大将军。前太尉陈蕃为太傅,与武及司徒胡广参录尚书事。

时新遭大丧,国嗣未立,诸尚书畏惧,多托病不朝。陈蕃移书责之曰:“古人立节,事亡如存。今帝祚未立,政事日蹙[2],诸君奈何委荼蓼之苦[3],息偃在床,于义安乎!”诸尚书惶怖,皆起视事。

己亥,解渎亭侯至夏门亭,使窦武持节,以王青盖车迎入殿中;庚子,即皇帝位,改元。

二月,辛酉,葬孝桓皇帝于宣陵[4],庙曰威宗。

辛未,赦天下。

初,护羌校尉段颎既定西羌,而东羌先零等种犹未服,度辽将军皇甫规、中郎将张奂招之连年,既降又叛。桓帝诏问颎曰:“先零东羌造恶反逆,而皇甫规、张奂各拥强众,不时辑定,欲令颎移兵东讨,未识其宜,可参思术略。”颎上言曰:“臣伏见先零东羌虽数叛逆,而降于皇甫规者,已二万许落;善恶既分,余寇无几。今张奂踌躇久不进者,当虑外离内合,兵往必惊。且自冬践春,屯结不散,人畜疲羸[5],有自亡之势,欲更招降,坐制强敌耳。臣以为狼子野心,难以恩纳,势穷虽服,兵去复动;唯当长矛挟胁,白刃加颈耳!计东种所余三万余落,近居塞内,路无险折,非有燕、齐、秦、赵从横之势,而久乱并、凉,累侵三辅,西河、上郡,已各内徙,安定、北地,复至单危;自云中、五原,西至汉阳二千余里,匈奴、诸羌,并擅其地,是为痈疽伏疾,留滞胁下,如不加诛,转就滋大。若以骑五千、步万人、车三千两,三冬二夏,足以破定,无虑用费为钱五十四亿[6],如此,则可令群羌破尽,匈奴长服,内徙郡县,得反本土。伏计永初中,诸羌反叛[7],十有四年,用二百四十亿;永和之末,复经七年,用八十余亿[8]。费耗若此,犹不诛尽,余孽复起,于兹作害。今不暂疲民,则永宁无期。臣庶竭驽劣,伏待节度。”帝许之,悉听如所上。颎于是将兵万余人,赍十五日粮,从彭阳直指高平[9]，与先零诸羌战于逢义山。虏兵盛，颎众皆恐。颎乃令军中长镞利刃，长矛三重，挟以强弩，列轻骑为左右翼，谓将士曰："今去家数千里，进则事成，走必尽死。努力共功名！"因大呼，众皆应声腾赴，驰骑于傍，突而击之，虏众大溃，斩首八千余级。太后赐诏书褒美曰："须东羌尽定，当并录功勤；今且赐颎钱二十万，以家一人为郎中。"敕中藏府调金钱[10]、彩物增助军费，拜颎破羌将军。

闰月，甲午[11]，追尊皇祖为孝元皇[12]，夫人夏氏为孝元后，考为孝仁皇，尊帝母董氏为慎园贵人。

夏，四月，戊辰，太尉周景薨，司空宣酆免；以长乐卫尉王畅为司空。

五月，丁未朔，日有食之。

以太中大夫刘矩为太尉。

六月，京师大水。

【注释】

①汉灵帝(156—189)：168—189 年在位。章帝玄孙。在位期间宠用宦官，实行党锢，标价卖官，社会衰败，发生了黄巾军大起义。 ②蹙(cù 促)：紧迫。 ③荼(tú 途)：苦菜。《诗经·邶风·谷风》："谁谓荼苦，其甘如荠。"蓼(liǎo 了)：本是一种植物，此处喻苦。 ④宣陵：在洛阳东南。 ⑤羸(léi 擂)：瘦弱。 ⑥无虑：大约总计。 ⑦羌叛事：见五十卷安帝元初五年(118)。 ⑧八十亿事：见五十二卷冲帝永嘉元年(145)。 ⑨彭阳：县名，治今甘肃镇原县东。高平：县名，治今宁夏固原市。 ⑩中藏府：掌管币帛金银货物的机构，属少府。 ⑪甲午：本月无此日，疑误。 ⑫皇祖：刘淑。

癸巳，录定策功，封窦武为闻喜侯，武子机为渭阳侯，兄子绍为鄠侯，靖为西乡侯，中常侍曹节为长安乡侯，侯者凡十一人。

涿郡卢植上书说武曰[1]："足下之于汉朝，犹旦、奭之在周室[2]，建立圣主，四海有系，论者以为吾子之功，于斯为重。今同宗相后[3]，披图案牒，以次建之，何勋之有！岂可横叨天功以为己力乎！宜辞大赏，以全身名。"武不能用。植身长八尺二寸，音声如钟，性刚毅，有大节。少事马融，融性豪侈，多列女倡歌舞于前，植侍讲积年，未尝转盼，融以是敬之。

太后以陈蕃旧德，特封高阳乡侯。蕃上疏让曰：“臣闻割地之封，功德是为。臣虽无素洁之行，窃慕君子‘不以其道得之，不居也[④]’。若受爵不让，掩面就之，使皇天震怒，灾流下民，于臣之身，亦何所寄！”太后不许。蕃固让，章前后十上，竟不受封。

段颎将轻兵追羌，出桥门[⑤]，晨夜兼行，与战于奢延泽、落川、令鲜水上，连破之；又战于灵武谷，羌遂大败。秋，七月，颎至泾阳[⑥]，余寇四千落，悉散入汉阳山谷间。

护匈奴中郎将张奂上言：“东羌虽破，余种难尽，段颎性轻果，虑负败难常，宜且以恩降，可无后悔。”诏书下颎，颎复上言：“臣本知东羌虽众，而软弱易制，所以比陈愚虑，思为永宁之算；而中郎将张奂说虏强难破，宜用招降。圣朝明监，信纳瞽言，故臣谋得行，奂计不用。事势相反，遂怀猜恨，信叛羌之诉，饰润辞意，云臣兵‘累见折衄[⑦]’，又言‘羌一气所生，不可诛尽，山谷广大，不可空静，血流污野，伤和致灾’。臣伏念周、秦之际，戎狄为害，中兴以来，羌寇最盛，诛之不尽，虽降复叛。今先零杂种，累以反覆，攻没县邑，剽略人物，发冢露尸，祸及生死，上天震怒，假手行诛。昔邢为无道[⑧]，卫国伐之，师兴而雨；臣动兵涉夏，连获甘澍[⑨]，岁时丰稔，人无疵疫。上占天心，不为灾伤；下察人事，众和师克。自桥门以西、落川以东，故宫邑县，更相通属，非为深险绝域之地，车骑安行，无应折衄。案奂为汉吏，身当武职，驻军二年，不能平寇，虚欲修文戢戈[⑩]，招降犷敌，诞辞空说，僭而无征。何以言之？昔先零作寇，赵充国徙令居内[⑪]，煎

卢植像

当乱边，马援迁之三辅，始服终叛，至今为鲠，故远识之士，以为深忧。今傍郡户口单少，数为羌所创毒，而欲令降徒与之杂居，是犹种枳棘于良田⑫，养蛇虺于室内也⑬。故臣奉大汉之威，建长久之策，欲绝其本根，不使能殖。本规三岁之费，用五十四亿；今适期年，所耗未半，而余寇残烬，将向殄灭。臣每奉诏书，军不内御，愿卒斯言，一以任臣，临时量宜，不失权便。"

八月，司空王畅免，宗正刘宠为司空。

【注释】

①卢植：字子干，涿郡涿（今河北涿州市）人。少事马融，灵帝熹平四年（175）任九江太守，后征为议郎，校书东观。又转为侍中，迁尚书。192年卒。 ②旦：姬旦，即周公。奭（shì 式）：姬奭，即召公。 ③同宗相后：汉冲、质二帝短祚，桓帝以肃宗曾孙人立。桓帝无嗣，又以肃宗玄孙入立。 ④"不以"句：出自《论语·里仁》。 ⑤桥门：谷名，在今甘肃定西市。 ⑥泾阳：县名。治所在今安徽泾县西。 ⑦衄：挫败。 ⑧邢国事：据《左传》，卫国大旱，征伐无道的邢国，天就下雨了。 ⑨甘澍：及时雨。 ⑩戢（jí 辑）：收藏。 ⑪赵充国事：宣帝时（前60），赵充国击西羌，把归附的羌部落移至金城郡，设立金城属国（今甘肃兰州市一带）。 ⑫枳（zhǐ 只）：落叶灌木，小枝多硬刺。 ⑬虺（huǐ 悔）：传说中的一种毒蛇。

初，窦太后之立也，陈蕃有力焉。及临朝，政无大小，皆委于蕃。蕃与窦武同心戮力，以奖王室，征天下名贤李膺、杜密、尹勋、刘瑜等，皆列于朝廷，与共参政事。于是天下之士，莫不延颈想望太平。而帝乳母赵娆及诸女尚书①，旦夕在太后侧，中常侍曹节、王甫等共相朋结，谄事太后，太后信之，数出诏命，有所封拜。蕃、武疾之，尝共会朝堂，蕃私谓武曰："曹节、王甫等，自先帝时操弄国权，浊乱海内，今不诛之，后必难图。"武深然之。蕃大喜，以手推席而起。武于是引同志尚书令尹勋等共定计策②。

会有日食之变，蕃谓武曰："昔萧望之困一石显③，况今石显数十辈乎！蕃以八十之年，欲为将军除害，今可因日食斥罢宦官，以塞天变。"武乃白太后曰："故事，黄门、常侍但当给事省内门户④，主近署财物耳；今乃使与政事，任重权，子弟布列，专为贪暴。天下匈匈，正以此故，宜悉诛废以清朝廷。”太后曰：“汉元以来故事，世有宦官，但当诛其有罪者，岂可尽废邪！”时中常侍管霸，颇有才略，专制省内，武先白收霸及中常侍苏康等，皆坐死。武复数白诛曹节等，太后冘豫未忍，故事久不发。蕃上疏曰：“今京师嚣嚣，道路喧哗，言侯览、曹节、公乘昕、王甫、郑飒等，与赵夫人、诸尚书并乱天下，附从者升进，忤逆者中伤，一朝群臣如河中木耳，泛泛东西，耽禄畏害[5]。陛下今不急诛此曹，必生变乱，倾危社稷，其祸难量。愿出臣章宣示左右，并令天下诸奸知臣疾之。”太后不纳。

是月，太白犯房之上将[6]，入太微[7]。侍中刘瑜素善天官，恶之，上书皇太后曰：“案《占书》：宫门当闭，将相不利，奸人在主傍，愿急防之。”又与武、蕃书，以星辰错缪，不利大臣，宜速断大计。于是武、蕃以朱寓为司隶校尉，刘祐为河南尹、虞祁为雒阳令。武奏免黄门令魏彪，以所亲小黄门山冰代之，使冰奏收长乐尚书郑飒，送北寺狱。蕃谓武曰：“此曹子便当收杀，何复考为！”武不从，令冰与尹勋、侍御史祝瑨杂考飒，辞连及曹节、王甫。勋、冰即奏收节等，使刘瑜内奏。

【注释】

①女尚书：女性内官。　②尹勋：字伯元。察孝廉，三迁邯郸令，五迁尚书令。桓帝时诛梁冀，封都乡侯，迁汝南太守。后为大司农。坐窦武事下狱自杀。　③石显事：见本书卷第二十八元帝初元二年（前47）。④省内：宫中。　⑤耽（dān 单）：视。　⑥房：星名。古以房四星为天子布政之宫。第一星为上将，次为次将，又次为次相。上星为上相。⑦太微：古以太微垣为天子庭。

九月，辛亥，武出宿归府。典中书者先以告长乐五官史朱瑀[1]，瑀盗发武奏，骂曰：“中官放纵者，自可诛耳，我曹何罪，而当尽见族灭！”因大呼曰：“陈蕃、窦武奏白太后废帝，为大逆！”乃夜召素所亲壮健者长乐从官史共普、张亮等十七人，喢血共盟[2]，谋诛武等。曹节白帝曰：“外间切切，请出御德阳前殿。”令帝拔剑踊跃，使乳母赵娆等拥卫左右，取棨信[3]，闭诸禁门，召尚书官属，胁以白刃，使作诏板，拜王甫为黄门令，持节至北寺狱，收尹勋、山冰。冰疑，不受诏，甫格杀之，并杀勋；出郑飒，还兵劫太后，夺玺绶。令中谒者守南宫，闭门绝复道。使郑飒等持节及侍御史谒者捕收武等。武不受诏，驰入步兵营，与其兄子步兵校尉绍共射杀使者。召会北军五校士数千人屯都亭，下令军士曰："黄门、常侍反，尽力者封侯重赏。"陈蕃闻难，将官属诸生八十余人，并拔刃突入承明门，到尚书门，攘臂呼曰："大将军忠以卫国，黄门反逆，何云窦氏不道邪！"王甫时出与蕃相遇，适闻其言，而让蕃曰："先帝新弃天下，山陵未成，武有何功，兄弟父子并封三侯[④]！又设乐饮宴，多取掖廷宫人，旬日之间，赀财巨万，大臣若此，为是道邪！公为宰辅，苟相阿党，复何求贼！"使剑士收蕃，蕃拔剑叱甫，辞色逾厉。遂执蕃，送北寺狱。黄门从官驺蹋踧蕃曰[⑤]："死老魅！复能损我曹员数、夺我曹禀假不[⑥]！"即日，杀之。时护匈奴中郎将张奂征还京师，曹节等以奂新至，不知本谋，矫制以少府周靖行车骑将军、加节，与奂率五营士讨武。夜漏尽，王甫将虎贲、羽林等合千余人，出屯朱雀掖门[⑦]，与奂等合，已而悉军阙下，与武对陈。甫兵渐盛，使其士大呼武军曰："窦武反，汝皆禁兵，当宿卫宫省，何故随反者乎！先降有赏！"营府兵素畏服中官，于是武军稍稍归甫，自旦至食时，兵降略尽。武、绍走，诸军追围之，皆自杀，枭首雒阳都亭；收捕宗亲宾客姻属，悉诛之，及侍中刘瑜、屯骑校尉冯述，皆夷其族。宦官又谮虎贲中郎将河间刘淑、故尚书会稽魏朗，云与武等通谋，皆自杀。迁皇太后于南宫，徙武家属于日南[⑧]；自公卿以下尝为蕃、武所举者及门生故吏，皆免官禁锢。议郎勃海巴肃，始与武等同谋，曹节等不知，但坐禁锢，后乃知而收之。肃自载诣县，县令见肃，入阁，解印绶，欲与俱去。肃曰："为人臣者，有谋不敢隐，有罪不逃刑，既不隐其谋矣，又敢逃其刑乎！"遂被诛。

曹节迁长乐卫尉，封育阳侯。王甫迁中常侍，黄门令如故。朱瑀、共普、张亮等六人皆为列侯，十一人为关内侯。于是群小得志，士大夫皆丧气。

蕃友人陈留朱震收葬蕃尸，匿其子逸，事觉，系狱，合门桎梏。震受考掠，誓死不言，逸由是得免。武府掾桂阳胡腾殡敛武尸，行丧，坐以禁锢。武孙辅，年二岁，腾诈以为己子，与令史南阳张敞共匿之于零陵界中，亦得免。

张奂迁大司农，以功封侯。奂深病为曹节等所卖，固辞不受。

以司徒胡广为太傅，录尚书事，司空刘宠为司徒，大鸿胪许栩为司空。

冬，十月，甲辰晦，日有食之。

十一月，太尉刘矩免，以太仆沛国闻人袭为太尉。

十二月，鲜卑及涉貊寇幽、并二州。

是岁，疏勒王季父和得杀其王自立[9]。

乌桓大人上谷难楼有众九千余落，辽西丘力居有众五千余落，自称王。辽东苏仆延有众千余落，自称峭王。右北平乌延有众八百余落，自称汗鲁王。

【注释】

①长乐：汉宫名，故址在陕西西安市长安区西北。东汉迁都雒阳，长乐宫为太后所居，谓之东宫。太后宫有女尚书五人，由五官史主之。②唽：同“歃（shà 煞）”。古人盟誓，以牲畜血涂嘴唇，表示诚意。③棨（qǐ 启）：古代用木头做的一种通行证，略如戟形。④三侯：窦武子机封渭阳侯，兄子绍封鄠侯，绍弟靖封西乡侯。⑤驺（zōu 邹）：骑士。蹋蹴（tàcù 踏醋）：用脚踢踏。⑥禀：给。⑦朱雀掖门：北宫南掖门。⑧日南：郡名，治所在今越南共和国广治县。⑨疏勒：西域城国，治所在疏勒城，即今新疆喀什市。

二年 春，正月，丁丑[1]，赦天下。

帝迎董贵人于河间[2]。三月，乙巳，尊为孝仁皇后，居永乐宫；拜其兄宠为执金吾，兄子重为五官中郎将。

夏，四月，壬辰，有青蛇见于御坐上。癸巳，大风，雨雹，霹雳，拔大木百余。诏公卿以下各上封事。大司农张奂上疏曰：“昔周公葬不如礼，天乃动威。今窦武、陈蕃忠贞，未被明宥，妖眚之来[3]，皆为此也。宜急为改葬，徙还家属，其从坐禁锢，一切蠲除。又，皇太后虽居南宫，而恩礼不接，朝臣莫言，远近失望。宜思大义顾复之报[4]。”上深嘉奂言，以问诸常侍，左右皆恶之，帝不得自从。奂又与尚书刘猛等共荐王畅、李膺可参三公之选，曹节等弥疾其言，遂下诏切责之。奂等皆自囚廷尉，数日，乃得出，并以三月俸赎罪。

郎中东郡谢弼上封事曰："臣闻'惟虺惟蛇，女子之祥[5]'。伏惟皇太后定策宫闼，援立圣明，《书》曰'父子兄弟，罪不相及'，窦氏之诛，岂宜咎延太后！幽隔空宫，愁感天心，如有雾露之疾，陛下当何面目以见天下！孝和皇帝不绝窦氏之恩[6]，前世以为美谈。《礼》，'为人后者为之子'，今以桓帝为父，岂得不以太后为母哉！愿陛下仰慕有虞蒸蒸之化[7]，《凯风》慰母之念[8]。臣又闻'开国承家，小人勿用[9]'，今功臣久外，未蒙爵秩，阿母宠私，乃享大封，大风雨雹，亦由于兹。又，故太傅陈蕃，勤身王室，而见陷群邪，一旦诛灭，其为酷滥，骇动天下；而门生故吏，并离徙锢。蕃身已往，人百何赎！宜还其家属，解除禁网。夫台宰重器，国命所系，今之四公，唯司空刘宠断断守善，余皆素餐致寇之人，必有折足覆餗之凶[10]，可因灾异，并加罢黜，征故司空王畅、长乐少府李膺并居政事，庶灾变可消，国祚惟永。"左右恶其言，出为广陵府丞，去官，归家。曹节从子绍为东郡太守，以他罪收弼，掠死于狱。

帝以蛇妖问光禄勋杨赐，赐上封事曰："夫善不妄来，灾不空发。王者心有所想，虽未形颜色，而五星以之推移，阴阳为其变度。夫皇极不建，则有龙蛇之孽，《诗》云：'惟虺惟蛇，女子之祥。'惟陛下思乾刚之道，别内外之宜，抑皇甫之权，割艳妻之爱，则蛇变可消，祯祥立应。"赐，秉之子也。

五月，太尉闻人袭、司空许栩免；六月，以司徒刘宠为太尉，太常汝南许训为司徒，太仆长沙刘嚣为司空。嚣素附诸常侍，故致位公辅。

诏遣谒者冯禅说降汉阳散羌。段颎以春农，百姓布野，羌虽暂降，而县官无廪，必当复为盗贼，不如乘虚放兵。势必殄灭。颎于是自进营，去羌所屯凡亭山四五十里[11]，遣骑司马田晏、假司马夏育将五千人先进，击破之。羌众溃东奔，复聚射虎谷[12]，分兵守谷上下门，颎规一举灭之，不欲复令散走。秋七月，颎遣千人于西县结木为栅[13]，广二十步，长四十里遮之。分遣晏、育等将七千人衔枚夜上西山，结营穿堑，去虏一里许，又遣司马张恺等将三千人上东山，虏乃觉之。颎因与恺等挟东、西山，纵兵奋击，破之，追至谷上下门，穷山深谷之中，处处破之，斩其渠帅以下万九千级。冯禅等所招降四千人，分置安定、汉阳、陇西三郡。于是东羌悉平。颎凡百八十战，斩三万八千余级，获杂畜四十二万七千余头，费用四十四亿，军士死者四百余人；更封新丰县侯，邑万户。

臣光曰：《书》称："天地[14]，万物父母。惟人万物之灵。亶聪明[15]，作元后[16]，元后作民父母。"夫蛮夷戎狄，气类虽殊，其就利避害，乐生恶死，亦与人同耳。御之得其道则附顺服从，失其道则离叛侵扰，固其宜也。是以先王之政，叛则讨之，服则怀之，处之四裔，不使乱礼义之邦而已。若乃视之如草木禽兽，不分臧否，不辨去来，悉艾杀之，岂作民父母之意哉！且夫羌之所以叛者，为郡县所侵冤故也；叛而不即诛者，将帅非其人故也。苟使良将驱而出之塞外，择良吏而牧之，则疆埸之臣也，岂得专以多杀为快邪？夫御之不得其道，虽华夏之民，亦将蜂起而为寇，又可尽诛邪！然则段纪明之为将，虽克捷有功，君子所不与也。

【注释】

①丁丑：正月无此日，疑误。 ②河间：侯国名，治今河北献县。③眚（shěng 省）：灾异。 ④顾复：父母养育之恩。《诗经·小雅·蓼莪》："父兮生我，母兮鞠我，拊我畜我，长我育我，顾我复我，出入腹我。"⑤"惟飑"句：出自《诗经·小雅·无羊》。 ⑥窦氏之恩：见四十七卷永元九年（97）。 ⑦有虞：指传说中的有虞氏部落长舜。 ⑧《凯风》：《诗经》篇目，有文云："有子七人，莫慰母心。" ⑨"开国"句：出自《易经》师卦上六爻辞。 ⑩餗（sù 速）：鼎中的食品。《易经》鼎卦云："鼎折足，覆公餗。" ⑪凡亭山：今宁夏固原市东南。 ⑫射虎谷：今甘肃天水市西。 ⑬西县：治今甘肃天水市西南。 ⑭"天地"句：出自《尚书·泰誓》。 ⑮亶（dǎn 胆）：实在。 ⑯元后：君主。

九月，江夏蛮反[1]，州郡讨平之。

丹杨山越围太守陈夤[2]，夤击破之。

初，李膺等虽废锢，天下士大夫皆高尚其道而污秽朝廷，希之者唯恐不及，更共相标榜，为之称号：以窦武、陈蕃、刘淑为三君[3]，君者，言一世之所宗也；李膺、荀翌、杜密、王畅、刘祐、魏朗、赵典、朱寓为八俊，俊者，言人之英也；郭泰、范滂、尹勋、巴肃及南阳宗慈、陈留夏馥、汝南蔡衍、泰山羊陟为八顾，顾者，言能以德行引人者也；张俭、翟超、岑晊、苑康及山阳刘表、汝南陈翔、鲁国孔昱、山阳檀敷为八及，及者，言其能导人追宗者也；度尚及东平张邈、王孝、东郡刘儒、泰山胡母班、陈留秦周、鲁国蕃向、东莱王章为八厨，厨者，言能以财救人者也。及陈、窦用事，复举拔膺等；陈、窦诛，膺等复废。

宦官疾恶膺等，每下诏书，辄申党人之禁。侯览怨张俭尤甚[4]，览乡人朱并素佞邪，为俭所弃，承览意指，上书告俭与同乡二十四人别相署号，共为部党，图危社稷，而俭为之魁。诏刊章捕俭等。冬，十月，大长秋曹节因此讽有司奏"诸钩党者故司空虞放及李膺、杜密、朱寓、荀翌、翟超、刘儒、范滂等[5]，请下州郡考治"。是时上年十四，问节等曰："何以为钩党？"对曰："钩党者即党人也。"上曰："党人何用为恶而欲诛之邪？"对曰："皆相举群辈，欲为不轨。"上曰："不轨欲如何？"对曰："欲图社稷。"上乃可其奏。

或谓李膺曰："可去矣！"对曰："事不辞难，罪不逃刑，臣之节也。吾年已六十，死生有命，去将安之！"乃诣诏狱，考死；门生故吏并被禁锢。侍御史蜀郡景毅子顾为膺门徒，未有录牒[6]，不及于谴，毅慨然曰："本谓膺贤，遣子师之，岂可以漏脱名籍，苟安而已！"遂自表免归。

汝南督邮吴导受诏捕范滂，至征羌[7]，抱诏书闭传舍，伏床而泣，一县不知所为。滂闻之曰："必为我也。"即自诣狱。县令郭揖大惊，出，解印绶，引与俱亡，曰："天下大矣，子何为在此！"滂曰："滂死则祸塞，何敢以罪累君。又令老母流离乎！"其母就与之诀，滂白母曰："仲博孝敬[8]，足以供养。滂从龙舒君归黄泉，存亡各得其所。惟大人割不可忍之恩，勿增感戚！"仲博者，滂弟也。龙舒君者，滂父龙舒侯相显也。母曰："汝今得与李、杜齐名，死亦何恨！既有令名，复求寿考，可兼得乎！"滂跪受教，再拜而辞。顾其子曰："吾欲使汝为恶，恶不可为；使汝为善，则我不为恶。"行路闻之，莫不流涕。

凡党人死者百余人，妻子皆徙边，天下豪桀及儒学有行义者，宦官一切指为党人；有怨隙者，因相陷害，睚眦之忿[9]，滥入党中。州郡承旨，或有未尝交关[10]，亦离祸毒，其死、徙、废、禁者又六七百人。

郭泰闻党人之死[11]，私为之恸曰："《诗》云：'人之云亡，邦国殄瘁[12]。'汉室灭矣，但未知'瞻乌爰止，于谁之屋[13]'耳！"泰虽好臧否人伦，而不为危言核论，故能处浊世而怨祸不及焉。

张俭亡命困迫，望门投止，莫不重其名行，破家相容。后流转东莱，止李笃家。外黄令毛钦操兵到门，笃引钦就席曰："张俭负罪亡命，笃岂得藏之！若审在此，此人名士，明廷宁宜执之乎？"钦因起抚笃曰："蘧伯玉耻独为君子[14]，足下如何专取仁义！"笃曰："今欲分之，明廷载半去矣。"钦叹息而去。笃导俭经北海戏子然家，遂入渔阳出塞。其所经历，伏重诛者以十数，连引收考者布遍天下，宗亲并皆殄灭，郡县为之残破。俭与鲁国孔褒有旧，亡抵褒，不遇，褒弟融，年十六，匿之。事后泄，俭得亡走，国相收褒、融送狱，未知所坐。融曰："保纳舍藏者，融也，当坐。"褒曰："彼来求我，非弟之过。"吏问其母，母曰："家事任长，妾当其辜。"一门争死，郡县疑不能决，乃上谳之，诏书竟坐褒。及党禁解，俭乃还乡里，后为卫尉，卒，年八十四。夏馥闻张俭亡命，叹曰："孽自己作，空污良善，一人逃死，祸及万家，何以生为！"乃自翦须变形，入林虑山中，隐姓名，为冶家佣，亲突烟炭，形貌毁瘁，积二三年，人无知者。馥弟静载缣帛追求饷之，馥不受曰："弟奈何载祸相饷乎！"党禁未解而卒。

初，中常侍张让父死[15]，归葬颍川，虽一郡毕至，而名士无往者，让甚耻之，陈寔独吊焉。及诛党人，让以寔故，多所全宥。南阳何颙，素与陈蕃、李膺善，亦被收捕，乃变名姓匿汝南间，与袁绍为奔走之交，常私入雒阳，从绍计议，为诸名士罹党事者求救援，设权计，使得逃隐，所全免甚众。

初，太尉袁汤三子，成、逢、隗，成生绍[16]，逢生术[17]。逢、隗皆有名称，少历显官。时中常侍袁赦，以逢、隗宰相家，与之同姓，推崇以为外援，故袁氏贵宠于世，富奢甚，不与他公族同。绍壮健有威容，爱士养名，宾客辐凑归之，辎軿、柴毂[18]，填接街陌。术亦以侠气闻。逢从兄子闳，少有操行，以耕学为业，逢、隗数馈之，无所受。闳见时方险乱，而家门富盛，常对兄弟叹曰："吾先公福祚，后世不能以德守之，而竞为骄奢，与乱世争权，此即晋之三郤矣[19]。"及党事起，闳欲投迹深林，以母老，不宜远遁，乃筑土室四周于庭，不为户，自牖纳饮食。母思闳时，往就视，母去，便自掩闭，兄弟妻子莫得见也。潜身十八年，卒于土室。

【注释】

①江夏：郡名，治所在今湖北安陆市北。 ②丹杨：县名，治今安徽宣城市宣州区。夤：音 yín（寅）。 ③刘淑：字仲承，河间乐成（今河北献县东南）人。桓帝时被召，封策第一。任侍中、虎贲中郎将，上疏请罢宦官。灵帝时，宦官诬他与窦武通谋，下狱自杀。 ④张俭：字元节，山阳高平（今山东微山县西北）人。任山阳东部督邮，劾宦官侯览，没收他的财产，灵帝时，逃亡出塞，沿途人争相隐匿。献帝初，任卫尉，不久死。⑤钩：谓相互牵引。 ⑥录牒：记录在册。 ⑦征羌：侯国名，治所在今河南漯河市郾城区东南。 ⑧仲博：范滂的弟弟。 ⑨睚眦（yázì 崖自）：发怒瞪眼。 ⑩交关：交通。 ⑪郭泰：字林宗。太原介休（今山西介休市）人。太学生首领，有名于世。党锢事起，他闭门教授，弟子达数千人。 ⑫"人之"句：出自《诗经·大雅·瞻卬》。 ⑬"瞻乌"句：出自《诗经·小雅·正月》。 ⑭蘧（qú 渠）伯玉：春秋末卫国大夫。为人勤于改过，能进能退，与时无忤。 ⑮张让：宦官，颍川（今河南禹州市）人。桓帝时为小黄门，灵帝时为中常侍。 ⑯袁绍：字本初，汝南汝阳（今河南商水县西南）人。东汉末年的豪强。 ⑰袁术：字公路，袁绍堂弟。 ⑱辎軿（zīpíng 资凭）：有障蔽的车，多为贵人乘坐。柴毂：贱者乘坐之车。 ⑲三郤：春秋时，晋国有郤锜、郤犨、郤至三大夫，他们凭借世资，骄奢侵权，为厉公所杀。

初，范滂等非讦朝政[1]，自公卿以下皆折节下之[2]，太学生争慕其风，以为文学将兴，处士复用。申屠蟠独叹曰："昔战国之世，处士横议，列国之王至为拥篲先驱[3]，卒有坑儒烧书之祸，今之谓矣。”乃绝迹于梁、砀之间，因树为屋，自同佣人。居二年，滂等果罹党锢之祸，唯蟠超然免于评论。

臣光曰：天下有道，君子扬于王庭以正小人之罪，而莫敢不服。天下无道，君子囊括不言以避小人之祸，而犹或不免。党人生昏乱之世，不在其位，四海横流，而欲以口舌救之，臧否人物，激浊扬清，撩虺蛇之头，践虎狼之尾，以至身被淫刑，祸及朋友，士类歼灭而国随以亡，不亦悲乎！夫唯郭泰既明且哲，以保其身，申屠蟠见几而作，不俟终日，卓乎其不可及已！

庚子晦[4]，日有食之。

十一月，太尉刘宠免；太仆扶沟郭禧为太尉。

鲜卑寇并州。

长乐太仆曹节病困，诏拜车骑将军。有顷，疾瘳[5]，上印绶，复为中常侍，位特进，秩中二千石。

高句骊王伯固寇辽东，玄菟太守耿临讨降之。

三年　春，三月，丙寅晦，日有食之。

征段颎还京师，拜侍中。颎在边十余年，未尝一日蓐寝[6]，与将士同甘苦，故皆乐为死战，所向有功。

夏，四月，太尉郭禧罢；以太中大夫闻人袭为太尉。

秋，七月，司空刘嚣罢；八月，以大鸿胪梁国桥玄为司空。

九月，执金吾董宠坐矫永乐太后属请，下狱死。

冬，郁林太守谷永以恩信招降乌浒人十余万[7]，皆内属，受冠带，开置七县。

凉州刺史扶风孟佗遣从事任涉将敦煌兵五百人，与戊己校尉曹宽、西域长史张宴将焉耆、龟兹、车师前、后部[8]，合三万余人讨疏勒，攻桢中城[9]，四十余日，不能下，引去。其后疏勒王连相杀害，朝廷亦不能复治。

初，中常侍张让有监奴，典任家事，威形喧赫。孟佗资产饶赡[10]，与奴朋结，倾竭馈问，无所遗爱。奴咸德之，问其所欲。佗曰：“吾望汝曹为我一拜耳！”时宾客求谒让者，车常数百千两，佗诣让，后至，不得进，监奴乃率诸仓头迎拜于路[11]，遂共舆车入门[12]，宾客咸惊,谓佗善于让,皆争以珍玩赂之。佗分以遗让,让大喜,由是以佗为凉州刺史。

四年 春,正月,甲子,帝加元服,赦天下,唯党人不赦。

二月,癸卯,地震。

三月,辛酉朔,日有食之。

太尉闻人袭免;以太仆汝南李咸为太尉。

大疫。司徒许训免;以司空桥玄为司徒;夏,四月,以太常南阳来艳为司空。

秋,七月,司空来艳免。

癸丑⑬,立贵人宋氏为皇后。后,执金吾酆之女也。

司徒桥玄免;以太常南阳宗俱为司空,前司空许栩为司徒。

帝以窦太后有援立之功,冬,十月,戊子朔,率群臣朝太后于南宫,亲馈上寿⑭。黄门令董萌因此数为太后诉冤,帝深纳之,供养资奉,有加于前。曹节、王甫疾之,诬萌以谤讪永乐宫⑮,下狱死。

鲜卑寇并州。

【注释】

①讦(jié 节):揭发别人的阴私。 ②折节:屈己下人,降低身份。③拥篲(suì 岁):拿着扫帚扫地。篲,一种可作扫帚的植物。战国时,燕昭王亲自扫地,以贵宾之礼迎接邹衍。 ④庚子:疑误。 ⑤瘳(chōu 抽):病愈。 ⑥蓐(rù 入):草席。 ⑦郁林:郡名,治所在今广西桂平市。 ⑧焉耆:西域城国,治所在今新疆焉耆回族自治县西南。 ⑨桢中城:在疏勒以东。 ⑩赡(shàn 擅):富足。 ⑪仓头:奴仆。 ⑫舆(yú 于):车。 ⑬癸丑:七月己未朔,无癸丑日。 ⑭馈:进食。 ⑮永乐宫:代指灵帝母亲孝仁董太后。

资治通鉴卷第五十七

汉纪四十九 起玄黓困敦，尽上章涒滩，凡九年。

孝灵皇帝上之下

熹平元年 春，正月，车驾上原陵[①]。司徒掾陈留蔡邕曰[②]：“吾闻古不墓祭。朝廷有上陵之礼，始谓可损；今见威仪，察其本意，乃知孝明皇帝至孝恻隐，不易夺也。礼有烦而不可省者，此之谓也。”

三月，壬戌，太傅胡广薨，年八十二。广周流四公[③]，三十余年，历事六帝[④]，礼任极优，罢免未尝满岁，辄复升进。所辟多天下名士，与故吏陈蕃、李咸并为三司。练达故事，明解朝章，故京师谚曰：“万事不理，问伯始[⑤]；天下中庸，有胡公。”然温柔谨悫[⑥]，常逊言恭色以取媚于时，无忠直之风，天下以此薄之。

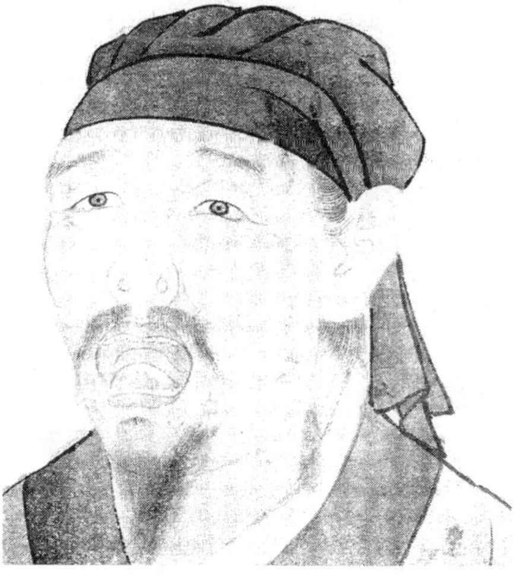

蔡邕像

五月，己巳，赦天下，改元。

长乐太仆侯览坐专权骄奢⑦，策收印绶，自杀。

六月，京师大水。

窦太后母卒于比景⑧，太后忧思感疾，癸巳，崩于云台。宦者积怨窦氏，以衣车载太后尸置城南市舍，数日，曹节、王甫欲用贵人礼殡。帝曰："太后亲立朕躬，统承大业，岂宜以贵人终乎！"于是发丧成礼。

节等欲别葬太后，而以冯贵人配祔⑨。诏公卿大会朝堂，令中常侍赵忠监议。太尉李咸时病，扶舆而起，捣椒自随⑩，谓妻子曰："若皇太后不得配食桓帝，吾不生还矣！"既议，坐者数百人，各瞻望良久，莫肯先言。赵忠曰："议当时定！"廷尉陈球曰："皇太后以盛德良家，母临天下，宜配先帝，是无所疑。"忠笑而言曰："陈廷尉宜便操笔。"球即下议曰："皇太后自在椒房，有聪明母仪之德；遭时不造，援立圣明承继宗庙，功烈至重。先帝晏驾，因遇大狱，迁居空宫，不幸早世，家虽获罪，事非太后，今若别葬，诚失天下之望。且冯贵人冢尝被发掘，骸骨暴露，与贼并尸，魂灵污染，且无功于国，何宜上配至尊！"忠省球议，作色俯仰，蚩球曰⑪："陈廷尉建此议甚健！"球曰："陈、窦既冤，皇太后无故幽闭，臣常痛心，天下愤叹！今日言之，退而受罪，宿昔之愿也！"李咸曰："臣本谓宜尔，诚与意合。"于是公卿以下皆从球议。曹节、王甫犹争，以为："梁后家犯恶逆，别葬懿陵，武帝黜废卫后，而以李夫人配食，今窦氏罪深，岂得合葬先帝！"李咸复上疏曰："臣伏惟章德窦后虐害恭怀⑫，安思阎后家犯恶逆⑬，而和帝无异葬之议，顺朝无贬降之文。至于卫后，孝武皇帝身所废弃，不可以为比。今长乐太后尊号在身，亲尝称制，且援立圣明，光隆皇祚。太后以陛下为子，陛下岂得不以太后为母！子无黜母，臣无贬君，宜合葬宣陵，一如旧制。"帝省奏，从之。

秋，七月，甲寅，葬桓思皇后于宣陵。

【注释】

①原陵：光武帝刘秀坟。　②蔡邕（yōng 拥）：文学家、书法家，字伯喈，陈留圉（今河南杞县南）人。少师胡广，博学，初为司徒乔玄属官，出补河平长，后为郎中、议郎。熹平四年（175）写经，刻于太学门外。献帝

时封为高阳乡侯，死于狱中。 ③四公：太傅、太尉、司徒、司空。 ④六帝：安、顺、冲、质、桓、灵六帝。 ⑤伯始：胡广字。 ⑥悫（què 确）：谨慎。 ⑦侯览事：侯览得势，受纳货遗以巨万计，夺人宅 381 所、田 118 顷。被告发，自杀。 ⑧比景：在越南海洞县。 ⑨祔（fù 富）：后死者附祭于先祖。 ⑩椒：有毒的植物。 ⑪蚩：同“嗤”，讥笑。 ⑫窦后事：见本书卷第四十六章帝建初八年（83）。 ⑬阎后事：见本书卷第五十、本书卷第五十一安帝延光三年（124）、四年（125）。

有人书朱雀阙[①]，言：“天下大乱，曹节、王甫幽杀太后，公卿皆尸禄[②]，无忠言者。”诏司隶校尉刘猛逐捕，十日一会。猛以诽书言直，不肯急捕。月余，主名不立；猛坐左转谏议大夫，以御史中丞段颎代之。颎乃四出逐捕，及太学游生系者千余人。节等又使颎以他事奏猛，论输左校。

初，司隶校尉王寓依倚宦官，求荐于太常张奂，奂拒之，寓遂陷奂以党罪禁锢。奂尝与段颎争击羌[③]，不相平，颎为司隶，欲逐奂归敦煌而害之；奂奏记哀请于颎，乃得免。

初，魏郡李暠为司隶校尉，以旧怨杀扶风苏谦；谦子不韦瘗而不葬[④]，变姓名，结客报仇。暠迁大司农，不韦匿于庴中，凿地旁达暠之寝室，杀其妾并小儿。暠大惧，以板藉地，一夕九徙。又掘暠父冢，断取其头，标之于市。暠求捕不获，愤恚，呕血死。不韦遇赦还家，乃葬父行丧。张奂素睦于苏氏，而段颎与暠善，颎辟不韦为司隶从事，不韦惧，称病不诣。颎怒，使从事张贤就家杀之，先以鸩与贤父曰：“若贤不得不韦，便可饮此！”贤遂收不韦，并其一门六十余人，尽诛之。

勃海王悝之贬瘿陶也，因中常侍王甫求复国，许谢钱五千万；既而桓帝遗诏复悝国[⑤]，悝知非甫功，不肯还谢钱。中常侍郑飒、中黄门董腾数与悝交通，甫密司察以告段颎。冬，十月，收飒送北寺狱，使尚书令廉忠诬奏“飒等谋迎立悝，大逆不道”，遂诏冀州刺史收悝考实，迫责悝，令自杀；妃妾十一人、子女七十人、伎女二十四人皆死狱中，傅、相以下悉伏诛。甫等十二人皆以功封列侯。

十一月，会稽妖贼许生起句章[⑥]，自称阳明皇帝，众以万数；遣扬州刺史臧旻、丹阳太守陈寅讨之。

十二月，司徒许栩罢；以大鸿胪袁隗为司徒。

鲜卑寇并州。

是岁，单于车儿死，子屠特若尸逐就单于立。

【注释】

①朱雀阙：北宫宫门之外的朱雀门。 ②尸禄：空占官位不尽职。 ③争击羌事：见上卷建宁元年（168）。 ④瘗（yì 意）：掩埋。 ⑤复忸国事：见上卷永康元年（167）。 ⑥句章：县名，治今浙江慈溪市。

二年 春，正月，大疫。

丁丑，司空宗俱薨。

二月，壬午，赦天下。

以光禄勋杨赐为司空。

三月，太尉李咸免。

夏，五月，以司隶校尉段颎为太尉。

六月，北海地震[①]。

秋，七月，司空杨赐免；以太常颍川唐珍为司空。珍，衡之弟也。

冬，十二月，太尉段颎罢。

鲜卑寇幽、并二州。

癸酉晦，日有食之。

三年 春，二月，己巳，赦天下。

以太常东海陈耽为太尉。

三月，中山穆王畅薨[②]，无子，国除。

夏，六月，封河间王利子康为济南王，奉孝仁皇祀。

吴郡司马富春孙坚召募精勇[③]，得千余人，助州郡讨许生。冬，十一月，臧旻、陈寅大破生于会稽，斩之。

任城王博薨，无子，国绝。

十二月，鲜卑入北地[④]，太守夏育率屠各追击，破之。迁育为护乌桓校尉。鲜卑又寇并州。

司空唐珍罢，以永乐少府许训为司空。

四年 春，三月，诏诸儒正《五经》文字，命议郎蔡邕为古文、篆、隶三体书之，刻石，立于太学门外[5]。使后儒晚学咸取正焉。碑始立，其观视及摹写者车乘日千余两，填塞街陌。

初，朝议以州郡相党，人情比周[6]，乃制昏姻之家及两州人士不得对相监临，至是复有三互法[7]，禁忌转密，选用艰难，幽、冀二州久缺不补。蔡邕上疏曰："伏见幽、冀旧壤，铠、马所出，比年兵饥，渐至空耗。今者阙职经时，吏民延属[8]，而三府选举，逾月不定。臣怪问其故，云避三互。十一州有禁，当取二州而已。又，二州之士或复限以岁月，狐疑迟淹，两州悬空，万里萧条，无所管系。愚以为三互之禁，禁之薄者。今但申以威灵，明其宪令，对相部主[9]，尚畏惧不敢营私；况乃三互，何足为嫌！昔韩安国起自徒中[10]，朱买臣出于幽贱[11]，并以才宜，还守本邦，岂复顾循三互，系以末制乎！臣愿陛下上则先帝，蠲除近禁，其诸州刺史器用可换者，无拘日月、三互，以差厥中。"朝廷不从。

臣光曰：叔向有言[12]："国将亡，必多制。"明王之政，谨择忠贤而任之，凡中外之臣，有功则赏，有罪则诛，无所阿私，法制不烦而天下大治。所以然者何哉？执其本故也。及其衰也，百官之任不能择人，而禁令益多，防闲益密，有功者以阂文不赏[13]，为奸者以巧法免诛，上下劳扰而天下大乱。所以然者何哉？逐其末故也。孝灵之时，刺史、二千石贪如豺虎，暴殄烝民，而朝廷方守三互之禁。以今视之，岂不适足为笑而深可为戒哉！

封河间王建孙佗为任城王。

夏，四月，郡、国七大水。

五月，丁卯，赦天下。

延陵园灾[14]。

鲜卑寇幽州。

六月，弘农、三辅螟。

于窴王安国攻拘弥[15]，大破之，杀其王。戊己校尉、西域长史各发兵辅立拘弥侍子定兴为王，人众裁千口。

五年 夏，四月，癸亥[16]，赦天下。

益州郡夷反，太守李颙讨平之。

大雩。

五月，太尉陈耽罢；以司空许训为太尉。

闰月，永昌太守曹鸾上书曰[17]："夫党人者，或耆年渊德[18]，或衣冠英贤，皆宜股肱王室，左右大猷者也[19]；而久被禁锢，辱在涂泥。谋反大逆尚蒙赦宥[20]，党人何罪，独不开恕乎！所以灾异屡见，水旱荐臻，皆由于斯。宜加沛然，以副天心。"帝省奏，大怒，即诏司隶、益州槛车收鸾，送槐里狱，掠杀之。于是诏州郡更考党人门生、故吏、父子、兄弟，在位者，悉免官禁锢，爰及五属[21]。

六月，壬戌，以太常南阳刘逸为司空。

秋，七月，太尉许训罢；以光禄勋刘宽为太尉。

冬，十月，司徒袁隗罢；十一月，丙戌[22]，以光禄大夫杨赐为司徒。

是岁，鲜卑寇幽州。

【注释】

①北海：侯国，治所在今山东昌乐县西。　②畅：刘畅，刘焉之曾孙。③孙坚(155—192)：江东豪强。字文台，吴郡富春(今浙江杭州市富阳区)人。少为县吏，镇压许生起义。后来参与割据战争，拥有较大兵力。④北地：郡名，治所在今宁夏灵武市。　⑤太学：在洛阳城南开阳门外，所立石经为"熹平石经"。当时的五经分别为《尚书》《周易》《春秋公羊传》《礼记》《论语》。　⑥比周：植党营私。　⑦三互法：即婚姻之家及两州人不得交互为官。　⑧延属：延颈而属望。　⑨对相部主：两州人士相互做官。　⑩韩安国：西汉梁国(今河南商丘市)人，景帝从刑徒中启用他为梁国宰相。　⑪朱买臣：西汉会稽郡(今浙江绍兴市)人，卖柴为生，武帝任命他为会稽郡太守。　⑫叔向言：出自《左传》所载叔向诒子产书。　⑬阂(hé 河)：阻隔。　⑭延陵：汉成帝陵。　⑮拘弥：西域城国名，在今新疆于田县。　⑯癸亥：四月壬辰朔，无癸亥日。　⑰永昌：郡名，治所在今云南保山市。　⑱耆(qí 奇)：年老。　⑲大猷(yóu 由)：大谋，大道。　⑳宥：宽恕。　㉑五属：五服之内的亲人。有斩衰、齐衰、大功、小功、缌麻。　㉒丙戌：疑误。

六年　春，正月，辛丑，赦天下。

夏，四月，大旱，七州蝗。

令三公条奏长吏苛酷贪污者，罢免之。平原相渔阳阳球坐严酷，征诣廷尉。帝以球前为九江太守讨贼有功，特赦之，拜议郎。

鲜卑寇三边[①]。

市贾小民有相聚为宣陵孝子者数十人[②]，诏皆除太子舍人。

秋，七月，司空刘逸免；以卫尉陈球为司空。

初，帝好文学，自造《皇羲篇》五十章，因引诸生能为文赋者并待制鸿都门下[③]；后诸为尺牍及工书鸟篆者[④]，皆加引召，遂至数十人。侍中祭酒乐松、贾护多引无行趣势之徒置其间，憙陈闾里小事[⑤]；帝甚悦之，待以不次之位。又久不亲行郊庙之礼，会诏群臣各陈政要，蔡邕上封事曰："夫迎气五郊[⑥]，清庙祭祀、养老辟雍[⑦]，皆帝者之大业，祖宗所祗奉也。而有司数以蕃国疏丧、宫内产生及吏卒小污，废阙不行，忘礼敬之大，任禁忌之书，拘信小故，以亏大典。自今斋制宜如故典，庶答风霆、灾妖之异[⑧]。又，古者取士必使诸侯岁贡，孝武之世，郡举孝廉，又有贤良、文学之选，于是名臣辈出，文武并兴。汉之得人，数路而已[⑨]。夫书画辞赋，才之小者；匡国治政，未有其能。陛下即位之初，先涉经术，听政余日，观省篇章，聊以游意当代博奕[⑩]，非以为教化取士之本。而诸生竞利，作者鼎沸，其高者颇引经训风喻之言，下则连偶俗语，有类俳优[⑪]，或窃成文，虚冒名氏。臣每受诏于盛化门，差次录第，其未及者，亦复随辈皆见拜擢。既加之恩，难复收改，但守奉禄，于义已弘，不可复使治民，及在州郡。昔孝宣会诸儒于石渠[⑫]，章帝集学士于白虎，通经释义，其事优大，文武之道，所宜从之。若小能小善，虽有可观，孔子以为致远则泥，君子固当志其大者。又，前一切以宣陵孝子为太子舍人，臣闻孝文皇帝制丧服三十六日[⑬]，虽继体之君，父子至亲，公卿列臣受恩之重，皆屈情从制，不敢逾越。今虚伪小人，本非骨肉，既无幸私之恩，又无禄仕之实，恻隐之心，义无所依。至有奸轨之人通容其中；桓思皇后祖载之时[⑭]，东郡有盗人妻者[⑮]，亡在孝中，本县追捕，乃伏其辜。虚伪杂秽，难得胜言。太子官属，宜搜选令德，岂有但取丘墓凶丑之人！其为不祥，莫与大焉，宜遣归田里，以明诈伪。"书奏，帝乃亲迎气北郊及行辟雍之礼。又诏宣陵孝子为舍人者悉改为丞、尉焉⑯。

护乌桓校尉夏育上言："鲜卑寇边，自春以来三十余发，请征幽州诸郡兵出塞击之，一冬、二春，必能禽灭。"先是护羌校尉田晏坐事论刑，被原⑰，欲立功自效，乃请中常侍王甫求得为将。甫因此议遣兵与育并力讨贼，帝乃拜晏为破鲜卑中郎将；大臣多有不同；乃诏百官议于朝堂。蔡邕议曰："征讨殊类⑱，所由尚矣。然而时有同异，势有可否，故谋有得失，事有成败，不可齐也。夫以世宗神武，将帅良猛，财赋充实，所括广远，数十年间，官民俱匮，犹有悔焉⑲。况今人财并乏，事劣昔时乎！自匈奴遁逃，鲜卑强盛，据其故地，称兵十万，才力劲健，意智益生；加以关塞不严，禁网多漏，精金良铁，皆为贼有，汉人逋逃为之谋主⑳，兵利马疾，过于匈奴。昔段颎良将，习兵善战，有事西羌，犹十余年㉑。今育、晏才策未必过颎，鲜卑种众不弱曩时，而虚计二载，自许有成，若祸结兵连，岂得中休，当复征发众人，转运无已，是为耗竭诸夏，并力蛮夷。夫边垂之患，手足之疥搔㉒，中国之困，胸背之瘭疽㉓，方今郡县盗贼尚不能禁，况此丑虏而可伏乎！昔高祖忍平城之耻，吕后弃慢书之诟㉔，方之于今，何者为盛？天设山河，秦筑长城，汉起塞垣，所以别内外，异殊俗也。苟无蹙国内侮之患则可矣㉕，岂与虫蚁之虏，校往来之数哉！虽或破之，岂可殄尽。而方令本朝为之旰食乎㉖！昔淮南王安谏伐越曰：'如使越人蒙死以逆执事，厮舆之卒有一不备而归者，虽得越王之首，犹为大汉羞之。'而欲以齐民易丑虏，皇威辱外夷，就如其言，犹已危矣，况乎得失不可量邪！"帝不从。八月，遣夏育出高柳㉗，田晏出云中㉘，匈奴中郎将臧旻率南单于出雁门㉙，各将万骑，三道出塞二千余里。檀石槐命三部大人各帅众逆战，育等大败，丧其节传辎重，各将数十骑奔还，死者什七八。三将槛车征下狱，赎为庶人。

冬，十月，癸丑朔，日有食之。

太尉刘宽免。

辛丑㉚，京师地震。

十一月，司空陈球免。

十二月，甲寅，以太常河南孟戫为太尉。

庚辰，司徒杨赐免。

以太常陈耽为司空。

辽西太守甘陵赵苞到官，遣使迎母及妻子，垂当到郡；道经柳城[31]，值鲜卑万余人入塞寇钞，苞母及妻子遂为所劫质，载以击郡。苞率骑二万与贼对陈，贼出母以示苞，苞悲号，谓母曰："为子无状，欲以微禄奉养朝夕，不图为母作祸。昔为母子，今为王臣，义不得顾私恩，毁忠节，唯当万死，无以塞罪。"母遥谓曰："威豪，人各有命，何得相顾以亏忠义，尔其勉之！"苞即时进战，贼悉摧破，其母妻皆为所害。苞自上归葬，帝遣使吊慰，封鄃侯[32]。苞葬讫，谓乡人曰："食禄而避难，非忠也；杀母以全义，非孝也。如是，有何面目立于天下！"遂欧血而死。

【注释】

①三边：边疆的东边、西边、北边。 ②宣陵：汉桓帝刘志墓。③引：选拔。 ④尺牍：文书信函。鸟篆：鸟形的篆书。 ⑤憙：同"喜"。 ⑥迎气五郊：汉朝每年五祀，迎日于郊。 ⑦辟雍：学校教育。⑧庶：副词，表示期望。答：回答，平息。 ⑨数路：指孝廉、贤良、文学这几类选官方法。 ⑩博奕：局戏和围棋。 ⑪俳（pái 排）优：艺人。⑫石渠事：见二十七卷甘露三年（前51）。 ⑬制丧服事：见十四卷文帝后元七年（前157）。 ⑭桓思皇后：窦太后。祖载：祖祭于庭，升柩于车。 ⑮东郡：治所在今河南濮阳市。 ⑯丞、尉：汉代县丞署文书，典知仓狱，县尉主捕盗贼。 ⑰原：原谅，宽恕。 ⑱殊类：异族。 ⑲悔焉：汉武帝晚年有《轮台罪己诏》，后悔征战事。 ⑳逋逃：指汉人逃至鲜卑。 ㉑十余年：段颎自桓帝延熹二年（159）击西羌，至建宁二年（169）始成功，凡十一年。 ㉒疥搔：病名，即疥。疥必痒，痒必搔，故名。㉓瘭（biāo 标）疽：病名。化脓性炎症。 ㉔慢书之诟：前192年匈奴给吕后写侮辱性的信件。 ㉕蹙（cù 促）：紧迫。 ㉖旰（gàn 干）：晚。㉗高柳：县名，治今山西阳高县西北。 ㉘云中：郡名，治今内蒙古托克托县。 ㉙雁门：在今山西代县。 ㉚辛丑：此日待考。 ㉛柳城：县名，治所在今辽宁朝阳市西南。 ㉜鄃（shū 舒）：县名，治今山东平原县西南。

光和元年 春，正月，合浦[1]、交趾乌浒蛮反，招引九真、日南民攻没郡县。

太尉孟戫罢。

二月,辛亥朔,日有食之。

癸丑,以光禄勋陈国袁滂为司徒。

己未,地震。

置鸿都门学[2],其诸生皆敕州郡、三公举用辟召,或出为刺史、太守,入为尚书、侍中,有封侯、赐爵者;士君子皆耻与为列焉。

三月,辛丑,赦天下,改元。

以太常常山张颢为太尉。颢,中常侍奉之弟也。

夏,四月,丙辰,地震。

侍中寺雌鸡化为雄。

司空陈耽免;以太常来艳为司空。

六月,丁丑,有黑气堕帝所御温德殿东庭中,长十余丈,似龙。

秋,七月,壬子[3],青虹见玉堂后殿庭中[4]。诏召光禄大夫杨赐等诣金商门,问以灾异及消复之术。赐对曰:"《春秋谶》曰:'天投霓,天下怨,海内乱。'加四百之期,亦复垂及。今妾媵、阉尹之徒共专国朝[5],欺罔日月;又,鸿都门下招会群小,造作赋说,见宠于时,更相荐说,旬月之间,并各拔擢。乐松处常伯,任芝居纳言,郤俭、梁鹄各受丰爵不次之宠,而令搢绅之徒委伏畎亩[6],口诵尧、舜之言,身蹈绝俗之行,弃捐沟壑,不见逮及。冠履倒易,陵谷代处,幸赖皇天垂象谴告。《周书》曰:'天子见怪则修德,诸侯见怪则修政,卿大夫见怪则修职,士庶人见怪则修身。'唯陛下斥远佞巧之臣,速征鹤鸣之士[7],断绝尺一,抑止槃游,冀上天还威,众变可弭。"

议郎蔡邕对曰:"臣伏思诸异,皆亡国之怪也。天于大汉殷勤不已,故屡出妖变以当谴责,欲令人君感悟,改危即安。今霓堕、鸡化,皆妇人干政之所致也。前者乳母赵娆,贵重天下,谗谀骄溢,续以永乐门史霍玉,依阻城社,又为奸邪。今道路纷纷,复云有程大人者[8],察其风声,将为国患;宜高为堤防,明设禁令,深惟赵、霍,以为至戒。今太尉张颢,为玉所进;光禄勋伟璋,有名贪浊;又长水校尉赵玹,屯骑校尉盖升,并叨时幸[9],荣富优足,宜念小人在位之咎，退思引身避贤之福。伏见廷尉郭禧，纯厚老成；光禄大夫桥玄，聪达方直；故太尉刘宠，忠实守正；并宜为谋主，数见访问。夫宰相大臣，君之四体，委任责成，优劣已分，不宜听纳小吏，雕琢大臣也。又，尚方工技之作[10]，鸿都篇赋之文，可且消息，以示惟优。宰府孝廉，士之高选，近者以辟召不慎，切责三公，而今并以小文超取选举，开请托之门，违明王之典，众心不厌[11]，莫之敢言；臣愿陛下忍而绝之，思惟万机，以答天望。圣朝既自约厉，左右近臣亦宜从化，人自抑损，以塞咎戒，则天道亏满，鬼神福谦矣。夫君臣不密，上有漏言之戒，下有失身之祸，愿寝臣表，无使尽忠之吏受怨奸仇。"章奏，帝览而叹息；因起更衣，曹节于后窃视之，悉宣语左右，事遂漏露。其为邕所裁黜者，侧目思报。

初，邕与大鸿胪刘郃素不相平，叔父卫尉质又与将作大匠阳球有隙。球即中常侍程璜女夫也。璜遂使人飞章言"邕、质数以私事请托于郃，郃不听。邕含隐切，志欲相中[12]"。于是诏下尚书召邕诘状。邕上书曰："臣实愚戆[13]，不顾后害，陛下不念忠臣直言，宜加掩蔽，诽谤卒至，便用疑怪。臣年四十有六，孤特一身，得托名忠臣，死有余荣，恐陛下于此不复闻至言矣！"于是下邕、质于雒阳狱，劾以"仇怨奉公，议害大臣，大不敬，弃市"。事奏，中常侍河南吕强愍邕无罪，力为伸请，帝亦更思其章，有诏："减死一等，与家属髡钳徙朔方，不得以赦令除。"阳球使客追路刺邕，客感其义，皆莫为用。球又赂其部主[14]，使加毒害，所赂者反以其情戒邕，由是得免。

【注释】

①合浦：郡名，治所在今广西合浦县。 ②鸿都：东汉宫门名，其内置学及书库。 ③壬子：此日待考。 ④玉堂：洛阳南宫有玉堂前后殿。⑤媵（yìng 应）：贵族陪嫁的女子，此指宫女。 ⑥畎（quǎn 犬）亩：田间，山谷。 ⑦鹤鸣之士：指品行高尚，能够直言，主持正义的士人。⑧程大人：指宫中年老宦官程某。 ⑨叨（tāo 涛）：贪，受。 ⑩尚方工技：制作御用刀剑及诸好器物。 ⑪厌：伏、服。 ⑫相中：相伤。⑬戆（zhuàng 状）：愚，刚直。 ⑭部主：地方长官州牧、郡守。

八月，有星孛于天市[①]。

九月，太尉张颢罢；以太常陈球为太尉。

司空来艳薨[②]。冬，十月，以屯骑校尉袁逢为司空。

宋皇后无宠，后宫幸姬众共谮毁。渤海王悝妃宋氏，即后之姑也，中常侍王甫恐后怨之，因谮后挟左道祝诅[③]；帝信之，遂策收玺绶。后自致暴室，以忧死。父不其乡侯酆及兄弟并被诛[④]。

丙子晦，日有食之。

尚书卢植上言："凡诸党锢多非其罪，可加赦恕，申宥回枉。又，宋后家属并以无辜委骸横尸，不得敛葬，宜敕收拾，以安游魂。又，郡守、刺史一月数迁，宜依黜陟以章能否，纵不九载，可满三岁。又，请谒希求，一宜禁塞，选举之事，责成主者。又，天子之体，理无私积，宜弘大务，蠲略细微。"帝不省。

十一月，太尉陈球免；十二月，丁巳，以光禄大夫桥玄为太尉。

鲜卑寇酒泉[⑤]；种众日多，缘边莫不被毒。

诏中尚方为鸿都文学乐松、江览等三十二人图象立赞，以劝学者。尚书令阳球谏曰："臣案松、览等皆出于微蔑[⑥]，斗筲小人[⑦]，依凭世戚，附托权豪，俯眉承睫，徼进明时。或献赋一篇，或鸟篆盈简，而位升郎中，形图丹青。亦有笔不点牍，辞不辨心，假手请字，妖伪百品，莫不被蒙殊恩，蝉蜕滓浊[⑧]。是以有识掩口，天下嗟叹。臣闻图象之设，以昭劝戒，欲令人君动鉴得失，未闻竖子小人诈作文颂，而可望窃天官，垂象图素者也。今太学、东观足以宣明圣化，愿罢鸿都之选，以销天下之谤。"书奏，不省。

是岁，初开西邸卖官[⑨]，入钱各有差；二千石二千万；四百石四百万；其以德次应选者半之，或三分之一；于西园立库以贮之。或诣阙上书占令长，随县好丑，丰约有贾[⑩]。富者则先入钱，贫者到官然后倍输。又私令左右卖公卿，公千万，卿五百万。初，帝为侯时常苦贫，及即位，每叹桓帝不能作家居，曾无私钱，故卖官聚钱以为私藏。

帝尝问侍中杨奇曰："朕何如桓帝？"对曰："陛下之于桓帝，亦犹虞舜比德唐尧。"帝不悦曰："卿强项[⑪]，真杨震子孙，死后必复致大鸟矣。"奇，震之曾孙也。

南匈奴屠特若尸逐就单于死，子呼征立。

【注释】

①天市：星官名，在房宿和心宿东北，以帝座为中枢，成屏藩之状。 ②来艳：字季德，好学下士，少历显位，累至司空。 ③左道祝诅：以巫术形式诅咒，企图使受诅者致厄运。 ④不其：县名，治今山东青岛市崂山区西北。 ⑤酒泉：郡名，治所在今甘肃酒泉市。 ⑥微蔑：低贱。 ⑦斗筲：本为量器，筲是竹器。此处比喻才识短浅，器量狭小之人。 ⑧蜕（tuì 退）：蝉、蛇等脱皮。 ⑨西邸：在西园设官邸卖官。 ⑩贾：通"价"。 ⑪强项：脖子硬。

二年 春，大疫。

三月，司徒袁滂免，以大鸿胪刘郃为司徒。

乙丑，太尉桥玄罢[1]，拜太中大夫；以太中大夫段颎为太尉。玄幼子游门次，为人所劫，登楼求货；玄不与。司隶校尉、河南尹围守玄家，不敢迫。玄瞋目呼曰[2]："奸人无状，玄岂以一子之命而纵国贼乎！"促令攻之，玄子亦死。玄因上言："天下凡有劫质，皆并杀之，不得赎以财宝，开张奸路。"由是劫质遂绝。

京兆地震。

司空袁逢罢；以太常张济为司空。

夏，四月，甲戌朔，日有食之。

王甫、曹节等奸虐弄权，扇动内外，太尉段颎阿附之。节、甫父兄子弟为卿、校、牧、守、令、长者布满天下，所在贪暴。甫养子吉为沛相，尤残酷，凡杀人，皆磔尸车上[3]，随其罪目，宣示属县，夏月腐烂，则以绳连其骨，周遍一郡乃止，见者骇惧。视事五年，凡杀万余人。尚书令阳球常拊髀发愤曰[4]："若阳球作司隶，此曹子安得容乎！"既而球果迁司隶。

甫使门生于京兆界辜榷官财物七千余万[5]，京兆尹杨彪发其奸，言之司隶。彪，赐之子也。时甫休沐里舍，颎方以日食自劾。球诣阙谢恩，因奏甫、颎及中常侍淳于登、袁赦、封昱等罪恶，辛巳，悉收甫、颎等送雒阳狱，及甫子永乐少府萌、沛相吉。球自临考甫等，五毒备极[6]；萌先尝为司隶，乃谓球曰："父子既当伏诛，亦以先后之义，少以楚毒假借老父。”球曰：“尔罪恶无状，死不灭责，乃欲论先后求假借邪！”萌乃骂曰：“尔前奉事吾父子如奴，奴敢反汝主乎！今日临厄相挤，行自及也！”球使以土窒萌口，棰扑交至，父子悉死于杖下；颎亦自杀。乃僵磔甫尸于夏城门，大署榜曰：“贼臣王甫。”尽没入其财产，妻子皆徙比景。

球既诛甫，欲以次表曹节等，乃敕中都官从事曰：“且先去权贵大猾，乃议其余耳。公卿豪右若袁氏儿辈，从事自办之，何须校尉邪！”权门闻之，莫不屏气。曹节等皆不敢出沐[⑦]。会顺帝虞贵人葬，百官会丧还，曹节见磔甫尸道次，慨然抆泪曰[⑧]：“我曹可自相食，何宜使犬舐其汁乎！”语诸常侍：“今且俱入，勿过里舍也。”节直入省，白帝曰：“阳球故酷暴吏，前三府奏当免官，以九江微功，复见擢用。愆过之人，好为妄作，不宜使在司隶，以骋毒虐。”帝乃徙球为卫尉。时球出谒陵，节敕尚书令召拜，不得稽留尺一。球被召急，因求见帝，叩头曰：“臣无清高之行，横蒙鹰犬之任，前虽诛王甫、段颎，盖狐狸小丑，未足宣示天下。愿假臣一月，必令豺狼鸱枭各服其辜[⑨]。”叩头流血。殿上呵叱曰：“卫尉捍诏邪！”至于再三，乃受拜。

于是曹节、朱瑀等权势复盛。节领尚书令。郎中梁人审忠上书曰：“陛下即位之初，未能万机，皇太后念在抚育，权时摄政，故中常侍苏康、管霸应时诛殄。太傅陈蕃、大将军窦武考其党与，志清朝政。华容侯朱瑀知事觉露，祸及其身，遂兴造逆谋，作乱王室，撞蹋省闼，执夺玺绶，迫胁陛下，聚会群臣，离间骨肉母子之恩，遂诛蕃、武及尹勋等。因共割裂城社，自相封赏，父子兄弟，被蒙尊荣，素所亲厚，布在州郡，或登九列，或据三司。不惟禄重位尊之责，而苟营私门，多蓄财货，缮修第舍，连里竟巷，盗取御水，以作渔钓，车马服玩，拟于天家。群公卿士，杜口吞声，莫敢有言，州牧郡守，承顺风旨，辟召选举，释贤取愚。故虫蝗为之生，夷寇为之起。天意愤盈，积十余年；故频岁日食于上，地震于下，所以谴戒人主，欲令觉悟，诛锄无状。昔高宗以雉雊之变[⑩]，故获中兴之功；近者神祇启悟陛下，发赫斯之怒[⑪]，故王甫父子应时馘截[⑫]，路人士女莫不称善，若除父母之仇。诚怪陛下复忍孽臣之类，不悉殄灭。昔秦信赵高,以危其国;吴使刑臣,身遘其祸[13]。今以不忍之恩,赦夷族之罪,奸谋一成,悔亦何及!臣为郎十五年,皆耳目闻见,瑀之所为,诚皇天所不复赦。愿陛下留漏刻之听[14],裁省臣表,扫灭丑类,以答天怒。与瑀考验,有不如言,愿受汤镬之诛[15],妻子并徙,以绝妄言之路。"章寝不报。

中常侍吕强清忠奉公,帝以众例封为都乡侯,强固辞不受,因上疏陈事曰:"臣闻高祖重约,非功臣不侯,所以重天爵、明劝戒也。中常侍曹节等,宦官祐薄[16],品卑人贱,谗谄媚主,佞邪徼宠[17],有赵高之祸,未被镮裂之诛。陛下不悟,妄授茅土,开国承家,小人是用,又并及家人,重金兼紫,交结邪党,下比群佞。阴阳乖剌,稼穑荒芜,人用不康,罔不由兹。臣诚知封事已行,言之无逮,所以冒死干触陈愚忠者,实愿陛下损改既谬,从此一止。臣又闻后宫采女数千余人,衣食之费日数百金,比谷虽贱而户有饥色,按法当贵而今更贱者,由赋发繁数,以解县官,寒不敢衣,饥不敢食,民有斯厄而莫之恤。宫女无用,填积后庭,天下虽复尽力耕桑,犹不能供。又,前召议郎蔡邕对问于金商门,邕不敢怀道迷国,而切言极对,毁刺贵臣,讥呵宦官。陛下不密其言,至令宣露,群邪项领,膏唇拭舌,竞欲咀嚼,造作飞条。陛下回受诽谤,致邕刑罪,室家徙放,老幼流离,岂不负忠臣哉!今群臣皆以邕为戒,上畏不测之难,下惧剑客之害,臣知朝廷不复得闻忠言矣!故太尉段颎,武勇冠世,习于边事,垂发服戎,功成皓首,历事二主[18],勋烈独昭。陛下既已式序[19],位登台司,而为司隶校尉阳球所见诬胁,一身既毙,而妻子远播,天下惆怅,功臣失望。宜征邕更加授任,反颎家属,则忠贞路开,众怨以弭矣。"帝知其忠而不能用。

丁酉,赦天下。

上禄长和海上言[20]:"礼,从祖兄弟别居异财,恩义已轻,服属疏末[21]。而今党人锢及五族,既乖典训之文[22],有谬经常之法。"帝览之而悟,于是党锢自从祖以下皆得解释。

五月,以卫尉刘宽为太尉。

护匈奴中郎将张修与南单于呼征不相能,修擅斩之,更立右贤王羌渠为单于。秋,七月,修坐不先请而擅诛杀,槛车征诣廷尉,死。

初,司徒刘郃兄侍中儵与窦武同谋,俱死,永乐少府陈球说郃曰:"公出自宗室,位登台鼎,天下瞻望,社稷镇卫,岂得雷同,容容无违而已。今曹节等放纵为害,而久在左右,又公兄侍中受害节等,今可表徙卫尉阳球为司隶校尉,以次收节等诛之,政出圣主,天下太平,可翘足而待也!"郃曰:"凶竖多耳目,恐事未会,先受其祸。"尚书刘纳曰:"为国栋梁,倾危不持,焉用彼相邪!"郃许诺,亦与阳球结谋。球小妻,程璜之女,由是节等颇得闻知,乃重赂璜,且胁之。璜惧迫,以球谋告节,节因共白帝曰:"郃与刘纳、陈球、阳球交通书疏,谋议不轨。"帝大怒。冬,十月,甲申,刘郃、陈球、刘纳、阳球皆下狱死。

巴郡板楯蛮反,遣御史中丞萧瑗督益州刺史讨之,不克。

十二月,以光禄勋杨赐为司徒。

鲜卑寇幽、并二州。

【注释】

①桥玄:字公祖,少为县功曹,桓帝时为度辽将军,灵帝时屡迁司徒,光和初迁太尉。 ②瞋(chēn 琛):生气。 ③磔(zhé 哲):分裂肢体。④拊髀:用手拍大腿,表示激情。 ⑤辜榷:独占,统括财利。 ⑥五毒:鞭打、棍打、火烧、绳捆、悬吊。 ⑦沐:休假。 ⑧抆(wěn 刎):擦。⑨鸱(chī 痴)枭:一种凶猛的鸟。 ⑩高宗:商王武丁。传闻他在位时有野鸡飞到鼎耳上鸣叫,以为是天的警告,于是修德政,商朝得以中兴。雊(gòu 够):野鸡叫。 ⑪赫斯:大怒的样子。《诗经・大雅・皇矣》云:"王赫斯怒。" ⑫馘(guó 国):割耳。 ⑬"刑臣"句:春秋时,吴伐越,用俘虏做守门人,结果守门人用刀杀了吴子余祭。遘(gòu 够):相遇。 ⑭漏刻:计时器的标记。古以漏壶计时,壶内装有一直立浮标,上刻时辰,据刻度可以知道时间。 ⑮镬(huò 获):把人放在滚水中煮死。汤,开水。镬,无足大鼎。 ⑯祐:天佑。祐薄:命运低贱。 ⑰徼(jiǎo 角):希望得到不应该得到的。 ⑱二主:桓帝、灵帝。 ⑲式序:用叙其功。 ⑳上禄:县名,治所在今甘肃成县西。 ㉑服属疏末:亲属关系已经疏远。 ㉒乖:违背。

三年 春,正月,癸酉[①],赦天下。

夏，四月，江夏蛮反。

秋，酒泉地震。

冬，有星孛于狼、弧[②]。

鲜卑寇幽、并二州。

十二月，己巳，立贵人何氏为皇后。征后兄颍川太守进为侍中[③]。后本南阳屠家，以选入掖庭，生皇子辩，故立之。

是岁作罼圭、灵昆苑。司徒杨赐谏曰："先帝之制，左开鸿池，右作上林，不奢不约，以合礼中。今猥规郊城之地以为苑囿，坏沃衍[④]，废田园，驱居民，畜禽兽，殆非所谓若保赤子之义。今城外之苑已有五六[⑤]，可以逞情意，顺四节也[⑥]。宜惟夏禹卑宫、太宗露台之意，以尉下民之劳。"书奏，帝欲止，以问侍中任芝、乐松；对曰："昔文王之囿百里，人以为小；齐宣五里，人以为大。今与百姓共之，无害于政也。"帝悦，遂为之。

巴郡板楯蛮反。

苍梧、桂阳贼攻郡县[⑦]，零陵太守杨琁制马车数十乘，以排囊盛石灰于车上[⑧]，系布索于马尾；又为兵车，专彀弓弩。及战，令马车居前，顺风鼓灰，贼不得视，因以火烧布然[⑨]，马惊，奔突贼阵，因使后车弓弩乱发，钲鼓鸣震，群盗波骇破散，追逐伤斩无数，枭其渠帅，郡境以清。荆州刺史赵凯诬奏琁实非身破贼，而妄有其功；琁与相章奏。凯有党助，遂槛车征琁，防禁严密，无由自讼；乃噬臂出血，书衣为章，具陈破贼形势，及言凯所诬状，潜令亲属诣阙通之。诏书原琁，拜议郎；凯受诬人之罪。琁，乔之弟也。

【注释】

①癸酉：正月庚子朔，没有癸酉。 ②狼、弧：星区名。狼，一星，在东井东南；弧，九星，在狼东南。 ③进：何进，字遂高，南阳宛（今河南南阳市）人。其妹有宠于灵帝，他亦得宠。历官郎中，累至大将军。灵帝死，他专断朝政，欲诛宦官，被杀。 ④沃衍：肥美平坦之地。 ⑤城外之苑已有五六：当时已有西苑、显阳苑、平乐苑、上林苑、鸿德苑。 ⑥四节：春蒐、夏苗、秋狝、冬狩。 ⑦苍梧：郡名，治所在今广西梧州市。 ⑧排囊：囊袋。 ⑨"因以"句：据《严注》"布"下当还有一"布"字。

资治通鉴卷第五十八

汉纪五十　起重光作噩，尽强圉单阏，凡七年。

孝灵皇帝中

光和四年　春，正月，初置騄骥厩丞[1]，领受郡国调马。豪右辜榷[2]，马一匹至二百万。

夏，四月，庚子[3]，赦天下。

交趾乌浒蛮久为乱，牧守不能禁。交趾人梁龙等复反，攻破郡县。诏拜兰陵令会稽朱俊为交趾刺史，击斩梁龙，降者数万人，旬月尽定；以功封都亭侯，征为谏议大夫。

六月，庚辰，雨雹如鸡子[4]。

秋，九月，庚寅朔，日有食之。

太尉刘宽免；卫尉许彧为太尉。

闰月，辛酉，北宫东掖庭永巷署灾[5]。

司徒杨赐罢；冬，十月，太常陈耽为司徒。

鲜卑寇幽、并二州[6]。檀石槐死[7]，子和连代立。和连才力不及父而贪淫，后出攻北地，北地人射杀之。其子骞曼尚幼，兄子魁头立。后骞曼长大，与魁头争国，众遂离散。魁头死，弟步度根立。

是岁，帝作列肆于后宫，使诸采女贩卖[8]，更相盗窃争斗；帝著商贾服，从之饮宴为乐。又于西园弄狗[9]，著进贤冠[10]，带绶。又驾四驴，帝躬自操辔，驱驰周旋；京师转相仿效，驴价遂与马齐。

帝好为私蓄，收天下之珍货，每郡国贡献，先输中署，名为“导行费”。中常侍吕强上疏谏曰：“天下之财，莫不生之阴阳，归之陛下，岂有公私！而今中尚方敛诸郡之宝，中御府积天下之缯[11]，西园引司农之藏，中厩聚太仆之马，而所输之府，辄有导行之财，调广民困，费多献少，奸吏因其利，百姓受其敝。又，阿媚之臣，好献其私，容谄姑息，自此而进。旧典：选举委任三府，尚书受奏御而已；受试任用，责以成功，功无可察，然后付之尚书举劾，请下廷尉覆按虚实，行其罪罚；于是三公每有所选，参议掾属，咨其行状，度其器能；然犹有旷职废官，荒秽不治。今但任尚书，或有诏用，如是，三公得免选举之负，尚书亦复不坐，责赏无归，岂肯空自劳苦乎！”书奏，不省。

何皇后性强忌，后宫王美人生皇子协，后鸩杀美人[12]。帝大怒，欲废后；诸中官固请，得止。

大长秋华容侯曹节卒；中常侍赵忠代领大长秋。

【注释】

①騄骥厩丞：管理骏马马厩的官吏。 ②豪右：豪门大族。辜榷（gūquè 姑确）：独占，统括财利。 ③庚子：此日疑误。 ④鸡子：鸡蛋。 ⑤掖庭：亦作“液廷”，妃嫔所居的地方。永巷：汉代幽禁妃嫔宫女的地方，皇宫中妃嫔的居处有时也叫永巷。灾：本义是自然发生的火灾。《左传·宣公十六年》：“凡火，人火曰火，天火曰灾。”后泛指水、火、旱等造成的祸害。此处用的是本义。 ⑥鲜卑：古族名。东胡族的一支。秦汉时，游牧于今西拉木伦河与洮儿河之间。先附匈奴，后附汉魏。两晋南北朝时，内迁的鲜卑人渐与汉族及其他各族相融合。 ⑦檀石槐（？—181）：鲜卑首领。东汉末建庭于高柳北弹汗山（约在今山西阳高县西北一带），制定法律，采用汉人谋议，引进汉地铁器，促进了鲜卑社会的发展。 ⑧采女：汉代宫女的一种。后用作宫女的通称，亦作“彩女”。 ⑨西园：汉代上林苑的别称。东汉置。故址在今河南洛阳市东，汉魏雒阳故城西。 ⑩进贤冠：古时儒者所戴的黑布冠。 ⑪中尚方、中御府：天子私藏的库府。缯（zēng 增）：古代丝织品的总称。 ⑫鸩：毒酒。

五年 春，正月，辛未，赦天下。

诏公卿以谣言举刺史、二千石为民蠹害者[①]。太尉许戫、司空张济承望内官，受取货赂，其宦者子弟、宾客，虽贪污秽浊，皆不敢问，而虚纠边远小郡清修有惠化者二十六人，吏民诣阙陈诉。司徒陈耽上言："公卿所举，率党其私，所谓放鸱枭而囚鸾凤[②]。"帝以让戫、济，由是诸坐谣言征者，悉拜议郎。

二月，大疫。

三月，司徒陈耽免。

夏，四月，旱。

以太常袁隗为司徒。

五月，庚申，永乐宫署灾。

秋，七月，有星孛于太微[③]。

板楯蛮寇乱巴郡[④]，连年讨之，不能克。帝欲大发兵，以问益州计吏汉中程包[⑤]，对曰："板楯七姓，自秦世立功，复其租赋。其人勇猛善战。昔永初中，羌入汉川，郡县破坏，得板楯救之，羌死败殆尽，羌人号为神兵，传语种辈，勿复南行。至建和二年，羌复大入，实赖板楯连摧破之。前车骑将军冯绲南征武陵，亦倚板楯以成其功。近益州郡乱，太守李颙亦以板楯讨而平之。忠功如此，本无恶心。长吏乡亭更赋至重，仆役棰楚[⑥]，过于奴虏，亦有嫁妻卖子，或乃至自刭割，虽陈冤州郡，而牧守不为通理，阙庭悠远，不能自闻，含怨呼天，无所叩诉，故邑落相聚以叛戾，非有谋主僭号以图不轨。今但选明能牧守，自然安集，不烦征伐也！"帝从其言，选用太守曹谦，宣诏赦之，即时皆降。

八月，起四百尺观于阿亭道[⑦]。

冬，十月，太尉许戫罢；以太常杨赐为太尉。

帝校猎上林苑[⑧]，历函谷关，遂狩于广成苑。十二月，还，幸太学。

桓典为侍御史，宦官畏之。典常乘骢马[⑨]，京师为之语曰："行行且止，避骢马御史！"典，焉之孙也。

【注释】

①蠹（dù 妒）：损害，危害。　②鸱枭（chīxiāo 痴嚣）：鸱，鹞鹰；枭，通鸮，即猫头鹰。此处用它们比喻贪官污吏，即文中的"宦者子弟、宾

客”。鸾凤:鸾鸟和凤凰。此处用它们比喻贤俊之士,即文中的“清修有惠化者二十六人”。 ③孛(bèi 倍):指光芒四射的彗星。 ④板楯(shǔn 吮)蛮:古族名。古代巴人的一支。分布在今四川东部及重庆一带。主要有罗、朴、督、鄂、度、夕、龚七姓。喜歌舞,善弩射,长于狩猎,勇猛善战,号为“神兵”。相传秦昭襄王时,族人曾为秦除虎患有功。汉初助刘邦定关中。 ⑤计吏:1. 掌计簿的官吏;2. 考察官吏的官员。⑥棰(chuí 垂)楚:棰,木棍;楚,荆杖。皆为古代打人用具,因以为杖刑的通称。 ⑦观(guàn 贯):宫门前两边的望楼。 ⑧校(jiào 较)猎:用木栏遮阻,猎取禽兽。 ⑨骢(cōng 匆)马:青白色的马,今名菊花青马。

六年 春,三月,辛未,赦天下。

夏,大旱。

爵号皇后母为舞阳君。

秋,金城河水溢出二十余里。

五原山岸崩。

初,巨鹿张角奉事黄、老[1],以妖术教授,号“太平道[2]”。咒符水以疗病,令病者跪拜首过,或时病愈,众共神而信之。角分遣弟子周行四方,转相诳诱,十余年间,徒众数十万,自青、徐、幽、冀、荆、扬、兖、豫八州之人[3],莫不毕应。或弃卖财产,流移奔赴,填塞道路,未至病死者亦以万数。郡县不解其意,反言角以善道教化,为民所归。

太尉杨赐时为司徒,上书言:“角诳曜百姓,遭赦不悔,稍益滋蔓。今若下州郡捕讨,恐更骚扰,速成其患。宜切敕刺史、二千石,简别流民,各护归本郡,以孤弱其党,然后诛其渠帅[4],可不劳而定。”会赐去位,事遂留中。司徒掾刘陶复上疏申赐前议[5],言:“角等阴谋益甚,四方私言,云角等窃入京师,觇视朝政。鸟声兽心,私共鸣呼;州郡忌讳,不欲闻之,但更相告语,莫肯公文。宜下明诏,重募角等,赏以国土,有敢回避,与之同罪。”帝殊不为意,方诏陶次第《春秋条例》。

角遂置三十六方[6];方,犹将军也,大方万余人,小方六七千,各立渠帅;讹言“苍天已死[7],黄天当立[8],岁在甲子[9],天下大吉”。

以白土书京城寺门及州郡官府,皆作“甲子”字。大方马元义等先收荆、扬数万人,期会发于邺。元义数往来京师,以中常侍封谞、徐奉等为内应,约以三月五日内外俱起。

【注释】

①巨鹿:县名。治所在今河北平乡县西南。黄、老:即东汉末年盛行的以黄帝、老子为教主的黄老道。《后汉书·皇甫嵩传》说:“巨鹿张角自称‘大贤良师’,奉事黄老道。”黄老道为道教前身。 ②太平道:张角创立。为早期民间道教的一支。太平,即极大公平。 ③青州:治所在临菑,今山东淄博市临淄区北。徐州:治所在郯,今山东郯城县。幽州:治所在蓟县,今北京城西南。冀州:治所在邺县,今河北临漳县西南。荆州:治所在汉寿,今湖南常德市东北。扬州:治所在寿春,今安徽寿县。不久移合肥,今安徽合肥市西北。兖(yǎn 演)州:治所在昌邑,今山东金乡县西北。豫州:治所在谯,今安徽亳州市。 ④渠帅:魁首。 ⑤掾(yuàn 院):古代属官的通称。 ⑥方:起义军的军事编制单位。 ⑦苍天:指东汉王朝。 ⑧黄天:张角自称。按五行相生相克的运行原理,汉为火德,当以土德代之。土色黄,故张角自称“黄天”。起义军头着“黄巾”,皆为顺五行,应天运之意。 ⑨甲子:指汉灵帝中平元年(184)。

中平元年① 春,角弟子济南唐周上书告之,于是收马元义,车裂于雒阳②。诏三公、司隶按验宫省直卫及百姓有事角道者③,诛杀千余人;下冀州逐捕角等。角等知事已露,晨夜驰敕诸方,一时俱起,皆著黄巾以为标帜,故时人谓之“黄巾贼”。二月,角自称天公将军,角弟宝称地公将军,宝弟梁称人公将军,所在燔烧官府,劫略聚邑,州郡失据,长吏多逃亡;旬月之间,天下响应,京师震动。安平、甘陵人各执其王应贼④。

三月,戊申,以河南尹何进为大将军,封慎侯,率左右羽林、五营营士屯都亭⑤,修理器械,以镇京师;置函谷、太谷、广成、伊阙、轘辕、旋门、孟津、小平津八关都尉⑥。

帝召群臣会议。北地太守皇甫嵩以为宜解党禁⑦,益出中藏钱、西园厩马以班军士⑧。嵩,规之兄子也。上问计于中常侍吕强,对曰:“党锢久积,人情怨愤,若不赦宥,轻与张角合谋,为变滋大，悔之无救。今请先诛左右贪浊者，大赦党人，料简刺史、二千石能否，则盗无不平矣。”帝惧而从之。壬子，赦天下党人，还诸徙者；唯张角不赦。发天下精兵，遣北中郎将卢植讨张角[⑨]，左中郎将皇甫嵩、右中郎将朱俊讨颍川黄巾[⑩]。

是时中常侍赵忠、张让、夏恽、郭胜、段珪、宋典等皆封侯贵宠，上常言：“张常侍是我公，赵常侍是我母。”由是宦官无所惮畏，并起第宅，拟则宫室。上尝欲登永安候台[⑪]，宦官恐望见其居处，乃使中大人尚但谏曰[⑫]：“天子不当登高，登高则百姓虚散。”上自是不敢复升台榭。及封谞、徐奉事发，上诘责诸常侍曰：“汝曹常言党人欲为不轨，皆令禁锢，或有伏诛者。今党人更为国用，汝曹反与张角通，为可斩未？”皆叩头曰：“此王甫、侯览所为也！”于是诸常侍人人求退，各自征还宗亲、子弟在州郡者。

赵忠、夏恽等遂共谮吕强，云与党人共议朝廷，数读《霍光传》[⑬]。强兄弟所在并皆贪秽。帝使中黄门持兵召强。强闻帝召，怒曰：“吾死，乱起矣！丈夫欲尽忠国家，岂能对狱吏乎！”遂自杀。忠、恽复谮曰：“强见召，未知所问而就外自屏，有奸明审。”遂收捕其宗亲，没入财产。

侍中河内向栩上便宜[⑭]，讥刺左右。张让诬栩与张角同心，欲为内应，收送黄门北寺狱，杀之。郎中中山张钧上书曰：“窃惟张角所以能兴兵作乱，万民所以乐附之者，其源皆由十常侍多放父兄、子弟、婚亲、宾客典据州郡[⑮]，辜榷财利，侵掠百姓，百姓之冤，无所告诉，故谋议不轨，聚为盗贼。宜斩十常侍，县头南郊，以谢百姓。遣使者布告天下，可不须师旅而大寇自消。”帝以钧章示诸常侍，皆免冠徒跣顿首[⑯]，乞自致雒阳诏狱[⑰]，并出家财以助军费。有诏，皆冠履视事如故。帝怒钧曰：“此真狂子也！十常侍固当有一人善者不[⑱]！”御史承旨，遂诬奏钧学黄巾道，收掠，死狱中。

【注释】

①胡注：“是年十二月改元。” ②雒阳：即洛阳。 ③宫省直卫：宫禁宿卫。 ④安平：地名。故址在今山东青州市西北。甘陵：地名。故址在今山东临清市东北。 ⑤都亭：秦规定，十里一亭。郡县的治所置都亭。这里的都亭当指京都附近的都亭。 ⑥函谷关：今河南新安县

东。太谷关:今河南洛阳市东南大谷口。广成关:今河南汝州市西。伊阙关:今河南洛阳市南伊阙山上。轘辕关:今河南洛阳市偃师区东南轘辕山上。旋门关:今河南巩义市东。孟津关:今河南洛阳市孟津区东北。小平津关:今河南洛阳市孟津区东北。 ⑦北地:郡名。治所在富平,今宁夏吴忠市西南。 ⑧胡注:"中藏府令,属少府,宦官为之。中藏钱,汉所谓禁钱也。西园厩马,即騄骥厩马。" ⑨中郎将:官名。原为统领皇帝侍卫的军官,东汉以后,一般统兵的高级将领也多加此衔。 ⑩颍川:郡名。治所在阳翟,今河南禹州市。 ⑪永安候台:胡注:"据《续汉志》:永安宫在北宫东北,宫中有候台。"候台,即瞭望台。 ⑫中大人:宫婢年长者。 ⑬《霍光传》:即《汉书·霍光传》。霍光(?—前68)字子孟,西汉大臣,官至大司马大将军。受武帝遗诏辅政时,废立皇帝,权倾内外。死后其宗族终遭株连,俗称"霍氏之祸"。赵忠、夏恽说吕强时常读《霍光传》,意指他想学霍光废立皇帝,权倾内外。 ⑭便宜:应办的事情,特指对国家有利的事情。 ⑮十常侍:胡注:"据《宦官传》,是时张让、赵忠、夏恽、郭胜、孙璋、毕岚、栗嵩、段珪、高望、张恭、韩悝、宋典十二人,皆为中常侍。言十常侍,举大数也。"典:掌管。 ⑯徒跣(xiǎn显):赤足步行。 ⑰诏狱:奉诏令关押犯人的监狱。 ⑱不:同否。

庚子[①],南阳黄巾张曼成攻杀太守褚贡[②]。

帝问太尉杨赐以黄巾事,赐所对切直,帝不悦。夏,四月,赐坐寇贼免。以太仆弘农邓盛为太尉[③]。已而帝阅录故事,得赐与刘陶所上张角奏,乃封赐为临晋侯[④],陶为中陵乡侯[⑤]。

司空张济罢;以大司农张温为司空。

皇甫嵩、朱俊合将四万余人,共讨颍川,嵩、俊各统一军。俊与贼波才战,败;嵩进保长社[⑥]。

汝南黄巾败太守赵谦于邵陵[⑦]。广阳黄巾杀幽州刺史郭勋及太守刘卫[⑧]。

波才围皇甫嵩于长社。嵩兵少,军中皆恐。贼依草结营,会大风,嵩约敕军士皆束苣乘城[⑨],使锐士间出围外,纵火大呼,城上举燎应之,嵩从城中鼓噪而出,奔击贼陈,贼惊,乱走。会骑都尉沛国曹操将兵适至[⑩],五月,嵩、操与朱俊合军,更与贼战,大破之,斩首数万级。封嵩都乡侯[⑪]。

操父嵩,为中常侍曹腾养子,不能审其生出本末,或云夏侯氏子也。操少机警,有权数,而任侠放荡,不治行业;世人未之奇也,唯太尉桥玄及南阳何颙异焉。玄谓操曰:“天下将乱,非命世之才,不能济也。能安之者,其在君乎!”颙见曹,叹曰:“汉家将亡,安天下者,必此人也。”玄谓操曰:“君未有名,可交许子将。”子将者,训之从子劭也,好人伦,多所赏识,与从兄靖俱有高名,好共核论乡党人物⑫,每月辄更其品题,故汝南俗有月旦评焉⑬。尝为郡功曹⑭,府中闻之,莫不改操饰行。曹操往造劭而问之曰:“我何如人?”邵鄙其为人,不答。操乃劫之,劭曰:“子,治世之能臣,乱世之奸雄。”操大喜而去。

【注释】

①庚子:此日疑误。 ②南阳:郡名。治所在今河南南阳市。③弘农:郡名。治所在今河南灵宝市北。 ④临晋:县名。治所在今陕西大荔县。 ⑤中陵乡:地名。约在今山西朔州市平鲁区北。 ⑥长社:县名。治所在今河南长葛市东。 ⑦汝南:郡名。治所在今河南平舆县北。邵陵:地名。在今河南漯河市召陵区东。 ⑧广阳:郡名。治所在今北京西南。 ⑨苣(jù巨):用芦苇秆扎成的火炬。 ⑩都尉:官名。略低于将军的武官。东汉光武帝时废,但在镇压农民起义时,或临时设置。沛国:西汉为郡,东汉改国。治所在今安徽濉溪县西北。⑪都乡:县名。在今河北境内,确址已无可考。 ⑫核论:深刻评论。⑬月旦:指旧历每月初一。月旦评后来成为典故,谓品评人物。 ⑭功曹:官名。汉州郡佐吏,掌管考查记录功劳。

朱俊之击黄巾也,其护军司马北地傅燮上疏曰:“臣闻天下之祸不由于外,皆兴于内。是故虞舜先除四凶①,然后用十六相②,明恶人不去,则善人无由进也。今张角起于赵、魏,黄巾乱于六州,此皆衅发萧墙而祸延四海者也。臣受戎任,奉辞伐罪。始到颍川,战无不克;黄巾虽盛,不足为庙堂忧也。臣之所惧,在于治水不自其源,末流弥增其广耳。陛下仁德宽容,多所不忍,故阉竖弄权,忠臣不进。诚使张角枭夷,黄巾变服,臣之所忧,甫益深耳。何者?夫邪正之人不宜共国,亦犹冰炭不可同器。彼知正人之功显而危亡之兆见，皆将巧辞饰说，共长虚伪。夫孝子疑于屡至，市虎成于三夫[3]，若不详察真伪，忠臣将复有杜邮之戮矣[4]！陛下宜思虞舜四罪之举，速行谗佞之诛，则善人思进，奸凶自息。”赵忠见其疏而恶之。燮击黄巾，功多当封，忠谮诉之；帝识燮言，得不加罪，竟亦不封。

张曼成屯宛下百余日[5]；六月，南阳太守秦颉击曼成，斩之。

交趾土多珍货[6]，前后刺史多无清行，财计盈给，辄求迁代，故吏民怨叛，执刺史及合浦太守来达，自称柱天将军。三府选京令东郡贾琮为交趾刺史。琮到部，讯其反状，咸言“赋敛过重，百姓莫不空单。京师遥远，告冤无所，民不聊生，故聚为盗贼”。琮即移书告示，各使安其资业，招抚荒散，蠲复徭役，诛斩渠帅为大害者，简选良吏试守诸县，岁间荡定，百姓以安。巷路为之歌曰：“贾父来晚，使我先反；今见清平，吏不敢饭！”

皇甫嵩、朱俊乘胜进讨汝南、陈国黄巾，追波才于阳翟，击彭脱于西华，并破之，余贼降散，三郡悉平。嵩乃上言其状，以功归俊，于是进封俊西乡侯，迁镇贼中郎将。诏嵩讨东郡，俊讨南阳。

北中郎将卢植连战破张角[7]，斩获万余人，角等走保广宗。植筑围凿堑，造作云梯，垂当拔之。帝遣小黄门左丰视军，或劝植以赂送丰，植不肯。丰还，言于帝曰：“广宗贼易破耳，卢中郎固垒息军，以待天诛。”帝怒，槛车征植，减死一等；遣东中郎将陇西董卓代之。

巴郡张修以妖术为人疗病[8]，其法略与张角同，令病家出五斗米，号“五斗米师”。秋，七月，修聚众反，寇郡县；时人谓之“米贼”。

八月，皇甫嵩与黄巾战于苍亭[9]，获其帅卜巳。董卓攻张角无功，抵罪。乙巳，诏嵩讨角。

九月，安平王续坐不道[10]，诛，国除。

初，续为黄巾所虏，国人赎之得还，朝廷议复其国。议郎李燮曰：“续守藩不称，损辱圣朝，不宜复国。”朝廷不从。燮坐谤毁宗室，输作左校[11]；未满岁，王坐诛，乃复拜议郎。京师为之语曰：“父不肯立帝，子不肯立王。”

【注释】

①四凶：古代传说舜所流放的四名罪犯。共工、驩兜、三苗、鲧。②十六相：古代传说中的十六个才德之士。包括八元：伯奋、仲堪、叔献、季仲、伯虎、仲熊、叔豹、季狸；八恺：苍舒、隤敱、梼戭、大临、龙降、庭坚、仲容、叔达。 ③市虎成于三夫：据《韩非子》载：庞共对魏王说："现在一个人说大街上有老虎，大王信不信？"魏王说："不信。"庞共说："两个人说大街上有老虎，大王信不信？"魏王说："不信。"庞共说："三个人说大街上有老虎，大王信不信？"魏王说："我相信。"庞共说："大街上明明没有老虎，三人的话却使您相信大街上有了老虎……"这个典故表明，本没有的事情，但传说的人多，便会扰乱人们的视听，无中生有。 ④杜邮之戮：战国时秦国名将白起，一生战功显赫，曾指挥过有名的长平之战。但后来被相范雎妒忌，因意见不合，使其被逼自杀。此事详见第五卷周郝王五十八年（前257）。 ⑤宛下：在今河南南阳市。 ⑥交趾：郡名。所治相当于今广东、广西及越南北部。 ⑦中郎：官名。秦置。为近侍之官。汉代沿置，属于郎中令（光禄勋）。其长称中郎将，亦通称中郎。⑧巴郡：郡名。三国时蜀汉移治今重庆。 ⑨苍亭：在今河南范县境内。⑩安平国：在今河北衡水市冀州区。 ⑪左校：官府名。秦、汉初，置左、右、前、后、中五校令，后来只设左、右校令。东汉沿置，掌管左、右工徒。三国时魏把左、右校合并进材官里。凡是大臣犯法，常常遣送到左校劳动。

冬，十月，皇甫嵩与张角弟梁战于广宗，梁众精勇，嵩不能克；明日，乃闭营休士以观其变，知贼意稍懈，乃潜夜勒兵，鸡鸣，驰赴其陈，战至晡时[①]，大破之，斩梁，获首三万级，赴河死者五万许人。角先已病死，剖棺戮尸，传首京师。十一月，嵩复攻角弟宝于下曲阳[②]，斩之，斩获十余万人。即拜嵩为左车骑将军，领冀州牧，封槐里侯。嵩能温恤士卒，每军行顿止，须营幔修立，然后就舍，军士皆食，尔乃尝饭[③]，故所向有功。

北地先零羌及枹罕[④]、河关群盗反[⑤]，共立湟中义从胡北宫伯玉[⑥]、李文侯为将军，杀护羌校尉泠征。金城人边章、韩遂素著名西州，群盗诱而劫之，使专任军政，杀金城太守陈懿，攻烧州郡。

初，武威太守倚恃权贵[⑦]，恣行贪暴，凉州从事武都苏正和案致其罪[8]。刺史梁鹄惧,欲杀正和以免其负,访于汉阳长史敦煌盖勋。勋素与正和有仇,或劝勋因此报之,勋曰:“谋事杀良,非忠也;乘人之危,非仁也。”乃谏鹄曰:“夫绁食鹰隼,欲其鸷也。鸷而亨之,将何用哉!”鹄乃止。正和诣勋求谢,勋不见,曰:“吾为梁使君谋[9],不为苏正和也。”怨之如初。

后刺史左昌盗军谷数万,勋谏之。昌怒,使勋与从事辛曾、孔常别屯阿阳以拒贼,欲因军事罪之;而勋数有战功。及北宫伯玉之攻金城也,勋劝昌救之,昌不从。陈懿既死,边章等进围昌于冀,昌召勋等自救,辛曾等疑不肯赴,勋怒曰:“昔庄贾后期[10],穰苴奋剑。今之从事岂重于古之监军乎!”曾等惧而从之。勋至冀,诮让章等以背叛之罪[11];皆曰:“左使君若早从君言,以兵临我,庶可自改;今罪已重,不得降也。”乃解围去。

叛羌围校尉夏育于畜官,勋与州郡合兵救育,至狐槃[12],为羌所败。勋余众不及百人,身被三创,坚坐不动,指木表曰[13]:“尸我于此!”句就种羌滇吾以兵扞众曰:“盖长史贤人,汝曹杀之者为负天。”勋仰骂曰:“死反虏! 汝何知,促来杀我!”众相视而惊。滇吾下马与勋,勋不肯上,遂为羌所执。羌服其义勇,不敢加害,送还汉阳。后刺史杨雍表勋领汉阳太守。

【注释】

①晡时:申时,黄昏时。 ②下曲阳:属巨鹿郡,在今河北晋州市西鼓城村。 ③尔乃:这才。 ④枹(fú 浮)罕:在今甘肃临夏县。 ⑤河关:在今甘肃临夏县县西。 ⑥湟中:在今青海湖以东地区。 ⑦武威:在今甘肃武威市。 ⑧凉州:在今甘肃境内。 ⑨使君:汉时称刺史为使君。汉以后用以对州郡长官的尊称。 ⑩庄贾后期,穰苴奋剑:前六世纪春秋时代,燕国、晋国侵犯齐国,齐景公任命司马穰苴为将军,率军抵御,命令自己的宠臣庄贾担任监军。穰苴与庄贾相约早晨相会,可是到了黄昏庄贾才来,尽管当时庄贾显赫庞贵,穰苴仍按军法斩了庄贾。 ⑪诮(qiào 俏):责问。 ⑫狐槃:在今甘肃甘谷县南。 ⑬木表:木标,木牌。

张曼成余党更以赵弘为帅,众复盛,至十余万,据宛城。朱俊与荆州刺史徐璆等合兵围之，自六月至八月不拔；有司奏征儁。司空张温上疏曰："昔秦用白起，燕任乐毅[①]，皆旷年历载，乃能克敌。儁讨颍川已有功效，引师南指，方略已设；临军易将，兵家所忌，宜假日月，责其成功。"帝乃止。儁击弘，斩之。

贼帅韩忠复据宛拒儁，儁鸣鼓攻其西南，贼悉众赴之；儁自将精卒掩其东北，乘城而入。忠乃退保小城，惶惧乞降；诸将皆欲听之，儁曰："兵固有形同而势异者。昔秦、项之际，民无定主，故赏附以劝来耳。今海内一统，唯黄巾造逆。纳降无以劝善，讨之足以惩恶。今若受之，更开逆意，贼利则进战，钝则乞降，纵敌长寇，非良计也！"因急攻，连战不克。儁登土山望之，顾谓司马张超曰："吾知之矣。贼今外围周固，内营逼急，乞降不受，欲出不得，所以死战也。万人一心，犹不可当，况十万乎！不如撤围，并兵入城，忠见围解，势必自出，自出则意散，破之道也。"既而解围，忠果出战，儁因击，大破之，斩首万余级。

南阳太守秦颉杀忠[②]，余众复奉孙夏为帅，还屯宛。儁急攻之，司马孙坚率众先登；癸巳，拔宛城。孙夏走，儁追至西鄂精山[③]，复破之，斩万余级。于是黄巾破散，其余州郡所诛，一郡数千人。

十二月，己巳，赦天下，改元。

豫州刺史太原王允破黄巾，得张让宾客书，与黄巾交通，上之。上责怒让；让叩头陈谢，竟亦不能罪也。让由是以事中允，遂传下狱，会赦，还为刺史；旬日间，复以他罪被捕。杨赐不欲使更楚辱，遣客谢之曰[④]："君以张让之事，故一月再征，凶慝难量，幸为深计！"诸从事好气决者，共流涕奉药而进之。允厉声曰："吾为人臣，获罪于君，当伏大辟以谢天下，岂有乳药求死乎！"投杯而起，出就槛车。既至，大将军进与杨赐、袁隗共上疏请之，得减死论。

【注释】

①乐毅：战国时燕将，中山国灵寿人，乐羊的后代，燕昭王时任亚卿。前284年，率军击破齐国，先后攻下七十多城。后死在赵国。 ②南阳：郡名，治所在宛县（今河南南阳市），汉代辖境相当于今河南熊耳山以南叶县、内乡间和湖北大洪山以北广水市、十堰市郧阳区间地。其后渐小。

③西鄂精山:西鄂,在今河南南召县;精山,在南召县南。 ④谢:问,告。

二年 春,正月,大疫。

二月,己酉,南宫云台灾。庚戌,乐城门灾。

中常侍张让、赵忠说帝敛天下田,亩十钱,以修宫室,铸铜人。乐安太守陆康上疏谏曰:"昔鲁宣税亩而蝝灾自生[①],哀公增赋而孔子非之,岂有聚夺民物以营无用之铜人,捐舍圣戒,自蹈亡王之法哉!"内幸谮康援引亡国以譬圣明,大不敬,槛车征诣廷尉。侍御史刘岱表陈解释,得免归田里。康,续之孙也[②]。

又诏发州郡材木文石,部送京师。黄门常侍辄令谴呵不中者,因强折贱买,仅得本贾十分之一。因复货之,宦官复不为即受,材木遂至腐积,宫室连年不成。刺史、太守复增私调,百姓呼嗟。又令西园驺分道督趣[③],恐动州郡,多受赇赂。刺史、二千石及茂才、孝廉迁除,皆责助军、修宫钱,大郡至二三千万,余各有差。当之官者,皆先至西园谐价,然后得去;其守清者乞不之官,皆迫遣之。时巨鹿太守河内司马直新除,以有清名,减责三百万。直被诏,怅然曰[④]:"为民父母而反割剥百姓以称时求,吾不忍也。"辞疾;不听。行至孟津,上书极陈当世之失,即吞药自杀。书奏,帝为暂绝修宫钱。

以朱俊为右车骑将军。

自张角之乱,所在盗贼并起,博陵张牛角、常山褚飞燕及黄龙、左校、于氐根、张白骑、刘石、左髭文八、平汉大计、司隶缘城、雷公、浮云、白雀、杨凤、于毒、五鹿、李大目、白绕、眭固、苦蝤之徒,不可胜数,大者二三万,小者六七千人。

张牛角、褚飞燕合军攻瘿陶[⑤],牛角中流矢,且死,令其众奉飞燕为帅,改姓张。飞燕名燕,轻勇趫捷,故军中号曰"飞燕"。山谷寇贼多附之,部众浸广,殆至百万,号黑山贼,河北诸郡县并被其害[⑥],朝廷不能讨。燕乃遣使至京师,奏书乞降;遂拜燕平难中郎将,使领河北诸山谷事,岁得举孝廉、计吏[⑦]。

【注释】

①鲁宣税亩:即在鲁宣公十五年(前594)鲁国推行的"初税亩"。这

是中国古代征收田赋的开始。 ②续：陆续，东汉陆闳的孙子，字智初。任郡户曹史时，赈济饥民有功，升为郡门下掾。后因楚王刘英事受牵连，下洛阳监狱，不久又释放。 ③驺（zōu 邹）：骑士。 ④怅（chàng 唱）：失意，懊悔。 ⑤瘿：音 yǐng（影）。 ⑥河北：即黄河以北的地区。古时一般称黄河以北为河内，以南为河外。 ⑦计吏：掌计簿的官吏。计簿，记录人事、户口、赋税的簿籍，也叫"计籍"。

司徒袁隗免。三月，以廷尉崔烈为司徒。烈，寔之从兄也。

是时，三公往往因常侍、阿保入钱西园而得之[①]，段颎、张温等虽有功勤名誉，然皆先输货财，乃登公位。烈因傅母入钱五百万，故得为司徒。及拜日，天子临轩[②]，百僚毕会，帝顾谓亲幸者曰："悔不少靳[③]，可至千万！"程夫人于傍应曰："崔公，冀州名士，岂肯买官！赖我得是，反不知姝邪[④]！"烈由是声誉顿衰。

北宫伯玉等寇三辅，诏左车骑将军皇甫嵩镇长安以讨之。

时凉州兵乱不止，征发天下役赋无已，崔烈以为宜弃凉州。诏会公卿百官议之，议郎傅燮厉言曰："斩司徒，天下乃安！"尚书奏燮廷辱大臣。帝以问燮，对曰："樊哙以冒顿悖逆，愤激思奋，未失人臣之节，季布犹曰'哙可斩也'。今凉州天下要冲，国家藩卫。高祖初兴，使郦商别定陇右；世宗拓境，列置四郡[⑤]，议者以为断匈奴右臂。今牧御失和，使一州叛逆；烈为宰相，不念为国思所以弭之之策，乃欲割弃一方万里之土，臣窃惑之！若使左衽之虏得居此地，士劲甲坚，因以为乱，此天下之至虑，社稷之深忧也。若烈不知，是极蔽也；知而故言，是不忠也。"帝善而从之。

夏，四月，庚戌，大雨雹。

五月，太尉邓盛罢；以太仆河南张延为太尉[⑥]。

六月，以讨张角功，封中常侍张让等十二人为列侯。

秋，七月，三辅螟[⑦]。

皇甫嵩之讨张角也，过邺，见中常侍赵忠舍宅逾制，奏没入之。又中常侍张让私求钱五千万，嵩不与。二人由是奏嵩连战无功，所费者多，征嵩还，收左车骑将军印绶，削户六千。八月，以司空张温为车骑将军，执金吾袁滂为副，以讨北宫伯玉；拜中郎将董卓为破虏将军，与荡寇将军周慎并统于温。

九月，以特进杨赐为司空。冬，十月，庚寅[8]，临晋文烈侯杨赐薨。以光禄大夫许相为司空。相，训之子也。

【注释】

①阿保：古时教育抚养贵族子女的妇女。 ②临轩：古时皇帝不坐正殿而在殿前平台上接见臣属，叫"临轩"。 ③靳：吝惜。 ④姝：美。⑤四郡：即酒泉、张掖、武威、敦煌四郡。 ⑥河南：治所在今河南洛阳市。 ⑦螟（míng 冥）：螟蛾的幼虫。一种蛀食稻心的害虫。 ⑧庚寅：此日疑误。

谏议大夫刘陶上言："天下前遇张角之乱，后遭边章之寇，今西羌逆类已攻河东，恐遂转盛，豕突上京。民有百走退死之心，而无一前斗生之计，西寇浸前，车骑孤危，假令失利，其败不救。臣自知言数见厌，而言不自裁者，以为国安则臣蒙其庆[1]，国危则臣亦先亡也。谨复陈当今要急八事。"大较言天下大乱[2]，皆由宦官。宦官共谗陶曰："前张角事发，诏书示以威恩，自此以来，各各改悔。今者四方安静，而陶疾害圣政，专言妖孽[3]。州郡不上，陶何缘知？疑陶与贼通情。"于是收陶下黄门北寺狱，掠按日急。陶谓使者曰："臣恨不与伊、吕同畴[4]，而以三仁为辈[5]。今上杀忠謇之臣[6]，下有憔悴之民，亦在不久，后悔何及！"遂闭气而死。前司徒陈耽为人忠正，宦官怨之，亦诬陷，死狱中。

张温将诸郡兵步骑十余万屯美阳[7]，边章、韩遂亦进兵美阳，温与战，辄不利。十一月，董卓与右扶风鲍鸿等并兵攻章、遂[8]，大破之，章、遂走榆中[9]。

温遣周慎将三万人追之。参军事孙坚说慎曰："贼城中无谷，当外转粮食，坚愿得万人断其运道，将军以大兵继后，贼必困乏而不敢战，走入羌中[10]，并力讨之，则凉州可定也！"慎不从，引军围榆中城，而章、遂分屯葵园峡，反断慎运道，慎惧，弃车重而退。

温又使董卓将兵三万讨先零羌[11]，羌、胡围卓于望垣北，粮食乏绝，乃于所渡水中立隅以捕鱼，而潜从隅下过军。比贼追之，决水已深，不得渡，遂还屯扶风。

张温以诏书召卓，卓良久乃诣温；温责让卓，卓应对不顺。孙坚前耳语谓温曰："卓不怖罪而鸱张大语[12]，宜以召不时至，陈军法斩之。"温曰："卓素著威名于河、陇之间，今日杀之，西行无依。"坚曰："明公亲率王师，威震天下，何赖于卓！观卓所言，不假明公，轻上无礼，一罪也；章、遂跋扈经年，当以时进讨，而卓云未可，沮军疑众，二罪也；卓受任无功，应召稽留，而轩昂自高，三罪也。古之名将仗钺临众，未有不断斩以成功者也。今明公垂意于卓，不即加诛，亏损威刑，于是在矣。"温不忍发，乃曰："君且还，卓将疑人。"坚遂出。

是岁，帝造万金堂于西园，引司农金钱、缯帛牣积堂中，复藏寄小黄门、常侍家钱各数千万，又于河间买田宅[13]，起第观。

【注释】

①庆：幸福。 ②大较：概略，大旨。 ③妖孽：物类的反常现象。 ④伊：伊尹，商初大臣。名伊，尹是官名。曾帮助商汤攻灭夏桀。吕：吕尚，周代齐国的始祖。姜姓，吕氏，名望，一说字子牙，西周初年任太师（武官名），也称师尚父。辅佐周武王灭商有功，封于齐。有太公之称，俗称姜太公。 ⑤三仁：即孔子称颂的殷代"三仁"：微子、箕子、比干。微子见殷王纣昏乱残暴而离去，箕子、比干劝谏殷王纣而受辱被害。⑥謇（jiǎn 简）：忠诚，正直。 ⑦美阳：在今陕西武功县。 ⑧右扶风：在今陕西兴平市。 ⑨榆中：在今甘肃榆中县。 ⑩羌中：在今青海东北部。 ⑪先零羌：古族名。汉时西羌的一支。分布在今甘肃临夏回族自治州以西和青海东北部一带。东汉初，被陇西太守马援征服，迁徙天水、陇西、扶风一带。逐渐与汉族及西北其他民族融合。 ⑫鸱（chī 痴）张：嚣张，凶暴，像鸱鸟张开翅膀一样。 ⑬河间：郡、国名。汉高帝置郡，文帝改国，其后或为郡，或为国。治所在乐城（今河北献县东南）。平帝时辖境相当今河北献县、泊头市、东光县、阜城县、武强县各一部分地。

三年 春，二月，江夏兵赵慈反[1]，杀南阳太守秦颉。

庚戌，赦天下。

太尉张延罢。遣使者持节就长安拜张温为太尉。三公在外始于温。

以中常侍赵忠为车骑将军。帝使忠论讨黄巾之功，执金吾甄举谓忠曰："傅南容前在东军，有功不侯，天下失望。今将军亲当重任，宜进贤理屈，以副众心。"忠纳其言，遣弟城门校尉延致殷勤于傅燮。延谓燮曰："南容少答我常侍，万户侯不足得也！"燮正色拒之曰："有功不论，命也。傅燮岂求私赏哉！"忠愈怀恨，然惮其名，不敢害，出为汉阳太守。

帝使钩盾令宋典修南宫玉堂[②]，又使掖庭令毕岚铸四铜人[③]，又铸四钟，皆受二千斛。又铸天禄、虾蟆吐水于平门外桥东[④]，转水入宫。又作翻车、渴乌[⑤]，施于桥西，用洒南北郊路，以为可省百姓洒道之费。

五月，壬辰晦，日有食之。

六月，荆州刺史王敏讨赵慈，斩之。

车骑将军赵忠罢。

冬，十月，武陵蛮反，郡兵讨破之。

前太尉张延为宦官所谮，下狱死。

十二月，鲜卑寇幽、并二州。

征张温还京师。

四年 春，正月，己卯，赦天下。

二月，荥阳贼杀中牟令[⑥]。三月，河南尹何苗讨荥阳贼，破之；拜苗为车骑将军。

韩遂杀边章及北宫伯玉、李文侯，拥兵十余万，进围陇西，太守李相如叛，与遂连和。

凉州刺史耿鄙率六郡兵讨遂。鄙任治中程球，球通奸利，士民怨之。汉阳太守傅燮谓鄙曰："使君统政日浅，民未知教。贼闻大军将至，必万人一心，边兵多勇，其锋难当；而新合之众，上下未和，万一内变，虽悔无及。不若息军养德，明赏必罚，贼得宽挺，必谓我怯，群恶争势，其离可必。然后率已教之民，讨成离之贼，其功可坐而待也！"鄙不从。夏，四月，鄙行至狄道[⑦]，州别驾反应贼，先杀程球，次害鄙，贼遂进围汉阳。城中兵少粮尽，燮犹固守。

【注释】

①江夏:郡名。西汉高祖六年(前201)置。治所在安陆(今湖北安陆市北),辖境相当今湖北安陆市、钟祥市、潜江市、仙桃市、嘉鱼县、赤壁市、崇阳县以东,河南光山县、新县以西、信阳市以东、淮河以南地。②钩盾令:官名。汉朝少府的属官,主管皇家花苑林园。由宦官充任。③掖庭令:官名。掌管皇宫中宦官的人事。由宦官充任。 ④虾(há蛤)蟆:即蛤蟆。虾,同"蛤"。 ⑤翻车:即水车,又叫"龙骨车"。渴乌:古代吸水用的吸管。 ⑥中牟:在今河南中牟县。 ⑦狄道:在今甘肃临洮县。

时北地胡骑数千随贼攻郡,皆夙怀燮恩,共于城外叩头,求送燮归乡里。燮子干,年十三,言于燮曰:"国家昏乱,遂令大人不容于朝。今兵不足以自守,宜听羌、胡之请,还乡里,徐俟有道而辅之。"言未终,燮慨然叹曰:"汝知吾必死邪!圣达节,次守节。殷纣暴虐,伯夷不食周粟而死。吾遭世乱,不能养浩然之志,食禄,又欲避其难乎!吾行何之,必死于此!汝有才智,勉之勉之!主簿杨会,吾之程婴也[①]。"

狄道人王国使故酒泉太守黄衍说燮曰:"天下已非复汉有,府君宁有意为吾属帅乎?"燮按剑叱衍曰:"若剖符之臣,反为贼说邪!"遂麾左右进兵,临陈战殁。耿鄙司马扶风马腾亦拥兵反,与韩遂合,共推王国为主,寇掠三辅。

太尉张温以寇贼未平,免;以司徒崔烈为太尉。五月,以司空许相为司徒;光禄勋沛国丁宫为司空[②]。

初,张温发幽州乌桓突骑三千以讨凉州,故中山相渔阳张纯请将之[③],温不听,而使涿令辽西公孙瓒将之[④]。军到蓟中[⑤],乌桓以牢禀逋县[⑥],多叛还本国。张纯忿不得将,乃与同郡故泰山太守张举及乌桓大人丘力居等连盟,劫略蓟中,杀护乌桓校尉公綦稠、右北平太守刘政、辽东太守阳终等[⑦],众至十余万,屯肥如[⑧]。举称天子,纯称弥天将军、安定王,移书州郡,云举当代汉,告天子避位,敕公卿奉迎。

冬,十月,长沙贼区星自称将军[⑨],众万余人;诏以议郎孙坚为长沙太守，讨击平之，封坚乌程侯。

十一月，太尉崔烈罢；以大司农曹嵩为太尉。

十二月，屠各胡反。

是岁，卖关内侯，直五百万钱。

前太丘长陈寔卒，海内赴吊者三万余人。寔在乡闾，平心率物，其有争讼，辄求判正，晓譬曲直，退无怨者；至乃叹曰："宁为刑罚所加，不为陈君所短！"杨赐、陈耽，每拜公卿，群僚毕贺，辄叹寔大位未登，愧于先之。

【注释】

①程婴：春秋时晋国人。晋景公三年（前597），屠岸贾灭赵朔全族，赵朔的妻子生下一遗腹子，赵朔的门客程婴为保住赵朔的遗腹子，藏匿深山十五年。这个遗腹子便是历史上有名的赵武，后来终于报了杀父之仇。　②沛国：在今安徽濉溪县。　③渔阳：在今北京密云区。　④辽西：在今辽宁锦州市。　⑤蓟：在今河北北部。　⑥牢禀逋县（būxuán 晡悬）：军粮拖欠。牢禀，军粮；逋，拖欠；县，通"悬"。　⑦辽东：在今辽宁辽阳市。　⑧肥如：在今河北卢龙县北。　⑨长沙：郡名。秦置。治所在临湘（今湖南长沙市）。辖境相当今湖南东部、南部和广西小部分，广东连州市、英德市等地。西汉改郡为国，东汉仍改为郡。辖境渐小。

资治通鉴卷第五十九

汉纪五十一 起著雍执徐，尽上章敦牂，凡三年。

孝灵皇帝下

中平五年 春，正月，丁酉，赦天下。

二月，有星孛于紫宫[①]。

黄巾余贼郭大等起于河西白波谷，寇太原、河东。

三月，屠各胡攻杀并州刺史张懿。

太常江夏刘焉见王室多故，建议以为："四方兵寇，由刺史威轻，既不能禁，且用非其人，以致离叛。宜改置牧伯[②]，选清名重臣以居其任。"焉内欲求交趾牧[③]。侍中广汉董扶私谓焉曰："京师将乱，益州分野有天子气[④]。"焉乃更求益州。会益州刺史郤俭赋敛烦扰[⑤]，谣言远闻，而耿鄙、张懿皆为盗所杀，朝廷遂从焉议，选列卿、尚书为州牧，各以本秩居任。以焉为益州牧，太仆黄琬为豫州牧，宗正东海刘虞为幽州牧。州任之重，自此而始。焉，鲁恭王之后；虞，东海恭王之五世孙也。虞尝为幽州刺史，民夷怀其恩信，故用之。董扶及太仓令赵韪皆弃官，随焉入蜀。

诏发南匈奴兵配刘虞讨张纯，单于羌渠遣左贤王将骑诣幽州。国人恐发兵无已，于是右部䤈落反，与屠各胡合，凡十余万人，攻杀羌渠。国人立其子右贤王於扶罗为持至尸逐侯单于[⑥]。

夏，四月，太尉曹嵩罢。

五月，以永乐少府南阳樊陵为太尉；六月，罢。

益州贼马相、赵祇等起兵绵竹，自号黄巾，杀刺史郤俭，进击巴郡、犍为，旬月之间，破坏三郡，有众数万，自称天子。州从事贾龙率吏民攻相等，数日破走，州界清静。龙乃选吏卒迎刘焉。

焉徙治绵竹，抚纳离叛，务行宽惠，以收人心。

【注释】

①紫宫：亦称紫微宫，即紫微垣。星官名，又为天区名。为三垣的中垣，三垣即太微垣、紫微垣和天市垣。 ②改置牧伯：即改刺史，置州牧、州伯。西汉武帝时始置刺史，后几经兴废。吕思勉以为“汉刺史监纠非法，不过六条”。《日知录》有“六条之外不察”。故刘焉有“刺史威轻”之论。 ③焉内欲求交趾牧：据胡注，刘焉是因为交趾僻远，可以避祸。④分野：我国古代星占术中的一种概念。它认为，地上各州郡邦国和天上的一定区域相对应，在该天区发生的天象预兆着各对应地方的吉凶。⑤郤（xì 隙）：姓。 ⑥於：音 wū（乌）。

郡国七大水。

故太傅陈蕃子逸与术士襄楷会于冀州刺史王芬坐[1]，楷曰：“天文不利宦者，黄门、常侍真族灭矣。”逸喜。芬曰：“若然者，芬愿驱除！”因与豪桀转相招合，上书言黑山贼攻劫郡县，欲因以起兵。会帝欲北巡河间旧宅，芬等谋以兵徼劫[2]，诛诸常侍、黄门，因废帝，立合肥侯，以其谋告议郎曹操。操曰：“夫废立之事，天下之至不祥也。古人有权成败、计轻重而行之者，伊、霍是也[3]。伊、霍皆怀至忠之诚，据宰辅之势，因秉政之重，同众人之欲，故能计从事立。今诸君徒见曩者之易，未睹当今之难，而造作非常，欲望必克，不以危乎！”芬又呼平原华歆、陶丘洪共定计。洪欲行，歆止之曰：“夫废立大事，伊、霍之所难。芬性疏而不武，此必无成。”洪乃止。会北方夜半有赤气，东西竟天，太史上言：“北方有阴谋，不宜北行。”帝乃止。敕芬罢兵，俄而征之。芬惧，解印绶亡走，至平原，自杀。

秋，七月，以射声校尉马日磾为太尉。日磾，融之族孙也。

八月，初置西园八校尉，以小黄门蹇硕为上军校尉，虎贲中郎将袁绍为中军校尉，屯骑校尉鲍鸿为下军校尉，议郎曹操为典军校尉，赵融为助军左校尉，冯芳为助军右校尉，谏议大夫夏牟为左校尉，淳于琼为右校尉；皆统于蹇硕。帝自黄巾之起，留心戎事；硕壮健有武略，帝亲任之，虽大将军亦领属焉。

曹操像

九月，司徒许相罢；以司空丁宫为司徒，光禄勋南阳刘弘为司空。

以卫尉条侯董重为票骑将军。重，永乐太后兄子也。

冬，十月，青、徐黄巾复起，寇郡县。

望气者以为京师当有大兵，两宫流血。帝欲厌之[④]，乃大发四方兵，讲武于平乐观下，起大坛，上建十二重华盖，盖高十丈；坛东北为小坛，复建九重华盖，高九丈。列步骑数万人，结营为阵。甲子，帝亲出临军，驻大华盖下，大将军进驻小华盖下。帝躬擐甲[⑤]、介马，称“无上将军”，行陈三匝而还，以兵授进。帝问讨虏校尉盖勋曰：“吾讲武如是，何如？”对曰：“臣闻先王曜德不观兵。今寇在远而设近陈，不足以昭果毅，只黩武耳！”帝曰：“善！恨见君晚，群臣初无是言也。”勋谓袁绍曰：“上甚聪明，但蔽于左右耳。”与绍谋共诛嬖幸[⑥]，蹇硕惧，出勋为京兆尹。

【注释】

①术士：此指儒生中讲阴阳灾异的一派人，即道术之士。后以指占卜星相等操迷信职业的人。　②徼（yāo 腰）：拦截。　③伊、霍：即伊尹、霍光。伊尹，商初大臣。曾帮助商汤王灭夏。汤王去世后，历佐卜丙、仲壬，后放逐太甲，篡位自立。七年后，太甲潜回，将他杀死。霍光，西汉大臣，受汉武帝遗诏，辅佐国政。曾大权独揽，废昌邑王刘贺，迎立宣帝，死后族人遭诛。　④厌（yā 压）：通“压”。　⑤擐（huàn 患）：穿。

⑥嬖(bì 闭)幸:帝王所宠爱而态度轻佻的人。

十一月,王国围陈仓[1]。诏复拜皇甫嵩为左将军,督前将军董卓,合兵四万人以拒之。

张纯与丘力居钞略青、徐、幽、冀四州;诏骑都尉公孙瓒讨之。瓒与战于属国石门,纯等大败,弃妻子,逾塞走;悉得所略男女。瓒深入无继,反为丘力居等所围于辽西管子城,二百余日,粮尽众溃,士卒死者什五六。

董卓谓皇甫嵩曰:"陈仓危急,请速救之。"嵩曰:"不然,百战百胜,不如不战而屈人兵。陈仓虽小,城守固备,未易可拔。王国虽强,攻陈仓不下,其众必疲,疲而击之,全胜之道也,将何救焉!"国攻陈仓八十余日,不拔。

六年 春,二月,国众疲敝,解围去,皇甫嵩进兵击之。董卓曰:"不可!兵法,穷寇勿迫,归众勿追。"嵩曰:"不然。前吾不击,避其锐也;今而击之,待其衰也;所击疲师,非归众也;国众且走,莫有斗志,以整击乱,非穷寇也。"遂独进击之,使卓为后拒,连战,大破之,斩首万余级。卓大惭恨,由是与嵩有隙。

韩遂等共废王国,而劫故信都令汉阳阎忠使督统诸部。忠病死,遂等稍争权利,更相杀害,由是浸衰。

幽州牧刘虞到部,遣使至鲜卑中,告以利害,责使送张举、张纯首,厚加购赏。丘力居等闻虞至,喜,各遣译自归。举、纯走出塞,余皆降散。虞上罢诸屯兵,但留降虏校尉公孙瓒,将步骑万人屯右北平。三月,张纯客王政杀纯,送首诣虞。公孙瓒志欲扫灭乌桓,而虞欲以恩信招降,由是与瓒有隙。

夏,四月,丙子朔[2],日有食之。

太尉马日磾免;遣使即拜幽州牧刘虞为太尉,封容丘侯。

蹇硕忌大将军进,与诸常侍共说帝遣进西击韩遂;帝从之。进阴知其谋,奏遣袁绍收徐、兖二州兵,须绍还而西,以稽行期。

初,帝数失皇子,何皇后生子辩,养于道人史子眇家,号曰"史侯"。王美人生子协,董太后自养之,号曰"董侯"。群臣请立太子。帝以辩轻佻无威仪,欲立协,犹豫未决。会疾笃,属协于蹇硕。丙辰，帝崩于嘉德殿。硕时在内，欲先诛何进而立协，使人迎进，欲与计事；进即驾往。硕司马潘隐与进早旧，迎而目之。进惊，驰从儳道归营[3]，引兵入屯百郡邸[4]，因称疾不入。

戊午，皇子辩即皇帝位，年十四。尊皇后曰皇太后。太后临朝。赦天下，改元为光熹。封皇弟协为勃海王。协年九岁。以后将军袁隗为太傅，与大将军何进参录尚书事。

【注释】

①陈仓：古县名。秦置。治所在今陕西宝鸡市东。处于关中、汉中间的交通要冲，历为战争要地。 ②丙子：此日疑误。 ③儳（chán 缠）道：捷径。 ④百郡邸：各地郡国在京师设置的官邸。

进既秉朝政，忿蹇硕图己，阴规诛之。袁绍因进亲客张津，劝进悉诛诸宦官。进以袁氏累世贵宠[1]，而绍与从弟虎贲中郎将术皆为豪桀所归，信而用之。复博征智谋之士何颙、荀攸及河南郑泰等二十余人，以颙为北军中候，攸为黄门侍郎[2]，泰为尚书，与同腹心。攸，爽之从孙也。

蹇硕疑不自安，与中常侍赵忠、宋典等书曰："大将军兄弟秉国专朝，今与天下党人谋诛先帝左右，扫灭我曹，但以硕典禁兵，故且沉吟。今宜共闭上阁，急捕诛之。"中常侍郭胜，进同郡人也，太后及进之贵幸，胜有力焉，故亲信何氏；与赵忠等议，不从硕计，而以其书示进。庚午，进使黄门令收硕，诛之，因悉领其屯兵。

票骑将军董重，与何进权势相害，中官挟重以为党助。董太后每欲参干政事，何太后辄相禁塞，董后忿恚，詈曰："汝今辀张，怙汝兄耶[3]！吾敕票骑断何进头，如反手耳！"何太后闻之，以告进。五月，进与三公共奏："孝仁皇后使故中常侍夏恽等交通州郡[4]，辜较财利[5]，悉入西省[6]。故事，蕃后不得留京师[7]；请迁宫本国。"奏可。辛巳，进举兵围票骑府，收董重，免官，自杀。六月，辛亥，董太后忧怖，暴崩。民间由是不附何氏。

辛酉，葬孝灵皇帝于文陵。何进惩蹇硕之谋[8]，称疾，不入陪丧，又不送山陵。

大水。

秋，七月，徙勃海王协为陈留王。

司徒丁宫罢。

袁绍复说何进曰："前窦武欲诛内宠而反为所害者，但坐言语漏泄；五营兵士皆畏服中人，而窦氏反用之，自取祸灭。今将军兄弟并领劲兵[9]，部曲将吏皆英俊名士，乐尽力命，事在掌握，此天赞之时也。将军宜一为天下除患，以垂名后世，不可失也！"进乃白太后，请尽罢中常侍以下，以三署郎补其处。太后不听，曰："中官统领禁省，自古及今，汉家故事，不可废也。且先帝新弃天下，我奈何楚楚与士人共对事乎！[10]"进难违太后意，且欲诛其放纵者。绍以为中官亲近至尊，出纳号令，今不悉废，后必为患。而太后母舞阳君及何苗数受诸宦官赂遗，知进欲诛之，数白太后为其障蔽；又言："大将军专杀左右，擅权以弱社稷。"太后疑以为然。进新贵，素敬惮中官，虽外慕大名而内不能断，故事久不决。

绍等又为画策，多召四方猛将及诸豪桀，使并引兵向京城，以胁太后；进然之。主簿广陵陈琳谏曰："谚称'掩目捕雀'，夫微物尚不可欺以得志，况国之大事，其可以诈立乎！今将军总皇威，握兵要，龙骧虎步，高下在心，此犹鼓洪炉燎毛发耳。但当速发雷霆，行权立断，则天人顺之。而反委释利器[11]，更征外助，大兵聚会，强者为雄，所谓倒持干戈，授人以柄，功必不成，只为乱阶耳！"进不听。典军校尉曹操闻而笑曰："宦者之官，古今宜有，但世主不当假之权宠[12]，使至于此。既治其罪，当诛元恶，一狱吏足矣，何至纷纷召外兵乎！欲尽诛之，事必宣露，吾见其败也。"

【注释】

①袁氏累世贵宠：袁安为司空、司徒，儿子袁敞为司空，孙子袁汤为司空、司徒、太尉，袁汤儿子袁逢为司空，幼子袁隗亦为三公，是累世贵宠。　②黄门侍郎：官名。秦及西汉郎官给事于宫门之内者，称黄门郎或黄门侍郎。东汉始设为专官，或称给事黄门侍郎，其职为侍从皇帝，传达诏令。　③汝今辀(zhōu 舟)张，怙(hù 护)汝兄耶：大意是"你现在这么猖獗，还不是仗着你哥哥的势力！"辀张：嚣张。怙：依靠，倚仗。兄：指何太后的哥哥何进。　④孝仁皇后：即董太后。交通：结交，勾结。⑤辜较：同"辜榷"。垄断，独占。　⑥西省：指永乐宫司。　⑦蕃后不

得留京师：王莽摄政时，害怕汉平帝母后卫姬专权，规定其母后不得留住京师。何进等引出此例，其意与王莽同。 ⑧惩：警戒。 ⑨将军兄弟：指何进、何苗两兄弟。 ⑩楚楚：鲜明貌。此当显头露角讲。 ⑪委释：弃置，放弃。 ⑫假：给予。

初，灵帝征董卓为少府，卓上书言："所将湟中义从及秦、胡兵皆诣臣言[1]：'牢直不毕，禀赐断绝[2]，妻子饥冻。'牵挽臣车，使不得行。羌、胡憋肠狗态[3]，臣不能禁止，辄将顺安慰。增异复上。"朝廷不能制。及帝寝疾，玺书拜卓并州牧，令以兵属皇甫嵩。卓复上书言："臣误蒙天恩，掌戎十年，士卒大小，相狎弥久，恋臣畜养之恩，为臣奋一旦之命，乞将之北州，效力边垂。"嵩从子郦说嵩曰："天下兵柄，在大人与董卓耳。今怨隙已结，势不俱存。卓被诏委兵而上书自请，此逆命也。彼度京师政乱，故敢踌躇不进，此怀奸也。二者，刑所不赦。且其凶戾无亲，将士不附。大人今为元帅，杖国威以讨之，上显忠义，下除凶害，无不济也。"嵩曰："违命虽罪，专诛亦有责也。不如显奏其事，使朝廷裁之。"乃上书以闻。帝以让卓。卓亦不奉诏，驻兵河东以观时变。

何进召卓使将兵诣京师。侍御史郑泰谏曰："董卓强忍寡义，志欲无厌，若借之朝政[4]，授以大事，将恣凶欲，必危朝廷。明公以亲德之重，据阿衡之权[5]，秉意独断，诛除有罪，诚不宜假卓以为资援也！且事留变生，殷鉴不远[6]，宜在速决。"尚书卢植亦言不宜召卓，进皆不从。泰乃弃官去，谓荀攸曰："何公未易辅也。"

进府掾王匡、骑都尉鲍信，皆泰山人，进使还乡里募兵；并召东郡太守桥瑁屯成皋，使武猛都尉丁原将数千人寇河内，烧孟津，火照城中，皆以诛宦官为言。

董卓闻召，即时就道，并上书曰："中常侍张让等，窃幸承宠，浊乱海内。臣闻扬汤止沸，莫若去薪[7]；溃痈虽痛，胜于内食。昔赵鞅兴晋阳之甲以逐君侧之恶[8]，今臣辄鸣钟鼓如雒阳，请收让等以清奸秽！"太后犹不从。何苗谓进曰："始共从南阳来，俱以贫贱依省内以致富贵[9]，国家之事，亦何容易。覆水不收，宜深思之，且与省内和也。"卓至渑池，而进更狐疑，使谏议大夫种邵宣诏止之。

卓不受诏，遂前至河南[10]；邵迎劳之[11]，因譬令还军[12]。卓疑有变，使其军士以兵胁邵。邵怒，称诏叱之，军士皆披[13]，遂前质责卓；卓辞屈，乃还军夕阳亭[14]。邵，嚣之孙也。

【注释】

①义从：自愿跟随者。 ②牢直不毕，禀赐断绝：牢，公家发给粮食；禀，赐人以谷。古时牢禀常连用，表示军粮。 ③憋（biē 鳖）：急躁。 ④借：凭借，依靠。 ⑤阿衡：本为商代重臣伊尹的官名，后引申为辅佐帝王，主持国政。 ⑥殷鉴：本指殷灭夏，殷后代应以夏亡为鉴戒。后泛指可作鉴戒的前事。窦武之事，可为殷鉴。 ⑦扬汤止沸，莫若去薪：比喻解决问题，应找到解决的根本办法。汤，开水。 ⑧兴晋阳之甲：《公羊传》载：哀公十三年（前556），晋赵鞅以清君侧为名，兴晋阳之兵，驱逐荀寅和士吉射。后来把地方官吏不满朝廷而举兵内向的行为也称为兴晋阳之甲。 ⑨省内：即宦官。 ⑩河南：在今河南洛阳市。 ⑪劳：慰劳。 ⑫譬：明晓，晓谕。 ⑬披：分散。 ⑭夕阳亭：在河南城西。

袁绍惧进变计，因胁之曰：“交构已成，形势已露，将军复欲何待而不早决之乎？事久变生，复为窦氏矣！”进于是以绍为司隶校尉，假节[1]，专命击断；从事中郎王允为河南尹。绍使雒阳方略武吏司察宦者，而促董卓等使驰驿上奏，欲进兵平乐观。太后乃恐，悉罢中常侍、小黄门使还里舍，唯留进所私人以守省中。诸常侍、小黄门皆诣进谢罪，唯所措置。进谓曰：“天下匈匈，正患诸君耳。今董卓垂至，诸君何不早各就国！”袁绍劝进便于此决之，至于再三；进不许。绍又为书告诸州郡，诈宣进意，使捕按中官亲属。

进谋积日，颇泄，中官惧而思变。张让子妇，太后之妹也，让向子妇叩头曰：“老臣得罪，当与新妇俱归私门。唯受恩累世[2]，今当远离宫殿，情怀恋恋，愿复一入直[3]，得暂奉望太后陛下颜色，然后退就沟壑，死不恨矣！”子妇言于舞阳君，入白太后；乃诏诸常侍皆复入直。

八月，戊辰，进入长乐宫，白太后，请尽诛诸常侍。中常侍张让、段珪相谓曰：“大将军称疾，不临丧，不送葬，今欻入省[4]，此意何为？窦氏事竟复起邪？”使潜听，具闻其语。乃率其党数十人持兵窃自侧闼入，伏省户下，进出，因诈以太后诏召进，入坐省阁。让等诘进曰："天下愦愦[5]，亦非独我曹罪也。先帝尝与太后不快，几至成败，我曹涕泣救解，各出家财千万为礼，和悦上意，但欲托卿门户耳。今乃欲灭我曹种族，不亦大甚乎！"于是尚方监渠穆拔剑斩进于嘉德殿前。让、珪等为诏，以故太尉樊陵为司隶校尉，少府许相为河南尹。尚书得诏版，疑之，曰："请大将军出共议。"中黄门以进头掷与尚书曰："何进谋反，已伏诛矣！"

进部曲将吴匡、张璋在外，闻进被害，欲引兵入宫，宫门闭。虎贲中郎将袁术与匡共斫攻之，中黄门持兵守阁。会日暮，术因烧南宫青琐门，欲以胁出让等。让等入白太后，言大将军兵反，烧宫，攻尚书闼[6]，因将太后、少帝及陈留王，劫省内官属，从复道走北宫。尚书卢植执戈于阁道窗下，仰数段珪[7]；珪惧，乃释太后，太后投阁，乃免。袁绍与叔父隗矫诏召樊陵、许相，斩之。绍及何苗引兵屯朱雀阙下，捕得赵忠等，斩之。吴匡等素怨苗不与进同心，而又疑其与宦官通谋，乃令军中曰："杀大将军者即车骑也，吏士能为报仇乎？"皆流涕曰："愿致死！"匡遂引兵与董卓弟奉车都尉旻攻杀苗[8]，弃其尸于苑中。绍遂闭北宫门，勒兵捕诸宦者[9]，无少长皆杀之，凡二千余人，或有无须而误死者。绍因进兵排宫，或上端门屋，以攻省内。

【注释】

①假节：持节。古代使臣出行，持节作为凭证，故叫假节。　②唯：思念。　③入直：直，通"值"。入直，即入宫内值勤。　④欻（xū 虚）：忽然。　⑤愦愦（kuì 溃）：昏乱。　⑥尚书闼（tà 踏）：即尚书门。闼，门。⑦数（shǔ 暑）：列举。　⑧旻：音 mín（民）。　⑨勒：统率。

庚午，张让、段珪等困迫，遂将帝与陈留王数十人步出谷门，夜，至小平津[1]，六玺不自随，公卿无得从者，唯尚书卢植、河南中部掾闵贡夜至河上。贡厉声质责让等，且曰："今不速死，吾将杀汝！"因手剑斩数人。让等惶怖，叉手再拜，叩头向帝辞曰："臣等死，陛下自爱！"遂投河而死。

贡扶帝与陈留王夜步逐萤光南行，欲还宫，行数里，得民家露车,共乘之,至雒舍止[②]。辛未,帝独乘一马,陈留王与贡共乘一马,从雒舍南行,公卿稍有至者。董卓至显阳苑,远见火起,知有变,引兵急进;未明,到城西,闻帝在北,因与公卿往奉迎于北芒阪下。帝见卓将兵卒至,恐怖涕泣。群公谓卓曰:"有诏却兵。"卓曰:"公诸人为国大臣,不能匡正王室,至使国家播荡[③],何却兵之有!"卓与帝语,语不可了[④];乃更与陈留王语,问祸乱由起,王答,自初至终,无所遗失。卓大喜,以王为贤,且为董太后所养,卓自以与太后同族,遂有废立之意。

是日,帝还宫,赦天下,改光熹为昭宁。失传国玺[⑤],余玺皆得之。以丁原为执金吾[⑥]。骑都尉鲍信自泰山募兵适至,说袁绍曰:"董卓拥强兵,将有异志,今不早图,必为所制;及其新至疲劳,袭之,可禽也!"绍畏卓,不敢发。信乃引兵还泰山。

董卓之入也,步骑不过三千,自嫌兵少,恐不为远近所服,率四五日辄夜潜出军近营,明旦,乃大陈旌鼓而还,以为西兵复至,雒中无知者。俄而进及弟苗部曲皆归于卓,卓又阴使丁原部曲司马五原吕布杀原而并其众,卓兵于是大盛。乃讽朝廷[⑦],以久雨,策免司空刘弘而代之。

【注释】

①小平津:古津渡名。在今河南孟津县东北,为古代黄河重要渡口。②雒舍:地名,在北芒山北面。 ③播荡:动荡。 ④了:明白,理解。⑤失传国玺:此事为后来献帝初平二年(191)孙坚得玺埋下伏笔。⑥执金吾:官名。金吾为两端涂金的铜棒,此官执之以示权威。西汉武帝时改中尉为执金吾,为督巡三辅治安的长官。东汉沿置,三国时或称中尉,或称执金吾,晋以后废。 ⑦讽:用委婉的语言暗示。

初,蔡邕徙朔方[①],会赦得还。五原太守王智,甫之弟也,奏邕谤讪朝廷[②];邕遂亡命江海,积十二年。董卓闻其名而辟之,称疾不就。卓怒,詈曰:"我能族人!"邕惧而应命,到,署祭酒,甚见敬重,举高第[③],三日之间,周历三台[④],迁为侍中。

董卓谓袁绍曰:"天下之主,宜得贤明,每念灵帝,令人愤毒[⑤]!董侯似可[⑥],今欲立之,为能胜史侯否[⑦]?人有小智大痴,亦知复何如？为当且尔[8]，刘氏种不足复遗！”绍曰：“汉家君天下四百许年，恩泽深渥[9]，兆民戴之。今上富于春秋，未有不善宣于天下。公欲废嫡立庶，恐众不从公议也！”卓按剑叱绍曰：“竖子敢然！天下之事，岂不在我！我欲为之，谁敢不从！尔谓董卓刀为不利乎！”绍勃然曰：“天下健者岂惟董公！”引佩刀，横揖，径出。卓以新至，见绍大家[10]，故不敢害。绍县节于上东门，逃奔冀州。

九月，癸酉[11]，卓大会百寮，奋首而言曰：“皇帝暗弱，不可以奉宗庙，为天下主。今欲依伊尹、霍光故事，更立陈留王，何如？”公卿以下皆惶恐，莫敢对。卓又抗言曰[12]：“昔霍光定策，延年按剑。有敢沮大议，皆以军法从事！”坐者震动。尚书卢植独曰：“昔太甲既立不明，昌邑罪过千余，故有废立之事。今上富于春秋，行无失德，非前事之比也。”卓大怒，罢坐。将杀植，蔡邕为之请，议郎彭伯亦谏卓曰：“卢尚书海内大儒，人之望也；今先害之，天下震怖。”卓乃止，但免植官，植遂逃隐于上谷。卓以废立议示太傅袁隗，隗报如议。

甲戌，卓复会群僚于崇德前殿，遂胁太后策废少帝，曰：“皇帝在丧，无人子之心，威仪不类人君，今废为弘农王，立陈留王协为帝。”袁隗解帝玺绶，以奉陈留王，扶弘农王下殿，北面称臣。太后鲠涕，群臣含悲，莫敢言者。

卓又议：“太后踧迫永乐宫[13]，至令忧死，逆妇姑之礼。”乃迁太后于永安宫。赦天下，改昭宁为永汉。丙子，卓鸩杀何太后，公卿以下不布服，会葬，素衣而已。卓又发何苗棺，出其尸，支解节断，弃于道边，杀苗母舞阳君，弃尸于苑枳落中。

诏除公卿以下子弟为郎，以补宦官之职，侍于殿上。

乙酉，以太尉刘虞为大司马，封襄贲侯。董卓自为太尉，领前将军事，加节传、斧钺、虎贲，更封郿侯。

丙戌，以太中大夫杨彪为司空。

甲午，以豫州牧黄琬为司徒。

董卓率诸公上书，追理陈蕃、窦武及诸党人，悉复其爵位，遣使吊祠，擢用其子孙。

自六月雨至于是月。

冬,十月,乙巳,葬灵思皇后⑭。

白波贼寇河东,董卓遣其将牛辅击之。

【注释】

①蔡邕徙朔方:事见卷五十七光和元年(178)。 ②讪(shàn 扇):讥讽。③举:赴试。 ④周历三台:蔡邕考中高第后,三天之内,补侍御史,又转治书御史,迁尚书,所以说周历三台。 ⑤毒:恨。 ⑥董侯:即陈留王刘协。 ⑦史侯:即少帝刘辩。 ⑧且尔:犹言且如此也。董卓意欲废汉自立。 ⑨渥(wò 卧):厚,重。 ⑩大家:旧指高门贵族。⑪癸酉:此日疑误。 ⑫抗:通"亢",高。 ⑬蹴(cù 促):通"蹙",紧迫。永乐宫:此指董太后。以居住的宫名而代称之。 ⑭灵思皇后:何太后的谥号。

初,南单于於扶罗既立,国人杀其父者遂叛[1],共立须卜骨都侯为单于。於扶罗诣阙自讼。会灵帝崩,天下大乱,於扶罗将数千骑与白波贼合兵寇郡县。时民皆保聚,钞掠无利,而兵遂挫伤。复欲归国,国人不受,乃止河东平阳。须卜骨都侯为单于一年而死,南庭遂虚其位,以老王行国事。

十一月,以董卓为相国[2],赞拜不名,入朝不趋,剑履上殿。

十二月,戊戌[3],以司徒黄琬为太尉,司空杨彪为司徒,光禄勋荀爽为司空。

初,尚书武威周毖,城门校尉汝南伍琼,说董卓矫桓、灵之政,擢用天下名士以收众望,卓从之,命毖、琼与尚书郑泰、长史何颙等沙汰秽恶,显拔幽滞。于是征处士荀爽、陈纪、韩融、申屠蟠。复就拜爽平原相,行至宛陵,迁光禄勋,视事三日,进拜司空。自被征命及登台司,凡九十三日。又以纪为五官中郎将,融为大鸿胪。纪,寔之子;融,韶之子也。爽等皆畏卓之暴,无敢不至。独申屠蟠得征书,人劝之行,蟠笑而不答,卓终不能屈,年七十余,以寿终。卓又以尚书韩馥为冀州牧,侍中刘岱为兖州刺史,陈留孔伷为豫州刺史,东平张邈为陈留太守,颍川张咨为南阳太守。卓所亲爱,并不处显职,但将校而已。

诏除光熹、昭宁、永汉三号[4]。

董卓性残忍，一旦专政，据有国家甲兵、珍宝，威震天下，所愿无极，语宾客曰："我相，贵无上也！"侍御史扰龙宗诣卓白事，不解剑，立檛杀之。是时，雒中贵戚，室第相望，金帛财产，家家充积，卓纵放兵士，突其庐舍，剽虏资物，妻略妇女，不避贵戚；人情崩恐，不保朝夕。

卓购求袁绍急，周毖、伍琼说卓曰："夫废立大事，非常人所及。袁绍不达大体，恐惧出奔，非有他志。今急购之，势必为变。袁氏树恩四世，门生故吏遍于天下，若收豪桀以聚徒众，英雄因之而起，则山东非公之有也。不如赦之，拜一郡守，绍喜于免罪，必无患矣。"卓以为然，乃即拜绍勃海太守⑤，封邟乡侯。又以袁术为后将军，曹操为骁骑校尉。

术畏卓，出奔南阳。操变易姓名，间行东归，过中牟，为亭长所疑，执诣县。时县已被卓书，唯功曹心知是操，以世方乱，不宜拘天下雄儁⑥，因白令释之。操至陈留，散家财，合兵得五千人。

是时，豪桀多欲起兵讨卓者，袁绍在勃海，冀州牧韩馥遣数部从事守之，不得动摇。东郡太守桥瑁诈作京师三公移书与州郡⑦，陈卓罪恶，云"见逼迫，无以自救，企望义兵，解国患难"。馥得移，请诸从事问曰："今当助袁氏邪，助董氏邪？"治中从事刘子惠曰："今兴兵为国，何谓袁、董！"馥有惭色。子惠复言："兵者凶事，不可为首；今宜往视他州，有发动者，然后和之。冀州于他州不为弱也，他人功未有在冀州之右者也。"馥然之。馥乃作书与绍，道卓之恶，听其举兵。

【注释】

①国人杀其父者遂叛：单于羌渠被杀，事见上卷中平五年(188)。②以董卓为相国：汉自萧何为相国后，不复除拜。 ③戊戌：此日疑误。④诏除光熹、昭宁、永汉三号：废除三个年号，又称中平六年(189)。⑤勃海：郡名。汉高帝五年(前202)分巨鹿、济北郡置，以地滨勃海得名。治所在浮阳(今沧县东南东关)。辖境相当于今天津市、河北廊坊市以南，文安县、泊头市、阜城县、宁津县以东，山东乐陵市、无棣县以北地区。 ⑥儁(jùn俊)：通"俊"。 ⑦移：旧时公文的一种，行于不相统属的官署间。如檄移，移文。

孝献皇帝甲

初平元年 春，正月，关东州郡皆起兵以讨董卓[①]，推勃海太守袁绍为盟主；绍自号车骑将军，诸将皆板授官号[②]。绍与河内太守王匡屯河内，冀州牧韩馥留邺，给其军粮。豫州刺史孔伷屯颍川，兖州刺史刘岱、陈留太守张邈、邈弟广陵太守超、东郡太守桥瑁、山阳太守袁遗、济北相鲍信与曹操俱屯酸枣，后将军袁术屯鲁阳，众各数万。豪桀多归心袁绍者；鲍信独谓曹操曰："夫略不世出，能拨乱反正者，君也。苟非其人，虽强必毙。君殆天之所启乎！"

辛亥，赦天下。

癸酉[③]，董卓使郎中令李儒鸩杀弘农王辩。

卓议大发兵以讨山东。尚书郑泰曰："夫政在德，不在众也。"卓不悦曰："如卿此言，兵为无用邪！"泰曰："非谓其然也，以为山东不足加大兵耳。明公出自西州，少为将帅，闲习军事[④]。袁本初公卿子弟[⑤]，生处京师；张孟卓东平长者[⑥]，坐不窥堂[⑦]；孔公绪清谈高论[⑧]，嘘枯吹生；并无军旅之才，临锋决敌，非公之俦也。况王爵不加，尊卑无序，若恃众怙力，将各棋峙以观成败，不肯同心共胆，与齐进退也。且山东承平日久，民不习战；关西顷遭羌寇，妇女皆能挟弓而斗，天下所畏者，无若并、凉之人与羌、胡义从；而明公拥之以为爪牙，譬犹驱虎兕以赴犬羊[⑨]，鼓烈风以扫枯叶，谁敢御之！无事征兵以惊天下，使患役之民相聚为非，弃德恃众，自亏威重也。"卓乃悦。

董卓以山东兵盛，欲迁都以避之，公卿皆不欲而莫敢言。卓表河南尹朱儁为太仆以为己副，使者召拜，儁辞，不肯受；因曰："国家西迁，必孤天下之望[⑩]，以成山东之衅，臣不知其可也。"使者曰："召君受拜而君拒之，不问徙事而君陈之，何也？"儁曰："副相国，非臣所堪也；迁都非计，事所急也。辞所不堪，言其所急，臣之宜也。"由是止不为副。

【注释】

①关东：地区名。秦、汉等定都今陕西的王朝，称函谷关或潼关以东的地区为关东。 ②板授：地方长官临时授官称板授，其不授实职或死后追赠称板赠。 ③癸酉：此日疑误。 ④闲：通“娴”，熟悉。 ⑤袁本初：袁绍，字本初。 ⑥张孟卓：即张邈。 ⑦坐不窥堂：指正襟危坐、目不斜视的君子风度。 ⑧孔公绪：即孔伷。 ⑨兕（sì 寺）：古代犀牛一类的兽名。 ⑩孤：辜负。

卓大会公卿议，曰：“高祖都关中，十有一世，光武宫雒阳，于今亦十一世矣。按《石包谶》[①]，宜徙都长安，以应天人之意。”百官皆默然。司徒杨彪曰：“移都改制，天下大事，故盘庚迁亳，殷民胥怨[②]。昔关中遭王莽残破，故光武更都雒邑，历年已久，百姓安乐，今无故捐宗庙，弃园陵，恐百姓惊动，必有糜沸之乱。《石包谶》，妖邪之书，岂可信用！”卓曰：“关中肥饶，故秦得并吞六国。且陇右材木自出，杜陵有武帝陶灶，并功营之，可使一朝而办。百姓何足与议！若有前却，我以大兵驱之，可令诣沧海。”彪曰：“天下动之至易，安之甚难，惟明公虑焉！”卓作色曰：“公欲沮国计邪[③]！”太尉黄琬曰：“此国之大事，杨公之言，得无可思！”卓不答。司空荀爽见卓意壮，恐害彪等，因从容言曰：“相国岂乐此邪！山东兵起，非一日可禁，故当迁以图之，此秦、汉之势也。”卓意小解。琬退，又为驳议。二月，乙亥，卓以灾异奏免琬、彪等，以光禄勋赵谦为太尉，太仆王允为司徒。城门校尉伍琼、督军校尉周毖固谏迁都，卓大怒曰：“卓初入朝，二君劝用善士，故卓相从，而诸君到官，举兵相图，此二君卖卓，卓何用相负！”庚辰，收琼、毖，斩之。杨彪、黄琬恐惧，诣卓谢，卓亦悔杀琼、毖，乃复表彪、琬为光禄大夫。

卓征京兆尹盖勋为议郎；时左将军皇甫嵩将兵三万屯扶风，勋密与嵩谋讨卓。会卓亦征嵩为城门校尉，嵩长史梁衍说嵩曰：“董卓寇掠京邑，废立从意，今征将军，大则危祸，小则困辱。今及卓在雒阳，天子来西，以将军之众迎接至尊，奉令讨逆，征兵群帅，袁氏逼其东，将军迫其西，此成禽也！”嵩不从，遂就征。勋以众弱不能独立，亦还京师。卓以勋为越骑校尉。河南尹朱儁为卓陈军事，卓折儁曰："我百战百胜，决之于心，卿勿妄说，且污我刀！"盖勋曰："昔武丁之明[4]，犹求箴谏，况如卿者，而欲杜人之口乎！"卓乃谢之。

卓遣军至阳城，值民会于社下[5]，悉就斩之，驾其车重，载其妇女，以头系车辕，歌呼还雒，云攻贼大获。卓焚烧其头，以妇女与甲兵为婢妾。

丁亥，车驾西迁，董卓收诸富室，以罪恶诛之，没入其财物，死者不可胜计；悉驱徙其余民数百万口于长安，步骑驱蹙，更相蹈藉，饥饿寇掠，积尸盈路。卓自留屯毕圭苑中，悉烧宫庙、官府、居家，二百里内，室屋荡尽，无复鸡犬。又使吕布发诸帝陵及公卿以下冢墓，收其珍宝。卓获山东兵，以猪膏涂布十余匹，用缠其身，然后烧之，先从足起。

【注释】

①石包谶（chèn 衬）：当时纬书之外，又有《石包室谶》，盖时人附益为之，如《孔子闭房记》之类。 ②盘庚迁亳，殷民胥（xū 虚）怨：盘庚是殷商的君主，曾迁都五次，《尚书·盘庚序》载："盘庚五迁，将治亳，殷民咨胥怨。"胥：皆。 ③沮（jǔ 举）：阻止。 ④武丁：商代国王，后被称为高宗。相传少时生活在民间，即位后，重用傅说、甘盘为大臣，力求巩固统治。在位五十九年。 ⑤社：祭祀社神的地方。

三月，乙巳，车驾入长安，居京兆府舍，后乃稍葺宫室而居之[1]。时董卓未至，朝政大小皆委之王允。允外相弥缝，内谋王室，甚有大臣之度，自天子及朝中皆倚允；允屈意承卓，卓亦雅信焉[2]。

董卓以袁绍之故，戊午，杀太傅袁隗、太仆袁基，及其家尺口以上五十余人[3]。

初，荆州刺史王叡与长沙太守孙坚共击零、桂贼[4]，以坚武官，言颇轻之。及州郡举兵讨董卓，叡与坚亦皆起兵。叡素与武陵太守曹寅不相能[5]，扬言当先杀寅。寅惧，诈作按行使者檄移坚，说叡罪过，令收，行刑讫，以状上。坚承檄，即勒兵袭叡。叡闻兵至，登楼望之，遣问"欲何为"？坚前部答曰："兵久战劳苦，欲诣使君求资直耳[6]。"叡见坚惊曰："兵自求赏，孙府君何以在其中？"坚曰："被使者檄诛君！"叡曰："我何罪？"坚曰："坐无所知！"叡穷迫，刮金饮之而死。坚前至南阳，众已数万人。南阳太守张咨不肯给军粮，坚诱而斩之；郡中震栗，无求不获。前到鲁阳，与袁术合兵。术由是得据南阳，表坚行破虏将军、领豫州刺史。

诏以北军中候刘表为荆州刺史。时寇贼纵横，道路梗塞，表单马入宜城，请南郡名士蒯良、蒯越，与之谋曰："今江南宗贼甚盛，各拥众不附，若袁术因之，祸必至矣。吾欲征兵，恐不能集，其策焉出？"蒯良曰："众不附者，仁不足也；附而不治者，义不足也。苟仁义之道行，百姓归之如水之趣下，何患征兵之不集乎！"蒯越曰："袁术骄而无谋，宗贼帅多贪暴，为下所患，若使人示之以利，必以众来。使君诛其无道，抚而用之，一州之人有乐存之心，闻君威德，必襁负而至矣。兵集众附，南据江陵，北守襄阳，荆州八郡可传檄而定[7]，公路虽至，无能为也。"表曰："善！"乃使越诱宗贼帅，至者五十五人，皆斩之而取其众。遂徙治襄阳，镇抚郡县，江南悉平。

【注释】

①葺（qì 汽）：修理房屋。　②雅：很，甚。　③尺口：指婴孩。　④零、桂：零陵、桂阳。零陵，郡名，治所在泉陵（今湖南永州市）。桂阳，郡名，治所在郴县（今湖南郴州市）。　⑤能：亲善。　⑥资直：衣资之值。　⑦八郡：指荆州部南阳、南郡、江夏、零陵、桂阳、长沙、武陵、章陵八郡。

董卓在雒阳，袁绍等诸军皆畏其强，莫敢先进。曹操曰："举义兵以诛暴乱，大众已合，诸君何疑！向使董卓倚王室[1]，据旧京，东向以临天下，虽以无道行之，犹足为患。今焚烧宫室，劫迁天子，海内震动，不知所归，此天亡之时也，一战而天下定矣。"遂引兵西，将据成皋，张邈遣将卫兹分兵随之。进至荥阳汴水[2]，遇卓将玄菟徐荣，与战，操兵败，为流矢所中，所乘马被创。从弟洪以马与操，操不受。洪曰："天下可无洪，不可无君！"遂步从操，夜遁去。荣见操所将兵少，力战尽日，谓酸枣未易攻也，亦引兵还。

操到酸枣，诸军十余万，日置酒高会，不图进取，操责让之，因为谋曰："诸君能听吾计，使勃海引河内之众临孟津，酸枣诸将守成皋，据敖仓，塞轘辕、太谷，全制其险，使袁将军率南阳之军军丹、析，入武关，以震三辅，皆高垒深壁，勿与战，益为疑兵，示天下形势，以顺诛逆，可立定也。今兵以义动，持疑不进，失天下望，窃为诸君耻之！"邈等不能用。操乃与司马沛国夏侯惇等诣扬州，募兵，得千余人，还屯河内。

顷之，酸枣诸军食尽，众散。刘岱与桥瑁相恶，岱杀瑁，以王肱领东郡太守。青州刺史焦和亦起兵讨董卓，务及诸将西行[③]，不为民人保障，兵始济河，黄巾已入其境。青州素殷实，甲兵甚盛，和每望寇奔北，未尝接风尘、交旗鼓也。性好卜筮[④]，信鬼神，入见其人，清谈干云[⑤]，出观其政，赏罚淆乱，州遂萧条，悉为丘墟。顷之，和病卒，袁绍使广陵臧洪领青州以抚之。

【注释】

①向使：假如当初。 ②汴水：古水名，指卞水所入荥阳一带从黄河分出的狼汤渠（即古鸿沟）。 ③务及诸将西行：务必进兵与酸枣诸将相会合。 ④卜筮（shì 誓）：卜，占卜，古人用火灼龟甲，以其裂纹推测吉凶。后也指用其他方法预测吉凶。筮，用蓍（shī 师）草占卦。⑤干：犯，冲犯。

夏，四月，以幽州牧刘虞为太傅，道路壅塞，信命竟不得通。先是，幽部应接荒外[①]，资费甚广，岁常割青、冀赋调二亿有余以足之。时处处断绝，委输不至[②]，而虞敝衣绳屦，食无兼肉，务存宽政，劝督农桑，开上谷胡市之利[③]，通渔阳盐铁之饶，民悦年登，谷石三十，青、徐士庶避难归虞者百余万口，虞皆收视温恤，为安立生业，流民皆忘其迁徙焉。

五月，司空荀爽薨。六月，辛丑[④]，以光禄大夫种拂为司空。拂，邵之父也。

董卓遣大鸿胪韩融、少府阴修、执金吾胡毋班、将作大匠吴修[⑤]、越骑校尉王瑰安集关东，解譬袁绍等。胡毋班、吴修、王瑰至河内，袁绍使王匡悉收击杀之。袁术亦杀阴修；惟韩融以名德免。

董卓坏五铢钱，更铸小钱，悉取雒阳及长安铜人、钟虡、飞廉、铜马之属以铸之，由是货贱物贵，谷石至数万钱。

冬，孙坚与官属会饮于鲁阳城东，董卓步骑数万猝至，坚方行酒，谈笑，整顿部曲，无得妄动。后骑渐益，坚徐罢坐，导引入城，乃曰："向坚所以不即起者，恐兵相蹈藉，诸君不得入耳。"卓兵见其整，不敢攻而还。

王匡屯河阳津，董卓袭击，大破之。

左中郎将蔡邕议："孝和以下庙号称宗者，皆宜省去，以遵先典。"从之。

中郎将徐荣荐同郡故冀州刺史公孙度于董卓，卓以为辽东太守。度到官，以法诛灭郡中名豪大姓百余家，郡中震栗，乃东伐高句骊，西击乌桓，语所亲吏柳毅、阳仪等曰："汉祚将绝，当与诸卿图正耳⑥。"于是分辽东为辽西、中辽郡，各置太守，越海收东莱诸县，置营州刺史。自立为辽东侯、平州牧，立汉二祖庙⑦，承制，郊祀天地，藉田⑧，乘鸾路，设旄头、羽骑。

【注释】

①荒外：八荒之外，指极荒凉边远的地区。　②委输：转运；运输积聚的货物。　③开上谷胡市之利：开辟上谷旧有关市，与胡人贸易。④辛丑：此日待考。　⑤将作大匠：官名。秦始置，称将作少府。西汉景帝时，改称将作大匠。掌管宫室、宗庙、陵寝及其他土木营建。　⑥图正：图谋正当事业。即要策划建立一个王国。　⑦二祖：指汉高祖刘邦、汉世祖刘秀。　⑧藉田：古代天子亲自扶犁耕田的一种象征性礼仪活动。古人认为农业是天下的根本，所以天子一般在郊祀天地后，要举行藉田之礼。藉，通"借"，即借助民力治理之意。藉田的目的是鼓励天下人务本事农。

资治通鉴卷第六十

汉纪五十二　起重光协洽，尽昭阳作噩，凡三年。

孝献皇帝乙

初平二年　春，正月，辛丑，赦天下。

关东诸将议：以朝廷幼冲，迫于董卓，远隔关塞，不知存否，幽州牧刘虞，宗室贤俊，欲共立为主。曹操曰："吾等所以举兵而远近莫不响应者，以义动故也。今幼主微弱，制于奸臣，非有昌邑亡国之衅[①]，而一旦改易，天下其孰安之！诸君北面，我自西向。"韩馥、袁绍以书与袁术曰："帝非孝灵子，欲依绛、灌诛废少主，迎立代王故事[②]，奉大司马虞为帝。"术阴有不臣之心，不利国家有长君，乃外托公义以拒之。绍复与术书曰："今西名有幼君，无血脉之属，公卿以下皆媚事卓，安可复信！但当使兵往屯关要，皆自蹙死；东立圣君，太平可冀，如何有疑！又室家见戮，不念子胥[③]，可复北面乎？"术答曰："圣主聪睿，有周成之质，贼卓因危乱之际，威服百寮，此乃汉家小厄之会，乃云今上'无血脉之属'，岂不诬乎！又曰'室家见戮，可复北面'，此卓所为，岂国家哉！慺慺赤心[④]，志在灭卓，不识其他！"馥、绍竟遣故乐浪太守张岐等赍议上虞尊号[⑤]。虞见岐等，厉色叱之曰："今天下崩乱，主上蒙尘，吾被重恩，未能清雪国耻；诸君各据州郡，宜共戮力尽心王室，而反造逆谋以相垢污邪！"固拒之。馥等又请虞领尚书事，承制封拜，复不听，欲奔匈奴以自绝；绍等乃止。

二月，丁丑，以董卓为太师，位在诸侯王上。

孙坚移屯梁东⑥，为卓将徐荣所败，复收散卒进屯阳人⑦。卓遣东郡太守胡轸督步骑五千击之，以吕布为骑督。轸与布不相得，坚出击，大破之，枭其都督华雄。

或谓袁术曰："坚若得雒，不可复制，此为除狼而得虎也。"术疑之，不运军粮，坚夜驰见术，画地计校曰："所以出身不顾者，上为国家讨贼，下慰将军家门之私仇。坚与卓非有骨肉之怨也，而将军受浸润之言⑧，还相嫌疑，何也？"术踧踖⑨，即调发军粮。

坚还屯，卓遣将军李傕说坚，欲与和亲，令坚疏子弟任刺史、郡守者，许表用之。坚曰："卓逆天无道，今不夷汝三族，县示四海，则吾死不瞑目，岂将与乃和亲邪！"复进军大谷，距雒九十里。卓自出，与坚战于诸陵间，卓败走，却屯渑池⑩，聚兵于陕⑪。坚进至雒阳，击吕布，复破走。坚乃扫除宗庙，祠以太牢，得传国玺于城南甄官井中；分兵出新安⑫、渑池间以要卓。

【注释】

①昌邑：即昌邑王，汉武帝的孙子，昌邑哀王刘髆的儿子刘贺。昭帝死后，霍光迎立刘贺，即位才二十七天，因荒淫胡为被废黜。 ②绛、灌诛废少帝、迎立代王：即指西汉初年大臣周勃、灌婴诛杀吕产、吕禄等人，废少主刘弘，迎立代王文帝的事件。周勃因军功曾被封为绛侯，吕后时任太尉，文帝时升为右丞相。灌婴曾任车骑将军，被封为颍阴侯，文帝时，升任为丞相。 ③子胥：即伍子胥。春秋时吴国的大夫，他的父兄都被楚平王所杀，他逃入吴国，帮助吴王阖闾攻破楚国，报了杀父兄之仇。④偻(lóu 楼)偻：勤恳；努力。 ⑤乐浪：乐浪郡。在今朝鲜平壤。⑥梁：梁县，在今河南汝州市西南。 ⑦阳人：地名，在今河南汝州市西。⑧浸润：谓谗言积渐而发生作用。 ⑨踧踖(cù jí 促及)：窘迫不安的样子。 ⑩渑池：在今河南渑池县。 ⑪陕：陕县，在今河南三门峡市陕州区。 ⑫新安：在今河南新安县。

卓谓长史刘艾曰："关东军败数矣，皆畏孤，无能为也。惟孙坚小戆，颇能用人，当语诸将，使知忌之。孤昔与周慎西征边、韩于金城，孤语张温，求引所将兵为慎作后驻，温不听。温又使孤讨先零叛羌，孤知其不克而不得止，遂行，留别部司马刘靖将步骑四千屯安定以为声势。叛羌欲截归道，孤小击辄开，畏安定有兵故也。虏谓安定当数万人，不知但靖也。而孙坚随周慎行，谓慎求先将万兵造金城，使慎以二万作后驻。边、韩畏慎大兵，不敢轻与坚战，而坚兵足以断其运道。儿曹用其言，凉州或能定也。温既不能用孤，慎又不能用坚，卒用败走[①]。坚以佐军司马，所见略与人同，固自为可；但无故从诸袁儿，终亦死耳！”乃使东中郎将董越屯渑池，中郎将段煨屯华阴[②]，中郎将牛辅屯安邑[③]，其余诸将布在诸县，以御山东。辅，卓之婿也。卓引还长安。孙坚修塞诸陵，引军还鲁阳[④]。

夏，四月，董卓至长安，公卿皆迎拜车下。卓抵手谓御史中丞皇甫嵩曰：“义真，怖未乎？”嵩曰：“明公以德辅朝廷，大庆方至，何怖之有！若淫刑以逞，将天下皆惧，岂独嵩乎！”卓党欲尊卓比太公[⑤]，称尚父，卓以问蔡邕，邕曰：“明公威德，诚为巍巍，然比之太公，愚意以为未可，宜须关东平定，车驾还反旧京，然后议之。”卓乃止。

卓使司隶校尉刘嚣籍吏民有为子不孝、为臣不忠、为吏不清、为弟不顺者，皆身诛，财物没官。于是更相诬引，冤死者以千数。百姓嚣嚣[⑥]，道路以目。

【注释】

①此事详见五十八卷灵帝中平二年（185）。　②华阴：在今陕西华阴市。　③安邑：在今山西夏县。　④鲁阳：在今河南鲁山县。　⑤太公：指吕尚。武王尊之号为“师尚父”。　⑥嚣（áo 敖）嚣：众怨愁声。

六月，丙戌，地震。

秋，七月，司空种拂免；以光禄大夫济南淳于嘉为司空。太尉赵谦罢；以太常马日磾为太尉。

初，何进遣云中张杨还并州募兵[①]，会进败，杨留上党[②]，有众数千人。袁绍在河内[③]，杨往归之，与南单于於扶罗屯漳水。韩馥以豪桀多归心袁绍，忌之；阴贬节其军粮，欲使其众离散。会馥将麴义叛[④]，馥与战而败，绍因与义相结。

绍客逢纪谓绍曰："将军举大事而仰人资给，不据一州，无以自全。"绍曰："冀州兵强，吾士饥乏，设不能办，无所容立。"纪曰："韩馥庸才，可密要公孙瓒，使取冀州，馥必骇惧，因遣辩士为陈祸福，馥迫于仓卒，必肯逊让。"绍然之，即以书与瓒。瓒遂引兵而至，外托讨董卓而阴谋袭馥，馥与战不利。会董卓入关，绍还军延津，使外甥陈留高干及馥所亲颍川辛评、荀谌、郭图等说馥曰："公孙瓒将燕、代之卒乘胜来南，而诸郡应之，其锋不可当。袁车骑引军东向，其意未可量也，窃为将军危之[5]！"馥惧，曰："然则为之奈何？"谌曰："君自料宽仁容众为天下所附，孰与袁氏？"馥曰："不如也。""临危吐决，智勇过人，又孰与袁氏？"馥曰："不如也。""世布恩德，天下家受其惠，又孰与袁氏？"馥曰："不如也。"谌曰："袁氏一时之杰，将军资三不如之势，久处其上，彼必不为将军下也。夫冀州，天下之重资也，彼若与公孙瓒并力取之，危亡可立而待也。夫袁氏，将军之旧，且为同盟，当今之计，若举冀州以让袁氏，彼必厚德将军，瓒亦不能与之争矣。是将军有让贤之名，而身安于泰山也。"馥性恇怯[6]，因然其计。馥长史耿武、别驾闵纯、治中李历闻而谏曰："冀州带甲百万，谷支十年。袁绍孤客穷军，仰我鼻息，譬如婴儿在股掌之上，绝其哺乳，立可饿杀，奈何欲以州与之！"馥曰："吾袁氏故吏，且才不如本初，度德而让，古人所贵，诸君独何病焉！"先是，馥从事赵浮、程涣将强弩万张屯孟津，闻之，率兵驰还。时绍在朝歌清水[7]，浮等从后来，船数百艘，众万余人，整兵鼓，夜过绍营，绍甚恶之。浮等到，谓馥曰："袁本初军无斗粮，各已离散，虽有张杨、於扶罗新附，未肯为用，不足敌也。小从事等请以见兵拒之[8]，旬日之间，必土崩瓦解；明将军但当开阁高枕，何忧何惧！"馥又不听，乃避位，出居中常侍赵忠故舍，遣子送印绶以让绍。绍将至，从事十人争弃馥去，独耿武、闵纯杖刀拒之，不能禁，乃止；绍皆杀之。绍遂领冀州牧，承制以馥为奋威将军，而无所将御，亦无官属。绍以广平沮授为奋武将军[9]，使监护诸将，宠遇甚厚。魏郡审配[10]、巨鹿田丰并以正直不得志于韩馥，绍以丰为别驾，配为治中，及南阳许攸、逢纪、颍川荀谌皆为谋主。

【注释】

①云中：在今内蒙古托克托县。 ②上党：在今山西长治市。③河内：在今河南武陟县。 ④麹（qū 曲）：姓。 ⑤危：忧惧。 ⑥恇（kuāng 匡）怯：恐惧畏缩。 ⑦朝歌：在今河南淇县。 ⑧见：现有的。⑨广平：广平县。属巨鹿郡，在今河北鸡泽县。 ⑩魏郡：郡名。汉高帝十二年（前 195）置。治所在邺县（今河北临漳县西南）。辖境相当今河北、河南、山东的一部分地区。

绍以河内朱汉为都官从事。汉先为韩馥所不礼，且欲徼迎绍意[①]，擅发兵围守馥第，拔刃登屋，馥走上楼，收得馥大儿，槌折两脚；绍立收汉，杀之。馥犹忧怖，从绍索去，往依张邈。后绍遣使诣邈，有所计议，与邈耳语；馥在坐上，谓为见图，无何，起至溷[②]，以书刀自杀[③]。

鲍信谓曹操曰："袁绍为盟主，因权专利，将自生乱，是复有一卓也。若抑之，则力不能制，祇以遘难[④]。且可规大河之南以待其变。[⑤]"操善之。会黑山、于毒、白绕、眭固等十余万众略东郡，王肱不能御。曹操引兵入东郡，击白绕于濮阳，破之。袁绍因表操为东郡太守，治东武阳。

南单于劫张杨以叛袁绍，屯于黎阳。董卓以杨为建义将军、河内太守。

太史望气[⑥]，言当有大臣戮死者；董卓使人诬卫尉张温与袁术交通，冬，十月，壬戌，笞杀温于市以应之。

青州黄巾寇勃海，众三十万，欲与黑山合。公孙瓒率步骑二万人逆击于东光南，大破之，斩首三万余级。贼弃其辎重，奔走渡河；瓒因其半济薄之[⑦]，贼复大破，死者数万，流血丹水，收得生口七万余人，车甲财物不可胜算，威名大震。

刘虞子和为侍中，帝思东归，使和伪逃董卓，潜出武关诣虞[⑧]，令将兵来迎。和至南阳，袁术利虞为援，留和不遣，许兵至俱西，令和为书与虞。虞得书，遣数千骑诣和。公孙瓒知术有异志，止之，虞不听。瓒恐术闻而怨之，亦遣其从弟越将千骑诣术，而阴教术执和，夺其兵，由是虞、瓒有隙。和逃术来北，复为袁绍所留。

是时关东州、郡务相兼并以自强大，袁绍、袁术亦自离贰。术遣孙坚击董卓未返，绍以会稽周昂为豫州刺史，袭夺坚阳城⑨。坚叹曰："同举义兵，将救社稷，逆贼垂破而各若此，吾当谁与戮力乎！"引兵击昂，走之。袁术遣公孙越助坚攻昂，越为流矢所中死。公孙瓒怒曰："余弟死，祸起于绍。"遂出军屯磐河，上书数绍罪恶，进兵攻绍。冀州诸城多叛绍从瓒，绍惧，以所佩勃海太守印绶授瓒从弟范，遣之郡，而范遂背绍，领勃海兵以助瓒。瓒乃自署其将帅严纲为冀州刺史，田楷为青州刺史，单经为兖州刺史，又悉改置郡、县守、令。

初，涿郡刘备，中山靖王之后也，少孤贫，与母以贩履为业，长七尺五寸，垂手下膝，顾自见其耳；有大志，少语言，喜怒不形于色。尝与公孙瓒同师事卢植，由是往依瓒。瓒使备与田楷徇青州有功，因以为平原相。备少与河东关羽、涿郡张飞相友善；以羽、飞为别部司马，分统部曲。备与二人寝则同床，恩若兄弟，而稠人广坐，侍立终日，随备周旋，不避艰险。常山赵云为本郡将吏兵诣公孙瓒，瓒曰："闻贵州人皆愿袁氏，君何独迷而能反乎？"云曰："天下讻讻，未知孰是，民有倒县之厄，鄙州论议，从仁政所在，不为忽袁公，私明将军也。"刘备见而奇之，深加接纳，云遂从备至平原，为备主骑兵。

刘备像

【注释】

①儌（yāo 腰）：求取。通"邀"。 ②溷（hùn 诨）：厕所。 ③书刀：在竹木简上刻字或削改的刀。古称削，汉人称书刀。 ④遘（gòu 够）：遇，

遭遇。 ⑤大河:即黄河。 ⑥望气:古代方士的一种占候术。观察云气以预测吉凶。 ⑦薄:迫近。此处当逼击讲。 ⑧武关:在今陕西丹凤县东南。 ⑨阳城:在今河南登封市。

初,袁术之得南阳,户口数百万,而术奢淫肆欲,征敛无度,百姓苦之,稍稍离散。既与袁绍有隙,各立党援以相图谋。术结公孙瓒而绍连刘表,豪桀多附于绍。术怒曰:"群竖不吾从而从吾家奴乎[①]!"又与公孙瓒书曰:"绍非袁氏子。"绍闻大怒。

术使孙坚击刘表,表遣其将黄祖逆战于樊、邓之间[②],坚击破之,遂围襄阳[③]。表夜遣黄祖潜出发兵,祖将兵欲还,坚逆与战,祖败走,窜岘山中。坚乘胜,夜追祖,祖部曲兵从竹木间暗射坚,杀之。坚所举孝廉长沙桓阶诣表请坚丧,表义而许之。坚兄子贲率其士众就袁术,术复表贲为豫州刺史。术由是不能胜表。

初,董卓入关,留朱俊守雒阳,而俊潜与山东诸将通谋,惧为卓所袭,出奔荆州。卓以弘农杨懿为河南尹;俊复引兵还雒,击懿,走之。俊以河南残破无所资,乃东屯中牟,移书州郡,请师讨卓。徐州刺史陶谦上俊行车骑将军[④],遣精兵三千助之,余州郡亦有所给。谦,丹阳人。朝廷以黄巾寇乱徐州,用谦为刺史。谦至,击黄巾,大破走之,州境晏然。

刘焉在益州阴图异计。沛人张鲁,自祖父陵以来世为五斗米道,客居于蜀。鲁母以鬼道常往来焉家,焉乃以鲁为督义司马,以张修为别部司马,与合兵掩杀汉中太守苏固,断绝斜谷阁[⑤],杀害汉使。焉上书言"米贼断道,不得复通"。又托他事杀州中豪强王咸、李权等十余人,以立威刑。犍为太守任岐及校尉贾龙由此起兵攻焉[⑥],焉击杀岐、龙。焉意渐盛,作乘舆车具千余乘,刘表上"焉有似子夏在西河疑圣人"之论。时焉子范为左中郎将,诞为治书御史,璋为奉车都尉,皆从帝在长安,惟小子别部司马瑁素随焉;帝使璋晓喻焉,焉留璋不遣。

公孙度威行海外,中国人士避乱者多归之,北海管宁、邴原、王烈皆往依焉。宁少时与华歆为友,尝与歆共锄菜,见地有金,宁挥锄不顾,与瓦石无异,歆捉而掷之,人以是知其优劣。邴原远行游学，八九年而归，师友以原不饮酒，会米肉送之；原曰："本能饮酒，但以荒思废业，故断之耳。今当远别，可一饮燕。"于是共坐饮酒，终日不醉。宁、原俱以操尚称，度虚馆以候之。宁既见度，乃庐于山谷，时避难者多居郡南，而宁独居北，示无还志，后渐来从之，旬月而成邑。宁每见度，语唯经典，不及世事；还山，专讲《诗》《书》，习俎豆[⑦]，非学者无见也。由是度安其贤，民化其德。邴原性刚直，清议以格物[⑧]，度以下心不安之。宁谓原曰："潜龙以不见成德。言非其时，皆招祸之道也。"密遣原逃归，度闻之，亦不复追也。王烈器业过人，少时名闻在原、宁之右。善于教诱，乡里有盗牛者，主得之，盗请罪，曰："刑戮是甘，乞不使王彦方知也！"烈闻而使人谢之，遗布一端。或问其故，烈曰："盗惧吾闻其过，是有耻恶之心，既知耻恶，则善心将生，故与布以劝为善也。"后有老父遗剑于路，行道一人见而守之，至暮，老父还，寻得剑，怪之，以事告烈，烈使推求[⑨]，乃先盗牛者也。诸有争讼曲直将质之于烈，或至途而反，或望庐而还，皆相推以直，不敢使烈闻之。度欲以为长史，烈辞之，为商贾以自秽，乃免。

【注释】

①家奴：指袁绍。袁绍是庶子，所以袁术才有此话。 ②樊：樊城。在今湖北襄阳市樊城区。邓：邓县。在今河南邓州市。 ③襄阳：郡名。东汉建安十三年（208）分南郡、南阳两郡置。治所在襄阳（今襄阳市）。辖境相当今湖北襄阳、南漳、宜城、当阳、远安等市县地，其后缩小。④行：古代官制，高官代理小职叫行。 ⑤斜谷阁：即斜谷道。古道路名。在今陕西眉县西南，即褒斜道的斜谷一部分。 ⑥犍为：郡名。治所在今四川宜宾市。 ⑦俎（zǔ 阻）豆：俎和豆都是古代祭祀用的器具。引申为祭祀、崇拜之意。 ⑧格物：穷究事物的原理。 ⑨推：寻。

三年　春，正月，丁丑[①]，赦天下。

董卓遣牛辅将兵屯陕，辅分遣校尉北地李傕、张掖郭汜、武威张济将步骑数万击破朱俊于中牟，因掠陈留[②]、颍川诸县，所过杀虏无遗。

初，荀淑有孙曰彧[③]，少有才名，何颙见而异之，曰："王佐才也!”及天下乱,彧谓父老曰:“颍川四战之地,宜亟避之。”乡人多怀土不能去,彧独率宗族去依韩馥。会袁绍已夺馥位,待彧以上宾之礼。彧度绍终不能定大业,闻曹操有雄略,乃去绍从操。操与语,大悦,曰:“吾子房也!”以为奋武司马。其乡人留者,多为傕、汜等所杀。

袁绍自出拒公孙瓒,与瓒战于界桥南二十里[4]。瓒兵三万,其锋甚锐。绍令麹义领精兵八百先登,强弩千张夹承之。瓒轻其兵少,纵骑腾之。义兵伏楯下不动,未至十数步,一时同发,欢呼动地,瓒军大败。斩其所置冀州刺史严纲,获甲首千余级。追至界桥,瓒敛兵还战,义复破之,遂到瓒营,拔其牙门[5],余众皆走。

初,兖州刺史刘岱与绍、瓒连和,绍令妻子居岱所,瓒亦遣从事范方将骑助岱。及瓒击破绍军,语岱令遣绍妻子,别敕范方:“若岱不遣绍家,将骑还!吾定绍,将加兵于岱。”岱与官属议,连日不决,闻东郡程昱有智谋,召而问之。昱曰:“若弃绍近援而求瓒远助,此假人于越以救溺子之说也。夫公孙瓒非袁绍之敌也,今虽坏绍军,然终为绍所禽。”岱从之。范方将其骑归,未至而瓒败。

曹操军顿丘[6],于毒等攻东武阳[7]。操引兵西入山,攻毒等本屯。诸将皆请救武阳。操曰:“使贼闻我西而还,武阳自解也;不还,我能败其本屯,虏不能拔武阳必矣。”遂行。毒闻之,弃武阳还。操遂击眭固及匈奴於扶罗于内黄[8],皆大破之。

董卓以其弟旻为左将军,兄子璜为中军校尉,皆典兵事,宗族内外并列朝廷。卓侍妾怀抱中子皆封侯,弄以金紫[9]。卓车服僭拟天子,召呼三台[10],尚书以下皆自诣卓府启事。又筑坞于郿,高厚皆七丈,积谷为三十年储,自云:“事成,雄据天下,不成,守此足以毕老。”

卓忍于诛杀,诸将言语有蹉跌者[11],便戮于前,人不聊生。司徒王允与司隶校尉黄琬、仆射士孙瑞、尚书杨瓒密谋诛卓。中郎将吕布,便弓马,膂力过人,卓自以遇人无礼,行止常以布自卫,甚爱信之,誓为父子。然卓性刚褊,尝小失卓意,卓拔手戟掷布[12],布拳捷避之[13]。而改容顾谢,卓意亦解。布由是阴怨于卓。卓又使布守中阁，而私于傅婢，益不自安。王允素善待布，布见允，自陈卓几见杀之状，允因以诛卓之谋告布，使为内应。布曰：“如父子何？”曰：“君自姓吕，本非骨肉。今忧死不暇，何谓父子？掷戟之时，岂有父子情邪！”布遂许之。

【注释】

①丁丑：此日待考。 ②陈留：在今河南开封市。 ③彧：音 yù（育）。④界桥：在今河北清河县境内。 ⑤牙门：古代军营门口置牙旗，所以营门也叫“牙门”。 ⑥顿丘：在今河北清丰县。 ⑦东武阳：在今山东莘县。 ⑧内黄：在今河南内黄县。 ⑨金紫：金印紫绶的简称。秦汉时相国、丞相、太尉、大司马、太傅、列侯等皆金印紫绶。 ⑩三台：即尚书台、御史台、符节台。 ⑪蹉（cuō 搓）跌：亦作“差跌”。失足跌倒。比喻失误。 ⑫手戟：小戟，便于击刺。 ⑬拳捷：勇力为拳，迅疾为捷。

夏，四月，丁巳[①]，帝有疾新愈，大会未央殿。卓朝服乘车而入，陈兵夹道，自营至宫，左步右骑，屯卫周匝，令吕布等捍卫前后。王允使士孙瑞自书诏以授布，布令同郡骑都尉李肃与勇士秦谊、陈卫等十余人伪着卫士服，守北掖门内以待卓。卓入门，肃以戟刺之；卓衷甲，不入，伤臂，堕车，顾大呼曰：“吕布何在！”布曰：“有诏讨贼臣！”卓大骂曰：“庸狗，敢如是邪！”布应声持矛刺卓，趣兵斩之[②]。主簿田仪及卓仓头前赴其尸，布又杀之，凡所杀三人。布即出怀中诏版以令吏士曰：“诏讨卓耳，余皆不问。”吏士皆正立不动，大称万岁。百姓歌舞于道，长安中士女卖其珠玉衣装市酒肉相庆者，填满街肆。弟旻、璜等及宗族老弱在郿，皆为其群下所斫射死。暴卓尸于市，天时始热，卓素充肥，脂流于地，守尸吏为大炷[③]，置卓脐中然之，光明达曙，如是积日。诸袁门生聚董氏之尸，焚灰扬之于路。坞中有金二三万斤，银八九万斤，锦绮奇玩积如丘山。以王允录尚书事，吕布为奋威将军、假节、仪比三司[④]，封温侯，共秉朝政。

卓之死也，左中郎将高阳侯蔡邕在王允坐，闻之惊叹。允勃然，叱之曰：“董卓国之大贼，几亡汉室，君为王臣，所宜同疾，而怀其私遇，反相伤痛，岂不共为逆哉！”即收付廷尉。邕谢曰：“身虽不忠，古今大义，耳所厌闻，口所常玩，岂当背国而向卓也！愿黥首刖足，继成汉史。”士大夫多矜救之[5]，不能得。太尉马日磾谓允曰：“伯喈旷世逸才[6]，多识汉事，当续成后史，为一代大典；而所坐至微，诛之，无乃失人望乎！”允曰：“昔武帝不杀司马迁，使作谤书流于后世。方今国祚中衰，戎马在郊，不可令佞臣执笔在幼主左右，既无益圣德，复使吾党蒙其讪议。”日磾退而告人曰：“王公其无后乎！善人，国之纪也；制作，国之典也；灭纪废典，其能久乎！”邕遂死狱中。

初，黄门侍郎荀攸与尚书郑泰、侍中种辑等谋曰：“董卓骄忍无亲，虽资强兵，实一匹夫耳，可直刺杀也。”事垂就而觉，收攸系狱[7]，泰逃奔袁术。攸言语饮食自若，会卓死，得免。

青州黄巾寇兖州，刘岱欲击之，济北相鲍信谏曰[8]：“今贼众百万，百姓皆震恐，士卒无斗志，不可敌也。然贼军无辎重，唯以钞略为资，今不若畜士众之力，先为固守；彼欲战不得，攻又不能，其势必离散，然后选精锐，据要害，击之可破也。”岱不从，遂与战，果为所杀。

曹操部将东郡陈宫谓操曰：“州今无主，而王命断绝，宫请说州中纲纪[9]，明府寻往牧之，资之以收天下，此霸王之业也。”宫因往说别驾、治中曰：“今天下分裂而州无主；曹东郡，命世之才也[10]，若迎以牧州，必宁生民。”鲍信等亦以为然，乃与州吏万潜等至东郡，迎操领兖州刺史。操遂进兵击黄巾于寿张东[11]，不利。贼众精悍，操兵寡弱，操抚循激励，明设赏罚，承间设奇，昼夜会战，战辄禽获，贼遂退走。鲍信战死，操购求其丧不得，乃刻木如信状，祭而哭焉。诏以京兆金尚为兖州刺史，将之部，操逆击之，尚奔袁术。

五月，以征西将军皇甫嵩为车骑将军。

【注释】

①丁巳：此日疑误。　②趣（cù 促）：催促。　③炷：灯芯。　④三司：即三公。　⑤矜（jīn 京）：通“怜”。怜悯，同情。　⑥旷世：犹旷代。即世所未有。　⑦系：拘囚。　⑧济北：国名。在今山东济南市长清区。

⑨纲纪：指州别驾及治中等从事人员。 ⑩命世：犹名世，闻名于世。
⑪寿张：治所在今山东东平县。

初，吕布劝王允尽杀董卓部曲，允曰："此辈无罪，不可。"布欲以卓财物班赐公卿、将校，允又不从。允素以剑客遇布，布负其功劳，多自夸伐[①]，既失意望，渐不相平。允性刚棱疾恶[②]，初惧董卓，故折节下之。卓既歼灭，自谓无复患难，颇自骄傲，以是群下不甚附之。

允始与士孙瑞议，特下诏赦卓部曲，既而疑曰："部曲从其主耳。今若名之恶逆而赦之，恐适使深自疑，非所以安之也。"乃止。又议悉罢其军，或说允曰："凉州人素惮袁氏而畏关东，今若一旦解兵开关，必人人自危。可以皇甫义真为将军，就领其众，因使留陕以安抚之。"允曰："不然。关东举义兵者，皆吾徒也，今若距险屯陕[③]，虽安凉州，而疑关东之心，不可也。"

时百姓讹言当悉诛凉州人，卓故将校遂转相恐动，皆拥兵自守，更相谓曰："蔡伯喈但以董公亲厚尚从坐[④]；今既不赦我曹而欲使解兵，今日解兵，明日当复为鱼肉矣。"吕布使李肃至陕，以诏命诛牛辅，辅等逆与肃战，肃败，走弘农，布诛杀之。辅恇怯失守，会营中无故自惊，辅欲走，为左右所杀。李傕等还，辅已死，傕等无所依，遣使诣长安求赦。王允曰："一岁不可再赦。"不许。傕等益惧，不知所为，欲各解散，间行归乡里，讨虏校尉武威贾诩曰："诸君若弃军单行，则一亭长能束君矣；不如相率而西，以攻长安，为董公报仇，事济，奉国家以正天下；若其不合，走未晚也。"傕等然之，乃相与结盟，率军数千，晨夜西行。王允以胡文才、杨整修皆凉州大人[⑤]，召使东，解释之，不假借以温颜，谓曰："关东鼠子，欲何为邪？卿往呼之！"于是二人往，实召兵而还。

傕随道收兵，比至长安，已十余万，与卓故部曲樊稠、李蒙等合围长安城，城峻不可攻，守之八日。吕布军有叟兵内反[⑥]，六月，戊午，引傕众入城，放兵虏掠。布与战城中，不胜，将数百骑以卓头系马鞍出走，驻马青琐门外，招王允同去。允曰："若蒙社稷之灵，上安国家，吾之愿也；如其不获，则奉身以死之。朝廷幼少，恃我而已，临难苟免，吾不忍也。努力谢关东诸公[7]，勤以国家为念！”太常种拂曰：“为国大臣，不能禁暴御侮，使白刃向宫，去将安之！”遂战而死。

傕、汜屯南宫掖门[8]，杀太仆鲁馗、大鸿胪周奂、城门校尉崔烈、越骑校尉王颀，吏民死者万余人，狼藉满道。王允扶帝上宣平门避兵，傕等于城门下伏地叩头，帝谓傕等曰：“卿等放兵纵横，欲何为乎？”傕等曰：“董卓忠于陛下，而无故为吕布所杀，臣等为卓报仇，非敢为逆也。请事毕诣廷尉受罪。”傕等围门楼，共表请司徒王允出，问：“太师何罪？”允穷蹙[9]，乃下见之。己未，赦天下，以李傕为扬武将军，郭汜为扬烈将军，樊稠等皆为中郎将。傕等收司隶校尉黄琬，杀之。

【注释】

①伐：炫耀。 ②刚棱：犹刚方。 ③距：通“拒”，抗拒。 ④从坐：犹连坐。因别人犯罪而牵连受处罚。 ⑤大人：豪强大族。 ⑥叟兵：即蜀兵。汉朝常称蜀为叟。 ⑦谢：告。 ⑧掖门：宫殿正门两边的边门。 ⑨蹙（cù 促）：迫促。

初，王允以同郡宋翼为左冯翊，王宏为右扶风，傕等欲杀允，恐二郡为患，乃先征翼、宏。宏遣使谓翼曰：“郭汜、李傕以我二人在外，故未危王公，今日就征，明日俱族，计将安出？”翼曰：“虽祸福难量，然王命，所不得避也！”宏曰：“关东义兵鼎沸，欲诛董卓，今卓已死，其党与易制耳。若举兵共讨傕等，与山东相应，此转祸为福之计也。”翼不从，宏不能独立，遂俱就征。甲子，傕收允及翼、宏，并杀之；允妻子皆死。宏临命诟曰：“宋翼竖儒[1]，不足议大计！”傕尸王允于市，莫敢收者，故吏平陵令京兆赵戬弃官收而葬之。始，允自专讨卓之劳。士孙瑞归功不侯[2]，故得免于难。

臣光曰：《易》称“劳谦君子有终吉”，士孙瑞有功不伐，以保其身，可不谓之智乎！

傕等以贾诩为左冯翊，欲侯之，诩曰：“此救命之计，何功之有！”固辞不受。又以为尚书仆射，诩曰：“尚书仆射，官之师长，天下所望，诩名不素重，非所以服人也。”乃以为尚书。

吕布自武关奔南阳，袁术待之甚厚。布自恃有功于袁氏[③]，恣兵钞掠。术患之，布不自安，去从张杨于河内。李傕等购求布急，布又逃归袁绍。

丙子，以前将军赵谦为司徒。

秋，七月，庚子，以太尉马日磾为太傅，录尚书事；八月，以车骑将军皇甫嵩为太尉。

诏太傅马日磾、太仆赵岐杖节镇抚关东。

九月，以李傕为车骑将军、领司隶校尉、假节；郭汜为后将军，樊稠为右将军，张济为骠骑将军，皆封侯。傕、汜、稠管朝政，济出屯弘农。

司徒赵谦罢。

甲申，以司空淳于嘉为司徒，光禄大夫杨彪为司空，录尚书事。

初，董卓入关，说韩遂、马腾与共图山东，遂、腾率众诣长安。会卓死，李傕等以遂为镇西将军，遣还金城；腾为征西将军，遣屯郿。

冬，十月，荆州刺史刘表遣使贡献。以表为镇南将军荆州牧，封成武侯。

十二月，太尉皇甫嵩免，以光禄大夫周忠为太尉，参录尚书事。

曹操追黄巾至济北，悉降之，得戎卒三十余万，男女百余万口，收其精锐者，号青州兵。

操辟陈留毛玠为治中从事，玠言于操曰："今天下分崩，乘舆播荡，生民废业，饥馑流亡，公家无经岁之储，百姓无安固之志，难以持久。夫兵义者胜，守位以财，宜奉天子以令不臣，修耕植以畜军资，如此，则霸王之业可成也。"操纳其言，遣使诣河内太守张杨，欲假涂西至长安；杨不听。

定陶董昭说杨曰："袁、曹虽为一家，势不久群。曹今虽弱，然实天下之英雄也，当故结之。况今有缘，宜通其上事，并表荐之，若事有成，永为深分[④]。"杨于是通操上事，仍表荐操。昭为操作书与李傕、郭汜等，各随轻重致殷勤[⑤]。

傕、汜见操使，以为关东欲自立天子，今曹操虽有使命，非其诚实，议留操使。黄门侍郎钟繇说傕、汜曰："方今英雄并起，各矫命专制，唯曹兖州乃心王室，而逆其忠款[6]，非所以副将来之望也！"傕、汜乃厚加报答。繇，皓之曾孙也。

【注释】

①竖儒：骂人的话，指无见识的儒生。 ②归：通"馈"，赠送。③布自恃有功于袁氏：董卓诛杀过袁家，故吕布杀了董卓，认为是为袁家报了仇。 ④深分：深厚的交情。 ⑤殷勤：情意恳切深厚。 ⑥款：诚，恳切。

徐州刺史陶谦与诸守相共奏记，推朱俊为太师，因移檄牧伯，欲以同讨李傕等，奉迎天子。会李傕用太尉周忠、尚书贾诩策，征俊入朝，俊乃辞谦议而就征，复为太仆。

公孙瓒复遣兵击袁绍，至龙凑[1]，绍击破之。瓒遂还幽州，不敢复出。

杨州刺史汝南陈温卒，袁绍使袁遗领扬州；袁术击破之，遗走至沛，为兵所杀。术以下邳陈瑀为扬州刺史[2]。

四年 春，正月，甲寅朔，日有食之。

丁卯，赦天下。

曹操军甄城。袁术为刘表所逼，引军屯封丘[3]，黑山别部及匈奴於扶罗皆附之。曹操击破术军，遂围封丘；术走襄邑[4]，又走宁陵[5]。操追击，连破之。术走九江[6]，扬州刺史陈瑀拒术不纳。术退保阴陵，集兵于淮北，复进向寿春；瑀惧，走归下邳，术遂领其州，兼称徐州伯。李傕欲结术为援，以术为左将军，封阳翟侯，假节。

袁绍与公孙瓒所置青州刺史田楷连战二年，士卒疲困，粮食并尽，互掠百姓，野无青草。绍以其子谭为青州刺史，楷与战，不胜。会赵岐来和解关东，瓒乃与绍和亲，各引兵去。

三月，袁绍在薄落津[7]。魏郡兵反，与黑山贼于毒等数万人共覆邺城，杀其太守。绍还屯斥丘。

夏，曹操还军定陶。

徐州治中东海王朗及别驾琅邪赵昱说刺史陶谦曰:“求诸侯莫如勤王[8],今天子越在西京,宜遣使奉贡。”谦乃遣昱奉章至长安。诏拜谦徐州牧,加安东将军,封溧阳侯。以昱为广陵太守[9],朗为会稽太守。

是时,徐方百姓殷盛,谷实差丰,流民多归之。而谦信用谗邪,疏远忠直,刑政不治,由是徐州渐乱,许劭避地广陵,谦礼之甚厚,劭告其徒曰:“陶恭祖外慕声名,内非真正,待吾虽厚,其势必薄。”遂去之。后谦果捕诸寓士,人乃服其先识。

六月,扶风大雨雹[10]。

华山崩裂。

太尉周忠免,以太仆朱俊为太尉,录尚书事。

下邳阙宣聚众数千人,自称天子;陶谦击杀之。

大雨,昼夜二十余日,漂没民居。

袁绍出军入朝歌鹿肠山,讨于毒,围攻五日,破之,斩毒及其众万余级。绍遂寻山北行,进击诸贼左髭丈八等,皆斩之。又击刘石、青牛角、黄龙左校、郭大贤、李大目、于氐根等,复斩数万级,皆屠其屯壁。遂与黑山贼张燕及四营屠各[11]、雁门乌桓战于常山[12]。燕精兵数万,骑数千匹。绍与吕布共击燕,连战十余日,燕兵死伤虽多,绍军亦疲,遂俱退。

吕布将士多暴横,绍患之,布因求还雒阳。绍承制以布领司隶校尉,遣壮士送布,而阴图之。布使人鼓筝于帐中,密亡去,送者夜起,斫帐被皆坏。明旦,绍闻布尚在,惧,闭城自守。布引军复归张杨。

【注释】

①龙凑:在今山东平原县境内。 ②下邳:在今江苏邳州市。③封丘:县名。在今河南北部。 ④襄邑:古县名。在今河南睢县东。⑤宁陵:县名。在今河南宁陵县。 ⑥九江:郡名。秦置。治所在寿春(今安徽寿县)。辖境约当今安徽、河南淮河以南,湖北黄冈市以东和江西全省。因九江在境内得名。 ⑦薄落津:渡口名。在今河北广宗县东。 ⑧勤王:尽力于王事。 ⑨广陵:郡名。治所在今江苏扬州市。⑩扶风:郡名。治所在陕西兴平市。 ⑪屠各:东汉至西晋时的匈奴部

落之一。杂居西北沿边诸郡。以并州屠各为最著。建立前赵的刘渊即出此部落。 ⑫雁门:在今山西代县。常山:在今河北元氏县。

前太尉曹嵩避难在琅邪,其子操令泰山太守应劭迎之。嵩辎重百余两,陶谦别将守阴平,士卒利嵩财宝,掩袭嵩于华、费间[①],杀之,并少子德。秋,操引兵击谦,攻拔十余城,至彭城,大战,谦兵败,走保郯[②]。

初,京、雒遭董卓之乱[③],民流移东出,多依徐土,遇操至,坑杀男女数十万口于泗水,水为不流。

操攻郯不能克,乃去,攻取虑、睢陵、夏丘[④],皆屠之,鸡犬亦尽,墟邑无复行人。

冬,十月,辛丑,京师地震。

有星孛于天市。

司空杨彪免。丙午,以太常赵温为司空,录尚书事。

刘虞与公孙瓒积不相能,瓒数与袁绍相攻,虞禁之,不可,而稍节其禀假[⑤]。瓒怒,屡违节度,又复侵犯百姓。虞不能制,乃遣驿使奉章陈其暴掠之罪,瓒亦上虞禀粮不周。二奏交驰,互相非毁,朝廷依违而已。瓒乃筑小城于蓟城东南以居之,虞数请会,瓒辄称病不应;虞恐其终为乱,乃率所部兵合十万人以讨之。时瓒部曲放散在外,仓卒掘东城欲走。虞兵无部伍[⑥],不习战,又爱民庐舍,敕不听焚烧,戒军士曰:“无伤余人,杀一伯珪而已。”攻围不下。瓒乃简募锐士数百人,因风纵火,直冲突之,虞众大溃。虞与官属北奔居庸,瓒追攻之,三日,城陷,执虞并妻子还蓟,犹使领州文书。会诏遣使者段训增虞封邑,督六州事;拜瓒前将军,封易侯。瓒乃诬虞前与袁绍等谋称尊号,胁训斩虞及妻子于蓟市。故常山相孙瑾、掾张逸、张瓒等相与就虞,骂瓒极口,然后同死。瓒传虞首于京师,故吏尾敦于路劫虞首,归葬之。虞以恩厚得众心,北州百姓流旧莫不痛惜。

初,虞欲遣使奉章诣长安,而难其人,众咸曰:“右北平田畴,年二十二,年虽少,然有奇材。”虞乃备礼,请以为掾。具车骑将行,畴曰:“今道路阻绝,寇虏纵横,称官奉使,为众所指。愿以私行，期于得达而已。”虞从之。畴乃自选家客二十骑，俱上西关，出塞，傍北山，直趣朔方，循间道至长安致命。

诏拜畴为骑都尉。畴以天子方蒙尘未安，不可以荷佩荣宠，固辞不受。得报[7]，驰还，比至，虞已死，畴谒祭虞墓，陈发章表，哭泣而去。公孙瓒怒，购求获畴，谓曰：“汝不送章报我，何也？”畴曰：“汉室衰颓，人怀异心，唯刘公不失忠节。章报所言，于将军未美，恐非所乐闻，故不进也。且将军既灭无罪之君，又仇守义之臣，畴恐燕、赵之士皆将蹈东海而死，莫有从将军者也。”瓒乃释之。

畴北归无终[8]，率宗族及他附从者数百人，扫地而盟曰：“君仇不报，吾不可以立于世！”遂入徐无山中[9]，营深险平敞地而居，躬耕以养父母，百姓归之，数年间至五千余家。畴谓其父老曰：“今众成都邑，而莫相统一，又无法制以治之，恐非久安之道。畴有愚计，愿与诸君共施之，可乎？”皆曰：“可！”畴乃为约束，相杀伤、犯盗、诤讼者，随轻重抵罪[10]，重者至死，凡一十余条。又制为婚姻嫁娶之礼，与学校讲授之业，班行于众，众皆便之，至道不拾遗。北边翕然服其威信[11]，乌桓、鲜卑各遣使致馈，畴悉抚纳，令不为寇。

十二月，辛丑，地震。

司空赵温免。乙巳，以卫尉张喜为司空。

【注释】

①掩：乘其不备发动攻击。华：县名。在今山东费县东北。费：县名。在今费县西北。 ②郯：县名。在今山东郯城县。 ③京：古邑名、县名。春秋郑邑，为共叔段所居。故址在今河南荥阳市东南。秦置县。 ④虑、睢陵、夏丘：三县都属下邳国。虑县、睢陵在今河南淮阳县境，夏丘在今安徽泗县。 ⑤稍：逐渐。禀假：供给和借贷。禀，供给；假，借贷。 ⑥部伍：兵士的队伍。 ⑦报：章报，即皇帝的回文。 ⑧无终：县名。属右北平郡，在今天津蓟州区。 ⑨徐无山：在今河北玉田县东北。 ⑩抵罪：按罪处罚。抵，当。 ⑪翕（xì 戏）：统一或协调。

资治通鉴卷第六十一

汉纪五十三　起阏逢阉茂，尽旃蒙大渊献，凡二年。

孝献皇帝丙

兴平元年　春，正月，辛酉，赦天下。

甲子，帝加元服。

二月，戊寅，有司奏立长秋宫。诏曰："皇妣宅兆未卜，何忍言后宫之选乎！"壬午，三公奏改葬皇妣王夫人①，追上尊号曰灵怀皇后。

陶谦告急于田楷，楷与平原相刘备救之。备自有兵数千人，谦益以丹阳兵四千，备遂去楷归谦，谦表为豫州刺史，屯小沛②。曹操军食亦尽，引兵还。

马腾私有求于李傕，不获而怒，欲举兵相攻；帝遣使者和解之，不从。韩遂率众来和腾、傕，既而复与腾合。谏议大夫种邵、侍中马宇、左中郎将刘范谋使腾袭长安，己为内应，以诛傕等。壬申③，腾、遂勒兵屯长平观。邵等谋泄，出奔槐里。傕使樊稠、郭汜及兄子利击之，腾、遂败走，还凉州。又攻槐里④，邵等皆死。庚申⑤，诏赦腾等。夏，四月。以腾为安狄将军，遂为安降将军。

曹操使司马荀彧、寿张令程昱守鄄城，复往攻陶谦，遂略地至琅邪、东海⑥，所过残灭。还，击破刘备于郯东。谦恐，欲走归丹阳。会陈留太守张邈叛操迎吕布，操乃引军还。

初，张邈少时，好游侠，袁绍、曹操皆与之善。及绍为盟主，有骄色，邈正议责绍；绍怒，使操杀之。操不听，曰："孟卓，亲友也，是非当容之。今天下未定，奈何自相危也！"操之前攻陶谦，志在必死，敕家曰："我若不还，往依孟卓。"后还见邈，垂泣相对。

陈留高柔谓乡人曰："曹将军虽据兖州，本有四方之图，未得安坐守也。而张府君恃陈留之资，将乘间为变，欲与诸君避之，何如？"众人皆以曹、张相亲，柔又年少，不然其言。柔从兄干自河北呼柔，柔举宗从之。

吕布之舍袁绍从张杨也，过邈[7]，临别，把手共誓；绍闻之，大恨。邈畏操终为绍杀己也，心不自安。前九江太守陈留边让尝讥议操，操闻而杀之，并其妻子。让素有才名，由是兖州士大夫皆恐惧。陈宫性刚直壮烈，内亦自疑，乃与从事中郎许汜、王楷及邈弟超共谋叛操。宫说邈曰："今天下分崩，雄杰并起，君以千里之众，当四战之地，抚剑顾盼，亦足以为人豪，而反受制于人，不亦鄙乎！今州军东征，其处空虚，吕布壮士，善战无前，若权迎之[8]，共牧兖州，观天下形势，俟时事之变，此亦纵横之一时也。"邈从之。

时操使宫将兵留屯东郡，遂以其众潜迎布为兖州牧。布至，邈乃使其党刘翊告荀彧曰："吕将军来助曹使君击陶谦，宜亟供其军食。"众疑惑，彧知邈为乱，即勒兵设备，急召东郡太守夏侯惇于濮阳[9]；惇来，布遂据濮阳。时操悉军攻陶谦，留守兵少，而督将、大吏多与邈、宫通谋，惇至，其夜，诛谋叛者数十人，众乃定。

汉画像石持刀武士

【注释】

①王夫人：即王美人。被何太后害死。事见五十八卷灵帝光和四年(181)。 ②小沛：沛国，治所在相县(今安徽濉溪县西北)。

而沛自为一县，属于沛国，当时人称沛县为小沛。 ③壬申：此日疑误。④槐里：在今陕西兴平市。 ⑤庚申：此日疑误。 ⑥东海：在今山东郯城县。 ⑦过：拜访。⑧权：姑且。 ⑨濮阳：在今河南濮阳市。

豫州刺史郭贡率众数万来至城下，或言与吕布同谋，众甚惧。贡求见荀彧，彧将往，惇等曰："君一州镇也，往必危，不可。"彧曰："贡与邈等，分非素结也，今来速，计必未定，及其未定说之，纵不为用，可使中立。若先疑之，彼将怒而成计。"贡见彧无惧意，谓鄄城未易攻，遂引兵去。

是时，兖州郡县皆应布，唯鄄城、范、东阿不动[①]。布军降者言："陈宫欲自将兵取东阿，又使氾嶷取范。"吏民皆恐。程昱本东阿人，彧谓昱曰："今举州皆叛，唯有此三城，宫等以重兵临之，非有以深结其心，三城必动。君，民之望也，宜往抚之。"昱乃归过范，说其令靳允曰："闻吕布执君母、弟、妻子，孝子诚不可为心。今天下大乱，英雄并起，必有命世能息天下之乱者，此智者所宜详择也。得主者昌，失主者亡。陈宫叛迎吕布而百城皆应，似能有为；然以君观之，布何如人哉？夫布粗中少亲，刚而无礼，匹夫之雄耳。宫等以势假合，不能相君也；兵虽众，终必无成。曹使君智略不世出，殆天所授；君必固范，我守东阿，则田单之功可立也[②]。孰与违忠从恶而母子俱亡乎？唯君详虑之！"允流涕曰："不敢有贰心。"时氾嶷已在县，允乃见嶷，伏兵刺杀之，归，勒兵自守。

徐众评曰：允于曹公未成君臣；母至亲也，于义应去。卫公子开方仕齐，积年不返，管仲以为不怀其亲，安能爱君！是以求忠臣必于孝子之门；允宜先救至亲。徐庶母为曹公所得，刘备遣庶归北，欲为天下者恕人子之情也；曹公亦宜遣允。

昱又遣别骑绝仓亭津[③]，陈宫至，不得渡。昱至东阿，东阿令颍川枣祗已率厉吏民拒城坚守，卒完三城以待操。操还，执昱手曰："微子之力[④]，吾无所归矣。"表昱为东平相，屯范。吕布攻鄄城不能下，西屯濮阳。曹操曰："布一旦得一州，不能据东平，断亢父、泰山之道，乘险要我[⑤]，而乃屯濮阳，吾知其无能为也。"乃进攻之。

五月，以扬武将军郭汜为后将军，安集将军樊稠为右将军，并开府[6]如三公，合为六府，皆参选举。李傕等各欲用其所举，若一违之，便忿愤喜怒，主者患之，乃以次第用其所举。先从傕起，汜次之，稠次之，三公所举，终不见用。

河西四郡以去凉州治远[7]，隔以河寇，上书求别置州。六月，丙子，诏以陈留邯郸商为雍州刺史，典治之。

丁丑，京师地震；戊寅，又震。

乙酉晦[8]，日有食之。

秋，七月，壬子，太尉朱俊免。

戊午，以太常杨彪为太尉，录尚书事。

甲子，以镇南将军杨定为安西将军，开府如三公。

【注释】

①鄄城：县名。在今山东鄄城县。范：县名。在今河南范县。东阿：县名。在今山东阳谷县。　②田单：战国时齐国的名将。临淄（今山东淄博市）人。燕将乐毅破齐时，他施反间计，使燕惠王改用骑劫为将，他用火牛阵击败燕军，一举收复七十多城，被齐襄王任为相国，封安平君。③仓亭津：古渡名。在范县境内，离东阿县十六里。　④微：无。⑤要：通“邀”，中途拦截。　⑥开府：古代高级官员（如三公、大将军、将军等）成立府署，选置僚属。　⑦河西四郡：即武威、张掖、酒泉、敦煌四郡。　⑧乙酉：此日待考。

自四月不雨至于是月，谷一斛直钱五十万，长安中人相食。帝令侍御史侯汶出太仓米豆为贫人作糜[1]，饿死者如故。帝疑禀赋不实[2]，取米豆各五升于御前作糜，得二盆。乃杖汶五十，于是悉得全济。

八月，冯翊羌寇属县，郭汜、樊稠等率众破之。

吕布有别屯在濮阳西，曹操夜袭破之，未及还；会布至，身自搏战，自旦至日昳[3]，数十合，相持甚急。操募人陷陈，司马陈留典韦将应募者进当之，布弓弩乱发，矢至如雨，韦不视，谓等人曰[4]：“虏来十步，乃白之。”等人曰：“十步矣。”又曰：“五步乃白。”等人惧,疾言“虏至矣!”韦持戟大呼而起,所抵无不应手倒者,布众退。会日暮,操乃得引去;拜韦都尉,令常将亲兵数百人,绕大帐左右。

濮阳大姓田氏为反间,操得入城,烧其东门,示无反意。及战,军败,布骑得操而不识,问曰:“曹操何在?”操曰:“乘黄马走者是也。”布骑乃释操而追黄马者。操突火而出,至营,自力劳军,令军中促为攻具,进,复攻之,与布相守百余日。蝗虫起,百姓大饿,布粮食亦尽,各引去。九月,操还鄄城。布到乘氏⑤,为其县人李进所破,东屯山阳。

冬,十月,操至东阿。袁绍使人说操,欲使操遣家居邺;操新失兖州,军食尽,将许之。程昱曰:“意者将军殆临事而惧⑥,不然,何虑之不深也!夫袁绍有并天下之心,而智不能济也;将军自度能为之下乎?将军以龙虎之威,可为之韩、彭邪!今兖州虽残,尚有三城,能战之士,不下万人,以将军之神武,与文若、昱等收而用之⑦,霸王之业可成也,愿将军更虑之!”操乃止。

十二月,司徒淳于嘉罢,以卫尉赵温为司徒,录尚书事。

马腾之攻李傕也,刘焉二子范、诞皆死。议郎河南庞羲,素与焉善,乃募将焉诸孙入蜀。会天火烧城,焉徙治成都,疽发背而卒。州大吏赵韪等贪焉子璋温仁,共上璋为益州刺史,诏拜颍川扈瑁为刺史。璋将沈弥、娄发、甘宁反,击璋,不胜,走入荆州;诏乃以璋为益州牧。璋以韪为征东中郎将,率众击刘表,屯朐䏰。

徐州牧陶谦疾笃,谓别驾东海糜竺曰:“非刘备不能安此州也。”谦卒,竺率州人迎备。备未敢当,曰:“袁公路近在寿春⑧,君可以州与之。”典农校尉下邳陈登曰:“公路骄豪,非治乱之主,今欲为使君合步骑十万,上可以匡主济民⑨,下可以割地守境;若使君不见听许,登亦未敢听使君也。”北海相孔融谓备曰:“袁公路岂忧国忘家者邪!冢中枯骨,何足介意!今日之事,百姓与能;天与不取,悔不可追。”备遂领徐州。

初,太傅马日磾与赵岐俱奉使至寿春,岐守志不桡,袁术惮之。日磾颇有求于术,术侵侮之,从日磾借节视之,因夺不还,条军中十余人,使促辟之⑩。日磾从术求去,术留不遣,又欲逼为军师;日磾病其失节,呕血而死。

【注释】

①糜:粥。 ②禀赋:供给。 ③昳(dié 迭):日落。 ④等人:应募者。 ⑤乘氏:县名。属济阴郡,在今山东巨野县。 ⑥殆:大概,恐怕。 ⑦文若:荀彧字。 ⑧公路:袁术字。 ⑨匡:辅助。 ⑩辟(bì必):征召。

初,孙坚娶钱唐吴氏,生四男,策、权、翊、匡及一女。坚从军于外,留家寿春。策年十余岁,已交结知名。舒人周瑜与策同年[①],亦英达夙成[②],闻策声问[③],自舒来造焉,便推结分好,劝策徙居舒;策从之。瑜乃推道旁大宅与策,升堂拜母,有无通共。及坚死,策年十七,还葬曲阿[④];已乃渡江,居江都[⑤],结纳豪俊,有复仇之志。

丹阳太守会稽周昕与袁术相恶,术上策舅吴景领丹阳太守,攻昕,夺其郡,以策从兄贲为丹阳都尉。策以母弟托广陵张纮,径到寿春见袁术,涕泣言曰:"亡父昔从长沙入讨董卓,与明使君会于南阳,同盟结好,不幸遇难,勋业不终。策感惟先人旧恩,欲自凭结,愿明使君垂察其诚!"术甚奇之,然未肯还其父兵,谓策曰:"孤用贵舅为丹阳太守,贤从伯阳为都尉,彼精兵之地,可还依召募。"策遂与汝南吕范及族人孙河迎其母诣曲阿[⑥],依舅氏,因缘召募,得数百人;而为泾县大帅祖郎所袭[⑦],几至危殆,于是复往见术。术以坚余兵千余人还策,表拜怀义校尉。策骑士有罪,逃入术营,隐于内厩,策指使人就斩之,讫,诣术谢。术曰:"兵人好叛,当共疾之,何为谢也!"由是军中益畏惮之。术初许以策为九江太守,已而更用丹阳陈纪。后术欲攻徐州,从庐江太守陆康求米三万斛[⑧];康不与。术大怒,遣策攻康,谓曰:"前错用陈纪,每恨本意不遂,今若得康,庐江真卿有也。"策攻康,拔之,术复用其故吏刘勋为太守;策益失望。

侍御史刘繇,岱之弟也,素有盛名,诏书用为扬州刺史[⑨];州旧治寿春,术已据之,繇欲南渡江,吴景、孙贲迎置曲阿。及策攻庐江,繇闻之,以景、贲本术所置,惧为袁、孙所并,遂构嫌隙,迫逐景、贲;景、贲退屯历阳,繇遣将樊能、于麋屯横江[⑩],张英屯当利口以拒之[11]。术乃自用故吏惠衢为扬州刺史[12],以景为督军中郎将,与贲共将兵击英等。

【注释】

①舒:县名。在今安徽庐江县。 ②夙成:早成。夙,早。 ③声问:荣誉。 ④曲阿:县名。在今江苏丹阳市。 ⑤江都:县名。在今江苏省中部、长江北岸。秦置广陵县,汉改为江都县。 ⑥汝南:在今河南平舆县。 ⑦泾县:属丹阳郡,在今安徽泾县。 ⑧庐江:在今安徽庐江县。 ⑨扬州:在今安徽省及江西省。 ⑩横江:古渡名。在今安徽和县东南横江浦,对岸就是采石矶。 ⑪当利口:在今安徽和县东南的当利浦。 ⑫衢:音 qú(渠)。

二年 春,正月,癸丑,赦天下。

曹操败吕布于定陶[1]。

诏即拜袁绍为右将军[2]。

董卓初死,三辅民尚数十万户,李傕等放兵劫掠,加以饥馑,二年间,民相食略尽。李傕、郭汜、樊稠各相与矜功争权,欲斗者数矣,贾诩每以大体责之[3],虽内不能善,外相含容。

樊稠之击马腾、韩遂也,李利战不甚力,稠叱之曰:"人欲截汝父头,何敢如此,我不能斩卿邪!"及腾、遂败走,稠追至陈仓,遂语稠曰:"本所争者非私怨,王家事耳。与足下州里人[4],欲相与善语而别。"乃俱却骑,前接马,交臂相加,共语良久而别。军还,李利告傕:"韩、樊交马语,不知所道,意爱甚密。"傕亦以稠勇而得众,忌之。

汉俑

稠欲将兵东出关，从傕索益兵。二月，傕请稠会议，便于坐杀稠。由是诸将转相疑贰。

傕数设酒请郭汜，或留汜止宿。汜妻恐汜爱傕婢妾，思有以间之。会傕送馈，妻以豉为药，擿以示汜曰："一栖不两雄，我固疑将军信李公也。"他日，傕复请汜，饮大醉，汜疑其有毒，绞粪汁饮之[⑤]，于是各治兵相攻矣。

帝使侍中、尚书和傕、汜，傕、汜不从。汜谋迎帝幸其营，夜有亡者，告傕。三月，丙寅，傕使兄子暹将数千兵围宫，以车三乘迎帝。太尉杨彪曰："自古帝王无在人家者，诸君举事，奈何如是！"暹曰："将军计定矣。"于是群臣步从乘舆以出，兵即入殿中，掠宫人、御物。帝至傕营，傕又徙御府金帛置其营，遂放火烧宫殿、官府、民居悉尽。帝复使公卿和傕、汜，汜留杨彪及司空张喜、尚书王隆、光禄勋刘渊、卫尉士孙瑞、太仆韩融、廷尉宣播、大鸿胪荣郃、大司农朱儁、将作大匠梁邵、屯骑校尉姜宣等于其营以为质。朱儁愤懑发病死。

夏，四月，甲子[⑥]，立贵人琅邪伏氏为皇后；以后父侍中完为执金吾。

郭汜飨公卿，议攻李傕。杨彪曰："群臣共斗，一人劫天子，一人质公卿，可行乎！"汜怒，欲手刃之。彪曰："卿尚不奉国家，吾岂求生邪！"中郎将杨密固谏，汜乃止。傕召羌、胡数千人，先以御物缯彩与之，许以宫人、妇女，欲令攻郭汜。汜阴与傕党中郎将张苞等谋攻傕。丙申，汜将兵夜攻傕门，矢及帝帘帷中，又贯傕左耳。苞等烧屋，火不然。杨奉于外拒汜，汜兵退，苞等因将所领兵归汜。

是日，傕复移乘舆幸北坞，使校尉监坞门，内外隔绝，侍臣皆有饥色。帝求米五斗、牛骨五具以赐左右。傕曰："朝晡上饭，何用米为？"乃以臭牛骨与之。帝大怒，欲诘责之。侍中杨琦谏曰："傕自知所犯悖逆，欲转车驾幸池阳黄白城[⑦]，臣愿陛下忍之。"帝乃止。司徒赵温与傕书曰："公前屠陷王城，杀戮大臣，今争睚眦之隙[⑧]，以成千钧之仇，朝廷欲令和解，诏命不行，而复欲转乘舆于黄白城，此诚老夫所不解也。于《易》，一为过，再为涉，三而弗改，灭其顶,凶。不如早共和解。”傕大怒,欲杀温,其弟应谏之,数日乃止。

傕信巫觋厌胜之术[9],常以三牲祠董卓于省门外;每对帝或言“明陛下”,或言“明帝”,为帝说郭汜无状,帝亦随其意应答之。傕喜,自谓良得天子欢心也。

【注释】

①定陶:在今山东菏泽市定陶区。 ②即拜:就拜。即派使者到被任命者的所在地去任命。 ③大体:大局。 ④州里人:同州人。韩遂是金城人,与樊稠同是凉州人。 ⑤绞粪汁饮之:古人认为粪汁可以解众毒,所以郭汜饮粪汁以防李傕下的毒药。 ⑥甲子:疑误。 ⑦池阳:在今陕西泾县西北。黄白城:在今陕西三原县。 ⑧睚眦(yázì 牙自):瞪眼睛,怒目而视。引申为小怨小忿。 ⑨厌(yā 压)胜:古代方士的一种巫术。谓能以诅咒制服人或物。厌,通“压”。巫觋(xí 习):古代称女巫为巫,男巫为觋。

闰月,己卯,帝使谒者仆射皇甫郦和傕、汜[1]。郦先诣汜,汜从命;又诣傕,傕不肯,曰:“郭多[2],盗马虏耳,何敢欲与吾等邪,必诛之!君观吾方略士众,足办郭多否邪?郭多又劫质公卿,所为如是,而君苟欲左右之邪[3]!”郦曰:“近者董公之强,将军所知也;吕布受恩而反图之,斯须之间,身首异处,此有勇而无谋也。今将军身为上将,荷国宠荣,汜质公卿而将军胁主,谁轻重乎!张济与汜有谋,杨奉,白波贼帅耳,犹知将军所为非是,将军虽宠之,犹不为用也。”傕呵之令出。郦出,诣省门[4],白“傕不肯奉诏,辞语不顺”。帝恐傕闻之,亟令郦去。傕遣虎贲王昌呼,欲杀之,昌知郦忠直,纵令去,还答傕,言“追之不及”。

辛巳,以车骑将军李傕为大司马,在三公之右。

吕布将薛兰、李封屯巨野,曹操攻之,布救兰等,不胜而走,操遂斩兰等。操军乘氏,以陶谦已死,欲遂取徐州,还乃定布。荀彧曰:“昔高祖保关中,光武据河内,皆深根固本以制天下,进足以胜敌,退足以坚守,故虽有困败而终济大业。将军本以兖州首事,平山东之难,百姓无不归心悦服。且河、济,天下之要地也,今虽残坏，犹易以自保，是亦将军之关中、河内也，不可以不先定。今已破李封、薛兰，若分兵东击陈宫，宫必不敢西顾，以其间收熟麦，约食畜谷，一举而布可破也。破布，然后南结扬州，共讨袁术，以临淮、泗。若舍布而东，多留兵则不足用，少留兵则民皆保城，不得樵采，布乘虚寇暴，民心益危，唯鄄城、范、卫可全，其余非己之有，是无兖州也。若徐州不定，将军当安所归乎！且陶谦虽死，徐州未易亡也。彼惩往年之败，将惧而结亲，相为表里。今东方皆已收麦，必坚壁清野以待将军，攻之不拔，略之无获，不出十日，则十万之众，未战而先自困耳。前讨徐州，威罚实行，其子弟念父兄之耻，必人自为守，无降心，就能破之，尚不可有也。夫事故有弃此取彼者，以大易小可也，以安易危可也，权一时之势，不患本之不固可也。今三者莫利，惟将军熟虑之。”操乃止。

布复从东缗与陈宫将万余人来战⑤，操兵皆出收麦，在者不能千人，屯营不固。屯西有大堤，其南树木幽深，操隐兵堤里，出半兵堤外；布益进，乃令轻兵挑战，既合，伏兵乃悉乘堤，步骑并追，大破之，追至其营而还。布夜走，操复攻拔定陶，分兵平诸县。布东奔刘备，张邈从布，使其弟超将家属保雍丘⑥。

布初见备，甚尊敬之，谓备曰：“我与卿同边地人也⑦！布见关东起兵，欲诛董卓。布杀卓东出，关东诸将无安布者，皆欲杀布耳。”请备于帐中，坐妇床上，令妇向拜，酌酒饮食，名备为弟。备见布语言无常，外然之而内不悦。

【注释】

①谒者：官名。始置于春秋、战国时，为国君掌管传达。秦汉沿置。汉代官制，郎中令属官有谒者，少府属官也有中书谒者令。郎中令所属谒者掌宾赞受事，其长官称谒者仆射。　②郭多：郭汜，一名多。　③左右：帮助，相助。　④省门：天子的住处叫禁中，也称省中。省门，即禁门。　⑤东缗（mín 民）：县名。在今山东金乡县东北。　⑥雍丘：县名。在今河南杞县。　⑦边地：吕布，是五原（今内蒙古包头市西北）人，刘备，是涿郡（治所在今河北涿州市）人，两地均属边塞之地。

李傕、郭汜相攻连月，死者以万数。六月，傕将杨奉谋杀傕，事泄，遂将兵叛傕，傕众稍衰。庚午[①]，镇东将军张济自陕至，欲和傕、汜，迁乘舆权幸弘农。帝亦思旧京，遣使宣谕，十反，汜、傕许和，欲质其爱子。傕妻爱其男，和计未定，而羌、胡数来窥省门，曰："天子在此中邪！李将军许我宫人，今皆何在？"帝患之，使侍中刘艾谓宣义将军贾诩曰："卿前奉职公忠，故仍升荣宠；今羌、胡满路，宜思方略。"诩乃召羌、胡大帅饮食之，许以封赏，羌、胡皆引去，傕由此单弱。于是复有言和解之计者，傕乃从之，各以女为质。

秋，七月，甲子[②]，车驾出宣平门，当渡桥，汜兵数百人遮桥曰："此天子非也？"车不得前。傕兵数百人，皆持大戟在乘舆车前，兵欲交，侍中刘艾大呼曰："是天子也！"使侍中杨琦高举车帷，帝曰："诸君何敢迫近至尊邪？"汜兵乃却。既渡桥，士众皆称万岁。夜到霸陵[③]，从者皆饥，张济赋给各有差。傕出屯池阳。

丙寅[④]，以张济为票骑将军，开府如三公；郭汜为车骑将军，杨定为后将军，杨奉为兴义将军；皆封列侯。又以故牛辅部曲董承为安集将军。

郭汜欲令车驾幸高陵[⑤]，公卿及济以为宜幸弘农，大会议之，不决。帝遣使谕汜曰："弘农近郊庙，勿有疑也！"汜不从。帝遂终日不食。汜闻之曰："可且幸近县。"八月，甲辰，车驾幸新丰。丙子[⑥]，郭汜复谋胁帝还都郿，侍中种辑知之，密告杨定、董承、杨奉，令会新丰[⑦]。郭汜自知谋泄，乃弃军入南山[⑧]。

曹操围雍丘，张邈诣袁术求救，未至，为其下所杀。

冬，十月，以曹操为兖州牧。

戊戌，郭汜党夏育、高硕等谋胁乘舆西行。侍中刘艾见火起不止，请帝出幸一营以避火。杨定、董承将兵迎天子幸杨奉营，夏育等勒兵欲止乘舆，杨定、杨奉力战，破之，乃得出。壬寅，行幸华阴[⑨]。

宁辑将军段煨具服御及公卿已下资储[⑩]，欲上幸其营。煨与杨定有隙，定党种辑、左灵言煨欲反，太尉杨彪、司徒赵温、侍中刘艾、尚书梁绍皆曰："段煨不反，臣等敢以死保。"董承、杨定胁弘农督邮令言郭汜来在煨营[⑪]，帝疑之，乃露次于道南。

丁未，杨奉、董承、杨定将攻煨，使种辑、左灵请帝为诏，帝曰："煨罪未著，奉等攻之，而欲令朕有诏邪！"辑固请，至夜半，犹弗听。奉等乃辄攻煨营，十余日不下。煨供给御膳，禀赡百官，无有二意。诏使侍中、尚书告谕定等，令与煨和解，定等奉诏还营。

李傕、郭汜悔令车驾东，闻定攻煨，相招共救之，因欲劫帝而西。杨定闻傕、汜至，欲还蓝田⑫，为汜所遮，单骑亡走荆州。张济与杨奉、董承不相平，乃复与傕、汜合。十二月，帝幸弘农，张济、李傕、郭汜共追乘舆，大战于弘农东涧，承、奉军败，百官士卒死者，不可胜数，弃御物、符策、典籍，略无所遗⑬。射声校尉沮俊被创坠马，傕谓左右曰："尚可活否？"俊骂之曰："汝等凶逆，逼劫天子，使公卿被害，宫人流离，乱臣贼子，未有如此也！"傕乃杀之。

【注释】

①庚午：此日疑误。　②甲子：此日疑误。　③霸陵：县名。本芷阳县，汉文帝九年（前171）于此筑霸陵，并改县名。治所在今陕西西安市东北。文帝死后葬此。　④丙寅：此日疑误。　⑤高陵：县名。在今陕西西安市高陵区。　⑥丙子：此日疑误。　⑦新丰：在今陕西西安市东北。　⑧南山：秦岭。　⑨华阴：在今陕西华阴市。　⑩资储：储备，积蓄。　⑪督邮：官名。汉置。为郡守佐吏，掌管督察纠举所领县违法之事。每郡分二部至五部，每部置督邮一人。　⑫蓝田：在今陕西蓝田县。⑬略无：丝毫没有。

壬申①，帝露次曹阳②。承、奉乃谲傕等与连和③，而密遣间使至河东④，招故白波帅李乐、韩暹、胡才及南匈奴右贤王去卑；并率其众数千骑来，与承、奉共击傕等，大破之，斩首数千级。

于是董承等以新破傕等，可复东引。庚申，车驾发东，董承、李乐卫乘舆，胡才、杨奉、韩暹、匈奴右贤王于后为拒。傕等复来战，奉等大败，死者甚于东涧。光禄邓渊、廷尉宣播、少府田芬、大司农张义皆死。司徒赵温、太常王绛、卫尉周忠、司隶校尉管郃为傕所遮，欲杀之，贾诩曰："此皆大臣，卿奈何害之！"乃止。李乐曰："事急矣，陛下宜御马。"上曰："不可舍百官而去，此何辜哉！"兵相连缀四十里，方得至陕，乃结营自守。

时残破之余，虎贲、羽林不满百人，傕、汜兵绕营叫呼，吏士失色，各有分散之意。李乐惧，欲令车驾御船过砥柱[5]，出孟津，杨彪以为河道险难，非万乘所宜乘；乃使李乐夜渡，潜具船，举火为应。上与公卿步出营，皇后兄伏德扶后，一手挟绢十匹。董承使符节令孙徽从人间斫之，杀旁侍者，血溅后衣。河岸高十余丈，不得下，乃以绢为辇，使人居前负帝，余皆匍匐而下，或从上自投，冠帻皆坏。既至河边，士卒争赴舟，董承、李乐以戈击之，手指于舟中可掬。帝乃御船，同济者，皇后及杨彪以下才数十人，其宫女及吏民不得渡者，皆为兵所掠夺，衣服俱尽，发亦被截，冻死者不可胜计。卫尉士孙瑞为傕所杀。

傕见河北有火，遣骑候之，适见上渡河，呼曰："汝等将天子去邪！"董承惧射之，以被为幔。既到大阳[6]，幸李乐营。河内太守张杨使数千人负米来贡饷。乙亥[7]，帝御牛车，幸安邑[8]，河东太守王邑奉献绵帛，悉赋公卿以下，封邑为列侯，拜胡才为征东将军，张杨为安国将军，皆假节开府。其垒壁群帅竞求拜职，刻印不给，至乃以锥画之。

孙策像

乘舆居棘篱中，门户无关闭，天子与群臣会，兵士伏篱上观，互相镇压以为笑。

帝又遣太仆韩融至弘农与傕、汜等连和，傕乃放遣公卿百官，颇归所掠宫人及乘舆器服。已而粮谷尽，宫人皆食菜果。

乙卯，张杨自野王来

朝[9]，谋以乘舆还雒阳；诸将不听，杨复还野王。

是时，长安城空四十余日，强者四散，羸者相食，二三年间，关中无复人迹。

沮授说袁绍曰："将军累叶台辅[10]，世济忠义。今朝廷播越[11]，宗庙残毁，观诸州郡虽外托义兵，内实相图，未有忧存社稷恤民之意。今州域粗定，兵强士附，西迎大驾，即宫邺都，挟天子而令诸侯，畜士马以讨不庭[12]，谁能御之！"颍川郭图、淳于琼曰："汉室陵迟，为日久矣，今欲兴之，不亦难乎！且英雄并起，各据州郡，连徒聚众，动有万计，所谓秦失其鹿[13]，先得者王。今迎天子自近，动辄表闻，从之则权轻，违之则拒命，非计之善者也。"授曰："今迎朝廷，于义为得，于时为宜，若不早定，必有先之者矣。"绍不从。

【注释】

①壬申：此日疑误。　②曹阳：水名。即今河南三门峡市陕州区西石桥沟。　③谲（jué 决）：诡诈，欺诳。　④河东：郡名。治所在今山西夏县。　⑤砥柱：即砥柱山。又称"底柱山""三门山"。在今河南三门峡市。黄河急流中的石岛，因山在水中像柱，故名。现已炸毁。　⑥大阳：县名。在今山西平陆县。　⑦乙亥：此日待考。　⑧安邑：县名。在今山西夏县。　⑨野王：县名。在今河南沁阳市。　⑩累叶台辅：累代任国家重臣。台辅，指三公宰相之位。　⑪播：流迁。越：颠簸。播越：颠沛流离。　⑫不庭：不朝。　⑬鹿：指所要猎获的对象。常比喻政权。

初，丹阳朱治尝为孙坚校尉，见袁术政德不立，劝孙策归取江东[1]。时吴景攻樊能、张英等，岁余不克。策说术曰："家有旧恩在东，愿助舅讨横江[2]；横江拔，因投本土召募，可得三万兵，以佐明使君定天下。"术知其恨，而以刘繇据曲阿，王朗在会稽，谓策未必能定，乃许之，表策为折冲校尉。将兵千余人、骑数十匹，行收兵，比至历阳，众五六千。时周瑜从父尚为丹阳太守，瑜将兵迎之，仍助以资粮，策大喜，曰："吾得卿，谐也[3]！"进攻横江、当利，皆拔之，樊能、张英败走。

策渡江转斗，所向皆破，莫敢当其锋者。百姓闻孙郎至，皆失魂魄。长吏委城郭，窜伏山草。及策至，军士奉令，不敢虏略，鸡犬菜茹，一无所犯，民乃大悦，竞以牛酒劳军。策为人，美姿颜，能笑语，阔达听受，善于用人，是以士民见者莫不尽心，乐为致死。

策攻刘繇牛渚营[4]，尽得邸阁粮谷、战具。时彭城相薛礼、下邳相丹阳笮融依繇为盟主[5]，礼据秣陵城[6]，融屯县南，策皆击破之。又破繇别将于梅陵，转攻湖孰[7]、江乘，皆下之，进击繇于曲阿。

繇同郡太史慈时自东莱来省繇[8]。会策至，或劝繇可以慈为大将。繇曰："我若用子义[9]，许子将不当笑我邪[10]！"但使慈侦视轻重。时独与一骑卒遇策于神亭，策从骑十三，皆坚旧将辽西韩当、零陵黄盖辈也。慈便前斗，正与策对，策刺慈马，而揽得慈项上手戟，慈亦得策兜鍪[11]。会两家兵骑并各来赴，于是解散。

繇与策战，兵败，走丹徒。策入曲阿，劳赐将士，发恩布令，告谕诸县："其刘繇、笮融等故乡部曲来降首者，一无所问；乐从军者，一身行，复除门户；不乐者不强。"旬日之间，四面云集，得见兵二万余人，马千余匹，威震江东。

丙辰，袁术表策行殄寇将军[12]。策将吕范言于策曰："今将军事业日大，士众日盛，而纲纪犹有不整者，范愿暂领都督，佐将军部分之。"策曰："子衡既士大夫，加手下已有大众，立功于外，岂宜复屈小职，知军中细事乎！"范曰："不然。今舍本土而托将军者，非为妻子也，欲济世务也。譬犹同舟涉海，一事不牢，即俱受其败。此亦范计，非但将军也。"策笑，无以答。范出，便释褠，著袴褶[13]，执鞭诣阁下启事，自称领都督，策乃授传[14]，委以众事；由是军中肃睦，威禁大行。

东汉陶坞堡

策以张纮为正议校尉，彭城张昭为长史，常令一人居守，一人从征讨，及广陵秦松、陈端等亦参与谋谟[15]。

策待昭以师友之礼[16],文武之事,一以委昭。昭每得北方士大夫书疏,专归美于昭,策闻之,欢笑曰:"昔管子相齐,一则仲父,二则仲父,而桓公为霸者宗。今子布贤,我能用之,其功名独不在我乎!"

袁术以从弟胤为丹阳太守。周尚、周瑜皆还寿春。

【注释】

①江东:长江在芜湖、南京之间作西南南、东北北流向,隋唐以前是南北往来主要渡口的所在,习惯上称自此以下的长江南岸地区为江东。 ②横江:在今安徽和县东南。 ③谐:两相和合,和谐。此当知己讲。 ④牛渚:在今安徽当涂县北。 ⑤笮:(音 zé 择)。 ⑥秣陵城:在今江苏南京市江宁区东南。 ⑦湖孰:在今江苏南京市江宁区东南。 ⑧省(xǐng 醒):探望,问候。 ⑨子义:太史慈,字子义。 ⑩许子将:许劭的字。东汉汝南平舆(今属河南)人。与堂兄许靖有名于世,喜欢评论人物,每月更换,被称为"月旦评"。 ⑪兜鍪(móu 谋):头盔。古称胄,秦汉以后称"兜鍪"。 ⑫殄:(音 tiǎn 舔)。 ⑬裤褶(dié 迭):骑马服。 ⑭传:符传。 ⑮谟(mó 模):计划。 ⑯师友:可以求教请益的人。

刘繇自丹徒将奔会稽,许劭曰:"会稽富实,策之所贪,且穷在海隅,不可往也。不如豫章,北连豫壤,西接荆州;若收合吏民,遣使贡献,与曹兖州相闻[1],虽有袁公路隔在其间,其人豺狼,不能久也。足下受王命,孟德、景升必相救济。"繇从之。

初,陶谦以笮融为下邳相,使督广陵、下邳、彭城粮运。融遂断三郡委输以自入,大起浮屠祠,课人诵读佛经,招致旁郡好佛者至五千余户。每浴佛[2],辄多设饮食,布席于路,经数十里,费以巨亿计。及曹操击破陶谦,徐土不安,融乃将男女万口走广陵,广陵太守赵昱待以宾礼。先是彭城相薛礼为陶谦所逼,屯秣陵,融利广陵资货,遂乘酒酣杀昱,放兵大掠,因过江依礼,既而复杀之。

刘繇使豫章太守朱皓攻袁术所用太守诸葛玄,玄退保西城[3]。及繇溯江西上,驻于彭泽[4],使融助皓攻玄。许劭谓繇曰:"笮融出军,不顾名义者也。朱文明喜推诚以信人。更使密防之。"融到,果诈杀皓,代领郡事。繇进讨融,融败走,入山,为民所杀。诏以前太傅掾华歆为豫章太守。

丹阳都尉朱治逐吴郡太守许贡而据其郡，贡南依山贼严白虎。

张超在雍丘，曹操围之急，超曰："惟臧洪当来救吾。"众曰："袁、曹方睦，洪为袁所表用，必不败好以招祸。"超曰："子源天下义士，终不背本；但恐见制强力，不相及耳。"洪时为东郡太守，徒跣号泣，从绍请兵，将赴其难，绍不与；请自率所领以行，亦不许。雍丘遂溃，张超自杀，操夷其三族。

洪由是怨绍，绝不与通。绍兴兵围之，历年不下。绍令洪邑人陈琳以书喻之，洪复书曰："仆小人也，本乏志用；中因行役，蒙主人倾盖[5]，恩深分厚，遂窃大州，宁乐今日自还接刃乎！当受任之初，自谓究竟大事[6]，共尊王室。岂悟本州被侵，郡将遘厄[7]，请师见拒，辞行被拘，使洪故君遂至沦灭，区区微节，无所获申，岂得复全交友之道、重亏忠孝之名乎！斯所以忍悲挥戈，收泪告绝。行矣孔璋，足下徼利于境外，臧洪投命于君亲；吾子托身于盟主，臧洪策名于长安[8]；子谓余身死而名灭，仆亦笑子生而无闻焉！"

绍见洪书，知无降意，增兵急攻。城中粮谷已尽，外无强救，洪自度必不免，呼将吏士民谓曰："袁氏无道，所图不轨，且不救洪郡将，洪于大义，不得不死；念诸君无事，空与此祸，可先城未败，将妻子出。"皆垂泣曰："明府与袁氏本无怨隙，今为本朝郡将之故，自致残困；吏民何忍当舍明府去也！"初尚掘鼠煮筋角，后无可复食者。主簿启内厨米三升，请稍以为饘粥[9]，洪叹曰："何能独甘此邪！"使作薄糜，遍班士众，又杀其爱妾以食将士。将士咸流涕，无能仰视者。男女七八千人，相枕而死，莫有离叛者。城陷，生执洪。绍大会诸将见洪，谓曰："臧洪，何相负若此！今日服未？"洪据地瞋目曰："诸袁事汉，四世五公[10]，可谓受恩。今王室衰弱，无扶翼之意，欲因际会，希冀非望，多杀忠良以立奸威。洪亲见呼张陈留为兄[11]，则洪府君亦宜为弟，同共戮力，为国除害，奈何拥众观人屠灭！洪惜力劣，不能推刃为天下报仇，何谓服乎！"绍本爱洪，意欲令屈服，原之；见洪辞切，知终不为己用，乃杀之。

【注释】

①曹兖州：即曹操。因其任兖州刺史、故名。古时常以与某人相关

的官名、地名来称呼某人。如曹操有使君、将军、魏公等称呼。 ②浴佛：即浴佛节，中国佛教节日。汉族地区相传夏历四月初八为释迦牟尼生日，佛寺常于这一天举行诵经，并用各种名香浸水，灌洗释迦太子的诞生像，取法传说中“龙王以香水洗灌太子”的故事，以纪念佛的诞生。 ③西城：在今江西南昌市西。 ④彭泽：县名。在今江西湖口县。 ⑤倾盖：盖，车盖，如伞形。谓停车交盖，两盖稍稍倾斜。常来形容朋友相遇，亲切交谈的情况。此处当蒙受主人垂青。 ⑥究竟：完毕，结束。 ⑦遘：遇，遭遇。厄：遭难。 ⑧策名：即出仕。 ⑨饘（zhān 毡）：稠粥。 ⑩四世五公：从袁安到袁隗共四世。袁安为司徒，儿子袁敞为司空，孙子袁汤为司空，曾孙袁逢为司空，袁隗为太傅。 ⑪张陈留：即张超的哥哥张邈。

洪邑人陈容少亲慕洪，时在绍坐，起谓绍曰：“将军举大事，欲为天下除暴，而先诛忠义，岂合天意！臧洪发举为郡将，奈何杀之！”绍惭，使人牵出，谓曰：“汝非臧洪俦，空复尔为[①]！”容顾曰：“仁义岂有常，蹈之则君子，背之则小人。今日宁与臧洪同日而死，不与将军同日而生也！”遂复见杀，在坐无不叹息，窃相谓曰：“如何一日杀二烈士！”

公孙瓒既杀刘虞，尽有幽州之地，志气益盛，恃其才力，不恤百姓，记过忘善，睚眦必报。衣冠善士[②]，名在其右者，必以法害之，有材秀者，必抑困使在穷苦之地。或问其故，瓒曰：“衣冠皆自以职分当贵，不谢人惠。”故所宠爱，类多商贩、庸儿，与为兄弟，或结婚姻，所在侵暴，百姓怨之。

刘虞从事渔阳鲜于辅等，合率州兵欲共报仇，以燕国阎柔素有恩信，推为乌桓司马。柔招诱胡、汉数万人，与瓒所置渔阳太守邹丹战于潞北，斩丹等四千余级。乌桓峭王亦率种人及鲜卑七千余骑[③]，随辅南迎虞子和与袁绍将麹义合兵十万共攻瓒，破瓒于鲍丘[④]，斩首二万余级。于是代郡、广阳、上谷、右北平各杀瓒所置长吏，复与鲜于辅、刘和兵合，瓒军屡败。

先是有童谣曰：“燕南垂，赵北际，中央不合大如砺，唯有此中可避世。”瓒自谓易地当之，遂徙镇易，为围堑十重，于堑里筑京[⑤]，皆高五六丈，为楼其上；中堑为京，特高十丈，自居焉。以铁为门，斥去左右，男人七岁以上不得入门，专与姬妾居。其文簿、书记皆汲而上之。令妇人习为大声，使闻数百步，以传宣教令。疏远宾客，无所亲信，谋臣猛将，稍稍乖散。自此之后，希复攻战。或问其故。瓒曰："我昔驱叛胡于塞表[⑥]，扫黄巾于孟津，当此之时，谓天下指麾可定。至于今日，兵革方始，观此，非我所决，不如休兵力耕，以救凶年。兵法，百楼不攻。今吾诸营楼橹数十重[⑦]，积谷三百万斛，食尽此谷，足以待天下之事矣。"

南单于於扶罗死，弟呼厨泉立，居于平阳。

【注释】

①尔为：如此。 ②衣冠：古代士以上戴冠，衣冠连称，它是古代士以上的服装。后引申为世族、士绅。 ③种：人种，后引申为后嗣。④鲍丘：水名。在今天津蓟州区和天津宝坻区之间。 ⑤京：人工筑起的高丘。 ⑥塞表：塞外。 ⑦楼橹：古时军中用来作侦察、防御或攻城的高台。橹，望楼。

资治通鉴卷第六十二

汉纪五十四 起柔兆困敦，尽著雍摄提格，凡三年。

孝献皇帝丁

建安元年 春，正月，癸酉，大赦，改元。

董承、张杨欲以天子还雒阳，杨奉、李乐不欲，由是诸将更相疑贰。二月，韩暹攻董承，承奔野王。韩暹屯闻喜[①]，胡才、杨奉之坞乡[②]。胡才欲攻韩暹，上使人喻止之。

汝南、颍川黄巾何仪等拥众附袁术，曹操击破之。

张杨使董承先缮修雒阳宫。太仆赵岐为承说刘表，使遣兵诣雒阳，助修宫室；军资委输，前后不绝。夏，五月，丙寅，帝遣使至杨奉、李乐、韩暹营，求送至雒阳，奉等从诏。六月乙未，车驾幸闻喜。

袁术攻刘备以争徐州，备使司马张飞守下邳，自将拒术于盱眙[③]、淮阴，相持经月，更有胜负。下邳相曹豹，陶谦故将也，与张飞相失，飞杀之，城中乖乱。袁术与吕布书，劝令袭下邳，许助以军粮。布大喜，引军水陆东下。备中郎将丹阳许耽开门迎之。张飞败走，布虏备妻子及将吏家口。备闻之，引还，比至下邳，兵溃。备收余兵东取广陵，与袁术战，又败，屯于海西[④]，饥饿困踧，吏士相食，从事东海麋竺以家财助军。备请降于布，布亦忿袁术运粮不继，乃召备，复以为豫州刺史，与并势击术，使屯小沛。布自称徐州牧。

张飞像

布将河内郝萌夜攻布，布科头袒衣⑤，走诣都督高顺营。顺即严兵入府讨之，萌败走；比明，萌将曹性击斩萌。

庚子，杨奉、韩暹奉帝东还，张杨以粮迎道路。秋，七月，甲子，车驾至雒阳，幸故中常侍赵忠宅。丁丑，大赦。八月，辛丑，幸南宫杨安殿。张杨以为己功，故名其殿曰杨安。杨谓诸将曰：“天子当与天下共之，朝廷自有公卿大臣，杨当出捍外难。”遂还野王，杨奉亦出屯梁⑥，韩暹、董承并留宿卫。癸卯，以安国将军张杨为大司马，杨奉为车骑将军，韩暹为大将军、领司隶校尉，皆假节钺。

是时，宫室烧尽，百官披荆棘，依墙壁间，州郡各拥强兵，委输不至；群僚饥乏，尚书郎以下自出采稆⑦，或饥死墙壁间，或为兵士所杀。

袁术以谶言“代汉者当涂高”，自云名字应之⑧。又以袁氏出陈，为舜后，以黄代赤，德运之次⑨，遂有僭逆之谋。闻孙坚得传国玺⑩，拘坚妻而夺之。及闻天子败于曹阳，乃会群下议称尊号；众莫敢对。主簿阎象进曰：“昔周自后稷至于文王，积德累功，参分天下有其二，犹服事殷。明公虽奕世克昌⑪，未若有周之盛；汉室虽微，未若殷纣之暴也！”术默然。

【注释】

①闻喜：在今山西夏县。　②坞乡：在今河南洛阳市偃师区南。③盱眙（xūyí 虚移）：县名。在今江苏西部，北临洪泽湖，邻接安徽。④海西：在今江苏东海县。　⑤科头：不戴冠。　⑥梁：县名。在今河南

汝州市。⑦稆(lǚ 吕):不种自生的谷物。　⑧自云名字应之:袁术的名字中有"术""路"(字公路),与谶言中的"途"意同。所以袁术认为名字应合谶言,当受天命为天子。　⑨以黄代赤,德运之次:古代认为朝代的交替兴废是按照水德、火德、木德、金德、土德五德相生相克、周而复始的,这就是"五德终始说"。五德与五色相配,这是水为黑,火为赤,木为青,金为白,土为黄。当时人们认为汉为火德,代替秦水德,崇尚赤色,故袁术说"以黄代赤",即以土德代替火德。　⑩事见本书卷第五十九初平元年(190)。　⑪奕(yì 异):重,累。奕世:一代接一代。

术聘处士张范;范不往,使其弟承谢之。术谓承曰:"孤以土地之广,士民之众,欲徼福齐桓,拟迹高祖,何如?"承曰:"在德不在强。夫用德以同天下之欲,虽由匹夫之资而兴霸王之功,不足为难。若苟欲僭拟,干时而动,众之所弃,谁能兴之!"术不悦。

孙策闻之,与术书曰:"成汤讨桀称'有夏多罪',武王伐纣曰'殷有重罚',此二主者,虽有圣德,假使时无失道之过,无由逼而取也。今主上非有恶于天下,徒以幼小,胁于强臣,异于汤、武之时也。且董卓贪淫骄陵,志无纪极,至于废主自兴,亦犹未也,而天下同心疾之,况效尤而甚焉者乎!又闻幼主明智聪敏,有夙成之德,天下虽未被其恩,咸归心焉。使君五世相承[①],为汉宰辅,荣宠之盛,莫与为比,宜效忠守节,以报王室,则旦、奭之美,率土所望也。时人多惑图纬之言,妄牵非类之文,苟以悦主为美,不顾成败之计,古今所慎,可不孰虑!忠言逆耳,驳议致憎[②],苟有益于尊明,无所敢辞。"术始自以为有淮南之众,料策必与己合,及得其书,愁沮发疾。既不纳其言,策遂与之绝。

曹操在许,谋迎天子。众以为"山东未定,韩暹、杨奉,负功恣睢,未可卒制"。荀彧曰:"昔晋文公纳周襄王而诸侯景从,汉高祖为义帝缟素而天下归心[③]。自天子蒙尘,将军首唱义兵,徒以山东扰乱,未遑远赴。今銮驾旋轸,东京榛芜[④],义士有存本之思,兆民怀感旧之哀。诚因此时,奉主上以从人望,大顺也;秉至公以服天下,大略也;扶弘义以致英俊,大德也。四方虽有逆节,其何能为?韩暹、杨奉,安足恤哉!若不时定,使豪桀生心,后虽为虑,亦无及矣。”操乃遣扬武中郎将曹洪将兵西迎天子，董承等据险拒之，洪不得进。

议郎董昭，以杨奉兵马最强而少党援，作操书与奉曰：“吾与将军闻名慕义，便推赤心。今将军拔万乘之艰难，反之旧都，翼佐之功，超世无畴，何其休哉！方今群凶猾夏[5]，四海未宁，神器至重[6]，事在维辅；必须众贤，以清王轨，诚非一人所能独建，心腹四支，实相恃赖，一物不备，则有阙焉。将军当为内主，吾为外援，今吾有粮，将军有兵，有无相通，足以相济，死生契阔[7]，相与共之。”奉得书喜悦，语诸将军曰：“兖州诸军近在许耳，有兵有粮，国家所当依仰也。”遂共表操为镇东将军，袭父爵费亭侯[8]。

韩暹矜功专恣，董承患之，因潜召操；操乃将兵诣雒阳。既至，奏韩暹、张杨之罪。暹惧诛，单骑奔杨奉。帝以暹、杨有翼车驾之功，诏一切勿问。辛亥，以曹操领司隶校尉、录尚书事。操于是诛尚书冯硕等三人，讨有罪也；封卫将军董承等十三人为列侯，赏有功也；赠射声校尉沮俊为弘农太守，矜死节也[9]。

【注释】

①五世：即袁安、袁京、袁阳、袁逢、袁术五世。　②驳议：杂议，不同的议论。　③缟素：白色的衣服，指丧服。　④榛（zhēn 真）芜：草木丛杂。　⑤猾：乱。　⑥神器：指帝位，政权。　⑦契阔：勤苦。　⑧费亭侯：曹操的祖父曹腾曾被封为费亭侯。　⑨矜死节也：沮俊死，事见上卷兴平二年（195）。

操引董昭并坐，问曰：“今孤来此，当施何计？”昭曰：“将军兴义兵以诛暴乱，入朝天子，辅翼王室，此五霸之功也[1]。此下诸将，人殊意异，未必服从。今留匡弼，事势不便，惟有移驾幸许耳[2]。然朝廷播越，新还旧京，远近跂望[3]，冀一朝获安，今复徙驾，不厌众心。夫行非常之事，乃有非常之功，愿将军算其多者。”操曰：“此孤本志也。杨奉近在梁耳，闻其兵精，得无为孤累乎？”昭曰：“奉少党援，心相凭结，镇东、费亭之事，皆奉所定，宜时遣使厚遗答谢，以安其意。说‘京都无粮，欲车驾暂幸鲁阳[4]，鲁阳近许，转运稍易，可无县乏之忧’。奉为人勇而寡虑，必不见疑，比使往来[5],足以定计,奉何能为累!”操曰:“善!”即遣使诣奉。庚申,车驾出轘辕而东[6],遂迁都许。己巳[7],幸曹操营,以操为大将军,封武平侯。始立宗庙社稷于许[8]。

孙策将取会稽。吴人严白虎等众各万余人,处处屯聚,诸将欲先击白虎等。策曰:“白虎等群盗,非有大志,此成禽耳。”遂引兵渡浙江。会稽功曹虞翻说太守王朗曰:“策善用兵,不如避之。”朗不从。发兵拒策于固陵。

策数渡水战,不能克。策叔父静说策曰:“朗负阻城守,难可卒拔。查渎南去此数十里[9],宜从彼据其内,所谓攻其无备,出其不意者也。”策从之,夜,多然火为疑兵,分军投查渎道,袭高迁屯。朗大惊,遣故丹阳太守周昕等帅兵逆战,策破昕等,斩之。朗遁走;虞翻追随营护朗,浮海至东冶[10],策追击,大破之,朗乃诣策降。

策自领会稽太守,复命虞翻为功曹,待以交友之礼。策好游猎,翻谏曰:“明府喜轻出微行,从官不暇严,吏卒常苦之。夫君人者不重则不威,故白龙鱼服,困于豫且[11];白蛇自放,刘季害之[12]。愿少留意!”策曰:“君言是也。”然不能改。

九月,司徒淳于嘉、太尉杨彪、司空张喜皆罢。

车驾之东迁也,杨奉自梁欲邀之,不及。冬,十月,曹操征奉,奉南奔袁术,遂攻其梁屯,拔之。

诏书下袁绍,责以“地广兵多,而专自树党,不闻勤王之师,但擅相讨伐”。绍上书深自陈诉。戊辰[13],以绍为太尉,封邺侯。绍耻班在曹操下,怒曰:“曹操当死数矣,我辄救存之,今乃挟天子以令我乎!”表辞不受。操惧,请以大将军让绍。丙戌[14],以操为司空,行车骑将军事。

操以荀彧为侍中,守尚书令[15]。操问彧以策谋之士,彧荐其从子蜀郡太守攸及颍川郭嘉。操征攸为尚书,与语,大悦,曰:“公达,非常人也。吾得与之计事,天下当何忧哉!”以为军师。

【注释】

①五霸:一作“五伯”。春秋时先后称霸的五个诸侯。指齐桓公、晋文公、楚庄公、吴王阖闾、越王勾践。一说指齐桓公、宋襄公、晋文公、秦穆公、楚庄公。 ②许:县名。春秋许国,秦置县。治所在今河南许昌市

东。东汉建安元年(196)曹操迎献帝于此建都。三国魏黄初二年(221)改名许昌县。 ③跂(qǐ 企):通“企”。踮起脚尖。 ④鲁阳:县名。在今河南鲁山县。 ⑤比:等,等到。 ⑥轘辕:关名。在今河南洛阳市偃师区东南。 ⑦己巳:此日疑误。 ⑧社稷:古代帝王、诸侯所祭的土神和谷神。旧时用作对国家的代称。 ⑨查渎:在今浙江杭州市萧山区境内。 ⑩东冶:古地名。在今福建福州市。汉高帝五年(前202)立无诸为闽越王,都东冶,即此。 ⑪白龙鱼服,困于豫且:古代的神话传说。传说白龙有一次化作一条鱼,被渔夫豫且射伤了眼睛,白龙上诉天帝,天帝认为白龙当时只是一条鱼,而鱼本来就是凡人要捕杀的,故判豫且无罪。 ⑫白蛇自放,刘季害之:这是刘邦代秦之前,斩杀白蛇的历史传说。白蛇,是秦的象征,斩蛇意味着兴代。 ⑬戊辰:此日疑误。 ⑭丙戌:此日疑误。 ⑮守:古代官制,官职低而理高官事称“守”,反之称“行”。

初,郭嘉往见袁绍,绍甚敬礼之,居数十日,谓绍谋臣辛评、郭图曰:“夫智者审于量主,故百全而功名可立。袁公徒欲效周公之下士,而不知用人之机,多端寡要,好谋无决,欲与共济天下大难,定霸王之业,难矣。吾将更举而求主,子盍去乎!”二人曰:“袁氏有恩德于天下,人多归之,且今最强;去将何之!”嘉知其不悟,不复言,遂去之。操召见,与论天下事,喜曰:“使孤成大业者,必此人也!”嘉出,亦喜曰:“真吾主也!”操表嘉为司空祭酒。

操以山阳满宠为许令,操从弟洪,有宾客在许界数犯法,宠收治之,洪书报宠,宠不听。洪以白操,操召许主者,宠知将欲原客,乃速杀之。操喜曰:“当事不当尔邪!”

北海太守孔融,负其高气,志在靖难,而才疏意广,讫无成功。高谈清教,盈溢官曹,辞气清雅,可玩而诵,论事考实,难可悉行。但能张磔网罗[1],而目理甚疏;造次能得人心[2],久久亦不愿附也。其所任用,好奇取异,多剽轻小才。至于尊事名儒郑玄,执子孙礼,易其乡名曰郑公乡。及清俊之士左承祖、刘义逊等,皆备在座席而已,不与论政事,曰:“此民望,不可失也!”

黄巾来寇,融战败,走保都昌。时袁、曹、公孙首尾相连,融兵弱粮寡,孤立一隅,不与相通。左承祖劝融宜自托强国,融不听而杀之,刘义逊弃去。青州刺史袁谭攻融,自春至夏,战士所余才数百人,流矢交集,而融犹隐几读书[3],谈笑自若。城夜陷,乃奔东山,妻子为谭所虏。曹操与融有旧,征为将作大匠。

袁谭初至青州,其土自河而西,不过平原。谭北排田楷,东破孔融,威惠甚著;其后信任群小,肆志奢淫,声望遂衰。

中平以来,天下乱离,民弃农业,诸军并起,率乏粮谷,无终岁之计,饥则寇掠,饱则弃余,瓦解流离,无敌自破者,不可胜数。袁绍在河北,军人仰食桑椹,袁术在江淮,取给蒲蠃[4],民多相食,州里萧条。羽林监枣祗请建置屯田,曹操从之,以祗为屯田都尉,以骑都尉任峻为典农中郎将。募民屯田许下,得谷百万斛。于是州郡例置田官,所在积谷,仓廪皆满。故操征伐四方,无运粮之劳,遂能兼并群雄。军国之饶,起于祗而成于峻。

袁术畏吕布为己害,乃为子求婚,布复许之。术遣将纪灵等步骑三万攻刘备,备求救于布。诸将谓布曰:“将军常欲杀刘备,今可假手于术。”布曰:“不然。术若破备,则北连泰山诸将,吾为在术围中,不得不救也。”便率步骑千余驰往赴之。灵等闻布至,皆敛兵而止。布屯沛城西南,遣铃下请灵等[5],灵等亦请布,布往就之,与备共饮食。布谓灵等曰:“玄德[6],布弟也,为诸君所困,故来救之。布性不喜合斗,喜解斗耳。”乃令军候植戟于营门,布弯弓顾曰:“诸君观布射戟小支[7],中者当各解兵,不中可留决斗。”布即一发,正中戟支。灵等皆惊,言:“将军天威也!”明日复欢会,然后各罢。

【注释】

①磔(zhé 哲):分开。 ②造次:急遽,匆忙。此处当短暂讲。③隐:凭,靠着。 ④蒲:水生植物名,可以制席,嫩蒲可食用。蠃(luǒ 裸):通“螺”,螺类动物的统称。 ⑤铃下:即侍卫。胡注:“卒也,在铃阁之下,有警至则掣铃以呼之,因以为名。” ⑥玄德:刘备字。 ⑦戟小支:戟边上的小分支,即倒钩须。

备合兵得万余人,布恶之,自出兵攻备;备败走,归曹操,操厚遇之，以为豫州牧。或谓操曰："备有英雄之志，今不早图，后必为患。"操以问郭嘉，嘉曰："有是。然公起义兵，为百姓除暴，推诚杖信以招俊杰，犹惧其未也。今备有英雄名，以穷归己而害之，是以害贤为名也。如此，则智士将自疑，回心择主，公谁与定天下乎！夫除一人之患以沮四海之望，安危之机也，不可不察。"操笑曰："君得之矣！"遂益其兵，给粮食，使东至沛，收散兵以图吕布。

初，备在豫州，举陈郡袁涣为茂才。涣为吕布所留，布欲使涣作书骂辱备。涣不可，再三强之，不许。布大怒，以兵胁涣曰："为之则生，不为则死！"涣颜色不变，笑而应之曰："涣闻唯德可以辱人，不闻以骂！使彼固君子邪，且不耻将军之言；彼诚小人邪，将复将军之意，则辱在此不在于彼。且涣他日之事刘将军，犹今日之事将军也，如一旦去此，复骂将军，可乎？"布惭而止。

张济自关中引兵入荆州界，攻穰城[①]，为流矢所中死。荆州官属皆贺，刘表曰："济以穷来，主人无礼，至于交锋，此非牧意，牧受吊，不受贺也。"使人纳其众；众闻之喜，皆归心焉。济族子建忠将军绣代领其众，屯宛。

初，帝既出长安，宣威将军贾诩上还印绶，往依段煨于华阴。诩素知名，为煨军所望，煨礼奉甚备。诩潜谋归张绣，或曰："煨待君厚矣，君去安之！"诩曰："煨性多疑，有忌诩意，礼虽厚，不可恃久，将为所图。我去必喜，又望吾结大援于外，必厚吾妻子；绣无谋主，亦愿得诩：则家与身必俱全矣。"诩遂往，绣执子孙礼，煨果善视其家。诩说绣附于刘表，绣从之。诩往见表，表以客礼待之。诩曰："表，平世三公才也，不见事变，多疑无决，无能为也！"

刘表爱民养士，从容自保，境内无事，关西、兖、豫学士归之者以千数。表乃起立学校，讲明经术，命故雅乐郎河南杜夔作雅乐[②]。乐备，表欲庭观之。夔曰："今将军号不为天子，合乐而庭作之，无乃不可乎！"表乃止。

平原祢衡，少有才辩，而尚气刚傲，孔融荐之于曹操。衡骂辱操，操怒，谓融曰："祢衡竖子，孤杀之，犹雀鼠耳！顾此人素有虚名，远近将谓孤不能容之。"乃送与刘表，表延礼以为上宾[③]。衡称表之美盈口，而好讥贬其左右，于是左右因形而谮之曰："衡称将军之仁，西伯不过也，唯以为不能断，终不济者，必由此也。”其言实指表短，而非衡所言也。表由是怒。以江夏太守黄祖性急，送衡与之，祖亦善待焉。后衡众辱祖，祖杀之。

【注释】

①穰城：在今河南邓州市。　②雅乐：古代帝王祭祀天地、祖先及朝贺、宴享等大典所用的乐舞。历代封建统治者取得政权后，都循例制礼作乐，歌颂本朝的功德。这种乐舞统称雅乐。汉代以后均由太常或太常寺掌管。　③延：聘请，邀请。

二年　春，正月，曹操讨张绣，军于淯水[1]，绣举众降。操纳张济之妻，绣恨之；又以金与绣骁将胡车儿，绣闻而疑惧，袭击操军，杀操长子昂。操中流矢，败走，校尉典韦与绣力战，左右死伤略尽，韦被数十创。绣兵前搏之，韦双挟两人击杀之，瞋目大骂而死。操收散兵，还住舞阴[2]。绣率骑来追，操击破之，绣走还穰，复与刘表合。

是时，诸军大乱，平虏校尉泰山于禁独整众而还，道逢青州兵劫掠人，禁数其罪而击之；青州兵走，诣操。禁既至，先立营垒，不时谒操。或谓禁："青州兵已诉君矣，宜促诣公辨之。"禁曰："今贼在后，追至无时，不先为备，何以待敌！且公聪明，谮诉何缘得行！"徐凿堑安营讫，乃入谒，具陈其状。操悦，谓禁曰："淯水之难，吾犹狼狈，将军在乱能整，讨暴坚垒，有不可动之节，虽古名将，何以加之！"于是录禁前后功，封益寿亭侯。操引军还许。

袁绍与操书，辞语骄慢。操谓荀彧、郭嘉曰："今将讨不义而力不敌，何如？"对曰："刘、项之不敌，公所知也。汉祖唯智胜项羽，故羽虽强，终为所禽。今绍有十败，公有十胜，绍虽强，无能为也。绍繁礼多仪，公体任自然，此道胜也。绍以逆动，公奉顺以率天下，此义胜也。桓、灵以来，政失于宽，绍以宽济宽，故不摄[3]，公纠之以猛，上下知制，此治胜也。绍外宽内忌，用人而疑之，所任唯亲戚子弟，公外易简而内机明，用人无疑，唯才所宜，不间远近，此度胜也。绍多谋少决，失在后事，公得策辄行，应变无穷，此谋胜也。绍高议揖让以收名誉，士之好言饰外者多归之，公以至心待人，不为虚美，士之忠正远见而有实者皆愿为用，此德胜也。绍见人饥寒，恤念之，形于颜色，其所不见，虑或不及，公于目前小事，时有所忽，至于大事，与四海接，恩之所加，皆过其望，虽所不见，虑无不周，此仁胜也。绍大臣争权，谗言惑乱，公御下以道，浸润不行[④]，此明胜也。绍是非不可知，公所是进之以礼，所不是正之以法，此文胜也。绍好为虚势，不知兵要，公以少克众，用兵如神，军人恃之，敌人畏之，此武胜也。”操笑曰：“如卿所言，孤何德以堪之！”嘉又曰：“绍方北击公孙瓒，可因其远征，东取吕布；若绍为寇，布为之援，此深害也。”彧曰：“不先取吕布，河北未易图也。”操曰：“然，吾所惑者，又恐绍侵扰关中，西乱羌、胡，南诱蜀、汉[⑤]，是我独以兖、豫抗天下六分之五也，为将奈何？”彧曰：“关中将帅以十数，莫能相一，唯韩遂、马腾最强，彼见山东方争，必各拥众自保，今若抚以恩德，遣使连和，虽不能久安，比公安定山东，足以不动。侍中、尚书仆射钟繇有智谋，若属以西事，公无忧矣。”操乃表繇以侍中守司隶校尉，持节督关中诸军，特使不拘科制。繇至长安，移书腾、遂等[⑥]。为陈祸福，腾、遂各遣子入侍。

【注释】

①淯水：水名。在今河南境内。　②舞阴：在今河南泌阳县。③摄：整理，整顿。　④浸润：指谗言。　⑤汉：汉中。在今陕西汉中市南郑区。　⑥移：同“遗”。

袁术称帝于寿春，自称仲家，以九江太守为淮南尹，置公卿百官，郊祀天地。沛相陈珪，球弟子也，少与术游；术以书召珪，又劫质其子，期必致珪。珪答书曰：“曹将军兴复典刑，将拨平凶慝[①]，以为足下当戮力同心，匡翼汉室；而阴谋不轨，以身试祸，欲吾营私阿附，有死不能也。”术欲以故兖州刺史金尚为太尉，尚不许而逃去，术杀之。

三月，诏将作大匠孔融持节拜袁绍大将军，兼督冀、青、幽、并四州。

夏，五月，蝗。

袁术遣使者韩胤以称帝事告吕布，因求迎妇，布遣女随之。

陈珪恐徐、扬合从，为难未已，往说布曰："曹公奉迎天子，辅赞国政，将军宜与协同策谋，共存大计。今与袁术结昏，必受不义之名，将有累卵之危矣[②]！"布亦怨术初不己受也[③]，女已在途，乃追还绝昏，械送韩胤，枭首许市。

陈珪欲使子登诣曹操，布固不肯。会诏以布为左将军，操复遗布手书，深加慰纳。布大喜，即遣登奉章谢恩，并答操书。登见操，因陈布勇而无谋，轻于去就，宜早图之。操曰："布狼子野心，诚难久养，非卿莫究其情伪[④]。"即增珪秩中二千石，拜登广陵太守。临别，操执登手曰："东方之事，便以相付。"令阴合部众以为内应。

始，布因登求徐州牧不得，登还，布怒，拔戟斫几曰："卿父劝吾协同曹操，绝婚公路；今吾所求无获，而卿父子并显重，但为卿所卖耳！"登不为动容，徐对之曰："登见曹公言：'养将军譬如养虎，当饱其肉，不饱则将噬人。'公曰：'不如卿言。譬如养鹰，饥即为用，饱则飏去。'其言如此。"布意乃解。

袁术遣其大将张勋、桥蕤等与韩暹、杨奉连势，步骑数万趣下邳，七道攻布。布时有兵三千，马四百匹，惧其不敌，谓陈珪曰："今致术军，卿之由也，为之奈何？"珪曰："暹、奉与术，卒合之师耳，谋无素定，不能相维，子登策之，比于连鸡，势不俱栖，立可离也。"布用珪策，与暹、奉书曰："二将军亲拔大驾，而布手杀董卓，俱立功名，今奈何与袁术同为贼乎！不如相与并力破术，为国除害。"且许悉以术军资与之。暹、奉大喜，即回计从布。布进军，去勋营百步，暹、奉兵同时叫呼，并到勋营，勋等散走，布兵追击，斩其将十人首，所杀伤堕水死者殆尽。布因与暹、奉合军向寿春，水陆并进，到钟离，所过虏掠，还渡淮北，留书辱术。

汉代持矛立木俑

术自将步骑五千扬兵淮上，布骑皆于水北大咍笑之而还[5]。

泰山贼帅臧霸袭琅邪相萧建于莒[6]，破之。霸得建资实，许以赂布而未送，布自往求之。其督将高顺谏曰："将军威名宣播，远近所畏，何求不得，而自行求赂！万一不克，岂不损邪！"布不从。既至莒，霸等不测往意，固守拒之，无获而还。

顺为人清白有威严，少言辞，所将七百余兵，号令整齐，每战必克，名"陷陈营"。布后疏顺，以魏续有内外之亲，夺其兵以与续，及当攻战，则复令顺将，顺亦终无恨意。布性决易，所为无常，顺每谏曰："将军举动，不肯详思，忽有失得，动辄言误，误岂可数乎！"布知其忠而不能从。

曹操遣议郎王诵，以诏书拜孙策为骑都尉，袭爵乌程侯[7]，领会稽太守，使与吕布及吴郡太守陈瑀共讨袁术。策欲得将军号以自重，诵便承制假策明汉将军[8]。

策治严[9]，行到钱唐[10]。瑀阴图袭策，潜结祖郎、严白虎等，使为内应。策觉之，遣其将吕范、徐逸攻瑀于海西；瑀败，单骑奔袁绍。

【注释】

①慝（tè 特）：邪恶，罪恶。　②累卵之危：累起的蛋极易滚下破碎，比喻处境极其危险。　③布亦怨术：事见六十卷初平三年（192）。④情伪：犹言真伪。　⑤大咍笑：大声调笑。胡注："楚人谓相调笑曰咍。"　⑥莒：县名。在今山东莒县。　⑦乌程侯：孙策的父亲孙坚曾被封为乌程侯。　⑧假：给予。　⑨严：行装。　⑩钱唐：县名。在今浙江杭州市。

初，陈王宠有勇[1]，善弩射。黄巾贼起，宠治兵自守，国人畏之，不敢离叛。国相会稽骆俊素有威恩，是时王侯无复租禄，而数见虏夺，或并日而食，转死沟壑，而陈独富强，邻郡人多归之，有众十余万。及州郡兵起，宠率众屯阳夏，自称辅汉大将军。袁术求粮于陈，骆俊拒绝之，术忿恚，遣客诈杀俊及宠，陈由是破败。

秋，九月，司空曹操东征袁术。术闻操来，弃军走，留其将桥蕤等于蕲阳以拒操；操击破蕤等，皆斩之。术走渡淮，时天旱岁荒，士民冻馁，术由是遂衰。

操辟陈国何夔为掾，问以袁术何如，对曰：“天之所助者顺，人之所助者信。术无信顺之实而望天人之助，其可得乎！”操曰：“为国失贤则亡，君不为术所用，亡，不亦宜乎！”操性严，掾属公事往往加杖；夔常蓄毒药，誓死无辱，是以终不见及。

沛国许褚，勇力绝人，聚少年及宗族数千家，坚壁以御外寇，淮、汝、陈、梁间皆畏惮之，操徇淮、汝，褚以众归操，操曰：“此吾樊哙也！”即日拜都尉，引入宿卫[2]，诸从褚侠客，皆以为虎士焉。

故太尉杨彪与袁术昏姻，曹操恶之，诬云欲图废立，奏收下狱，劾以大逆。将作大匠孔融闻之，不及朝服，往见操曰：“杨公四世清德[3]，海内所瞻。《周书》，父子兄弟，罪不相及，况以袁氏归罪杨公乎！”操曰：“此国家之意。”融曰：“假使成王杀召公，周公可得言不知邪！”操使许令满宠按彪狱，融与尚书令荀彧皆属宠曰：“但当受辞，勿加考掠。”宠一无所报，考讯如法。数日，求见操，言之曰：“杨彪考讯，无他辞语。此人有名海内，若罪不明白，必大失民望；窃为明公惜之。”操即日赦出彪。初，彧、融闻宠考掠彪，皆怒；及因此得出，乃更善宠。彪见汉室衰微，政在曹氏，遂称脚挛，积十余年不行，由是得免于祸。

马日磾丧至京师，朝廷议欲加礼，孙融曰：“日磾以上公之尊，秉髦节之使，而曲媚奸臣，为所牵率，王室大臣，岂得以见胁为辞！圣上哀矜旧臣，未忍追按，不宜加礼。”朝廷从之。金尚丧至京师，诏百官吊祭，拜其子玮为郎中。

冬，十一月，曹操复攻张绣，拔湖阳[4]，禽刘表将邓济；又攻舞阴，下之。

韩暹、杨奉在下邳，寇掠徐、扬间，军饥饿，辞吕布，欲诣荆州；布不听。奉知刘备与布有宿憾，私与备相闻，欲共击布；备阳许之。奉引军诣沛，备请奉入城，饮食未半，于座上缚奉，斩之。暹失奉，孤特，与十余骑归并州，为杼秋令张宣所杀[5]。胡才、李乐留河东，才为怨家所杀，乐自病死。郭汜为其将伍习所杀。

颍川杜袭、赵俨、繁钦避乱荆州，刘表俱待以宾礼。钦数见奇于表，袭喻之曰：“吾所以与子俱来者，徒欲全身以待时耳，岂谓刘牧当为拨乱之主而规长者委身哉！子若见能不已，非吾徒也，吾与子绝矣！”钦慨然曰：“请敬受命！”及曹操迎天子都许，俨谓钦曰：“曹镇东必能匡济华夏，吾知归矣！”遂还诣操，操以俨为朗陵长⑥。

阳安都尉江夏李通妻伯父犯法⑦，俨收治，致之大辟。时杀生之柄，决于牧守，通妻子号泣以请其命。通曰：“方与曹公戮力，义不以私废公！”嘉俨执宪不阿，与为亲交。

【注释】

①宠：汉明帝的儿子，陈敬王刘羡的曾孙。　②宿卫：在宫禁中值宿警卫。　③四世：即杨震、杨秉、杨赐、杨彪四代。　④湖阳：县名。在今河南唐河县。　⑤杼秋：县名。在今安徽砀山县。　⑥朗陵：县名。在今河南确山县。　⑦阳安：郡名。治所在今河南确山县。

三年　春，正月，曹操还许。三月，将复击张绣。荀攸曰：“绣与刘表相恃为强；然绣以游军仰食于表，表不能供也，势必乖离。不如缓军以待之，可诱而致也；若急之，其势必相救。”操不从，围绣于穰。

夏，四月，使谒者仆射裴茂，诏关中诸将段煨等讨李傕，夷其三族。以煨为安南将军，封阌乡侯。

初，袁绍每得诏书，患其有不便于己者，欲移天子自近，使说曹操以许下埤湿①，雒阳残破，宜徙都鄄城以就全实；操拒之。田丰说绍曰：“徙都之计，既不克从，宜早图许，奉迎天子，动托诏书，号令海内，此算之上者。不尔，终为人所禽，虽悔无益也。”绍不从。

会绍亡卒诣操，云田丰劝绍袭许，操解穰围而还，张绣率众追之。五月，刘表遣兵救绣，屯于安众②，守险以绝军后。操与荀彧书曰：“吾到安众，破绣必矣。”及到安众，操军前后受敌，操乃夜凿险伪遁。表、绣悉军来追，操纵奇兵步骑夹攻，大破之。他日，彧问操：“前策贼必破，何也？”操曰：“虏遏吾归师，而与吾死地，吾是以知胜矣。”

绣之追操也，贾诩止之曰：“不可追也，追必败。”绣不听，进兵交战，大败而还。诩登城谓绣曰："促更追之，更战必胜。"绣谢曰："不用公言，以至于此，今已败，奈何复追？"诩曰："兵势有变，促追之！"绣素信诩言，遂收散卒更追，合战，果以胜还。乃问诩曰："绣以精兵追退军而公曰必败，以败卒击胜兵而公曰必克，悉如公言，何也？"诩曰："此易知耳。将军虽善用兵，非曹公敌也。曹公军新退，必自断后，故知必败。曹公攻将军，既无失策，力未尽而一朝引退，必国内有故也。已破将军，必轻军速进，留诸将断后，诸将虽勇，非将军敌，故虽用败兵而战必胜也。"绣乃服。

吕布复与袁术通，遣其中郎将高顺及北地太守雁门张辽攻刘备；曹操遣将军夏侯惇救之，为顺等所败。秋，九月，顺等破沛城，虏备妻子，备单身走。

曹操欲自击布，诸将皆曰："刘表、张绣在后，而远袭吕布，其危必也。"荀攸曰："表、绣新破，势不敢动。布骁猛，又恃袁术，若从横淮、泗间，豪桀必应之。今乘其初叛，众心未一，往可破也。"操曰："善！"比行，泰山屯帅臧霸、孙观、吴敦、尹礼、昌豨等皆附于布。操与刘备遇于梁，进至彭城[③]。陈宫谓布："宜逆击之，以逸待劳，无不克也。"布曰："不如待其来，蹙著泗水中。"冬，十月，操屠彭城。广陵太守陈登率郡兵为操先驱，进至下邳。布自将屡与操战，皆大败，还保城，不敢出。

操遗布书，为陈祸福；布惧，欲降。陈宫曰："曹操远来，势不能久。将军若以步骑出屯于外，宫将余众闭守于内，若向将军，宫引兵而攻其背；若但攻城，则将军救于外。不过旬月，操军食尽，击之，可破也。"布然之，欲使宫与高顺守城，自将骑断操粮道。布妻谓布曰："宫、顺素不和，将军一出，宫、顺必不同心共城守也，如有蹉跌[④]，将军当于何自立乎！且曹氏待公台如赤子，独舍而归我[⑤]。今将军厚公台不过曹氏，而欲委全城，捐妻子，孤军远出，若一旦有变，妾岂得复为将军妻哉！"布乃止；潜遣其官属许汜、王楷求救于袁术。术曰："布不与我女，理自当败，何为复来？"汜、楷曰："明上今不救布，为自败耳；布破，明上亦破也[⑥]。"术乃严兵为布作声援。布恐术为女不至，故不遣救兵，以绵缠女身缚著马上，夜自送女出，与操守兵相触，格射不得过，复还城。

【注释】

①埤(bēi 卑):通“卑”。低洼潮湿之地。　②安众:在今河南邓州市。　③彭城:在今江苏徐州市。　④蹉跌:受挫,失势。　⑤舍而归我:指陈宫离开曹操归附吕布事,见上卷兴平元年(194)。　⑥明上:此时袁术称帝,故称之为“明上”。

河内太守张杨素与布善,欲救之,不能,乃出兵东市[1],遥为之势。十一月,杨将杨丑杀杨以应操,别将眭固复杀丑,将其众北合袁绍。杨性仁和,无威刑,下人谋反发觉,对之涕泣,辄原不问,故及于难。

操掘堑围下邳,积久,士卒疲敝,欲还。荀攸、郭嘉曰:“吕布勇而无谋,今屡战皆北,锐气衰矣。三军以将为主,主衰则军无奋意。陈宫有智而迟,今及布气之未复,宫谋之未定,急攻之,布可拔也。”乃引沂、泗灌城,月余,布益困迫,临城谓操军士曰:“卿曹无相困我,我当自首于明公。”陈宫曰:“逆贼曹操,何等明公!今日降之,若卵投石,岂可得全也!”

布将侯成亡其名马,已而复得之,诸将合礼以贺成,成分酒肉先入献布。布怒曰:“布禁酒而卿等酝酿,为欲因酒共谋布邪!”成忿惧。十二月,癸酉,成与诸将宋宪、魏续等共执陈宫、高顺,率其众降。布与麾下登白门楼[2]。兵围之急,布令左右取其首诣操,左右不忍,乃下降。

布见操曰:“今日已往,天下定矣。”操曰:“何以言之?”布曰:“明公之所患不过于布,今已服矣。若令布将骑,明公将步,天下不足定也。”顾谓刘备曰:“玄德,卿为坐上客,我为降虏,绳缚我急,独不可一言邪[3]!”操笑曰:“缚虎不得不急。”乃命缓布缚,刘备曰:“不可。明公不见吕布事丁建阳[4]、董太师乎!”操颔之。布目备曰:“大耳儿,最叵信[5]!”

操谓陈宫曰:“公台平生自谓智有余,今竟何如!”宫指布曰:“是子不用宫言,以至于此。若其见从,亦未必为禽也。”操曰:“奈卿老母何?”宫曰:“宫闻以孝治天下者不害人之亲,老母存否,在明公,不在宫也。”操曰:“奈卿妻子何?”宫曰:“宫闻施仁政于天下者不绝人之祀，妻子存否，在明公，不在宫也。”操未复言。宫请就刑，遂出，不顾，操为之泣涕，并布、顺皆缢杀之，传首许市。操召陈宫之母，养之终其身，嫁宫女，抚视其家，皆厚于初。

前尚书令陈纪、纪子群在布军中，操皆礼用之。张辽将其众降，拜中郎将。臧霸自亡匿，操募索得之，使霸招吴敦、尹礼、孔观等，皆诣操降。操乃分琅邪、东海为城阳、利城、昌虑郡[6]，悉以霸等为守、相。

初，操在兖州，以徐翕、毛晖为将。及兖州乱，翕、晖皆叛。兖州既定，翕、晖亡命投霸。操语刘备，令霸送二首，霸谓备曰：“霸所以能自立者，以不为此也。霸受主公生全之恩，不敢违命；然王霸之君，可以义告，愿将军为之辞。”备以霸言白操，操叹息谓霸曰：“此古人之事，而君能行之，孤之愿也。”皆以翕、晖为郡守。陈登以功加伏波将军。

【注释】

①东市：野王县的东市，在今河南沁阳市境内。 ②麾（huī 挥）下：犹言在主帅的旌旗之下，即部下。 ③独：副词，难道。 ④丁建阳：丁原，字建阳。被吕布杀死。事见本书卷第五十九灵帝中平六年（189）及卷第六十初平三年（192）。 ⑤叵（pǒ 笸）：不可。 ⑥城阳：郡名。治所在今山东莒县。利城：郡名。治所在今江苏连云港市赣榆区。昌虑：郡名。治所在今山东滕州市。

刘表与袁绍深相结约。治中邓羲谏表，表曰：“内不失贡职，外不背盟主，此天下之达义也。治中独何怪乎？”羲乃辞疾而退。

长沙太守张羡，性屈强，表不礼焉。郡人桓阶说羡举长沙、零陵、桂阳三郡以拒表，遣使附于曹操，羡从之。

孙策遣其正议校尉张纮献方物[1]，曹操欲抚纳之，表策为讨逆将军，封吴侯；以弟女配策弟匡，又为子彰取孙贲女；礼辟策弟权、翊；以张纮为侍御史。

袁术以周瑜为居巢长[2]，以临淮鲁肃为东城长[3]。瑜、肃知术终无所成，皆弃官渡江从孙策。策以瑜为建威中郎将，肃因家于曲阿。

曹操表征王朗，策遣朗还。操以朗为谏议大夫，参司空军事。

袁术遣间使赍印绶与丹阳宗帅祖郎等，使激动山越，共图孙策。刘繇之奔豫章也，太史慈遁于芜湖山中[④]，自称丹阳太守。策已定宣城以东，惟泾以西六县未服，慈因进住泾县，大为山越所附。于是策自将讨祖郎于陵阳，禽之。策谓郎曰："尔昔袭孤，斫孤马鞍，今创军立事，除弃宿恨，惟取能用，与天下通耳，非但汝，汝勿恐怖。"郎叩头谢罪，即破械，署门下贼曹。又讨太史慈于勇里，禽之，解缚，捉其手曰："宁识神亭时邪？若卿尔时得我云何？"慈曰："未可量也。"策大笑曰："今日之事，当与卿共之，闻卿有烈义，天下智士也，但所托未得其人耳。孤是卿知己，勿忧不如意也。"即署门下督。军还，祖郎、太史慈俱在前导，军人以为荣。

会刘繇卒于豫章，士众万余人，欲奉豫章太守华歆为主；歆以为"因时擅命，非人臣所宜"，众守之连月，卒谢遣之，其众未有所附。策命太史慈往抚安之，谓慈曰："刘牧往责吾为袁氏攻庐江，吾先君兵数千人，尽在公路许。吾志在立事，安得不屈意于公路而求之乎！其后不遵臣节，谏之不从，丈夫义交，苟有大故，不得不离，吾交求公路及绝之本末如此，恨不及其生时与共论辩也。今儿子在豫章，卿往视之，并宣孤意于其部曲，部曲乐来者与俱来，不乐来者且安慰之。并观华子鱼所以牧御方规何如。卿须几兵[⑤]，多少随意。"慈曰："慈有不赦之罪，将军量同桓、文，当尽死以报德。今并息兵，兵不宜多，将数十人足矣。"左右皆曰："慈必北去不还。"策曰："子义舍我，当复从谁！"饯送昌门，把腕别曰："何时能还？"答曰："不过六十日。"慈行，议者犹纷纭言遣之非计。策

周瑜像

曰："诸君勿复言，孤断之详矣。太史子义虽气勇有胆烈，然非纵横之人[⑥]，其心秉道义，重然诺[⑦]，一以意许知己，死亡不相负，诸君勿忧也。"慈果如期而反，谓策曰："华子鱼，良德也，然无他方规，自守而已。又，丹阳僮芝，自擅庐陵，番阳民帅别立宗部[⑧]，言'我已别立郡海昏上缭[⑨]，不受发召'，子鱼但睹视之而已。"策拊掌大笑，遂有兼并之志。

袁绍连年攻公孙瓒，不能克，以书谕之，欲相与释憾连和；瓒不答，而增修守备，谓长史太原关靖曰："当今四方虎争，无有能坐吾城下相守经年者明矣，袁本初其若我何！"绍于是大兴兵以攻瓒。先是瓒别将有为敌所围者，瓒不救，曰："救一人，使后将恃救，不肯力战。"及绍来攻，瓒南界别营，自度守则不能自固，又知必不见救，或降或溃。绍军径至其门，瓒遣子续请救于黑山诸帅，而欲自将突骑出傍西山，拥黑山之众侵掠冀州，横断绍后。关靖谏曰："今将军将士莫不怀瓦解之心，所以犹能相守者，顾恋其居处老少，而恃将军为主故耳。坚守旷日，或可使绍自退；若舍之而出，后无镇重，易京之危[⑩]，可立待也。"瓒乃止。绍渐相攻逼，瓒众日蹙。

【注释】

①方物：土产。 ②居巢：县名。在今安徽巢湖市。 ③东城：县名。在今安徽定远县。 ④芜湖：县名。汉置。在安徽东南部。 ⑤须：通"需"，需要。 ⑥纵横：犹豪横，强横，无拘束。 ⑦重然诺：说话算数。 ⑧番阳：在今江西鄱阳县。 ⑨海昏：在今江西永修县。 ⑩易京：在今河北雄县。

资治通鉴卷第六十三

汉纪五十五　起屠维单阏，尽上章执徐，凡二年。

孝献皇帝戊

建安四年　春，黑山贼帅张燕与公孙续率兵十万，三道救之。未至，瓒密使行人赍书告续，使引五千铁骑于北隰之中[①]，起火为应，瓒欲自内出战。绍候得其书[②]，如期举火。瓒以为救至，遂出战。绍设伏击之，瓒大败，复还自守。绍为地道，穿其楼下，施木柱之，度足达半，便烧之，楼辄倾倒，稍至京中。瓒自计必无全，乃悉缢其姊妹、妻子，然后引火自焚。绍趣兵登台，斩之。田楷战死。关靖叹曰："前若不止将军自行，未必不济。吾闻君子陷人危，必同其难，岂可以独生乎！"策马赴绍军而死。续为屠各所杀。

渔阳田豫说太守鲜于辅曰："曹氏奉天子以令诸侯，终能定天下，宜早从之。"辅乃率其众以奉王命。诏以辅为建忠将军，都督幽州六郡。

初，乌桓王丘力居死，子楼班年少，从子蹋顿有武略[③]，代立，总摄上谷大人难楼、辽东大人苏仆延、右北平大人乌延等。袁绍攻公孙瓒，蹋顿以乌桓助之。瓒灭，绍承制皆赐蹋顿、难楼、苏仆延、乌延等单于印绶；又以阎柔得乌桓心，因加宠慰以安北边。其后难楼、苏仆延奉楼班为单于，以蹋顿为王，然蹋顿犹秉计策。

眭固屯射犬[④]，夏，四月，曹操进军临河，使将军史涣、曹仁渡河击之。仁，操从弟也。固自将兵北诣袁绍求救，与涣、仁遇于犬城,涣、仁击斩之。操遂济河,围射犬;射犬降,操还军敖仓[5]。

初,操在兖州举魏种孝廉。兖州叛,操曰:“唯魏种且不弃孤。”及闻种走,操怒曰:“种不南走越、北走胡,不置汝也!”既下射犬,生禽种,操曰:“唯其才也!”释其缚而用之,以为河内太守,属以河北事。

以卫将军董承为车骑将军。

袁术既称帝,淫侈滋甚,媵御数百[6],无不兼罗纨,厌粱肉[7],自下饥困,莫之收恤。既而资实空尽,不能自立,乃烧宫室,奔其部曲陈简、雷薄于灊山,复为简等所拒,遂大穷,士卒散走,忧懑不知所为。乃遣使归帝号于从兄绍曰:“禄去汉室久矣,袁氏受命当王,符瑞炳然[8]。今君拥有四州[9],人户百万,谨归大命,君其兴之!”袁谭自青州迎术,欲从下邳北过。曹操遣刘备及将军清河朱灵邀之,术不得过,复走寿春。六月,至江亭,坐箦床而叹曰[10]:“袁术乃至是乎!”因愤慨结病,欧血死。术从弟胤畏曹操,不敢居寿春,率其部曲奉术柩及妻子奔庐江太守刘勋于皖城[11]。故广陵太守徐璆得传国玺,献之。

【注释】

①隰(xí 席):低下的湿地。 ②候:侦察。也指侦察的人。 ③武略:军事方面的才能。 ④射犬:故址在今河南沁阳市北。 ⑤敖仓:故址在今河南荥阳市北。 ⑥媵(yìng 映)御:侍妾。 ⑦粱肉:指美味的膳食。 ⑧符瑞:祥瑞的征兆,犹言吉兆。 ⑨四州:即青、冀、幽、并四州。 ⑩箦(zé 责):用竹皮编成的床垫子。 ⑪皖城:在今安徽潜山市。

袁绍既克公孙瓒,心益骄,贡御稀简。主簿耿包密白绍,宜应天人,称尊号。绍以包白事示军府。僚属皆言包妖妄,宜诛,绍不得已,杀包以自解。

绍简精兵十万、骑万匹,欲以攻许。沮授谏曰:“近讨公孙瓒,师出历年,百姓疲敝,仓库无积,未可动也。宜务农息民,先遣使献捷天子[1];若不得通,乃表曹操隔我王路,然后进屯黎阳,渐营河南,益作舟船,缮修器械,分遣精骑抄其边鄙[2],令彼不得安,我取其逸，如此，可坐定也。”郭图、审配曰：“以明公之神武，引河朔之强众，以伐曹操，易如覆手，何必乃尔！”授曰：“夫救乱诛暴，谓之义兵；恃众凭强，谓之骄兵；义者无敌，骄者先灭。曹操奉天子以令天下，今举师南向，于义则违。且庙胜之策[③]，不在强弱。曹操法令既行，士卒精练，非公孙瓒坐而受攻者也。今弃万安之术而兴无名之师，窃为公惧之！”图、配曰：“武王伐纣，不为不义；况兵加曹操，而云无名！且以公今日之强，将士思奋，不及时以定大业，所谓‘天与不取，反受其咎’，此越之所以霸，吴之所以灭也。监军之计在于持牢，而非见时知几之变也。”绍纳图言。图等因是谮授曰[④]：“授监统内外，威震三军，若其浸盛，何以制之！夫臣与主同者亡，此《黄石》之所忌也[⑤]。且御众于外，不宜知内。”绍乃分授所统为三都督，使授及郭图、淳于琼各典一军。骑都尉清河崔琰谏曰：“天子在许，民望助顺，不可攻也！”绍不从。

许下诸将闻绍将攻许，皆惧，曹操曰：“吾知绍之为人，志大而智小，色厉而胆薄，忌克而少威[⑥]，兵多而分画不明，将骄而政令不壹，土地虽广，粮食虽丰，适足以为吾奉也。”孔融谓荀彧曰：“绍地广兵强，田丰、许攸，智士也，为之谋；审配、逢纪，忠臣也，任其事；颜良、文丑，勇将也，统其兵。殆难克乎！”彧曰：“绍兵虽多而法不整，田丰刚而犯上，许攸贪而不治，审配专而无谋，逢纪果而自用[⑦]；此数人者，势不相容，必生内变。颜良、文丑，一夫之勇耳，可一战而禽也。”

汉鎏金博局纹铜镜

秋，八月，操进军黎阳[⑧]，使臧霸等将精兵入青州以捍东方，留于禁屯河上。九月，操还许，分兵守官渡[⑨]。

袁绍遣人招张绣，并与贾诩书结好。绣欲许之，诩于绣坐上显谓绍使曰：“归谢袁本初，兄弟不能相容，而能容天下国士乎！”绣惊惧曰：“何至于此！”窃谓诩曰：“若此，当何归？”诩曰：“不如从曹公。”绣曰：“袁强曹弱，又先与曹为仇⑩，从之如何？”诩曰：“此乃所以宜从也。夫曹公奉天子以令天下，其宜从一也；绍强盛，我以少众从之，必不以我为重，曹公众弱，其得我必喜，其宜从二也；夫有霸王之志者，固将释私怨以明德于四海，其宜从三也。愿将军无疑！”冬，十一月，绣率众降曹操，操执绣手，与欢宴，为子均取绣女，拜扬武将军；表诩为执金吾，封都亭侯。

【注释】

①捷：战利品。 ②抄：掠夺。 ③庙胜：指朝廷制定克敌取胜的谋略。《孙子》：“夫未战而庙算胜者，得算多也。” ④谮（zèn 怎去）：进谗言，说别人的坏话。 ⑤《黄石》：即兵书《黄石公三略》。黄石公，又称圯上老人。传说张良刺秦始皇失败后，逃亡下邳（今江苏睢宁县北），遇老人于圯（桥）上，授以《太公兵法》，自称：十三年，“见我济北谷城山下，黄石即我”。十三年后，张良从高祖过齐，果在谷城山下得黄石。后世流传有《黄石公三略》三卷。 ⑥忌克：亦作“忌刻”。嫉妒刻薄。 ⑦自用：只凭自己的主观意图行事，不虚心向人求教。 ⑧黎阳：在今河南浚县。 ⑨官渡：古地名。在今河南中牟县东北，临古官渡水。东汉建安五年（200），官渡之战，曹操以少胜多，打败袁绍，从而为统一北方奠定了基础。今尚有土垒遗存，称“中牟台”，又名“曹公台”。 ⑩又先与曹为仇：指在“淯水之战”中，曾杀死曹操的儿子。

关中诸将以袁、曹方争，皆中立顾望。凉州牧韦端使从事天水杨阜诣许，阜还，关右诸将问：“袁、曹胜败孰在？”阜曰：“袁公宽而不断，好谋而少决；不断则无威，少决则后事，今虽强，终不能成大业。曹公有雄才远略，决机无疑，法一而兵精，能用度外之人，所任各尽其力，必能济大事者也。”

曹操使治书侍御史河东卫觊镇抚关中，时四方大有还民，关中诸将多引为部曲。觊书与荀彧曰：“关中膏腴之地，顷遭荒乱①，人民流入荆州者十万余家，闻本土安宁，皆企望思归；而归者无以自业，诸将各竞招怀以为部曲，郡县贫弱，不能与争，兵家遂强，一旦变动,必有后忧。夫盐,国之大宝也,乱来放散,宜如旧置使者监卖,以其直益市犁牛,若有归民,以供给之,勤耕积粟以丰殖关中,远民闻之,必日夜竞还。又使司隶校尉留治关中以为之主,则诸将日削,官民日盛,此强本弱敌之利也。"彧以白操,操从之。始遣谒者仆射监盐官,司隶校尉治弘农。关中由是服从。

袁绍使人求助于刘表,表许之而竟不至,亦不援曹操。从事中郎南阳韩嵩、别驾零陵刘先说表曰:"今两雄相持,天下之重在于将军。若欲有为,起乘其敝可也;如其不然,固将择所宜从。岂可拥甲十万,坐观成败,求援而不能助,见贤而不肯归!此两怨必集于将军,恐不得中立矣。曹操善用兵,贤俊多归之,其势必举袁绍,然后移兵以向江、汉,恐将军不能御也。今之胜计,莫若举荆州以附曹操,操必重德将军;长享福祚,垂之后嗣,此万全之策也。"蒯越亦劝之,表狐疑不断,乃遣嵩诣许曰:"今天下未知所定,而曹操拥天子都许,君为我观其衅[②]。"嵩曰:"圣达节,次守节。嵩,守节者也。夫君臣名定,以死守之;今策名委质[③],唯将军所命,虽赴汤蹈火,死无辞也。以嵩观之,曹公必得志于天下。将军能上顺天子,下归曹公,使嵩可也;如其犹豫,嵩至京师,天子假嵩一职,不获辞命,则成天子之臣,将军之故吏耳。在君为君,则嵩守天子之命,义不得复为将军死也。惟加重思,无为负嵩!"表以为惮使,强之。至许,诏拜嵩侍中、零陵太守。及还,盛称朝廷、曹公之德,劝表遣子入侍。表大怒,以为怀贰,大会寮属,陈兵,持节,将斩之,数曰:"韩嵩敢怀贰邪!"众皆恐,欲令嵩谢。嵩不为动容,徐谓表曰:"将军负嵩,嵩不负将军!"且陈前言。表妻蔡氏谏曰:"韩嵩,楚国之望也;且其言直,诛之无辞。"表犹怒,考杀从行者,知无他意,乃弗诛而囚之。

扬州贼帅郑宝欲略居民以赴江表[④],以淮南刘晔,高族名人[⑤],欲劫之使唱此谋[⑥],晔患之。会曹操遣使诣州,有所案问,晔要与归家。宝来候使者,晔留与宴饮,手刃杀之,斩其首以令宝军曰:"曹公有令,敢有动者,与宝同罪!"其众数千人皆詟服,推晔为主。晔以其众与庐江太守刘勋,勋怪其故,晔曰:"宝无法制,其众素以钞略为利;仆宿无资,而整齐之,必怀怨难久,故以相与耳!"勋以袁术部曲众多，不能赡，遣从弟偕求米于上缭诸宗帅，不能满数，偕召勋使袭之。

【注释】

①顷：不久，方才。 ②衅：征兆，事端。 ③策名：将名字登记在册，明确隶属关系。委质：古代臣下向君主献礼，表示献身。质，躯体。策名委质：出仕。 ④江表：古地区名。指长江以南地区。古代以中原为中心，因此，在中原人看来，江南地处长江以外，故称“江表”。 ⑤高族名人：刘晔是汉朝宗室后裔，为扬州名士。 ⑥唱：通“倡”，倡导。

孙策恶勋兵强[①]，伪卑辞以事勋曰：“上缭宗民数欺鄙郡，欲击之，路不便。上缭甚富实，愿君伐之，请出兵以为外援。”且以珠宝、葛越赂勋[②]。勋大喜，外内尽贺，刘晔独否，勋问其故，对曰：“上缭虽小，城坚池深，攻难守易，不可旬日而举也。兵疲于外而国内虚，策乘虚袭我，则后不能独守。是将军进屈于敌，退无所归，若军必出，祸今至矣。”勋不听，遂伐上缭；至海昏，宗帅知之，皆空壁逃迁，勋了无所得。时策引兵西击黄祖，行及石城[③]，闻勋在海昏，策乃分遣从兄贲、辅将八千人屯彭泽[④]，自与领江夏太守周瑜将二万人袭皖城，克之，得术、勋妻子及部曲三万余人；表汝南李术为庐江太守，给兵三千人以守皖城，皆徙所得民东诣吴。勋还至彭泽，孙贲、孙辅邀击，破之。勋走保流沂，求救于黄祖，祖遣其子射率船军五千人助勋。策复就攻勋，大破之。勋北归曹操，射亦遁走。

策收得勋兵二千余人，船千艘，遂进击黄祖。十二月，辛亥，策军至沙羡，刘表遣从子虎及南阳韩晞，将长矛五千来救祖。甲寅，策与战，大破之，斩晞。祖脱身走，获其妻子及船六千艘，士卒杀溺死者数万人。

策盛兵将徇豫章，屯于椒丘，谓功曹虞翻曰：“华子鱼自有名字[⑤]，然非吾敌也。若不开门让城，金鼓一震，不得无所伤害。卿便在前，具宣孤意。”翻乃往见华歆曰：“窃闻明府与鄙郡故王府君齐名中州，海内所宗，虽在东垂，常怀瞻仰。”歆曰：“孤不如王会稽[⑥]。”翻复曰：“不审豫章资粮器仗，士民勇果，孰与鄙郡？”歆曰：

"大不如也。"翻曰:"明府言不如王会稽,谦光之谭耳;精兵不如会稽,实如尊教。孙讨逆智略超世[⑦],用兵如神,前走刘扬州,君所亲见;南定鄙郡,亦君所闻也。今欲守孤城,自料资粮,已知不足,不早为计,悔无及也。今大军已次椒丘,仆便还去,明日日中迎檄不到者,与君辞矣。"歆曰:"久在江表,常欲北归,孙会稽来,吾便去也。"乃夜作檄,明旦,遣吏赍迎。策便进军,歆葛巾迎策。策谓歆曰:"府君年德名望,远近所归;策年幼稚,宜修子弟之礼。"便向歆拜,礼为上宾。

孙盛曰:歆既无夷、皓韬邈之风[⑧],又失王臣匪躬之操[⑨],桡心于邪儒之说,交臂于陵肆之徒,位夺节堕,咎孰大焉!

策分豫章为庐陵郡,以孙贲为豫章太守,孙辅为庐陵太守。会僮芝病,辅遂进取庐陵,留周瑜镇巴丘。

孙策之克皖城也,抚视袁术妻子;及入豫章,收载刘繇丧,善遇其家。士大夫以是称之。

会稽功曹魏腾尝迕策意,策将杀之,众忧恐,计无所出。策母吴夫人倚大井谓策曰:"汝新造江南,其事未集[⑩],方当优贤礼士,舍过录功。魏功曹在公尽规,汝今日杀之,则明日人皆叛汝。吾不忍见祸之及,当先投此井中耳!"策大惊,遽释腾。

【注释】

①恶(wù 误):憎恨,讨厌。 ②葛越:即葛布。 ③石城:属海昏县。在今江西永修县境。 ④彭泽:县名。在今江西湖口县。 ⑤华子鱼:即华歆。 ⑥王会稽:即会稽太守王朗。 ⑦孙讨逆:即讨逆将军孙策。 ⑧皓:四皓,即商山四皓。汉初商山的四个隐士:东园公、绮里季、夏黄公、角里先生。四人须眉皆白,故称"四皓"。 ⑨匪躬:舍己尽忠,不计个人得失。 ⑩集:成功。

初,吴郡太守会稽盛宪举高岱孝廉,许贡来领郡,岱将宪避难于营帅许昭家。乌程邹佗、钱铜及嘉兴王晟等各聚众万余或数千人,不附孙策。策引兵扑讨,皆破之。进攻严白虎,白虎兵败,奔余杭[①],投许昭。程普请击昭,策曰:"许昭有义于旧君,有诚于故友,此丈夫之志也。"乃舍之。

曹操复屯官渡。操常从士徐他等谋杀操，入操帐，见校尉许褚，色变，褚觉而杀之。

初，车骑将军董承称受帝衣带中密诏，与刘备谋诛曹操。操从容谓备曰："今天下英雄，惟使君与操耳，本初之徒，不足数也！"备方食，失匕箸[②]；值天雷震，备因曰："圣人云：'迅雷风烈必变'，良有以也。"遂与承及长水校尉种辑、将军吴子兰、王服等同谋。会操遣备与朱灵邀袁术，程昱、郭嘉、董昭皆谏曰："备不可遣也！"操悔，追之，不及。术既南走，朱灵等还。备遂杀徐州刺史车胄，留关羽守下邳，行太守事，身还小沛。东海贼昌豨及郡县多叛操为备。备众数万人，遣使与袁绍连兵，操遣司空长史沛国刘岱、中郎将扶风王忠击之，不克。备谓岱等曰："使汝百人来，无如我何；曹公自来，未可知耳！"

五年　春，正月，董承谋泄；壬子[③]，曹操杀承及王服、种辑，皆夷三族。

操欲自讨刘备，诸将皆曰："与公争天下者，袁绍也。今绍方来而弃之东，绍乘人后，若何？"操曰："刘备，人杰也，今不击，必为后患。"郭嘉曰："绍性迟而多疑，来必不速。备新起，众心未附，急击之，必败。"操师遂东。冀州别驾田丰说袁绍曰："曹操与刘备连兵，未可卒解。公举军而袭其后，可一往而定。"绍辞以子疾，未得行。丰举杖击地曰："嗟乎！遭难遇之时，而以婴儿病失其会，惜哉，事去矣！"

关羽像

曹操击刘备，破之，获其妻子；进拔下邳，禽关羽；又击昌豨，破之。备奔青州，因袁谭以归袁绍。绍闻备至，去邺二百里迎之；驻月余，所亡士卒稍稍归之。

曹操还军官渡，绍乃议攻许，田丰曰："曹操既破刘备，则许下非复空虚。且操善用兵，变化无方，众虽少，未可轻也，今不如以久持之。将军据山河之固，拥四州之众，外结英雄，内修农战，然后简其精锐，分为奇兵，乘虚迭出以扰河南，救右则击其左，救左则击其右，使敌疲于奔命，民不得安业，我未劳而彼已困，不及三年，可坐克也。今释庙胜之策而决成败于一战，若不如志，悔无及也。"绍不从。丰强谏忤绍，绍以为沮众，械系之。于是移檄州郡，数操罪恶。二月，进军黎阳。

【注释】

①余杭：县名。在今浙江杭州市北。　②匕箸：匕，勺、匙类取食物的用具；箸，即筷子。　③壬子：此日疑误。

沮授临行，会其宗族，散资财以与之曰："势存则威无不加，势亡则不保一身，哀哉！"其弟宗曰："曹操士马不敌，君何惧焉！"授曰："以曹操之明略，又挟天子以为资，我虽克伯珪[1]，众实疲敝，而主骄将忲，军之破败，在此举矣。扬雄有言：'六国蚩蚩[2]，为嬴弱姬。'其今之谓乎！"

振威将军程昱以七百兵守鄄城。曹操欲益昱兵二千，昱不肯，曰："袁绍拥十万众，自以所向无前，今见昱少兵，必轻易，不来攻。若益昱兵，过则不可不攻，攻之必克，徒两损其势，愿公无疑。"绍闻昱兵少，果不往。操谓贾诩曰："程昱之胆，过于贲、育矣[3]！"

袁绍遣其将颜良攻东郡太守刘延于白马[4]。沮授曰："良性促狭[5]，虽骁勇，不可独任。"绍不听。夏，四月，曹操北救刘延。荀攸曰："公兵少不敌，必分其势乃可。公到延津[6]，若将渡兵向其后者，绍必西应之，然后轻兵袭白马，掩其不备，颜良可禽也。"操从之。绍闻兵渡，即分兵西邀之。操乃引军兼行趣白马，未至十余里，良大惊，来逆战。操使张辽、关羽先登击之。羽望见良麾盖，策马刺良于万众之中，斩其首而还，绍军莫能当者。遂解白马之围，徙其民，循河而西。

绍渡河追之，沮授谏曰："胜负变化，不可不详。今宜留屯延津，分兵官渡，若其克获，还迎不晚，设其有难，众弗可还。"绍弗从。授临济叹曰："上盈其志，下务其功，悠悠黄河，吾其济乎！"遂以疾辞。绍不许而意恨之，复省其所部，并属郭图。

绍军至延津南，操勒兵驻营南阪下，使登垒望之，曰："可五六百骑。"有顷，复白："骑稍多，步兵不可胜数。"操曰："勿复白。"令骑解鞍放马。是时，白马辎重就道。诸将以为敌骑多，不如还保营。荀攸曰："此所以饵敌，如何去之！"操顾攸而笑。绍骑将文丑与刘备将五六千骑前后至。诸将复白："可上马。"操曰："未也。"有顷，骑至稍多，或分趣辎重。操曰："可矣。"乃皆上马。时骑不满六百，遂纵兵击，大破之，斩丑。丑与颜良，皆绍名将也，再战，悉禽之，绍军夺气。

初，操壮关羽之为人，而察其心神无久留之意，使张辽以其情问之，羽叹曰："吾极知曹公待我厚；然吾受刘将军恩，誓以共死，不可背之。吾终不留，要当立效以报曹公乃去耳。"辽以羽言报操，操义之。及羽杀颜良，操知其必去，重加赏赐。羽尽封其所赐，拜书告辞，而奔刘备于袁军。左右欲追之，操曰："彼各为其主，勿追也。"

操还军官渡，阎柔遣使诣操，操以柔为乌桓校尉。鲜于辅身见操于官渡，操以辅为右度辽将军，还镇幽土。

【注释】

①伯珪：公孙瓒字。 ②蚩（chī 痴）蚩：悖理惑乱。 ③贲、育：即孟贲、夏育。他们都是古代的勇士。传说孟贲水行不避蛟龙，陆行不避虎兕（雄性犀牛）；夏育能生拔牛尾。 ④白马：县名。治所在今河南滑县东。 ⑤促狭：性情急躁。 ⑥延津：古渡名。在今河南延津县南。

广陵太守陈登治射阳[1]，孙策西击黄祖，登诱严白虎余党，图为后害。策还击登，军到丹徒，须待运粮。初，策杀吴郡太守许贡[2]，贡奴客潜民间，欲为贡报仇。策性好猎，数出驱驰，所乘马精骏，从骑绝不能及，卒遇贡客三人，射策中颊，后骑寻至，皆刺杀之。策创甚，召张昭等谓曰："中国方乱，以吴、越之众，三江之固[3],足以观成败,公等善相吾弟!”呼权,佩以印绶,谓曰:“举江东之众,决机于两陈之间,与天下争衡,卿不如我;举贤任能,各尽其心以保江东,我不如卿。”丙午,策卒,时年二十六。

权悲号,未视事,张昭曰:“孝廉[4]! 此宁哭时邪!”乃改易权服,扶令上马,使出巡军。昭率僚属,上表朝廷,下移属城[5],中外将校,各令奉职。周瑜自巴丘将兵赴丧[6],遂留吴,以中护军与张昭共掌众事。时策虽有会稽、吴郡、丹阳、豫章、庐江、庐陵,然深险之地,犹未尽从,流寓之士,皆以安危去就为意,未有君臣之固,而张昭、周瑜等谓权可与共成大业,遂委心而服事焉。

秋,七月,立皇子冯为南阳王;壬午,冯薨。

汝南黄巾刘辟等叛曹操应袁绍,绍遣刘备将兵助辟,郡县多应之。绍遣使拜阳安都尉李通为征南将军,刘表亦阴招之,通皆拒焉。或劝通从绍,通按剑叱之曰:“曹公明哲,必定天下;绍虽强盛,终为之虏耳。吾以死不贰。”即斩绍使,送印绶诣操。

通急录户调[7],朗陵长赵俨见通曰:“方今诸郡并叛,独阳安怀附,复趣收其绵绢,小人乐乱,无乃不可乎?”通曰:“公与袁绍相持甚急,左右郡县背叛乃尔,若绵绢不调送,观听者必谓我顾望,有所须待也。”俨曰:“诚亦如君虑,然当权其轻重。小缓调,当为君释此患。”乃书与荀彧曰:“今阳安郡百姓困穷,邻城并叛,易用倾荡,乃一方安危之机也。且此郡人执守忠节,在险不贰,以为国家宜垂慰抚;而更急敛绵绢,何以劝善!”彧即白操,悉以绵绢还民,上下欢喜,郡内遂安。通击群贼瞿恭等,皆破之,遂定淮、汝之地。

时操制新科,下州郡,颇增严峻,而调绵绢方急。长广太守何夔言于操曰:“先王辨九服之赋以殊远近[8];制三典之刑以平治乱[9]。愚以为此郡宜依远域新邦之典,其民间小事,使长吏临时随宜,上不背正法,下以顺百姓之心。比及三年,民安其业,然后乃可齐之以法也[10]。”操从之。

刘备略汝、颍之间,自许以南,吏民不安,曹操患之。曹仁曰:“南方以大军方有目前急,其势不能相救,刘备以强兵临之,其背叛故宜也。备新将绍兵,未能得其用,击之,可破也。”操乃使仁将骑击备,破走之,尽复收诸叛县而还。

备还至绍军,阴欲离绍,乃说绍南连刘表。绍遣备将本兵复至汝南,与贼龚都等合,众数千人。曹操遣将蔡杨击之,为备所杀。

袁绍军阳武,沮授说绍曰:“北兵虽众而劲果不及南,南军谷少而资储不如北;南幸于急战,北利在缓师。宜徐持久,旷以日月。”绍不从。八月,绍进营稍前,依沙堆为屯[11],东西数十里。操亦分营与相当。

【注释】

①射阳:县名。在今江苏宝应县。 ②吴郡:郡名。楚汉之际分会稽郡置,汉武帝后废。东汉永建四年(129)复置。治所在吴县(今江苏苏州市)。辖境相当今江苏、上海长江以南,大茅山以东,浙江长兴县、湖州市、天目山以东,与建德以下的钱塘江两岸。三国吴后逐渐缩小。③三江:吴淞江、钱塘江、浦阳江。 ④孝廉:孙权先任阳羡县长时,被郡推举为孝廉。 ⑤移:即移文,旧时公文的一种。 ⑥巴丘:在今江西峡江县。 ⑦户调:东汉末起按户征收的税,每户所交之绵绢称之为调。⑧九服:相传古代天子所住京都以外的地方按远近分为九等,叫“九服”。方圆千里之内称王畿,其外方圆五百里叫侯服,以此类推为甸、男、采、卫、蛮、夷、镇、藩等九服。 ⑨三典:轻、中、重三类刑法。据《周礼·秋官·大司寇》载,新建国用轻典,治平国用中典,战乱国用重典。即根据不同的情况采用程度不一的刑法。 ⑩齐:整治。 ⑪堆(duī 堆):小丘。

九月,庚午朔,日有食之。

曹操出兵与袁绍战,不胜,复还,坚壁。绍为高橹,起土山,射营中,营中皆蒙楯而行。操乃为霹雳车[1],发石以击绍楼,皆破;绍复为地道攻操,操辄于内为长堑以拒之。操众少粮尽,士卒疲乏,百姓困于征赋,多叛归绍者。操患之,与荀彧书,议欲还许,以致绍师。彧报曰:“绍悉众聚官渡,欲与公决胜败。公以至弱当至强,若不能制,必为所乘[2],是天下之大机也。且绍,布衣之雄耳,能聚人而不能用。以公之神武明哲而辅以大顺,何向而不济!今谷食虽少,未若楚、汉在荥阳、成皋间也。是时刘、项莫肯先退者,以为先退则势屈也。公以十分居一之众,画地而守之,扼其喉而不得进,已半年矣。情见势竭,必将有变。此用奇之时,不可失也。"操从之,乃坚壁持之。

操见运者,抚之曰:"却十五日为汝破绍[3],不复劳汝矣。"绍运谷车数千乘至官渡。荀攸言于操曰:"绍运车旦暮至,其将韩猛锐而轻敌,击,可破也!"操曰:"谁可使者?"攸曰:"徐晃可。"乃遣偏将军河东徐晃与史涣邀击猛,破走之,烧其辎重。

冬,十月,绍复遣车运谷,使其将淳于琼等将兵万余人送之,宿绍营北四十里。沮授说绍:"可遣蒋奇别为支军于表,以绝曹操之钞。"绍不从。

许攸曰:"曹操兵少而悉师拒我,许下余守,势必空弱。若分遣轻军,星行掩袭,许可拔也。许拔,则奉迎天子以讨操,操成禽矣。如其未溃,可令首尾奔命[4],破之必也。"绍不从,曰:"吾要当先取操。"会攸家犯法,审配收系之,攸怒,遂奔操。

操闻攸来,跣出迎之,抚掌笑曰:"子卿远来[5],吾事济矣!"既入坐,谓操曰:"袁氏军盛,何以待之?今有几粮乎?"操曰:"尚可支一岁。"攸曰:"无是,更言之!"又曰:"可支半岁。"攸曰:"足下不欲破袁氏邪,何言之不实也!"操曰:"向言戏之耳。其实可一月,为之奈何?"攸曰:"公孤军独守,外无救援而粮谷已尽,此危急之日也。袁氏辎重万余乘,在故市、乌巢,屯军无严备,若以轻兵袭之,不意而至,燔其积聚,不过三日,袁氏自败也。"操大喜,乃留曹洪、荀攸守营,自将步骑五千人,皆用袁军旗帜,衔枚缚马口[6],夜从间道出,人抱束薪,所历道有问者,语之曰:"袁公恐曹操钞略后军,遣兵以益备。"闻者信以为然,皆自若。既至,围屯,大放火,营中惊乱。会明。琼等望见操兵少,出陈门外,操急击之,琼退保营,操遂攻之。

【注释】

①霹雳车:古时战争用的一种发射石头的车。因其发射时声如霹雳,故名。 ②乘:战胜。 ③却:过后,再过。 ④首尾:犹言前后。 ⑤子卿:许攸,字子远,称"子卿",尊敬之意。 ⑥枚:形状像筷子,两端有小绳,古时行军袭敌时,衔在口中,绳系颈上,使人不便说话,以免发出声响。

绍闻操击琼，谓其子谭曰："就操破琼[①]，吾拔其营，彼固无所归矣！"乃使其将高览、张郃等攻操营。郃曰："曹公精兵往，必破琼等，琼等破，则事去矣，请先往救之。"郭图固请攻操营。郃曰："曹公营固，攻之必不拔。若琼等见禽，吾属尽为虏矣。"绍但遣轻骑救琼，而以重兵攻操营，不能下。

绍骑至乌巢，操左右或言："贼骑稍近，请分兵拒之。"操怒曰："贼在背后，乃白！"士卒皆殊死战，遂大破之，斩琼等，尽燔其粮谷，士卒千余人，皆取其鼻，牛马割唇舌，以示绍军。绍军将士皆恟惧[②]。郭图惭其计之失，复谮张郃于绍曰："郃快军败。"郃忿惧，遂与高览焚攻具，诣操营降。曹洪疑不敢受，荀攸曰："郃计画不用，怒而来奔，君有何疑！"乃受之。

于是绍军惊扰，大溃。绍及谭等幅巾乘马[③]，与八百骑渡河。操追之不及，尽收其辎重、图书、珍宝。余众降者，操尽坑之，前后所杀七万余人。

沮授不及绍渡，为操军所执，乃大呼曰："授不降也，为所执耳！"操与之有旧，迎谓曰："分野殊异[④]，遂用圮绝[⑤]，不图今日乃相禽也！"授曰："冀州失策，自取奔北。授知力俱困，宜其见禽。"操曰："本初无谋，不相用计，今丧乱未定，方当与君图之。"授曰："叔父、母弟，县命袁氏，若蒙公灵，速死为福。"操叹曰："孤早相得，天下不足虑也。"遂赦而厚遇焉。授寻谋归袁氏，操乃杀之。

操收绍书中，得许下及军中人书，皆焚之，曰："当绍之强，孤犹不能自保，况众人乎！"

冀州城邑多降于操。袁绍走至黎阳北岸，入其将军蒋义渠营，把其手曰："孤以首领相付矣！"义渠避帐而处之，使宣号令。众闻绍在，稍复归之。

或谓田丰曰："君必见重矣。"丰曰："公貌宽而内忌，不亮吾忠，而吾数以至言迕之[⑥]，若胜而喜，犹能救我，今战败而恚，内忌将发，吾不望生。"绍军士皆拊膺泣曰："向令田丰在此，必不至于败。"绍谓逄纪曰："冀州诸人闻吾军败，皆当念吾，惟田别驾前谏止吾，与众不同，吾亦惭之。"纪曰："丰闻将军之退，拊手大笑[⑦]，喜其言之中也。”绍于是谓僚属曰:“吾不用田丰言,果为所笑。”遂杀之。初,曹操闻丰不从戎,喜曰:“绍必败矣。”及绍奔遁,复曰:“向使绍用其别驾计,尚未可知也。”

审配二子为操所禽,绍将孟岱言于绍曰:“配在位专政,族大兵强,且二子在南,必怀反计。”郭图、辛评亦以为然。绍遂以岱为监军,代配守邺。护军逢纪素与配不睦,绍以问之,纪曰:“配天性烈直,每慕古人之节,必不以二子在南为不义也。愿公勿疑。”绍曰:“君不恶之邪!”纪曰:“先所争者,私情也;今所陈者,国事也。”绍曰:“善!”乃不废配,配由是更与纪亲。冀州城邑叛绍者,绍稍复击定之。

绍为人宽雅,有局度[8],喜怒不形于色,而性矜愎自高,短于从善,故至于败。

【注释】

①就:即使。　②恟(xiōng 凶):恐惧,惊骇。　③幅巾:古代男子用绢一幅束头发,一种表示儒雅的装束。　④分野:本指封建诸侯的境域。后借用为分界、界限的代称。　⑤圮(pǐ 痞):毁,绝。　⑥至言:深切中肯的言论。　⑦拊手:击掌,鼓掌。　⑧局度:犹言器量。

冬,十月,辛亥,有星孛于大梁。

庐江太守李术攻杀扬州刺史严象,庐江梅乾、雷绪、陈兰等各聚众数万在江淮间,曹操表沛国刘馥为扬州刺史。时扬州独有九江,馥单马造合肥空城,建立州治,招怀乾、绪等,皆贡献相继。数年中,恩化大行,流民归者以万数。于是广屯田,兴陂堨[1];官民有畜,乃聚诸生,立学校;又高为城垒,多积木石,以修战守之备。

曹操闻孙策死,欲因丧伐之。侍御史张纮谏曰:“乘人之丧,既非古义,若其不克,成仇弃好,不如因而厚之。”操即表权为讨虏将军,领会稽太守。

操欲令纮辅权内附,乃以纮为会稽东部都尉。纮至吴,太夫人以权年少,委纮与张昭共辅之。纮思惟补察,知无不为。太夫人问扬武都尉会稽董袭曰:“江东可保不?”袭曰:“江东有山川之固,而讨逆明府恩德在民,讨虏承基,大小用命[2],张昭秉众事,袭等为爪牙[3]，此地利人和之时也，万无所忧。”权遣张纮之部，或以纮本受北任，嫌其志趣不止于此，权不以介意。

鲁肃将北还，周瑜止之，因荐肃于权曰：“肃才宜佐时，当广求其比以成功业。”权即见肃，与语，悦之。宾退，独引肃合榻对饮，曰：“今汉室倾危，孤思有桓、文之功，君何以佐之?”肃曰：“昔高帝欲尊事义帝而不获者，以项羽为害也。今之曹操，犹昔项羽，将军何由得为桓、文乎！肃窃料之，汉室不可复兴，曹操不可卒除，为将军计，惟有保守江东以观天下之衅耳。若因北方多务，剿除黄祖，进伐刘表，竟长江所极，据而有之，此王业也。”权曰：“今尽力一方，冀以辅汉耳，此言非所及也。”张昭毁肃年少粗疏，权益贵重之，赏赐储偫[4]，富拟其旧。

权料诸小将兵少而用薄者[5]，并合之。别部司马汝南吕蒙，军容鲜整，士卒练习[6]。权大悦，增其兵，宠任之。

功曹骆统劝权尊贤接士，勤求损益，飨赐之日[7]，人人别进，问其燥湿，加以密意，诱谕使言，察其志趣。权纳用焉。统，俊之子也。

庐陵太守孙辅恐权不能保江东，阴遣人赍书呼曹操。行人以告，权悉斩辅亲近，分其部曲，徙辅置东。

曹操表征华歆为议郎、参司空军事。庐江太守李术不肯事权，而多纳其亡叛。权以状白曹操曰：“严刺史昔为公所用，而李术害之，肆其无道，宜速诛灭。今术必复诡说求救。明公居阿衡之任[8]，海内所瞻，愿敕执事，勿复听受。”因举兵攻术于皖城。术求救于操，操不救。遂屠其城，枭术首，徙其部曲二万余人。

刘表攻张羡[9]，连年不下。曹操方与袁绍相拒，未暇救之。羡病死，长沙复立其子怿。表攻怿及零、桂，皆平之。于是表地方数千里，带甲十余万，遂不供职贡，郊祀天地，居处服用，僭拟乘舆焉。

张鲁以刘璋暗懦，不复承顺，袭别部司马张修，杀之而并其众。璋怒，杀鲁母及弟，鲁遂据汉中，与璋为敌。璋遣中郎将庞羲击之，不克。璋以羲为巴郡太守，屯阆中以御鲁，羲辄召汉昌賨民为兵[10]，或构羲于璋，璋疑之。赵韪数谏不从，亦恚恨。

初，南阳、三辅民流入益州者数万家，刘焉悉收以为兵，名曰东州兵。璋性宽柔，无威略，东州人侵暴旧民，璋不能禁。赵韪素得人心，因益州士民之怨，遂作乱，引兵数万攻璋；厚赂荆州，与之连和；蜀郡、广汉、犍为皆应之。

【注释】

①陂（bēi 杯）堨（è 饿）：陂，池；堨，犹堰。以土障水为堰。　②用命：听命，效劳。　③爪牙：犹言羽翼，比喻辅佐的人。　④偫（zhì 至）：储备。　⑤料：清理。　⑥练习：熟悉谙习。　⑦飨（xiǎng 响）：用酒食款待人。　⑧阿衡之任：犹言天下重任。阿衡，商代重臣伊尹名。⑨刘表攻张羡：张羡叛刘表事始见上卷三年（198）。　⑩賨（cóng 丛）民：秦汉时期湖南、四川一带的民族。

资治通鉴卷第六十四

汉纪五十六　起重光大荒落，尽旃蒙作噩，凡五年。

孝献皇帝己

建安六年　春，三月，丁卯朔[①]，日有食之。

曹操就谷于安民[②]。以袁绍新破，欲以其间击刘表。荀彧曰："绍既新败，其众离心，宜乘其困，遂定之；而欲远师江、汉，若绍收其余烬，乘虚以出人后，则公事去矣。"操乃止。夏，四月，操扬兵河上，击袁绍仓亭军[③]，破之。秋，九月，操还许。

操自击刘备于汝南，备奔刘表，龚都等皆散。表闻备至，自出郊迎，以上宾礼待之，益其兵，使屯新野[④]。备在荆州数年，尝于表坐起至厕，慨然流涕。表怪，问备，备曰："平常身不离鞍，髀肉皆消[⑤]。今不复骑，髀里肉生。日月如流，老将至矣，而功业不建，是以悲耳。"

曹操遣夏侯渊、张辽围昌豨于东海，数月，粮尽，议引军还。辽谓渊曰："数日已来，每行诸围，豨辄属目视辽，又其射矢更稀；此必豨计犹豫，故不力战。辽欲挑与语，傥可诱也[⑥]。"乃使谓豨曰："公有命，使辽传之。"豨果下与辽语。辽为说操神武，方以德怀四方[⑦]，先附者受大赏。豨乃许降。辽遂单身上三公山，入豨家，拜妻子[⑧]。豨欢喜，随辽诣操；操遣豨还。

赵韪围刘璋于成都。东州人恐见诛灭，相与力战，韪遂败退，追至江州[⑨]，杀之。庞羲惧，遣吏程祁宣旨于其父汉昌令畿，索賨兵。畿曰："郡合部曲，本不为乱，纵有谗谀，要在尽诚，若遂怀异志，不敢闻命。"羲更使祁说之，畿曰："我受牧恩，当为尽节，汝为郡吏，自宜效力。不义之事，有死不为。"羲怒，使人谓畿曰："不从太守，祸将及家！"畿曰："乐羊食子[⑩]，非无父子之恩，大义然也。今虽羹祁以赐畿，畿啜之矣。"羲乃厚谢于璋。璋擢畿为江阳太守。

朝廷闻益州乱，以五官中郎将牛亶为益州刺史；征璋为卿，不至。

张鲁以鬼道教民，使病者自首其过，为之请祷；实无益于治病，然小人昏愚，竞共事之。犯法者，三原，然后乃行刑；不置长吏，皆以祭酒为治[⑪]。民、夷便乐之，流移寄在其地者，不敢不奉其道。后遂袭取巴郡。朝廷力不能征，遂就宠鲁为镇民中郎将，领汉宁太守，通贡献而已。

民有地中得玉印者，群下欲尊鲁为汉宁王。功曹巴西阎圃谏曰[⑫]："汉川之民，户出十万，财富土沃，四面险固；上匡天子，则为桓、文，次及窦融，不失富贵。今承制署置，势足斩断，不烦于王。愿且不称，勿为祸先。"鲁从之。

【注释】

①丁卯：此日疑误。　②安民：在今山东东平县西南。　③仓亭：在今山东阳谷县。　④新野：县名。在今河南新野县。　⑤髀（bì 必）：股部，大腿。　⑥傥：或许。　⑦怀：安抚。　⑧拜：以礼会见。　⑨江州：县名。在今重庆。　⑩乐羊食子：事见卷第四十三光武建武十二年（36）。　⑪皆以祭酒为治：胡注："鲁以鬼道教民，其来学者，初名为鬼卒，后号祭酒。祭酒各领部众。"　⑫巴西：在今四川阆中市。

七年　春，正月，曹操军谯，遂至浚仪，治睢阳渠[①]。遣使以太牢祀桥玄。进军官渡。

袁绍自军败，惭愤，发病呕血；夏，五月，薨。

初，绍有三子，谭、熙、尚。绍后妻刘氏爱尚，数称于绍，绍欲以为后而未显言之。乃以谭继兄后，出为青州刺史。沮授谏曰："世称万人逐兔，一人获之，贪者悉止，分定故也。谭长子，当为嗣，而斥使居外，祸其始此矣。”绍曰：“吾欲令诸子各据一州，以视其能。”于是以中子熙为幽州刺史，外甥高干为并州刺史。

逢纪、审配素为谭所疾[2]，辛评、郭图皆附于谭，而与配、纪有隙。及绍薨，众以谭长，欲立之。配等恐谭立而评等为害，遂矫绍遗命，奉尚为嗣。谭至，不得立，自称车骑将军，屯黎阳。尚少与之兵，而使逢纪随之。谭求益兵，审配等又议不与。谭怒，杀逢纪。秋，九月，曹操渡河攻谭。谭告急于尚，尚留审配守邺，自将助谭，与操相拒。连战，谭、尚数败，退而固守。

尚遣所置河东太守郭援，与高干、匈奴南单于共攻河东，发使与关中诸将马腾等连兵，腾等阴许之，援所经城邑皆下。河东郡吏贾逵守绛[3]，援攻之急；城将溃，父老与援约[4]，不害逵，乃降，援许之。援欲使逵为将，以兵劫之，逵不动。左右引逵使叩头，逵叱之曰：“安有国家长吏为贼叩头！”援怒，将斩之，或伏其上以救之。绛吏民闻将杀逵，皆乘城呼曰：“负约杀我贤君，宁俱死耳！”乃囚于壶关[5]，著土窖中，盖以车轮。逵谓守者曰：“此间无健儿邪，而使义士死此中乎？”有祝公道者，适闻其言，乃夜往，盗引出逵，折械遣去，不语其姓名。

曹操使司隶校尉钟繇围南单于于平阳[6]，未拔而救至。繇使新丰令冯翊张既说马腾，为言利害，腾疑未决。傅干说腾曰：“古人有言：‘顺德者昌，逆德者亡’，曹公奉天子诛暴乱，法明政治，上下用命，可谓顺道矣。袁氏恃其强大，背弃王命，驱胡虏以陵中国，可谓逆德矣。今将军既事有道，阴怀两端，欲以坐观成败；吾恐成败既定，奉辞责罪，将军先为诛首矣！”于是腾惧。干因曰：“智者转祸为福。今曹公与袁氏相持，而高干、郭援合攻河东，曹公虽有万全之计，不能禁河东之不危也。将军诚能引兵讨援，内外击之，其势必举。是将军一举，断袁氏之臂，解一方之急，曹公必重德将军，将军功名无与比矣。”腾乃遣子超将兵万余人与繇会。

【注释】

①睢阳渠：在今河南商丘市南。 ②疾：通“嫉”，妒忌。 ③绛：县名。在今山西曲沃县。 ④父老：对老年人的敬称。 ⑤壶关：在今山

西长治市。 ⑥平阳：县名。在今山西临汾市。

初，诸将以郭援众盛，欲释平阳去。钟繇曰："袁氏方强，援之来，关中阴与之通，所以未悉叛者，顾吾威名故耳。若弃而去，示之以弱，所在之民，谁非寇仇，纵吾欲归，其得至乎！此为未战先自败也。且援刚愎好胜，必易吾军，若渡汾为营，及其未济击之，可大克也。"援至，果径前渡汾，众止之，不从。济水未半，繇击，大破之。战罢，众人皆言援死而不得其首。援，繇之甥也。晚后，马超校尉南安庞德[①]，于鞬中出一头[②]，繇见之而哭。德谢繇，繇曰："援虽我甥，乃国贼也，卿何谢之有！"南单于遂降。

刘表使刘备北侵，至叶[③]，曹操遣夏侯惇、于禁等拒之。备一旦烧屯去[④]，惇等追之。裨将军巨鹿李典曰："贼无故退，疑必有伏。南道窄狭，草木深，不可追也。"惇等不听，使典留守而追之，果入伏里，兵大败。典往救之，备乃退。

曹操下书责孙权任子[⑤]，权召群僚会议，张昭、秦松等犹豫不决。权引周瑜诣吴夫人前定议，瑜曰："昔楚国初封，不满百里之地。继嗣贤能，广土开境，遂据荆、扬，传业延祚，九百余年。今将军承父兄余资，兼六郡之众[⑥]，兵精粮多，将士用命，铸山为铜，煮海为盐，境内富饶，人不思乱，有何逼迫而欲送质？质一入，不得不与曹氏相首尾，与相首尾，则命召不得不往，如此，便见制于人也。极不过一侯印，仆从十余人，车数乘，马数匹，岂与南面称孤同哉！不如勿遣，徐观其变。若曹氏能率义以正天下[⑦]，将军事之未晚；若图为暴乱，彼自亡之不暇，焉能害人！"吴夫人曰："公瑾议是也。公瑾与伯符同年，小一月耳，我视之如子也，汝其兄事之。"遂不送质。

八年 春，二月，曹操攻黎阳，与袁谭、袁尚战于城下，谭、尚败走，还邺。夏，四月，操追至邺，收其麦；诸将欲乘胜遂攻之，郭嘉曰："袁绍爱此二子，莫适立也。今权力相侔，各有党与[⑧]，急之则相保，缓之则争心生。不如南向荆州以待其变；变成而后击之，可一举定也。"操曰："善！"五月，操还许，留其将贾信屯黎阳。

谭谓尚曰："我铠甲不精，故前为曹操所败。今操军退，人怀归志，及其未济，出兵掩之，可令大溃，此策不可失也。”尚疑之，既不益兵，又不易甲。谭大怒，郭图、辛评因谓谭曰：“使先公出将军为兄后者，皆审配之谋也。”谭遂引兵攻尚，战于门外。谭败，引兵还南皮。

别驾北海王修，率吏民自青州往救谭。谭欲更还攻尚，修曰：“兄弟者，左右手也。譬人将斗而断其右手，曰‘我必胜’，其可乎？夫弃兄弟而不亲，天下其谁亲之！彼谗人离间骨肉以求一朝之利，愿塞耳勿听也。若斩佞臣数人，复相亲睦，以御四方，可横行于天下。”谭不从。谭将刘询起兵漯阴以叛谭，诸城皆应之。谭叹曰：“今举州皆叛，岂孤之不德邪！”王修曰：“东莱太守管统，虽在海表，此人不反，必来。”后十余日，统果弃其妻子来赴谭，妻子为贼所杀。谭更以统为乐安太守⑨。

【注释】

①南安：郡名。治所在今甘肃陇西县东北。 ②鞬（jiàn 建）：马上盛弓器。 ③叶：县名。在今河南叶县。 ④一旦：一时，忽然。 ⑤责：索求，要求。任子：西汉时，二千石以上的官吏，任满一定年限可以保举子弟一人为郎，称“任子”。东汉沿袭。后世以此为由父任而得官之称。 ⑥六郡：即会稽、吴、丹阳、豫章、庐陵、庐江六郡。 ⑦率：遵循，顺服。 ⑧党与：朋党。 ⑨乐安：郡名。治所在今山东邹平市。

秋，八月，操击刘表，军于西平①。

袁尚自将攻袁谭，大破之，谭奔平原②，婴城固守③。尚围之急，谭遣辛评弟毗诣曹操请救。

刘表以书谏谭曰：“君子违难不适仇国，交绝不出恶声，况忘先人之仇，弃亲戚之好，而为万世之戒，遗同盟之耻哉！若冀州有不弟之傲，仁君当降志辱身，以济事为务，事定之后，使天下平其曲直，不亦为高义邪！”又与尚书曰：“金、木、水、火以刚柔相济④，然后克得其和，能为民用。青州天性峭急⑤，迷于曲直。仁君度数弘广，绰然有余，当以大包小，以优容劣，先除曹操以卒先公之恨，事定之后，乃议曲直之计，不亦善乎！若迷而不反，则胡夷将有讥诮之言⑥，况我同盟，复能戮力为君之役哉！此韩卢、东郭自困于前而遗田父之获者也[7]。”谭、尚皆不从。

辛毗至西平见曹操，致谭意，群下多以为刘表强，宜先平之，谭、尚不足忧也。荀攸曰：“天下方有事，而刘表坐保江、汉之间，其无四方之志可知矣。袁氏据四州之地，带甲数十万，绍以宽厚得众心；使二子和睦以守其成业，则天下之难未息也。今兄弟遘恶，其势不两全，若有所并则力专，力专则难图也；及其乱而取之，天下定矣，此时不可失也。”操从之。

后数日，操更欲先平荆州，使谭、尚自相敝，辛毗望操色，知有变，以语郭嘉。嘉白操，操谓毗曰：“谭必可信，尚必可克不？”毗对曰：“明公无问信与诈也，直当论其势耳。袁氏本兄弟相伐，非谓他人能间其间，乃谓天下可定于己也。今一旦求救于明公，此可知也。显甫见显思困而不能取，此力竭也。兵革败于外，谋臣诛于内，兄弟谗阋[8]，国分为二，连年战伐，介胄生虮虱[9]，加以旱蝗，饥馑并臻；天灾应于上，人事困于下，民无愚智，皆知土崩瓦解，此乃天亡尚之时也。今往攻邺，尚不还救，即不能自守；还救，即谭踵其后。以明公之威，应困穷之敌，击疲敝之寇，无异迅风之振秋叶矣。天以尚与明公，明公不取而伐荆州；荆州丰乐，国未有衅。仲虺有言：‘取乱侮亡。’方今二袁不务远略而内相图，可谓乱矣；居者无食，行者无粮，可谓亡矣。朝不谋夕，民命靡继，而不绥之，欲待他年；他年或登，又自知亡而改修厥德，失所以用兵之要矣。今因其请救而抚之，利莫大焉。且四方之寇，莫大于河北，河北平，则六军盛而天下震矣[10]。”操曰：“善！”乃许谭平[11]。

孙权像

冬,十月,操至黎阳。尚闻操渡河,乃释平原还邺。尚将吕旷、高翔叛归曹操,谭复阴刻将军印以假旷、翔。操知谭诈,乃为子整聘谭女以安之,而引军还。

孙权西伐黄祖,破其舟军,惟城未克,而山寇复动[12]。权还,过豫章,使征虏中郎将吕范平鄱阳、会稽,荡寇中郎将程普讨乐安,建昌都尉太史慈领海昏,以别部司马黄盖、韩当、周泰、吕蒙等守剧县令长[13],讨山越,悉平之。建安、汉兴、南平民作乱,聚众各万余人,权使南部都尉会稽贺齐进讨,皆平之,复立县邑,料出兵万人;拜齐平东校尉。

【注释】

①西平:县名。在今河南西平县。 ②平原:县名。在今山东平原县。 ③婴城:犹言据城。 ④济:成。 ⑤峭急:严厉急躁。 ⑥讥诮:讥笑,讽刺。 ⑦田父之获:这是一则寓言故事。说的是天下的俊犬韩卢追逐天下的狡兔东郭,它们翻越了五座山,饶过三道岭,最后兔死在前,犬毙于后,年迈的农夫发现后,轻而易举地将它们获得(载《战国策·齐策》)。田父:年老的农民。 ⑧阋(xì 隙):争吵。谗阋:内部相争。 ⑨介胄:甲胄。 ⑩六军:《周礼·夏官·司马》:“凡制军,万有二千五百人为军。王六军,大国三军,次国二军,小国一军。”后以六军泛称朝廷的军队。 ⑪平:媾和。 ⑫山寇:指山越人。山越,古族名。汉末至隋唐时对分布在今苏、浙、皖、赣、闽、粤等省部分山区越人的通称。因中原统治者强征暴敛,曾不断展开反抗斗争。 ⑬剧:艰也,甚也,言其地当山越之要,最为艰巨之甚者也。守:掌管。

九年 春,正月,曹操济河,遏淇水入白沟以通粮道[1]。

二月,袁尚复攻袁谭于平原,留其将审配、苏由守邺。曹操进军至洹水[2],苏由欲为内应,谋泄,出奔操。操进至邺,为土山、地道以攻之。尚武安长尹楷屯毛城[3],以通上党粮道。夏,四月,操留曹洪攻邺,自将击楷,破之而还;又击尚将沮鹄于邯郸,拔之。

易阳令韩范[4]、涉长梁岐皆举县降[5]。徐晃言于操曰:“二袁未破,诸城未下者倾耳而听,宜旌赏二县以示诸城[6]。”操从之,范、岐皆赐爵关内侯。黑山贼帅张燕遣使求助操,拜平北将军。

五月，操毁土山、地道，凿堑围城，周回四十里，初令浅，示若可越。配望见，笑之，不出争利。操一夜浚之，广深二丈，引漳水以灌之；城中饿死者过半。

秋，七月，尚将兵万余人还救邺；未到，欲令审配知外动止，先使主簿巨鹿李孚入城。孚斫问事杖，系著马边，自著平上帻[⑦]，将三骑，投暮诣邺下；自称都督，历北围，循表而东，步步呵责守围将士，随轻重行其罚。遂历操营前，至南围，当章门，复责怒守围者，收缚之。因开其围，驰到城下，呼城上人，城上人以绳引，孚得入。配等见孚，悲喜，鼓噪称万岁。守围者以状闻，操笑曰："此非徒得入也，方且复出。"孚知外围益急，不可复冒，乃请配悉出城中老弱以省谷，夜，简别数千人，皆使持白幡，从三门并出降。孚复将三骑作降人服，随辈夜出，突围得去。

尚兵既至，诸将皆以为："此归师，人自为战，不如避之。"操曰："尚从大道来，当避之；若循西山来者，此成禽耳。"尚果循西山来，东至阳平亭，去邺十七里，临滏水为营[⑧]。夜，举火以示城中，城中亦举火相应。配出兵城北，欲与尚对决围。操逆击之，败还，尚亦破走，依曲漳为营，操遂围之。未合，尚惧，遣使求降；操不听，围之益急。尚夜遁，保祁山[⑨]，操复进围之；尚将马延、张顗等临陈降，众大溃，尚奔中山。尽收其辎重，得尚印绶、节钺及衣物，以示城中，城中崩沮。审配令士卒曰："坚守死战！操军疲矣，幽州方至，何忧无主！"操出行围，配伏弩射之，几中。

配兄子荣为东门校尉，八月，戊寅，荣夜开门内操兵。配拒战城中，操兵生获之。辛评家系邺狱，辛毗驰往，欲解之，已悉为配所杀。操兵缚配诣帐下，毗逆以马鞭击其头，骂之曰："奴，汝今日真死矣！"配顾曰："狗辈，正由汝曹，破我冀州，恨不得杀汝也；且汝今日能杀生我邪！"有顷，操引见，谓配曰："曩日孤之行围，何弩之多也！"配曰："犹恨其少！"操曰："卿忠于袁氏，亦自不得不尔。"意欲活之。配意气壮烈，终无桡辞，而辛毗等号哭不已，遂斩之。冀州人张子谦先降，素与配不善，笑谓配曰："正南，卿竟何如我？"配厉声曰："汝为降虏，审配为忠臣，虽死，岂羡汝生邪！"临行刑，叱持兵者令北向，曰："我君在北也。"操乃临祀绍墓，哭之流涕;慰劳绍妻,还其家人宝物,赐杂缯絮[10],禀食之。

初,袁绍与操共起兵,绍问操曰:"若事不辑,则方面何所可据[11]?"操曰:"足下意以为何如?"绍曰:"吾南据河,北阻燕、代[12],兼戎狄之众,南向以争天下,庶可以济乎!"操曰:"吾任天下之智力,以道御之,无所不可。"

【注释】

①白沟:在今河南浚县西。 ②洹(huán 环)水:流经邺城之南。 ③毛城:在今河北武安市西。 ④易阳:县名。在今河北邯郸市永年区。 ⑤涉:县名。在今河北涉县。 ⑥旌:表彰。 ⑦平上帻:古时武官所戴的头巾,因帻上平如屋顶,故名。 ⑧滏水:滏阳河。 ⑨祁山:在今河南安阳市西。 ⑩缯絮:缯,古代丝织品总称;絮,粗丝棉。 ⑪方面:方向。 ⑫阻:倚仗。

九月,诏以操领冀州牧;操让还兖州。

初,袁尚遣从事安平牵招至上党督军粮[1],未还,尚走中山[2],招说高干以并州迎尚,并力观变,干不从。招乃东诣曹操,操复以为冀州从事;又辟崔琰为别驾,操谓琰曰:"昨按户籍,可得三十万众,故为大州也。"琰对曰:"今九州幅裂,二袁兄弟亲寻干戈[3],冀方蒸庶[4],暴骨原野,未闻王师存问风俗[5],救其涂炭[6],而校计甲兵,唯此为先,斯岂鄙州士女所望于明公哉!"操改容谢之[7]。

许攸恃功骄嫚,尝于众坐呼操小字曰:"某甲[8],卿非我,不得冀州也!"操笑曰:"汝言是也。"然内不乐,后竟杀之。

冬,十月,有星孛于东井。

高干以并州降,操复以干为并州刺史。

曹操之围邺也,袁谭复背之,略取甘陵、安平、勃海、河间。攻袁尚于中山,尚败,走故安[9],从袁熙;谭悉收其众,还屯龙凑[10]。操与谭书,责以负约,与之绝婚,女还,然后进讨。十二月,操军其门,谭拔平原,走保南皮,临清河而屯。操入平原,略定诸县。

曹操表公孙度为武威将军,封永宁乡侯。度曰:"我王辽东,何永宁也!"藏印绶于武库。是岁,度卒,子康嗣位,以永宁乡侯封其弟恭。

操以牵招尝为袁氏领乌桓[11]，遣诣柳城[12]，抚慰乌桓。值峭王严五千骑欲助袁谭[13]，又，公孙康遣使韩忠假峭王单于印绶。峭王大会群长，忠亦在坐。峭王问招："昔袁公言受天子之命，假我为单于；今曹公复言当更白天子，假我真单于；辽东复持印绶来。如此，谁当为正？"招答曰："昔袁公承制，得有所拜假；中间违错天子命，曹公代之，言当白天子，更假真单于；辽东下郡，何得擅称拜假也！"忠曰："我辽东在沧海之东，拥兵百余万，又有扶余[14]，涉貊之用[15]，当今之势，强者为右，曹操何得独为是也！"招呵忠曰："曹公允恭明哲，翼戴天子，伐叛柔服，宁静四海。汝君臣顽嚚[16]，今恃险远，背违王命，欲擅拜假，侮弄神器[17]；方当屠戮，何敢慢易咎毁大人！"便捉忠头顿筑，拔刀欲斩之。峭王惊怖，徒跣抱招，以救请忠，左右失色。招乃还坐，为峭王等说成败之效，祸福所归；皆下席跪伏，敬受敕教，便辞辽东之使，罢所严骑。

丹阳大都督妫览，郡丞戴员杀太守孙翊。将军孙河屯京城，驰赴宛陵，览、员复杀之；遣人迎扬州刺史刘馥，令往历阳，以丹阳应之。

览入居军府中，欲逼取翊妻徐氏。徐氏绐之曰[18]："乞须晦日，设祭除服，然后听命。"览许之。徐氏潜使所亲语翊亲近旧将孙高、傅婴等与共图览，高、婴涕泣许诺，密呼翊时侍养者二十余人与盟誓合谋。到晦日，设祭。徐氏哭泣尽哀，毕，乃除服、薰香沐浴，言笑欢悦。大小凄怆，怪其如此。览密觇[19]，无复疑意。徐氏呼高、婴置户内，使人召览入。徐氏出户拜览，适得一拜，徐大呼："二君可起！"高、婴俱出，共杀览，余人即就外杀员。徐氏乃还缞绖[20]，奉览、员首以祭翊墓，举军震骇。

孙权闻乱，从椒丘还。至丹阳，悉族诛览、员余党，擢高、婴为牙门，其余赏赐有差。

河子韶，年十七，收河余众屯京城。权引军归吴，夜至京城下营，试攻惊之；兵皆乘城，传檄备警，欢声动地，颇射外人。权使晓喻，乃止。明日见韶，拜承烈校尉，统河部曲。

【注释】

①上党：在今山西长治市。 ②中山：在今河北定州市。 ③寻：

用。④蒸：通“烝”，众。⑤王师：天子的军队。⑥涂：泥淖。炭：炭火。涂炭：比喻极端困苦的境地。⑦改容：改变神色。⑧某甲：曹操一名吉利，小字阿瞒。曰某甲者，史隐其辞。⑨故安：在今河北易县东南。⑩龙凑：在今山东德州市。⑪领乌桓：指袁绍先曾征辟牵招为督军从事，兼领乌桓突骑。⑫柳城：在今辽宁朝阳市东南。⑬值：逢着。严：整顿。⑭扶馀：古族名。亦作夫馀、凫臾。西汉时亦称其所建的政权为扶馀。在今松嫩平原上，以今农安为中心，南迄辽宁北境，东与挹娄接，北临黑龙江。⑮貊（mò 陌）：古族名。亦作“貉”。《尚书·武成》：“华夏蛮貊。”⑯嚚（yín 银）：愚顽，奸诈。⑰神器：指天子。⑱绐（dài 怠）：欺骗，谎言。⑲觇（chān 掺）：窥看。⑳缞（cuī 催）绖（dié 迭）：古时的丧服，用粗麻布制成。

十年　春，正月，曹操攻南皮[①]，袁谭出战，士卒多死。操欲缓之，议郎曹纯曰：“今县师深入，难以持久，若进不能克，退必丧威。”乃自执桴鼓以率攻者，遂克之。谭出走，追斩之。

李孚自称冀州主簿，求见操曰：“今城中强弱相陵，人心扰乱，以为宜令新降为内所识信者宣传明教。”操即使孚往入城，告谕吏民，使各安故业，不得相侵，城中乃安。操于是斩郭图等及其妻子。

袁谭使王修运粮于乐安，闻谭急，将所领兵往赴之，至高密，闻谭死，下马号哭曰：“无君焉归！”遂诣曹操，乞收葬谭尸，操许之，复使修还乐安，督军粮。谭所部诸城皆服，唯乐安太守管统不下。操命修取统首，修以统亡国忠臣，解其缚，使诣操，操悦而赦之，辟修为司空掾。

东汉末至三国青瓷印纹四系罐

郭嘉说操多辟青、冀、幽、并名士以为掾属，使人心归附，操从之。官渡之战，袁绍使陈琳为檄书，数操罪恶，连及家世，极其丑诋。及袁氏败，琳归操，操曰："卿昔为本初移书，但可罪状孤身，何乃上及父祖邪！"琳谢罪，操释之，使与陈留阮瑀俱管记室[②]。

先是渔阳王松据涿郡，郡人刘放说松以地归操，操辟放参司空军事。

袁熙为其将焦触、张南所攻，与尚俱奔辽西乌桓。触自号幽州刺史，驱率诸郡太守令长，背袁向曹，陈兵数万，杀白马而盟，令曰："敢违者斩！"众莫敢仰视，各以次歃[③]。别驾代郡韩珩曰："吾受袁公父子厚恩，今其破亡，智不能救，勇不能死，于义阙矣；若乃北面曹氏[④]，所不能为也。"一坐为珩失色。触曰："夫举大事，当立大义，事之济否，不待一人，可卒珩志，以厉事君。"乃舍之。触等遂降曹操，皆封为列侯。

夏，四月，黑山贼帅张燕率其众十余万降，封安国亭侯。

故安赵犊、霍奴等杀幽州刺史及涿郡太守，三郡乌桓攻鲜于辅于犷平[⑤]。秋，八月，操讨犊等，斩之；乃渡潞水救犷平，乌桓走出塞。

冬，十月，高干闻操讨乌桓，复以并州叛，执上党太守，举兵守壶关口。操遣其将乐进、李典击之。河内张晟，众万余人，寇崤、渑间，弘农张琰起兵以应之。

【注释】

①南皮：在今河北南皮县。　②记室：古代官名。《后汉书·百官志一》："记室令史，主上表章，报书记。"按东汉官制，太尉属官有记室令史，太守、都尉属官有记室史。　③歃（shà 霎）：歃血，含血。　④若乃：至于。　⑤三郡乌桓：辽西蹋顿、辽东苏仆延、右北平乌延。

河东太守王邑被征，郡掾卫固及中郎将范先等诣司隶校尉钟繇，请留之。繇不许。固等外以请邑为名，而内实与高干通谋。曹操谓荀彧曰："关西诸将，外服内贰，张晟寇乱殽、渑，南通刘表，固等因之，将为深害。当今河东，天下之要地也，君为我举贤才以镇之。"彧曰："西平太守京兆杜畿，勇足以当难，智足以应变。"操乃以畿为河东太守。钟繇促王邑交符[①]，邑佩印绶，径从河北诣许自归[②]。

卫固等使兵数千人绝陕津[3]，杜畿至，数月不得渡。操遣夏侯惇讨固等，未至，畿曰："河东有三万户，非皆欲为乱也。今兵迫之急，欲为善者无主，必惧而听于固。固等势专，讨之不胜，为难未已；讨之而胜，是残一郡之民也。且固等未显绝王命，外以请故君为名，必不害新君，吾单车直往，出其不意，固为人多计而无断，必伪受吾，吾得居郡一月，以计縻之[4]，足矣。"遂诡道从郖津度[5]。

范先欲杀畿以威众，且观畿去就，于门下斩杀主簿以下三十余人，畿举动自若。于是固曰："杀之无损，徒有恶名；且制之在我。"遂奉之。畿谓固、先曰："卫、范，河东之望也，吾仰成而已。然君臣有定义，成败同之，大事当共平议。"以固为都督，行丞事，领功曹；将校吏兵三千余人，皆范先督之。固等喜，虽阳事畿，不以为意。固欲大发兵，畿患之，说固曰："今大发兵，众情必扰，不如徐以赀募兵。"固以为然，从之，得兵甚少。畿又喻固等曰："人情顾家，诸将掾史，可分遣休息，急缓召之不难。"固等恶逆众心，又从之。于是善人在外，阴为己援；恶人分散，各还其家。

会白骑攻东垣[6]，高干入濩泽[7]。畿知诸县附己，乃出，单将数十骑，赴坚壁而守之，吏民多举城助畿者，比数十日，得四千余人。固等与高干、张晟共攻畿，不下，略诸县，无所得。曹操使议郎张既西征关中诸将马腾等，皆引兵会击晟等，破之，斩固、琰等首，其余党与皆赦之。

于是杜畿治河东，务崇宽惠。民有辞讼，畿为陈义理，遣归谛思之[8]，父老皆自相责怒，不敢讼；劝耕桑，课畜牧，百姓家家丰实；然后兴学校，举孝弟，修戎事，讲武备，河东遂安。畿在河东十六年，常为天下最。

秘书监、侍中荀悦作《申鉴》五篇[9]，奏之。悦，爽之兄子也。时政在曹氏，天子恭己[10]，悦志在献替[11]，而谋无所用，故作是书。其大略曰："为政之术，先屏四患，乃崇五政。伪乱俗，私坏法，放越轨，奢败制：四者不除，则政末由行矣，是谓四患。兴农桑以养其生，审好恶以正其俗，宣文教以章其化[12]，立武备以秉其威，明赏罚以统其法，是谓五政。人不畏死，不可惧以罪；人不乐生，不可劝以善。故在上者，先丰民财以定其志，是谓养生。善恶要乎功罪，毁誉效于准验[13]，听言责事，举名察实，无或诈伪以荡众心。故俗无奸怪，民无淫风，是谓正俗。荣辱者，赏罚之精华也，故礼教荣辱以加君子[14]，化其情也；桎梏鞭扑以加小人，化其形也。若教化之废，推中人而坠于小人之域，教化之行，引中人而纳于君子之涂，是谓章化。在上者必有武备以戒不虞，安居则寄之内政，有事则用之军旅，是谓秉威。赏罚，政之柄也。人主不妄赏，非爱其财也，赏妄行，则善不劝矣；不妄罚，非矜其人也，罚妄行，则恶不惩矣。赏不劝，谓之止善，罚不惩，谓之纵恶。在上者能不止下为善，不纵下为恶，则国法立矣。是谓统法。四患既独，五政又立，行之以诚，守之以固，简而不怠，疏而不失，垂拱揖让[15]，而海内平矣。”

【注释】

①符：郡符。　②河北：县名。在今山西芮城县。　③陕津：古渡名。在今山西平陆县西。　④縻（mí 迷）：牵系，束缚。　⑤诡道：隐秘的别径。郖（dòu 豆）：陕津渡口西面六十五公里处。　⑥白骑：即张白骑。黄巾军失败后，在丛山中纷纷起兵的农民起义军领袖之一。东垣：县名。在今山西垣曲县。　⑦濩泽：县名。在今山西阳城县。　⑧谛：仔细地。　⑨《申鉴》：共五卷，包括《政体》《时事》《俗嫌》《杂言》上下等五篇。内容以儒术谈政治，主张德刑并用，驳斥谶纬符瑞等迷信思想，并反对“富人名田逾限”，提出了一种“耕而勿有”（田可耕而不占为私有）的社会空想。　⑩恭己：胡注：“言恭己南面而已，政事无所预也。”⑪献：进。替：废。献替：“献可替否”的简称。指对可行的事就进献给君主，不可行的事，就废止。后因谓臣对君劝善规过，议兴议革为“献可替否”。　⑫章：彰明。　⑬效：征验，实现。　⑭加：施及。　⑮垂拱：垂衣拱手。垂拱揖让：形容太平无事，可无为而治。

资治通鉴卷第六十五

汉纪五十七 起柔兆阉茂，尽著雍困敦，凡三年。

孝献皇帝庚

建安十一年 春，正月，有星孛于北斗。

曹操自将击高干，留其世子丕守邺[①]，使别驾从事崔琰傅之[②]。操围壶关，三月，壶关降。高干自入匈奴求救，单于不受；干独与数骑亡，欲南奔荆州，上洛都尉王琰捕斩之[③]，并州悉平。

曹操使陈郡梁习以别部司马领并州刺史。时荒乱之余，胡、狄雄张[④]，吏民亡叛入其部落，兵家拥众，各为寇害。习到官，诱喻招纳，皆礼召其豪右，稍稍荐举，使诣幕府；豪右已尽，次发诸丁强以为义从；又因大军出征，令诸将分请以为勇力。吏兵已去之后，稍移其家，前后送邺，凡数万口；其不从命者，兴兵致讨，斩首千数，降附者万计。单于恭顺，名王稽颡[⑤]，服事供职，同于编户。边境肃清，百姓布野，勤劝农桑，令行禁止。长老称咏，以为自所闻识，刺史未有如习者。习乃贡达名士避地州界者河内常林、杨俊、王象，荀纬及太原王凌之徒，操悉以为县长，后皆显名于世。

初，山阳仲长统游学至并州，过高干，干善遇之，访以世事。统谓干曰："君有雄志而无雄材，好士而不能择人，所以为君深戒也。"干雅自多[⑥]，不悦统言，统遂去之。干死，荀彧举统为尚书郎。著论曰《昌言》[⑦]，其言治乱，略曰："豪桀之当天命者，未始有天下之分者也，无天下之分，故战争者竞起焉。角智者皆穷，角力者皆

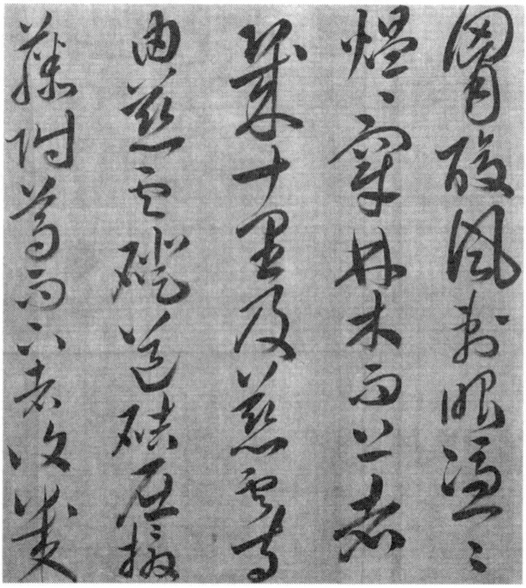

三国魏韦诞《草书游太行山记》(局部)

负,形不堪复伉,势不足复校,乃始羁首系颈,就我之衔继耳[8]。及继体之时,豪桀之心既绝,士民之志已定,贵有常家,尊在一人。当此之时,虽下愚之才居之,犹能使恩同天地,威侔鬼神,周、孔数千无所复角其圣,贲、育百万无所复奋其勇矣。彼后嗣之愚主,见天下莫敢与之违,自谓若天地之不可亡也,乃奔其私嗜,骋其邪欲,君臣宣淫,上下同恶,荒废庶政,弃忘人物。信任亲爱者,尽佞谄容说之人也;宠贵隆丰者,尽后妃姬妾之家也。遂至熬天下之脂膏,斫生民之骨髓[9],怨毒无聊,祸乱并起,中国扰攘,四夷侵叛,土崩瓦解,一朝而去,昔之为我哺乳之子孙者,今尽是我饮血之寇仇也。至于运徙势去,犹不觉悟者,岂非富贵生不仁,沉溺致愚疾邪!存亡以之迭代,治乱从此周复,天道常然之大数也。"

秋,七月,武威太守张猛杀雍州刺史邯郸商;州兵讨诛之。猛,奂之子也。

八月,曹操东讨海贼管承,至淳于[10],遣将乐进、李典击破之,承走入海岛。

昌豨复叛,操遣于禁讨斩之。

是岁,立故琅邪王容子熙为琅邪王。齐、北海、阜陵、下邳、常山、甘陵、济阴、平原八国皆除。

乌桓乘天下乱,略有汉民十余万户[11],袁绍皆立其酋豪为单于,以家人子为己女,妻焉。辽西乌桓蹋顿尤强,为绍所厚,故尚兄弟归之,数入塞为寇,欲助尚复故地。曹操将击之,凿平虏渠、泉州渠以通运。

孙权击山贼麻、保二屯，平之。

【注释】

①世子：古代天子、诸侯的嫡长子。 ②傅：辅佐。 ③上洛：县名。在今陕西商洛市商州区。 ④雄张：犹言称雄。 ⑤稽（qǐ sǎng 启嗓）：古时的一种跪拜礼。屈膝下拜，以额触地，居丧时行之，表示极度的悲痛和对来吊唁宾客的感谢；谢罪、投降时行之，表示极度的惶恐。颡，额。 ⑥雅：素常，向来。 ⑦《昌言》：全名为《仲长子昌言》。总共三十四篇，十多万字。现已大部分佚失，仅存一二。内容主要提出“人事为本，天道为末”的论点，暴露当时社会的黑暗现实，批判汉初以来的神学传统思想。 ⑧衔：横在马口中被抽勒的铁。绁（xiè 屑）：牵牲口的绳子。 ⑨斫：伤害，摧残。 ⑩淳于：县名。在今山东安丘市。 ⑪略：侵夺，强夺。

十二年 春，二月，曹操自淳于还邺。丁酉，操奏封大功臣二十余人，皆为列侯；因表万岁亭侯荀彧功状，三月，增封彧千户。又欲授以三公，彧使荀攸深自陈让，至于十数，乃止。

曹操将击乌桓。诸将皆曰：“袁尚亡虏耳，夷狄贪而无亲，岂能为尚用。今深入征之，刘备必说刘表以袭许，万一为变，事不可悔。”郭嘉曰：“公虽威震天下，胡恃其远，必不设备，因其无备，卒破击之，可破灭也。且袁绍有恩于民夷，而尚兄弟生存。今四州之民，徒以威附，德施未加，舍而南征，尚因乌桓之资，招其死主之臣，胡人一动，民夷俱应，以生蹋顿之心，成觊觎之计[①]，恐青、冀非己之有也。表坐谈客耳，自知才不足以御备，重任之则恐不能制，轻任之则备不为用，虽虚国远征，公无忧矣。”操从之。行至易[②]，郭嘉曰：“兵贵神速。今千里袭人，辎重多，难以趋利，且彼闻之，必为备；不如留辎重，轻兵兼道以出，掩其不意。”

初，袁绍数遣使召田畴于无终，又即授将军印，使安辑所统，畴皆拒之。及曹操定冀州，河间邢颙谓畴曰：“黄巾起来，二十余年，海内鼎沸，百姓流离。今闻曹公法令严。民厌乱矣，乱极则平，请以身先。”遂装还乡里。畴曰：“邢颙，天民之先觉者也[③]。”操以颙为冀州从事。畴忿乌桓多杀其本郡冠盖[④]，意欲讨之而力未能。操遣使辟畴，畴戒其门下趣治严[5]。门人曰："昔袁公慕君，礼命五至，君义不屈；今曹公使一来而君若恐弗及者，何也？"畴笑曰："此非君所识也。"遂随使者到军，拜为蓨令，随军次无终。

时方夏水雨，而滨海洿下[6]，泞滞不通，虏亦遮守蹊要[7]，军不得进。操患之，以问田畴。畴曰："此道，秋夏每常有水，浅不通车马，深不载舟船，为难久矣。旧北平郡治在平冈，道出卢龙[8]，达于柳城[9]；自建武以来，陷坏断绝，垂二百载，而尚有微径可从。今虏将以大军当由无终，不得进而退，懈弛无备。若嘿回军[10]，从卢龙口越白檀之险[11]，出空虚之地，路近而便，掩其不备，蹋顿可不战而禽也。"操曰："善！"乃引军还，而署大木表于水侧路傍曰："方今夏暑，道路不通，且俟秋冬，乃复进军。"虏候骑见之，诚以为大军去也。

操令畴将其众为乡导，上徐无山，堑山堙谷，五百余里，经白檀，历平冈，涉鲜卑庭，东指柳城。未至二百里，虏乃知之。尚、熙与蹋顿及辽西单于楼班、右北平单于能臣抵之等将数万骑逆军。八月，操登白狼山[12]，卒与虏遇，众甚盛。操车重在后[13]，被甲者少，左右皆惧。操登高，望虏阵不整，乃纵兵击之，使张辽为前锋，虏众大崩，斩蹋顿及名王已下，胡、汉降者二十余万口。

【注释】

①觊觎：非分的希望或企图。　②易：在今河北雄县。　③天民：普通人民。　④冠盖：旧指仕宦的冠服和车盖，也用作仕宦的代称。⑤治严：即治装，整理行装。东汉避明帝讳，改"装"曰"严"。　⑥洿（wū 乌）：低凹之地。　⑦蹊（xī 西）：小路。　⑧卢龙：塞名。在今河北迁安市西北。　⑨柳城：在今辽宁朝阳市东南。　⑩嘿（mò 默）：同"默"。　⑪白檀：县名。在今河北兴隆县西北。　⑫白狼山：在今辽宁朝阳市西南。　⑬车重：即辎重。

辽东单于速仆丸与尚[1]、熙奔辽东太守公孙康，其众尚有数千骑。或劝操遂击之，操曰："吾方使康斩送尚、熙首，不烦兵矣。"九月，操引兵自柳城还。公孙康欲取尚、熙以为功，乃先置精勇于厩中，然后请尚、熙入，未及坐，康叱伏兵禽之，遂斩尚、熙，并速仆丸首送之。诸将或问操："公还而康斩尚、熙，何也？"操曰："彼素畏尚、熙，吾急之则并力，缓之则自相图，其势然也。"操枭尚首，令三军："敢有哭之者斩！"牵招独设祭悲哭，操义之，举为茂才。

时天寒且旱，二百里无水，军又乏食，杀马数千匹以为粮，凿地入三十余丈方得水。既还，科问前谏者，众莫知其故，人人皆惧。操皆厚赏之，曰："孤前行，乘危以徼幸，虽得之，天所佐也，顾不可以为常。诸君之谏，万安之计，是以相赏，后勿难言之[②]。"

冬，十月，辛卯，有星孛于鹑尾。

乙巳，黄巾杀济南王赟。

十一月，曹操至易水，乌桓单于代郡普富卢、上郡那楼皆来贺。

师还，论功行赏，以五百户封田畴为亭侯[③]。畴曰："吾始为刘公报仇，率众遁逃[④]，志义不立，反以为利，非本志也。"固让不受。操知其至心，许而不夺。

操之北伐也，刘备说刘表袭许，表不能用。及闻操还，表谓备曰："不用君言，故为失此大会。"备曰："今天下分裂，日寻干戈[⑤]，事会之来，岂有终极乎！若能应之于后者，则此未足为恨也。"

是岁，孙权西击黄祖，虏其人民而还。

权母吴氏疾笃，引见张昭等，属以后事而卒。

初，琅邪诸葛亮寓居襄阳隆中[⑥]，每自比管仲、乐毅；时人莫之许也，惟颍川徐庶与崔州平谓为信然。州平，烈之子也。

刘备在荆州，访士于襄阳司马徽，徽曰："儒生俗士，岂识时务，识时务者在乎俊杰。此间自有伏龙、凤雏[⑦]。"备问为谁，曰："诸葛孔明、庞士元也。"徐庶见备于新野，备器之。庶谓备曰："诸葛孔明，卧龙也，将军岂愿见之乎！"备曰："君与俱来。"庶曰："此人可就见，不可屈致也，将军宜枉驾顾之。"

备由是诣亮，凡三往，乃见。因屏人曰："汉室倾颓，奸臣窃命，孤不度德量力，欲信大义于天下[⑧]，而智术浅短，遂用猖蹶[⑨]，至于今日。然志犹未已，君谓计将安出？"亮曰："今曹操已拥百万之众，挟天子而令诸侯，此诚不可与争锋。孙权据有江东，已历三世，国险而民附，贤能为之用，此可与为援而不可图也。荆州北据

诸葛亮像

汉、沔[10]，利尽南海，东连吴会，西通巴、蜀，此用武之国，而其主不能守，此殆天所以资将军也。益州险塞，沃野千里，天府之土；刘璋暗弱，张鲁在北，民殷国富而不知存恤，智能之士思得明君。将军既帝室之胄[11]，信义著于四海，若跨有荆、益，保其岩阻，抚和戎、越，结好孙权，内修政治，外观时变，则霸业可成，汉室可兴矣。”备曰：“善！”于是与亮情好日密。关羽、张飞不悦，备解之曰：“孤之有孔明，犹鱼之有水也。愿诸君勿复言。”羽、飞乃止。

司马徽，清雅有知人之鉴[12]。同县庞德公素有重名，徽兄事之。诸葛亮每至德公家，独拜床下，德公初不令止。德公从子统，少时朴钝，未有识者，惟德公与徽重之。德公尝谓孔明为卧龙，士元为凤雏，德操为水鉴；故德操与刘备语而称之。

【注释】

①速朴丸：即苏仆延。 ②难(nuó 挪)：通“戁”，恐惧。 ③亭侯：爵位名。东汉官制，列侯功大者食县，小者食乡、亭。 ④率众遁逃：事见卷第六十初平四年(193)。 ⑤寻：连续不断而来。 ⑥隆中：在今湖北襄阳市西。 ⑦伏龙：比喻隐居的俊杰。凤雏：幼凤。比喻英俊的少年。 ⑧信(shēn 伸)：通“伸”。 ⑨用：因此。猖蹶：倾覆。 ⑩汉、沔：即汉水、沔水。 ⑪胄：后裔。 ⑫清雅：高洁文雅。

十三年 春，正月，司徒赵温辟曹操子丕。操表"温辟臣子弟，选举故不以实"；策免之。

曹操还邺，作玄武池以肄舟师①。

初，巴郡甘宁将僮客八百人归刘表②，表儒人，不习军事，宁观表事势终必无成，恐一朝众散，并受其祸，欲东入吴。黄祖在夏口③，军不得过，乃留，依祖三年，祖以凡人畜之。孙权击祖，祖军败走，权校尉凌操将兵急追之。宁善射，将兵在后，射杀操，祖由是得免。军罢，还营，待宁如初。祖都督苏飞数荐宁，祖不用；宁欲去，恐不免；飞乃白祖，以宁为邾长。宁遂亡奔孙权，周瑜、吕蒙共荐达之，权礼异，同于旧臣。

宁献策于权曰："今汉祚日微，曹操终为篡盗。南荆之地，山川形便，诚国之西势也。宁观刘表，虑既不远，儿子又劣，非能承业传基者也。至尊当早图之，不可后操。图之之计，宜先取黄祖。祖今昏耄已甚，财谷并乏，左右贪纵，吏士心怨，舟船战具，顿废不修，怠于耕农，军无法伍，至尊今往，其破可必。一破祖军，鼓行而西，据楚关④，大势弥广，即可渐规巴、蜀矣。"权深纳之。张昭时在坐，难曰⑤："今吴下业业⑥，若军果行，恐必致乱。"宁谓昭曰："国家以萧何之任付君，君居守而忧乱，奚以希慕古人乎！"权举酒属宁曰："兴霸，今年行讨，如此酒矣，决以付卿。卿但当勉建方略，令必克祖，则卿之功，何嫌张长史之言乎！"

权遂西击黄祖。祖横两蒙冲挟守沔口⑦，以栟闾大绁系石为矴⑧，上有千人，以弩交射，飞矢雨下，军不得前。偏将军董袭与别部司马凌统俱为前部，各将敢死百人，人被两铠，乘大舸，突入蒙冲里。袭身以刀断两绁，蒙冲乃横流，大兵遂进。祖令都督陈就以水军逆战。平北都尉吕蒙勒前锋，亲枭就首。于是将士乘胜，水陆并进，傅其城⑨，尽锐攻之，遂屠其城。祖挺身走，追斩之，虏其男女数万口。

权先作两函，欲以盛祖及苏飞首。权为诸将置酒，甘宁下席叩头，血涕交流，为权言飞畴昔旧恩⑩，"宁不值飞，固已损骸于沟壑，不得致命于麾下。今飞罪当夷戮，特从将军乞其首领"。权感其言，谓曰："今为君置之，若走去何？"宁曰："飞免分裂之祸，受更生之恩，逐之尚必不走，岂当图亡哉！若尔[12]，宁头当代入函。”权乃赦之。凌统怨宁杀其父操，常欲杀宁；权命统不得仇之，令宁将兵屯于他所。

夏，六月，罢三公官，复置丞相、御史大夫。癸巳，以曹操为丞相。操以冀州别驾从事崔琰为丞相西曹掾，司空东曹掾陈留毛玠为丞相东曹掾，元城令河内司马朗为主簿，弟懿为文学掾，冀州主簿卢毓为法曹议令史。毓，植之子也。

琰、玠并典选举，其所举用皆清正之士，虽于时有盛名而行不由本者，终莫得进。拔敦实，斥华伪，进冲逊[11]，抑阿党。由是天下之士莫不以廉节自励，虽贵宠之臣，舆服不敢过度，至乃长吏还者，垢面羸衣，独乘柴车，军吏入府，朝服徒行，吏洁于上，俗移于下。操闻之，叹曰：“用人如此，使天下人自治，吾复何为哉！”

【注释】

①肄（yì 毅）：学习。 ②僮客：古代私家的奴隶。归刘表：甘宁归附刘表事见本书卷第六十一兴平元年（194）。 ③夏口：在今湖北武汉市汉口镇。 ④楚关：在今湖北长阳土家族自治县西。 ⑤难：责问，反驳。 ⑥业业：危惧貌。 ⑦蒙冲：亦作“艨艟”。古代战船名。船体狭长，整个船身用生牛皮蒙住，两侧下部开口，可伸出船桨，上部开窗，可射箭，伸出长矛。 ⑧栟（bīng 兵）闾：棕榈。绁（xiè 屑）：长绳。栟闾大绁：粗长的棕绳。 ⑨傅：靠近。 ⑩畴昔：日前，往昔。畴，语助，无义。 ⑪冲逊：谦和恭顺。 ⑫尔：如此。

司马懿像

司马懿，少聪达，多大略。崔琰谓其兄朗曰：“君弟聪亮明允，刚断英特，非子所及也!”操闻而辟之,懿辞以风痹[1]。操怒,欲收之,懿惧,就职。

操使张辽屯长社,临发,军中有谋反者,夜,惊乱起火,一军尽扰。辽谓左右曰:“勿动!是不一营尽反,必有造变者,欲以惊动人耳。”乃令军中:“其不反者安坐。”辽将亲兵数十人中陈而立,有顷,皆定,即得首谋者,杀之。

辽在长社,于禁屯颍阴,乐进屯阳翟,三将任气[2],多共不协。操使司空主簿赵俨并参三军,每事训谕[3],遂相亲睦。

初,前将军马腾与镇西将军韩遂结为异姓兄弟,后以部曲相侵,更为仇敌。朝廷使司隶校尉钟繇、凉州刺史韦端和解之。征腾入屯槐里。曹操将征荆州,使张既说腾,令释部曲还朝,腾许之。已而更犹豫,既恐其为变,乃移诸县促储偫,二千石郊迎,腾不得已,发东。操表腾为卫尉,以其子超为偏将军,统其众,悉徙其家属诣邺。

秋,七月,曹操南击刘表。

八月,丁未,以光禄勋山阳郗虑为御史大夫。

壬子,太中大夫孔融弃市。融恃其才望,数戏侮曹操,发辞偏宕,多致乖忤。操以融名重天下,外相容忍而内甚嫌之。融又上书,“宜准古王畿之制[4],千里寰内不以封建诸侯”。操疑融所论建渐广,益惮之。融与郗虑有隙,虑承操风旨[5],构成其罪,令丞相军谋祭酒路粹奏:“融昔在北海,见王室不静,而招合徒众,欲规不轨。及与孙权使语,谤讪朝廷。又,前与白衣祢衡跌荡放言[6],更相赞扬。衡谓融曰‘仲尼不死’,融答‘颜回复生’,大逆不道,宜极重诛。”操遂收融,并其妻子皆杀之。

初,京兆脂习与融善,每戒融刚直太过,必罹世患。及融死,许下莫敢收者,习往抚尸曰:“文举舍我死[7],吾何用生为!”操收习,欲杀之,既而赦之。

初,刘表二子,琦、琮。表为琮娶其后妻蔡氏之侄,蔡氏遂爱琮而恶琦。表妻弟蔡瑁、外甥张允并得幸于表,日相与毁琦而誉琮。琦不自宁,与诸葛亮谋自安之术,亮不对。后乃共升高楼,因令去梯。谓亮曰:“今日上不至天,下不至地,言出子口,而入吾耳,可以言未?"亮曰:"君不见申生在内而危[8],重耳居外而安乎[9]?"琦意感悟,阴规出计。会黄祖死,琦求代其任,表乃以琦为江夏太守。表病甚,琦归省疾。瑁、允恐其见表而父子相感,更有托后之意,乃谓琦曰:"将军命君抚临江夏,其任至重;今释众擅来,必见谴怒。伤亲之欢,重增其疾,非孝敬之道也。"遂遏于户外,使不得见,琦流涕而去。表卒,瑁、允等遂以琮为嗣。琮以侯印授琦,琦怒,投之地,将因奔丧作难。会曹操军至,琦奔江南。

【注释】

①风痹:湿病。 ②任气:纵任意气。 ③训:解释。 ④王畿:古代指直属于天子的地域。 ⑤风(fěng 讽):通"讽",劝告。 ⑥白衣:跟官府趋走的贱人。 ⑦文举:孔融字。 ⑧申生:晋献公的太子,被骊姬谗毁,自杀。 ⑨重耳:申生的弟弟,害怕骊姬的谗毁,逃出晋国。后来回到晋国,是为文公,遂成霸主。

章陵太守蒯越及东曹掾傅巽等劝刘琮降操,曰:"逆顺有大体,强弱有定势。以人臣而拒人主,逆道也;以新造之楚而御中国,必危也;以刘备而敌曹公,不当也[1]。三者皆短,将何以待敌?且将军自料何如刘备?若备不足御曹公,则虽全楚不能以自存也;若足御曹公,则备不为将军下也。"琮从之。九月,操至新野,琮遂举州降,以节迎操。诸将皆疑其诈,娄珪曰:"天下扰扰,各贪王命以自重,今以节来,是必至诚。"操遂进兵。

时刘备屯樊[2],琮不敢告备。备久之乃觉,遣所亲问琮,琮令官属宋忠诣备宣旨。时曹操已在宛,备乃大惊骇,谓忠曰:"卿诸人作事如此,不早相语,今祸至方告我,不亦太剧乎!"引刀向忠曰:"今断卿头,不足以解忿,亦耻丈夫临别复杀卿辈!"遣忠去。乃呼部曲共议,或劝备攻琮,荆州可得。备曰:"刘荆州临亡托我以孤遗,背信自济,吾所不为,死何面目以见刘荆州乎!"备将其众去,过襄阳,驻马呼琮;琮惧,不能起。琮左右及荆州人多归备。备过辞表墓,涕泣而去。比到当阳,众十余万人,辎重数千两,日行十余里,别遣关羽乘船数百艘,使会江陵。或谓备曰:"宜速行保江陵,今虽拥大众,被甲者少,若曹公兵至,何以拒之!"备曰:

"夫济大事必以人为本。今人归吾,吾何忍弃去!"

习凿齿论曰:刘玄德虽颠沛险难而信义愈明,势逼事危而言不失道。追景升之顾,则情感三军;恋赴义之士,则甘与同败。终济大业,不亦宜乎!

刘琮将王威说琮曰:"曹操闻将军既降,刘备已走,必懈弛无备,轻行单进。若给威奇兵数千③,徼之于险,操可获也。获操,即威震四海,非徒保守今日而已。"琮不纳。

操以江陵有军实,恐刘备据之,乃释辎重,轻军到襄阳。闻备已过,操将精骑五千急追之,一日一夜行三百余里,及于当阳之长坂④。备弃妻子,与诸葛亮、张飞、赵云等数十骑走,操大获其人众辎重。

徐庶母为操所获,庶辞备,指其心曰:"本欲与将军共图王霸之业者,以此方寸之地也。今已失老母,方寸乱矣,无益于事,请从此别。"遂诣操。

张飞将二十骑拒后,飞据水断桥,瞋目横矛曰:"身是张益德也,可来共决死!"操兵无敢近者。

或谓备:"赵云已北走。"备以手戟擿之曰:"子龙不弃我走也。"顷之,云身抱备子禅,与关羽船会,得济沔,遇刘琦众万余人,与俱到夏口。

曹操进军江陵,以刘琮为青州刺史,封列侯,并蒯越等,侯者凡十五人。释韩嵩之囚,待以交友之礼。使条品州人优劣,皆擢而用之。以嵩为大鸿胪,蒯越为光禄勋,刘先为尚书,邓羲为侍中。

【注释】

①不当:不敌。 ②樊:城名。与襄阳是双子城,中间隔一条汉水。③奇兵:出奇制胜的军队。 ④当阳:在今湖北当阳市。长坂:在当阳市北。

荆州大将南阳文聘别屯在外,琮之降也,呼聘,欲与俱。聘曰:"聘不能全州,当待罪而已!"操济汉,聘乃诣操。操曰:"来何迟邪?"聘曰:"先日不能辅弼刘荆州以奉国家;荆州虽没,常愿据守汉川，保全土境。生不负于孤弱，死无愧于地下，而计不在己，以至于此，实怀悲惭，无颜早见耳！”遂歔欷流涕。操为之怆然，字谓之曰：“仲业，卿真忠臣也。”厚礼待之，使统本兵，为江夏太守。

初，袁绍在冀州，遣使迎汝南士大夫。西平和洽，以为冀州土平民强，英杰所利，不如荆州土险民弱，易依倚也，遂从刘表。表以上客待之。洽曰：“所以不从本初，辟争地也。昏世之主，不可黩近，久而不去，谗慝将兴。”遂南之武陵。表辟南阳刘望之为从事，而其友二人皆以谗毁为表所诛，望之又以正谏不合，投传告归[①]。望之弟廙谓望之曰：“赵杀鸣犊，仲尼回轮[②]。今兄既不能法柳下惠和光同尘于内，则宜模范蠡迁化于外，坐而自绝于时，殆不可也。”望之不从，寻复见害，廙奔扬州。南阳韩暨避袁术之命，徙居山都山[③]。刘表又辟之，遂遁居孱陵。表深恨之，暨惧，应命，除宜城长。河东裴潜亦为表所礼重，潜私谓王畅之子粲及河内司马芝曰：“刘牧非霸王之才，乃欲西伯自处[④]，其败无日矣！”遂南适长沙。于是操以暨为丞相士曹属，潜参丞相军事，洽、廙、粲皆为掾属[⑤]，芝为菅令，从人望也。

冬，十月，癸未朔，日有食之。

初，鲁肃闻刘表卒，言于孙权曰：“荆州与国邻接，江山险固，沃野万里，士民殷富，若据而有之，此帝王之资也。今刘表新亡，二子不协，军中诸将，各有彼此。刘备天下枭雄，与操有隙，寄寓于表，表恶其能而不能用也。若备与彼协心，上下齐同，则宜抚安，与结盟好；如有离违，宜别图之，以济大事。肃请得奉命吊表二子，并慰劳其军中用事者，及说备使抚表众，同心一意，共治曹操，备必喜而从命。如其克谐，天下可定也。今不速往，恐为操所先。”权即遣肃行。

到夏口，闻操已向荆州，晨夜兼道，比至南郡，而琮已降，备南走，肃径迎之，与备会于当阳长坂。肃宣权旨，论天下事势，致殷勤之意。且问备曰：“豫州今欲何至？”备曰：“与苍梧太守吴巨有旧，欲往投之。”肃曰：“孙讨虏聪明仁惠，敬贤礼士，江表英豪，咸归附之，已据有六郡，兵精粮多，足以立事。今为君计，莫若遣腹心自结于东，以共济世业。而欲投吴巨，巨是凡人，偏在远郡，行将为人所并，岂足托乎！”备甚悦。肃又谓诸葛亮曰：“我，子瑜友也。”即共定交。子瑜者，亮兄瑾也，避乱江东，为孙权长史。备用肃计，进住鄂县之樊口。

岳阳鲁肃墓

【注释】

①投传（zhuàn 赚）：弃官而去。传，符信。 ②赵杀鸣犊，仲尼回轮：据《史记》载，孔子准备去见赵简子，走到黄河边时，听说赵简子杀了窦鸣犊和舜华，孔子说，这是上天安排我不渡河呀！弟子子贡问为什么，孔子说，赵简子就是靠窦、舜两人起家的，现在却行不义，把他们杀了。连鸟兽都知道躲开不义，何况我孔丘呢？于是中途返回。 ③山都山：在今湖北襄阳市东北。 ④西伯：周文王。 ⑤掾属：胡注，汉公府并有掾、属，东西曹掾比（相当于）四百石，余曹比三百石，其属比二百石。三公为天子之股肱（得力助手），掾、属则三公之咽喉，魏、晋置，多者或数十人。

曹操自江陵将顺江东下。诸葛亮谓刘备曰：“事急矣，请奉命求救于孙将军。”遂与鲁肃俱诣孙权。亮见权于柴桑[①]，说权曰：“海内大乱，将军起兵江东，刘豫州收众汉南，与曹操并争天下。今操芟夷大难[②]，略已平矣，遂破荆州，威震四海。英雄无用武之地，故豫州遁逃至此，愿将军量力而处之！若能以吴、越之众与中国抗衡，不如早与之绝；若不能，何不按兵束甲，北面而事之！今将军外托服从之名而内怀犹豫之计，事急而不断，祸至无日矣。”权曰：“苟如君言，刘豫州何不遂事之乎？”亮曰：“田横，齐之壮士耳，犹守义不辱[③]；况刘豫州王室之胄，英才盖世，众士慕仰，若水之归海。若事之不济，此乃天也，安能复为之下乎！”权勃然曰：

"吾不能举全吴之地，十万之众，受制于人。吾计决矣！非刘豫州莫可以当曹操者；然豫州新败之后，安能抗此难乎？"亮曰："豫州军虽败于长坂，今战士还者及关羽水军精甲万人，刘琦合江夏战士亦不下万人。曹操之众，远来疲敝，闻追豫州，轻骑一日一夜行三百余里，此所谓'强弩之末势不能穿鲁缟'者也。故《兵法》忌之[4]，曰'必蹶上将军'[5]。且北方之人，不习水战；又，荆州之民附操者，逼兵势耳，非心服也。今将军诚能命猛将统兵数万，与豫州协规同力，破操军必矣。操军破，必北还；如此，则荆、吴之势强，鼎足之形成矣。成败之机，在于今日！"权大悦，与其群下谋之。

是时，曹操遗权书曰："近者奉辞伐罪，旄麾南指，刘琮束手。今治水军八十万众，方与将军会猎于吴。"权以示臣下，莫不响震失色。长史张昭等曰："曹公，豺虎也，挟天子以征四方，动以朝廷为辞；今日拒之，事更不顺。且将军大势可以拒操者，长江也；今操得荆州，奄有其地[6]，刘表治水军，蒙冲斗舰乃以千数，操悉浮以沿江，兼有步兵，水陆俱下，此为长江之险已与我共之矣，而势力众寡又不可论。愚谓大计不如迎之。"鲁肃独不言。权起更衣[7]，肃追于宇下。权知其意，执肃手曰："卿欲何言？"肃曰："向察众人之议，专欲误将军，不足与图大事。今肃可迎操耳，如将军不可也。何以言之？今肃迎操，操当以肃还付乡党[8]，品其名位，犹不失下曹从事[9]，乘犊车，从吏卒，交游士林，累官故不失州郡也。将军迎操，欲安所归乎？愿早定大计，莫用众人之议也！"权叹息曰："诸人持议，甚失孤望。今卿廓开大计[10]，正与孤同。"

【注释】

①柴桑：县名。在今江西九江市。　②芟（shān 山）夷：削除。③守义不辱：事见十一卷汉高祖五年（前 202）。　④《兵法》：即《孙子兵法》。　⑤蹶（jué 决）：失败，挫折。　⑥奄（yǎn 掩）：覆盖，包括。⑦更衣：古时大小便的婉词。　⑧乡党：乡里。　⑨下曹从事：诸曹从事之最下者。　⑩廓开：阐明。

时周瑜受使至番阳，肃劝权召瑜还。瑜至，谓权曰："操虽托名汉相，其实汉贼也。将军以神武雄才，兼仗父兄之烈，割据江东,地方数千里,兵精足用,英雄乐业,当横行天下,为汉家除残去秽;况操自送死,而可迎之邪!请为将军筹之:今北土未平,马超、韩遂尚在关西,为操后患;而操舍鞍马,杖舟楫,与吴、越争衡;今又盛寒,马无藁草;驱中国士众远涉江湖之间,不习水土,必生疾病。此数者用兵之患也,而操皆冒行之,将军禽操,宜在今日。瑜请得精兵数万人,进住夏口,保为将军破之!"权曰:"老贼欲废汉自立久矣,徒忌二袁、吕布、刘表与孤耳;今数雄已灭,惟孤尚存。孤与老贼势不两立,君言当击,甚与孤合,此天以君授孤也。"因拔刀斫前奏案曰:"诸将吏敢复有言当迎操者,与此案同!"乃罢会。

是夜,瑜复见权曰:"诸人徒见操书言水步八十万而各恐慑,不复料其虚实[①],便开此议,甚无谓也。今以实校之,彼所将中国人不过十五六万,且已久疲;所得表众亦极七八万耳,尚怀狐疑。夫以疲病之卒御狐疑之众,众数虽多,甚未足畏。瑜得精兵五万,自足制之,愿将军勿虑!"权抚其背曰:"公瑾,卿言至此,甚合孤心。子布、元表诸人[②],各顾妻子,挟持私虑,深失所望;独卿与子敬与孤同耳[③],此天以卿二人赞孤也。五万兵难卒合,已选三万人,船粮战具俱办。卿与子敬、程公便在前发[④],孤当续发人众,多载资粮,为卿后援。卿能办之者诚决,邂逅不如意,便还就孤,孤当与孟德决之。"遂以周瑜、程普为左右督,将兵与备并力逆操;以鲁肃为赞军校尉,助画方略。

刘备在樊口,日遣逻吏于水次候望权军。吏望见瑜船,驰往白备,备遣人慰劳之。瑜曰:"有军任,不可得委署;傥能屈威,诚副其所望。"备乃乘单舸往见瑜曰:"今拒曹公,深为得计。战卒有几?"瑜曰:"三万人。"备曰:"恨少。"瑜曰:"此自足用,豫州但观瑜破之。"备欲呼鲁肃等共会语,瑜曰:"受命不得妄委署;若欲见子敬,可别过之。"备深愧喜。

进,与操遇于赤壁[⑤]。

时操军众,已有疾疫。初一交战,操军不利,引次江北。瑜等在南岸,瑜部将黄盖曰:"今寇众我寡,难与持久。操军方连船舰,首尾相接,可烧而走也。"乃取蒙冲斗舰十艘,载燥荻[⑥]、枯柴,灌油其中,裹以帷幕,上建旌旗,豫备走舸,系于其尾。先以书遗操,诈云欲降。时东南风急，盖以十舰最著前，中江举帆，余船以次俱进。操军吏士皆出营立观，指言盖降。去北军二里余，同时发火，火烈风猛，船往如箭，烧尽北船，延及岸上营落。顷之，烟炎张天，人马烧溺死者甚众。瑜等率轻锐继其后，雷鼓大震，北军大坏。操引军从华容道步走，遇泥泞，道不通，天又大风，悉使羸兵负草填之，骑乃得过。羸兵为人马所蹈藉，陷泥中，死者甚众。刘备、周瑜水陆并进，追操至南郡。时操军兼以饥疫，死者太半。操乃留征南将军曹仁、横野将军徐晃守江陵，折冲将军乐进守襄阳，引军北还。

【注释】

①料：计数，核计。　②元表：胡注："秦松，字文表。元，恐当作'文'。"　③子敬：鲁肃字。　④程公：程普。　⑤赤壁：在今湖北赤壁市西北的长江南岸。　⑥荻（dí 敌）：植物名。多年生草本。

周瑜、程普将数万众，与曹仁隔江未战。甘宁请先径进取夷陵，往，即得其城，因入守之。益州将袭肃举军降，周瑜表以肃兵益横野中郎将吕蒙。蒙盛称"肃有胆用，且慕化远来，于义宜益，不宜夺也"。权善其言，还肃兵。曹仁遣兵围甘宁，宁困急，求救于周瑜，诸将以为兵少不足分，吕蒙谓周瑜、程普曰："留凌公绩于江陵，蒙与君行，解围释急，势亦不久。蒙保公绩能十日守也。"瑜从之，大破仁兵于夷陵，获马三百匹而还。于是将士形势自倍，瑜乃渡江，屯北岸，与仁相拒。十二月，孙权自将围合肥，使张昭攻九江之当涂①，不克。

刘备表刘琦为荆州刺史，引兵南徇四郡，武陵太守金旋，长沙太守韩玄、桂阳太守赵范、零陵太守刘度皆降。庐江营帅雷绪率部曲数万口归备。备以诸葛亮为军师中郎将，使督零陵、桂阳、长沙三郡，调其赋税以充军实；以偏将军赵云领桂阳太守。

益州牧刘璋闻曹操克荆州，遣别驾张松致敬于操。松为人短小放荡，然识达精果。操时已定荆州，走刘备，不复存录松。主簿杨修白操辟松，操不纳；松以此怨，归，劝刘璋绝操，与刘备相结，璋从之。

习凿齿论曰：昔齐桓一矜其功而叛者九国；曹操暂自骄伐而天下三分。皆勤之于数十年之内而弃之于俯仰之顷，岂不惜乎！

曹操追念田畴功，恨前听其让，曰："是成一人之志而亏王法大制也。"乃复以前爵封畴。畴上疏陈诚，以死自誓。操不听，欲引拜之，至于数四，终不受。有司劾畴："狷介违道[2]，苟立小节，宜免官加刑。"操下世子及大臣博议。世子丕以"畴同于子文辞禄[3]，申胥逃赏[4]，宜勿夺以优其节"。尚书荀彧、司隶校尉钟繇，亦以为可听，操犹欲侯之，畴素与夏侯惇善，操使惇自以其情喻之。惇就畴宿而劝之，畴揣知其指，不复发言。惇临去，固邀畴，畴曰："畴，负义逃窜之人耳[5]；蒙恩全活，为幸多矣，岂可卖卢龙之塞以易赏禄哉！纵国私畴，畴独不愧于心乎！将军雅知畴者，犹复如此，若必不得已，请愿效死，刎首于前。"言未卒，涕泣横流，惇具以答操，操喟然，知不可屈，乃拜为议郎。

操幼子仓舒卒，操伤惜之甚。司空掾邴原女早亡，操欲求与仓舒合葬，原辞曰："嫁殇，非礼也。原之所以自容于明公，公之所以待原者，以能守训典而不易也。若听明公之命，则是凡庸也，明公焉以为哉！"操乃止。

孙权使威武中郎将贺齐讨丹阳黟、歙贼。黟帅陈仆、祖山等二万户屯林历山，四面壁立，不可得攻，军住经月。齐阴募轻捷士，于隐险处，夜以铁戈拓山潜上，县布以援下人。得上者百余人，令分布四面，鸣鼓角；贼大惊，守路者皆逆走，还依众，大军因是得上，大破之。权乃分其地为新都郡，以齐为太守。

【注释】

①当涂：县名。在今安徽怀远县。 ②狷介：洁身自好，不同流合污。 ③子文辞禄：据《国语》载，楚成王每次要给令尹（宰相）子文俸禄，子文一定逃走，等到成王收回俸禄，子文又回来。 ④申胥逃赏：据《左传》载，吴破楚，楚国的申包胥到秦国求援军，绝食七天，日夜痛哭，终于感动了秦王，出兵拯救了楚国。后来楚昭王要奖赏申包胥，申包胥逃走。 ⑤逃窜之人：指不能为刘虞报仇，自窜入徐无山。

资治通鉴卷第六十六

汉纪五十八　起屠维赤奋若，尽昭阳大荒落，凡五年。

孝献皇帝辛

建安十四年　春，三月，曹操军至谯。

孙权围合肥，久不下。权率轻骑欲身往突敌，长史张纮谏曰："夫兵者凶器，战者危事也。今麾下恃盛壮之气，忽强暴之虏，三军之众，莫不寒心。虽斩将搴旗，威震敌场，此乃偏将之任，非主将之宜也。愿抑贲、育之勇，怀霸王之计。"权乃止。

曹操遣将军张喜将兵解围，久而未至。扬州别驾楚国蒋济密白刺史，伪得喜书，云步骑四万已到雩娄[①]，遣主簿迎喜。三部使赍书语城中守将，一部得入城，二部为权兵所得。权信之，遽烧围走。

秋，七月，曹操引水军自涡入淮，出肥水，军合肥，开芍陂屯田。

冬，十月，荆州地震。

十二月，操军还谯。

庐江人陈兰、梅成据灊、六叛[②]，操遣荡寇将军张辽讨斩之；因使辽与乐进、李典等将七千余人屯合肥。

周瑜攻曹仁岁余，所杀伤甚众，仁委城走。权以瑜领南郡太守，屯据江陵；程普领江夏太守，治沙羡[③]；吕范领彭泽太守；吕蒙领寻阳令。刘备表权行车骑将军，领徐州牧。会刘琦卒，权以备领荆州牧,周瑜分南岸地以给备。备立营于油口,改名公安。

权以妹妻备。妹才捷刚猛,有诸兄风,侍婢百余人,皆执刀侍立,备每入,心常凛凛。

曹操密遣九江蒋干往说周瑜。干以才辨独步于江、淮之间,乃布衣葛巾,自托私行诣瑜。瑜出迎之,立谓干曰:“子翼良苦,远涉江湖,为曹氏作说客邪!”因延干,与周观营中,行视仓库、军资、器仗讫,还饮宴,示之侍者服饰珍玩之物。因谓干曰:“丈夫处世,遇知己之主,外托君臣之义,内结骨肉之恩,言行计从,祸福共之,假使苏、张更生,能移其意乎!”干但笑,终无所言。还白操,称瑜雅量高致,非言辞所能间也。

丞相掾和洽言于曹操曰:“天下之人,材德各殊,不可以一节取也。俭素过中,自以处身则可,以此格物,所失或多。今朝廷之议,吏有着新衣、乘好车者,谓之不清;形容不饰、衣裘敝坏者,谓之廉洁。至令士大夫故污辱其衣,藏其舆服;朝府大吏,或自挈壶飧以入官寺。夫立教观俗,贵处中庸,为可继也。今崇一概难堪之行以检殊涂,勉而为之,必有疲瘁。古之大教,务在通人情而已;凡激诡之行,则容隐伪矣。”操善之。

【注释】

①雩(yú 愚)娄:在今河南固始县。 ②灊(qián 潜):在今安徽霍山县。六:在今安徽六安市。 ③沙羡:在今湖北武汉市江夏区金口街。

十五年 春,下令曰:“孟公绰为赵、魏老则优[①],不可以为滕、薛大夫。若必廉士而后可用,则齐桓其何以霸世!二三子其佐我明扬仄陋[②],唯才是举,吾得而用之!”

二月,乙巳朔,日有食之。

冬,曹操作铜爵台于邺。

十二月,己亥[③],操下令曰:“孤始举孝廉,自以本非岩穴知名之士[④],恐为世人之所凡愚,欲好作政教以立名誉,故在济南,除残去秽,平心选举。以是为强豪所忿,恐致家祸,故以病还乡里。时年纪尚少,乃于谯东五十里筑精舍[⑤],欲秋夏读书,冬春射猎,为二十年规,待天下清乃出仕耳。然不能得如意,征为典军校尉,意遂更欲为国家讨贼立功，使题墓道言‘汉故征西将军曹侯之墓’，此其志也。而遭值董卓之难，兴举义兵[6]。后领兖州，破降黄巾三十万众；又讨击袁术，使穷沮而死；摧破袁绍，枭其二子；复定刘表，遂平天下。身为宰相，人臣之贵已极，意望已过矣。设使国家无有孤，不知当几人称帝，几人称王。或者人见孤强盛，又性不信天命，恐妄相忖度，言有不逊之志，每用耿耿[7]，故为诸君陈道此言，皆肝鬲之要也。然欲孤便尔委捐所典兵众以还执事，归就武平侯国，实不可也。何者？诚恐己离兵为人所祸，既为子孙计，又己败则国家倾危，是以不得慕虚名而处实祸也！然兼封四县，食户三万，何德堪之！江湖未静[8]，不可让位；至于邑土，可得而辞。今上还阳夏、柘、苦三县，户二万，但食武平万户，且以分损谤议，少减孤之责也！”

刘表故吏士多归刘备，备以周瑜所给地少，不足以容其众，乃自诣京见孙权[9]，求都督荆州。瑜上疏于权曰：“刘备以枭雄之姿[10]，而有关羽、张飞熊虎之将，必非久屈为人用者。愚谓大计，宜徙备置吴，盛为筑宫室，多其美女玩好，以娱其耳目；分此二人各置一方，使如瑜者得挟与攻战，大事可定也。今猥割土地以资业之[11]，聚此三人俱在疆埸[12]，恐蛟龙得云雨，终非池中物也！”吕范亦劝留之。权以曹操在北，方当广揽英雄，不从。备还公安，久乃闻之，叹曰：“天下智谋之士，所见略同。时孔明谏孤莫行，其意亦虑此也。孤方危急，不得不往，此诚险途，殆不免周瑜之手！”

周瑜诣京见权曰：“今曹操新败，忧在腹心，未能与将军连兵相事也。乞与奋威俱进，取蜀而并张鲁，因留奋威固守其地，与马超结援，瑜还与将军据襄阳以蹙操，北方可图也。”权许之。奋威者，孙坚弟子奋威将军、丹阳太守瑜也。

周瑜还江陵为行装，于道病困，与权笺曰[13]：“修短命矣，诚不足惜；但恨微志未展，不复奉教命耳。方今曹操在北，疆埸未静；刘备寄寓，有似养虎；天下之事，未知终始，此朝士旰食之秋[14]，至尊垂虑之日也。鲁肃忠烈，临事不苟，可以代瑜。傥所言可采，瑜死不朽矣！”卒于巴丘[15]。权闻之哀恸，曰：“公瑾有王佐之资，今忽短命，孤何赖哉！”自迎其丧于芜湖。瑜有一女、二男，权为长子登娶其女；以其男循为骑都尉，妻以女；胤为兴业都尉，妻以宗女。

【注释】

①老：家臣之长。 ②仄(zè 昃)：狭窄。 ③己亥：此日疑误。 ④岩穴之士：隐士。 ⑤精舍：书斋，学舍。 ⑥兴举义兵：事见卷第五十九初平元年(190)。 ⑦耿耿：形容心中不能安宁。 ⑧洪湖未静：胡注："谓孙、刘也。"因孙权、刘备仍占据着长江以南的水乡，故以"江湖"代称。 ⑨京：京口城，在今江苏镇江市。 ⑩姿：通"资"，资质。 ⑪猥：众，多。 ⑫埸(yì 易)：疆界。 ⑬笺：文体名。奏记。奏笺多用于上皇后、太子、诸王。 ⑭旰(gàn 干)：晚。此指因心忧事繁延迟到晚上才吃饭。 ⑮巴丘：在今湖南岳阳市。

初，瑜见友于孙策，太夫人又使权以兄奉之。是时权位为将军，诸将、宾客为礼尚简，而瑜独先尽敬，便执臣节。程普颇以年长，数陵侮瑜，瑜折节下之，终不与校。普后自敬服而亲重之，乃告人曰："与周公瑾交，若饮醇醪[1]，不觉自醉。"

权以鲁肃为奋武校尉，代瑜领兵，令程普领南郡太守。鲁肃劝权以荆州借刘备，与共拒曹操，权从之。乃分豫章为番阳郡[2]，分长沙为汉昌郡[3]；复以程普领江夏太守，鲁肃为汉昌太守，屯陆口。

初，权谓吕蒙曰："卿今当途掌事，不可不学！"蒙辞以军中多务。权曰："孤岂欲卿治经为博士邪！但当涉猎，见往事耳。卿言多务，孰若孤？孤常读书，自以为大有所益。"蒙乃始就学。及鲁肃过寻阳，与蒙论议，大惊曰："卿今者才略，非复吴下阿蒙！"蒙曰："士别三日，即更刮目相待，大兄何见事之晚乎！"肃遂拜蒙母，结友而别。

刘备以从事庞统守耒阳令[4]，在县不治，免官。鲁肃遗备书曰："庞士元非百里才也，使处治中、别驾之任，始当展其骥足耳！"诸葛亮亦言之。备见统，与善谭[5]，大器之，遂用统为治中，亲待亚于诸葛亮，与亮并为军师中郎将。

初，苍梧士燮为交趾太守。交州刺史朱符为夷贼所杀，州郡扰乱，燮表其弟壹领合浦太守，䵋领九真太守，武领南海太守。燮体器宽厚,中国士人多往依之。雄长一州,偏在万里,威尊无上,出入仪卫甚盛,震服百蛮。

朝廷遣南阳张津为交州刺史。津好鬼神事,常着绛帕头[⑥],鼓琴、烧香,读道书,云可以助化,为其将区景所杀。刘表遣零陵赖恭代津为刺史。是时苍梧太守史璜死,表又遣吴巨代之。朝廷赐燮玺书[⑦],以燮为绥南中郎将,董督七郡,领交趾太守如故。后巨与恭相失,巨举兵逐恭,恭走还零陵。

孙权以番阳太守临淮步骘为交州刺史,士燮率兄弟奉承节度。吴巨外附内违,骘诱而斩之,威声大震。权加燮左将军,燮遣子入质。由是岭南始服属于权[⑧]。

【注释】

①醇醪(láo 劳):味道浓厚的美酒。 ②番阳郡:郡名。治所在今江西鄱阳县。 ③汉昌郡:郡名。治所在今湖南平江县。 ④耒阳:县名。在今湖南耒阳市。 ⑤善谭:胡注:"善谭(即谈)者,剧论(激切地议论)当时事也。" ⑥绛:大红色。 ⑦玺书:诏书。 ⑧岭南:五岭山脉以南。

十六年 春,正月,以曹操世子丕为五官中郎将,置官属,为丞相副。

三月,操遣司隶校尉钟繇讨张鲁,使征西护军夏侯渊等将兵出河东,与繇会。仓曹属高柔谏曰[①]:"大兵西出,韩遂,马超疑为袭已,必相扇动。宜先招集三辅[②],三辅苟平,汉中可传檄而定也。"操不从。

关中诸将果疑之,马超、韩遂、侯选、程银、杨秋、李堪、张横、梁兴、成宜、马玩等十部皆反,其众十万,屯据潼关[③];操遣安西将军曹仁督诸将拒之,敕令坚壁勿与战。命五官将丕留守邺,以奋武将军程昱参丕军事,门下督广陵徐宣为左护军,留统诸军,乐安国渊为居府长史,统留事。秋,七月,操自将击超等。议者多言:"关西兵习长矛,非精选前锋,不可当也。"操曰:"战在我,非在贼也。贼虽习长矛,将使不得以刺,诸君但观之。"

八月,操至潼关,与超等夹关而军。操急持之,而潜遣徐晃、朱灵以步骑四千人渡蒲阪津，据河西为营，闰月，操自潼关北渡河。兵众先渡，操独与虎士百余人留南岸断后。马超将步骑万余人攻之，矢下如雨，操犹据胡床不动[④]。许褚扶操上船，船工中流矢死，褚左手举马鞍以蔽操，右手刺船。校尉丁斐，放牛马以饵贼，贼乱，取牛马，操乃得渡；遂自蒲阪渡西河[⑤]，循河为甬道而南。超等退拒渭口[⑥]，操乃多设疑兵，潜以舟载兵入渭，为浮桥，夜，分兵结营于渭南。

钟繇像

超等夜攻营，伏兵击破之。超等屯渭南，遣使求割河以西请和，操不许。九月，操进军，悉渡渭。超等数挑战，又不许；固请割地，求送任子，贾诩以为可伪许之。操复问计策，诩曰："离之而已。"操曰："解！[⑦]"

韩遂请与操相见，操与遂有旧，于是交马语移时，不及军事，但说京都旧故，拊手欢笑。时秦、胡观者，前后重沓，操笑谓之曰："尔欲观曹公邪？亦犹人也，非有四目两口，但多智耳！"既罢，超等问遂："公何言？"遂曰："无所言也。"超等疑之。他日[⑧]，操又与遂书，多所点窜，如遂改定者；超等愈疑遂。操乃与克日会战[⑨]，先以轻兵挑之，战良久，乃纵虎骑夹击，大破之，斩成宜、李堪等。遂、超奔凉州，杨秋奔安定。

诸将问操曰："初，贼守潼关，渭北道缺[⑩]，不从河东击冯翊而反守潼关，引日而后北渡，何也？"操曰："贼守潼关，若吾入河东，贼必引守诸津，则西河未可渡，吾故盛兵向潼关；贼悉众南守，西河之备虚，故二将得擅取西河；然后引军北渡，贼不能与吾争西河者，以二将之军也。连车树栅，为甬道而南，既为不可胜，且以示弱。渡渭为坚垒,虏至不出,所以骄之也;故贼不为营垒而求割地。吾顺言许之,所以从其意,使自安而不为备,因畜士卒之力,一旦击之,所谓疾雷不及掩耳。兵之变化,固非一道也。"

始,关中诸将每一部到,操辄有喜色。诸将问其故,操曰:"关中长远,若贼各依险阻,征之,不一二年不可定也。今皆来集,其众虽多,莫相归服,军无适主,一举可灭,为功差易,吾是以喜。"

【注释】

①仓曹属:公府仓曹,主(掌管)仓谷事;有椽,有属。 ②招集:犹招抚。 ③潼关:关塞名。在今陕西潼关县。 ④胡床:亦作"交床""交椅""绳床"。一种可以折叠的轻便坐具。 ⑤蒲阪:古渡名。在今山西永济市西黄河渡口。 ⑥渭口:渭水流入黄河的出口,东面即潼关。⑦解:晓,明白。 ⑧他日:以后,过几天。 ⑨克日:约定或限定日期。⑩道缺:指防守薄弱。

冬,十月,操自长安北征杨秋,围安定[①]。秋降,复其爵位,使留抚其民。

十二月,操自安定还,留夏侯渊屯长安。以议郎张既为京兆尹。既招怀流民,兴复县邑,百姓怀之。

遂、超之叛也,弘农、冯翊县邑多应之,河东民独无异心;操与超等夹渭为军,军食一仰河东。及超等破,余畜尚二十余万斛,操乃增河东太守杜畿秩中二千石。

扶风法正为刘璋军议校尉,璋不能用,又为其州里俱侨客者所鄙,正邑邑不得志[②]。益州别驾张松与正善,自负其才,忖璋不足与有为,常窃叹息。松劝璋结刘备,璋曰:"谁可使者?"松乃举正。璋使正往,正辞谢,佯为不得已而行。还,为松说备有雄略,密谋奉戴以为州主。

会曹操遣钟繇向汉中,璋闻之,内怀恐惧。松因说璋曰:"曹公兵无敌于天下,若因张鲁之资以取蜀土,谁能御之!刘豫州,使君之宗室而曹公之深仇也,善用兵;若使之讨鲁,鲁必破矣。鲁破,则益州强,曹公虽来,无能为也!今州诸将庞羲、李异等,皆恃功骄豪,欲有外意。不得豫州,则敌攻其外,民攻其内,必败之道也!”璋然之,遣法正将四千人迎备。主簿巴西黄权谏曰:“刘左将军有骁名,今请到,欲以部曲遇之,则不满其心;欲以宾客礼待,则一国不容二君;若客有泰山之安,则主有累卵之危。不若闭境以待时清。”璋不听,出权为广汉长。从事广汉王累,自倒悬于州门以谏,璋一无所纳。

法正至荆州,阴献策于刘备曰:“以明将军之英才,乘刘牧之之懦弱;张松,州之股肱[3],响应于内;以取益州,犹反掌也。”备疑未决。庞统言于备曰:“荆州荒残,人物殚尽,东有孙车骑,北有曹操,难以得志。今益州户口百万,土沃财富,诚得以为资,大业可成也!”备曰:“今指与吾为水火者,曹操也。操以急,吾以宽;操以暴,吾以仁;操以谲[4],吾以忠;每与操反,事乃可成耳。今以小利而失信义于天下,奈何?”统曰:“乱离之时,固非一道所能定也。且兼弱攻昧,逆取顺守,古人所贵。若事定之后,封以大国,何负于信!今日不取,终为人利耳。”备以为然。乃留诸葛亮、关羽等守荆州,以赵云领留营司马,备将步卒数万人入益州。

孙权闻备西上,遣舟船迎妹;而夫人欲将备子禅还吴,张飞、赵云勒兵截江,乃得禅还。

赵云塑像

刘璋敕在所供奉备,备入境如归,前后赠遗以巨亿计。备至巴郡,巴郡太守严颜拊心叹曰:“此所谓‘独坐穷山,放虎自卫’者也。”备自江州北由垫江水诣涪[5]。璋率步骑三万余人,车乘帐幔,精光耀日,往会之。张松令法正白备,便于会袭璋。备曰:“此事不可仓卒!”庞统曰:“今因会执之,则将军无用兵之劳而坐定一州也。”备曰："初入他国，恩信未著，此不可也。"璋推备行大司马，领司隶校尉；备亦推璋行镇西大将军，领益州牧。所将吏士，更相之适，欢饮百余日。璋增备兵，厚加资给，使击张鲁，又令督白水军。备并军三万余人，车甲、器械、资货甚盛。璋还成都，备北到葭萌[6]，未即讨鲁，厚树恩德以收众心。

【注释】

①安定：在今甘肃镇原县。 ②邑邑：忧郁不乐的样子。 ③股肱：比喻帝王左右辅助得力的臣子。 ④谲：诡诈。 ⑤江州：在今重庆市。垫江：县名。在今重庆垫江县。涪：县名。在今四川绵阳市。 ⑥葭萌：在今四川广元市。

十七年 春，正月，曹操还邺。诏操赞拜不名，入朝不趋，剑履上殿，如萧何故事。

操之西征也，河间民田银、苏伯反，扇动幽、冀。五官将丕欲自讨之，功曹常林曰："北方吏民，乐安厌乱，服化已久，守善者多；银、伯犬羊相聚，不能为害。方今大军在远，外有强敌，将军为天下之镇，轻动远举，虽克不武。"乃遣将军贾信讨之，应时克灭[1]。余贼千余人请降，议者皆曰："公有旧法，围而后降者不赦。"程昱曰："此乃扰攘之际，权时之宜[2]。今天下略定，不可诛之；纵诛之，宜先启闻。"议者皆曰："军事有专无请。"昱曰："凡专命者，谓有临时之急耳。今此贼制在贾信之手，故老臣不愿将军行之也。"丕曰："善。"即白操，操果不诛。既而闻昱之谋，甚悦，曰："君非徒明于军计，又善处人父子之间。"

故事：破贼文书，以一为十；国渊上首级，皆如其实数，操问其故，渊曰："夫征讨外寇，多其斩获之数者，欲以大武功，耸民听也。河间在封域之内，银等叛逆，虽克捷有功，渊窃耻之。"操大悦。

夏，五月，癸未[3]，诛卫尉马腾，夷三族。

六月，庚寅晦，日有食之。

秋，七月，螟。

马超等余众屯蓝田。夏侯渊击平之。

鄜贼梁兴寇略冯翊，诸县恐惧，皆寄治郡下，议者以为当移就险阻。左冯翊郑浑曰[④]："兴等破散，藏窜山谷，虽有随者，率胁从耳。今当广开降路，宣谕威信，而保险自守，此示弱也。"乃聚吏民，治城郭，为守备，募民逐贼，得其财物妇女，十以七赏。民大悦，皆愿捕贼；贼之失妻子者皆还，求降，浑责其得他妇女，然后还之。于是转相寇盗，党与离散。又遣吏民有恩信者分布山谷告谕之，出者相继；乃使诸县长吏各还本治，以安集之[⑤]。兴等惧，将余众聚鄜城，操使夏侯渊助浑讨之，遂斩兴，余党悉平。浑，泰之弟也。

九月，庚戌，立皇子熙为济阴王，懿为山阳王，邈为济北王，敦为东海王。

初，张纮以秣陵山川形胜[⑥]，劝孙权以为治所；及刘备东过秣陵，亦劝权居之。权于是作石头城，徙治秣陵，改秣陵为建业[⑦]。

吕蒙闻曹操欲东兵，说孙权夹濡须水口立坞[⑧]。诸将皆曰："上岸击贼，洗足入船，何用坞为！"蒙曰："兵有利钝，战无百胜，如有邂逅，敌步骑蹙人，不暇及水，其得入船乎？"权曰："善！"遂作濡须坞。

【注释】

①应时：随时。 ②权时：衡量时势。宜：适宜的事。权时之宜：因时制宜。 ③癸未：此日疑误。 ④左冯翊：官名，政区名。汉太初元年（前104）改左内史置。职掌相当于郡太守，辖区相当于一郡，因地属畿辅，故不称郡，为三辅之一。治所在长安（今陕西西安市西北）。辖境约当今陕西渭河以北、泾河以东洛河中、下游地区。东汉移治高陵（今陕西西安市高陵区西南）。 ⑤集：通"辑"，安定。 ⑥形胜：地理形势优越。 ⑦建业：县名。治所在今江苏南京市。 ⑧濡（rú 如）须水：源出巢湖，东南注入长江。坞（wù 误）：也叫"庳城"，修筑在村落外作为屏障的土堡。

冬，十月，曹操东击孙权。董昭言于曹操曰："自古以来，人臣匡世，未有今日之功；有今日之功，未有久处人臣之势者也。今明公耻有惭德[①]，乐保名节；然处大臣之势，使人以大事疑己，诚不可不重虑也。"乃与列侯诸将议，以丞相宜进爵国公，九锡备物[②]，以彰殊勋。荀彧以为:"曹公本兴义兵以匡朝宁国,秉忠贞之诚,守退让之实;君子爱人以德,不宜如此。"操由是不悦。及击孙权,表请彧劳军于谯,因辄留彧,以侍中、光禄大夫、持节、参丞相军事。操军向濡须,彧以疾留寿春,饮药而卒。彧行义修整而有智谋,好推贤进士,故时人皆惜之。

臣光曰:孔子之言仁也重矣,自子路、冉求、公西赤门人之高第,令尹子文、陈文子诸侯之贤大夫,皆不足以当之,而独称管仲之仁,岂非以其辅佐齐桓,大济生民乎!齐桓之行若狗彘,管仲不羞而相之,其志盖以非桓公则生民不可得而济也。汉末大乱,群生涂炭,自非高世之才不能济也[③]。然则荀彧舍魏武将谁事哉!

齐桓之时,周室虽衰,未若建安之初也。建安之初,四海荡覆,尺土一民,皆非汉有。荀彧佐魏武而兴之,举贤用能,训卒厉兵,决机发策,征伐四克,遂能以弱为强,化乱为治,十分天下而有其八,其功岂在管仲之后乎!管仲不死子纠而荀彧死汉室[④],其仁复居管仲之先矣!

而杜牧乃以为"彧之劝魏武取兖州则比之高、光,官渡不令还许则比之楚、汉,及事就功毕,乃欲邀名于汉代,譬之教盗穴墙发匮而不与同挈[⑤],得不为盗乎!"臣以为孔子称"文胜质则史",凡为史者记人之言,必有以文之。然则比魏武于高、光、楚、汉者,史氏之文也,岂皆彧口所言邪!用是贬彧,非其罪矣。且使魏武为帝,则彧为佐命元功,与萧何同赏矣;彧不利此而利于杀身以邀名,岂人情乎!

十二月,有星孛于五诸侯。

刘备在葭萌,庞统言于备曰:"今阴选精兵,昼夜兼道,径袭成都,刘璋既不武,又素无豫备,大军卒至,一举便定,此上计也。杨怀、高沛,璋之名将,各杖强兵,据守关头,闻数有笺谏璋,使发遣将军还荆州。将军遣与相闻,说荆州有急,欲还救之,并使装束,外作归形,此二子既服将军英名,又喜将军之去,计必乘轻骑来见将军,因此执之,进取其兵,乃向成都,此中计也。退还白帝,连引荆州,徐还图之,此下计也。若沈吟不去[⑥],将至大困,不可久矣。"

备然其中计。

及曹操攻孙权，权呼备自救。备贻璋书曰："孙氏与孤本为唇齿，而关羽兵弱，今不往救，则曹操必取荆州，转侵州界，其忧甚于张鲁。鲁自守之贼，不足虑也。"因求益万兵及资粮，璋但许兵四千，其余皆给半。备因激怒其众曰："吾为益州征强敌，师徒勤瘁[7]，而积财吝赏，何以使士大夫死战乎！"张松书与备及法正曰："今大事垂立，如何释此去乎！"松兄广汉太守肃，恐祸及己，因发其谋。于是璋收斩松，敕关戍诸将文书皆勿复得与备关通[8]。备大怒，召璋白水军督杨怀、高沛，责以无礼，斩之；勒兵径至关头，并其兵，进据涪城。

【注释】

①惭德：指德行上的缺陷。 ②九锡：古代帝王赐给有功大臣或有权势诸侯大臣的九种物品：车马、衣服、乐则、朱户、纳陛、虎贲、弓矢、鈇钺、秬鬯。 ③自非：要不是，如果不是。高世：超乎世俗。 ④管仲不死子纠：此句意，管仲不为子纠而死。公子纠和公子小白争夺齐国政权，公子小白获胜，成为齐桓公，公子纠死，管仲没有像公子纠的另一个辅臣召忽那样从君而死，而是接受政敌齐桓公的任命，从而辅佐齐桓公完成了九合诸侯、一匡天下的霸主大来。 ⑤挈（qiè 怯）：提。 ⑥沈（chén 沉）吟：犹豫。沈，同"沉"。 ⑦师徒：兵士。 ⑧关通：交往。

十八年 春，正月，曹操进军濡须口，号步骑四十万，攻破孙权江西营，获其都督公孙阳。权率众七万御之，相守月余。操见其舟船器仗军伍整肃，叹曰："生子当如孙仲谋；如刘景升儿子，豚犬耳！"权为笺与操。说："春水方生，公宜速去。"别纸言："足下不死，孤不得安。"操语诸将曰："孙权不欺孤。"乃撤军还。

庚寅，诏并十四州，复为九州[1]。

夏，四月，曹操至邺。

初，曹操在谯，恐滨江郡县为孙权所略，欲徙令近内，以问扬州别驾蒋济，曰："昔孤与袁本初对军官渡，徙燕、白马民，民不得走，贼亦不敢钞。今欲徙淮南民，何如？"对曰："是时兵弱贼强，不徙必失之。自破袁绍以来，明公威震天下，民无他志，人情怀土，实不乐徙，惧必不安。”操不从。既而民转相惊，自庐江、九江、蕲春、广陵，户十余万皆东渡江，江西遂虚，合淝以南[2]，惟有皖城。济后奉使诣邺，操迎见，大笑曰：“本但欲使避贼，乃更驱尽之！”拜济丹阳太守。

五月，丙申，以冀州十郡封曹操为魏公，以丞相领冀州牧如故。又加九锡：大辂、戎辂各一[3]，玄牡二驷；衮冕之服[4]，赤舄副焉；轩县之乐[5]，六佾之舞[6]；朱户以居；纳陛以登[7]；虎贲之士三百人；𫓧、钺各一；彤弓一，彤矢百，玈弓十，玈矢千；秬鬯一卣，圭、瓒副焉。

大雨水。

益州从事广汉郑度闻刘备举兵，谓刘璋曰：“左将军悬军袭我，兵不满万，士众未附，军无辎重，野谷是资，其计莫若尽驱巴西、梓潼民内、涪水以西[8]，其仓廪野谷，一皆烧除，高垒深沟，静以待之。彼至，请战，勿许，久无所资，不过百日，必将自走，走而击之，此必禽耳。”刘备闻而恶之，以问法正。正曰：“璋终不能用，无忧也。”璋果谓其群下曰：“吾闻拒敌以安民，未闻动民以避敌也。”不用度计。

璋遣其将刘璝、冷苞、张任、邓贤、吴懿等拒备，皆败，退保绵竹；懿诣军降。璋复遣护军南阳李严，江夏费观督绵竹诸军，严、观亦率其众降于备。备军益强，分遣诸将平下属县。刘璝、张任与璋子循退守洛城[9]，备进军围之。任勒兵出战于雁桥，军败，任死。

秋，七月，魏始建社稷、宗庙。

魏公操纳三女为贵人[10]。

【注释】

①复为九州：原十四州为司、豫、冀、兖、徐、青、荆、扬、益、梁、雍、并、幽、交。此时把司、凉、幽、并四州分别合并到其他州中，从名称上恢复到《禹贡》的九州。 ②合淝：即合肥。在今安徽合肥市。 ③辂（lù 路）：车名。大车，天子之车。 ④衮冕：衮衣和冕，是古代皇帝和上公的礼服。 ⑤轩县（xuán 悬）：诸侯陈列乐器，如钟磬之类，三面悬挂。亦作“轩悬”。天子陈列乐器，四面悬挂，叫“宫县”。县，同“悬”。 ⑥六佾（yì 意）：古代诸侯用的一种乐舞。佾，行列。 ⑦纳陛：凿殿基为登升的

台阶(陛级),让它内隐在屋檐下,不使它露在外面,叫“纳陛”。 ⑧涪江:内水。 ⑨洛城:在今四川广汉市。 ⑩魏公操:自此以后,曹操不书姓而冠以国。

初,魏公操追马超至安定,闻田银、苏伯反,引军还。参凉州军事杨阜言于操曰:“超有信、布之勇,甚得羌、胡心;若大军还,不设备,陇上诸郡非国家之有也。”操还,超果率羌、胡击陇上诸郡县[①],郡县皆应之,惟冀城奉州郡以固守[②]。

超尽兼陇右之众,张鲁复遣大将杨昂助之,凡万余人,攻冀城,自正月至八月,救兵不至。刺史韦康遣别驾阎温出,告急于夏侯渊[③],外围数重,温夜从水中潜出。明日,超兵见其迹,遣追获之。超载温诣城下,使告城中云:“东方无救。”温向城大呼曰:“大军不过三日至,勉之!”城中皆泣,称万岁。超虽怒,犹以攻城久不下,徐徐更诱温,冀其改意。温曰:“事君有死无二,而卿乃欲令长者出不义之言乎!”超遂杀之。

已而外救不至,韦康及太守欲降。杨阜号哭谏曰:“阜等率父兄子弟以义相励,有死无二,以为使君守此城,今奈何弃垂成之功,陷不义之名乎!”刺史、太守不听,开城门迎超。超入,遂杀刺史、太守,自称征西将军、领并州牧、督凉州军事。

魏公操使夏侯渊救冀,未到而冀败。渊去冀二百余里,超来逆战,渊军不利。氐王千万反应超[④],屯兴国,渊引军还。

会杨阜丧妻,就超求假以葬之。阜外兄天水姜叙为抚夷将军,拥兵屯历城。阜见叙及其母,歔欷悲甚。叙曰:“何为乃尔?”阜曰:“守城不能完,君亡不能死。亦何面目以视息于天下[⑤]!马超背父叛君,虐杀州将,岂独阜之忧责,一州士大夫皆蒙其耻。君拥兵专制而无讨贼心,此赵盾所以书弑君也。超强而无义,多衅[⑥],易图耳。”叙母慨然曰:“咄[⑦]!伯奕,韦使君遇难,亦汝之负,岂独义山哉!人谁不死,死于忠义,得其所也。但当速发,勿复顾我;我自为汝当之,不以余年累汝也。”叙乃与同郡赵昂、尹奉、武都李俊等合谋讨超,又使人至冀,结安定梁宽、南安赵衢使为内应。超取赵昂子月为质,昂谓妻异曰:“吾谋如是,事必万全,当奈月何?"异厉声应曰:"雪君父之大耻,丧元不足为重,况一子哉!"

九月,阜与叙进兵,入卤城,昂、奉据祁山,以讨超。超闻之,大怒,赵衢因谲说超,使自出击之。超出,衢与梁宽闭冀城门,尽杀超妻子。超进退失据,乃袭历城,得叙母。叙母骂之曰:"汝背父之逆子,杀君之桀贼,天地岂久容汝,而不早死,敢以面目视人乎!"超杀之,又杀赵昂之子月。杨阜与超战,身被五创。超兵败,遂南奔张鲁。鲁以超为都讲祭酒,欲妻之以女。或谓鲁曰:"有人若此,不爱其亲,焉能爱人!"鲁乃止。操封讨超之功,侯者十一人,赐杨阜爵关内侯。

冬,十一月,魏初置尚书、侍中、六卿;以荀攸为尚书令,凉茂为仆射,毛玠、崔琰、常林、徐奕、何夔为尚书,王粲、杜袭、卫觊、和洽为侍中,钟繇为大理,王修为大司农,袁涣为郎中令,行御史大夫事,陈群为御史中丞。

袁涣得赏赐,皆散之,家无所储,乏则取之于人,不为皦察之行[8],然时人皆服其清。时有传刘备死者,群臣皆贺,惟涣独否。

魏公操欲复肉刑,令曰:"昔陈鸿胪以为死刑有可加于仁恩者,御史中丞能申其父之论乎?"陈群对曰:"臣父纪以为汉除肉刑而增加于笞,本兴仁恻而死者更众,所谓名轻而实重者也。名轻则易犯,实重则伤民。且杀人偿死,合于古制;至于伤人,或残毁其体,而裁剪毛发,非其理也。若用古刑,使淫者下蚕室,盗者刖其足,则永无淫放穿逾之奸矣。夫三千之属,虽未可悉复,若斯数者,时之所患,宜先施用。汉律所杀殊死之罪[9],仁所不及也,其余逮死者,可易以肉刑。如此,则所刑之与所生足以相贸矣。今以笞死之法易不杀之刑,是重人支体而轻人躯命也。"当时议者,唯钟繇与群议同,余皆以为未可行。操以军事未罢,顾众议而止。

【注释】

①陇上:陇西、南安、汉阳、永阳,皆陇上诸郡。　②冀城:在今甘肃甘谷县。　③告急于夏侯渊:夏侯渊时屯长安。　④氐:古族名。殷周至南北朝分布在今陕西、甘肃、四川等省。从事畜牧业和农业。　⑤视息:犹言生存。息,呼吸。　⑥衅:破绽。　⑦咄(dūo 多):呵斥声。⑧皦(jiǎo 矫):清白。　⑨殊死:古代的一种死刑,即斩首。

资治通鉴卷第六十七

汉纪五十九　起阏逢敦牂，尽柔兆涒滩，凡三年。

孝献皇帝壬

建安十九年　春，马超从张鲁求兵，北取凉州，鲁遣超还围祁山[①]。姜叙告急于夏侯渊，诸将议欲须魏公操节度。渊曰："公在邺，反覆四千里，比报，叙等必败，非救急也。"遂行，使张郃督步骑五千为前军。超败走。

韩遂在显亲[②]，渊欲袭取之，遂走。渊追至略阳城[③]，去遂三十余里，诸将欲攻之，或言当攻兴国氐[④]。渊以为："遂兵精，兴国城固，攻不可卒拔，不如击长离诸羌[⑤]。长离诸羌多在遂军，必归救其家。若舍羌独守则孤，救长离则官兵得与野战，必可虏也。"渊乃留督将守辎重，自将轻兵到长离，攻烧羌屯，遂果救长离。诸将见遂兵众，欲结营作堑乃与战。渊曰："我转斗千里，今复作营堑，则士众罢敝，不可复用。贼虽众，易与耳。"乃鼓之，大破遂军。进围兴国。氐王千万奔马超，余众悉降。转击高平、屠各[⑥]，皆破之。

三月，诏魏公操位在诸侯王上，改授金玺、赤绂、远游冠[⑦]。

夏，四月，旱。五月，雨水。

初，魏公操遣庐江太守朱光屯皖[⑧]，大开稻田。吕蒙言于孙权曰："皖田肥美，若一收孰，彼众必增；宜早除之。"闰月，权亲攻皖城。诸将欲作土山，添攻具，吕蒙曰："治攻具及土山，必历日乃成；城备既修，外救必至，不可图也。且吾乘雨水以入，若留经日，水必向尽[9]，还道艰难，蒙窃危之。今观此城，不能甚固，以三军锐气[10]，四面并攻，不移时可拔；及水以归，全胜之道也。”权从之。蒙荐甘宁为升城督，宁手持练[11]，身缘城，为士卒先；蒙以精锐继之，手执枹鼓[12]，士卒皆腾踊。侵晨进攻，食时破之，获朱光及男女数万口。既而张辽至夹石[13]，闻城已拔，乃退。权拜吕蒙为庐江太守，还屯寻阳[14]。

诸葛亮留关羽守荆州，与张飞、赵云将兵溯流克巴东[15]。至江州[16]，破巴郡太守严颜，生获之。飞呵颜曰：“大军既至，何以不降，而敢拒战！”颜曰：“卿等无状[17]，侵夺我州。我州但有断头将军，无降将军也！”飞怒，令左右牵去斫头。颜容止不变，曰：“斫头便斫头，何为怒邪！”飞壮而释之，引为宾客。分遣赵云从外水定江阳、犍为[18]，飞定巴西、德阳[19]。

刘备围雒城且一年，庞统为流矢所中，卒。法正笺与刘璋，为陈形势强弱，且曰：“左将军从举兵以来，旧心依依，实无薄意。愚以为可图变化，以保尊门。”璋不答。雒城溃，备进围成都。诸葛亮、张飞、赵云引兵来会。

马超知张鲁不足与计事，又鲁将杨昂等数害其能[20]，超内怀于邑[21]。备使建宁督邮李恢往说之，超遂从武都逃入氐中[22]，密书请降于备。备使人止超，而潜以兵资之。超到，令引军屯城北，城中震怖。

备围城数十日，使从事中郎涿郡简雍入说刘璋。时城中尚有精兵三万人，谷帛支一年，吏民咸欲死战。璋言：“父子在州二十余年[23]，无恩德以加百姓。百姓攻战三年，肌膏草野者，以璋故也，何心能安！”遂开城，与简雍同舆出降，群下莫不流涕。备迁璋于公安[24]，尽归其财物，佩振威将军印绶。

备入成都，置酒，大飨士卒。取蜀城中金银，分赐将士，还其谷帛。备领益州牧，以军师中郎将诸葛亮为军师将军，益州太守南郡董和为掌军中郎将，并署左将军府事，偏将军马超为平西将军，军议校尉法正为蜀郡太守、扬武将军，裨将军南阳黄忠为讨虏将军，从事中郎麋竺为安汉将军[25]，简雍为昭德将军，北海孙乾为秉忠将军，广汉长黄权为偏将军，汝南许靖为左将军长史，庞羲为司马，李严为犍为太守，费观为巴郡太守，山阳伊籍为从事中郎，零陵刘巴为西曹掾，广汉彭羕为益州治中从事㉖。

【注释】

①祁山：在今甘肃礼县东。 ②显亲：县名。在今甘肃秦安县西北。 ③略阳：在今甘肃秦安县东北。 ④兴国：在甘肃秦安县北。兴国氐：即兴国的氐人。 ⑤长离：水名。流经今甘肃秦安县。 ⑥高平：县名。在今宁夏固原市。 ⑦绂（fú 弗）：亦作"韨"，系印的丝带。 ⑧皖：在今安徽安庆市北。 ⑨向：将近，接近。 ⑩三军：军队的统称。 ⑪练：白色的熟绢。 ⑫枹（fú 浮）：同桴，鼓槌。 ⑬夹石：在今安徽桐城市北。 ⑭寻阳：在今湖北黄梅。 ⑮巴东：郡名。治所在今重庆奉节县。 ⑯江州：在今重庆市。 ⑰无状：没有礼貌。 ⑱外水：岷江。 ⑲德阳：在今四川江油市。 ⑳害：妒忌。 ㉑邑：通"悒"，忧郁不乐貌。 ㉒武都：在今甘肃成县。 ㉓二十余年：胡注："灵帝中平五年，刘焉牧益州，至是二十七年。" ㉔公安：在今湖北公安县。 ㉕麋：音 mí（迷）。 ㉖羕：音 yàng（样）。

初，董和在郡，清俭公直，为民夷所爱信，蜀中推为循吏①，故备举而用之。备之自新野奔江南也，荆楚群士从之如云②，而刘巴独北诣魏公操。操辟为掾，遣招纳长沙、零陵、桂阳③。会备略有三郡，巴事不成，欲由交州道还京师④。时诸葛亮在临蒸⑤，以书招之，巴不从，备深以为恨。巴遂自交趾入蜀依刘璋。及璋迎备，巴谏曰："备，雄人也，入必为害。"既入，巴复谏曰："若使备讨张鲁，是放虎于山林也。"璋不听，巴闭门称疾。备攻成都，令军中曰："有害巴者，诛及三族。"及得巴，甚喜。是时益州郡县皆望风景附，独黄权闭城坚守，须璋稽服⑥，乃降。于是董和、黄权、李严等，本璋之所授用也；吴懿、费观等，璋之婚亲也；彭羕，璋之所摈弃也；刘巴，宿昔之所忌恨也；备皆处之显任，尽其器能，有志之士，无不竞劝，益州之民，是以大和。初，刘璋以许靖为蜀郡太守。成都将溃，靖谋逾城降备，备以此薄靖，不用也。法正曰："天下有获虚誉而无其实者，许靖是也。然今主公始创大业⑦，天下之人，不可户说，宜加敬重，以慰远近之望。"备乃礼而用之。

成都之围也，备与士众约："若事定，府库百物，孤无预焉。"及拔成都，士众皆舍干戈赴诸藏，竞取宝物。军用不足，备甚忧之，刘巴曰："此易耳。但当铸直百钱⑧，平诸物价，令吏为官市。"备从之。数月之间，府库充实。

时议者欲以成都名田宅分赐诸将。赵云曰："霍去病以匈奴未灭，无用家为。今国贼非但匈奴，未可求安也。须天下都定，各反桑梓，归耕本土，乃其宜耳。益州人民，初罹兵革，田宅皆可归还，令安居复业，然后可役调，得其欢心；不宜夺之，以私所爱也。"备从之。

备之袭刘璋也，留中郎将南郡霍峻守葭萌城。张鲁遣杨昂诱峻求共守城。峻曰："小人头可得，城不可得！"昂乃退。后璋将扶禁、向存等帅万余人由阆水上，攻围峻，且一年。峻城中兵才数百人，伺其怠隙，选精锐出击，大破之，斩存。备既定蜀，乃分广汉为梓潼郡⑨，以峻为梓潼太守。

法正外统都畿⑩，内为谋主，一餐之德、睚眦之怨，无不报复，擅杀毁伤己者数人。或谓诸葛亮曰："法正太纵横，将军宜启主公，抑其威福。"亮曰："主公之在公安也，北畏曹操之强，东惮孙权之逼，近则惧孙夫人生变于肘腋。法孝直为之辅翼⑪，令翻然翱翔，不可复制。如何禁止孝直，使不得少行其意邪！"

【注释】

①循吏：旧时称遵理守法的官吏为循吏。　②荆楚：本指楚国。楚国最早的疆域约相当古荆州地区，故亦称"荆楚"。此处当指荆州。荆州，辖境约当今湖北、湖南两省及河南、贵州、广东、广西诸省的一部分。东汉治所在汉寿（今湖南常德市东北），其后屡经迁移。　③长沙：郡名。治所在今湖南长沙市。零陵：郡名。治所在今湖南永州市。桂阳：郡名。治所在今湖南郴州市。　④交州：州名。治所在今广东广州市。⑤临蒸：县名。在今湖南衡阳市。　⑥稽：叩头至地。稽服：跪拜降服。⑦主公：指刘备。　⑧直百钱：以一值百的钱。即一枚新钱可抵当时流行的一百枚旧钱。　⑨广汉：郡名。治所在今四川遂宁市。梓潼郡：郡名。治所在今四川梓潼县。　⑩都畿：刘备定都成都，以蜀郡为都畿。⑪孝直：法正字。

诸葛亮佐备治蜀,颇尚严峻,人多怨叹者。法正谓亮曰:“昔高祖入关,约法三章,秦民知德。今君假借威力,跨据一州,初有其国,未垂惠抚;且客主之义,宜相降下,愿缓刑弛禁以慰其望。”亮曰:“君知其一,未知其二。秦以无道,政苛民怨,匹夫大呼,天下土崩;高祖因之,可以弘济。刘璋暗弱,自焉以来,有累世之恩,文法羁縻[①],互相承奉,德政不举,威刑不肃。蜀土人士,专权自恣,君臣之道,渐以陵替。宠之以位,位极则贱;顺之以恩,恩竭则慢。所以致敝,实由于此。吾今威之以法,法行则知恩;限之以爵,爵加则知荣。荣恩并济,上下有节,为治之要,于斯而著矣。”

刘备以零陵蒋琬为广都长。备尝因游观,奄至广都[②],见琬众事不治,时又沉醉。备大怒,将加罪戮。诸葛亮请曰:“蒋琬社稷之器,非百里之才也。其为政以安民为本,不以修饰为先,愿主公重加察之。”备雅敬亮,乃不加罪,仓卒但免官而已。

秋,七月,魏公操击孙权,留少子临菑侯植守邺[③]。操为诸子高选官属,以邢颙为植家丞;颙防闲以礼[④],无所屈挠,由是不合。庶子刘桢美文辞,植亲爱之。桢以书谏植曰:“君侯采庶子之春华[⑤],忘家丞之秋实,为上招谤,其罪不小,愚实惧焉。”

曹植像

魏尚书令荀攸卒。攸深密有智防[⑥],自从魏公操攻讨,常谋谟帷幄,时人及子弟莫知其所言。操尝称:“荀文若之进善[⑦],不进不休;荀公达之去恶[⑧],不去不止。”又称:“二荀令之论人[⑨],久而益信,吾没世不忘。”

初,枹罕宋建因凉州乱[⑩],自号河首平汉王,改元,置百官,三十余年。冬,十月，魏公操使夏侯渊自兴国讨建，围枹罕，拔之，斩建。渊别遣张郃等渡河，入小湟中[11]，河西诸羌皆降，陇右平。

帝自都许以来，守位而已，左右侍卫莫非曹氏之人者。议郎赵彦常为帝陈言时策，魏公操恶而杀之。操后以事入见殿中，帝不任其愤[12]，因曰："君若能相辅，则厚；不尔，幸垂恩相舍。"操失色，俯仰求出。旧仪：三公领兵，朝见，令虎贲执刃挟之[13]。操出，顾左右，汗流浃背；自后不复朝请。

董承女为贵人，操诛承，求贵人杀之。帝以贵人有妊，累为请，不能得。伏皇后由是怀惧[14]，乃与父完书，言曹操残逼之状，令密图之，完不敢发。至是，事乃泄，操大怒，十一月，使御史大夫郗虑持节策收皇后玺绶，以尚书令华歆为副，勒兵入宫，收后。后闭户，藏壁中。歆坏户发壁，就牵后出。时帝在外殿，引虑于坐，后被发、徒跣、行泣，过诀曰："不能复相活邪？"帝曰："我亦不知命在何时！"顾谓虑曰："郗公，天下宁有是邪！"遂将后下暴室[15]，以幽死；所生二皇子，皆鸩杀之，兄弟及宗族死者百余人。

十二月，魏公操至孟津。

操以尚书郎高柔为理曹掾[16]。旧法：军征士亡，考竟其妻子。而亡者犹不息。操欲更重其刑，并及父母、兄弟，柔启曰："士卒亡军，诚在可疾，然窃闻其中时有悔者。愚谓乃宜贷其妻子[17]，一可使诱其还心[18]。正如前科，固已绝其意望；而猥复重之，柔恐自今在军之士，见一人亡逃，诛将及己，亦且相随而走，不可复得杀也。此重刑非所以止亡，乃所以益走耳！"操曰："善！"即止不杀。

【注释】

①文法：法制，法令条文。　②奄（yǎn 眼）：忽，遽。　③临菑（zī 孜）：古邑名。亦作临甾、临淄，以城临菑水得名。故址在今山东淄博市东北旧临淄。　④防闲：防备禁止。胡注："防，堤也。闲，栏也。防以制水，闲以制兽，都是禁止之义也。"　⑤君侯：指曹植。　⑥智防：胡注："智以料事，防以保身。"　⑦荀文若：荀彧，字文若。　⑧荀公达：荀攸，字公达。　⑨二荀令：荀彧任汉朝的尚书令，荀攸任魏国的尚书令，故简称"二荀令"。　⑩枹（fú 浮）罕：县名。在今甘肃临夏。　⑪小湟中：即小月氏之地，在今青海积石山西北。　⑫不任：犹言不胜。　⑬执刃挟

之：胡注："以其领兵，惧其为变，故防之也。" ⑭伏皇后：即皇后伏寿。⑮暴室：东汉有暴室丞，以宦官充任。宫中妇女有疾病的住进此室，皇后贵人有罪时也住进此室。 ⑯理曹掾：胡注："理曹，汉公府无之，曹操所置。" ⑰贷：饶恕，宽免。 ⑱一：或。

二十年 春，正月，甲子，立贵人曹氏为皇后；魏公操之女也。

三月，魏公操自将击张鲁，将自武都入氐，氐人塞道，遣张郃、朱灵等攻破之。夏，四月，操自陈仓出散关至河池[①]，氐王窦茂众万余人，恃险不服，五月，攻屠之。西平、金城诸将麴演、蒋石等共斩送韩遂首。

初，刘备在荆州，周瑜、甘宁等数劝孙权取蜀。权遣使谓备曰："刘璋不武，不能自守，若使曹操得蜀，则荆州危矣。今欲先攻取璋，次取张鲁，一统南方，虽有十操，无所忧也。"备报曰："益州民富地险，刘璋虽弱，足以自守。今暴师于蜀、汉，转运于万里，欲使战克攻取，举不失利，此孙、吴所难也。议者见曹操失利于赤壁，谓其力屈，无复远念；今操三分天下已有其二，将欲饮马于沧海，观兵于吴会[②]，何肯守此坐须老乎！而同盟无故自相攻伐，借枢于操[③]，使敌乘其隙，非长计也。且备与璋托为宗室，冀凭威灵以匡汉朝。今璋得罪于左右[④]，备独悚惧[⑤]，非所敢闻，愿加宽贷。"权不听，遣孙瑜率水军住夏口。备不听军过，谓瑜曰："汝欲取蜀，吾当被发入山，不失信于天下也[⑥]。"使关羽屯江陵，张飞屯秭归[⑦]，诸葛亮据南郡，备自住孱陵[⑧]，权不得已召瑜还。及备西攻刘璋，权曰："猾虏，乃敢挟诈如此！"备留关羽守江陵，鲁肃与羽邻界；羽数生疑贰，肃常以欢好抚之。

及备已得益州，权令中司马诸葛瑾从备求荆州诸郡。备不许，曰："吾方图凉州，凉州定，乃尽以荆州相与耳。"权曰："此假而不反，乃欲以虚辞引岁也[⑨]。"遂置长沙、零陵、桂阳三郡长吏。关羽尽逐之。权大怒，遣吕蒙督兵二万以取三郡。

蒙移书长沙、桂阳，皆望风归服，惟零陵太守郝普城守不降。刘备闻之，自蜀亲至公安，遣关羽争三郡。孙权进住陆口[⑩]，为诸军节度；使鲁肃将万人屯益阳以拒羽；飞书召吕蒙，使舍零陵急还助肃。蒙得书，秘之，夜，召诸将授以方略；晨，当攻零陵，顾谓郝普故人南阳邓玄之曰："郝子太闻世间有忠义事，亦欲为之，而不知时也。今左将军在汉中为夏侯渊所围[11]，关羽在南郡，至尊身自临之。彼方首尾倒县[12]，救死不给，岂有余力复营此哉！今吾计力度虑而以攻此，曾不移日而城必破，城破之后，身死，何益于事，而令百岁老母戴白受诛，岂不痛哉！度此家不得外问[13]，谓援可恃，故至于此耳。君可见之，为陈祸福。"玄之见普，具宣蒙意；普惧而出降。蒙迎，执其手与俱下船，语毕，出书示之，因拊手大笑。普见书，知备在公安而羽在益阳，惭恨入地。蒙留孙河，委以后事，即日引军赴益阳。

鲁肃欲与关羽会语，诸将疑恐有变，议不可往。肃曰："今日之事，宜相开譬。刘备负国，是非未决，羽亦何敢重欲干命！"乃邀羽相见，各驻兵马百步上，但诸将军单刀俱会。肃因责数羽以不返三郡，羽曰："乌林之役[14]，左将军身在行间，戮力破敌，岂得徒劳，无一块土，而足下来欲收地邪！"肃曰："不然。始与豫州觐于长阪，豫州之众不当一校，计穷虑极，志势摧弱，图欲远窜，望不及此。主上矜愍豫州之身无有处所[15]，不爱土地士民之力，使有所庇阴以济其患；而豫州私独饰情，愆德隳好[16]。今已藉手于西州矣，又欲翦并荆州之土，斯盖凡夫所不忍行，而况整领人物之主乎！"羽无以答。会闻魏公操将攻汉中，刘备惧失益州，使使求和于权。权令诸葛瑾报命，更寻盟好[17]。遂分荆州，以湘水为界；长沙、江夏、桂阳以东属权，南郡、零陵、武陵以西属备。诸葛瑾每奉使至蜀，与其弟亮但公会相见，退无私面。

【注释】

①陈仓：在今陕西宝鸡市。散关：即大散关，在今陕西宝鸡市西南大散岭上。河池：在今甘肃徽县。　②吴会：胡注："谓吴地为一都会。"③借枢于操：胡注："枢者，门户所由以运动也（门户的转轴，是门户开关的关键）。言操欲动摇吴、蜀而未得其枢，若自相攻伐，是借之以可动之枢也（是把开启吴、蜀门户的关键借给曹操了）。"　④左右：指孙权。旧时书信中称对方，不直称其人，仅称他的左右以示尊敬。　⑤悚（sǒng耸）：恐惧。　⑥不失信于天下也：胡注："言宗室被攻而不能救，无面目

以立于天下也。” ⑦秭归：县名。在今湖北秭归县。 ⑧孱陵：在今湖北公安县。 ⑨乃：只，仅仅。 ⑩陆口：在今湖北嘉鱼县西南陆溪镇。 ⑪左将军：指刘备。 ⑫倒县（xuán 悬）：比喻处境的痛苦和危急，像人被倒挂着一样。县，同“悬”。 ⑬此家：指郝普。 ⑭乌林之役：胡注：“即赤壁之战也。” ⑮愍（mǐn 悯）：哀怜。 ⑯愆（qiān 牵）：罪过、过失。堕（huī 灰）：毁坏。愆德堕好：违背道德，毁坏盟好。 ⑰寻：重申旧事。

秋，七月，魏公操至阳平[①]。张鲁欲举汉中降，其弟卫不肯，率众数万人拒关坚守，横山筑城十余里。初，操承凉州从事及武都降人之辞，说“张鲁易攻，阳平城下南北山相远，不可守也”，信以为然。及往临履，不如所闻，乃叹曰：“他人商度[②]，少如人意。”攻阳平山上诸屯，山峻难登，既不时拔，士卒伤夷者多，军食且尽，操意沮，便欲拔军截山而还，遣大将军夏侯惇、将军许褚呼山上兵还。会前军夜迷惑，误入张卫别营，营中大惊退散。侍中辛毗、主簿刘晔等在兵后，语惇、褚，言“官兵已据得贼要屯，贼已散走”，犹不信之。惇前自见，乃还白操，进兵攻卫，卫等夜遁。

张鲁闻阳平已陷，欲降，阎圃曰：“今以迫往，功必轻；不如依杜濩赴朴胡[③]，与相拒，然后委质，功必多。”乃奔南山入巴中[④]。左右欲悉烧宝货仓库，鲁曰：“本欲归命国家，而意未得达。今之走避锐锋，非有恶意。宝货仓库，国家之有。”遂封藏而去。操入南郑[⑤]，甚嘉之。又以鲁本有善意，遣人慰喻之。

丞相主簿司马懿言于操曰：“刘备以诈力虏刘璋，蜀人未附，而远争江陵，此机不可失也。今克汉中，益州震动，进兵临之，势必瓦解。圣人不能违时，亦不可失时也。”操曰：“人苦无足，既得陇，复望蜀邪！”刘晔曰：“刘备，人杰也，有度而迟；得蜀日浅，蜀人未恃也。今破汉中，蜀人震恐，其势自倾。以公之神明，因其倾而压之，无不克也。若少缓之，诸葛亮明于治国而为相，关羽、张飞勇冠三军而为将，蜀民既定，据险守要，则不可犯矣。今不取，必为后忧。”操不从。居七日，蜀降者说“蜀中一日数十惊，守将虽斩之而不能安也”。操问晔曰：“今尚可击不？”晔曰：“今已小定，未可击也。”乃还。以夏侯渊为都护将军，督张郃、徐晃等守汉中；以丞相长史杜袭为驸马都尉，留督汉中事。袭绥怀开导，百姓自乐出徙洛、邺者八万余口。

八月，孙权率众十万围合肥。时张辽、李典、乐进将七千余人屯合肥；魏公操之征张鲁也，为教与合肥护军薛悌，署函边曰："贼至，乃发。"及权至，发教，教曰："若孙权至者，张、李将军出战，乐将军守，护军勿得与战⑥。"诸将以众寡不敌，疑之。张辽曰："公远征在外，比救至，彼破我必矣。是以教指及其未合逆击之，折其盛势，以安众心，然后可守也。"进等莫对。辽怒曰："成败之机，在此一战。诸君若疑，辽将独决之。"李典素与辽不睦，慨然曰："此国家大事，顾君计何如耳，吾可以私憾而忘公义乎！请从君而出。"于是辽夜募敢从之士，得八百人，椎牛犒飨。明旦，辽被甲持戟，先登陷陈，杀数十人，斩二大将，大呼自名，冲垒入至权麾下。权大惊，不知所为，走登高冢，以长戟自守。辽叱权下战，权不敢动，望见辽所将众少，乃聚围辽数重。辽急击围开，将麾下数十人得出。余众号呼曰："将军弃我乎？"辽复前突围，拔出余众。权人马皆披靡，无敢当者。自旦战至日中，吴人夺气。乃还修守备，众心遂安。

权守合肥十余日，城不可拔，彻军还⑦。兵皆就路，权与诸将在逍遥津北⑧，张辽觇望知之，即将步骑奄至。甘宁与吕蒙等力战捍敌，凌统率亲近扶权出围，复还与辽战，左右尽死，身亦被创，度权已免，乃还。权乘骏马上津桥，桥南已撤，丈余无板；亲近监谷利在马后，使权持鞍缓控，利于后著鞭以助马势，遂得超度。贺齐率三千人在津南迎权，权由是得免。

权入大船宴饮，贺齐下席涕泣曰："至尊人主，常当持重⑨，今日之事，几致祸败。群下震怖，若无天地，愿以此为终身之诫！"权自前收其泪曰："大惭，谨已刻心，非但书绅也⑩。"

【注释】

①阳平：在今陕西勉县西。　②商度：测量，计划。　③杜濩（huò惑）：賨部落酋长。朴胡：板楯蛮部落酋长。　④南山：大巴山脉。巴中：在今四川巴中市。　⑤南郑：县名。治中郡治所。在今陕西汉中市南郑

区。 ⑥护军勿得与战：胡注：“操以辽、典勇锐，使之战；乐进持重，使之守；薛悌文吏也，使勿得与战。” ⑦彻：通“撤”，撤除。 ⑧逍遥津：水名。在今安徽合肥市东。 ⑨持重：谨慎稳重。 ⑩书绅：即在衣带上写字。绅，古代士大夫束在衣外的大带。胡注：“《论语》：‘子张问于孔子，以孔子之言书诸（之于）绅。’故以答贺济。”

九月，巴、賨夷帅朴胡、杜濩、任约，各举其众来附。于是分巴郡，以胡为巴东太守，濩为巴西太守，约为巴郡太守，皆封列侯。

冬，十月，始置名号侯以赏军功。

十一月，张鲁将家属出降。魏公操逆拜鲁镇南将军，待以客礼，封阆中侯，邑万户。封鲁五子及阎圃等皆为列侯。

习凿齿论曰：“阎圃谏鲁勿王，而曹公追封之，将来之人，孰不思顺！塞其本源而末流自止，其此之谓欤！若乃不明于此而重焦烂之功[①]，丰爵厚赏止于死战之士，则民利于有乱，俗竞于杀伐，阻兵杖力[②]，干戈不戢矣[③]。曹公之此封，可谓知赏罚之本矣。”

程银、侯选、庞德皆随鲁降。魏公操复银、选官爵，拜德立义将军。

张鲁之走巴中也，黄权言于刘备曰：“若失汉中，则三巴不振[④]，此为割蜀之股臂也。”备乃以权为护军，率诸将迎鲁；鲁已降，权遂击朴胡、杜濩、任约，破之。魏公操使张郃督诸军徇三巴，欲徙其民于汉中，进军宕渠[⑤]。刘备使巴西太守张飞与郃相拒，五十余日，飞袭击郃，大破之。郃走还南郑，备亦还成都。

操徙出故韩遂、马超等兵五千余人，使平难将军殷署等督领，以扶风太守赵俨为关中护军。操使俨发千二百兵助汉中守御，殷署督送之，行者不乐。俨护送至斜谷口，还，未至营，署军叛乱。俨自随步骑百五十人，皆叛者亲党也，闻之，各惊，被甲持兵，不复自安。俨徐喻以成败，慰励恳切，皆慷慨曰：“死生当随护军，不敢有二！”前到诸营，各召料简诸奸结叛者[⑥]，八百余人，散在原野。俨下令：惟取其造谋魁率治之，余一不问；郡县所收送皆放遣，乃即相率还降。俨密白：“宜遣将诣大营[⑦]，请旧兵镇守关中。”魏公操遣将军刘柱将二千人往，当须到乃发遣。俄而事露，诸营大骇，不可安谕。俨遂宣言："当差留新兵之温厚者千人，镇守关中，其余悉遣东[8]。"便见主者内诸营兵名藉，立差别之。留者意定，与俨同心，其当去者亦不敢动。俨一日尽遣上道，因使所留千人分布罗落之。东兵寻至，乃复胁谕，并徙千人，令相及共东。凡所全致二万余口。

【注释】

①焦烂之功：即徐福焦头烂额事，详见二十五卷汉宣帝地节四年（前66）。 ②阻：倚仗。杖：通"仗"。 ③戢（jí 集）：止息。 ④三巴：即巴东、巴西、巴郡。振："赈"的本字。救济。 ⑤宕渠：县名。在今四川渠县。 ⑥料简：度量选择。 ⑦大营：胡注："谓曹操营也。" ⑧遣东：即遣赴曹操大营。

二十一年 春，二月，魏公操还邺。

夏，五月，进魏公操爵为王。

初，中尉崔琰荐巨鹿杨训于操，操礼辟之。及操进爵，训发表称颂功德。或笑训希世浮伪[1]，谓琰为失所举。琰从训取表草视之，与训书曰："省表[2]，事佳耳。时乎，时乎！会当有变时。"琰本意，讥论者好谴呵而不寻情理也。时有与琰宿不平者，白琰"傲世怨谤，意旨不逊"，操怒，收琰付狱，髡为徒隶[3]。前白琰者复白之云："琰为徒，对宾客虬须直视，若有所瞋。"遂赐琰死。

尚书仆射毛玠伤琰无辜，心不悦。人复白玠怨谤，操收玠付狱，侍中桓阶、和洽皆为之陈理，操不听。阶求按实其事。王曰："言事者白，玠不但谤吾也，乃复为崔琰觖望[4]。此捐君臣恩义，妄为死友怨叹，殆不可忍也。"洽曰："如言事者言，玠罪过深重，非天地所覆载。臣非敢曲理玠以枉大伦也，以玠历年荷宠[5]，刚直忠公，为众所惮，不宜有此。然人情难保，要宜考核，两验其实。今圣恩不忍致之于理，更使曲直之分不明。"操曰："所以不考，欲两全玠及言事者耳。"洽对曰："玠信有谤主之言，当肆之市朝[6]；若玠无此言，言事者加诬大臣以误主听，不加检核，臣窃不安。"操卒不穷治，玠遂免黜，终于家。

是时西曹掾沛国丁仪用事，玠之获罪，仪有力焉；群下畏之侧目。尚书仆射何夔及东曹属东莞徐奕独不事仪[7]，仪谮奕，出为魏郡太守，赖桓阶左右之得免。尚书傅选谓何夔曰："仪已害毛玠，子宜少下之。"夔曰："为不义，适足害其身，焉能害人！且怀奸佞之心，立于明朝，其得久乎！"

崔琰从弟林，尝与陈群共论冀州人士，称琰为首，群以智不存身贬之。林曰："大丈夫为有邂逅耳，即如卿诸人，良足贵乎！"

五月，己亥朔，日有食之。

代郡乌桓三大人皆称单于[8]，恃力骄恣，太守不能治。魏王操以丞相仓曹属裴潜为太守，欲授以精兵。潜曰："单于自知放横日久，今多将兵往，必惧而拒境，少将则不见惮，宜以计谋图之。"遂单车之郡，单于惊喜。潜抚以恩威，单于詟服。

初，南匈奴久居塞内[9]，与编户大同而不输贡赋。议者恐其户口滋蔓，浸难禁制，宜豫为之防。秋，七月，南单于呼厨泉入朝于魏，魏王操因留之于邺，使右贤王去卑监其国。单于岁给绵、绢、钱、谷如列侯，子孙传袭其号。分其众为五部，各立其贵人为帅，选汉人为司马以监督之。

八月，魏以大理钟繇为相国。

冬，十月，魏王操治兵击孙权；十一月，至谯。

【注释】

①希世：阿谀世俗。 ②省（xǐng 醒）：察看，检查。 ③髡（kūn 昆）：古代剃去男子头发的刑罚。徒隶：旧称在狱中服役的犯人。 ④觖（jué 决）望：不满意，抱怨。 ⑤荷（hè 贺）：承受。 ⑥肆：古时处死刑后陈尸于市之称。市朝：指人众会集之处。肆之市朝：陈尸街头。 ⑦东莞：县名。在今山东沂水县。 ⑧代郡：郡名。治所在今河北蔚县。 ⑨匈奴久居塞内：胡注："南匈奴自光武建武二十六年即入居塞内。"

资治通鉴卷第六十八

汉纪六十　起强圉作噩，尽屠维大渊献，凡三年。

孝献皇帝癸

建安二十二年　春，正月，魏王操军居巢[①]，孙权保濡须，二月，操进攻之。

初，右护军蒋钦屯宣城[②]，芜湖令徐盛收钦屯吏，表斩之。及权在濡须，钦与吕蒙持诸军节度，钦每称徐盛之善。权问之，钦曰："盛忠而勤强，有胆略器用，好万人督也。今大事未定，臣当助国求才，岂敢挟私恨以蔽贤乎！"权善之。

三月，操引军还，留伏波将军夏侯惇都督曹仁、张辽等二十六军屯居巢。权令都尉徐详诣操请降，操报使修好，誓重结婚。权留平虏将军周泰督濡须；朱然、徐盛等皆在所部，以泰寒门，不服。权会诸将，大为酣乐，命泰解衣，权手自指其创痕，问以所起，泰辄记昔战斗处以对。毕，使复服；权把其臂流涕曰："幼平，卿为孤兄弟，战如熊虎，不惜躯命，被创数十，肤如刻画，孤亦何心不待卿以骨肉之恩，委卿以兵马之重乎！"坐罢，住驾，使泰以兵马道从，鸣鼓角作鼓吹而出[③]；于是盛等乃服。

夏，四月，诏魏王操设天子旌旗，出入称警跸[④]。

六月，魏以军师华歆为御史大夫。

冬，十月，命魏王操冕十有二旒，乘金根车[⑤]，驾六马，设五时副车。

魏以五官中郎将丕为太子。

初,魏王操娶丁夫人,无子;妾刘氏,生子昂;卞氏生四子,丕、彰、植、熊。王使丁夫人母养昂;昂死于穰[6],丁夫人哭泣无节,操怒而出之,以卞氏为继室。植性机警,多艺能,才藻敏赡[7],操爱之。操欲以女妻丁仪,丕以仪目眇,谏止之。仪由是怨丕,与弟黄门侍郎廙,及丞相主簿杨修,数称临菑侯植之才,劝操立以为嗣。修,彪之子也。操以函密访于外,尚书崔琰露版答曰[8]:"《春秋》之义,立子以长。加五官将仁孝聪明,宜承正统,琰以死守之。"植,琰之兄女婿也。尚书仆射毛玠曰:"近者袁绍以嫡庶不分,覆宗灭国。废立大事,非所宜闻。"东曹掾邢颙曰:"以庶代宗,先世之戒也,愿殿下深察之。"丕使人问太中大夫贾诩以自固之术。诩曰:"愿将军恢崇德度,躬素士之业[9],朝夕孜孜,不违子道,如此而已。"丕从之,深自砥砺。他日,操屏人问诩,诩嘿然不对。操曰:"与卿言,而不答,何也?"诩曰:"属有所思[10],故不即对耳。"操曰:"何思?"诩曰:"思袁本初、刘景升父子也[11]。"操大笑。

【注释】

①居巢:县名。在今安徽巢湖市。 ②宣城:县名。在今安徽宣城市。 ③鼓角:鼓和号角,古代军中用以报时、警众或发号施令。鼓吹:古人的一种器乐合奏。 ④警:警戒。跸(bì 毕):清道。警跸:谓皇帝出入经过的地方严加戒备,断绝行人。 ⑤金根车:秦、汉用金装饰车,以为乘舆,所以叫"金根车"。 ⑥昂死于穰:事见卷第六十二建安二年(197)。 ⑦敏赡:敏捷多智。 ⑧露版:亦称"露板""露布"。文书不加检封,公开宣布之意。 ⑨素士:寒素的士人。 ⑩属(zhǔ 主):适值。 ⑪袁本初、刘景升父子:袁绍和刘表,都因废黜嫡子,改立庶子,而终于灭亡。事见卷第六十四建安七年(202)。

操尝出征,丕、植并送路侧,植称述功德,发言有章,左右属目,操亦悦焉。丕怅然自失,济阴吴质耳语曰:"王当行,流涕可也。"及辞,丕涕泣而拜,操及左右咸歔欷,于是皆以植多华辞而诚心不及也。植既任性而行,不自雕饰,五官将御之以术,矫情自饰,宫人左右并为之称说,故遂定为太子。

左右长御贺卞夫人曰[1]："将军拜太子，天下莫不喜，夫人当倾府藏以赏赐。"夫人曰："王自以丕年大，故用为嗣。我但当以免无教导之过为幸耳，亦何为当重赐遗乎！"长御还，具以语操，操悦，曰："怒不变容，喜不失节，故最为难。"

太子抱议郎辛毗颈而言曰："辛君知我喜不？"毗以告其女宪英，宪英叹曰："太子，代君主宗庙、社稷者也。代君，不可以不戚；主国，不可以不惧。宜戚而惧，而反以为喜，何以能久！魏其不昌乎！"

久之，临菑侯植乘车行驰道中[2]，开司马门出。操大怒，公车令坐死。由是重诸侯科禁，而植宠日衰。植妻衣绣，操登台见之，以违制命，还家赐死。

法正说刘备曰："曹操一举而降张鲁，定汉中，不因此势以图巴、蜀，而留夏侯渊、张郃屯守，身遽北还，此非其智不逮，而力不足也，必将内有忧逼故耳。今策渊、郃才略，不胜国之将帅，举众往讨，必可克之。克之之日，广农积谷，观衅伺隙，上可以倾覆寇敌，尊奖王室[3]；中可以蚕食雍、凉，广拓境土；下可以固守要害，为持久之计。此盖天以与我，时不可失也。"备善其策，乃率诸将进兵汉中，遣张飞、马超、吴兰等屯下辨[4]。魏王操遣都护将军曹洪拒之。

鲁肃卒，孙权以从事中郎彭城严畯代肃，督兵万人镇陆口。众人皆为畯喜，畯固辞以"朴素书生，不闲军事"，发言恳恻，至于流涕。权乃以左护军虎威将军吕蒙兼汉昌太守以代之。众嘉严畯能以实让。

定威校尉吴郡陆逊言于孙权曰："方今克敌宁乱，非众不济；而山寇旧恶，依阻深地。夫腹心未平，难以图远，可大部伍，取其精锐。"权从之，以为帐下右部督。会丹阳贼帅费栈作乱，扇动山越。权命逊讨栈，破之。遂部伍东三郡[5]，强者为兵，羸者补户，得精卒数万人；宿恶荡除，所过肃清，还屯芜湖。会稽太守淳于式表"逊枉取民人，愁扰所在"。逊后诣都，言次[6]，称式佳吏，权曰："式白君，而君荐之，何也？"逊对曰："式意欲养民，是以白逊；若逊复毁式以乱圣听，不可长也。"权曰："此诚长者之事，顾人不能为耳[7]。"

魏王操使丞相长史王必典兵督许中事。时关羽强盛,京兆金祎睹汉祚将移,乃与少府耿纪、司直韦晃、太医令吉本、本子邈、邈弟穆等谋杀必[8],挟天子以攻魏,南引关羽为援。

【注释】

①长御:胡注:"汉皇后宫有旁侧长御。" ②驰道:专供帝王行驶马车的道路。 ③奖:辅助。 ④下辨:县名。在今甘肃成县西。 ⑤东三郡:丹阳郡、新都郡、会稽郡。 ⑥言次:犹语次,谈话之间。 ⑦顾:只是,不过。 ⑧司直:官名。汉置司直,主掌辅佐丞相纠举不法官吏。太医令:官名。秦置。属于太常的为百官治病,属于少府的为宫廷治病。

二十三年 春,正月,吉邈等率其党千余人,夜攻王必,烧其门,射必中肩,帐下督扶必奔南城[1]。会天明,邈等众溃,必与颍川典农中郎将严匡共讨斩之。

三月,有星孛于东方。

曹洪将击吴兰,张飞屯固山[2],声言欲断军后,众议狐疑。骑都尉曹休曰:"贼实断道者,当伏兵潜行;今乃先张声势,此其不能,明矣。宜及其未集,促击兰,兰破,飞自走矣。"洪从之,进,击破兰,斩之。三月,张飞、马超走。休,魏王族子也。

陆逊像

夏,四月,代郡、上谷乌桓无臣氐等反。先是,魏王操召代郡太守裴潜为丞相理曹掾,操美潜治代之功,潜曰:"潜于百姓虽宽,于诸胡为峻。今继者必以潜为治过严而事加宽惠。彼素骄恣,过宽必弛;既弛,将摄之以法,此怨叛所由生也。以势料之,代必复叛。”于是操深悔还潜之速。后数十日,三单于反问果至[3]。操以其子鄢陵侯彰行骁骑将军,使讨之。彰少善射御,膂力过人。操戒彰曰:“居家为父子,受事为君臣,动以王法从事,尔其戒之!”

刘备屯阳平关[4],夏侯渊、张郃、徐晃等与之相拒。备遣其将陈式等绝马鸣阁道[5],徐晃击破之。张郃屯广石,备攻之不能克,急书发益州兵。诸葛亮以问从事犍为杨洪,洪曰:“汉中,益州咽喉,存亡之机会,若无汉中,则无蜀矣。此家门之祸也,发兵何疑。”时法正从备北行,亮于是表洪领蜀郡太守;众事皆办,遂使即真。

初,犍为太守李严辟洪为功曹,严未去犍为而洪已为蜀郡;洪举门下书佐何祗有才策[6],洪尚在蜀郡,而祗已为广汉太守。是以西土咸服诸葛亮能尽时人之器用也。

秋,七月,魏王操自将击刘备;九月,至长安。

曹彰击代郡乌桓,身自搏战,铠中数箭,意气益厉;乘胜逐北,至桑干之北[7],大破之,斩首、获生以千数。时鲜卑大人轲比能将数万骑观望强弱[8],见彰力战,所向皆破,乃请服,北方悉平。

南阳吏民苦繇役[9],冬,十月,宛守将侯音反。南阳太守东里衮与功曹应余迸窜得出;音遣骑追之,飞矢交流,余以身蔽衮,被七创而死,音骑执衮以归。时征南将军曹仁屯樊以镇荆州,魏王操命仁还讨音。功曹宗子卿说音曰:“足下顺民心,举大事,远近莫不望风[10],然执郡将,逆而无益,何不遣之!”音从之。子卿因夜逾城从太守收余民围音,会曹仁军至,共攻之。

【注释】

①南城:在今河南许昌市。 ②固山:在下辨县附近。 ③三单于:指乌桓部落三单于:普庐单于、无臣氐单于、另一单于名字不详。问:音信。 ④阳平关:在今陕西勉县西。 ⑤马鸣阁:在今四川广元市。 ⑥门下书佐:胡注:“汉制,郡阁下及诸曹各有书佐,干(主管)文书。” ⑦桑干:桑干河,永定河的上游。 ⑧轲比能:鲜卑族一个旁支小部落的首领。他以勇健、公正,被众推举为大人。 ⑨南阳吏民苦繇役:指苦于供给曹仁的部队。 ⑩望风:人的行为影响波及远方,有类于因风传送。

因谓自远处瞻望其人为“望风”。

二十四年 春，正月，曹仁屠宛，斩侯音，复屯樊。

初，夏侯渊战虽数胜，魏王操常戒之曰：“为将当有怯弱时，不可但恃勇也。将当以勇为本，行之以智计；但知任勇，一匹夫敌耳。”及渊与刘备相拒逾年，备自阳平南渡沔水，缘山稍前，营于定军山[①]。渊引兵争之。法正曰：“可击矣。”备使讨虏将军黄忠乘高鼓噪攻之[②]，渊军大败，斩渊及益州刺史赵颙。张郃引兵还阳平。是时新失元帅，军中扰扰，不知所为。督军杜袭与渊司马太原郭淮收敛散卒，号令诸军曰：“张将军国家名将，刘备所惮；今日事急，非张将军不能安也。”遂权宜推郃为军主[③]。郃出，勒兵按陈[④]，诸将皆受郃节度，众心乃定。明日，备欲渡汉水来攻；诸将以众寡不敌，欲依水为陈以拒之。郭淮曰：“此示弱而不足挫敌，非算也。不如远水为陈，引而致之，半济而后击之，备可破也。”既陈，备疑，不渡。淮遂坚守，示无还心。以状闻于魏王操，操善之，遣使假郃节，复以淮为司马。

二月，壬子晦，日有食之。

三月，魏王操自长安出斜谷，军遮要以临汉中[⑤]。刘备曰：“曹公虽来，无能为也，我必有汉川矣。”乃敛众拒险，终不交锋。操运米北山下，黄忠引兵欲取之，过期不还。翊军将军赵云将数十骑出营视之，值操扬兵大出，云猝与相遇，遂前突其陈，且斗且却。魏兵散而复合，追至营下，云入营，更大开门，偃旗息鼓。魏兵疑云有伏，引去；云雷鼓震天，惟以劲弩于后射魏兵。魏兵惊骇，自相蹂践，堕汉水中死者甚多。备明旦自来，至云营，视昨战处，曰：“子龙一身都为胆也[⑥]！”

操与备相守积月，魏军士多亡。夏，五月，操悉引出汉中诸军还长安，刘备遂有汉中。

操恐刘备北取武都氐以逼关中[⑦]，问雍州刺史张既，既曰：“可劝使北出就谷以避贼，前至者厚其宠赏，则先者知利，后必慕之。”操从之，使既之武都，徙氐五万余落出居扶风、天水界[⑧]。

武威颜俊、张掖和鸾、酒泉黄华、西平麴演等[⑨]，各据其郡，自号将军，更相攻击。俊遣使送母及子诣魏王操为质以求助。操问张既，既曰："俊等外假国威，内生傲悖，计定势足，后即反耳。今方事定蜀，且宜两存而斗之，犹卞庄子之刺虎，坐收其敝也[10]。"王曰："善！"岁余，鸾遂杀俊，武威王秘又杀鸾。

刘备遣宜都太守扶风孟达从秭归北攻房陵[11]，杀房陵太守蒯祺。又遣养子副军中郎将刘封自汉中乘沔水下，统达军，与达会攻上庸[12]，上庸太守申耽举郡降。备加耽征北将军，领上庸太守，以耽弟仪为建信将军、西城太守[13]。

【注释】

①定军山：在今陕西勉县东南。 ②鼓噪：擂鼓和呐喊。 ③权宜：因时因节而变通的办法。 ④勒：约束。按：巡视。 ⑤汉中：县名。在今陕西汉中市南郑区。 ⑥子龙一身都为胆也：胡注："言其胆大，能以孤军亢（通"抗"）操大兵。" ⑦武都：县名。在今甘肃成县。 ⑧扶风：县名。在今陕西兴平市。天水：县名。在今甘肃甘谷县。 ⑨西平：在今青海西宁市。 ⑩卞庄子之刺虎，坐收其敝：据《战国策》载，卞庄子要捕杀老虎，管竖子制止他说，两只老虎正在分食牛，等他们吃完了，必然相互争斗，结果是大的受伤，小的死亡。然后再杀死受伤的，就可一举而获两只老虎了。卞庄子听从他的意见，果然轻易地获取了两只虎。⑪房陵：县名。在今湖北房县。 ⑫上庸：县名。在今湖北竹山县。⑬西城：县名。在今陕西安康市。

秋，七月，刘备自称汉中王，设坛场于沔阳[1]，陈兵列众，群臣陪位，读奏讫，乃拜受玺绶，御王冠。因驿拜章，上还所假左将军、宜城亭侯印绶。立子禅为王太子。拔牙门将军义阳魏延为镇远将军[2]，领汉中太守，以镇汉川。备还治成都，以许靖为太傅，法正为尚书令，关羽为前将军，张飞为右将军，马超为左将军，黄忠为后将军[3]，余皆进位有差。

遣益州前部司马犍为费诗即授关羽印绶，羽闻黄忠位与己并，怒曰："大丈夫终不与老兵同列！"不肯受拜。诗谓羽曰："夫立王业者，所用非一。昔萧、曹与高祖少小亲旧，而陈、韩亡命后至；论其班列，韩最居上[4]，未闻萧、曹以此为怨。今汉中王以一时之功隆崇汉升；然意之轻重，宁当与君侯齐乎[5]！且王与君侯譬犹一体，同休等戚，祸福共之；愚谓君侯不宜计官号之高下、爵禄之多少为意也。仆一介之使，衔命之人，君侯不受拜，如是便还，但相为惜此举动，恐有后悔耳。”羽大感悟，遽即受拜。

诏以魏王操夫人卞氏为王后。

孙权攻合肥。时诸州兵戍淮南。扬州刺史温恢谓兖州刺史裴潜曰：“此间虽有贼，然不足忧。今水潦方生[6]，而子孝县军[7]，无有远备，关羽骁猾，政恐征南有变耳。”已而关羽果使南郡太守麋芳守江陵，将军傅[衍]士仁守公安，羽自率众攻曹仁于樊。仁使左将军于禁、立义将军庞德等屯樊北。八月，大霖雨[8]，汉水溢，平地数丈，于禁等七军皆没。禁与诸将登高避水，羽乘大船就攻之，禁等穷迫，遂降。庞德在堤上，被甲持弓，箭不虚发，自平旦力战，至日过中，羽攻益急；矢尽，短兵接，德战益怒[9]，气愈壮，而水浸盛，吏士尽降。德乘小船欲还仁营，水盛船覆，失弓矢，独抱船覆水中，为羽所得，立而不跪。羽谓曰：“卿兄在汉中[10]，我欲以卿为将，不早降何为！”德骂羽曰：“竖子，何谓降也！魏王带甲百万，威振天下；汝刘备庸才耳，岂能敌邪！我宁为国家鬼，不为贼将也！”羽杀之。魏王操闻之曰：“吾知于禁三十年[11]，何意临危处难，反不及庞德邪！”封德二子为列侯。

羽急攻樊城，城得水，往往崩坏，众皆恼惧。或谓曹仁曰：“今日之危，非力所支，可及羽围未合，乘轻船夜走。”汝南太守满宠曰：“山水速疾，冀其不久。闻羽遣别将已在郏下[12]，自许以南，百姓扰扰，羽所以不敢遂进者，恐吾军掎其后耳[13]。今若遁去，洪河以南[14]，非复国家有也，君宜待之。”仁曰：“善！”乃沉白马与军人盟誓，同心固守。城中人马才数千人，城不没者数板[15]。羽乘船临城，立围数重，外内断绝。羽又遣别将围将军吕常于襄阳。荆州刺史胡修、南乡太守傅方皆降于羽[16]。

初，沛国魏讽有惑众才，倾动邺都，魏相国钟繇辟以为西曹掾。荥阳任览，与讽友善；同郡郑袤，泰之子也，每谓览曰：“讽奸雄，终必为乱。”九月，讽潜结徒党，与长乐卫尉陈祎谋袭邺；未及期，祎惧而告之。太子丕诛讽，连坐死者数千人，钟繇坐免官。

【注释】

①坛场:筑在广场中的高台。沔阳:在今陕西勉县西南。 ②义阳:在今河南信阳市。 ③黄忠为后将军:胡注,前、后、左、右将军皆汉官。④韩最居上:胡注:“谓陈平、韩信自楚而来,韩信王而萧(萧何)、曹(曹参)侯,故曰韩最居上。” ⑤宁当与君侯齐乎:胡注:“言备以一时使忠与羽班(地位平列),而意之轻重则不在此。曹操尝表羽为汉寿亭侯,故称之为君侯。” ⑥水潦(lào 涝):积水,流水。潦,通“涝”。 ⑦子孝:曹仁字。 ⑧大霖雨:连绵的大雨。 ⑨怒:奋勇。 ⑩卿兄在汉中:此时庞德的堂兄庞柔在蜀任职。 ⑪知:认识。 ⑫郏(jiá 夹)下:县名。在今河南郏县。 ⑬掎(jǐ 己):拉住,拖住。 ⑭洪河:即黄河。洪,大。⑮板:城高二尺为一板。 ⑯南乡:在今河南淅川县。

初,丞相主簿杨修与丁仪兄弟谋立曹植为魏嗣,五官将丕患之,以车载废簏内朝歌长吴质[①],与之谋。修以白魏王操,操未及推验。丕惧,告质,质曰:“无害也。”明日,复以簏载绢以入,修复白之,推验,无人;操由是疑焉。其后植以骄纵见疏,而植故连缀修不止,修亦不敢自绝。每当就植,虑事有阙,忖度操意,豫作答教十余条,敕门下,“教出,随所问答之”,于是教裁出,答已入;操怪其捷,推问,始泄。操亦以修袁术之甥,恶之,乃发修前后漏泄言教,交关诸侯[②],收杀之。

魏王操以杜袭为留府长史,驻关中。关中营帅许攸拥部曲不归附[③],而有慢言,操大怒,先欲伐之。群臣多谏“宜招怀攸,共讨强敌”;操横刀于膝,作色不听。袭入欲谏,操逆谓之曰:“吾计已定,卿勿复言!”袭曰:“若殿下计是邪,臣方助殿下成之;若殿下计非邪,虽成,宜改之。殿下逆臣令勿言,何待下之不阐乎[④]!”操曰:“许攸慢吾,如何可置!”袭曰:“殿下谓许攸何如人邪?”操曰:“凡人也。”袭曰:“夫惟贤知贤,惟圣知圣,凡人安能知非凡人邪!方今豺狼当路而狐狸是先,人将谓殿下避强攻弱;进不为勇,退不为仁。臣闻千钧之弩,不为鼷鼠发机[⑤];万石之钟,不以莛撞起音[⑥]。今区区之许攸,何足以劳神武哉!”操曰:“善!”遂厚抚攸,攸即归服。

冬，十月，魏王操至洛阳。

陆浑民孙狼等作乱⑦，杀县主簿，南附关羽。羽授狼印，给兵，还为寇贼，自许以南，往往遥应羽，羽威震华夏。魏王操议徙许都以避其锐，丞相军司马司马懿、西曹属蒋济言于操曰："于禁等为水所没，非战攻之失，于国家大计未足有损。刘备、孙权，外亲内疏，关羽得志，权必不愿也。可遣人劝权蹑其后⑧，许割江南以封权，则樊围自解。"操从之。

初，鲁肃尝劝孙权以曹操尚存，宜且抚辑关羽，与之同仇，不可失也。及吕蒙代肃屯陆口，以为羽素骁雄，有兼并之心，且居国上流，其势难久，密言于权曰："今令征虏守南郡⑨，潘璋住白帝，蒋钦将游兵万人循江上下，应敌所在，蒙为国家前据襄阳，如此，何忧于操，何赖于羽！且羽君臣矜其诈力，所在反覆，不可以腹心待也。今羽所以未便东向者，以至尊圣明，蒙等尚存也。今不于强壮时图之，一旦僵仆⑩，欲复陈力，其可得邪！"权曰："今欲先取徐州，然后取羽，何如？"对曰："今操远在河北，抚集幽、冀，未暇东顾，余土守兵⑪，闻不足言，往自可克。然地势陆通，骁骑所骋，至尊今日取徐州，操后旬必来争，虽以七八万人守之，犹当怀忧。不如取羽，全据长江，形势益张，易为守也。"权善之。

【注释】

①簏（lù 鹿）：用竹子、柳条或藤条编成的圆形盛器。 ②漏泄言教，交关诸侯：胡注："以修预作答教（事先拟订回复教诫的答案），谓之漏泄；与植往来，谓之交关诸侯。" ③关中营帅许攸：胡注："此又一许攸，非自袁绍来奔之许攸也。" ④阐：开明。 ⑤鼷（xī 希）：鼠类最小的一种。 ⑥莛（tíng 廷）：亦作"筳"，草茎。 ⑦陆浑：县名。在今河南嵩县北。 ⑧蹑（niè 聂）：追踪。 ⑨征虏：孙皎这时为征虏将军。⑩僵仆：指死。 ⑪余：本作"徐"。

权尝为其子求昏于羽，羽骂其使，不许昏，权由是怒。及羽攻樊，吕蒙上疏曰："羽讨樊而多留备兵，必恐蒙图其后故也。蒙常有病，乞分士众还建业，以治疾为名，羽闻之，必撤备兵，尽赴襄阳。大军浮江昼夜驰上，袭其空虚，则南郡可下而羽可禽也。"遂称病笃。权乃露檄召蒙还[1]，阴与图计。蒙下至芜湖，定威校尉陆逊谓蒙曰："关羽接境，如何远下，后不当可忧也？"蒙曰："诚如来言，然我病笃。"逊曰："羽矜其骁气，陵轹于人[2]，始有大功，意骄志逸，但务北进，未嫌于我；有相闻病，必益无备，今出其不意，自可禽制。下见至尊，宜好为计。"蒙曰："羽素勇猛，既难为敌，且已据荆州，恩信大行，兼始有功，胆势益盛，未易图也。"蒙至都，权问："谁可代卿者？"蒙对曰："陆逊意思深长，才堪负重，观其规虑，终可大任；而未有远名，非羽所忌，无复是过也。若用之，当令外自韬隐，内察形便，然后可克。"权乃召逊，拜偏将军、右部督，以代蒙。逊至陆口，为书与羽，称其功美，深自谦抑，为尽忠自托之意。羽意大安，无复所嫌，稍撤兵以赴樊。逊具启形状，陈其可禽之要。

羽得于禁等人马数万，粮食乏绝，擅取权湘关米[3]；权闻之，遂发兵袭羽。权欲令征虏将军孙皎与吕蒙为左右部大督，蒙曰："若至尊以征虏能，宜用之；以蒙能，宜用蒙。昔周瑜、程普为左右部督，督兵攻江陵，虽事决于瑜，普自恃久将，且俱是督，遂共不睦，几败国事，此目前之戒也。"权寤，谢蒙曰："以卿为大督，命皎为后继可也。"

魏王操之出汉中也，使平寇将军徐晃屯宛以助曹仁；及于禁陷没，晃前至阳陵陂。关羽遣兵屯偃城[4]，晃既到，诡道作都堑[5]，示欲截其后，羽兵烧屯走。晃得偃城，连营稍前。操使赵俨以议郎参曹仁军事，与徐晃俱前，余救兵未到；晃所督不足解围，而诸将呼责晃，促救仁。俨谓诸将曰："今贼围素固，水潦犹盛，我徒卒单少，而仁隔绝，不得同力，此举适所以敝内外耳。当今不若前军逼围，遣谍通仁，使知外救，以励将士。计北军不过十日，尚足坚守，然后表里俱发，破贼必矣。如有缓救之戮，余为诸君当之。"诸将皆喜。晃营距羽围三丈所，作地道及箭飞书与仁，消息数通。

孙权为笺与魏王操，请以讨羽自效，及乞不漏，令羽有备。操问群臣，群臣咸言宜密之。董昭曰："军事尚权，期于合宜。宜应权以密，而内露之。羽闻权上，若还自护，围则速解，便获其利。可使两贼相对衔持，坐待其敝。秘而不露，使权得志，非计之上。

又，围中将吏不知有救，计粮怖惧，傥有他意，为难不小。露之为便。且羽为人强梁，自恃二城守固，必不速退。"操曰："善！"即敕徐晃以权书射著围里及羽屯中，围里闻之，志气百倍；羽果犹豫不能去。

【注释】

①露檄：胡注："欲使羽知之。" ②轹（lì 历）：欺凌。 ③湘关：胡注："吴以蜀分荆州，以湘水为界，故置关。" ④偃城：在今湖北襄阳市北。 ⑤诡道作都堑：胡注："诡道（小路）出偃城之后，通（全部，都）为长堑，故曰都堑。" ⑥二城：指江陵、公安。

魏王操自雒阳南救曹仁，群下皆谓："王不亟行，今败矣。"侍中桓阶独曰："大王以仁等为足以料事势不也？"曰："能。""大王恐二人遗力邪[①]？"曰："不然。""然则何为自往？"曰："吾恐虏众多，而徐晃等势不便耳。"阶曰："今仁等处重围之中，而守死无贰者，诚以大王远为之势也。夫居万死之地，必有死争之心，内怀死争，外有强救，大王按六军以示余力，何忧于败而欲自往？"操善其言，乃驻军摩陂[②]，前后遣殷署、朱盖等凡十二营诣晃。

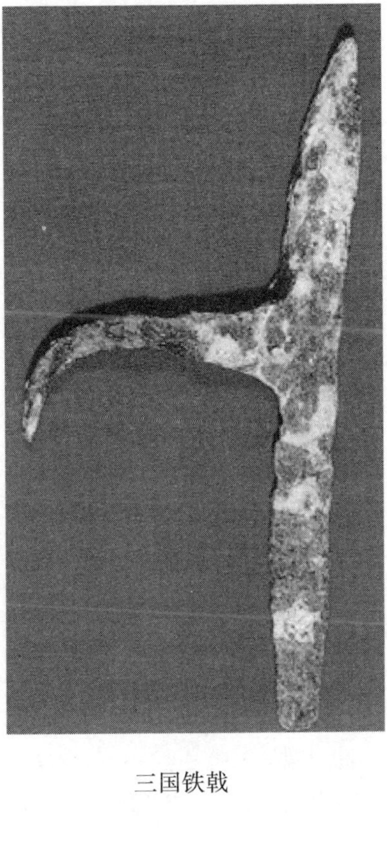

三国铁戟

关羽围头有屯，又别屯四冢，晃乃扬声当攻围头屯而密攻四冢。欲坏，自将步骑五千出战；晃击之，退走。羽围堑鹿角十重，晃追羽，与俱入围中，破之，傅方、胡修皆死，羽遂撤围退，然舟船犹据沔水[③]，襄阳隔绝不通。

吕蒙至寻阳[4]，尽伏其精兵𦪇𦨴中[5]，使白衣摇橹，作商贾人服，昼夜兼行，羽所置江边屯候，尽收缚之，是故羽不闻知。麋芳，士仁素皆嫌羽轻己，羽之出军，芳、仁供给军资不悉相及，羽言“还，当治之”，芳、仁咸惧。于是蒙令故骑都尉虞翻为书说仁，为陈成败，仁得书即降。翻谓蒙曰：“此谲兵也，当将仁行，留兵备城。”遂将仁至南郡。麋芳城守，蒙以仁示之，芳遂开门出降。蒙入江陵，释于禁之囚，得关羽及将士家属，皆抚慰之，约令军中：“不得干历人家，有所求取。”蒙麾下士，与蒙同郡人，取民家一笠以覆官铠；官铠虽公，蒙犹以为犯军令，不可以乡里故而废法，遂垂涕斩之。于是军中震栗，道不拾遗。蒙旦暮使亲近存恤耆老，问所不足，疾病者给医药，饥寒者赐衣粮。羽府藏财宝，皆封闭以待权至。

关羽闻南郡破，即走南还。曹仁会诸将议，咸曰：“今因羽危惧，可追禽也。”赵俨曰：“权邀羽连兵之难[6]，欲掩制其后，顾羽还救，恐我乘其两疲，故顺辞求效，乘衅因变以观利钝耳。今羽已孤迸[7]，更宜存之以为权害。若深入追北，权则改虞于彼[8]，将生患于我矣，王必以此为深虑。”仁乃解严[9]。魏王操闻羽走，恐诸将追之，果疾敕仁如俨所策。

关羽数使人与吕蒙相闻，蒙辄厚遇其使，周游城中，家家致问，或手书示信。羽人还，私相参讯，咸知家门无恙，见待过于平时，故羽吏士无斗心。

会权至江陵，荆州将吏悉皆归附；独治中从事武陵潘濬称疾不见，权遣人以床就家舆致之，濬伏面著床席不起，涕泣交横，哀哽不能自胜。权呼其字与语，慰谕恳恻，使亲近以手巾拭其面。濬起，下地拜谢，即以为治中，荆州军事，一以谘之。武陵部从事樊伷诱导诸夷，图以武陵附汉中王备。外白差督督万人往讨之，权不听；特召问濬，濬答：“以五千兵往，足以擒伷。”权曰：“卿何以轻之？”濬曰：“伷是南阳旧姓[10]，颇能弄唇吻，而实无才略。臣所以知之者，伷昔尝为州人设馔，比至日中，食不可得，而十余自起，此亦侏儒观一节之验也。”权大笑，即遣濬将五千人往，果斩平之。权以吕蒙为南郡太守，封孱陵侯，赐钱一亿，黄金五百斤；以陆逊领宜都太守。

十一月,汉中王备所置宜都太守樊友委郡走,诸城长吏及蛮夷君长皆降于逊。逊请金、银、铜印以假授初附,击蜀将詹晏等及秭归大姓拥兵者,皆破降之,前后斩获、招纳凡数万计。权以逊为右护军、镇西将军,进封娄侯,屯夷陵⑪,守峡口⑫。

关羽自知孤穷,乃西保麦城⑬。孙权使诱之,羽伪降,立幡旗为象人于城上,因遁走,兵皆解散,才十余骑。权先使朱然、潘璋断其径路,十二月,璋司马马忠获羽及其子平于章乡⑭,斩之,遂定荆州。

【注释】

①二人:即曹仁、吕常。 ②摩陂:水名。在今河南郏县东南。 ③沔水:汉水。 ④寻阳:在今湖北黄梅县。 ⑤艄(gōu 勾)艣:船名。 ⑥邀:胡注:"当作徼,徼幸也。" ⑦孤迸:胡注:"言羽失去根本,而势孤奔迸也(逃奔)。" ⑧虞:防。 ⑨解严:解除警戒。 ⑩旧姓:南阳的樊姓,与光武帝的母亲同宗,所以称为"旧姓"。 ⑪夷陵:在今湖北宜昌市。 ⑫峡口:即西陵峡。 ⑬麦城:在今湖北当阳市东。 ⑭章乡:在今湖北当阳市东北。

初,偏将军吴郡全琮上疏陈关羽可取之计,权恐事泄,寝而不答;及已禽羽,权置酒公安,顾谓琮曰:"君前陈此,孤虽不相答,今日之捷,抑亦君之功也。"于是封琮阳华亭侯。权复以刘璋为益州牧,驻秭归,未几,璋卒。

吕蒙未及受封而疾发,权迎置于所馆之侧,所以治护者万方。时有加针,权为之惨戚。欲数见其颜色,又恐劳动,常穿壁瞻之,见小能下食,则喜顾左右,不然则咄唶①,夜不能寐。病中瘳,为下赦令,群臣毕贺,已而,竟卒,年四十二。权哀痛殊甚,为置守冢三百家。

权后与陆逊论周瑜、鲁肃及蒙曰:"公瑾雄烈,胆略兼人,遂破孟德,开拓荆州,邈焉寡俦②。子敬因公瑾致达于孤,孤与宴语③,便及大略帝王之业,此一快也。后孟德因获刘琮之势,张言方率数十万众水步俱下,孤普请诸将,咨问所宜,无适先对;至张子布、秦文表俱言宜遣使修檄迎之，子敬即驳言不可[4]，劝孤急呼公瑾，付任以众，逆而击之，此二快也。后虽劝吾借玄德地，是其一短，不足以损其二长也。周公不求备于一人，故孤忘其短而贵其长，常以比方邓禹也。子明少时，孤谓不辞剧易，果敢有胆而已；及身长大，学问开益，筹略奇至，可以次于公瑾，但言议英发不及之耳。图取关羽，胜于子敬。子敬答孤书云：'帝王之起，皆有驱除，羽不足忌。'此子敬内不能办，外为大言耳，孤亦恕之，不苟责也。然其作军屯营，不失令行禁止，部界无废负[5]，路无拾遗，其法亦美矣。"

孙权与于禁乘马并行，虞翻呵禁曰："汝降虏，何敢与吾君齐马首乎！"抗鞭欲击禁，权呵止之。

孙权之称藩也，魏王操召张辽等诸军悉还救樊，未至而围解。徐晃振旅还摩陂，操迎晃七里，置酒大会；王举酒谓晃曰："全樊、襄阳，将军之功也。"亦厚赐桓阶，以为尚书。操嫌荆州残民及其屯田在汉川者，皆欲徙之。司马懿曰："荆楚轻脆易动，关羽新破，诸为恶者，藏窜观望，徙其善者，既伤其意，将令去者不敢复还。"操曰："是也。"是后诸亡者悉还出。

魏王操表孙权为票骑将军，假节，领荆州牧，封南昌侯[6]。权遣校尉梁寓入贡，又遣朱光等归，上书称臣于操，称说天命。操以权书示外曰："是儿欲踞吾著炉火上邪！"侍中陈群等皆曰："汉祚已终，非适今日。殿上功德巍巍，群生注望，故孙权在远称臣。此天人之应，异气齐声，殿下宜正大位，复何疑哉！"操曰："若天命在吾，吾为周文王矣[7]。"

【注释】

①咄唶（jiè 借）：叹息声。　②邈：远。　③宴语：闲谈。　④驳言：异议。　⑤废负：因废职而负罪的人。　⑥南昌：县名。在今江西南昌市南部。　⑦吾为周文王矣：此指曹操想效法周文王，周文王当时占据了三分之二的天下，但仍臣服殷商，这情形与此时的曹操有相同之处。

臣光曰：教化，国家之急务也，而俗吏慢之；风俗，天下之大事也，而庸君忽之。夫惟明智君子，深识长虑，然后知其为益之大而收功之远也。光武遭汉中衰，群雄麋沸，奋起布衣，绍恢前绪，征伐四方，日不暇给，乃能敦尚经术，宾延儒雅①，开广学校，修明礼乐②，武功既成，文德亦洽③。继以孝明、孝章，遹追先志④，临雍拜老⑤，横经问道⑥。自公卿、大夫至于郡县之吏，咸选用经明行修之人，虎贲卫士皆习《孝经》，匈奴子弟亦游大学，是以教立于上，俗成于下。其忠厚清修之士，岂惟取重于搢绅，亦见慕于众庶；愚鄙污秽之人，岂惟不容于朝廷，亦见弃于乡里。自三代既亡，风化之美，未有若东汉之盛者也。及孝和以降，贵戚擅权⑦，嬖幸用事⑧，赏罚无章，贿赂公行，贤愚浑殽，是非颠倒，可谓乱矣。然犹绵绵不至于亡者，上则有公卿、大夫袁安、杨震、李固、杜乔、陈蕃、李膺之徒面引廷争，用公义以扶其危，下则有布衣之士符融、郭泰、范滂、许邵之流，立私论以救其败，是以政治虽浊而风俗不衰，至有触冒斧钺，僵仆于前，而忠义奋发，继起于后，随踵就戮，视死如归。夫岂特数子之贤哉？亦光武、明、章之遗化也。当是之时，苟有明君作而振之，则汉氏之祚犹未可量也。不幸承陵夷颓敝之余，重以桓、灵之昏虐，保养奸回，过于骨肉；殄灭忠良，甚于寇仇；积多士之愤⑨，蓄四海之怒。于是何进召戎，董卓乘衅，袁绍之徒从而构难，遂使乘舆播越，宗庙丘墟，王室荡覆，烝民涂炭，大命陨绝，不可复救。然州郡拥兵专地者，虽互相吞噬，犹未尝不以尊汉为辞。以魏武之暴戾强伉⑩，加有大功于天下，其蓄无君之心久矣，乃至没身不敢废汉而自立，岂其志之不欲哉？犹畏名义而自抑也。由是观之，教化安可慢，风俗安可忽哉！

【注释】

①儒雅：博学的儒者。 ②修明：昌明，阐明。 ③洽：浸润。 ④遹（yù 域）：遵循。 ⑤雍：即辟雍。本为西周天子所设大学。东汉以后，历代皆有辟雍。老：即“三老五更”的简称。相传古代设三老五更，以尊养老人。三老五更各一人，都侍养在辟雍，天子把他们当作父兄供养，向天下表明孝悌之心。这种制度在汉代还保存着。 ⑥横经：古时学生听讲时，横展着经书，以便老师指教。 ⑦贵戚：指外戚。 ⑧嬖幸：指宦官。 ⑨多士：指百官。 ⑩伉（kàng 抗）：骄纵。

资治通鉴卷第六十九

魏纪一　起上章困敦，尽玄黓摄提格，凡三年。

世祖文皇帝上

黄初元年　春，正月，武王至洛阳[①]；庚子，薨。王知人善察，难眩以伪。识拔奇才，不拘微贱，随能任使，皆获其用。与敌对陈，意思安闲，如不欲战然；及至决机乘胜，气势盈溢。勋劳宜赏，不吝千金；无功望施，分豪不与。用法峻急，有犯必戮，或对之流涕，然终无所赦。雅性节俭，不好华丽。故能芟刈群雄，几平海内。

是时太子在邺，军中骚动。群僚欲秘不发丧。谏议大夫贾逵以为事不可秘，乃发丧。或言宜易诸城守，悉用谯、沛人[②]。魏郡太守广陵徐宣厉声曰："今者远近一统，人怀效节，何必专任谯、沛，以沮宿卫者之心！"乃止。青州兵擅击鼓相引去[③]；众人以为宜禁止之，不从者讨之。贾逵曰："不可。"为作长檄，令所在给其禀食。鄢陵侯彰从长安来赴，问逵先王玺绶所在。逵正色曰："国有储副，先王玺绶，非君侯所宜问也。"凶问至邺，太子号哭不已。中庶子司马孚谏曰[④]："君王晏驾，天下恃殿下为命；当上为宗庙，下为万国，奈何效匹夫孝也！"太子良久乃止，曰："卿言是也。"时群臣初闻王薨，相聚哭，无复行列。孚厉声于朝曰："今君王违世，天下震动，当早拜嗣君，以镇万国，而但哭邪！"乃罢群臣，备禁卫，治丧事。孚，懿之弟也。群臣以为太子即位，当须诏命。尚书陈矫曰："王薨于外，天下惶惧。太子宜割哀即位，以系远近之望。且又爱子在侧，彼此生变，则社稷危矣。"即具官备礼[5]，一日皆辨。明旦，以王后令，策太子即王位，大赦。汉帝寻遣御史大夫华歆奉策诏，授太子丞相印、绶，魏王玺、绶，领冀州牧。于是尊王后曰王太后。

改元延康。

二月，丁未朔，日有食之。

壬戌，以太中大夫贾诩为太尉，御史大夫华歆为相国，大理王朗为御史大夫。

丁卯，葬武王于高陵。

王弟鄢陵侯彰等皆就国。临菑监国谒者灌均[6]，希指奏："临菑侯植醉酒悖慢，劫胁使者。"王贬植为安乡侯，诛右刺奸掾沛国丁仪及弟黄门侍郎廙并其男口，皆植之党也。

鱼豢论曰：谚言："贫不学俭，卑不学恭。"非人性分殊也，势使然耳。假令太祖防遏植等在于畴昔，此贤之心，何缘有窥望乎！彰之挟恨，尚无所至；至于植者，岂能兴难！乃令杨修以倚注遇害，丁仪以希意族灭，哀夫！

曹丕像

【注释】

①武王：即曹操。曹操死后，谥号为"武"。 ②谯、沛人：即曹氏的家乡人。曹操，沛国谯县人。 ③青州兵：即汉献帝初平三年（192），投降曹操的青州黄巾军。 ④中庶子：胡注《续汉志》："太子中庶子，秩（品级）六百石，职如侍中。" ⑤具官：配备应有的官吏。 ⑥监国谒

者:当时为了防禁诸侯,派遣谒者监督各诸侯国。

初置散骑常侍、侍郎各四人,其宦人为官者不得过诸署令;为金策,藏之石室。时当选侍中、常侍,王左右旧人讽主者,便欲就用,不调余人。司马孚曰:"今嗣王新立,当进用海内英贤,如何欲因际会,自相荐举邪!官失其任,得者亦不足贵也。"遂他选。

尚书陈群,以天朝选用不尽人才,乃立九品官人之法[①];州、郡皆置中正以定其选,择州郡之贤有识鉴者为之,区别人物,第其高下。

夏,五月,戊寅,汉帝追尊王祖太尉曰太王,夫人丁氏曰太王后。

王以安定太守邹岐为凉州刺史。西平麴演结旁郡作乱以拒岐;张掖张进执太守杜通,酒泉黄华不受太守辛机,皆自称太守以应演;武威三种胡复叛。武威太守毌丘兴告急于金城太守、护羌校尉扶风苏则,则将救之,郡人皆以为贼势方盛,宜须大军。时将军郝昭、魏平先屯金城,受诏不得西渡。则乃见郡中大吏及昭等谋曰:"今贼虽盛,然皆新合,或有胁从,未必同心;因衅击之,善恶必离,离而归我,我增而彼损矣。既获益众之实,且有倍气之势,率以进讨,破之必矣。若待大军,旷日弥久,善人无归,必合于恶,善恶既合,势难卒离。虽有诏命,违而合权,专之可也。"昭等从之,乃发兵救武威,降其三种胡,与毌丘兴击张进于张掖。麴演闻之,将步骑三千迎则,辞来助军,实欲为变,则诱而斩之,出以徇军,其党皆散走。则遂与诸军围张掖,破之,斩进;黄华惧,乞降。河西平。

初,敦煌太守马艾卒官,郡人推功曹张恭行长史事;恭遣其子就诣朝廷请太守。会黄华、张进叛,欲与敦煌并势,执就,劫以白刃;就终不回,私与恭疏曰:"大人率厉敦煌[②],忠义显然,岂以就在困厄之中而替之哉!今大军垂至,但当促兵以掎之耳[③]。愿不以下流之爱,使就有恨于黄壤也。"恭即引兵攻酒泉,别遣铁骑二百及官属,缘酒泉北塞,东迎太守尹奉。黄华欲救张进,而西顾恭兵,恐击其后,故不得往而降。就卒平安,奉得之郡,诏赐恭爵关内侯。

六月，庚午，王引军南巡。

秋，七月，孙权遣使奉献。

蜀将军孟达屯上庸，与副军中郎将刘封不协；封侵陵之，达率部曲四千余家来降。达有容止才观[④]，王甚器爱之，引与同辇，以达为散骑常侍、建武将军，封平阳亭侯。合房陵、上庸、西城三郡为新城，以达领新城太守，委以西南之任。行军长史刘晔曰："达有苟得之心，而恃才好术，必不能感恩怀义。新城与孙、刘接连，若有变态，为国生患。"王不听[⑤]。遣征南将军夏侯尚、右将军徐晃与达共袭刘封。上庸太守申耽叛封来降，封破，走还成都。

初，封本罗侯寇氏之子，汉中王初至荆州，以未有继嗣，养之为子。诸葛亮虑封刚猛，易世之后，终难制御，劝汉中王因此际除之；遂赐封死。

武都氐王杨仆率种人内附。

甲午，王次于谯，大飨六军及谯父老于邑东，设伎乐百戏[⑥]，吏民上寿[⑦]，日夕而罢。

> 孙盛曰：三年之丧，自天子达于庶人。故虽三季之末，七雄之敝，犹未有废衰斩于旬朔之间，释麻杖于反哭之日者也。逮于汉文，变易古制，人道之纪，一旦而废，固已道薄于当年，风颓于百代矣。魏王既追汉制，替其大礼，处莫重之哀而设飨宴之乐，居贻厥之始而堕王化之基[⑧]，及至受禅，显纳二女，是以知王龄之不遐，卜世之期促也。

【注释】

①九品官人之法：即九品中正制。是魏晋南北朝保证世族特权的官僚选拔制度。延康元年(220)，曹丕采纳吏部尚书陈群的建议，推选各郡有声望的人，出任"中正"，将当地士人分别评定为九等(九品)，政策按等选用，故称之九品官人法。胡注："九品中正自此始。" ②率厉：率领督促。 ③掎(jǐ)：拉住，拖住。 ④容止：仪容举止。 ⑤王不听：胡注："为孟达叛魏张本。" ⑥百戏：古代乐舞、杂技表演的总称。 ⑦上寿：敬酒，表示祝颂之意。 ⑧贻厥：亦作"诒厥"。贻，遗留给；厥，犹"其"。后因以"贻厥"为子孙的代称。

王以丞相祭酒贾逵为豫州刺史。是时天下初定，刺史多不能摄郡。逵曰："州本以六条诏书察二千石以下，故其状皆言严能鹰扬，有督察之才，不言安静宽仁，有恺悌之德也[①]。今长吏慢法，盗贼公行，州知而不纠，天下复何取正乎！"其二千石以下，阿纵不如法者，皆举奏免之。外修军旅，内治民事，兴陂田，通运渠，吏民称之。王曰："逵真刺史矣。"布告天下，当以豫州为法；赐逵爵关内侯。

左中郎将李伏、太史丞许芝表言："魏当代汉，见于图纬，其事众甚。"群臣因上表劝王顺天人之望，王不许。

冬，十月，乙卯，汉帝告祠高庙，使行御史大夫张音持节奉玺绶诏册，禅位于魏。王三上书辞让，乃为坛于繁阳[②]，辛未，升坛受玺绶，即皇帝位，燎祭天地、岳渎[③]，改元，大赦。

十一月，癸酉，奉汉帝为山阳公[④]，行汉正朔，用天子礼乐；封公四子为列侯。追尊太王曰太皇帝；武王曰武皇帝，庙号太祖；尊王太后曰皇太后。以汉诸侯王为崇德侯，列侯为关中侯。群臣封爵、增位各有差。改相国为司徒，御史大夫为司空。山阳公奉二女以嫔于魏。

帝欲改正朔，侍中辛毗曰："魏氏遵舜、禹之统，应天顺民；至于汤、武，以战伐定天下，乃改正朔。孔子曰：'行夏之时。'《左氏传》曰：'夏数为得天正。'何必期于相反！"帝善而从之。时群臣并颂魏德，多抑损前朝；散骑常侍卫臻独明禅授之义，称扬汉美。帝数目臻曰[⑤]："天下之珍，当与山阳共之。"帝欲追封太后父、母，尚书陈群奏曰："陛下以圣德应运受命，创业革制，当永为后式。按典籍之文，无妇人分土命爵之制。在礼典，妇因夫爵。秦违古法，汉氏因之，非先王之令典也。"帝曰："此议是也，其勿施行。"仍著定制[⑥]，藏之台阁。

十二月，初营洛阳宫。戊午，帝如洛阳。

帝谓侍中苏则曰："前破酒泉、张掖，西域通使敦煌，献径寸大珠，可复求市益得不？"则对曰："若陛下化洽中国，德流沙幕，即不求自至。求而得之，不足贵也。"帝嘿然。

帝召东中郎将蒋济为散骑常侍。时有诏赐征南将军夏侯尚曰："卿腹心重将，特当任使，作威作福，杀人活人。"尚以示济。济至，帝问以所闻见，对曰："未有他善，但见亡国之语耳。"帝忿然作色而问其故，济具以答，因曰："夫'作威作福'，《书》之明诫。天子无戏言，古人所慎；惟陛下察之！"帝即遣追取前诏。

帝欲徙冀州士卒家十万户实河南。时天旱蝗，民饥，群司以为不可，而帝意甚盛。侍中辛毗与朝臣俱求见，帝知其欲谏，作色以待之，皆莫敢言。毗曰："陛下欲徙士家，其计安出？"帝曰："卿谓我徙之非邪？"毗曰："诚以为非也。"帝曰："吾不与卿议也。"毗曰："陛下不以臣不肖，置之左右，厕之谋议之官，安能不与臣议邪！臣所言非私也，乃社稷之虑也，安得怒臣！"帝不答，起入内；毗随而引其裾，帝遂奋衣不还，良久乃出，曰："佐治[7]，卿持我何太急邪！"毗曰："今徙，既失民心，又无以食也，故臣不敢不力争。"帝乃徙其半。帝尝出射雉，顾群臣曰："射雉乐哉！"毗对曰："于陛下甚乐，于群下甚苦。"帝默然，后遂为之稀出。

【注释】

①恺（kǎi 凯）：和易近人。　②繁阳：地名。在今河南许昌市。③燎祭：古代的一种祭祀仪式。燃火以祭天地山川。　④山阳：县名。治今河南焦作市东。　⑤目：注视。　⑥仍：沿袭。　⑦佐治：辛毗字。

二年　春，正月，以议郎孔羡为宗圣侯，奉孔子祀。

三月，加辽东太守公孙恭车骑将军。

初复五铢钱。

蜀中传言汉帝已遇害，于是汉中王发丧制服，谥曰孝愍皇帝。群下竞言符瑞，劝汉中王称尊号。前部司马费诗上疏曰："殿下以曹操父子逼主篡位，故乃羁旅万里[1]，纠合士众，将以讨贼。今大敌未克而先自立，恐人心疑惑。昔高祖与楚约，先破秦者王之。及屠咸阳，获子婴[2]，犹怀推让；况今殿下未出门庭，便欲自立邪！愚臣诚不为殿下取也。"王不悦，左迁诗为部永昌从事。夏，四月，丙午，汉中王即皇帝位于武担之南[3]，大赦，改元章武。以诸葛亮为丞相，许靖为司徒。

臣光曰："天生烝民，其势不能自治，必相与戴君以治之。苟能禁暴除害以保全其生；赏善罚恶使不至于乱，斯可谓之君矣。是以三代之前，海内诸侯，何啻万国，有民人、社稷者，通谓之君。合万国而君之，立法度，班号令，而天下莫敢违者，乃谓之王。王德既衰，强大之国能帅诸侯以尊天子者，则谓之霸。故自古天下无道，诸侯力争，或旷世无王者，固亦多矣。秦焚书坑儒，汉兴，学者始推五德生、胜，以秦为闰位，在木火之间，霸而不王，于是正闰之论兴矣。及汉室颠覆，三国鼎峙。晋氏失驭，五胡云扰。宋、魏以降，南、北分治，各有国史，互相排黜，南谓北为索虏，北为南为岛夷④。朱氏代唐⑤，四方幅裂，朱邪入汴⑥，比之穷、新，运历年纪，皆弃而不数，此皆私己之偏辞，非大公之通论也。臣愚诚不足以识前代之正闰，窃以为苟不能使九州合为一统，皆有天子之名而无其实者也。虽华夷仁暴⑦，大小强弱，或时不同，要皆与古之列国无异，岂得独尊奖一国谓之正统，而其余皆为僭伪哉！若以自上相授受者为正邪，则陈氏何所受？拓跋氏何所受？若以居中夏者为正邪，则刘、石、慕容、苻、姚、赫连所得之土，皆五帝、三王之旧都也。若以有道德者为正邪，则蕞尔之国⑧，必有令主⑨，三代之季，岂无僻王⑩！是以正闰之论，自古及今，未有能通其义，确然使人不可移夺者也⑪。臣今所述，止欲叙国家之兴衰，著生民之休戚，使观者自择其善恶得失，以为劝戒，非若《春秋》立褒贬之法，拨乱世反诸正也。正闰之际，非所敢知，但据其功业之实而言之。周、秦、汉、晋、隋、唐，皆尝混壹九州，传祚于后，子孙虽微弱播迁，犹承祖宗之业，有绍复之望，四方与之争衡者，皆其故臣也，故全用天子之制以临之。其余地丑德齐⑫，莫能相壹，名号不异，本非君臣者，皆以列国之制处之，彼此均敌，无所抑扬，庶几不诬事实，近于至公。然天下离析之际，不可无岁、时、月、日以识事之先后。据汉传于魏而晋受之，晋传于宋以至于陈而隋取之，唐传于梁以至于周而大宋承之，故不得不取魏、宋、齐、梁、陈、后梁、后唐、后晋、后汉、后周年号，以纪诸国之事，非尊此而卑彼，有正闰之辨也。昭烈之于汉，虽云中山靖王之后，而族属疏远，不能纪其世数名位，亦犹宋高祖称楚元王后，南唐烈祖称吴王恪后，是非难辨，故不敢以光武及晋元帝为比，使得绍汉氏之遗统也。”

【注释】

①羁：寄。旅：客。羁旅：作客他乡。 ②子婴：秦始皇的孙子，秦朝最后一个皇帝。即位四十六天，后被项羽所杀。 ③武担：山名。在今四川成都市西北。 ④索虏、岛夷：南北朝时相互辱骂的称呼。胡注：“索虏者，以北人辫发（留辫子），谓之索头也。岛夷者，以东南际（濒）海，土地卑（低）下，谓之岛中也。” ⑤朱氏：朱温。后梁的建国者。⑥朱邪：即李存勖。后唐的建国者。 ⑦华夏：疑为华夷。 ⑧蕞（zuì最）尔：小貌。 ⑨令：善，美。 ⑩僻：不正，邪。 ⑪确然：坚固貌。⑫丑：类，差不多。

孙权自公安徙都鄂，更名鄂曰武昌。

五月，辛巳，汉主立夫人吴氏为皇后。后，偏将军懿之妹，故刘璋兄瑁之妻也。立子禅为皇太子。娶车骑将军张飞女为皇太子妃。

太祖之入邺也，帝为五官中郎将，见袁熙妻中山甄氏美而悦之，太祖为之聘焉，生子睿。及即皇帝位，安平郭贵嫔有宠，甄夫人留邺不得见，失意，有怨言，郭贵嫔谮之，帝大怒，六月，丁卯，遣使赐夫人死。

帝以宗庙在邺，祀太祖于洛阳建始殿，如家人礼。

戊辰晦，日有食之。有司奏免太尉，诏曰：“灾异之作，以谴元首，而归过股肱，岂禹、汤罪己之义乎！其令百官各虔厥职。后有

《洛神赋图》（局部）

天地之眚，勿复劾三公。”

汉主立其子永为鲁王，理为梁王。

汉主耻关羽之没，将击孙权。翊军将军赵云曰：“国贼，曹操，非孙权也。若先灭魏，则权自服。今操身虽毙，子丕篡盗，当因众心，早图关中，居河、渭上流以讨凶逆，关东义士必裹粮策马以迎王师。不应置魏，先与吴战。兵势一交，不得卒解，非策之上也。”群臣谏者甚众，汉主皆不听。广汉处士秦宓陈天时必无利[①]，坐下狱幽闭，然后贷出[②]。

初，车骑将军张飞，雄壮威猛亚于关羽；羽善待卒伍而骄于士大夫，飞爱礼君子而不恤军人。汉主常戒飞曰：“卿刑杀既过差[③]，又日鞭檛健儿而令在左右，此取祸之道也。”飞犹不悛[④]。汉主将伐孙权，飞当率兵万人自阆中会江州。临发，其帐下将张达、范强杀飞，以其首顺流奔孙权。汉主闻飞营都督有表，曰：“噫，飞死矣！”

陈寿评曰：关羽、张飞皆称万人之敌，为世虎臣。羽报效曹公[⑤]，飞义释严颜[⑥]，并有国士之风。然羽刚而自矜，飞暴而无恩，以短取败，理数之常也。

【注释】

①处士：古时指有才德而隐居不士的人。　②贷：原谅，赦免。③过差：过分。　④悛（quān 圈）：改过，悔改。　⑤羽报效曹公：事见本书卷第六十三献帝建安五年（200）。　⑥飞义释严颜：事见本书卷第六十七建安十九年（214）。

秋，七月，汉主自率诸军击孙权，权遣使求和于汉。南郡太守诸葛瑾遗汉主笺曰：“陛下以关羽之亲，何如先帝？荆州大小，孰与海内？俱应仇疾，谁当先后？若审此数，易于反掌矣。”汉主不听。时或言瑾别遣亲人与汉主相闻者，权曰：“孤与子瑜，有死生不易之誓，子瑜之不负孤，犹孤之不负子瑜也。”然谤言流闻于外，陆逊表明瑾必无此，宜有以散其意。权报曰：“子瑜与孤从事积年，恩如骨肉，深相明究。其为人，非道不行，非义不言。玄德昔遣孔明至吴，孤尝语子瑜曰：‘卿与孔明同产，且弟随兄，于义为顺,何以不留孔明?孔明若留从卿者,孤当以书解玄德,意自随人耳。'子瑜答孤言:'弟亮已失身于人。委质定分,义无二心。弟之不留,犹瑾之不往也。'其言足贯神明,今岂当有此乎!前得妄语文疏,即封示子瑜,并手笔与之。孤与子瑜,可谓神交,非外言所间。知卿意至,辄封来表以示子瑜,使知卿意。"

汉主遣将军吴班、冯习攻破权将李异、刘阿等于巫[1],进军秭归,兵四万余人。武陵蛮夷皆遣使往请兵。权以镇西将军陆逊为大都督、假节,督将军朱然、潘璋、宋谦、韩当、徐盛、鲜于丹、孙桓等五万人拒之。

皇弟鄢陵侯彰、宛侯据、鲁阳侯宇、谯侯林、赞侯兖、襄邑侯峻、弘农侯干、寿春侯彪、历城侯徽、平舆侯茂皆进爵为公;安乡侯植改封鄄城侯。

筑陵云台[2]。

初,帝诏群臣令料刘备当为关羽出报孙权否,众议咸云:"蜀小国耳,名将唯羽;羽死军破,国内忧惧,无缘复出。"侍中刘晔独曰:"蜀虽狭弱,而备之谋欲以威武自强,势必用众以示有余。且关羽与备,义为君臣,恩犹父子;羽死,不能为兴军报敌,于终始之分不足矣。"

八月,孙权遣使称臣,卑辞奉章,并送于禁等还。朝臣皆贺,刘晔独曰:"权无故求降,必内有急。权前袭杀关羽,刘备必大兴师伐之。外有强寇,众心不安,又恐中国往乘其衅,故委地求降,一以却中国之兵,二假中国之援,以强其众而疑敌人耳。天下三分,中国十有其八。吴、蜀各保一州,阻山依水,有急相救,此小国之利也;今还自相攻,天亡之也,宜大兴师,径渡江袭之。蜀攻其外,我袭其内,吴之亡不出旬日矣。吴亡则蜀孤,若割吴之半以与蜀,蜀固不能久存,况蜀得其外,我得其内乎!"帝曰:"人称臣降而伐之,疑天下欲来者心,不若且受吴降而袭蜀之后也。"对曰:"蜀远吴近,又闻中国伐之,便还军,不能止也。今备已怒,兴兵击吴,闻我伐吴,知吴必亡,将喜而进与我争割吴地,必不改计抑怒救吴也。"帝不听,遂受吴降。

于禁须发皓白,形容憔悴,见帝,泣涕顿首。帝慰谕以荀林父、孟明视故事[3]，拜安远将军，令北诣邺谒高陵。帝使豫于陵屋画关羽战克、庞德愤怒、禁降伏之状。禁见，惭恚发病死。

臣光曰：于禁将数万众，败不能死，生降于敌，既而复归；文帝废之可也，杀之可也，乃画陵屋以辱之，斯为不君矣！

【注释】

①巫：县名。在今重庆东端、长江沿岸，邻接湖北省，大宁河流经境内。 ②陵云台：在洛阳城中。 ③荀林父、孟明视故事：春秋时晋国大夫荀林父与楚交战，战败，但晋景公仍然起用他，不久他征服了赤狄（春秋时狄人的一部分）。孟明视，秦国的大夫，曾被晋俘获，但秦穆公仍然起用他，后来他使秦称霸西戎（中国古代西北戎族的总称）。

丁巳，遣太常邢贞奉策即拜孙权为吴王，加九锡。刘晔曰："不可。先帝征伐天下，十兼其八，威震海内；陛下受禅即真，德合天地，声暨四远。权虽有雄才，故汉票骑将军、南昌侯耳，官轻势卑；士民有畏中国心，不可强迫与成所谋也。不得已受其降，可进其将军号，封十万户侯，不可即以为王也。夫王位去天子一阶耳，其礼秩服御相乱也[1]。彼直为侯，江南士民未有君臣之分。我信其伪降，就封殖之，崇其位号，定其君臣，是为虎傅翼也。权既受王位，却蜀兵之后，外尽礼以事中国，使其国内皆闻，内为无礼以怒陛下；陛下赫然发怒，兴兵讨之，乃徐告其民曰：'我委身事中国，不爱珍货重宝，随时贡献，不敢失臣礼，而无故伐我，必欲残我国家，俘我人民、以为仆妾。'吴民无缘不信其言也。信其言而感怒，上下同心，战加十倍矣。"又不听。诸将以吴内附，意皆纵缓，独征南大将军夏侯尚益修攻守之备。山阳曹伟，素有才名，闻吴称藩，以白衣与吴王交书求赂，欲以交结京师，帝闻而诛之。

吴又城武昌[2]。

初，帝欲以杨彪为太尉，彪辞曰："尝为汉朝三公，值世衰乱，不能立尺寸之益，若复为魏臣，于国之选，亦不为荣也。"帝乃止。冬，十月，己亥，公卿朝朔旦，并引彪，待以客礼；赐延年杖、冯几[3]，使著布单衣、皮弁以见；拜光禄大夫，秩中二千石；朝见，位次三公；又令门施行马[4]，置吏卒，以优崇之。年八十四而卒。

以谷贵，罢五铢钱。

凉州卢水胡治元多等反，河西大扰。帝召邹岐还，以京兆尹张既为凉州刺史，遣护军夏侯儒、将军费曜等继其后。胡七千余骑逆拒既于鹯阴口，既扬声军从鹯阴[5]，乃潜由且次出武威。胡以为神，引还显美[6]。既已据武威，曜乃至，儒等犹未达。既劳赐将士，欲进军击胡，诸将皆曰："士卒疲倦，虏众气锐，难与争锋。"既曰："今军无见粮[7]，当因敌为资。若虏见兵合，退依深山，追之则道险穷饿，兵还则出候寇钞，如此，兵不得解，所谓一日纵敌，患在数世也。"遂前军显美。十一月，胡骑数千，因大风欲放火烧营，将士皆恐。既夜藏精卒三千人为伏，使参军成公英督千余骑挑战，敕使阳退；胡果争奔之，因发伏截其后，首尾进击，大破之，斩首获生以万数，河西悉平。

后西平麴光反，杀其郡守。诸将欲击之，既曰："唯光等造反，郡人未必悉同；若便以军临之，吏民、羌、胡必谓国家不别是非，更使皆相持著，此为虎傅翼也。光等欲以羌、胡为援，今先使羌、胡钞击，重其赏募，所虏获者，皆以畀之[8]。外沮其势，内离其交，必不战而定。"乃移檄告谕诸羌，为光等所诖误者原之[9]；能斩贼帅送首者当加封赏。于是光部党斩送光首，其余皆安堵如故[10]。

【注释】

①其礼秩服御相乱也：胡注："自曹操为魏王，加九锡，礼秩服御与天子相乱矣。" ②城：修筑城墙。 ③延年杖、冯（píng 凭）几：古时，老人居则凭几，行则携杖。因此赠送几杖给老人，是表示敬老。冯，通"凭"。冯几，可以倚靠身子的小桌。 ④行马：拦阻人马通行的木架。魏晋以后的高官，在门前才可安装行马，表示此为禁地。 ⑤鹯（zhān 粘）阴：县名。治今甘肃靖远县西北。 ⑥显美：县名。治今甘肃永昌县东。 ⑦见（xiàn 现）：同"现"。 ⑧畀（bì 币）：给予，付与。 ⑨诖（guà 挂）：欺骗。 ⑩安堵：安居，不受骚扰。

邢贞至吴，吴人以为宜称上将军，九州伯，不当受魏封。吴王曰："九州伯，于古未闻也。昔沛公亦受项羽封为汉王，盖时宜耳，复何损邪！"遂受之。吴王出都亭候贞，贞入门，不下车。张昭谓贞曰:“夫礼无不敬,法无不行。而君敢自尊大,岂以江南寡弱,无方寸之刃故乎!”贞即遽下车。中郎将琅邪徐盛忿愤,顾谓同列曰:“盛等不能奋身出命,为国家并许、洛,吞巴、蜀,而令吾君与贞盟,不亦辱乎!”因涕泣横流。贞闻之,谓其徒曰:“江东将相如此,非久下人者也。”

吴主遣中大夫南阳赵咨入谢[①]。帝问曰:“吴王何等主也?”对曰:“聪明、仁智、雄略之主也。”帝问其状,对曰:“纳鲁肃于凡品,是其聪也;拔吕蒙于行陈,是其明也;获于禁而不害,是其仁也;取荆州兵不血刃,是其智也;据三州虎视于天下[②],是其雄也;屈身于陛下,是其略也。”帝曰:“吴王颇知学乎?”咨曰:“吴王浮江万艘,带甲百万,任贤使能,志存经略[③],虽有余闲,博览书传,历史籍,采奇异,不效书生寻章摘句而已。”帝曰:“吴可征否?”对曰:“大国有征伐之兵,小国有备御之固。”帝曰:“吴难魏乎?”对曰:“带甲百万,江、汉为池,何难之有!”帝曰:“吴如大夫者几人?”对曰:“聪明特达者,八九十人;如臣之比,车载斗量,不可胜数。”

帝遣使求雀头香、大贝、明珠、象牙、犀角、玳瑁、孔雀、翡翠、斗鸭、长鸣鸡于吴。吴群臣曰:“荆、扬二州,贡有常典。魏所求珍玩之物,非礼也,宜勿与。”吴王曰:“方有事于西北,江表元元,恃主为命。彼所求者,于我瓦石耳,孤何惜焉!且彼在谅闇之中而所求若此[④],宁可与言礼哉!”皆具以与之。

吴王以其子登为太子,妙选师友[⑤];以南郡太守诸葛瑾之子恪、绥远将军张昭之子休、大理吴郡顾雍之子谭、偏将军庐江陈武之子表皆为中庶子,入讲诗书,出从骑射,谓之四友。登接待僚属,略用布衣之礼。

十二月,帝行东巡。

帝欲封吴王子登为万户侯,吴王以登年幼,上书辞不受;复遣西曹掾吴兴沈珩入谢,并献方物。帝问曰:“吴嫌魏东向乎?”珩曰:“不嫌。”曰:“何以?”曰:“信恃旧盟,言归于好,是以不嫌;若魏渝盟,自有预备。”又问:“闻太子当来,宁然乎?”珩曰:“臣在东朝,朝不坐[⑥],宴不与,若此之议,无所闻也。”帝善之。

吴王于武昌临钓台饮酒,大醉,使人以水洒群臣曰:“今日酣饮，惟醉堕台中，乃当止耳！”张昭正色不言，出外，车中坐。王遣人呼昭还入，谓曰：“为共作乐耳，公何为怒乎？”昭对曰：“昔纣为糟丘酒池，长夜之饮，当时亦以为乐，不以为恶也。”王默然惭，遂罢酒。

孙登像

吴王与群臣饮，自起行酒，虞翻伏地，阳醉不持；王去，翻起坐。王大怒，手剑欲击之，侍坐者莫不惶遽。惟大司农刘基起抱王，谏曰：“大王以三爵之后，手杀善士，虽翻有罪，天下孰知之！且大王以能容贤蓄众，故海内望风；今一朝弃之，可乎！”王曰：“曹孟德尚杀孔文举⑦，孤于虞翻何有哉！”基曰：“孟德轻害士人，天下非之。大王躬行德义，欲与尧、舜比隆，何得自喻于彼乎？”翻由是得免。王因敕左右：“自今酒后言杀，皆不得杀。”基，繇之子也。

初，太祖既克蹋顿⑧，而乌桓浸衰，鲜卑人人步度根、轲比能、素利、弥加、厥机等因阎柔上贡献，求通市，太祖皆表宠以为王。轲比能本小种鲜卑，以勇健廉平为众所服，由是能威制诸部，最为强盛。自云中、五原以东抵辽水⑨，皆为鲜卑庭，轲比能与素利、弥加割地统御，各有分界。轲比能部落近塞，中国人多亡叛归之；素利等在辽西、右北平、渔阳塞外，道远，故不为边患。帝以平虏校尉牵招为护鲜卑校尉，南阳太守田豫为护乌桓校尉，使镇抚之。

【注释】

①吴主：疑为“吴王”。 ②三州：指荆、扬、交三州。 ③经略：筹划处理。 ④谅(liáng 凉)闇：指帝王居丧。 ⑤妙选：精选。 ⑥朝：

古时凡访人皆称“朝”。后来才用来专指见皇帝。 ⑦杀孔文举:事见本书卷第六十五汉献帝建安十三年(208)。 ⑧太祖既克蹋顿:事见本书卷第六十五汉献帝建安十二年(207)。 ⑨辽水:即辽河。

三年 春,正月,丙寅朔,日有食之。

庚午,帝行如许昌①。

诏曰:“今之计、孝,古之贡士也②;若限年然后取士,是吕尚、周晋不显于前世也。其令郡国所选,勿拘老幼;儒通经术,吏达文法,到皆试用。有司纠故不以实者。”

二月,鄯善、龟兹、于阗王各遣使奉献。是后西域复通,置戊己校尉。

汉主自秭归将进击吴,治中从事黄权谏曰:“吴人悍战,而水军沿流,进易退难。臣请为先驱以当寇,陛下宜为后镇。”汉主不从,以权为镇北将军,使督江北诸军;自率诸将,自江南缘山截领③,军于夷道猇亭。吴将皆欲迎击之。陆逊曰:“备举军东下,锐气始盛;且乘高守险,难可卒攻。攻之纵下,犹难尽克,若有不利,损我大势,非小故也。今但且奖厉将士,广施方略,以观其变。若此间是平原旷野,当恐有颠沛交逐之忧;今缘山行军,势不得展,自当罢于木石之间,徐制其敝耳。”诸将不解,以为逊畏之,各怀

猇亭郊野夷陵之战战场遗址

愤恨。

汉人自佷山通武陵[4]，使侍中襄阳马良以金锦赐五溪诸蛮夷，授以官爵。

三月，乙丑，立皇子齐公睿为平原王、皇弟鄢陵公彰等皆进爵为王。甲戌，立皇子霖为河东王。

甲午，帝行如襄邑。

夏，四月，戊申，立鄄城侯植为鄄城王。是时，诸侯王皆寄地空名而无其实；王国各有老兵百余人以为守卫，隔绝千里之外，不听朝聘[5]，为设防辅监国之官以伺察之；虽有王侯之号而侪于匹夫，皆思为布衣而不能得。法既峻切，诸侯王过恶日闻；独北海王衮谨慎好学，未尝有失。文学、防辅相与言曰[6]："受诏察王举措，有过当奏，有善亦宜以闻。"遂共表称陈衮美。衮闻之，大惊惧，责让文学曰："修身自守，常人之行耳，而诸君乃以上闻，是适所以增其负累也。且如有善，何患不闻，而遽共如是，是非所以为益也。"

癸亥，帝还许昌。

五月，以江南八郡为荆州，江北诸郡为郢州。

汉人自巫峡建平连营至夷陵界，立数十屯，以冯习为大督，张南为前部督，自正月与吴相拒，至六月不决。汉主遣吴班将数千人于平地立营，吴将帅皆欲击之，陆逊曰："此必有谲，且观之。"汉主知其计不行，乃引伏兵八千从谷中出，逊曰："所以不听诸君击班者，揣之必有巧故也。"逊上疏于吴王曰："夷陵要害，国之关限，虽为易得，亦复易失。失之，非徒损一郡之地，荆州可忧，今日争之，当令必谐。备干天常，不守窟穴而敢自送，臣虽不材，凭奉威灵，以顺讨逆，破坏在近，无可忧者。臣初嫌之水陆俱进，今反舍船就步，处处结营，察其布置，必无他变。伏愿至尊高枕，不以为念也。"

【注释】

①许昌：胡注《晋志》曰："汉献帝都许（许县），魏受禅，徙都洛阳。许宫室、武库存焉，改名许昌。" ②贡士：古代向最高统治者荐举人员的制度。 ③领：通"岭"。 ④佷（hěn 很）山：县名。治今湖北长阳土家族自治县。 ⑤朝聘：古代诸侯定期朝见天子。《礼记·王制》："诸侯

之于天子也，比年（每年）一小聘，三年一大聘，五年一朝。” ⑥文学：官名。汉代在州郡和王国设置文学或称文学掾、文学史，为后世教官的前身。魏晋以后，有文学从事。

闰月，逊将进攻汉军，诸将并曰：“攻备当在初，今乃令入五六百里，相守经七八月，其诸要害皆已固守，击之必无利矣。”逊曰：“备是猾虏，更尝事多，其军始集，思虑精专，未可干也。今住已久，不得我便，兵疲意沮，计不复生。掎角此寇[1]，正在今日。”乃先攻一营，不利，诸将皆曰：“空杀兵耳！”逊曰：“吾已晓破之之术。”乃敕各持一把茅，以火攻，拔之；一尔势成，通率诸军，同时俱攻，斩张南、冯习及胡王沙摩柯等首，破其四十余营。汉将杜路、刘宁等穷逼请降。

汉主升马鞍山，陈兵自绕，逊督促诸军，四面蹙之，土崩瓦解，死者万数。汉主夜遁，驿人自担烧铙铠断后[2]，仅得入白帝城[3]，其舟船、器械，水、步军资，一时略尽，尸骸塞江而下。汉主大惭恚曰：“吾乃为陆逊所折辱，岂非天耶！”将军义阳傅彤为后殿，兵众尽死，彤气益烈。吴人谕之使降，彤骂曰：“吴狗，安有汉将军而降者！”遂死之。从事祭酒程畿溯江而退，众曰：“后追将至，宜解舫轻行[4]。”畿曰：“吾在军，未习为敌之走也。”亦死之。

初，吴安东中郎将孙桓别击汉前锋于夷道，为汉所围，求救于陆逊，逊曰：“未可。”诸将曰：“孙安东，公族，见围已困，奈何不救？”逊曰：“安东得士众心，城牢粮足，无可忧也。待吾计展，欲不救安东，安东自解。”及方略大施，汉果奔溃。桓后见逊曰：“前实怨不见救；定至今日，乃知调度自有方耳！”

初，逊为大都督，诸将或讨逆时旧将，或公室贵戚，各自矜持，不相听从。逊按剑曰：“刘备天下知名，曹操所惮，今在疆界，此强对也。诸君并荷国恩，当相辑睦，共翦此虏，上报所受，而不相顺，何也？仆虽书生，受命主上，国家所以屈诸君使相承望者，以仆尺寸可称，能忍辱负重故也。各在其事，岂复得辞！军令有常，不可犯也！”及至破备，计多出逊，诸将乃服。吴王闻之曰：“公何以初不启诸将违节度者邪？”对曰：“受恩深重，此诸将或任腹心，或堪爪牙，或是功臣，皆国家所当与共克定大事者，臣窃慕相如、寇恂相下之义以济国事。[5]”王大笑称善，加逊辅国将军，领荆州牧，改封江陵侯。

初，诸葛亮与尚书令法正好尚不同，而以公义相取，亮每奇正智术。及汉主伐吴而败，时正已卒，亮叹曰：“孝直若在，必能制主上东行；就使东行，必不倾危矣。”汉主在白帝，徐盛、潘璋、宋谦等各竞表言：“备必可禽，乞复攻之。”吴王以问陆逊。逊与朱然、骆统上言曰：“曹丕大合士众，外托助国讨备，内实有奸心，谨决计辄还。”

初，帝闻汉兵树栅连营七百余里，谓群臣曰：“备不晓兵，岂有七百里营可以拒敌者乎！‘苞原隰险阻而为军者为敌所禽[6]’，此兵忌也。孙权上事今至矣。”后七日，吴破汉书到。

【注释】

①角：抓住角。掎：拉住腿。掎角：亦作“犄角”。指夹击敌人。 ②铙（náo 挠）：乐器名。行军时使用，如铃般大小，中空短柄，使用时执柄，口朝上，用槌棒敲击，使之发出声音，用来指挥军队的行动。 ③白帝城：城名。在今重庆奉节县东。 ④舫（fǎng 仿）：两船相并。一说为方舟。 ⑤相如、寇恂：相如事见本书卷第四周赧王三十六年（前279）；寇恂事见本书卷第四十汉光武建武三年（27）。 ⑥苞（bāo 包）：丛生，茂盛。

秋，七月，冀州大蝗，饥。

汉主既败走，黄权在江北，道绝，不得还，八月，率其众来降。汉有司请收权妻子，汉主曰：“孤负黄权，权不负孤也。”待之如初。帝谓权曰：“君舍逆效顺，欲追踪陈、韩邪？”对曰：“臣过受刘主殊遇，降吴不可，还蜀无路，是以归命。且败军之将，免死为幸，何古人之可慕也！”帝善之，拜为镇南将军，封育阳侯[1]，加侍中，使陪乘。蜀降人或云汉诛权妻子，帝诏权发丧。权曰：“臣与刘、葛推诚相信，明臣本志。窃疑未实，请须。”后得审问，果如所言。马良亦死于五溪。

九月，甲午，诏曰：“夫妇人与政，乱之本也。自今以后，群臣不得奏事太后，后族之家不得当辅政之任，又不得横受茅土之爵。

以此诏传之后世,若有背违,天下共诛之。"卞太后每见外亲,不假以颜色,常言:"居处当节俭,不当望赏、念自佚也。外舍当怪吾遇之太薄,吾自有常度故也。吾事武帝四五十年,行俭日久,不能自变为奢。有犯科禁者,吾且能加罪一等耳,莫望钱米恩贷也。"

帝将立郭贵嫔为后,中郎栈潜上疏曰:"夫后妃之德,盛衰治乱所由生也。是以圣哲慎立元妃,必取先代世族之家,择其令淑,以统六宫,虔奉宗庙。《易》曰:'家道正而天下定。'由内及外,先王之令典也。《春秋》书宗人衅夏云:'无以妾为夫人之礼。'齐桓誓命于葵丘,亦曰:'无以妾为妻。'令后宫嬖宠,常亚乘舆。若因爱登后,使贱人暴贵,臣恐后世下陵上替,开张非度,乱自上起也。"帝不从。庚子,立皇后郭氏。

初,吴王遣于禁护军浩周、军司马东里衮诣帝,自陈诚款[②],辞甚恭悫[③]。帝问周等,"权可信乎"?周以为权必臣服,而衮谓其不可必服。帝悦周言,以为有以知之,故立为吴王,复使周至吴。周谓吴王曰:"陛下未信王遣子入侍,周以阖门百口明之。"吴王为之流涕沾襟,指天为誓。周还而侍子不至,但多设虚辞。帝欲遣侍中辛毗、尚书桓阶往与盟誓,并责任子,吴王辞让不受。帝怒,欲伐之,刘晔曰:"彼新得志,上下齐心,而阻带江湖,不可仓卒制也[④]。"帝不从。

【注释】

①封育阳侯:胡注:"自此以后,皆名号侯,不复注(附著)其国邑;其地名难知者,犹为之注。" ②款:诚,恳切。 ③悫(què 确):诚笃,忠厚。 ④仓卒(cù 促):急遽。卒,同"猝"。

九月,命征东大将军曹休、前将军张辽、镇东将军臧霸出洞口[①],大将军曹仁出濡须,上军大将军曹真、征南大将军夏侯尚、左将军张郃、右将军徐晃围南郡。吴建威将军吕范督五军,以舟军拒休等,左将军诸葛瑾、平北将军潘璋、将军杨粲救南郡,裨将军朱桓以濡须督拒曹仁。

冬,十月,甲子,表首阳山东为寿陵[②],作终制,务从俭薄,不臧金玉,一用瓦器。令以此诏藏之宗庙,副在尚书、秘书、三府。

吴王以扬越蛮夷多未平集，乃卑辞上书，求自改厉[3]："若罪在难除，必不见置，当奉还土地民人，寄命交州以终余年"。又与浩周书云："欲为子登求昏宗室"；又云："以登年弱，欲遣孙长绪、张子布随登俱来。"帝报曰："朕之与君，大义已定。岂乐劳师远临江、汉。若登身朝到，夕召兵还耳。"于是吴王改元黄武，临江拒守。

帝自许昌南征，复郢州为荆州。十一月，辛丑，帝如宛，曹休在洞口，自陈："愿将锐卒虎步江南[4]，因敌取资，事必克捷，若其无臣，不须为念。"帝恐休便渡江，驿马止之。侍中董昭侍侧，曰："窃见陛下有忧色，独以休济江故乎？今者渡江，人情所难，就休有此志，势不独行，当须诸将。臧霸等既富且贵，无复他望，但欲终其天年，保守禄祚而已，何肯乘危自投死地，以求徼幸！苟霸等不进，休意自沮。臣恐陛下虽有敕渡之诏，犹必沉吟，未便从命也。"顷之，会暴风吹吴吕范等船，绠缆悉断，直诣休等营下，斩首获生以千数，吴兵迸散。帝闻之，敕诸军促渡。军未时进，吴救船遂至，收军还江南。曹休使臧霸追之，不利，将军尹卢战死。

庚申晦，日有食之。

吴王使太中大夫郑泉聘于汉[5]，汉太中大夫宗玮报之，吴、汉复通。

汉主闻魏师大出，遗陆逊书曰："贼今已在江、汉，吾将复东，将军谓其能然否？"逊答曰："但恐军新破，创夷未复，始求通亲；且当自补，未暇穷兵耳。若不推算，欲复以倾覆之余远送以来者，无所逃命。"

汉汉嘉太守黄元叛。

吴将孙盛督万人据江陵中洲，以为南郡外援。

【注释】

①洞口：地名。在今安徽凤阳县东。 ②首阳山：在洛阳东北。 ③改厉：改过自勉。 ④虎步：犹称雄。 ⑤聘：古时国与国之间遣使访问。

资治通鉴卷第七十

魏纪二 起昭阳单阏，尽强圉协洽，凡五年。

世祖文皇帝下

黄初四年 春，正月，曹真使张郃击破吴兵，遂夺据江陵中洲。

二月，诸葛亮至永安。

曹仁以步骑数万向濡须，先扬声欲东攻羡溪[①]，朱桓分兵赴之；既行，仁以大军径进，桓闻之，追还羡溪兵，兵未到而仁奄至。时桓手下及所部兵在者才五千人，诸将业业各有惧心，桓喻之曰："凡两军交对，胜负在将，不在众寡。诸君闻曹仁用兵行师，孰与桓邪？兵法所以称'客倍而主人半'者，谓俱在平原无城隍之守，又谓士卒勇怯齐等故耳。今仁既非智勇，加其士卒甚怯，又千里步涉，人马罢困。桓与诸君共据高城，南临大江，北背山陵，以逸待劳，为主制客，此百战百胜之势，虽曹丕自来，尚不足忧，况仁等邪！"桓乃偃旗鼓，外示虚弱以诱致仁。仁遣其子泰攻濡须城，分遣将军常雕、王双等乘油船别袭中洲[②]。中洲者，桓部曲妻子所在也。蒋济曰："贼据西岸，列船上流，而兵入洲中，是为自内地狱，危亡之道也。"仁不从，自将万人留橐皋[③]，为泰等后援。桓遣别将击雕等而身自拒泰，泰烧营退；桓遂斩常雕，生虏王双，临陈杀溺死者千余人。

初，吕蒙病笃，吴王问曰："卿如不起，谁可代者？"蒙对曰："朱然胆守有余，愚以为可任。”朱然者，九真太守朱治姊子也；本姓施氏，治养以为子，时为昭武将军。蒙卒，吴王假然节，镇江陵。及曹真等围江陵，破孙盛，吴王遣诸葛瑾等将兵往解围，夏侯尚击却之。江陵中外断绝，城中兵多肿病，堪战者裁五千人。真等起土山，凿地道，立楼橹临城，弓矢雨注，将士皆失色；然晏如无恐意[④]，方厉吏士，伺间隙攻破魏两屯。魏兵围然凡六月，江陵令姚泰领兵备城北门，见外兵盛，城中人少，谷食且尽，惧不济，谋为内应，然觉而杀之。

时江水浅狭，夏侯尚欲乘船将步骑入渚中安屯[⑤]，作浮桥，南北往来，议者多以为城必可拔。董昭上疏曰：“武皇帝智勇过人[⑥]，而用兵畏敌，不敢轻之若此也。夫兵好进恶退，常然之数。平地无险，犹尚艰难，就当深入，还道宜利，兵有进退，不可如意。今屯渚中，至深也；浮桥而济，至危也；一道而行，至狭也。三者，兵家所忌，而今行之。贼频攻桥，误有漏失，渚中精锐非魏之有，将转化为吴矣。臣私戚之，忘寝与食，而议者怡然不以为忧，岂不惑哉！加江水向长[⑦]，一旦暴增，何以防御！就不破贼，尚当自完，奈何乘危，不以为惧！惟陛下察之。”帝即诏尚等促出。吴人两头并前，魏兵一道引去，不时得泄[⑧]，仅而获济。吴将潘璋已作荻筏，欲以烧浮桥，会尚退而止。后旬日，江水大涨，帝谓董昭曰：“君论此事，何其审也！”会天大疫，帝悉召诸军还。

三月，丙申，车驾还洛阳。

【注释】

①羡溪：地名。在濡须的东面。 ②油船：船名。一种用牛皮包裹船体并抹上油的古代战船。 ③槖（tuó 驼）皋：地名。在今安徽巢湖市北。 ④晏如：安然。 ⑤渚：即江陵的中洲。 ⑥武皇帝：即曹操。 ⑦向：将近。 ⑧泄：去。

初，帝问贾诩曰：“吾欲伐不从命以一天下，吴、蜀何先？”对曰：“攻取者先兵权，建本者尚德化。陛下应期受禅，抚临率土，若绥之以文德而俟其变，则平之不难矣。吴、蜀虽蕞尔小国，依山阻水。刘备有雄才，诸葛亮善治国；孙权识虚实，陆议见兵势；据险守要，泛舟江湖，皆难卒谋也。用兵之道，先胜后战，量敌论将，故举无遗策。臣窃料群臣无备、权对，虽以天威临之，未见万全之势也。昔舜舞干戚而有苗服[1]，臣以为当今宜先文后武。”帝不纳，军竟无功。

丁未，陈忠侯曹仁卒。

初，黄元为诸葛亮所不善，闻汉主疾病，惧有后患，故举郡反，烧临邛城[2]。时亮东行省疾，成都单虚，元益无所惮。益州治中从事杨洪，启太子遣将军陈曶、郑绰讨元[3]。众议以为元若不能围成都，当由越嶲据南中[4]。洪曰：“元素性凶暴，无他恩信，何能办此！不过乘水东下，冀主上平安，面缚归死；如其有异，奔吴求活耳。但敕曶、绰于南安峡口邀遮[5]，即便得矣。”元军败，果顺江东下，曶、绰生获，斩之。

汉主病笃，命丞相亮辅太子，以尚书令李严为副。汉主谓亮曰：“君才十倍曹丕，必能安国，终定大事。若嗣子可辅，辅之；如其不才，君可自取。”亮涕泣曰：“臣敢不竭股肱之力，效忠贞之节，继之以死！”汉主又为诏敕太子曰：“人五十不称夭，吾年已六十有余，何所复恨，但以卿兄弟为念耳。勉之，勉之！勿以恶小而为之，勿以善小而不为！惟贤惟德，可以服人。汝父德薄，不足效也。汝与丞相从事，事之如父。”夏，四月，癸巳[6]，汉主殂于永安[7]，谥曰昭烈。

丞相亮奉丧还成都，以李严为中都护，留镇永安。

五月，太子禅即位，时年十七。尊皇后曰皇太后，大赦，改元建兴。封丞相亮为武乡侯，领益州牧，政事无巨细，咸决于亮。亮乃约官职，修法制，发教与群下曰：“夫参署者，集众思，广忠益也。若远小嫌，难相违覆，旷阙损矣。违覆而得中，犹弃敝蹻而获珠玉[8]。然人心苦不能尽，惟徐元直处兹不惑。又，董幼宰参署七年，事有不至，至于十反，来相启告。苟能慕元直之十一，幼宰之勤渠，有忠于国，则亮可以少过矣。”又曰：“昔初交州平，屡闻得失；后交元直，勤见启诲；前参事于幼宰，每言则尽，后从事于伟度，数有谏止。虽资性鄙暗，不能悉纳，然与此四子终始好合，亦足以明其不疑于直言也。”伟度者，亮主簿义阳胡济也。

亮尝自校簿书,主簿杨颙直入,谏曰:"为治有体,上下不可相侵。请为明公以作家譬之:今有人,使奴执耕稼,婢典炊爨[9],鸡主司晨,犬主吠盗,牛负重载,马涉远路;私业无旷,所求皆足,雍容高枕,饮食而已。忽一旦尽欲以身亲其役,不复付任,劳其体力,为此碎务,形疲神困,终无一成。岂其智之不如奴婢鸡狗哉?失为家主之法也。是故古人称'坐而论道,谓之王公;作而行之[10],谓之士大夫'。故丙吉不问横道死人而忧牛喘,陈平不肯知钱谷之数[11],云'自有主者',彼诚达于位分之体也。今明公为治,乃躬自校簿书,流汗终日,不亦劳乎!"亮谢之。及颙卒,亮垂泣三日。

【注释】

①干戚:古兵器名。干,盾;戚,斧的一种。 ②临邛(qióng 穷):县名。治所在今四川邛崃市。 ③曶:音 hū(忽)。 ④越嶲(xì 西):郡名。治所在今四川西昌市东南。 ⑤南安峡口:地名。在今四川夹江县东北。 ⑥癸巳:此日疑误。 ⑦殂(cú 徂):死亡。永安:地名,在今重庆奉节县东七公里处。 ⑧蹻(jué 绝):通"屩",草鞋。 ⑨爨(cuàn 窜):灶。此指烧火煮饭。 ⑩作:起,起立。 ⑪陈平不肯知钱谷之数:事见十三卷汉文帝元年(179)。

六月,甲戌,任城威王彰卒。

甲申,魏寿肃侯贾诩卒。

大水。

吴贺齐袭蕲春,虏太守晋宗以归。

初,益州郡耆帅雍闿杀太守正昂[1],因士燮以求附于吴,又执太守成都张裔以与吴,吴以闿为永昌太守。永昌功曹吕凯、府丞王伉。率吏士闭境拒守,闿不能进,使郡人孟获诱扇诸夷,诸夷皆从之;牂柯太守朱褒、越嶲夷王高定皆叛应闿。诸葛亮以新遭大丧,皆抚而不讨,务农殖谷,闭关息民,民安食足而后用之。

秋,八月,丁卯,以廷尉钟繇为太尉,治书执法高柔代为廷尉。是时三公无事,又希与朝政,柔上疏曰:"公辅之臣,皆国之栋梁,民所具瞻;而置之三事,不使知政,遂各偃息养高[2],鲜有进纳,诚非朝廷崇用大臣之义,大臣献可替否之谓也[3]。古者刑政有疑,辄议于槐、棘之下[4]。自今之后，朝有疑议及刑狱大事，宜数以咨访三公。三公朝朔、望之日，又可特延入讲论得失，博尽事情，庶有补起天听，光益大化。”帝嘉纳焉。

辛未，帝校猎于荥阳，遂东巡。九月，甲辰，如许昌。

汉尚书义阳邓芝言于诸葛亮曰：“今主上幼弱，初即尊位，宜遣大使重申吴好。”亮曰：“吾思之久矣，未得其人耳，今日始得之。”芝问：“其人为谁？”亮曰：“即使君也。”乃遣芝以中郎将修好于吴。冬，十月，芝至吴，时吴王犹未与魏绝，狐疑，不时见芝。芝乃自表请见曰：“臣今来，亦欲为吴，非但为蜀也。”吴王见之，曰：“孤诚愿与蜀和亲，然恐蜀主幼弱，国小势逼[5]，为魏所乘，不自保全耳。”芝对曰：“吴、蜀二国，四州之地[6]。大王命世之英，诸葛亮亦一时之杰也。蜀有重险之固，吴有三江之阻。合此二长，共为唇齿，进可并兼天下，退可鼎足而立，此理之自然也。大王今若委质于魏，魏必上望大王之入朝，下求太子之内侍，若不从命，则奉辞伐叛，蜀亦顺流见可而进，如此，江南之地非复大王之有也。”吴王默然良久曰：“君言是也。”遂绝魏，专与汉连和。

是岁，汉主立妃张氏为皇后。

【注释】

①耆：老。　②养高：闲居，退稳。　③献可替否：指劝善规过。亦泛指议论国事兴革。　④槐、棘：周代在君王会见臣子的外朝，种植三槐、九棘，以为朝臣列班的位次。后因以槐棘指公卿之位。　⑤逼：狭窄，局促。　⑥四州：即荆、扬、梁、益四州。

五年　春，二月，帝自许昌还洛阳。

初平以来，学道废坠。夏，四月，初立太学；置博士，依汉制设《五经》课试之法[1]。

吴王使辅义中郎将吴郡张温聘于汉，自是吴、蜀信使不绝[2]。时事所宜，吴主常令陆逊语诸葛亮；又刻印置逊所，王每与汉主及诸葛亮书，常过示逊，轻重、可否有所不安，每令改定，以印封之。

汉复遣邓芝聘于吴，吴主谓之曰：“若天下太平，二主分治，不亦乐乎？”芝对曰：“天无二日，土无二王。如并魏之后，大王未深识天命，君各茂其德，臣各尽其忠，将提枹鼓，则战争方始耳。”吴王大笑曰：“君之诚款乃当尔邪！”

秋，七月，帝东巡，如许昌。帝欲大兴军伐吴，侍中辛毗谏曰：“方今天下新定，土广民稀，而欲用之，臣诚未见其利也。先帝屡起锐师，临江而旋。今六军不增于故，而复修之[3]，此未易也。今日之计，莫若养民屯田，十年然后用之，则役不再举矣。”帝曰：“如卿意，更当以虏遗子孙邪？”对曰：“昔周文王以纣遗武王，惟知时也。”帝不从，留尚书仆射司马懿镇许昌。八月，为水军，亲御龙舟，循蔡、颍，浮淮如寿春。九月，至广陵。

吴安东将军徐盛建计，植木衣苇，为疑城假楼，自石头至于江乘[4]，联绵相接数百里，一夕而成；又大浮舟舰于江。

时江水盛长，帝临望，叹曰：“魏虽有武骑千群，无所用之，未可图也。”帝御龙舟，会暴风漂荡，几至覆没。帝问群臣：“权当自来否？”咸曰：“陛下亲征，权恐怖，必举国而应。又不敢以大众委之臣下，必当自来。”刘晔曰：“彼谓陛下欲以万乘之重牵己，而超越江湖者在于别将，必勒兵待事，未有进退也。”大驾停住积日，吴王不至，帝乃旋师。是时，曹休表得降贼辞：“孙权已在濡须口。”中领军卫臻曰：“权恃长江，未敢亢衡[5]，此必畏怖伪辞耳！”考核降者，果守将所作也。

顾雍像

吴张温少以俊才有盛名，顾雍以为当今无辈，诸葛亮亦重之。温荐引同郡暨艳为选部尚书。艳好为清议[6]，弹射百寮[7]，核奏三署，率皆贬高就下，降损数等，其守故者，十未能一；其居位贪鄙，志节污卑者，皆以为军吏，置营府以处之；多扬人暗昧之失以显其谪[8]。同郡陆逊、逊弟瑁及侍御史朱据皆谏止之。瑁与艳书曰："夫圣人嘉善矜愚，忘过记功，以成美化。加今王业始建，将一大统，此乃汉高弃瑕录用之时也。若令善恶异流，贵汝、颍月旦之评，诚可以厉俗明教，然恐未易行也。宜远模仲尼之泛爱，近则郭泰之容济，庶有益于大道也。"据谓艳曰："天下未定，举清厉浊，足以沮劝；若一时贬黜，惧有后咎。"艳皆不听。于是怨愤盈路，争言艳及选曹郎徐彪专用私情，憎爱不由公理；艳、彪皆坐自杀[9]。温素与艳、彪同意，亦坐斥还本郡以给厮吏[10]，卒于家。始，温方盛用事，余姚虞俊叹曰："张惠恕才多智少，华而不实，怨之所聚，有覆家之祸；吾见其兆矣。"无几何而败。

冬，十月，帝还许昌。

十一月，戊申晦，日有食之。

鲜卑轲比能诱步度根兄扶罗韩杀之，步度根由是怨轲比能，更相攻击。步度根部众稍弱，将其众万余落保太原、雁门；是岁，诣阙贡献。而轲比能众遂强盛，出击东部大人素利，护乌丸校尉田豫乘虚掎其后；轲比能使别帅琐奴拒豫，豫击破之。轲比能由是携贰，数为边寇，幽、并苦之。

【注释】

①《五经》课试之法：博士课试之法，始于汉武帝。详见十九卷元朔五年（前124）。　②信使：古称使者为"信"或"使"，合称"信使"。③修之：这里指修怨，抱怨。　④石头：地名。在今江苏南京市西。江乘：地名。在今江苏仪征城对岸。　⑤亢：同"抗"。　⑥清议：公正的评论。　⑦弹射：犹指摘。　⑧暗昧：隐秘，隐秘不正之事。　⑨坐自杀：指因有罪被皇帝赐死。　⑩厮：残。

六年　春，二月，诏以陈群为镇军大将军，随车驾董督众军，录行尚书事[1]；司马懿为抚军大将军，留许昌，督后台文书[2]。三月，帝行如召陵，通讨虏渠；乙巳，还许昌。

并州刺史梁习讨轲比能，大破之。

汉诸葛亮率众讨雍闿，参军马谡送之数十里。亮曰："虽共谋之历年，今可更惠良规。”谡曰：“南中恃其险远，不服久矣；虽今日破之，明日复反耳。今公方倾国北伐以事强贼，彼知官势内虚[③]，其叛亦速。若殄尽遗类以除后患，既非仁者之情，且又不可仓卒也。夫用兵之道，攻心为上，攻城为下，心战为上，兵战为下，愿公服其心而已。”亮纳其言。谡，良之弟也。

辛未[④]，帝以舟师复征吴，群臣大议。宫正鲍勋谏曰：“王师屡征而未有所克者，盖以吴、蜀唇齿相依，凭阻山水，有难拔之势故也。往年龙舟飘荡，隔在南岸，圣躬蹈危，臣下破胆，此时宗庙几至倾覆，为百世之戒。今又劳兵袭远，日费千金，中国虚耗，令黠虏玩威，臣窃以为不可。”帝怒，左迁勋为治书执法。勋，信之子也。夏，五月，戊申，帝如谯。

吴丞相北海孙劭卒。初，吴当置丞相，众议归张昭，吴王曰：“方今多事，职大者责重，非所以优之也。”及劭卒，百僚复举昭，吴王曰：“孤岂为子布有爱乎！领丞相事烦，而此公性刚，所言不从，怨咎将兴，非所以益之也。”六月，以太常顾雍为丞相、平尚书事。雍为人寡言，举动时当，吴王尝叹曰：“顾君不言，言必有中。”至饮宴欢乐之际，左右恐有酒失，而雍必见之，是以不敢肆情。吴王亦曰：“顾公在坐，使人不乐。”其见惮如此。初领尚书令，封阳遂乡侯；拜侯还寺[⑤]，而家人不知，后闻，乃惊。及为相，其所选用文武将吏，各随能所任，心无适莫。时访逮民间及政职所宜，辄密以闻，若见纳用，则归之于上；不用，终不宣泄；吴王以此重之。然于公朝有所陈及，辞色虽顺而所执者正；军国得失，自非面见，口未尝言。王常令中书郎诣雍有所咨访，若合雍意，事可施行，即相与反覆究而论之，为设酒食；如不合意，雍即正色改容，默然不言，无所施设。郎退告王，王曰：“顾公欢悦，是事合宜也；其不言者，是事未平也。孤当重思之。”江边诸将，各欲立功自效，多陈便宜[⑥]，有所掩袭。王以访雍。雍曰：“臣闻兵法戒于小利，此等所陈，欲邀功名而为其身，非为国也。陛下宜禁制，苟不足以曜威损敌，所不宜听也。”王从之。

利成郡兵蔡方等反，杀太守徐质，推郡人唐咨为主，诏屯骑校尉任福等讨平之。咨自海道亡入吴，吴人以为将军。

秋,七月,立皇子鉴为东武阳王。

【注释】

①行尚书:跟随魏文帝出行的尚书。 ②后台:留在许昌的尚书台。 ③官势:指国势。 ④辛未:此日疑误。 ⑤寺:官邸。 ⑥便宜:因利乘便,见机行事。

汉诸葛亮至南中,所在战捷。亮由越嶲入,斩雍闿及高定。使庲降督益州李恢由益州入,门下督巴西马忠由牂柯入,击破诸县,复与亮合。孟获收闿余众以拒亮。获素为夷、汉所服,亮募生致之,既得,使观于营陈之间,问曰:"此军何如?"获曰:"向者不知虚实,故败。今蒙赐观营陈,若只如此,即定易胜耳。"亮笑,纵使更战。七纵七禽而亮犹遣获,获止不去,曰:"公,天威也,南人不复反矣!"亮遂至滇池①。

益州、永昌、牂柯、越嶲四郡皆平,亮即其渠率而用之。或以谏亮,亮曰:"若留外人,则当留兵,兵留则无所食,一不易也;加夷新伤破,父兄死丧,留外人而无兵者,必成祸患,二不易也;又,夷累有废杀之罪,自嫌衅重,若留外人,终不相信,三不易也。今吾欲使不留兵,不运粮,而纲纪粗定,夷、汉粗安故耳。"亮于是悉收其俊杰孟获等以为官属,出其金、银、丹、漆、耕牛、战马以给军国之用。自是终亮之世,夷不复反。

八月,帝以舟师自谯循涡入淮。尚书蒋济表言水道难通,帝不从。冬,十月,如广陵故城,临江观兵,戎卒十余万,旌旗数百里,有渡江之志。吴人严兵固守。时大寒,冰,舟不得入江。帝见波涛汹涌,叹曰:"嗟乎,固天所以限南北也!"遂归。孙韶遣将高寿等率敢死之士五百人,于径路夜要帝②,帝大惊。寿等获副车、羽盖以还。于是战船数千皆滞不得行,议者欲就留兵屯田,蒋济以为:"东近湖③,北临淮,若水盛时,贼易为寇,不可安屯。"帝从之,车驾即发。还,到精湖④,水稍尽,尽留船付济。船连延在数百里中,济更凿地作四五道,蹴船令聚⑤;豫作土豚遏断湖水,皆引后船,一时开遏入淮中,乃得还。

十一月,东武阳王鉴薨。

十二月，吴番阳贼彭绮攻没郡县，众数万人。

七年 春，正月，壬子，帝还洛阳，谓蒋济曰："事不可不晓。吾前决谓分半烧船于山阳湖中，卿于后致之，略与吾俱至谯。又每得所陈，实入吾意。自今讨贼计画，善思论之。"

汉丞相亮欲出军汉中，前将军李严当知后事，移屯江州，留护军陈到驻永安，而统属于严。

吴陆逊以所在少谷，表令诸将增广农亩。吴王报曰："甚善！令孤父子亲受田，车中八牛，以为四耦[6]，虽未及古人，亦欲令与众均等其劳也。"

【注释】

①滇池：县名。治今云南昆明市晋宁区东。 ②要（yāo 邀）：通"邀"，中途拦截。 ③湖：即高邮湖。 ④精湖：湖名。在今江苏高邮市。 ⑤蹴（cù 促）：踩，踏。 ⑥耦：合并两耜（sì 饲）而耕。耜，古代的一种耕地翻土的农具，略似后代的犁。

帝之为太子也，郭夫人弟有罪，魏郡西部都尉鲍勋治之；太子请，不能得，由是恨勋。及即位，勋数直谏，帝益忿之。帝伐吴还，屯陈留界。勋为治书执法，太守孙邕见出，过勋；时营垒未成，但立标埒[1]，邕邪行，不从正道，军营令史刘曜欲推之[2]，勋以堑垒未成，解止不举。帝闻之，诏曰："勋指鹿作马，收付廷尉。"廷尉法议，"正刑五岁"，三官驳[3]，"依律，罚金二斤"，帝大怒曰："勋无活分，而汝等欲纵之！收三官已下付刺奸，当令十鼠同穴！"钟繇、华歆、陈群、辛毗、高柔、卫臻等并表勋父信有功于太祖，求请勋罪，帝不许。高柔固执不从诏命，帝怒甚，召柔诣台[4]，遣使者承指至廷尉诛勋。勋死，乃遣柔还寺。

票骑将军都阳侯曹洪，家富而性吝啬，帝在东宫，尝从洪贷绢百匹，不称意，恨之；遂以舍客犯法，下狱当死，群臣并救，莫能得。卞太后责怒帝曰："梁、沛之间[5]，非子廉无有今日。"又谓郭后曰："令曹洪今日死，吾明日敕帝废后矣！"于是郭后泣涕屡请，乃得免官，削爵土。

初，郭后无子，帝使母养平原王睿；以睿母甄夫人被诛，故未建为嗣。睿事后甚谨，后亦爱之。帝与睿猎，见子母鹿，帝亲射杀其母，命睿射其子；睿泣曰："陛下已杀其母，臣不忍复杀其子。"帝即放弓矢，为之恻然。夏，五月，帝疾笃，乃立睿为太子。丙辰，召中军大将军曹真、镇军大将军陈群、抚军大将军司马懿，并受遗诏辅政。丁巳，帝殂。

陈寿评曰：文帝天资文藻，下笔成章，博闻强识，才艺兼该。若加之旷大之度，励以公平之诚，迈志存道[6]，克广德心，则古之贤主，何远之有哉！

太子即皇帝位，尊皇太后曰太皇太后，皇后曰皇太后。

初，明帝在东宫，不交朝臣，不问政事，惟潜思书籍；即位之后，群下想闻风采。居数日，独见侍中刘晔，语尽日，众人侧听，晔既出，问："何如？"曰："秦始皇、汉孝武之俦，才具微不及耳[7]。"

帝初莅政，陈群上疏曰："夫臣下雷同，是非相蔽，国之大患也。若不和睦则有仇党，有仇党则毁誉无端，毁誉无端则真伪失实，此皆不可不深察也。"

癸未[8]，追谥甄夫人曰文昭皇后。

壬辰[9]，立皇弟蕤为阳平王。

六月，戊寅，葬文帝于首阳陵[10]。

吴王闻魏有大丧，秋，八月，自将攻江夏郡，太守文聘坚守。

魏文帝首阳陵

朝议欲发兵救之。帝曰：“权习水战，所以敢下船陆攻者，冀掩不备也[11]。今已与聘相拒；夫攻守势倍，终不敢久也。”先是，朝廷遣治书侍御史荀禹慰劳边方，禹到江夏，发所经县兵及所从步骑千人乘山举火，吴王遁走。

辛巳，立皇子冏为清河王。

【注释】

①埒(liè 劣)：矮墙。　②推：推问，推究。　③三官：此指廷尉正、廷尉监、廷尉平。　④台：尚书台。　⑤梁、沛之间：事见卷第五十九初平元年(190)。　⑥迈：通“励”，勤勉。　⑦才具：才干；才能。　⑧癸未：此日疑误。　⑨壬辰：此日疑误。　⑩首阳陵：在洛阳东北的首阳山。　⑪冀：指望。掩：袭击。

吴左将军诸葛瑾等寇襄阳，司马懿击破之，斩其部将张霸；曹真又破其别将于寻阳。

吴丹阳、吴、会山民复为寇[1]，攻没属县。吴王分三郡险地为东安郡，以绥南将军全琮领太守。琮至，明赏罚，招诱降附，数年，得万余人。吴王召琮还牛渚，罢东安郡。

冬，十月，清河王冏卒。

吴陆逊陈便宜，劝吴王以施德缓刑，宽赋息调。又云：“忠谠之言[2]，不能极陈[3]；求容小臣，数以利闻。”王报曰：“《书》载：‘予违汝弼[4]’，而云不敢极陈，何得为忠谠哉！”于是令有司尽写科条[5]，使郎中褚逢赍以就逊及诸葛瑾，意所不安，令损益之。

十二月，以钟繇为太傅，曹休为大司马，都督扬州如故，曹真为大将军，华歆为太尉，王朗为司徒，陈群为司空，司马懿为票骑大将军。歆让位于管宁，帝不许。征宁为光禄大夫，敕青州给安车吏从[6]，以礼发遣，宁复不至。

是岁，吴交趾太守士燮卒，吴王以燮子徽为安远将军，领九真太守，以校尉陈时代燮。交州刺史吕岱以交趾绝远，表分海南三郡为交州，以将军戴良为刺史；海东四郡为广州，岱自为刺史；遣良与时南入。而徽自署交趾太守，发宗兵拒良[7]，良留合浦。交趾桓邻，燮举吏也，叩头谏徽，使迎良。徽怒，笞杀邻，邻兄治合宗兵击，不克。吕岱上疏请讨徽，督兵三千人，晨夜浮海而往。或谓岱曰："徽藉累世之恩，为一州所附，未易轻也。"岱曰："今徽虽怀逆计，未知吾之卒至；若我潜军轻举，掩其无备，破之必也。稽留不速，使得生心，婴城固守，七郡百蛮，云合响应，虽有智者，谁能图之！"遂行，过合浦，与良俱进。岱以燮弟子辅为师友从事⑧，遣往说徽。徽率其兄弟六人出降，岱皆斩之。

孙盛论曰：夫柔远能迩⑨，莫善于信。吕岱师友士辅，使通信誓；徽兄弟肉袒，推心委命，岱因灭之以要功利，君子是以知吕氏之祚不延者也⑩。

徽大将甘醴及桓治率吏民共攻岱，岱奋击，破之。于是除广州，复为交州如故。岱进讨九真，斩获以万数；又遣从事南宣威命，暨徼外扶南、林邑、堂明诸王⑪，各遣使入贡于吴。

【注释】

①吴、会：即吴郡、会稽郡。　②谠（dǎng 党）：正直。　③极：通"亟"，急。　④弼（bì 币）：纠正。　⑤科条：法令条规。　⑥安车：用一匹马拉，可以乘坐的小车。古时的车一般没有座位，此车有座，所以称为安车。高官告老或征召有重望的人，往往赐乘安车。安车一般用一马，礼尊者则用四马。　⑦宗兵：自汉末之乱，南方人率宗党相聚为兵以自卫。　⑧师友从事：任命为从事，而待以师友之礼。　⑨能：亲善。　⑩祚不延：吕岱的子孙们没有什么名气。　⑪暨（jì 既）：及，至。徼（jiào 叫）：边界。扶南：中南半岛古国。意为"山地之王"，位今柬埔寨。一世纪建国，三国时，吴国曾派康泰、朱应出使其国，此后两国来往频繁。林邑：即占城，古国名。故地在今越南中部。192 年（一说 137 年）区逵建国。中国史籍初称之为"林邑"，唐至德以后改称"环王"，九世纪以后改称"占城"。

烈祖明皇帝上之上

太和元年　春，吴解烦督胡综、番阳太守周鲂击彭绮，生获之。

初,绮自言举义兵,为魏讨吴,议者以为因此伐吴,必有所克。帝以问中书令太原孙资,资曰:“番阳宗人,前后数有举义者,众弱谋浅,旋辄乖散。昔文皇帝尝密论贼形势,言洞浦杀万人,得船千数,数日间,船人复会;江陵被围历月,权裁以千数百兵住东门,而其土地无崩解者;是其法禁上下相维之明验也。以此推绮,惧未能为权腹心大疾也。”至是,绮果败亡。

二月,立文昭皇后寝园于邺。王朗往视园陵,见百姓多贫困,而帝方营修宫室,朗上疏谏曰:“昔大禹欲拯天下之大患,故先卑其宫室,俭其衣食;句践欲广其御儿之疆,亦约其身以及家,俭其家以施国;汉之文、景,欲恢弘祖业,故割意于百金之台,昭俭于弋绨之服[①];霍去病中才之将,犹以匈奴未灭,不治第宅。明恤远者略近[②],事外者简内也。今建始之前,足用列朝会;崇华之后,足用序内官;华林、天渊,足用展游宴。若且先成象魏[③],修城池,其余一切须丰年,专以勤耕农为务,习戎备为事,则民充兵强而寇戎宾服矣。”

三月,蜀丞相亮率诸军北驻汉中,使长史张裔、参军蒋琬统留府事。临发,上疏曰:“先帝创业未半而中道崩殂,今天下三分,益州疲敝,此诚危急存亡之秋也。然侍卫之臣不懈于内,忠志之士忘身于外者,盖追先帝之殊遇,欲报之于陛下也。诚宜开张圣听,以光先帝遗德,恢弘志士之气;不宜妄自菲薄,引喻失义[④],以塞忠谏之路也。

宫中、府中,俱为一体,陟罚臧否,不宜异同。若有作奸犯科,及为忠善者,宜付有司论其刑赏,以昭陛下平明之理,不宜偏私,使内外异法也。

侍中、侍郎郭攸之、费祎、董允等,此皆良实,志虑忠纯,是以先帝简拔以遗陛下。愚以为宫中之事,事无大小,悉以咨之,然后施行,必能裨补阙漏,有所广益。将军向宠,性行淑均[⑤],晓畅军事,试用于昔日,先帝称之曰能,是以众议举宠为督。愚以为营中之事,悉以咨之,必能使行陈和睦,优劣得所。

亲贤臣,远小人,此先汉所以兴隆也;亲小人,远贤臣,此后汉所以倾颓也。先帝在时,每与臣论此事,未尝不叹息痛恨于桓、灵也。侍中、尚书、长史、参军[6]，此悉端良、死节之臣，愿陛下亲之，信之，则汉室之隆，可计日而待也。

臣本布衣，躬耕南阳，苟全性命于乱世，不求闻达于诸侯。先帝不以臣卑鄙，猥自枉屈，三顾臣于草庐之中，谘臣以当世之事；由是感激，遂许先帝以驱驰。后值倾覆，受任于败军之际，奉命于危难之间，尔来二十有一年矣。先帝知臣谨慎，故临崩寄臣以大事也。

受命以来，夙夜忧叹，恐托付不效，以伤先帝之明。故五月渡泸，深入不毛。今南方已定，甲兵已足，当奖率三军，北定中原，庶竭驽钝[7]，攘除奸凶，兴复汉室，还于旧都，此臣所以报先帝，而忠陛下之职分也。至于斟酌损益，进尽忠言，则攸之、祎、允之任也。愿陛下托臣以讨贼兴复之效，不效，则治臣之罪以告先帝之灵，责攸之、祎、允等之慢以章其咎。陛下亦宜自谋，以谘诹善道，察纳雅言[8]，深追先帝遗诏，臣不胜受恩感激。今当远离，临表涕零，不知所言。”遂行，屯于沔北阳平石马[9]。

【注释】

①弋绨（tí题）：黑色粗厚的丝织物。 ②恤：忧，忧虑。 ③象魏：即观阙。宫门前的双阙。 ④引喻：援引例证以说明道理。 ⑤淑均：善良不偏激。 ⑥侍中、尚书、长史、参军：即指侍中郭攸之、费祎，尚书陈震，长史张裔，参军蒋琬。 ⑦驽：劣马。钝：钝刀。驽钝：比喻才能平庸。 ⑧雅：正。 ⑨石马：又名阳平关。

亮辟广汉太守姚伷为掾，伷并进文武之士；亮称之曰：“忠益者莫大于进人，进人者各务其所尚。今姚掾并存刚柔以广文武之用，可谓博雅矣[1]。愿诸掾各希此事以属其望[2]。”

帝闻诸葛亮在汉中，欲大发兵就攻之，以问散骑常侍孙资，资曰：“昔武皇帝征南郑，取张鲁，阳平之役，危而后济，又自往拔出夏侯渊军，数言‘南郑直为天狱，中斜谷道为五百里石穴耳’，言其深险，喜出渊军之辞也。又，武皇帝圣于用兵，察蜀贼栖于山岩，视吴虏窜于江湖，皆桡而避之，不责将士之力，不争一朝之忿，诚所谓见胜而战，知难而退也。今若进军就南郑讨亮，道既险阻，计用精兵及转运、镇守南方四州[③]，遏御水贼，凡用十五六万人，必当复更有所发兴[④]，天下骚动，费力广大，此诚陛下所宜深虑。夫守战之力，力役参倍。但以今日见兵分命大将据诸要险，威足以震摄强寇，镇静疆埸，将士虎睡，百姓无事。数年之间，中国日盛，吴、蜀二虏必自罢敝。”帝乃止。

初，文帝罢五铢钱，使以谷帛为用，人间巧伪渐多，竞湿谷以要利，薄绢以为市，虽处以严刑，不能禁也。司马芝等举朝大议，以为：“用钱非徒丰国，亦所以省刑，今不若更铸五铢为便。”夏，四月，乙亥，复行五铢钱。

甲申，初营宗庙于洛阳。

六月，以司马懿都督荆、豫州诸军事，率所领镇宛。

冬，十二月，立贵嫔河内毛氏为皇后。初，帝为平原王，纳河内虞氏为妃；及即位，虞氏不得立为后，太皇卞太后慰勉焉。虞氏曰：“曹氏自好立贱，未有能以义举者也。然后职内事，君听外政，其道相由而成；苟不能以善始，未有能令终者也，殆必由此亡国丧祀矣！”虞氏遂绌还邺宫。

初，太祖、世祖皆议复肉刑，以军事不果。及帝即位，太傅钟繇上言：“宜如孝景之令，其当弃市欲斩右趾者，许之；其黥、劓、左趾、宫刑者，自如孝文易以髡笞，可以岁生三千人。”诏公卿已下议，司徒朗以为：“肉刑不用已来，历年数百；今复行之，恐所减之文未彰于万民之目，而肉刑之问已宣于寇仇之耳[⑤]，非所以来远人也。今可按繇所欲轻之死罪，使减死髡刑[⑥]，嫌其轻者，可倍其居作之岁数，内有以生易死不訾之恩[⑦]，外无以刖易钛骇耳之声[⑧]。”议者百余人，与朗同者多。帝以吴、蜀未平，且寝。

是岁，吴昭武将军韩当卒，其子综淫乱不轨，惧得罪，闰月，将其家属、部曲来奔。

初，孟达既为文帝所宠，又与桓阶、夏侯尚亲善；及文帝殂，阶、尚皆卒，达心不自安。诸葛亮闻而诱之，达数与通书，阴许归蜀；达与魏兴太守申仪有隙，仪密表告之。达闻之，惶惧，欲举兵叛；司马懿以书慰解之，达犹豫未决，懿乃潜军进讨。诸将言：“达与吴、汉交通，且观望而后动。”懿曰：“达无信义，此其相疑之时也。当及其未定促决之。”乃倍道兼行，八日到其城下。吴、汉各遣偏将向西城安桥、木阑塞以救达[9]，懿分诸将以距之。初，达与亮书曰：“宛去洛八百里，去吾一千二百里。闻吾举事，当表上天子，比相反覆，一月间也，则吾城已固，诸军足办。吾所在深险，司马公必不自来；诸将来，吾无患矣。”及兵到，达又告亮曰：“吾举事八日而兵至城下，何其神速也！”

【注释】

①博雅：学识渊博、纯正。　②希：仰慕。　③南方四州：即荆、徐、扬、豫四州。　④更：汉代指轮流更替的兵役。　⑤问：通“闻”，音讯。⑥髡刑：据魏国的刑法，判髡刑的人要服役五年。　⑦不訾（zī 资）：同“不赀”，不可估量。　⑧钛（dì 弟）：古代刑具，脚镣之类。　⑨安桥：地名。在今陕西安康市西南。木阑塞：地名。在今陕西旬阳市。

资治通鉴卷第七十一

魏纪三　起著雍涒滩，尽上章阉茂，凡三年。

烈祖明皇帝上之下

太和二年　春，正月，司马懿攻新城[①]，旬有六日，拔之，斩孟达。申仪久在魏兴，擅承制刻印，多所假授；懿召而执之，归于洛阳。

初，征西将军夏侯渊之子茂尚太祖女清河公主，文帝少与之亲善，及即位，以为安西将军，都督关中，镇长安，使承渊处。

诸葛亮将入寇，与群下谋之。丞相司马魏延曰："闻夏侯茂，主婿也，怯而无谋。今假延精兵五千，负粮五千，直从褒中出，循秦岭而东，当子午而北[②]，不过十日，可到长安。茂闻延奄至，必弃城逃走。长安中惟御史、京兆太守耳。横门邸阁与散民之谷，足周食也[③]。比东方相合聚，尚二十许日，而公从斜谷来，亦足以达。如此，则一举而咸阳以西可定矣。"亮以为此危计，不如安从坦道，可以平取陇右。十全必克而无虞，故不用延计。

亮扬声由斜谷道取郿，使镇东将军赵云、扬武将军邓芝为疑军，据箕谷；帝遣曹真都督关右诸军军郿。亮身率大军攻祁山[④]，戎陈整齐，号令明肃。始，魏以汉昭烈既死，数岁寂然无闻，是以略无备豫；而卒闻亮出，朝野恐惧，于是天水、南安、安定皆叛应亮[⑤]，关中响震，朝臣未知计所出，帝曰："亮阻山为固，今者自来，正合兵书致人之术，破亮必也。"乃勒兵马步骑五万，遣右将军张部督之，西拒亮。丁未，帝行如长安。

初，越巂太守马谡，才器过人，好论军计，诸葛亮深加器异；汉昭烈临终，谓亮曰："马谡言过其实，不可大用，君其察之！"亮犹谓不然，以谡为参军，每引见谈论，自昼达夜。及出军祁山，亮不用旧将魏延、吴懿等为先锋，而以谡督诸军在前，与张郃战于街亭⑥。

谡违亮节度，举措烦扰⑦，舍水上山，不下据城。张郃绝其汲道，击，大破之，士卒离散。亮进无所据，乃拔西县千余家还汉中。收谡下狱，杀之。亮自临祭，为之流涕，抚其遗孤，恩若平生⑧。蒋琬谓亮曰："昔楚杀得臣，文公喜可知也⑨。天下未定而戮智计之士，岂不惜乎！"亮流涕曰："孙武所以能制胜于天下者，用法明也；是以扬干乱法，魏绛戮其仆。四海分裂，兵交方始，若复废法，何用讨贼邪！"

谡之示败也，裨将军巴西王平连规谏谡，谡不能用；及败，众尽星散，惟平所领千人鸣鼓自守，张郃疑其有伏兵，不往逼也，于是平徐徐收合诸营遗迸，率将士而还。亮既诛马谡及将军李盛，夺将军黄袭等兵，平特见崇显，加拜参军，统五部兼当营事，进位讨寇将军，封亭侯。亮上疏请自贬三等，汉主以亮为右将军，行丞相事。

是时赵云、邓芝兵亦败于箕谷，云敛众固守，故不大伤，云亦坐贬为镇军将军。亮问邓芝曰："街亭军退，兵将不复相录，箕谷军退，兵将初不相失，何故？"芝曰："赵云身自断后，军资什物，略无所弃，兵将无缘相失。"云有军资余绢，亮使分赐将士，云曰："军事无利，何为有赐，其物请悉入赤岸库，须十月为冬赐。"亮大善之。

街亭遗址

【注释】

①新城：城名。在今湖北房县。②子午：古道路名。从关中到汉中的

南北通道。古人以“子”为“北”,“午”为“南”,故名。 ③周:通“赒”,救济。 ④祁山:山名。在今甘肃礼县东。汉代在西汉水北岸山上筑城,极为严固,即今祁山堡,为军事上必争之地。 ⑤天水:郡名。治所在今甘肃甘谷县。南安:郡名。治所在今甘肃陇西县。安定:郡名。治所在今甘肃镇原县。 ⑥街亭:地名。在今甘肃庄浪县东南。 ⑦烦扰:冗杂繁乱。 ⑧平生:平素,往常。 ⑨昔楚杀得臣,文公喜可知也:据《左传》记载,前632年,晋楚在城濮会战,楚军大败。然晋文公忧形于色,说:“只要楚国的得臣还在,我的忧虑恐怕难以结束。”不久,楚王杀了得臣,便可知晋文公听到这一消息后喜形于色的样子。

或劝亮更发兵者,亮曰:“大军在祁山、箕谷,皆多于贼,而不破贼,乃为贼所破,此病不在兵少也,在一人耳。今欲减兵省将,明罚思过,校变通之道于将来;若不能然者,虽兵多何益!自今已后,诸有忠虑于国者,但勤攻吾之阙,则事可定,贼可死,功可跻足而待矣。”于是考微劳,甄壮烈[1],引咎责躬,布所失于境内,厉兵讲武,以为后图,戎士简练,民忘其败矣。

亮之出祁山也,天水参军姜维诣亮降。亮美维胆智,辟为仓曹掾,使典军事。

曹真讨安定等三郡,皆平。真以诸葛亮惩于祁山,后必出从陈仓,乃使将军郝昭等守陈仓,治其城。

夏,四月,丁酉,帝还洛阳。

帝以燕国徐邈为凉州刺史。邈务农积谷,立学明训,进善黜恶。与羌、胡从事,不问小过;若犯大罪,先告都帅,使知应死者,乃斩以徇。由是服其威信,州界肃清。

五月,大旱。

吴王使鄱阳太守周鲂密求山中旧族名帅为北方所闻知者[2],令谲挑扬州牧曹休。鲂曰:“民帅小丑[3],不足杖任,事或漏泄,不能致休。乞遣亲人赍笺以诱休,言被谴惧诛,欲以郡降北,求兵应接。”吴王许之。时频有郎官诣鲂诘问诸事,鲂因诣郡门下,下发谢。休闻之,率步骑十万向皖以应鲂;帝又使司马懿向江陵,贾逵向东关[4],三道俱进。

秋，八月，吴王至皖，以陆逊为大都督，假黄钺，亲执鞭以见之；以朱桓、全琮为左右督，各督三万人以击休。休知见欺，而恃其众，欲遂与吴战。朱桓言于吴王曰："休本以亲戚见任，非智勇名将也。今战必败，败必走，走当由夹石、挂车[⑤]。此两道皆险厄，若以万兵柴路，则彼众可尽，休可生虏。臣请将所部以断之，若蒙天威，得以休自效，便可乘胜长驱，进取寿春，割有淮南，以规许、洛，此万世一时，不可失也！"权以问陆逊，逊以为不可，乃止。

尚书蒋济上疏曰："休深入虏地，与权精兵对，而朱然等在上流，乘休后，臣未见其利也。"前将军满宠上疏曰："曹休虽明果而希用兵，今所从道，背湖旁江，易进难退，此兵之絓地也[⑥]。若入无强口[⑦]，宜深为之备！"宠表未报，休与陆逊战于石亭。逊自为中部，令朱桓、全琮为左右翼，三道并进，冲休伏兵，因驱走之，追亡逐北，径至夹石，斩获万余，牛马骡驴车乘万两，军资器械略尽。

初，休表求深入以应周鲂，帝命贾逵引兵东与休合。逵曰："贼无东关之备，必并军于皖，休深入与贼战，必败。"乃部署诸将，水陆并进，行二百里，获吴人，言休战败，吴遣兵断夹石，诸将不知所出，或欲待后军，逵曰："休兵败于外，路绝于内，进不能战，退不得还，安危之机，不及终日。贼以军无后继，故至此，今疾进，出其不意，此所谓'先人以夺其心'也，贼见吾兵必走。若待后军，贼已断险，兵虽多何益！"乃兼道进军，多设旗鼓为疑兵。吴人望见逵军，惊走，休乃得还。逵据夹石，以兵粮给休，休军乃振。初，逵与休不善，及休败，赖逵以免。

九月，乙酉，立皇子穆为繁阳王。

长平壮侯曹休上书谢罪，帝以宗室不问。休惭愤，疽发于背，庚子，卒。帝以满宠都督扬州以代之。

【注释】

①烈：功绩，功业。　②山中旧族名帅：指山越宗帅。　③小丑：对人的轻蔑之称，犹言卑微之辈。　④东关：即濡须口。　⑤夹石：山名。即今安徽桐城市内的北夹山。挂车：山名。即今安徽桐城市北的挂车岭。　⑥絓（guà 挂）：受阻，绊住。　⑦无强口：地名。在今安徽桐城市北夹山东南。

护乌桓校尉田豫击鲜卑郁筑鞬，郁筑鞬妻父轲比能救之，以三万骑围豫于马城[①]。上谷太守阎志，柔之弟也，素为鲜卑所信，往解谕之，乃解围去。

冬，十一月，兰陵成侯王朗卒。

汉诸葛亮闻曹休败，魏兵东下，关中虚弱，欲出兵击魏，群臣多以为疑。亮上言于汉主曰："先帝深虑以汉、贼不两立，王业不偏安，故托臣以讨贼。以先帝之明，量臣之才，固当知臣伐贼，才弱敌强；然不伐贼，王业亦亡，惟坐而待亡，孰与伐之！是故托臣而弗疑也。臣受命之日，寝不安席，食不甘味，思惟北征，宜先入南，故五月渡泸，深入不毛。臣非不自惜也，顾王业不可偏全于蜀都，故冒危难以奉先帝之遗意也，而议者以为非计。今贼适疲于西，又务于东[②]，兵法乘劳，此进趋之时也。谨陈其事如左：高帝明并日月，谋臣渊深，然涉险被创，危然后安。今陛下未及高帝，谋臣不如良、平，而欲以长计取胜，坐定天下，此臣之未解一也。刘繇、王朗各据州郡，论安言计，动引圣人，群疑满腹，众难塞胸，今岁不战，明年不征，使孙策坐大，遂并江东。此臣之未解二也。曹操智计殊绝于人，其用兵也，仿佛孙、吴；然困于南阳，险于乌巢，危于祁连，逼于黎阳，几败伯山，殆死潼关，然后伪定一时耳[③]；况臣才弱，而欲以不危定之，此臣之未解三也。曹操五攻昌霸不下，四越巢湖不成，任用李服而李服图之，委夏侯而夏侯败亡；先帝每称操为能，犹有此失，况臣驽下，何能必胜！此臣之未解四也。自臣到汉中，中间期年耳，然丧赵云、阳群、马玉、阎芝、丁立、白寿、刘郃、邓铜等及曲长、屯将七十余人，突将、无前、赍叟、青羌、散骑、武骑一千余人，皆数十年之内，纠合四方之精锐，非一州之所有；若复数年，则损三分之二，当何以图敌！此臣之未解五也。今民穷兵疲，而事不可息，事不可息，则住与行，劳费正等，而不及虚图之，欲以一州之地与贼支久，此臣之未解六也。夫难平者事也[④]，昔先帝败军于楚，当此时，曹操拊手，谓天下已定。然后先帝东连吴、越，西取巴、蜀，举兵北征，夏侯授首[⑤]，此操之失计而汉事将成也。然后吴更违盟，关羽毁败，秭归蹉跌，曹丕称帝。凡事如是，难可逆见。臣鞠躬尽力，死而后已，至于成败利钝，非臣之明所能逆睹也[⑥]。”

【注释】

①马城：县名。治所在今河北怀安县。　②疲于西，又务于东：疲于西，即指西与蜀汉的郿县、祁山之役；务于东，即指东与孙吴的东关、石亭之争。　③伪定：指虽定一时之功，而有心于篡汉，故曰伪。　④平：通“评”。　⑤授首：被杀。　⑥逆睹：预知；预见。

十二月，亮引兵出散关，围陈仓，陈仓已有备，亮不能克。亮使郝昭乡人靳详于城外遥说昭，昭于楼上应之曰：“魏家科法，卿所练也；我之为人，卿所知也。我受国恩多而门户重，卿无可言者，但有必死耳。卿还谢诸葛，便可攻也。”详以昭语告亮，亮又使详重说昭，言“人兵不敌，空自破灭”。昭谓详曰：“前言已定矣，我识卿耳，箭不识也。”详乃去。亮自以有众数万，而昭兵才千余人，又度东救未能便到，乃进兵攻昭，起云梯冲车以临城[①]，昭于是以火箭逆射其梯，梯然，梯上人皆烧死；昭又以绳连石磨压其冲车，冲车折。亮乃更为井栏百尺以射城中[②]，以土丸填堑，欲直攀城，昭又于内筑重墙。亮又为地突，欲踊出于城里，昭又于城内穿地横截之。昼夜相攻拒二十余日。

曹真遣将军费耀等救之。帝召张郃于方城，使击亮。帝自幸河南城，置酒送郃，问郃曰：“迟将军到[③]，亮得无已得陈仓乎！”郃知亮深入无谷，屈指计曰：“比臣到，亮已走矣。”郃晨夜进道，未至，亮粮尽，引去；将军王双追之，亮击斩双。诏赐昭爵关内侯。

初，公孙康卒，子晃、渊等皆幼，官属立其弟恭。恭劣弱，不能治国，渊既长，胁夺恭位，上书言状。侍中刘晔曰：“公孙氏汉时所用，遂世官相承，水则由海，陆则阻山，外连胡夷，绝远难制，而世权日久；今若不诛，后必生患。若怀贰阻兵，然后致诛，于事为难；不如因其新立，有党有仇，先其不意，以兵临之，开设赏募，可不劳师而定也。”帝不从，拜渊杨烈将军、辽东太守。

吴王以扬州牧吕范为大司马，印绶未下而卒。初，孙策使范典财计，时吴王年少，私从有求，范必关白[④]，不敢专许，当时以此见望⑤。吴王守阳羡长,有所私用,策或料覆,功曹周谷辄为傅著簿书,使无谴问,王临时悦之。及后统事,以范忠诚,厚见信任,以谷能欺更簿书,不用也。

【注释】

①冲车:古代用来专门攻城的战车。　②井栏:古代用来登高攻城的工具。因形似水井边的栏杆,故名。　③迟:待。　④关白:犹禀告,报告。关,通达。　⑤望:怨望,怨恨。

三年　春,汉诸葛亮遣其将陈戒攻武都、阴平二郡①,雍州刺史郭淮引兵救之。亮自出至建威②,淮退,亮遂拔二郡以归;汉主复策拜亮为丞相。

夏,四月,丙申,吴王即皇帝位,大赦,改元黄龙。百官毕会,吴主归功周瑜。绥远将军张昭,举笏欲褒赞功德③,未及言,吴主曰:"如张公之计,今已乞食矣④。"昭大惭,伏地流汗。吴主追尊父坚为武烈皇帝,兄策为长沙桓王,立子登为皇太子,封长沙桓王子绍为吴侯。

以诸葛恪为太子左辅,张休为右弼,顾谭为辅正,陈表为翼正都尉,而谢景、范慎、羊道等皆为宾客,于是东宫号为多士。太子使侍中胡综作《宾友目》曰:"英才卓越,超逾伦匹,则诸葛恪;精识时机,达幽究微,则顾谭;凝辩宏达,言能释结,则谢景;究学甄微,游夏同科,则范慎。"羊道私驳综曰:

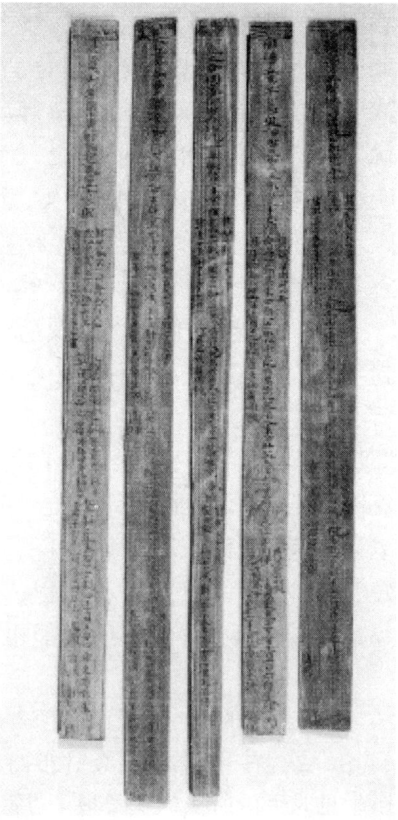

长沙走马楼三国吴简

"元逊才而疏,子嘿精而狠,叔发辩而浮,孝敬深而狭。"道卒以此言为恪等所恶,其后四人皆败,如道所言。

吴主使以并尊二帝之议往告于汉。汉人以为交之无益而名体弗顺,宜显明正义,绝其盟好。丞相亮曰:"权有僭逆之心久矣,国家所以略其衅情者,求掎角之援也。今若加显绝,仇我必深。当更移兵东戍,与之角力,须并其土,乃议中原。彼贤才尚多,将相辑穆,未可一朝定也。顿兵相守,坐而须老,使北贼得计,非算之上者。昔孝文卑辞匈奴,先帝优与吴盟⑤,皆应权通变,深思远益,非若匹夫之忿者也。今议者咸以权利在鼎足,不能并力,且志望已满,无上岸之情,推此,皆似是而非也。何者?其智力不侔,故限江自保;权之不能越江,犹魏贼之不能渡汉,非力有余而利不取也。若大军致讨,彼高当分裂其地以为后规,下当略民广境,示武于内,非端坐者也。若就其不动而睦于我,我之北伐,无东顾忧,河南之众不得尽西,此之为利,亦已深矣。权僭逆之罪,未宜明也。"乃遣卫尉陈震使于吴,贺称尊号。吴主与汉人盟,约中分天下,以豫、青、徐、幽属吴,兖、冀、并、凉属汉,其司州之土,以函谷关为界。

张昭以老病上还官位及所统领,更拜辅吴将军,班亚三司,改封娄侯,食邑万户。昭每朝见,辞气壮厉,义形于色,曾已直言逆旨,中不进见。后汉使来,称汉德美,而群臣莫能屈,吴主叹曰:"使张公在坐,彼不折则废,安复自夸乎!"明日,遣中使劳问,因请见昭,昭避席谢,吴主跪止之。昭坐定,仰曰:"昔太后、桓王不以老臣属陛下,而以陛下属老臣,是以思尽臣节以报厚恩,而意虑浅短,违逆盛旨。然臣愚心所以事国,志在忠益毕命而已;若乃变心易虑以偷荣取容,此臣所不能也!"吴主辞谢焉。

【注释】

①武都:郡名。治所在今甘肃成县。阴平:郡名。治所在今甘肃文县。 ②建威:城名。在今甘肃西和县北。 ③笏:即"朝笏"。古时大臣朝见时手中所执的狭长板子,用玉、象牙或竹皮制成,作为指画及记事之用,也叫"手板"。 ④今已乞食矣:此指张昭在赤壁之战前夕,曾主张归顺、迎接曹操的事情。 ⑤优:宽容。

元城哀王礼卒。

六月，癸卯，繁阳王穆卒。

戊申，追尊高祖大长秋曰高皇帝，夫人吴氏曰高皇后。

秋，七月，诏曰："礼，王后无嗣，择建支子以继大宗，则当纂正统而奉公义，何得复顾私亲哉！汉宣继昭帝后，加悼考以皇号；哀帝以外藩援立，而董宏等称引亡秦，惑误时朝，既尊恭皇，立庙京都，又宠藩妾，使比长信，叙昭穆于前殿，并四位于东宫[①]，僭差无度，人神弗佑，而非罪师丹忠正之谏，用致丁、傅焚如之祸。自是之后，相踵行之。昔鲁文逆祀，罪由夏父；宋国非度，讥在华元。其令公卿在司，深以前世行事为戒，后嗣万一有由诸侯入奉大统，则当明为人后之义，敢为佞邪导谀时君，妄建非正之号，以干正统，谓考为皇，称妣为后，则股肱大臣，诛之无赦。其书之金策，藏之宗庙，著于令典！"

九月，吴主迁都建业，皆因故府，不复增改，留太子登及尚书九官于武昌，使上大将军陆逊辅太子，并掌荆州及豫章三郡事[②]，董督军国。

南阳刘廙尝著《先刑后礼论》，同郡谢景称之于逊，逊呵之曰："礼之长于刑久矣，廙以细辩而诡先圣之教[③]，君今侍东宫，宜遵仁义而彰德音，若彼之谈，不须讲也！"

太子与西陵都督步骘书，求见启诲，骘于是条于时事业在荆州界者及诸僚吏行能以报之，因上疏奖劝曰："臣闻人君不亲小事，使百官有司各任其职，故舜命九贤，则无所用心，不下庙堂而天下治也。故贤人所在，折冲万里[④]，信国家之利器[⑤]，崇替之所由也。愿明太子重以经意，则天下幸甚！"

张纮还吴迎家，道病卒。临困，授子留笺曰[⑥]："自古有国有家者，咸欲修德政以比隆盛世，至于其治，多不馨香，非无忠臣贤佐也，由主不胜其情，弗能用耳。夫人情惮难而趋易，好同而恶异，与治道相反。《传》曰：'从善如登，从恶如崩'，言善之难也。人君承奕世之基，据自然之势，操八柄之威[⑦]，甘易同之欢，无假取于人，而忠臣挟难进之术，吐逆耳之言，其不合也，不亦宜乎！离则有衅，巧辩缘间，眩于小忠，恋于恩爱，贤愚杂错，黜陟失序，其所由来，情乱之也。故明君寤之，求贤如饥渴，受谏而不厌[8]，抑情损欲，以义割恩，则上无偏谬之授，下无希冀之望矣！”吴主省书，为之流涕。

【注释】

①东宫：此指太后宫。　②豫章三郡：即豫章、鄱阳、庐陵三郡。③诡：违反。　④折冲：抵御敌人。　⑤利器：比喻英明杰出的人才。⑥笺：犹今遗表。　⑦八柄：古代统治者驾驭臣下的八种手段，即爵、禄、予、置、生、夺、废、诛，用来调节统治者内部财产、权力分配的矛盾。⑧厌：通“压”，抑制。

冬，十月，改平望观曰听讼观。帝常言：“狱者，天下之性命也。”每断大狱，常诣观临听之。初，魏文侯师李悝著《法经》六篇[1]，商君受之以相秦。萧何定《汉律》，益为九篇，后稍增至六十篇。又有《令》三百余篇，《决事比》九百六卷，世有增损，错糅无常，后人各为章句[2]，马、郑诸儒十有余家，以至于魏，所当用者合二万六千二百七十二条，七百七十三万余言，览者益难。帝乃诏但用郑氏章句。尚书卫觊奏曰：“刑法者，国家之所贵重而私议之所轻贱；狱吏者，百姓之所县命，而选用者之所卑下。王政之敝，未必不由此也；请置律博士。”帝从之。又诏司空陈群、散骑常侍刘邵等删约汉法，制《新律》十八篇，《州郡令》四十五篇，《尚书官令》《军中令》合百八十余篇，于《正律》九篇为增，于旁章科令为省矣。

十一月，洛阳庙成，迎高、太、武、文四神主于邺。

十二月，雍丘王植徙封东阿。

汉丞相亮徙府营于南山下原上，筑汉城于沔阳，筑乐城于成固[3]。

四年　春，吴主使将军卫温、诸葛直将甲士万人，浮海求夷洲、亶洲，欲俘其民以益众，陆逊、全琮皆谏，以为：“桓王创基，兵不一旅。今江东见众，自足图事，不当远涉不毛，万里袭人，风波难测。又民易水土，必致疾疫，欲益更损，欲利反害。且其民犹禽兽,得之不足济事,无之不足亏众。”吴主不听。

尚书琅邪诸葛诞、中书郎南阳邓飏等相与结为党友,更相题表[④],以散骑常侍夏侯玄等四人为四聪,诞辈八人为八达。玄,尚之子也。中书监刘放子熙,中书令孙资子密,吏部尚书卫臻子烈三人咸不及比,以其父居势位,容之为三豫。

行司徒事董昭上疏曰:“凡有天下者,莫不贵尚敦朴忠信之士,深疾虚伪不真之人者,以其毁教乱治,败俗伤化也。近魏讽伏诛建安之末,曹伟斩戮黄初之始[⑤]。伏惟前后圣诏,深疾浮伪,欲以破散邪党,常用切齿;而执法之吏,皆畏其权势,莫能纠擿[⑥],毁坏风俗,侵欲滋甚。窃见当今年少不复以学问为本,专更以交游为业;国士不以孝悌清修为首,乃以趋势游利为先。合党连群,互相褒叹,以毁訾为罚戮,用党誉为爵赏,附己者则叹之盈言,不附者则为作瑕衅[⑦]。至乃相谓:‘今世何忧不度邪,但求人道不勤,罗之不博耳;人何患其不己知,但当吞之以药而柔调耳。’又闻或有使奴客名作在职家人,冒之出入,往来禁奥,交通书疏,有所探问。凡此诸事,皆法之所不取,刑之所不赦,虽讽、伟之罪,无以加也!”帝善其言。二月,壬午,诏曰:“世之质文,随教而变。兵乱以来,经学废绝,后生进趣,不由典谟。岂训导未洽,将进用者不以德显乎?其郎吏学通一经[⑧],才任牧民,博士课试,擢其高第者,亟用;其浮华不务道本者,罢退之!”于是免诞、飏等官。

【注释】

①《法经》:战国时魏文侯相李悝编纂的法典。约于周威烈王十九年(前407)编成。李悝进行政治经济改革,综合各国法律编为《法经》,分《盗法》《贼法》《囚(网)法》《捕法》《杂法》《具法》六篇。《法经》为后来秦汉法律所继承。　②章句:汉代注家以分章析句来解说古文意义的一种著作文体。　③成固:县名。治所在今陕西城固县。　④题:品评。⑤魏讽伏诛、曹伟斩戮:魏讽事见本书卷第六十八建安二十四年(219);曹伟事见本书卷第六十九黄初二年(221)。　⑥擿(tī 惕):揭发。⑦瑕衅:同“瑕隙”,弱点。　⑧郎吏:即尚书郎。

夏,四月,定陵成侯钟繇卒。

六月，戊子，太皇太后卞氏殂。秋，七月，葬武宣皇后。

大司马曹真以"汉人数入寇，请由斜谷伐之；诸将数道并进，可以大克"。帝从之，诏大将军司马懿溯汉水由西城入，与真会汉中，诸将或由子午谷、或由武威入。司空陈群谏曰："太祖昔到阳平攻张鲁，多收豆麦以益军粮，鲁未下而食犹乏。今既无所因，且斜谷阻险，难以进退，转运必见钞截，多留兵守要，则损战士，不可不熟虑也！"帝从群议。真复表从子午道；群又陈其不便，并言军事用度之计。诏以群议下真，真据之遂行。

八月，辛巳，帝行东巡；乙未，如许昌。

汉丞相亮闻魏兵至，次于成固赤坂以待之[①]。召李严使将二万人赴汉中，表严子丰为江州都督，督军典严后事。

会天大雨三十余日，栈道断绝，太尉华歆上疏曰："陛下以圣德当成、康之隆，愿先留心于治道，以征伐为后事。为国者以民为基，民以衣食为本。使中国无饥寒之患，百姓无离上之心，则二贼之衅可坐而待也！"帝报曰："贼凭恃山川，二祖劳于前世，犹不克平，朕岂敢自多，谓必灭之哉！诸将以为不一探取，无由自敝，是以观兵以窥其衅。若天时未至，周武还师，乃前事之鉴，朕敬不忘所戒。"

王肃像

少府杨阜上疏曰："昔武王白鱼入舟，君臣变色，动得吉瑞，犹尚忧惧，况有灾异而不战竦者哉[②]！今吴、蜀未平，而天屡降变，诸军始进，便有天雨之患，稽阂山险，已积日矣。转运之劳，担负之苦，所费已多，若有不继，必违本图。《传》曰：'见可而进，知难而退，军之善政也。'徒使六军困于山谷之间，进无所略，退又不得，非王兵之道也。"

散骑常侍王肃上疏曰："前志有之：'千里馈粮，士有饥色，樵苏后爨[3]，师不宿饱[4]'，此谓平涂之行军者也；又况于深入阻险，凿路而前，则其为劳必相百也。今又加之以霖雨，山坂峻滑，众迫而不展，粮远而难继，实行军者之大忌也。闻曹真发已逾月而行裁半谷，治道功夫，战士悉作。是贼偏得以逸待劳，乃兵家之所惮也。言之前代，则武王伐纣，出关而复还；论之近事，则武、文征权，临江而不济；岂非所谓顺天知时，通于权变者哉！兆民知上圣以水雨艰剧之故，休而息之，后日有衅，乘而用之，则所谓悦以犯难，民忘其死者矣。"肃，朗之子也。

九月，诏曹真等班师。

【注释】

①赤坂：地名。在今陕西洋县东。 ②战竦（sǒng 耸）：因恐惧而发抖。 ③苏：取草。 ④宿饱：晚餐吃得多，到第二天早上仍觉很饱。犹言隔夜饱。

冬，十月，乙卯，帝还洛阳。时左仆射徐宣总统留事，帝还，主者奏呈文书。帝曰："吾省与仆射省何异！"竟不视。

十二月，改葬文昭皇后于朝阳陵。

吴主扬声欲至合肥，征东将军满宠表召兖、豫诸军皆集，吴寻退还，诏罢其兵。宠以为："今贼大举而还，非本意也；此必欲伪退以罢吾兵，而倒还乘虚，掩不备也。"表不罢兵。后十余日，吴果更到合肥城，不克而还。

汉丞相亮以蒋琬为长史。亮数外出，琬常足食足兵，以相供给。亮每言："公琰托志忠雅，当与吾共赞王业者也。"

青州人隐蕃逃奔入吴，上书于吴主曰："臣闻纣为无道，微子先出；高祖宽明，陈平先入。臣年二十二，委弃封域，归命有道，赖蒙天灵，得自全致。臣至止有日，而主者同之降人，未见精别，使臣微言妙旨[1]，不得上达，于邑三叹[2]，曷惟其已！谨诣阙拜章，乞蒙引见。"吴主即召入，蕃进谢，答问及陈时务，甚有辞观[3]。侍中右领军胡综侍坐，吴主问何如？综对曰："蕃上书大语有似东方朔，巧捷诡辩有似祢衡④，而才皆不及。"吴主又问："可堪何官？"综对曰："未可以治民，且试都辇小职。"吴主以蕃盛语刑狱，用为廷尉监。左将军朱据、廷尉郝普数称蕃有王佐之才，普尤与之亲善，常怨叹其屈。于是蕃门车马云集，宾客盈堂，自卫将军全琮等皆倾心接待；惟羊道及宣诏郎豫章杨迪拒绝不与通。潘浚子翥，亦与蕃周旋，馈饷之。浚闻，大怒，疏责翥曰："吾受国厚恩，志报以命，尔辈在都，当念恭顺，亲贤慕善。何故与降虏交，以粮饷之！在远闻此，心震面热，惆怅累旬。疏到，急就往使受杖一百，促责所饷！"当时人咸怪之。顷之，蕃谋作乱于吴，事觉，亡走，捕得，伏诛。吴主切责郝普，普惶惧，自杀。朱据禁止，历时乃解。

武陵五溪蛮夷叛吴。吴主以南土清定，召交州刺史吕岱还屯长沙沤口。

【注释】

①微言：含义深远精微的言辞。妙旨：精深的含义。　②于邑：短气的样子。　③辞观：谈吐仪表。　④巧捷：机灵敏捷。

资治通鉴卷第七十二

魏纪四　起重光大渊献，尽阏逢摄提格，凡四年。

烈祖明皇帝中之上

太和五年　春，二月，吴主假太常潘濬节，使与吕岱督军五万人讨五溪蛮。濬姨兄蒋琬为诸葛亮长史，武陵太守卫旍奏濬遣密使与琬相闻，欲有自托之计。吴主曰："承明不为此也。"即封旍表以示濬，而召旍还，免官。

卫温、诸葛直军行经岁，士卒疾疫死者什八九[①]，亶洲绝远，卒不可得至，得夷洲数千人还。温、直坐无功，诛。

汉丞相亮命李严以中都护署府事。严更名平。亮帅诸军入寇，围祁山，以木牛运[②]。于是大司马曹真有疾，帝命司马懿西屯长安，督将军张郃、费曜、戴陵、郭淮等以御之。

三月，邵陵元侯曹真卒。

自十月不雨，至于是月。

司马懿使费曜、戴陵留精兵四千守上邽[③]，余众悉出，西救祁山。张郃欲分兵驻雍、郿，懿曰："料前军能独当之者，将军言是也。若不能当而分为前后，此楚之三军所以为黥布禽也。"遂进。亮分兵留攻祁山，自逆懿于上邽。郭淮、费曜等徼亮，亮破之，因大芟刈其麦，与懿遇于上邽之东。懿敛军依险，兵不得交，亮引还。

懿等寻亮后至于卤城[④]。张郃曰："彼远来逆我，请战不得，谓我利在不战，欲以长计制之也。且祁山知大军已在近，人情自固，可止屯于此，分为奇兵，示出其后，不宜进前而不敢逼，坐失民望也。今亮孤军食少，亦行去矣。”懿不从，故寻亮。既至，又登山掘营，不肯战。贾诩、魏平数请战，因曰：“公畏蜀如虎，奈天下笑何！”懿病之。诸将咸请战。夏，五月，辛巳，懿乃使张郃攻无当监何平于南围，自按中道向亮。亮使魏延、高翔、吴班逆战，魏兵大败，汉人获甲首三千，懿还保营。

六月，亮以粮尽退军，司马懿遣张郃追之。郃进至木门[⑤]，与亮战，蜀人乘高布伏，弓弩乱发，飞矢中郃右膝而卒。

秋，七月，乙酉，皇子殷生，大赦。

【注释】

①疫：温疫。 ②木牛：古时的一种运输工具。 ③上邽（guī 龟）：县名。治所在今甘肃天水市。 ④寻：尾随。 ⑤木门：地名。位于卤城附近，在今甘肃天水市和甘谷县之间。

黄初以来，诸侯王法禁严切，至于亲姻皆不敢相通问。东阿王植上疏曰：“尧之为教，先亲后疏，自近及远。周文王刑于寡妻，至于兄弟，以御于家邦。伏惟陛下资帝唐钦明之德，体文王翼翼之仁[①]，惠洽椒房，恩昭九族，群后百寮，番休递上，执政不废于公朝，下情得展于私室，亲姻之路通，庆吊之情展，诚可谓恕己治人，推惠施恩者矣。至于臣者，人道绝绪，禁锢明时，臣窃自伤也。不敢乃望交气类[②]，修人事，叙人伦，近且婚媾不通，兄弟乖绝，吉凶之问塞，庆吊之礼废，恩纪之违，甚于路人；隔阂之异，殊于胡、越。今臣以一切之制，永无朝觐之望，至于注心皇极，结情紫闼，神明知之矣。然天实为之，谓之何哉！退惟诸王常有戚戚具尔之心，愿陛下沛然垂诏[③]，使诸国庆问[④]，四节得展，以叙骨肉之欢恩，全怡怡之笃义。妃妾之家，膏沐之遗，岁得再通，齐义于贵宗，等惠于百司，如此，则古人之所叹，风雅之所咏，复存于圣世矣！臣伏自惟省，无锥刀之用；及观陛下之所拔授，若以臣为异姓，窃自料度，不后于朝士矣。若得辞远游，戴武弁，解朱组，佩青绂[⑤]，驸马、奉车，趣得一号，安宅京室，执鞭珥笔[⑥]，出从华盖，入侍辇毂，承答圣问,拾遗左右,乃臣丹诚之至愿,不离于梦想者也。远慕《鹿鸣》君臣之宴[7],中咏《常棣》匪他之诫,下思《伐木》友生之义,终怀《蓼莪》罔极之哀,每四节之会,块然独处[8],左右惟仆隶,所对惟妻子,高谈无所与陈,精义无所与展,未尝不闻乐而拊心,临觞而叹息也。臣伏以犬马之诚不能动人,譬人之诚不能动天,崩城、陨霜[9],臣初信之,以臣心况,徒虚语耳!若葵藿之倾太阳,虽不为回光,然向之者诚也。窃自比葵藿,若降天地之施,垂三光之明者,实在陛下。臣闻《文子》曰:'不为福始,不为祸先。'今之否隔,友于同忧,而臣独倡言者,实不愿于圣世有不蒙施之物,欲陛下崇光被时雍之美[10],宣缉熙章明之德也[11]!"诏报曰:"盖教化所由,各有隆敝,非皆善始而恶终也,事使之然。今令诸国兄弟情礼简怠,妃妾之家膏沐疏略,本无禁锢诸国通问之诏也;矫枉过正,下吏惧谴,以至于此耳。已敕有司,如王所诉。"

【注释】

①翼翼:恭敬貌。 ②气类:同声相应,同气相求。此指志同道合的人。 ③沛然:行动迅速貌。 ④庆问:祝贺通问。 ⑤远游、武弁、朱组、青绂:诸王戴远游冠,佩朱组;三都尉、侍中、常侍都戴武弁,佩青绂。组,即绂。 ⑥珥(ěr 耳)笔:古时史官、谏官入朝,或近臣侍从,把笔插在帽子上,以便随时记录、撰述。 ⑦《鹿鸣》:《诗经》三百零五篇中的一篇,以下《常棣》《伐木》《蓼莪》都是《诗经》中的篇章。 ⑧块然:孤独貌。 ⑨崩城、陨霜:这是人的诚心感动上天的两个典故。春秋时,齐国大夫杞梁在莒城战死,杞梁的妻子面对城墙哭泣,城墙倒塌。战国时,邹衍尽忠君王,但燕惠王听信谗言把邹衍抓了起来,邹衍仰天而哭,当时正是夏天,却降下霜来。 ⑩时雍:亦作"时邕",和善。 ⑪缉熙:光明。

植复上疏曰:"昔汉文发代,疑朝有变,宋昌曰:'内有朱虚、东牟之亲,外有齐、楚、淮南、琅邪,此则磐石之宗,愿王勿疑。'臣伏惟陛下远览姬文二虢之援,中虑周成召、毕之辅,下存宋昌磐石之固。臣闻羊质虎皮,见草则悦,见豺则战,忘其皮之虎也。今置将不良,有似于此。故语曰:'患为之者不知,知之者不得为也。'昔管、蔡放诛,周、召作弼[1];叔鱼陷刑,叔向赞国[2]。三监之衅[3],臣自当之；二南之辅[4]，求必不远。华宗贵族藩王之中，必有应斯举者。夫能使天下倾耳注目者，当权者是也，故谋能移主，威能慑下，豪右执政，不在亲戚，权之所在，虽疏必重，势之所去，虽亲必轻。盖取齐者田族，非吕宗也；分晋者赵、魏，非姬姓也。惟陛下察之。苟吉专其位，凶离其患者，异姓之臣也。欲国之安，祈家之贵，存共其荣，殁同其祸者，公族之臣也。今反公族疏而异姓亲，臣窃惑焉。今臣与陛下践冰履炭，登山浮涧，寒温燥湿，高下共之，岂得离陛下哉！不胜愤懑，拜表陈情。若有不合，乞且藏之书府，不便灭弃，臣死之后，事或可思。若有毫厘少挂圣意者，乞出之朝堂，使夫博古之士，纠臣表之不合义者，如是则臣愿足矣。”帝但以优文答报而已。

八月，诏曰：“先帝著令，不欲使诸王在京都者，谓幼主在位，母后摄政，防微以渐，关诸盛衰也。朕惟不见诸王十有二载，悠悠之怀，能不兴思！其令诸王及宗室公侯各将适子一人朝明年正月，后有少主、母后在宫者，自如先帝令。”

汉丞相亮之攻祁山也，李平留后，主督运事。会天霖雨，平恐运粮不继，遣参军狐忠、督军成藩喻指，呼亮来还；亮承以退军。平闻军退，乃更阳惊，说“军粮饶足，何以便归”！又欲杀督运岑述以解己不办之责。又表汉主，说“军伪退，欲以诱贼”。亮具出其前后手笔书疏，本末违错。平辞穷情竭，首谢罪负。于是亮表平前后过恶，免官，削爵土，徙梓潼郡。复以平子丰为中郎将、参军事，出教敕之曰：“吾与君父子戮力以奖汉室，表都护典汉中，委君于东关[5]，谓至心感动，终始可保，何图中乖乎！若都护思负一意，君与公琰推心从事，否可复通[6]，逝可复还也。详思斯戒，明吾用心！”

亮又与蒋琬、董允书曰：“孝起前为吾说正方腹中有鳞甲[7]，乡党以为不可近。吾以为鳞甲但不当犯之耳，不图复有苏、张之事出于不意，可使孝起知之。”孝起者，卫尉南阳陈震也。

冬，十月，吴主使中郎将孙布诈降以诱扬州刺史王凌，吴主伏兵于阜陵以俟之[8]。布遣人告凌云：“道远不能自致，乞兵见迎。”凌腾布书，请兵马迎之。征东将军满宠以为必诈，不与兵，而为凌作报书曰："知识邪正，欲避祸就顺，去暴归道，甚相嘉尚。今欲遣兵相迎，然计兵少则不足相卫，多则事必远闻。且先密计以成本志，临时节度其宜。"会宠被书入朝，敕留府长史，"若凌欲往迎，勿与兵也"。凌于后索兵不得，乃单遣一督将步骑七百人往迎之，布夜掩击，督将迸走，死伤过半。凌，允之兄子也。

先是凌表宠年过耽酒，不可居方任。帝将召宠，给事中郭谋曰："宠为汝南太守、豫州刺史二十余年，有勋方岳；及镇淮南，吴人惮之。若不如所表，将为所窥，可令还朝，问以东方事以察之。"帝从之。既至，体气康强[9]，帝慰劳遣还。

十一月，戊戌晦，日有食之。

十二月，戊午，博平敬侯华歆卒。

丁卯，吴大赦，改明年元曰嘉禾。

【注释】

①管、蔡放诛，周、召作弼：周成王时，管叔、蔡叔据武庚反叛。周成王诛杀管叔，放逐蔡叔，任命周公为师，召公为保，作为左右辅佐。②叔鱼陷刑，叔向赞国：据《左传》记载，晋国刑侯与雍子争田，韩宣子命叔鱼审判，雍子把女儿献给叔鱼，叔鱼于是定刑侯有罪，刑侯愤怒，杀了叔鱼和雍子。韩宣子问叔鱼的哥哥叔向的意见，叔向不偏私其兄，认为三人都有罪。　③三监之衅：周王朝初建时，在东方建立三个封国，即管国、蔡国、霍国，用它们监视商王朝的残留殷民组成的殷国，故称之为"三监"。后来"三监"与殷国勾结造反，被周公镇压。　④二南：即周公、召公。　⑤东关：即江州。　⑥否：不通。　⑦鳞甲：比喻人多巧诈之心。⑧皁陵：县名。治今安徽全椒县南。　⑨体气：体质。

六年　春，正月，吴主少子建昌侯虑卒。太子登自武昌入省吴主，因自陈久离定省，子道有阙；又陈陆逊忠勤，无所顾忧。乃留建业。

二月，诏改封诸侯王，皆以郡为国。

帝爱女淑卒，帝痛之甚，追谥平原懿公主，立庙洛阳，葬于南陵，取甄后从孙黄与之合葬，追封黄为列侯，为之置后，袭爵。帝欲自临送葬，又欲幸许。司空陈群谏曰："八岁下殇[1]，礼所不备，况未期月，而以成人礼送之，加为制服，举朝素衣，朝夕哭临，自古以来，未有此比。而乃复自往视陵，亲临祖载。愿陛下抑割无益有损之事，此万国之至望也。又闻车驾欲幸许昌，二宫上下，皆悉居东，举朝大小，莫不惊怪。或言欲以避衰，或言欲以便移殿舍，或不知何故。臣以为吉凶有命，祸福由人，移走求安，则亦无益。若必当移避，缮治金墉城西宫及孟津别宫，皆可权时分止，何为举宫暴露野次，公私烦费，不可计量。且吉士贤人，犹不妄徙其家，以宁乡邑，使无恐惧之心，况乃帝王万国之主，行止动静，岂可轻脱哉[②]！”少府杨阜曰：“文皇帝、武宣皇后崩，陛下皆不送葬，所以重社稷，备不虞也；何至孩抱之赤子而送葬也哉！”帝皆不听。三月，癸酉，行东巡。

吴主遣将军周贺、校尉裴潜乘海之辽东，从公孙渊求马。

初，虞翻性疏直，数有酒失，又好抵忤人，多见谤毁。吴主尝与张昭论及神仙，翻指昭曰：“彼皆死人而语神仙，世岂有仙人也！”吴主积怒非一，遂徙翻交州。及周贺等之辽东，翻闻之，以为五溪宜讨；辽东绝远，听使来属，尚不足取，今去人财以求马，既非国利，又恐无获。欲谏不敢，作表以示吕岱，岱不报。为爱憎所白，复徙苍梧猛陵[③]。

夏，四月，壬寅，帝如许昌。

五月，皇子殷卒。

秋，七月，以卫尉董昭为司徒。

九月，帝行如摩陂，治许昌宫，起景福、承光殿。

【注释】

①殇（shāng 伤）：未成年而死。据《仪礼·丧服传》载：“年十九至十六为长殇，十五至十二为中殇，十一至八岁为下殇，不满八岁以下，皆为无服之殇。” ②轻脱：轻率，不持重。 ③苍梧：郡名。治所在今广西梧州市。猛陵：县名。治所在今广西苍梧县。

公孙渊阴怀贰心，数与吴通。帝使汝南太守田豫督青州诸军自海道，幽州刺史王雄自陆道讨之。散骑常侍蒋济谏曰：“凡非相吞之国，不侵叛之臣，不宜轻伐。伐之而不能制，是驱使为贼也。

许昌古城遗址

故曰：‘虎狼当路，不治狐狸。’先除大害，小害自已。今海表之地[①]，累世委质，岁选计、孝，不乏职贡，议者先之。正使一举便克，得其民不足益国，得其财不足为富；傥不如意，是为结怨失信也。”帝不听。豫等往皆无功，诏令罢军。

豫以吴使周贺等垂还，岁晚风急，必畏漂浪，东道无岸，当赴成山。成山无藏船之处，遂辄以兵屯据成山。贺等还至成山[②]，遇风，豫勒兵击贺等，斩之。吴主闻之，始思虞翻之言，乃召翻于交州。会翻已卒，以其丧还。

十一月，庚寅，陈思王植卒。

十二月，帝还许昌宫。

侍中刘晔为帝所亲重。帝将伐蜀，朝臣内外皆曰：“不可。”晔入与帝议，则曰：“可伐”；出与朝臣言，则曰：“不可。”晔有胆智，言之皆有形。中领军杨暨[③]，帝之亲臣，又重晔，执不可伐之议最坚，每从内出，辄过晔，晔讲不可之意。后暨与帝论伐蜀事，暨切谏，帝曰：“卿书生，焉知兵事！”暨谢曰：“臣言诚不足采，侍中刘晔，先帝谋臣，常曰蜀不可伐。”帝曰：“晔与吾言蜀可伐。”暨曰：“晔可召质也。”诏召晔至，帝问晔，终不言。后独见，晔责帝曰：“伐国，大谋也，臣得与闻大谋，常恐眯梦漏泄以益臣罪[④]，焉敢向人言之！夫兵诡道也，军事未发，不厌其密。陛下显然露之，臣恐敌国已闻之矣。”于是帝谢之。晔见出，责暨曰：“夫钓者中大鱼，则纵而随之，须可制而后牵，则无不得也。人主之威，岂徒大鱼而已！子诚直臣，然计不足采，不可不精思也。”暨亦谢之。

或谓帝曰：“晔不尽忠，善伺上意所趋而合之，陛下试与晔言，皆反意而问之，若皆与所问反者，是畔常与圣意合也。每问皆同者，畔之情必无所逃矣。”帝如言以验之，果得其情，从此疏焉。畔遂发狂，出为大鸿胪，以忧死。

《傅子》曰[⑤]：巧诈不如拙诚，信矣。以畔之明智权计，若居之以德义，行之以忠信，古之上贤，何以加诸！独任才智，不敦诚悫，内失君心，外困于俗，卒以自危，岂不惜哉！

畔尝谮尚书令陈矫专权，矫惧，以告其子骞。骞曰：“主上明圣，大人大臣，公若不合，不过不作公耳。”后数日，帝意果解。

【注释】

①海表：海外。　②成山：地名。在今山东威海市文登区东北八十公里处。　③中领军：官名。汉末始置。魏晋至南北朝，常以亲信大臣担任，与中护军同握军队实权。　④眯（mì 秘）：梦魇。　⑤《傅子》：西晋傅玄著。

尚书郎乐安廉昭以才能得幸，好抉擿群臣细过以求媚于上[①]。黄门侍郎杜恕上疏曰：“伏见廉昭奏左丞曹璠以罚当关不依诏，坐判问。又云：‘诸当坐者别奏。’尚书令陈矫自奏不敢辞罚，亦不敢陈理，志意恳恻[②]。臣窃愍然为朝廷惜之！古之帝王所以能辅世长民者，莫不远得百姓之欢心，近尽群臣之智力。今陛下忧劳万机，或亲灯火，而庶事不康[③]，刑禁日弛。原其所由，非独臣不尽忠，亦主不能使也。百里奚愚于虞而智于秦，豫让苟容中行而著节智伯，斯则古人之明验矣。若陛下以为今世无良才，朝廷乏贤佐，岂可追望稷、契之遐踪，坐待来世之俊乂乎[④]！今之所谓贤者，尽有大官而享厚禄矣，然而奉上之节未立，向公之心不一者，委任之责不专，而俗多忌讳故也。臣以为忠臣不必亲，亲臣不必忠。今有疏者毁人而陛下疑其私报所憎，誉人而陛下疑其私爱所亲，左右或因之以进憎爱之说，遂使疏者不敢毁誉，以至政事损益，亦皆有嫌。陛下当思所以阐广朝臣之心，笃厉有道之节，使之自同古人，垂名竹帛。反使如廉昭者扰乱其间，臣惧大臣将遂容身保位，坐观得失，为来世戒也。昔周公戒鲁侯曰：‘无使大臣怨乎不以[⑤]。’言不贤则不可为大臣，为大臣则不可不用也。《书》数舜之功,称去四凶,不言有罪无问大小则去也。今者朝臣不自以为不能,以陛下为不任也;不自以为不知,以陛下为不问也。陛下何不遵周公之所以用,大舜之所以去,使侍中、尚书坐则侍帷幄,行则从华辇,亲对诏问,各陈所有,则群臣之行皆可得而知,忠能者进,暗劣者退,谁敢依违而不自尽[⑥]。以陛下之圣明,亲与群臣论议政事,使群臣人得自尽,贤愚能否,在陛下之所用。以此治事,何事不办;以此建功,何功不成!每有军事,诏书常曰:'谁当忧此者邪?吾当自忧耳。'近诏又曰:'忧公忘私者必不然,但先公后私即自办也。'伏读明诏,乃知圣思究尽下情,然亦怪陛下不治其本而忧其末也。人之能否,实有本性,虽臣亦以为朝臣不尽称职也。明主之用人也,使能者不敢遗其力,而不能者不得处非其任。选举非其人,未必为有罪也;举朝共容非其人,乃为怪耳。陛下知其不尽力也而代之忧其职,知其不能也而教之治其事,岂徒主劳而臣逸哉,虽圣贤并世,终不能以此为治也。陛下又患台阁禁令之不密,人事请属之不绝,作迎客出入之制,以恶吏守寺门,斯实未得为禁之本也。昔汉安帝时,少府窦嘉辟廷尉郭躬无罪之兄子,犹见举奏,章劾纷纷。近司隶校尉孔羡辟大将军狂悖之弟,而有司嘿尔,望风希指,甚于受属,选举不以实者也。嘉有亲戚之宠,躬非社稷重臣,犹尚如此;以今况古,陛下自不督必行之罚以绝阿党之原耳[⑦]。出入之制,与恶吏守门,非治世之具也。使臣之言少蒙察纳,何患于奸不削灭,而养若廉昭等乎!夫纠擿奸宄,忠事也;然而世憎小人行之者,以其不顾道理而苟求容进也。若陛下不复考其终始,必以违众迕世为奉公,密行白人为尽节;焉有通人大才而更不能为此邪?诚顾道理而弗为耳。使天下皆背道而趋利,则人主之所最病者也,陛下将何乐焉!"恕,畿之子也。

【注释】

①抉擿(tī):挑剔。 ②恳恻:诚恳痛切。 ③康:安。 ④俊乂(yì义):亦作"俊艾"。贤能的人。 ⑤以:用。 ⑥依违:犹豫不决,模棱两可。 ⑦阿党:结党营私。

帝尝卒至尚书门,陈矫跪问帝曰:"陛下欲何之?"帝曰:"欲按行文书耳。”矫曰：“此自臣职分，非陛下所宜临也。若臣不称其职，则请就黜退，陛下宜还。”帝惭，回车而反。帝尝问矫：“司马公忠贞，可谓社稷之臣乎？”矫曰：“朝廷之望也，社稷则未知也。”

吴陆逊引兵向庐江，论者以为宜速救之。满宠曰：“庐江虽小，将劲兵精，守则经时。又，贼舍船二百里来，后尾空绝，不来尚欲诱致，今宜听其遂进。但恐走不可及耳。”乃整军趋杨宜口[①]，吴人闻之，夜遁。

是时，吴人岁有来计。满宠上疏曰：“合肥城南临江湖，北远寿春，贼攻围之，得据水为势；官兵救之，当先破贼大辈，然后围乃得解。贼往甚易，而兵往救之甚难，宜移城内之兵，其西三十里，有奇险可依，更立城以固守，此为引贼平地而掎其归路，于计为便。”护军将军蒋济议以为：“既示天下以弱，且望贼烟火而坏城，此为未攻而自拔；一至于此，劫略无限，必淮北为守。”帝未许。宠重表曰：“孙子言‘兵者，诡道也，故能而示之不能，骄之以利，示之以摄’，此为形实不必相应也。又曰：‘善动敌者形之。’今贼未至而移城却内，所谓形而诱之也。引贼远水，择利而动，举得于外，则福生于内矣！”尚书赵咨以宠策为长，诏遂报听。

青龙元年 春，正月，甲申，青龙见摩陂井中[②]。二月，帝如摩陂观龙，改元。

公孙渊遣校尉宿舒、郎中令孙综奉表称臣于吴；吴主大悦，为之大赦。三月，吴主遣太常张弥、执金吾许晏、将军贺达将兵万人，金宝珍货，九锡备物，乘海授渊，封渊为燕王。举朝大臣自顾雍以下皆谏，以为“渊未可信而宠待太厚，但可遣吏兵护送舒、综而已”；吴主不听。张昭曰：“渊背魏惧讨，远来求援，非本志也。若渊改图，欲自明于魏，两使不反，不亦取笑于天下乎！”吴主反覆难昭，昭意弥切。吴主不能堪，按剑而怒曰：“吴国士人入宫则拜孤，出宫则拜君，孤之敬君亦为至矣，而数于众中折孤，孤常恐失计[③]。”昭孰视吴主曰[④]：“臣虽知言不用，每竭愚忠者，诚以太后临崩，呼老臣于床下，遗诏顾命之言故在耳。”因涕泣横流；吴主掷刀于地，与之对泣。然卒遣弥、晏往。昭忿言之不用，称疾不朝；吴主恨之，土塞其门，昭又于内以土封之。

【注释】

①杨宜口:地名。在今安徽六安市阳泉口。 ②青龙见摩陂井中:摩陂自此改名为龙陂。 ③失计:此指孙权不能容忍张昭而杀了他。④孰视:即熟视。注目细看。

夏,五月,戊寅,北海王蕤卒。

闰月,庚寅朔,日有食之。

六月,洛阳宫鞠室灾[①]。

鲜卑轲比能诱保塞鲜卑步度根与深结和亲,自勒万骑迎其累重于陉北。荆州刺史毕轨表辄出军,以外威比能,内镇步度根。帝省表曰:"步度根已为比能所诱,有自疑心。今轨出军,慎勿越塞过句注也[②]。"比诏书到,轨已进军屯阴馆,遣将军苏尚、董弼追鲜卑。轲比能遣子将千余骑迎步度根部落,与尚、弼相遇,战于楼烦,二将没,步度根与泄归泥部落皆叛出塞,与轲比能合寇边。帝遣骁骑将军秦朗将中军讨之,轲比能乃走幕北,泄归泥将其部众来降。步度根寻为轲比能所杀。

公孙渊知吴远难恃,乃斩张弥、许晏等首,传送京师,悉没其兵资珍宝。冬,十二月,诏拜渊大司马,封乐浪公。

吴王闻之,大怒曰:"朕年六十,世事难易,靡所不尝,近为鼠子所前却,令人气踊如山。不自截鼠子头以掷于海,无颜复临万国,就令颠沛,不以为恨!"

陆逊上疏曰:"陛下以神武之资,诞膺期运,破操乌林,败备西陵,禽羽荆州;斯三虏者,当世雄杰。皆摧其锋。圣化所绥,万里草偃,方荡平华夏,总一大猷。今不忍小忿而发雷霆之怒,违垂堂之戒[③],轻万乘之重,此臣之所惑也。臣闻之,行万里者不中道而辍足,图四海者不怀细以害大。强寇在境,荒服未庭,陛下乘桴远征,必致窥阍[④],戚至而忧,悔之无及。若使大事时捷,则渊不讨自服。今乃远惜辽东众之与马,奈何独欲捐江东万安之本业而不惜乎!"

尚书仆射薛综上疏曰:"昔汉元帝欲御楼船,薛广德请刎颈以血染车。何则?水火之险至危,非帝王所宜涉也。今辽东戎貊小国，无城隍之固，备御之术，器械铢钝，犬羊无政，往必禽克，诚如明诏。然其方土寒埆[⑤]，谷稼不殖，民习鞍马，转徙无常，卒闻大军之至，自度不敌，鸟惊兽骇，长驱奔窜，一人匹马，不可得见，虽获空地，守之无益，此不可一也。加又洪流滉瀁，有成山之难，海行无常，风波难免，倏忽之间，人船异势，虽有尧、舜之德，智无所施，贲、育之勇，力不得设，此不可二也。加以郁雾冥其上，咸水蒸其下，善生流肿[⑥]，转相洿染[⑦]，凡行海者，稀无此患，此不可三也。天生神圣，当乘时平乱，康此民物。今逆虏将灭，海内垂定，乃违必然之图，寻至危之阻，忽九州之固，肆一朝之忿，既非社稷之重计，又开辟以来所未尝有，斯诚群僚所以倾身侧息，食不甘味，寝不安席者也。"

【注释】

①鞠室：蹴（cù 促）鞠的地方。蹴鞠，我国古代的一种踢球运动，用以练武。胡注："鞠室者，划地为域以蹴鞠，因以为名。" ②句注：山名。即陉岭，在今山西代县北。 ③垂堂：近屋檐处。古谚有"家累千金，坐不垂堂"。说的是富人不敢近屋檐而坐，恐怕屋檐上的瓦坠落伤身。④窥阇（yú 于）：亦作"窥窬"、"窥觎"。犹言觊觎，谓窥伺可乘之隙。⑤方土：乡土。埆（què 却）：土地瘠薄。 ⑥流肿：脚气。 ⑦洿（wū 乌）染：传染。

选曹尚书陆瑁上疏曰："北寇与国，壤地连接，苟有间隙，应机而至。夫所以为越海求马，曲意于渊者，为赴目前之急，除腹心之疾也。而更弃本追末，捐近治远，忿以改规，激以动众，斯乃猾虏所愿闻，非大吴之至计也。又兵家之术，以功役相疲，劳逸相待，得失之间，所觉辄多。且沓渚去渊，道里尚远，今到其岸，兵势三分，使强者进取，次当守船，又次运粮，行人虽多，难得悉用。加以单步负粮，经远深入，贼地多马，邀截无常。若渊狙诈[①]，与北未绝，动众之日，唇齿相济；若实孑然无所凭赖，其畏怖远迸，或难卒灭，使天诛稽于朔野[②]，山虏承间而起，恐非万安之长虑也！"吴主未许。

瑁重上疏曰："夫兵革者，固前代所以诛暴乱、威四夷也。然其役皆在奸雄已除，天下无事，从容庙堂之上，以余议议之耳。至于中夏鼎沸，九域盘互之时，率须深根固本，爱力惜费，未有正于此时舍近治远，以疲军旅者也。昔尉佗叛逆，僭号称帝，于时天下乂安，百姓康阜[③]，然汉文犹以远征不易，告喻而已。今凶桀未殄，疆埸犹警，未宜以渊为先。愿陛下抑威任计，暂宁六师，潜神嘿规，以为后图，天下幸甚！”吴主乃止。

吴主数遣人慰谢张昭，昭固不起。吴主因出，过其门呼昭，昭辞疾笃。吴主烧其门，欲以恐之，昭亦不出。吴主使人灭火。住门良久，昭诸子共扶昭起，吴主载以还宫，深自克责，昭不得已，然后朝会。

初，张弥、许晏等至襄平[④]，公孙渊欲图之，乃先分散其吏兵，中使秦旦、张群、杜德、黄强等及吏兵六十人置玄菟[⑤]。玄菟在辽东北二百里，太守王赞，领户二百，旦等皆舍于民家，仰其饮食，积四十许日。旦与群等议曰：“吾人远辱国命，自弃于此，与死无异。今观此郡，形势甚弱，若一旦同心，焚烧城郭，杀其长吏，为国报耻，然后伏死，足以无恨。孰与偷生苟活，长为囚虏乎！”群等然之。于是阴相结约，当用八月十九日夜发，其日中时，为郡中张松所告，赞便会士众，闭城门，旦、群、德、强皆逾城得走。时群病疽疮著膝，不及辈旅，德常扶接与俱，崎岖山谷，行六七百里，创益困，不复能前，卧草中，相守悲泣。群曰：“吾不幸创甚，死亡无日，卿诸人宜速进道，冀有所达，空相守俱死于穷谷之中，何益也！”德曰：“万里流离，死生共之，不忍相委。”于是推旦、强使前，德独留守群，采菜果食之。旦、强别数日，得达句丽，因宣吴主诏于句丽王位宫及其主簿，绐言有赐，为辽东所劫夺。位宫等大喜，即受诏，命使人随旦还迎群，遣皂衣二十五人，送旦等还吴，奉表称臣，贡貂皮千枚，鹖鸡皮十具[⑥]。旦等见吴主，悲喜不能自胜。吴主壮之，皆拜校尉。

是岁，吴主出兵欲围新城[⑦]，以其远水，积二十余日，不敢下船。满宠谓诸将曰：“孙权得吾移城，必于其众中有自大之言，今大举来，欲要一切之功，虽不敢至，必当上岸耀兵以示有余。”乃潜遣步骑六千，伏肥水隐处以待之。吴主果上岸耀兵，宠伏军卒起

三国艨艟模型

击之,斩首数百,或有赴水死者。吴主又使全琮攻六安,亦不克。

蜀庲降都督张翼用法严峻,南夷豪帅刘胄叛。丞相亮以参军巴西马忠代翼,召翼令还。其人谓翼宜速归即罪。翼曰:"不然,吾以蛮夷蠢动,不称职,故还耳。然代人未至,吾方临战场,当运粮积谷,为灭贼之资,岂可以黜退之故而废公家之务乎!"于是统摄不懈,代到乃发。马忠因其成基,破胄,斩之。

诸葛亮劝农讲武,作木牛、流马⑧,运米集斜谷口,治斜谷邸阁⑨;息民休士,三年而后用之。

【注释】

①狙诈:狡猾奸诈。 ②稽:至,及。 ③阜:丰富。 ④襄平:县名。治所在今辽宁辽阳。 ⑤玄菟(tú 图):郡名。治所在今辽宁辽阳。 ⑥鹖(hé 曷)鸡:即"褐马鸡"。 ⑦新城:即满宠建的合肥新城。 ⑧流马:古代的一种运输工具。它常与"木牛"并称,木牛是一种有前辕的小车,流马是一人推动的独轮车。 ⑨邸阁:储粮所。

二年 春,二月,亮悉大众十万由斜谷入寇,遣使约吴同时大举。

三月,庚寅,山阳公卒,帝素服发丧。

己酉,大赦。

夏,四月,大疫。

崇华殿灾。

诸葛亮至郿,军于渭水之南。司马懿引军渡渭,背水为垒拒之,谓诸将曰:"亮若出武功,依山而东,诚为可忧;若西上五丈原[1]，诸将无事矣。”亮果屯五丈原。

雍州刺史郭淮言于懿曰：“亮必争北原[2]，宜先据之。”议者多谓不然，淮曰：“若亮跨渭登原，连兵北山，隔绝陇道，摇荡民夷，此非国之利也。”懿乃使淮屯北原。堑垒未成，汉兵大至，淮逆击却之。

亮以前者数出，皆以运粮不继，使己志不伸，乃分兵屯田为久驻之基，耕者杂于渭滨居民之间，而百姓安堵[3]，军无私焉。

五月，吴主入居巢湖口，向合肥新城，众号十万；又遣陆逊、诸葛瑾将万余人入江夏、沔口，向襄阳；将军孙韶、张承入淮，向广陵、淮阴。六月，满宠欲率诸军救新城，殄夷将军田豫曰：“贼悉众大举，非图小利，欲质新城以致大军耳。宜听使攻城，挫其锐气，不当与争锋也。城不可拔，众必罢怠；罢怠然后击之，可大克也。若贼见计，必不攻城，势将自走。若便进兵，知入其计矣。”

【注释】

①五丈原：地名。在今陕西眉县和岐山县交界处。　②北原：地名。即五丈原渭水以北的部分。　③安堵：安定，安居。

时东方吏士皆分休，宠表请召中军兵，并召所休将士，须集击之。散骑常侍广平刘劭议以为：“贼众新至，心专气锐，宠以少人自战其地，若便进击，必不能制。宠请待兵，未有所失也，以为可先遣步兵五千，精骑三千，先军前发，扬声进道，震曜形势[1]。骑到合肥，疏其行队，多其旌鼓，曜兵城下，引出贼后，拟其归路，要其粮道。贼闻大军来，骑断其后，必震怖遁走，不战自破矣。”帝从之。

宠欲拔新城守，致贼寿春，帝不听，曰：“昔汉光武遣兵据略阳，终以破隗嚣，先帝东置合肥，南守襄阳，西固祁山，贼来辄破于三城之下者，地有所必争也。纵权攻新城，必不能拔。敕诸将坚守，吾将自往征之，比至，恐权走也。”乃使征蜀护军秦朗督步骑二万助司马懿御诸葛亮，敕懿：“但坚壁拒守以挫其锋，彼进不得志，退无与战，久停则粮尽，虏略无所获，则必走；走而追之，全胜之道也。”秋，七月，帝御龙舟东征。

满宠募壮士焚吴攻具，射杀吴主之弟子泰；又吴吏士多疾病。帝未至数百里，疑兵先至。吴主始谓帝不能出，闻大军至，遂遁，孙韶亦退。

陆逊遣亲人韩扁奉表诣吴主，逻者得之。诸葛瑾闻之甚惧，书与逊云："大驾已还，贼得韩扁，具知吾阔狭，且水干，宜当急去。"逊未答，方催人种葑、豆[2]，与诸将奕棋、射戏如常。瑾曰："伯言多智略，其必当有以。"乃自来见逊。逊曰："贼知大驾已还，无所复忧，得专力于吾。又已守要害之处，兵将意动，且当自定以安之，施设变术，然后出耳。今便示退，贼当谓吾怖，仍来相蹙，必败之势也。"乃密与瑾立计，令瑾督舟船，逊悉上兵马以向襄阳城；魏人素惮逊名，遽还赴城。瑾便引船出，逊徐整部伍，张拓声势，步趣船，魏人不敢逼。行到白围[3]，托言住猎，潜遣将军周峻、张梁等击江夏、新市、安陆、石阳[4]，斩获千余人而还。

群臣以为司马懿方与诸葛亮相守未解，车驾可西幸长安。帝曰："权走，亮胆破，大军足以制之，吾无忧矣。"遂进军至寿春，录诸将功，封赏各有差。

八月，壬申，葬汉孝献皇帝于禅陵。

辛巳，帝还许昌。

司马懿与诸葛亮相守百余日，亮数挑战，懿不出。亮乃遗懿巾帼妇人之服；懿怒，上表请战，帝使卫尉辛毗杖节为军师以制之。护军姜维谓亮曰："辛佐治杖节而到，贼不复出矣。"亮曰："彼本无战情，所以固请战者，以示武于其众耳。将在军，君命有所不受，苟能制吾，岂千里而请战邪！"

亮遣使者至懿军，懿问其寝食及事之烦简，不问戎事。使者对曰："诸葛公夙兴夜寐，罚二十以上，皆亲览焉；所啖食不至数升。"懿告人曰："诸葛孔明食少事烦，其能久乎！"

【注释】

①震曜：震动，显耀。　②葑（fēng 封）：即芜菁。根茎和叶都可食用。　③白围：地名。白河与汉水的汇合处。　④新市：县名。治所在今湖北京山市。安陆：县名。即今湖北安陆市。石阳：县名。治今湖北汉川市。

亮病笃，汉使尚书仆射李福省侍，因谘以国家大计。福至，与亮语已，别去，数日复还。亮曰："孤知君还意，近日言语虽弥日，有所不尽，更来求决耳。公所问者，公琰其宜也。"福谢："前实失不谘请，如公百年后，谁可任大事者，故辄还耳。乞复请蒋琬之后，谁可任者？"亮曰："文伟可以继之。"又问其次，亮不答。

是月，亮卒于军中。长史杨仪整军而出。百姓奔告司马懿，懿追之。姜维令仪反旗鸣鼓，若将向懿者，懿敛军退，不敢逼。于是仪结陈而去，入谷然后发丧。百姓为之谚曰："死诸葛走生仲达。"懿闻之，笑曰："吾能料生，不能料死故也。"懿按行亮之营垒处所，叹曰："天下奇才也！"追至赤岸，不及而还。

初，汉前军师魏延，勇猛过人，善养士卒。每随亮出，辄欲请兵万人，与亮异道会于潼关，如韩信故事[①]，亮制而不许。延常谓亮为怯，叹恨己才用之不尽。杨仪为人干敏，亮每出军，仪常规画分部，筹度粮谷，不稽思虑，斯须便了，军戎节度，取办于仪。延性矜高，当时皆避下之，唯仪不假借延[②]，延以为至忿，有如水火。亮深惜二人之才，不忍有所偏废也。

费祎使吴，吴主醉，问祎曰："杨仪、魏延，牧竖小人也，虽尝有鸣吠之益于时务，然既已任之，势不得轻。若一朝无诸葛亮，必为祸乱矣，诸君愦愦，不知防虑于此，岂所谓贻厥孙谋乎！"祎对曰："仪、延之不协，起于私忿耳，而无黥、韩难御之心也。今方扫除强贼，混一函夏，功以才成，业由才广，若舍此

成都武侯祠

不任，防其后患，是犹备有风波而逆废舟楫，非长计也。”

亮病困，与仪及司马费祎等作身殁之后退军节度，令延断后，姜维次之；若延不从命，军便自发。亮卒，仪秘不发丧，令祎往揣延意指。延曰：“丞相虽亡，吾自见在。府亲官属，便可将丧还葬，吾当自率诸军击贼；云何以一人死废天下之事邪！且魏延何人，当为杨仪之所部勒，作断后将乎！”自与祎共作行留部分，令祎手书与己连名，告下诸将。祎绐延曰：“当为君还解杨长史，长史文吏，稀更军事[③]，必不违命也。”祎出，奔马而去。延寻悔之，已不及矣。

延遣人觇仪等，欲按亮成规，诸营相次引军还，延大怒，搀仪未发，率所领径先南归，所过烧绝阁道。延、仪各相表叛逆，一日之中，羽檄交至[④]。汉主以问侍中董允、留府长史蒋琬，琬、允咸保仪而疑延。仪等令槎山通道[⑤]，昼夜兼行，亦继延后。延先至，据南谷口[⑥]，遣兵逆击仪等，仪等令将军何平于前御延。平叱先登曰：“公亡，身尚未寒，汝辈何敢乃尔！”延士众知曲在延，莫为用命，皆散。延独与其子数人逃亡，奔汉中，仪遣将马岱追斩之，遂夷延三族。蒋琬率宿卫诸营北行赴难，行数十里，延死问至，乃还。始，延欲杀仪等，冀时论以己代诸葛辅政，故不降魏而南还击仪，实无反意也。

诸军还成都，大赦，谥诸葛亮曰忠武侯。初，亮表于汉主曰：“成都有桑八百株，薄田十五顷，子弟衣食，自有余饶，臣不别治生以长尺寸。若臣死之日，不使内有余帛，外有赢财，以负陛下。”卒如其所言。

【注释】

①如韩信故事：即仿效韩信请兵，与刘邦分道并出的前例。事见本书卷第九汉高帝二年（前205）。　②假借：宽容。　③更：经历。　④羽檄：犹羽书。古时的公文上插上鸟羽，表示紧急，必须迅速传递。　⑤槎（chá 察）：砍。　⑥南谷口：即褒斜谷南口。

丞相长史张裔常称亮曰：“公赏不遗远，罚不阿近，爵不可以无功取，刑不可以贵势免，此贤愚所以佥忘其身者也！”

陈寿评曰：诸葛亮之为相国也，抚百姓，示仪轨，约官职，从权制[①]，开诚心，布公道；尽忠益时者，虽仇必赏，犯法怠慢者，虽亲必罚，服罪输情者[②]，虽重必释，游辞巧饰者，虽轻必戮，善无微而不赏，恶无纤而不贬；庶事精练，物理其本，循名责实，虚伪不齿；终于邦域之内，咸畏而爱之，刑政虽峻而无怨者，以其用心平而劝戒明也。可谓识治之良才，管、萧之亚匹矣。

初，长水校尉廖立，自谓才名宜为诸葛亮之副，常以职位游散，快快怨谤无已[③]，亮废立为民，徙之汶山。及亮卒，立垂泣曰："吾终为左衽矣！"李平闻之，亦发病死。平常冀亮复收己，得自补复，策后人不能故也。

习凿齿论曰：昔管仲夺伯氏骈邑三百[④]，没齿而无怨言，圣人以为难。诸葛亮之使廖立垂泣，李严致死，岂徒无怨言而已哉！夫水至平而邪者取法，鉴至明而丑者忘怒；水鉴之所以能穷物而无怨者，以其无私也。水鉴无私，犹以免谤；况大人君子怀乐生之心，流矜恕之德，法行于不可不用，刑加乎自犯之罪，爵之而非私，诛之而不怒，天下有不服者乎！

蜀人所在求为诸葛亮立庙，汉主不听；百姓遂因时节私祭之于道陌上。步兵校尉习隆等上言：请近其墓，立一庙于沔阳，断其私祀。汉主从之。

汉主以左将军吴懿为车骑将军，假节，督汉中，以丞相长史蒋琬为尚书令，总统国事，寻加琬行都护，假节，领益州刺史。时新丧元帅，远近危悚，琬出类拔萃，处群僚之右，既无戚容，又无喜色，神守举止[⑤]，有如平日，由是众望渐服。

吴人闻诸葛亮卒，恐魏承衰取蜀，增巴丘守兵万人[⑥]，一欲以为救援，二欲以事分割。汉人闻之，亦增永安之守以防非常。汉主使右中郎将宗预使吴，吴主问曰："东之与西，譬犹一家，而闻西更增白帝之手，何也？"对曰："臣以为东益巴丘之戍，西增白帝之守，皆事势宜然，俱不足以相问也。"吴主大笑，嘉其抗尽。礼之亚于邓芝。

吴诸葛恪以丹阳山险，民多果劲，虽前发兵，徒得外县平民而已，其余深远，莫能禽尽，屡自求为官出之，三年可得甲士四万。众议咸以为："丹阳地势险阻，与吴郡、会稽、新都、番阳四郡邻接，周旋数千里，山谷万重。其幽邃人民，未尝入城邑，对长吏，皆仗兵野逸，白首于林莽；逋亡宿恶，咸共逃窜。山出铜铁，自铸甲兵。俗好武习战，高尚气力；其升山越险，抵突丛棘，若鱼之走渊，猿狖之腾木也。时观间隙，出为寇盗，每致兵征伐，寻其窟藏。其战则蜂至，败则鸟窜，自前世以来，不能羁也。"皆以为难。恪父瑾闻之，亦以事终不逮，叹曰："恪不大兴吾家，将赤吾族也！"恪盛陈其必捷，吴主乃拜恪抚越将军，领丹阳太守，使行其策。

冬，十一月，洛阳地震。

吴潘浚讨武陵蛮，数年，斩获数万。自是群蛮衰弱，一方宁静。十一月，浚还武昌。

【注释】

①权制：以权力制治。　②输情：献纳忠心。　③怏怏：因不平或不满郁郁不乐。　④骈：春秋邑名。在今山东临朐县东南。　⑤神守：神情专一。　⑥巴丘：即巴陵。

资治通鉴卷第七十三

魏纪五　起旃蒙单阏，尽强圉大荒落，凡三年。

烈祖明皇帝中之下

青龙三年　春，正月，戊子，以大将军司马懿为太尉。

丁巳，皇太后郭氏殂。帝数问甄后死状于太后，由是太后以忧殂。

汉杨仪既杀魏延，自以为有大功，宜代诸葛亮秉政；而亮平生密指[①]，而仪狷狭[②]，意在蒋琬。仪至成都，拜中军师，无所统领，从容而已。初，仪事昭烈帝为尚书，琬时为尚书郎。后虽俱为丞相参军、长史，仪每从行，当其劳剧；自谓年宦先琬，才能逾之，于是怨愤形于声色，叹咤之音发于五内[③]，时人畏其言语不节，莫敢从也。惟后军师费祎往慰省之。仪对祎恨望，前后云云[④]。又语祎曰："往者丞相亡没之际，吾若举军以就魏氏，处世宁当落度如此邪！令人追悔，不可复及！"祎密表其言。汉主废仪为民，徙汉嘉郡[⑤]。仪至徙所，复上书诽谤，辞指激切；遂下郡收仪，仪自杀。

三月，庚寅，葬文德皇后[⑥]。

夏，四月，汉主以蒋琬为大将军、录尚书事；费祎代琬为尚书令。

帝好土功，既作许昌宫，又治洛阳宫，起昭阳太极殿，筑总章观，高十余丈，力役不已，农桑失业。司空陈群上疏曰："昔禹承唐、虞之盛，犹卑宫室而恶衣服。况今丧乱之后，人民至少，比汉文、景之时，不过汉一大郡。加以边境有事，将士劳苦，若有水旱之患，国家之深忧也。昔刘备自成都至白水[7]，多作传舍，兴费人役，太祖知其疲民也。今中国劳力，亦吴、蜀之所愿；此安危之机也，惟陛下虑之！”帝答曰：“王业、宫室，亦宜并立，灭贼之后，但当罢守御耳，岂可复兴役邪！是固君之职，萧何之大略也。”群曰：“昔汉祖惟与项羽争天下，羽已灭，宫室烧焚，是以萧何建武库、太仓，皆是要急，然高祖犹非其壮丽。今二虏未平，诚不宜与古同也。夫人之所欲，莫不有辞，况乃天王，莫之敢违。前欲坏武库，谓不可不坏也；后欲置之，谓不可不置也。若必作之，固非臣下辞言所屈；若少留神，卓然回意，亦非臣下之所及也。汉明帝欲起德阳殿，钟离意谏，即用其言，后乃复作之；殿成，谓群臣曰：‘钟离尚书在，不得成此殿也。’夫王者岂惮一人，盖为百姓也。今臣曾不能少凝圣听，不及意远矣。”帝乃为之少有减省。

帝耽于内宠[8]，妇官秩石拟百官之数，自贵人以下至掖庭洒扫[9]，凡数千人，选女子知书可付信者六人，以为女尚书，使典省外奏事，处当画可[10]。廷尉高柔上疏曰：“昔汉文惜十家之资，不营小台之娱；去病虑匈奴之害，不遑治第之事。况今所损者非惟百金之费，所忧者非徒北狄之患乎！可粗成见所营立以充朝宴之仪，讫罢作者，使得就农；二方平定，复可徐兴。《周礼》，天子后妃以下百二十人，嫔嫱之仪，既已盛矣；窃闻后庭之数，或复过之，圣嗣不昌，殆能由此。臣愚以为可妙简淑媛以备内官之数，其余尽遣还家，且以育精养神，专静为宝。如此，则《螽斯》之征可庶而致矣[11]。”帝报曰：“辄克昌言，他复以闻。”

是时猎法严峻，杀禁地鹿者身死，财产没官，有能觉告者，厚加赏赐。柔复上疏曰：“中间以来，百姓供给众役，亲田者既减；加顷复有猎禁，群鹿犯暴，残食生苗，处处为害，所伤不訾，民虽障防，力不能御。至如荥阳左右[12]，周数百里，岁略不收。方今天下生财者甚少，则麋鹿之损者甚多，卒有兵戎之役，凶年之灾，将无以待之。惟陛下宽放民间，使得捕鹿，遂除其禁，则众庶永济，莫不悦豫矣。”

【注释】

①密指:秘密旨意,是说诸葛亮生前秘密告诉一些亲信,不可重用杨仪。　②狷狭:度量狭隘。　③五内:五腑等内脏,比喻内心。　④云云:如此如此,省代所说的许多话。　⑤汉嘉郡:郡名。治所在今四川芦山县。　⑥文德皇后:指郭太后,文德是她的谥号。　⑦白水:地名,在今四川青川县东北。　⑧内宠:对后宫嫔妃的宠爱。　⑨贵人:疑为"贵嫔",后宫嫔妃的第一级,级别超过相国和亲王。　⑩处当画可:处当,指批复意见,并做出裁决。画可,写上表示"同意"的字样。　⑪《螽斯》:《诗经》的篇名。此篇主旨是歌颂多子多孙的幸福,引申指多子多孙的意思。　⑫荥阳:地名,治所在今河南荥阳市。

帝又欲平北芒[①],令于其上作台观,望见孟津[②]。卫尉辛毗谏曰:"天地之性,高高下下。今而反之,既非其理;加以损费人功,民不堪役。且若九河盈溢,洪水为害,而丘陵皆夷,将何以御之!"帝乃止。

少府杨阜上疏曰:"陛下奉武皇帝开拓之大业,守文皇帝克终之元绪,诚宜思齐往古圣贤之善治,总观季世放荡之恶政。曩使桓、灵不废高祖之法度,文、景之恭俭,太祖虽有神武,于何所施,而陛下何由处斯尊哉!今吴、蜀未定,军旅在外,诸所缮治,惟陛下务从约节。"帝优诏答之。

阜复上疏曰:"尧尚茅茨而万国安其居,禹卑宫室而天下乐其业;及至殷、周,或堂崇三尺,度以九筵耳[③]。桀作璇室象廊,纣为倾宫鹿台,以丧其社稷,楚灵以筑章华而身受祸,秦始皇作阿房,二世而灭。夫不度万民之力以从耳目之欲,未有不亡者也。陛下当以尧、舜、禹、汤、文、武为法则,夏桀、殷纣、楚灵、秦皇为深诫,而乃自暇自逸,惟宫台是饰,必有颠覆危亡之祸矣。君作元首[④],臣为股肱,存亡一体,得失同之。臣虽驽怯,敢忘争臣之义!言不切至,不足以感悟陛下;陛下不察臣言,恐皇祖、烈考之祚坠于地[⑤]。使臣身死有补万一,则死之日犹生之年也。谨叩棺沐浴[⑥],伏俟重诛!"奏御,帝感其忠言,手笔诏答。

帝尝著帽[⑦],被缥绫半袖[⑧]。阜问帝曰:"此于礼何法服也[⑨]?"

帝默不答。自是不法服不以见阜。

阜又上疏欲省宫人诸不见幸者[10]，乃召御府吏问后宫人数。吏守旧令，对曰："禁密，不得宣露！"阜怒，杖吏一百，数之曰："国家不与九卿为密[11]，反与小吏为密乎！"帝愈严惮之。

散骑常侍蒋济上疏曰："昔句践养胎以待用，昭王恤病以雪仇，故能以弱燕服强齐，羸越灭劲吴。今二敌强盛，当身不除，百世之责也。以陛下圣明神武之略，舍其缓者，专心讨贼，臣以为无难矣。"

中书侍郎东莱王基上疏曰："臣闻古人以水喻民曰：'水所以载舟，亦所以覆舟。'颜渊曰：'东野子之御，马力尽矣，而求进不已，殆将败矣。'今事役劳苦，男女离旷[12]，愿陛下深察东野之敝，留意舟水之喻，息奔驷于未尽，节力役于未困。昔汉有天下，至孝文时唯有同姓诸侯，而贾谊忧之曰：'置火积薪之下而寝其上，因谓之安。'今寇贼未殄，猛将拥兵，检之则无以应敌，久之则难以遗后，当盛明之世，不务以除患，若子孙不竞，社稷之忧也。使贾谊复起，必深切于曩时矣。"帝皆不听。

殿中监督役，擅收兰台令史[13]；右仆射卫臻奏按之。诏曰："殿舍不成，吾所留心，卿推之，何也？"臻曰："古制侵官之法，非恶其勤事也，诚以所益者小，所堕者大也。臣每察校事，类皆如此，若又纵之，惧群司将遂越职，以至陵夷矣。"

尚书涿郡孙礼固请罢役，帝诏曰："钦纳谠言。"促遣民作，监作者复奏留一月，有所成讫。礼径至作所，不复重奏，称诏罢民，帝奇其意而不责。帝虽不能尽用群臣直谏之言，然皆优容之。

秋，七月，洛阳崇华殿灾。帝问侍中领太史令泰山高堂隆曰："此何咎也？于礼宁有祈禳之义乎？"对曰："《易传》曰：'上不俭，下不节，孽火烧其室。'又曰：'君高其台，天火为灾。'此人君务饰宫室，不知百姓空竭，故天应之以旱，火从高殿起也。"诏问隆："吾闻汉武之时柏梁灾，而大起宫殿以厌之，其义云何？"对曰："夷越之巫所为，非圣贤之明训也。《五行志》曰：'柏梁灾，其后有江充巫蛊事。'如《志》之言，越巫建章无所厌也；今宜罢散民役。宫室之制，务从约节，清扫所灾之处，不敢于此有所立作，则蓂荚、嘉禾必生此地[14]，若乃疲民之力，竭民之财，非所以致符瑞而怀远人也。"

【注释】

①北芒:山名,在魏都洛阳与黄河之间。 ②孟津:黄河上的古渡口,距洛阳二十公里。 ③九筵:九尺宽的筵席,可摆九席,此指宫殿的宽度。 ④元首:古人指帝王,语见《尚书·尧典》。下一句的"股肱",则指大臣,亦见《尧典》。元首本指头脑,股肱本指手臂与大腿,古人用此比喻帝王与大臣的关系,如人的头脑与四肢一样。 ⑤祚:古人专指帝王的帝位。 ⑥叩棺沐浴:叩,贴近。叩棺沐浴,是说准备好棺材,沐浴清净,以准备受刑而死。 ⑦帽:普通人的布制蒙头,帝王应戴特定形制的冠冕,戴布蒙头是不合身份的。 ⑧缥绫半袖:青白色绫绸做的半截袖子服装,形制及颜色均非帝王所宜用。 ⑨法服:按照礼法制作的皇帝服装。 ⑩见幸:特指与皇帝发生性关系。 ⑪九卿:古代最高级的九位大臣。 ⑫男女离旷:指百姓因服役而长期男女分居,古人认为这将造成阴阳不和,人丁不旺。 ⑬兰台令史:兰台,皇家图书机构的名称。令史,此一机构的长官及官员。 ⑭萐莆(shàfǔ 霎抚):一种象征祥瑞的事。嘉禾:象征祥瑞的禾苗。

八月,庚午,立皇子芳为齐王,询为秦王。帝无子,养二王为子,宫省事秘,莫有知其所由来者。或云:芳,任城王楷之子也。

丁巳,帝还洛阳。

诏复立崇华殿,更名曰九龙。通引谷水过九龙殿前,为玉井绮栏[①],蟾蜍含受,神龙吐出。使博士扶风马钧作司南车,水转百戏[②]。

陵霄阙始构,有鹊巢其上,帝以问高堂隆,对曰:"《诗》曰:'惟鹊有巢,惟鸠居之[③]。'今兴宫室,起陵霄阙,而鹊巢之,此宫未成身不得居之象也。大意若曰:'宫室未成,将有他姓制御之',斯乃上天之戒也。夫天道无亲,惟与善人,太戊、武丁睹灾悚惧,故天降之福。今若罢休百役,增崇德政,则三王可四,五帝可六,岂惟商宗转祸为福而已哉!"帝为之动容。

帝性严急,其督修宫室有稽限者,帝亲召问,言犹在口,身首已分。散骑常侍领秘书监王肃上疏曰:"今宫室未就,见作者三四万人。九龙可以安圣体,其内足以列六宫;惟泰极已前,功夫尚大。愿陛下取常食禀之士，非急要者之用，选其丁壮，择留万人，使一期而更之。咸知息代有日，则莫不悦以即事，劳而不怨矣。计一岁有三百六十万夫，亦不为少。当一岁成者，听且三年，分遣其余，使皆即农，无穷之计也。夫信之于民，国家大宝也。前车驾当幸洛阳，发民为营，有司命以营成而罢；既成，又利其功力，不以时遣；有司徒营目前之利，不顾经国之体。臣愚以为自今已后，傥复使民，宜明其令，使必如期；以次有事，宁使更发，无或失信。凡陛下临时之所行刑，皆有罪之吏、宜死之人也；然众庶不知，谓为仓卒。故愿陛下下之于吏，钧其死也，无使污于宫掖而为远近所疑。且人命至重，难生易杀，气绝而不续者也，是以圣贤重之。昔汉文帝欲杀犯跸者，廷尉张释之曰：'方其时，上使诛之则已，今下廷尉，廷尉，天下之平，不可倾也。'臣以为大失其义，非忠臣所宜陈也。廷尉者，天子之吏也，犹不可以失平，而天子之身反可以惑谬乎！斯重于为己而轻于为君，不忠之甚者也，不可不察。"

中山恭王衮疾病，令官属曰："男子不死于妇人之手，亟以时营东堂。"堂成，舆疾往居之。又令世子曰："汝幼为人君，知乐不知苦，必将以骄奢为失者也。兄弟有不良之行，当造膝谏之[4]，谏之不从，流涕喻之，喻之不改，乃白其母，犹不改，当以奏闻，并辞国土。与其守宠罹祸，不若贫贱全身也。此亦谓大罪恶耳，其微过细故，当掩覆之。"冬，十月，己酉，衮卒。

十一月，丁酉，帝行如许昌。

是岁，幽州刺史王雄使勇士韩龙刺杀鲜卑轲比能；自是种落离散，互相侵伐，强者远遁，弱者请服，边陲遂安。

张掖柳谷口水溢涌[5]，宝石负图，状象灵龟，立于川西，有石马七及凤皇、麒麟、白虎、牺牛、璜玦、八卦、列宿、孛彗之象[6]，又有文曰"大讨曹"。诏书班天下，以为嘉瑞。任令于绰连赍以问巨鹿张臶[7]，臶密谓绰曰："夫神以知来，不追既往，祥兆先见而后废兴从之。今汉已久亡，魏已得之，何所追兴祥兆乎！此石，当今之变异而将来之符瑞也[8]。"

帝使人以马易珠玑、翡翠、玳瑁于吴，吴主曰："此皆孤所不用，而可以得马，孤何爱焉。"尽以与之。

【注释】

①玉井绮栏:玉石砌的井和雕花的栏杆。 ②水转百戏:用水转动的人形游戏模型。 ③惟鹊有巢,惟鸠居之:这是《诗经·召南·鹊巢》中诗句。惟,无义。 ④造膝:当时人们跪坐在席子上,为表示亲近,就移动膝盖与对方接近。使双方膝盖相接就叫“造膝”。 ⑤张掖:郡名,治所在今甘肃张掖市。 ⑥牺牛:纯一毛色的牛,古时专供祭祀用。璜玦(huángjué 黄决):璜、玦都是玉器名,但形制不同。璜为璧的一半,玦为带缺口的玉环。孛彗:星名,孛也是彗星的一种。 ⑦任:县名,治所在今河北邢台市任泽区。巨鹿:县名,治所在今河北平乡县。 ⑧将来之符瑞:意思是说,这次出现的祥兆乃是将来新王朝要代替魏的符瑞,而不是魏的祥兆。后人因此认为这是预示晋将取代魏的征兆。

四年 春,吴人铸大钱,一当五百。

三月,吴张昭卒,年八十一。昭容貌矜严,有威风,吴主以下,举邦惮之。

夏,四月,汉主至湔[①],登观阪,观汶水之流,旬日而还。

武都氐苻健请降于汉[②];其弟不从,将四百户来降。

五月,乙卯,乐平定侯董昭卒。

冬,十月,己卯,帝还洛阳宫。

甲申,有星孛于大辰[③],又孛于东方。高堂隆上疏曰:“凡帝王徙都立邑,皆先定天地、社稷之位,敬恭以奉之。将营宫室,则宗庙为先,厩库为次,居室为后。今圜丘、方泽、南北郊、明堂、社稷[④],神位未定,宗庙之制又未如礼,而崇饰居室,士民失业。外人咸云‘宫人之用与军国之费略齐’,民不堪命,皆有怨怒。《书》曰:‘天聪明自我民聪明,天明畏自我民明威[⑤]。’言天之赏罚,随民言,顺民心也。夫采椽、卑宫[⑥],唐、虞、大禹之所以垂皇风也;玉台、琼室[⑦],夏癸、商辛之所以犯昊天也。今宫室过盛,天彗章灼,斯乃慈父恳切之训。当崇孝子祗耸之礼,不宜有忽,以重天怒。”隆数切谏,帝颇不悦。侍中卢毓进曰:“臣闻君明则臣直,古之圣王惟恐不闻其过,此乃臣等所以不及隆也。”帝乃解。毓,植之子也。

十二月,癸巳,颍阴靖侯陈群卒。群前后数陈得失,每上封事，辄削其草，时人及其子弟莫能知也。论者或讥群居位拱默；正始中，诏撰群臣上书以为《名臣奏议》，朝士乃见群谏事，皆叹息焉。

袁子论曰：或云：“少府杨阜岂非忠臣哉？见人主之非则勃然触之，与人言未尝不道。”答曰：“夫仁者爱人，施之君谓之忠，施于亲谓之孝。今为人臣，见人主失道，力诋其非而播扬其恶，可谓直士，未为忠臣也。故司空陈群则不然，谈论终日，未尝言人主之非；书数十上，外人不知。君子谓群于是乎长者矣。”

乙未，帝行如许昌。

诏公卿举才德兼备者各一人，司马懿以兖州刺史太原王昶应选。昶为人谨厚，名其兄子曰默，曰沈，名其子曰浑，曰深，为书戒之曰：“吾以四者为名，欲使汝曹顾名思义，不敢违越也。夫物速成则疾亡，晚就而善终，朝华之草，夕而零落，松柏之茂，隆寒不衰，是以君子戒于阙党也[8]。夫能屈以为伸，让以为得，弱以为强，鲜不遂矣。夫毁誉者，爱恶之原而祸福之机也。孔子曰：‘吾之于人，谁毁谁誉。’以圣人之德犹尚如此，况庸庸之徒而轻毁誉哉！人或毁己，当退而求之于身。若己有可毁之行，则彼言当矣；若己无可毁之行，则彼言妄矣。当则无怨于彼，妄则无害于身，又何反报焉！谚曰：‘救寒莫如重裘，止谤莫如自修’，斯言信矣。”

【注释】

①湔（jiān 奸）：县名，治所在今四川松潘县。 ②武都：郡名，治所在今甘肃成县。 ③大辰：星名。 ④圜丘：祭天的圆形高坛。方泽：夏至时祭地的地方，挖一个方形池，池中贮水，故称“方泽”。天圆地方，所以祭天以圜丘，祭地以方泽。南北郊：古代祭天在京城南郊，祭地在京城北郊。明堂：古代帝王宣明政教的建筑。社稷：祭祀土神和谷神的地方。⑤此二句出自《尚书·皋陶谟》篇。 ⑥采掾：以采来的树木为椽子，不加任何修饰，比喻建筑的简朴。 ⑦玉台、琼室：以美玉装饰的高台和房室。 ⑧阙党：《论语》中记载：“阙党童子将命，或问之曰：‘益者欤？’孔子曰：‘吾见其居于位也，见其与先生并行也，非求益者也，欲速成者也。’”是说童子被任命为官，并非自我求益，而是想速成。孔子批评这

种速成，故君子以此为戒。

景初元年　春，正月，壬辰[①]，山茌县言黄龙见[②]。高堂隆以为：“魏得土德[③]，故其瑞黄龙见，宜改正朔，易服色，以神明其政，变民耳目。”帝从其议。三月，下诏改元，以是月为孟夏四月，服色尚黄，牺牲用白，从地正也[④]。更名《太和历》曰《景初历》。

五月，己巳，帝还洛阳。

己丑，大赦。

六月，戊申，京都地震。

己亥，以尚书令陈矫为司徒，左仆射卫臻为司空。

有司奏以武皇帝为魏太祖，文皇帝为魏高祖，帝为魏烈祖；三祖之庙，万世不毁。

孙盛论曰：夫谥以表行，庙以存容。未有当年而逆制祖宗，未终而豫自尊显。魏之群司于是乎失正矣。

【注释】

①壬辰：此日疑误。　②山茌县：县名，治所在今山东济南市长清区。　③土德：古代盛行五德终始说，以五行为五种德，依次交替居于盛的状态，一个朝代属于其中一种的行和德。据此理论，当时的人们认为魏属土，故为土德。　④从地正：历法的正月为丑月，这叫地正。殷代以丑月为正月，从地正就是依从殷代历法的意思。丑月即农历的十二月。

秋，七月，丁卯，东乡贞公陈矫卒。

公孙渊数对国中宾客出恶言，帝欲讨之，以荆州刺史毌丘俭为幽州刺史。俭上疏曰：“陛下即位以来，未有可书。吴、蜀恃险，未可卒平，聊可以此方无用之士克定辽东。”光禄大夫卫臻曰：“俭所陈皆战国细术，非王者之事也。吴频岁称兵，寇乱边境，而犹按甲养士，未果致讨者，诚以百姓疲劳故也。渊生长海表，相承三世，外抚戎夷，内修战射，而俭欲以偏军长驱，朝至夕卷，知其妄矣。”帝不听，使俭帅诸军及鲜卑、乌桓屯辽东南界，玺书征渊。渊遂发兵反，逆俭于辽隧[①]。会天雨十余日，辽水大涨，俭与战不利，引军还右北平[②]。渊因自立为燕王，改元绍汉，置百官，遣使假鲜卑单于玺，封拜边民，诱呼鲜卑以侵扰北方。

汉张后殂。

九月，冀、兖、徐、豫大水。

西平郭夫人有宠于帝，毛后爱弛。帝游后园，曲宴极乐。郭夫人请延皇后，帝不许，因禁左右使不得宣。后知之，明日，谓帝曰："昨日游宴北园，乐乎？"帝以左右泄之，所杀十余人。庚辰，赐后死，然犹加谥曰悼。癸丑[③]，葬愍陵。迁其弟曾为散骑常侍。

冬，十月，帝用高堂隆之议，营洛阳南委粟山为圜丘，诏曰："昔汉氏之初，承秦灭学之后，采摭残缺，以备郊祀，四百余年，废无禘礼。曹氏世系出自有虞，今祀皇皇帝天于圜丘，以始祖虞舜配；祭皇皇后地于方丘，以舜妃伊氏配；祀皇天之神于南郊，以武帝配；祭皇地之祇于北郊，以武宣皇后配。"

庐江主簿吕习密使人请兵于吴[④]，欲开门为内应；吴主使卫将军全琮督前将军朱桓等赴之，既至，事露，吴军还。

诸葛恪至丹阳[⑤]，移书四部属城长吏，令各保其疆界，明立部伍；其从化平民，悉令屯居。乃内诸将，罗兵幽阻，但缮藩篱，不与交锋，俟其谷稼将熟，辄纵兵芟刈，使无遗种。旧谷既尽，新谷不收，平民屯居，略无所入。于是山民饥穷，渐出降首。恪乃复敕下曰："山民去恶从化，皆当抚慰，徙出外县，不得嫌疑，有所拘执！"臼阳长胡伉得降民周遗[⑥]；遗旧恶民，困迫暂出，伉缚送言〔诸〕府。恪以伉违教，遂斩以徇。民闻伉坐执人被戮，知官惟欲出之而已，于是老幼相携而出，岁期人数[⑦]，皆如本规；恪自领万人，余分给诸将。吴主嘉其功，拜恪威北将军，封都乡侯，徙屯庐江皖口[⑧]。

是岁，徙长安钟簴、橐佗、铜人、承露盘于洛阳。盘折，声闻数十里。铜人重，不可致，留于霸城[⑨]。大发铜铸铜人二，号曰翁仲，列坐于司马门外。又铸黄龙、凤皇各一，龙高四丈，凤高三丈余，置内殿前。起土山于芳林园西北陬，使公卿群僚皆负土，树松、竹、杂木善草于其上，捕山禽杂兽置其中。司徒军议掾董寻上疏谏曰："臣闻古之直士，尽言于国，不避死亡。故周昌比高祖于桀、纣，刘辅譬赵后于人婢，天生忠直，虽白刃沸汤，往而不顾者，诚为时主爱惜天下也。建安以来，野战死亡，或门殚户尽，虽有存者，遗孤老弱。若今宫室狭小，当广大之，犹宜随时，不妨农务，况乃作无益之物，黄龙、凤皇、九龙、承露盘，此皆圣明之所不兴也，其功三倍于殿舍。陛下既尊群臣，显以冠冕，被以文绣，载以华舆，所以异于小人；而使穿方举土，面目垢黑，衣冠了鸟[10]，毁国之光以崇无益，甚非谓也。孔子曰：'君使臣以礼，臣事君以忠[11]。'无忠无礼，国何以立！臣知言出必死，而臣自比于牛之一毛，生既无益，死亦何损！秉笔流涕，心与世辞。臣有八子，臣死之后，累陛下矣！"将奏，沐浴以待命。帝曰："董寻不畏死邪！"主者奏收寻，有诏勿问。

【注释】

①辽隧：县名，治今辽宁海城市西。　②右北平：县名，治所在今河北唐山市丰润区。　③癸丑：此日疑误。　④庐江：郡名，治所在今安徽六安市北。　⑤丹阳：郡名，治所在今安徽宣城市。　⑥臼阳：县名，治所不详，当时属丹阳郡。　⑦岁期人数：青龙二年（234），诸葛恪自称三年可在丹阳郡得甲士四万，这就是他约定的时间和人数。岁期，年限。⑧皖口：地名，在今安徽安庆市。　⑨霸城：地名，在今陕西西安市东。⑩了鸟：衣装服饰搞得破烂肮脏的样子。　⑪"君使臣以礼，臣事君以忠"句：出自《论语·八佾》。

高堂隆上疏曰："今世之小人，好说秦汉之奢靡以荡圣心；求取亡国不度之器，劳役费损以伤德政；非所以兴礼乐之和，保神明之休也。"帝不听。

隆又上疏曰："昔洪水滔天二十二载，尧、舜君臣南面而已。今无若时之急，而使公卿大夫并与厮徒共供事役，闻之四夷，非嘉声也，垂之竹帛，非令名也。今吴、蜀二贼，非徒白地、小虏、聚邑之寇[1]，乃僭号称帝，欲与中国争衡。今若有人来告，'权、禅并修德政，轻省租赋，动咨耆贤，事遵礼度'，陛下闻之，岂不惕然恶其如此，以为难卒讨灭而为国忧乎！若使告者曰：'彼二贼并为无道，崇侈无度，役其士民，重其赋敛，下不堪命，吁嗟日甚'，陛下闻之，岂不幸彼疲敝而取之不难乎！苟如此，则可易心而度，事义之数亦不远矣！亡国之主自谓不亡，然后至于亡；贤圣之君自谓亡，然后至于不亡。今天下雕敝，民无儋石之储，国无终年之蓄，外有强敌，六军暴边，内兴土功，州郡骚动，若有寇警，则臣惧版筑之士不能投命虏庭矣。又，将吏奉禄，稍见折减，方之于昔，五分居一，诸受休者又绝禀赐，不应输者今皆出半，此为官入兼多于旧，其所出与参少于昔。而度支经用，更每不足，牛肉小赋[2]，前后相继。反而推之，凡此诸费，必有所在。且夫禄赐谷帛，人主所以惠养吏民而为之司命者也，若今有废，是夺其命矣。既得之而又失之，此生怨之府也。”帝览之，谓中书监、令曰：“观隆此奏，使朕惧哉！”

尚书卫觊上疏曰：“今议者多好悦耳：其言政治，则比陛下于尧舜；其言征伐，则比二虏于狸鼠。臣以为不然。四海之内，分而为三，群士陈力，各为其主，是与六国分治无以为异也。当今千里无烟，遗民困苦；陛下不善留意，将遂凋敝，难可复振。武皇帝之时，后宫食不过一肉，衣不用锦绣，茵蓐不缘饰，器物无丹漆，用能平定天下，遗福子孙，此皆陛下之所览也。当今之务，宜君臣上下，计校府库，量入为出，犹恐不及；而工役不辍，侈靡日崇，帑藏日竭。昔汉武信神仙之道，谓当得云表之露以餐玉屑，故立仙掌以承高露，陛下通明，每所非笑。汉武有求于露而犹尚见非，陛下无求于露而空设之，不益于好而糜费功夫，诚皆圣虑所宜裁制也！”

时有诏录夺士女，前已嫁为吏民妻者，还以配士，听以生口自赎[3]，又简选其有姿首者内之掖庭。太子舍人沛国张茂上书谏曰：“陛下，天之子也，百姓吏民，亦陛下子也。今夺彼以与此，亦无以异于夺兄之妻妻弟也，于父母之恩偏矣。又，诏书得以生口年纪、颜色与妻相当者自代，故富者则倾家尽产，贫者举假贷贯，贵买生口以赎其妻；县官以配士为名而实内之掖庭，其丑恶乃出与士。得妇者未必喜而失妻者必有忧，或穷或愁，皆不得志。夫君有天下而不得万姓之欢心者，鲜不危殆。且军师在外数十万人，一日之费非徒千金，举天下之赋以奉此役，犹将不给，况复有掖庭非员无录之女，椒房母后之家，赏赐横与，内外交引，其费半军。昔汉武帝掘地为海，封土为山，赖是时天下为一，莫敢与争者耳。自衰乱以来，四五十载，马不舍鞍，士不释甲，强寇在疆，图危魏室。陛下不战战业业，念崇节约，而乃奢靡是务，中尚方作玩弄之物，后园建承露之盘，斯诚快耳目之观，然亦足以骋寇仇之心矣！惜乎，舍尧、舜之节俭而为汉武帝之侈事，臣窃为陛下不取也。”帝不听。

高堂隆疾笃，口占上疏曰：“曾子有言曰：‘人之将死，其言也善。[④]’臣寝疾有增无损，常恐奄忽，忠款不昭，臣之丹诚，愿陛下少垂省览！臣观三代之有天下，圣贤相承，历数百载，尺土莫非其有，一民莫非其臣。然癸、辛之徒，纵心极欲，皇天震怒，宗国为墟，纣枭白旗，桀放鸣条，天子之尊，汤、武有之。岂伊异人？皆明王之胄也。黄初之际，天兆其戒，异类之鸟，育长燕巢，口爪胸赤，此魏室之大异也！宜防鹰扬之臣于萧墙之内[⑤]；可选诸王，使君国典兵，往往棋峙，镇抚皇畿，翼亮帝室[⑥]。夫皇天无亲，惟德是辅。民咏德政，则延期过历；下有怨叹，则辍录授能。由此观之，天下乃天下之天下，非独陛下之天下也！”帝手诏深慰劳之。未几而卒。

陈寿评曰：高堂隆学业修明，志存匡君，因变陈戒，发于恳诚，忠矣哉！及至必改正朔，俾魏祖虞，所谓意过其通者欤！

【注释】

①白地：沙漠。小虏：对北方民族鲜卑、乌桓的蔑称。聚邑之寇：指占据乡邑村落造反的民众。　②牛肉小赋：在国库经费不足时，无法犒劳民工，就征收牛肉来供给他们。　③生口：指掳掠的奴仆。　④人之将死，其言也善：此句出自《论语·泰伯》篇，意思是说，人到临死时，说的话也会很和善。　⑤鹰扬之臣：比喻有野心而又有权势的大臣。此乃隐指司马氏。萧墙：门内的小墙，比喻国家内部。　⑥翼亮：辅佐。

帝深疾浮华之士，诏吏部尚书卢毓曰：“选举莫取有名，名如画地作饼，不可啖也。”毓对曰：“名不足以致异人而可以得常士；常士畏教慕善，然后有名，非所当疾也。愚臣既不足以识异人，又主者正以循名按常为职，但当有以验其后耳。古者敷奏以言，明试以功；今考绩之法废，而以毁誉相进退，故真伪浑杂，虚实相蒙。”帝纳其言。诏散骑常侍刘邵作考课法。邵作《都官考课法》七十二条，又作《说略》一篇，诏下百官议。

司隶校尉崔林曰："按《周官》考课，其文备矣。自康王以下，遂以陵夷，此即考课之法存乎其人也。及汉之季，其失岂在乎佐吏之职不密哉！方今军旅或猥或卒，增减无常，固难一矣。且万目不张，举其纲[①]，众毛不整，振其领[②]，皋陶仕虞，伊尹臣殷，不仁者远。若大臣能任其职，式是百辟[③]，则孰敢不肃，乌在考课哉！"

黄门侍郎杜恕曰："明试以功，三载考绩，诚帝王之盛制也。然历六代而考绩之法不著[④]，关七圣而课试之文不垂[⑤]，臣诚以为其法可粗依，其详难备举故也。语曰：'世有乱人而无乱法'，若使法可专任，则唐、虞可不须稷、契之佐，殷、周无贵伊、吕之辅矣。今奏考功者，陈周、汉之云为，缀京房之本旨，可谓明考课之要矣。于以崇揖让之风，兴济济之治，臣以为未尽善也。其欲使州郡考士，必由四科[⑥]，皆有事效，然后察举，试辟公府，为亲民长吏，转以功次补郡守者，或就增秩赐爵，此最考课之急务也。臣以为便当显其身，用其言，使具为课州郡之法，法具施行，立必信之赏，施必行之罚。至于公卿及内职大臣，亦当俱以其职考课之。古之三公，坐而论道；内职大臣，纳言补阙，无善不纪，无过不举。且天下至大，万机至众，诚非一明所能遍照；故君为元首，臣作股肱，明其一体相须而成也。是以古人称廊庙之材，非一木之支，帝王之业，非一士之略。由是言之，焉有大臣守职办课可以致雍熙者哉！诚使容身保位，无放退之辜，而尽节在公，抱见疑之势，公义不修而私议成俗，虽仲尼为课，犹不能尽一才，又况于世俗之人乎！"

司空掾北地傅嘏曰："夫建官均职，清理民物，所以立本也。循名责实，纠励成规，所以治末也。本纲未举而造制末程，国略不崇而考课是先，惧不足以料贤愚之分，精幽明之理也。"议久之不决，事竟不行。

臣光曰：为治之要，莫先于用人，而知人之道，圣贤所难也。是故求之于毁誉，则爱憎竞进而善恶浑殽；考之于功状，则巧诈横生而真伪相冒。要之，其本在于至公至明而已矣。为人上者至公至明，则群下之能否焯然形于目中，无所复逃矣。苟为不公不明，则考课之法，适足曲私欺罔之资也。

何以言之？公明者，心也，功状者，迹也。己之心不能治，而以考人之迹，不亦难乎！为人上者，诚能不以亲疏贵贱异其心，喜怒好恶乱其志，欲知治经之士，则视其记览博洽，讲论精通，斯为善治经矣；欲知治狱之士，则视其曲尽情伪，无所冤抑，斯为善治狱矣；欲知治财之士，则视其仓库盈实，百姓富给，斯为善治财矣；欲知治兵之士，则视其战胜攻取，敌人畏服，斯为善治兵矣。至于百官，莫不皆然。虽询谋于人而决之在己，虽考求于迹而察之在心，研核其实而斟酌其宜，至精至微，不可以口述，不可以书传也，安得豫为之法而悉委有司哉！

或者亲贵虽不能而任职，疏贱虽贤才而见遗；所喜所好者败官而不去，所怒所恶者有功而不录；询谋于人，则毁誉相半而不能决，考求其迹，则文具实亡而不能察。虽复为之善法，繁其条目，谨其簿书，安能得其真哉！

或曰：人君之治，大者天下，小者一国，内外之官以千万数，考察黜陟，安得不委有司而独任其事哉？曰：非谓其然也。凡为人上者，不特人君而已；太守居一郡之上，刺史居一州之上，九卿居属官之上，三公居百执事之上，皆用此道以考察黜陟在下之人，为人君者亦用此道以考察黜陟公卿太守，奚烦劳之有哉！

或曰：考绩之法，唐、虞所为，京房、刘卲述而修之耳，乌可废哉？曰：唐、虞之官，其居位也久，其受任也专，其立法也宽，其责成也远。是故鲧之治水，九载绩用弗成，然后治其罪；禹之治水，九州攸同，四隩既宅，然后赏其功；非若京房、刘卲之法，校其米盐之课，责其旦夕之效也。事固有名同而实异者，不可不察也。考绩非可行于唐、虞而不可行于汉、魏，由京房、刘卲不得其本而奔趋其末故也。

初，右仆射卫臻典选举，中护军蒋济遗臻书曰："汉主遇亡虏为上将[7]，周武拔渔父为太师[8]，布衣厮养，可登王公，何必守文，试而后用！"臻曰："不然。子欲同牧野于成、康，喻断蛇于文、景[9]，好不经之举，开拔奇之津，将使天下驰骋而起矣！"

卢毓论人及选举，皆先性行而后言才，黄门郎冯翊李丰尝以问毓，毓曰："才所以为善也，故大才成大善，小才成小善；今称之有才而不能为善，是才不中器也！"丰服其言。

【注释】

①万目不张，举其纲：纲是拉网的大绳，目是网上的洞眼，要使网上所有的洞眼张开，必须拉起纲绳。在所有洞眼没有张开时，只有拉起大纲绳，才可使其张开。比喻要做好一件事，必须抓住关键。 ②众毛不整，振其领：毛皮衣服上的毛不整齐顺一时，只要提起衣领一抖，便可使全衣的毛整齐顺一。比喻抓住关键可使局面改观。 ③式是百辟：《诗经·烝民》篇说："王命仲山甫，式是百辟。"式是百辟，意思是说对百官实施法度。 ④六代：指唐(尧)、虞(舜)、夏、商、周、汉六代。 ⑤七圣：指尧、舜、大禹、商汤、周文王、周武王、周公。 ⑥四科：东汉左雄提出选拔人才任为官职的有两种人：儒学、文吏，黄琼又补充两种：孝悌、能从政者，统称为四科。见本书卷第五十二汉顺帝汉安二年(143)。 ⑦汉主：刘邦。亡虏：韩信。 ⑧周武：周武王。渔父：吕望，即姜子牙。周武王把垂钓渭滨的吕望尊为太师。 ⑨同牧野于成、康：把周灭殷的牧野之战等同于周成王、周康王的时代。喻断蛇于文、景：把汉文帝、汉景帝时代比做刘邦当年斩蛇之时。这都是说把在草创时期的制度策略，用于承平时期。

资治通鉴卷第七十四

魏纪六　起著雍敦牂，尽旃蒙赤奋若，凡八年。

烈祖明皇帝下

景初二年　春，正月，帝召司马懿于长安，使将兵四万讨辽东。议臣或以为四万兵多，役费难供。帝曰："四千里征伐，虽云用奇，亦当任力，不当稍计役费也。"帝谓懿曰："公孙渊将何计以待君！"对曰："渊弃城豫走，上计也；据辽东拒大军[①]，其次也；坐守襄平[②]，此成禽耳。"帝曰："然则三者何出？"对曰："唯明智能审量彼我，乃豫有所割弃。此既非渊所及，又谓今往孤远，不能支久，必先拒辽水，后守襄平也。"帝曰："还往几日？"对曰："往百日，攻百日，还百日，以六十日为休息，如此，一年足矣。"

公孙渊闻之，复遣使称臣，求救于吴。吴人欲戮其使，羊道曰："不可，是肆匹夫之怒而捐霸王之计也，不如因而厚之，遣奇兵潜往以要其成。若魏伐不克，而我军远赴，是恩结遐夷，义形万里；若兵连不解，首尾离隔，则我虏其傍郡，驱略而归，亦足以致天之罚，报雪曩事矣。"吴主曰："善！"乃大勒兵谓渊使曰："请俟后问，当从简书[③]，必与弟同休戚。"又曰："司马懿所向无前，深为弟忧之。"

帝问于护军将军蒋济曰："孙权其救辽东乎？"济曰："彼知官备已固，利不可得，深入则非力所及，浅入则劳而无获；权虽子弟在危，犹将不动，况异域之人，兼以往者之辱乎！今所以外扬此声者，谲其行人，疑之于我，我之不克，冀其折节事已耳。然沓渚之间[④]，去渊尚远，若大军相守，事不速决，则权之浅规，或得轻兵掩袭，未可测也。”

帝问吏部尚书卢毓：“谁可为司徒者？”毓荐处士管宁。帝不能用，更问其次，对曰：“敦笃至行，则太中大夫韩暨；亮直清方，则司隶校尉崔林；贞固纯粹，则太常常林。”二月，癸卯，以韩暨为司徒。

汉主立皇后张氏，前后之妹也。立王贵人子璇为皇太子，瑶为安定王。

大司农河南孟光问太子读书及情性好尚于秘书郎郤正，正曰：“奉亲虔恭，夙夜匪懈[⑤]，有古世子之风；接待群僚，举动出于仁恕。”光曰：“如君所道，皆家户所有耳；吾今所问，欲知其权略智谋何如也。”正曰：“世子之道，在于承志竭欢，既不得妄有施为；智谋藏于胸怀，权略应时而发，此之有无，焉可豫知也！”光知正慎宜，不为放谈，乃曰：“吾好直言，无所回避。今天下未定，智意为先，智意自然，不可力强致也。储君读书，宁当效吾等竭力博识以待访问，如博士探策讲试以求爵位邪！当务其急者。”正深谓光言为然。正，俭之孙也。

吴人铸当千大钱。

夏，四月，庚子，南乡恭侯韩暨卒。

庚戌，大赦。

【注释】

①辽东：疑作“辽水”。　②襄平：县名，汉代辽东郡的治所。当时是公孙渊的都城，在今辽宁辽阳。　③简书：指告急的文书。语出《诗经·小雅·出车》：“岂不怀归，畏此简书。”毛《传》：“邻国有急，从简书相告，则奔命救之。”　④沓渚：地名，在今辽宁大连市旅顺口区。　⑤夙夜匪懈：形容日夜工作，勤奋不懈。

六月，司马懿军至辽东，公孙渊使大将军卑衍、杨祚将步骑数万屯辽隧[①]，围堑二十余里。诸将欲击之，懿曰：“贼所以坚壁，欲老吾兵也，今攻之，正堕其计。且贼大众在此，其巢窟空虚；直指襄平，破之必矣。”乃多张旗帜，欲出其南，衍等尽锐趣之。懿潜济水，出其北，直趣襄平；衍等恐，引兵夜走。诸军进至首山[②]，渊复使衍等逆战，懿击，大破之，遂进围襄平。

秋，七月，大霖雨，辽水暴涨，运船自辽口径至城下。雨月余不止，平地水数尺，三军恐，欲移营，懿令军中：“敢有言徙者斩！”都督令史张静犯令，斩之，军中乃定。贼恃水，樵牧自若，诸将欲取之，懿皆不听。司马陈珪曰：“昔攻上庸[③]，八部俱进，昼夜不息，故能一旬之半，拔坚城，斩孟达。今者远来而更安缓，愚窃惑焉。”懿曰：“孟达众少而食支一年，将士四倍于达而粮不淹月；以一月图一年，安可不速！以四击一，正令失半而克，犹当为之，是以不计死伤，与粮竞也。今贼众我寡，贼饥我饱，水雨乃尔，功力不设，虽当促之，亦何所为！自发京师，不忧贼攻，但恐贼走。今贼粮垂尽而围落未合，掠其牛马，抄其樵采，此故驱之走也。夫兵者诡道，善因事变。贼凭众恃雨，故虽饥困，未肯束手，当示无能以安之。取小利以惊之，非计也。”朝廷闻师遇雨，咸欲罢兵。帝曰：“司马懿临危制变，禽渊可计日待也。”

雨霁，懿乃合围，作土山地道，楯橹钩冲，昼夜攻之，矢石如雨。渊窘急。粮尽，人相食，死者甚多，其将杨祚等降。八月，渊使相国王建、御史大夫柳甫请解围却兵，当君臣面缚。懿命斩之，檄告渊曰：“楚、郑列国，而郑伯犹肉袒牵羊迎之。孤天子上公，而建等欲孤解围退舍，岂得礼邪！二人老耄，传言失指，已相为斩之。若意有未已，可更遣年少有明决者来！”渊复遣侍中卫演乞克日送任[④]，懿谓演曰：“军事大要有五：能战当战，不能战当守，不能守当走；余二事，但有降与死耳。汝不肯面缚，此为决就死也，不须送任！”壬午，襄平溃，渊与子修将数百骑突围东南走，大兵急击之，斩渊父子于梁水之上。懿既入城，诛其公卿以下及兵民七千余人，筑为京观[⑤]。辽东、带方、乐浪、玄菟四郡皆平[⑥]。

渊之将反也，将军纶直、贾范等苦谏，渊皆杀之，懿乃封直等之墓，显其遗嗣，释渊叔父恭之囚。中国人欲还旧乡者，恣听之。遂班师。

初，渊兄晃为恭任子在洛阳，先渊未反时，数陈其变，欲令国家讨渊；及渊谋逆，帝不忍市斩，欲就狱杀之。廷尉高柔上疏曰："臣窃闻晃先数自归，陈渊祸萌，虽为凶族，原心可恕。夫仲尼亮司马牛之忧⑦，祁奚明叔向之过⑧，在昔之美义也。臣以为晃信有言，宜贷其死；苟自无言，便当市斩。今进不赦其命，退不彰其罪，闭著囹圄，使自引分，四方观国，或疑此举也。"帝不听，竟遣使赍金屑饮晃及其妻子，赐以棺衣，殡敛于宅。

九月，吴改元赤乌。

【注释】

①辽隧：地名，在今辽宁沈阳市辽中区。 ②首山：山名，在襄阳（今辽宁辽阳市西南）。 ③上庸：县名，治所在今湖北竹山县。 ④任：人质，一般以儿子为人质，又叫任子。 ⑤京观：把尸体堆积起来，用土封成山丘，叫做"京观"。以此显示战胜者的威风。 ⑥带方：郡名，治所在今朝鲜凤山。乐浪：郡名，治所在今朝鲜平壤。玄菟：郡名，治所在今辽宁辽阳市。 ⑦仲尼亮司马牛之忧：司马牛因其兄宋国司马桓魋凶恶而忧愁，孔子安慰他："只要问心无愧，便无忧无惧。"参见《论语·颜渊》篇。 ⑧祁奚明叔向之过：羊舌虎犯罪，其弟羊舌肸（即叔向）被捕，祁奚对范宣子说："管叔、蔡叔叛乱被杀，而他兄长周公却辅助周王。怎么能因羊舌虎而杀掉栋梁之材叔向呢？"范宣子等人于是赦免了叔向。参见《左传》襄公二十一年（前631）。

三国吴钱币

吴步夫人卒。

初，吴主为讨虏将军，在吴①，娶吴郡徐氏；太子登所生庶贱，吴主令徐氏母养之。徐氏妒，故无宠。及吴主西徙，徐氏留处吴；而临淮步夫人宠冠后庭，吴主欲立为皇后，而群臣议在徐氏，吴主依违者十余年。

会步氏卒，群臣奏追赠皇后印绶。徐氏竟废，卒于吴。

吴主使中书郎吕壹典校诸官府及州郡文书，壹因此渐作威福，深文巧诋，排陷无辜，毁短大臣，纤介必闻。太子登数谏，吴主不听，群臣莫敢复言，皆畏之侧目。

壹诬白故江夏太守刁嘉谤讪国政，吴主怒，收嘉，系狱验问。时同坐人皆畏怖壹，并言闻之。侍中北海是仪独云无闻，遂见穷诘累日，诏旨转厉，群臣为之屏息。仪曰："今刀锯已在臣颈，臣何敢为嘉隐讳，自取夷灭，为不忠之鬼！顾以闻知当有本末。"据实答问，辞不倾移，吴主遂舍之；嘉亦得免。

上大将军陆逊、太常潘濬忧壹乱国，每言之，辄流涕。壹白丞相顾雍过失，吴主怒，诘责雍。黄门侍郎谢厷语次问壹："顾公事何如？"壹曰："不能佳。"厷又问："若此公免退，谁当代之？"壹未答。厷曰："得无潘太常得之乎？"壹曰："君语近之也。"厷曰："潘太常常切齿于君，但道无因耳。今日代顾公，恐明日便击君矣！"壹大惧，遂解散雍事。潘濬求朝，诣建业，欲尽辞极谏，至，闻太子登已数言之，而不见从；濬乃大请百寮，欲因会手刃杀壹，以身当之，为国除患。壹密闻知，称疾不行。

西陵督步骘上疏曰[②]："顾雍、陆逊、潘濬，志在竭诚，寝食不宁，念欲安国利民，建久长之计，可谓心膂股肱社稷之臣矣。宜各委任，不使他官监其所司，课其殿最。此三臣思虑不到则已，岂敢欺负所天乎！"

左将军朱据部曲应受三万缗，工王遂诈而受之。壹疑据实取，考问主者，死于杖下；据哀其无辜，厚棺敛之，壹又表据吏为据隐，故厚其殡。吴主数责问据，据无以自明，藉草待罪；数日，典军吏刘助觉，言王遂所取。吴主大感悟，曰："朱据见枉，况吏民乎！"乃穷治壹罪，赏助百万。

丞相雍至廷尉断狱，壹以囚见。雍和颜色问其辞状，临出，又谓壹曰："君意得无欲有所道乎？"壹叩头无言。时尚书郎怀叙面詈辱壹，雍责叙曰："官有正法，何至于此！"有司奏壹大辟，或以为宜加焚裂，用彰元恶。吴主以访中书令会稽阚泽，泽曰："盛明之世，不宜复有此刑。"吴主从之。

壹既伏诛，吴主使中书郎袁礼告谢诸大将，因问时事所当损益。礼还，复有诏责诸葛瑾、步骘、朱然、吕岱等曰："袁礼还云：'与子瑜、子山、义封、定公相见，并咨以时事当有所先后，各自以不掌民事，不肯便有所陈，悉推之伯言、承明。伯言、承明见礼，泣涕恳恻，辞旨辛苦，至乃怀执危怖，有不自安之心。'闻之怅然，深自刻怪！何者？夫惟圣人能无过行，明者能自见耳。人之举措，何能悉中？独当己有以伤拒众意，忽不自觉，故诸君有嫌难耳。不尔，何缘乃至于此乎？与诸君从事，自少至长，发有二色，以谓表里足以明露，公私分计足用相保，义虽君臣，恩犹骨肉，荣福喜戚，相与共之。忠不匿情，智无遗计，事统是非，诸君岂得从容而已哉！同船济水，将谁与易！齐桓有善，管子未尝不叹，有过未尝不谏，谏而不得，终谏不止。今孤自省无桓公之德，而诸君谏诤未出于口，仍执嫌难；以此言之，孤于齐桓良优，未知诸君于管子何如耳！"

冬，十一月，壬午，以司空卫臻为司徒，司隶校尉崔林为司空。

十二月，汉蒋琬出屯汉中[3]。

乙丑，帝不豫[4]。

辛巳，立郭夫人为皇后。

【注释】

①吴：吴郡，治所在今江苏苏州市。　②西陵：郡名，治所在今湖北宜昌市。　③汉中：郡名，治所在今陕西汉中市。　④不豫：天子有病的讳称。

初，太祖为魏公，以赞令刘放、参军事孙资皆为秘书郎[1]。文帝即位，更名秘书曰中书，以放为监，资为令，遂掌机密。帝即位，尤见宠任，皆加侍中、光禄大夫，封本县侯[2]。是时，帝亲览万机，数兴军旅，腹心之任，皆二人管之；每有大事，朝臣会议，常令决其是非，择而行之。中护军蒋济上疏曰："臣闻大臣太重者国危，左右太亲者身蔽，古之至戒也。往者大臣秉事，外内扇动，陛下卓然自览万机，莫不祗肃。夫大臣非不忠也，然威权在下，则众心慢上，势之常也。陛下既已察之于大臣，愿无忘之于左右，左右忠正远虑，未必贤于大臣，至于便辟取合，或能工之。今外所言，辄云‘中书’，虽使恭慎，不敢外交，但有此名，犹惑世俗。况实握事要，日在目前，傥因疲倦之间，有所割制，众臣见其能推移于事，即亦因时而向之。一有此端，私招朋援，臧否毁誉，必有所兴，功负赏罚，必有所易，直道而上者或壅，曲附左右者反达，因微而入，缘形而出，意所狎信，不复猜觉。此宜圣智所当早闻，外以经意，则形际自见；或恐朝臣畏言不合而受左右之怨，莫适以闻。臣窃亮陛下潜神默思，公听并观，若事有未尽于理而物有未周于用，将改曲易调，远与黄、唐角功，近昭武、文之绩，岂牵近习而已哉！然人君不可悉任天下之事，必当有所付；若委之一臣，自非周公旦之忠，管夷吾之公，则有弄权败官之敝。当今柱石之士虽少，至于行称一州，智效一官，忠信竭命，各奉其职，可并驱策，不使圣明之朝有专吏之名也！”帝不听。

及寝疾，深念后事，乃以武帝子燕王宇为大将军，与领军将军夏侯献、武卫将军曹爽、屯骑校尉曹肇、骁骑将军秦朗等对辅政。爽，真之子；肇，休之子也。帝少与燕王宇善，故以后事属之。

刘放、孙资久典机任，献、肇心内不平；殿中有鸡栖树，二人相谓曰：“此亦久矣，其能复几！”放、资惧有后害，阴图间之。燕王性恭良，陈诚固辞。帝引放、资入卧内，问曰：“燕王正尔为？”对曰：“燕王实自知不堪大任故耳。”帝曰：“谁可任者？”时惟曹爽独在侧，放、资因荐爽，且言：“宜召司马懿与相参。”帝曰：“爽堪其事不？”爽流汗不能对。放蹑其足，耳之曰：“臣以死奉社稷。”帝从放、资言，欲用爽、懿，既而中变，敕停前命；放、资复入见说帝，帝又从之。放曰：“宜为手诏。”帝曰：“我困笃，不能。”放即上床，执帝手强作之，遂赍出，大言曰：“有诏免燕王宇等官，不得停省中。”皆流涕而出。甲申，以曹爽为大将军。帝嫌爽才弱，复拜尚书孙礼为大将军长史以佐之。

是时，司马懿在汲[③]，帝令给使辟邪赍手诏召之[④]。先是，燕王为帝画计，以为关中事重，宜遣懿便道自轵关西还长安[⑤]，事已施行。懿斯须得二诏，前后相违，疑京师有变，乃疾驱入朝。

【注释】

①赞：县名，治所在今河南永城市。 ②本县：刘放是方城县（治所在今河北固安县）人，孙资是中都县（治所在今山西晋中市榆次区）人。③汲：县名，治所在今河南卫辉市。 ④辟邪：给使的别名。 ⑤轵关：关塞名，在今河南济源市北太行山中。

三年 春，正月，懿至，入见，帝执其手曰："吾以后事属君，君与曹爽辅少子。死乃可忍，吾忍死待君，得相见，无所复恨矣！"乃召齐、秦二王以示懿，别指齐王芳谓懿曰："此是也，君谛视之，勿误也！"又教齐王令前抱懿颈。懿顿首流涕。是日，立齐王为皇太子。帝寻殂。

帝沉毅明敏，任心而行，料简功能，屏绝浮伪。行师动众，论决大事，谋臣将相，咸服帝之大略。性特强识，虽左右小臣，官簿性行，名迹所履，及其父兄子弟，一经耳目，终不遗忘。

孙盛论曰：闻之长老，魏明帝天姿秀出，立发垂地，口吃少言，而沉毅好断。初，诸公受遗辅导，帝皆以方任处之[①]，政自己出。优礼大臣，开容善直，虽犯颜极谏，无所摧戮，其君人之量如此其伟也。然不思建德垂风，不固维城之基[②]，至使大权偏据，社稷无卫，悲夫！

太子即位，年八岁；大赦。尊皇后曰皇太后，加曹爽、司马懿侍中，假节钺[③]，都督中外诸军，录尚书事[④]。诸所兴作宫室之役，皆以遗诏罢之。

爽、懿各领兵三千人更宿殿内，爽以懿年位素高，常父事之，每事咨访，不敢专行。

初，并州刺史东平毕轨及邓飏、李胜、何晏、丁谧皆有才名[⑤]，而急于富贵，趋时附势，明帝恶其浮华，皆抑而不用。曹爽素与亲善，及辅政，骤加引擢，以为腹心。晏，进之孙；谧，斐之子也。晏等咸共推戴爽，以为重权不可委之于人。丁谧为爽画策，使爽白天子发诏，转司马懿为太傅，外以名号尊之，内欲令尚书奏事，先来由己，得制其轻重也。爽从之。二月，丁丑，以司马懿为太傅，以爽弟羲为中领军、训为武卫将军、彦为散骑常侍、侍讲，其余诸弟皆以列侯侍从，出入禁闼，贵宠莫盛焉。

爽事太傅，礼貌虽存，而诸所兴造，希复由之。爽徙吏部尚书卢毓为仆射，而以何晏代之，以邓飏、丁谧为尚书，毕轨为司隶校尉。晏等依势用事，附会者升进，违忤者罢退，内外望风，莫敢忤旨。黄门侍郎傅嘏谓爽弟羲曰："何平叔外静而内躁，铦巧好利[6]，不念务本，吾恐必先惑子兄弟，仁人将远而朝政废矣！"晏等遂与嘏不平，因微事免嘏官。又出卢毓为廷尉，毕轨又枉奏毓免官，众论多讼之，乃复以为光禄勋。孙礼亮直不挠，爽心不便，出为扬州刺史。

三月，以征东将军满宠为太尉。

夏，四月，吴督军使者羊道击辽东守将，俘人民而去。

汉蒋琬为大司马，东曹掾犍为杨戏，素性简略，琬与言论，时不应答。或谓琬曰："公与戏言而不应，其慢甚矣！"琬曰："人心不同，各如其面，面从后言[7]，古人所诫。戏欲赞吾是邪，则非其本心；欲反吾言，则显吾之非，是以默然。是戏之快也。"又督农杨敏尝毁琬曰："作事愦愦，诚不及前人。"或以白琬，主者请推治敏，琬曰："吾实不如前人，无可推也。"主者乞问其愦愦之状，琬曰："苟其不如，则事不理，事不理，则愦愦矣。"后敏坐事系狱，众人犹惧其必死，琬心无适莫[8]，敏得免重罪。

秋，七月，帝始亲临朝。

八月，大赦。

冬，十月，吴太常潘浚卒。吴主以镇南将军吕岱代浚，与陆逊共领荆州文书。岱时年已八十，体素精勤，躬亲王事，与逊同心协规，有善相让，南士

三国魏石牌

称之。

十二月，吴将廖式杀临贺太守严纲等[9]，自称平南将军，攻零陵、桂阳[10]，摇动交州诸郡[11]，众数万人。吕岱自表辄行，星夜兼路，吴主遣使追拜交州牧，及遣诸将唐咨等络绎相继，攻讨一年，破之，斩式及其支党，郡县悉平。岱复还武昌[12]。

吴都乡侯周胤将兵千人屯公安[13]，有罪，徙庐陵[14]；诸葛瑾、步骘为之请。吴主曰："昔胤年少，初无功劳，横受精兵，爵以侯将，盖念公瑾以及于胤也。而胤恃此，酗淫自恣，前后告谕，曾无悛改。孤于公瑾，义犹二君，乐胤成就，岂有已哉！迫胤罪恶，未宜便还，且欲苦之，使自知耳。以公瑾之子，而二君在中间，苟使能改，亦何患乎！"

瑜兄子偏将军峻卒，全琮请使峻子护领其兵。吴主曰："昔走曹操，拓有荆州，皆是公瑾，常不忘之。初闻峻亡，仍欲用护。闻护性行危险，用之适为作祸，故更止之。孤念公瑾，岂有已哉！"

十二月，诏复以建寅之月为正。

【注释】

①方任：担任一个方面的总长官，此指让曹休镇守淮南，曹真镇守关中，司马懿屯守宛城。 ②维城之基：维城，出自《诗经·大雅·板》，原意指联结城垣以保护国家，比喻依靠同宗族的子弟为城垣，维护帝室的巩固。 ③假节钺：把象征天子权力的符节和斧钺借给某位大臣，以示天子全权授命，此大臣可代表天子行使权力。 ④录尚书事：主管尚书省的事务，表示国家最高行政事务的权力掌握在手。 ⑤并州：州名，治所在今山西太原市。东平：县名，治所在今山东东平县。 ⑥铦（xiān先）巧：铦是锋利、锐利之义，铦巧意为精明巧妙。 ⑦面从后言：出自《尚书·益稷》："汝无面从，退有后言。"面从后言，是说当面顺从，背后却说些不同的意见。 ⑧适莫：《论语·里仁》："孔子曰：君子之于天下也，无适也，无莫也，义之与比。"无适无莫，是说无可无不可，并不固执一点。 ⑨临贺：郡名，治所在今广西贺州市八步区。 ⑩零陵：郡名，治所在今湖南永州市。桂阳：郡名，治所在今湖南郴州市。 ⑪交州：州名，治所在今广东广州市。 ⑫武昌：郡名，治所在今湖北鄂州市。 ⑬公安：县名，治所在今湖北公安县。 ⑭庐陵：郡名，治所在今江西泰和县。

邵陵厉公上[1]

正始元年 春，旱。

越嶲蛮夷数叛汉[2]，杀太守，是后太守不敢之郡，寄治安定县，去郡八百余里。汉主以巴西张嶷为越嶲太守，嶷招慰新附，诛讨强猾，蛮夷畏服，郡界悉平，复还旧治。

冬，吴饥。

二年 春，吴人将伐魏。零陵太守殷札言于吴主曰："今天弃曹氏，丧诛累见[3]，虎争之际而幼童莅事。陛下身自御戎，取乱侮亡，宜涤荆、扬之地，举强羸之数，使强者执戟，羸者转运。西命益州[4]，军于陇右，授诸葛瑾、朱然大众，直指襄阳[5]，陆逊、朱桓别征寿春[6]，大驾入淮阳[7]，历青、徐。襄阳、寿春，困于受敌，长安以西，务御蜀军，许、洛之众，势必分离，掎角并进，民必内应。将帅对向，或失便宜，一军败绩，则三军离心；便当秣马脂车，陵蹈城邑，乘胜逐北，以定华夏。若不悉军动众，循前轻举，则不足大用，易于屡退，民疲威消，时往力竭；非上策也。"吴主不能用。

夏，四月，吴全琮略淮南，决芍陂[8]，诸葛恪攻六安[9]，朱然围樊[10]，诸葛瑾攻柤中[11]。征东将军王凌、扬州刺史孙礼与全琮战于芍陂，琮败走。荆州刺史胡质以轻兵救樊，或曰："贼盛，不可迫。"质曰："樊城卑兵少，故当进军为之外援，不然，危矣。"遂勒兵临围，城中乃安。

五月，吴太子登卒。

吴兵犹在荆州，太傅懿曰："柤中民夷十万，隔在水南，流离无主，樊城被攻，历月不解，此危事也，请自讨之。"六月，太傅懿督诸军救樊；吴军闻之，夜遁，追至三州口[12]，大获而还。

闰月，吴大将军诸葛瑾卒。瑾太子恪先已封侯[13]，吴主以恪弟融袭爵，摄兵业，驻公安。

汉大司马蒋琬以诸葛亮数出秦川[14]，道险、运粮难，卒无成功，乃多作舟船，欲乘汉、沔东下[15]，袭魏兴、上庸[16]。会旧疾连动，未时得行。汉人咸以为事有不捷，还路甚难，非长策也；汉主遣尚书令费祎、中监军姜维等喻指。琬乃上言："今魏跨带九州，根蒂滋蔓，平除未易。若东西并力，首尾掎角，虽未能速得如志，且当分裂蚕食，先摧其支党。然吴期二三，连不克果。辄与费祎等议，以凉州胡塞之要，进退有资，且羌、胡乃心思汉如渴，宜以姜维为凉州刺史。若维征行，御制河右，臣当帅军为维镇继。今涪水陆四通[17]，惟急是应，若东西有虞，赴之不难，请徙屯涪。"汉主从之。

朝廷欲广田畜谷于扬、豫之间，使尚书郎汝南邓艾行陈、项以东至寿春[18]。艾以为："昔太祖破黄巾，因为屯田，积谷许都以制四方[19]。今三隅已定，事在淮南，每大军出征，运兵过半，功费巨亿。陈、蔡之间[20]，土下田良，可省许昌左右诸稻田，并水东下[21]，令淮北二万人，淮南三万人，什二分休，常有四万人且田且守；益开河渠以增溉灌，通漕运。计除众费，岁完五百万斛以为军资[22]，六、七年间，可积二千万斛于淮上，此则十万之众五年食也。以此乘吴，无不克矣。"太傅懿善之。是岁，始开广漕渠，每东南有事，大兴军众，泛舟而下，达于江、淮，资食有余而无水害。

管宁卒。宁名行高洁，人望之者，邈然若不可及，即之熙熙和易。能因事导人于善，人无不化服。及卒，天下知与不知，无不嗟叹。

三国魏砖画《耕种图》

【注释】

①邵陵厉公：即魏国的齐王曹芳，明帝去世后，他即位为帝，后被司马氏废黜，仍为齐王。晋代魏后，把他封为邵陵县公，死后谥号“厉”，故称邵陵厉公。这是站在晋的立场上标明这一称号。　②越嶲：郡名，治所在今四川西昌市。　③丧诛：表指魏文帝、明帝相继去世，诛指上天的诛罚。当时人认为帝王之死是天的诛罚。　④益州：州名，治所在今四川成都市。原为汉朝的一个州，当时为蜀汉占据，因此益州就指蜀汉。⑤襄阳：郡名，治所在今湖北襄阳市。　⑥寿春：郡名，治所在今安徽寿县。　⑦淮阳：指淮水以北地区。　⑧芍陂：古代一处水利设施，在今安徽寿县南三十公里。　⑨六安：县名，治所在今安徽六安市。　⑩樊：县名，治所在今湖北襄阳市。　⑪柤（jū 居）中：地名，在今湖北南漳县。⑫三州口：地名，在今湖北武汉市黄陂区东。　⑬太：疑“长”之误。⑭秦川：指关中地区。　⑮汉、沔：汉水、沔水，从陕西省南部流向湖北。⑯魏兴：县名，治所在今陕西安康市。上庸：县名，治所在今湖北竹山县。⑰涪：县名，治所在今四川绵阳市。　⑱陈：陈县，治所在今河南淮阳县。项：项县，治所在河南沈丘县。　⑲许都：即许昌，在今河南许昌市。⑳蔡：蔡县，治所在今河南上蔡县。　㉑并水：指汝水、颍水、涡水等河流，都向东流入淮河。　㉒斛（hú 胡）：容量单位，十斗为一斛。

三年　春，正月，汉姜维率偏军自汉中还住涪。

吴主立其子和为太子，大赦。

三月，昌邑景侯满宠卒。秋，七月，乙酉，以领军将军蒋济为太尉。

吴主遣将军聂友、校尉陆凯将兵三万击儋耳、珠崖[1]。

八月，吴主封子霸为鲁王。霸，和母弟也，宠爱崇特，与和无殊。尚书仆射是仪领鲁王傅，上疏谏曰：“臣窃以为鲁王天挺懿德，兼资文武，当今之宜，宜镇四方，为国藩辅，宣扬德美，广耀威灵，乃国家之良规，海内所瞻望。且二宫宜有降杀，以正上下之序，明教化之本。”书三、四上，吴主不听。

四年　春，正月，帝加元服。

吴诸葛恪袭六安，掩其人民而去。

夏，四月，立皇后甄氏，大赦。后，文昭皇后兄俨之孙也。

五月，朔，日有食之，既。

冬，十月，汉蒋琬自汉中还住涪，疾益甚，以汉中太守王平为前监军、镇北大将军，督汉中。

十一月，汉主以尚书令费祎为大将军、录尚书事。

吴丞相顾雍卒。

吴诸葛恪远遣谍人观相径要，欲图寿春。太傅懿将兵入舒[2]，欲以攻恪，吴主徙恪屯于柴桑[3]。

步骘、朱然各上疏于吴主曰："自蜀还者，咸言蜀欲背盟，与魏交通，多作舟船，缮治城郭；又，蒋琬守汉中，闻司马懿南向不出兵，乘虚以掎角之，反委汉中，还近成都。事已彰灼，无所复疑，宜为之备。"吴主答曰："吾待蜀不薄，聘享盟誓，无所负之，何以致此！司马懿前来入舒，旬日便退。蜀在万里，何知缓急而便出兵乎！昔魏欲入汉川，此间始严，亦未举动，会闻魏还而止；蜀宁可复以此有疑邪！人言苦不可信，朕为诸君破家保之。"

征东将军、都督扬、豫诸军事王昶上言："地有常险，守无常势。今屯宛去襄阳三百余里[4]，有急不足相赴。"遂徙屯新野[5]。

宗室曹冏上书曰："古之王者，必建同姓以明亲亲，必树异姓以明贤贤。亲亲之道专用，则其渐也微弱；贤贤之道偏任，则其敝也劫夺。先圣知其然也，故博求亲疏而并用之，故能保其社稷，历纪长久。今魏尊尊之法虽明，亲亲之道未备，或任而不重，或释而不任。臣窃惟此，寝不安席，谨撰合所闻，论其成败曰：昔夏、商、周历世数十，而秦二世而亡。何则？三代之君与天下共其民，故天下同其忧；秦王独制其民，故倾危而莫救也。秦观周之敝，以为小弱见夺，于是废五等之爵，立郡县之官，内无宗子以自毗辅，外无诸侯以为藩卫，譬犹芟刈股肱，独任胸腹，观者为之寒心，而始皇晏然自以为子孙帝王万世之业也，岂不悖哉！故汉祖奋三尺之剑，驱乌合之众，五年之中，遂成帝业。何则？伐深根者难为功，摧枯朽者易为力，理势然也。汉监秦之失，封殖子弟；及诸吕擅权，图危刘氏，而天下所以不倾动者，徒以诸侯强大，盘石胶固也。然高祖封建，地过古制，故贾谊以为欲天下之治安，莫若众建诸侯而少其力；文帝不从。至于孝景，猥用晁错之计，削黜诸侯，遂有七国之患。盖兆发高帝，衅钟文、景，由宽之过制，急之不渐故也。所谓‘末大必折，尾大难掉[⑥]’，尾同于体，犹或不从，况乎非体之尾，其可掉哉！武帝从主父之策，下推恩之令，自是以后，遂以陵夷，子孙微弱，衣食租税，不预政事。至于哀、平，王氏秉权，假周公之事而为田常之乱[⑦]，宗室王侯，或乃为之符命，颂莽恩德，岂不哀哉！由斯言之，非宗子独忠孝于惠、文之间而叛逆于哀、平之际也，徒权轻势弱，不能有定耳。赖光武皇帝挺不世之姿，擒王莽于已成，绍汉嗣于既绝，斯岂非宗子之力也！而曾不监秦之失策，袭周之旧制，至于桓、灵，阉宦用事，君孤立于上，臣弄权于下；由是天下鼎沸，奸宄并争，宗庙焚为灰烬，宫室变为榛薮。

太祖皇帝龙飞凤翔，扫除凶逆。大魏之兴，于今二十有四年矣[⑧]；观五代之存亡而不用其长策，睹前车之倾覆而不改于辙迹。子弟王空虚之地，君有不使之民；宗室窜于闾阎，不闻邦国之政；权均匹夫，势齐凡庶。内无深根不拔之固，外无盘石宗盟之助，非所以安社稷，为万世之业也。且今之州牧、郡守，古之方伯、诸侯，皆跨有千里之土，兼军武之任，或比国数人，或兄弟并据；而宗室子弟曾无一人间厕其间，与相维制，非所以强干弱枝，备万一之虞也。今之用贤，或超为名都之主，或为偏师之帅；而宗室有文者必限小县之宰，有武者必置百人之上，非所以劝进贤能、褒异宗室之礼也。语曰：‘百足之虫，至死不僵’，以其扶之者众也。此言虽小，可以譬大。是以圣王安不忘危，存不忘亡，故天下有变而无倾危之患矣。”冏冀以此论感悟曹爽，爽不能用。

【注释】

①儋耳：地名，在今海南儋州市。珠崖：地名，在今海南海口市琼山区。　②舒：县名，治所在今安徽庐江县。　③柴桑：县名，治所在今江西九江市。　④宛：县名，治所在今河南南阳市。　⑤新野：县名，治所在今河南新野县。　⑥末大必折，尾大难掉：此语出自《左传》昭公十一年。　⑦假周公之事而为田常之乱：假借施行周公的制度，而实际上像田常篡夺齐国大权一样，干篡国的勾当。王莽改制，依据《周礼》的制度，认为这是周公的制度。田常为战国时齐国的贵族，最终篡夺了齐国的大权，使姜姓齐国变为田氏的齐国。　⑧二十有四年：指魏文帝在黄

初元年(220)受汉献帝之禅让,而正式称帝,到这时已二十四年。

五年 春,正月,吴主以上大将军陆逊为丞相,其州牧、都护、领武昌事如故。

征西将军、都督雍、凉诸军事夏侯玄,大将军爽之姑子也。玄辟李胜为长史,胜及尚书邓飏欲令爽立威名于天下,劝使伐蜀;太傅懿止之,不能得。三月,爽西至长安,发卒十余万人,与玄自骆口入汉中①。

汉中守兵不满三万,诸将皆恐,欲守城不出以待涪兵。王平曰:“汉中去涪垂千里,贼若得关②,便为深祸,今宜先遣刘护军据兴势③,平为后拒;若贼分向黄金④,平帅千人下自临之,比尔间涪军亦至,此计之上也。”诸将皆疑,惟护军刘敏与平意同,遂帅所领据兴势,多张旗帜,弥亘百余里。

闰月,汉主遣大将军费祎督诸军救汉中,将行,光禄大夫来敏诣祎别,求共围棋;于时羽檄交至,人马擐甲,严驾已讫,祎与敏对戏,色无厌倦。敏曰:“向聊观试君耳;君信可人,必能辨贼者也。”

夏,四月,丙辰朔,日有食之。

大将军爽兵距兴势不得进,关中及氐、羌转输不能供,牛马骡驴多死,民夷号泣道路,涪军及费祎兵继至。参军杨伟为爽陈形势,宜急还,不然,将败。邓飏、李胜与伟争于爽前。伟曰:“飏、胜将败国家事,可斩也。”爽不悦。

太傅懿与夏侯玄书曰:“《春秋》责大德重。昔武皇帝再入汉中,几至大败,君所知也。今兴势至险,蜀已先据,若进不获战,退见邀绝,覆军必矣,将何以任其责!”玄惧,言于爽;五月,引军还。费祎进据三岭以截爽⑤,爽争险苦战,仅乃得过,失亡甚众,关中为之虚耗。

秋,八月,秦王询卒。

冬,十二月,安阳孝侯崔林卒。

是岁,汉大司马琬以病固让州职于大将军祎,汉主乃以祎为益州刺史,以侍中董允守尚书令,为祎之副。

时战国多事,公务烦猥;祎为尚书令,识悟过人,每省读文书,举目暂视，已究其意旨，其速数倍于人，终亦不忘。常以朝晡听事，其间接纳宾客，饮食嬉戏，加之博弈，每尽人之欢，事亦不废。及董允代祎，欲敩祎之所行，旬日之中，事多愆滞。允乃叹曰："人才力相远若此，非吾之所及也。"乃听事终日而犹有不暇焉。

【注释】

①骆口：即骆谷口，山口名，在今陕西周至县西南。 ②关：关城，在今陕西西乡县西二十公里。 ③兴势：地名，在今陕西洋县。 ④黄金：黄金谷，为重要关口，在今陕西洋县东南。 ⑤三岭：指沈岭、衙岭、分水岭，在骆谷口以南的终南山中。

六年 春，正月，以票骑将军赵俨为司空。

吴太子和与鲁王同宫，礼秩如一，群臣多以为言，吴主乃命分宫别僚；二子由是有隙。

卫将军全琮遣其子寄事鲁王，以书告丞相陆逊，逊报曰："子弟苟有才，不忧不用，不宜私出以要荣利；若其不佳，终为取祸。且闻二宫势敌，必有彼此，此古人之厚忌也。"寄果阿附鲁王，轻为交构。逊书与琮曰："卿不师日磾而宿留阿寄，终为足下家门致祸矣。"琮既不答逊言，更以致隙。

鲁王曲意交结当时名士。偏将军朱绩以胆力称，王自至其廨，就之坐，欲与结好；绩下地住立，辞而不当。绩，然之子也。

于是自侍御、宾客，造为二端，仇党疑贰，滋延大臣，举国中分。吴主闻之，假以精学，禁断宾客往来，督军使者羊道上疏曰："闻明诏省夺二宫备卫，抑绝宾客，使四方礼敬不复得通，远近悚然，大小失望。或谓二宫不遵典式；就如所嫌，犹且补察，密加斟酌，不使远近得容异言。臣惧积疑成谤，久将宣流，而西北二隅，去国不远，将谓二宫有不顺之愆，不审陛下何以解之！"

吴主长女鲁班适左护军全琮，少女小虎适骠骑将军朱据。全公主与太子母王夫人有隙，吴主欲立王夫人为后，公主阻之；恐太子立怨己，心不自安，数谮毁太子。吴主寝疾，遣太子祷于长沙桓王庙[①]，太子妃叔父张休居近庙，邀太子过所居。全公主使人觇视，因言"太子不在庙中，专就妃家计议"，又言"王夫人见上寝疾，有喜色”，吴主由是发怒；夫人以忧死，太子宠益衰。

鲁王之党杨竺、全寄、吴安、孙奇等共谮毁太子，吴主惑焉。陆逊上疏谏曰：“太子正统，宜有盘石之固，鲁王藩臣，当使宠秩有差，彼此得所，上下获安。”书三四上，辞情危切；又欲诣都，口陈嫡庶之义。吴主不悦。

太常顾谭，逊之甥也，亦上疏曰：“臣闻有国有家者，必明嫡庶之端，异尊卑之礼，使高下有差，等级逾邈；如此，则骨肉之恩全，觊觎之望绝。昔贾谊陈治安之计，论诸侯之势，以为势重虽亲，必有逆节之累，势轻虽疏，必有保全之祚。故淮南亲弟，不终飨国，失之于势重也；吴芮疏臣，传祚长沙，得之于势轻也。昔汉文帝使慎夫人与皇后同席，袁盎退夫人之位，帝有怒色；及盎辨上下之义，陈人彘之戒[2]，帝既悦怿，夫人亦悟。今臣所陈，非有所偏，诚欲以安太子而便鲁王也。”由是鲁王与谭有隙。

芍陂之役，谭弟承及张休皆有功；全琮子端、绪与之争功，谮承、休于吴主，吴主徙谭、承、休于交州，又追赐休死。

太子太傅吾粲请使鲁王出镇夏口[3]，出杨竺等不得令在京师，又数以消息语陆逊；鲁王与杨竺共谮之，吴主怒，收粲下狱，诛。数遣中使责问陆逊，逊愤恚而卒。其子抗为建武校尉，代领逊众，送葬东还，吴主以杨竺所白逊二十事问抗，抗事事条答，吴主意乃稍解。

夏，六月，都乡穆侯赵俨卒。

秋，七月，吴将军马茂谋杀吴主及大臣以应魏，事泄，并党与皆伏诛。

八月，以太常高柔为司空。

汉甘太后殂。

吴主遣校尉陈勋将屯田及作士三万人凿句容中道[4]，自小其至云阳西城[5]，通会市，作邸阁。

冬，十一月，汉大司马琬卒。

十二月，汉费祎至汉中，行围守[6]。

汉尚书令董允卒；以尚书吕乂为尚书令。

董允秉心公亮，献可替否，备尽忠益，汉主甚严惮之。宦人黄皓,便僻佞慧,汉主爱之。允上则正色规主,下则数责于皓;皓畏允,不敢为非,终允之世,皓位不过黄门丞。

费祎以选曹郎汝南陈祗代允为侍中,祗矜厉有威容,多技艺,挟智数,故祎以为贤,越次而用之。祗与皓相表里,皓始预政,累迁至中常侍,操弄威柄,终以覆国。自陈祗有宠,而汉主追怨董允日深,谓为自轻,由祗阿意迎合而皓浸润构间故也。

【注释】

①长沙桓王庙:孙策死后追加谥号为长沙桓王,此指孙策的宗庙,在建业朱雀桥南。 ②人彘:汉高祖宠爱戚夫人,受到吕后的嫉恨,高祖死后,吕后命人把戚夫人的手脚砍去,挖眼烽耳,吃哑药,丢进厕所,称为“人彘”,即“人猪”之意。 ③夏口:地名,在今湖北武汉市。 ④句容:县名,治所在今江苏句容市。 ⑤小其:地名,今地不详,当在句容市内。云阳:县名,治所在今江苏丹阳市。 ⑥围守:在各要塞内充实守军。

资治通鉴卷第七十五

魏纪七　起柔兆摄提格，尽玄黓涒滩，凡七年。

邵陵厉公中

正始七年　春，二月，吴车骑将军朱然寇柤中[①]，杀略数千人而去。

幽州刺史毌丘俭以高句骊王位宫数为侵叛[②]，督诸军讨之；位宫败走，俭遂屠丸都[③]，斩获首虏以千数。句骊之臣得来数谏位宫，位宫不从；得来叹曰：“立见此地将生蓬蒿。”遂不食而死。俭令诸军不坏其墓，不伐其树，得其妻子，皆放遣之。位宫单将妻子逃窜，俭引军还；未几，复击之，位宫遂奔买沟[④]。俭遣玄菟太守王颀追之[⑤]，过沃沮千有余里[⑥]，至肃慎氏南界[⑦]，刻石纪功而还，所诛纳八千余口。论功受赏，侯者百余人。

毌丘俭纪功碑

秋，九月，吴主以骠骑将军步骘为丞相，车骑将军朱然为左大司马，卫将军全琮为右大司马。分荆州为二部:以镇南将军吕岱为上大将军,督右部,自武昌以西至蒲圻[8];以威北将军诸葛恪为大将军,督左部,代陆逊镇武昌。

汉大赦。大司农河南孟光于众中责费祎曰:“夫赦者,偏枯之物[9],非明世所宜有也。衰敝穷极,必不得已,然后乃可权而行之耳。今主上仁贤,百僚称职,何有旦夕之急而数施非常之恩,以惠奸宄之恶乎!”祎但顾谢,踧踖而已[10]。

初,丞相亮时,有言公惜赦者,亮答曰:“治世以大德,不以小惠,故匡衡、吴汉不愿为赦[11]。先帝亦言:‘吾周旋陈元方、郑康成间[12],每见启告治乱之道悉矣,曾不语赦也。若刘景升、季玉父子[13],岁岁赦宥,何益于治?’”由是蜀人称亮之贤,知祎不及焉。

陈寿评曰:诸葛亮为政,军旅数兴而赦不妄下,不亦卓乎?

【注释】

①柤(jū 居)中:地名,也作沮中,在今湖北南漳县、宜城市蛮河流域一带。 ②毌(guàn 贯)丘:复姓。 ③丸都:地名,在今吉林集安市西通沟村。 ④买沟:地名,今地不详,疑在今朝鲜境内。 ⑤玄菟:郡名,治今辽宁沈阳市东(一说今辽宁抚顺市东)。 ⑥沃沮:县名,治今朝鲜咸镜南道咸兴。 ⑦肃慎氏:部落名,居住在今黑龙江宁安市一带。 ⑧蒲圻:县名,治今湖北嘉鱼县西。 ⑨偏枯:疾病名,指半身不遂。比喻办事情各方面调配照顾不均,偏于一方面,发展不平衡。费祎时常赦免罪犯,实际上使善良的人受抑制,故被指责为“偏枯之物”。 ⑩踧踖(cùjí 促集):恭敬而不安的样子。 ⑪“故匡衡”句:匡衡,西汉大臣。字稚珪,东海(治今山东郯城县)人。善说《诗》,累官至太子少傅,朝廷有政议,衡皆依经义应对。元帝时为相,封乐安侯。成帝时因事免官。反对经常大赦的奏疏见本书卷第三十八汉元帝永光三年(前 41)。吴汉,东汉初将领。字子颜,南阳宛县(今河南南阳市)人。初为亭长。新莽末,以宾客犯法,亡命渔阳,以贩马为业,广交豪桀。刘玄称帝,任安乐令。后归刘秀,屡建战功,官至大司马,封舞阳侯。反对时常大赦之言,见本书卷第四十三汉光武帝建武二十年(44)。 ⑫“吾周旋”句:陈元方,即陈纪,东汉末学者。颍川许昌(今河南许昌市东)人,遭党锢之祸,遂发愤著书数万言,号曰《陈子》,后历任平原相、侍中、大鸿胪。年七十

一,卒于官。郑康成,即东汉末著名学者郑玄。 ⑬刘景升:即刘表。季玉:刘琮的表字。

吴人不便大钱[①],乃罢之。

汉主以凉州刺史姜维为卫将军,与大将军费祎并录尚书事。汶山平康夷反[②],维讨平之。

汉主数出游观,增广声乐。太子家令巴西谯周上疏谏曰:"昔王莽之败,豪桀并起以争神器,才智之士思望所归,未必以其势之广狭,惟其德之厚薄也。于时更始、公孙述等多已广大,然莫不快情恣欲,怠于为善。世祖初入河北[③],冯异等劝之曰[④]:'当行人所不能为者。'遂务理冤狱,崇节俭,北州歌叹,声布四远。于是邓禹自南阳追之[⑤],吴汉、寇恂素未之识[⑥],举兵助之;其余望风慕德,邳肜、耿纯、刘植之徒[⑦],至于舆病赍棺,襁负而至,不可胜数;故能以弱为强而成帝业。及在洛阳,尝欲小出,铫期进谏[⑧],即时还车。及颍川盗起,寇恂请世祖身往临贼,闻言即行。故非急务,欲小出不敢;至于急务,欲自安不为;帝者之欲善也如此!故传曰:'百姓不徒附',诚以德先之也。今汉遭厄运,天下三分,雄哲之士思望之时也,臣愿陛下复行人所不能为者以副人望!且承事宗庙,所以率民尊上也;今四时之祀或有不临,而池苑之观或有仍出,臣之愚滞,私不自安。夫忧责在身者,不暇尽乐,先帝之志,堂构未成[⑨],诚非尽乐之时。愿省减乐官、后宫,凡所增造,但奉修先帝所施,下为子孙节俭之教。"汉主不听。

【注释】

①"吴人"句:在本年之前,吴国曾几次铸造大额钱币,如嘉禾五年(236)的"大泉五百"和七年(238)的"大泉当千",都只用较少的币材,实际上货币贬值,破坏了人民的经济生活,故不得不罢除。 ②平康:县名,治今四川黑水东北。 ③世祖:东汉光武帝刘秀的庙号。 ④冯异(?—34):东汉初将领。字公孙,颍川城父(今河南宝丰县东)人。好读书,通《左传》《孙子兵法》。新莽末,曾为王莽抵御农民起义军。后归刘秀,累官至偏将军。从破王郎,封应侯。后任至征西大将军,进军西北,卒于军中。 ⑤"于是"句:邓禹追随刘秀事,见本书卷第三十九汉更始

元年(23)。　⑥寇恂(？—36):东汉初将领。字子翼,上谷昌平(今北京昌平区西)人。初为郡功曹,刘秀定河内,以恂为太守,行大将军事。四出征战,功勋卓著,封雍奴侯。　⑦"其余"三句:邳彤等人归附刘秀事,并见本书卷第三十九汉更始二年(24)。　⑧铫期:东汉初将领。字次况,颍川郏县(今河南郏县)人。随刘秀击王郎、铜马、赤眉有功,拜虎牙大将军,封安成侯。后官至太中大夫、卫尉。期敢于言事,刘秀曾准备微服出行,期在车前叩拜规劝,使刘秀回舆而还。　⑨堂构:立堂基,造屋宇。语出《尚书·大诰篇》"若考作室,既底法,厥子乃弗肯堂,矧肯构"。后世因之以"肯堂肯构"比喻祖先的遗业。

八年　春,正月,吴全琮卒。

二月,日有食之。

时尚书何晏等朋附曹爽,好变改法度。太尉蒋济上疏曰:"昔大舜佐治,戒在比周[①];周公辅政,慎于其朋[②]。夫为国法度,惟命世大才,乃能张其纲维以垂于后,岂中下之吏所宜改易哉?终无益于治,适足伤民。宜使文武之臣,各守其职,率以清平,则和气祥瑞可感而致也!"

吴主诏徙武昌宫材瓦缮修建业宫。有司奏言:"武昌宫已二十八岁[③],恐不堪用,宜下所在,通更伐致。"吴主曰:"大禹以卑宫为美。今军事未已,所在赋敛,若更通伐,妨损农桑,徙武昌材瓦,自可用也。"乃徙居南宫。三月,改作太初宫,令诸将及州郡皆义作。

大将军爽用何晏、邓飏、丁谧之谋,迁太后于永宁宫,专擅朝政,多树亲党,屡改制度。太傅懿不能禁,与爽有隙。五月,懿始称疾,不与政事。

吴丞相步骘卒。

帝好亵近群小,游宴后园。秋,七月,尚书何晏上言:"自今御幸式乾殿及游豫后园[④],宜皆从大臣,询谋政事,讲论经义,为万世法。"冬,十二月,散骑常侍、谏议大夫孔乂上言:"今天下已平,陛下可绝后园习骑乘马,出必御辇乘车,天下之福,臣子之愿也。"帝皆不听。

吴主大发众集建业，扬声欲入寇，扬州刺史诸葛诞使安丰太守王基策之。基曰："今陆逊等已死，孙权年老，内无贤嗣，中无谋主。权自出则惧内衅卒起，痈疽发溃；遣将则旧将已尽，新将未信。此不过欲补绽支党，还自保护耳。"已而吴果不出。

是岁，雍、凉羌胡叛降汉，汉姜维将兵出陇右以应之，与雍州刺史郭淮、讨蜀护军夏侯霸战于洮西[5]。胡王白虎文、治无戴等率部落降维，维徙之入蜀。淮进击羌胡余党，皆平之。

【注释】

①比周：结党营私。比，勾结；周，联合。　②"慎于"句：意为警惕朋党的出现。"其朋"语出《尚书·洛诰》"孺子其朋"（这是周公告诫"孺子"周成王的话）。　③"武昌"句：吴国自汉献帝建安二十四年（219）定都武昌，至本年已二十八年。　④式乾殿：宫殿名，在皇后宫中。古代以乾为父，以坤为母，殿下取皇后为天下母、以乾为式之意。　⑤洮西：地域名，洮水以西。洮水：即今甘肃黄河支流洮河。

九年　春，二月，中书令孙资，癸巳，中书监刘放，三月，甲午，司徒卫臻各逊位，以侯就第，位特进[1]。

夏，四月，以司空高柔为司徒，光禄大夫徐邈为司空。邈叹曰："三公论道之官，无其人则缺，岂可以老病忝之哉！"遂固辞不受。

五月，汉费祎出屯汉中，自蒋琬及祎，虽身居于外，庆赏刑威，皆遥先咨断，然后乃行。祎雅性谦素，当国功名，略与琬比。

秋，九月，以车骑将军王凌为司空。

涪陵夷反[2]，汉车骑将军邓芝讨平之。

大将军爽，骄奢无度，饮食衣服，拟于乘舆；尚方珍玩，充牣其家[3]；又私取先帝才人以为伎乐[4]。作窟室，绮疏四周，数与其党何晏等纵酒其中。弟羲深以为忧，数涕泣谏止之，爽不听。爽兄弟数俱出游，司农沛国桓范谓曰："总万机，典禁兵，不宜并出，若有闭城门，谁复内入者？"爽曰："谁敢尔邪？"

初，清河、平原争界，八年不能决。冀州刺史孙礼请天府所藏烈祖封平原时图以决之[5]；爽信清河之诉，云图不可用，礼上疏自辨，辞颇刚切。爽大怒，劾礼怨望，结刑五岁。久而复为并州刺史，往见太傅懿，有忿色而无言。懿曰："卿得并州少邪[6]？恚理分界失分乎？"礼曰："何明公言之乖也！礼虽不德，岂以官位往事为意邪？本谓明公齐踪伊、吕，匡辅魏室，上报明帝之托，下建万世之勋。今社稷将危，天下凶凶，此礼之所以不悦也！"因涕泣横流。懿曰："且止，忍不可忍！"

【注释】

①特进：职官名。汉制，凡诸侯功德优盛，朝廷所敬异者，赐位特进，位在三公下。魏晋因之，皆为加官。 ②涪(fú 扶)陵：郡名，治今重庆涪陵区东北。 ③充牣(rèn 纫)：充满。 ④才人：宫中女官名，多为妃嫔的名号。曹魏时才人爵视千石以下。 ⑤烈祖：魏明帝的庙号。文帝黄初三年(222)，明帝曾被封为平原王。 ⑥"卿得"句：在曹魏各州中，冀州最大，而并州管辖区域小，又处于边境，故司马懿有此一问。

冬，河南尹李胜出为荆州刺史，过辞太傅懿。懿令两婢侍。持衣，衣落；指口言渴，婢进粥，懿不持杯而饮，粥皆流出沾胸。胜曰："众情谓明公旧风发动[1]，何意尊体乃尔！"懿使声气才属，说："年老枕疾，死在旦夕。君当屈并州，并州近胡，好为之备！恐不复相见，以子师、昭兄弟为托。"胜曰："当还忝本州[2]，非并州。"懿乃错乱其辞曰："君方到并州？"胜复曰："当忝荆州。"懿曰："年老意荒，不解君言。今还为本州，盛德壮烈，好建功勋！"胜退，告爽曰："司马公尸居余气，形神已离，不足虑矣。"他日，又向爽等垂泣曰："太傅病不可复济，令人怆然！"故爽等不复设备。

何晏闻平原管辂明于术数[3]，请与相见。十二月，丙戌，辂往诣晏，晏与之论《易》。时邓飏在坐，谓辂曰："君自谓善《易》，而语初不及《易》中辞义，何也？"辂曰："夫善《易》者不言《易》也。"晏含笑赞之曰："可谓要言不烦也！"因谓辂曰："试为作一卦，知位当至三公不？"又问："连梦见青蝇数十，来集鼻上，驱之不去，何也？"辂曰："昔元、凯辅舜[4]，周公佐周，皆以和惠谦恭，享有多福，此非卜筮所能明也。今君侯位尊势重[5]，而怀德者鲜，畏威者众，殆非小心求福之道也。又，鼻者天中之山[6]，'高而不危，所以长守贵[7]'。今青蝇臭恶,而集之,位峻者颠,轻豪者亡,不可不深思也!愿君侯裒多益寡,非礼勿履,然后三公可至,青蝇可驱也。"飏曰:"此老生之常谭。"辂曰:"夫老生者见不生[8],常谭者见不谭。"辂还邑舍,具以语其舅;舅责辂言太切至。辂曰:"与死人语,何所畏邪?"舅大怒,以辂为狂。

吴交趾、九真夷贼攻没城邑,交部骚动。吴主以衡阳督军都尉陆胤为交州刺史、安南校尉。胤入境,喻以恩信,降者五万余家,州境复清。

太傅懿阴与其子中护军师、散骑常侍昭谋诛曹爽。

【注释】

①"众情"句:曹操在世时,曾辟召司马懿,司马懿以患手足麻木之症相推辞。故李胜称其病状为"旧风"。 ②"当还"句:李胜是南阳郡(治今河南南阳市)人,南阳属荆州,故李胜称荆州为"本州"。 ③术数:用阴阳五行生克制化的道理,来推测人事吉凶,如占候、卜筮、星命等。 ④元、凯:《左传》文公十八年称高辛氏有才子八人,称为"八元";高阳氏有才子八人,称为"八凯"(也作"八恺")。后世因之称皇帝的辅佐大臣为"元凯"(元恺)。 ⑤君侯:古时称列侯为君侯,后转为对尊贵的敬称。 ⑥"鼻者"句:古代相术书籍中,把鼻子所在部位称为"天中",鼻子形状像山,故称为"天中之山"。 ⑦"高而"句:语出《孝经·诸侯章》。危,倾危。 ⑧"夫老生"句:管辂已预见邓飏等将被杀,故言"老生"将见到"不生"(死人的委婉用语)。

嘉平元年 春,正月,甲午,帝谒高平陵[1],大将军爽与弟中领军羲、武卫将军训、散骑常侍彦皆从。太傅懿以皇太后令,闭诸城门,勒兵据武库,授兵出屯洛水浮桥;召司徒高柔假节行大将军事,据爽营;太仆王观行中领军事,据羲营。因奏爽罪恶于帝曰:"臣昔从辽东还,先帝诏陛下、秦王及臣升御床[2],把臣臂,深以后事为念。臣言'太祖、高祖亦属臣以后事[3],此自陛下所见,无所忧苦。万一有不如意,臣当以死奉明诏'。今大将军爽,背弃顾命,败乱国典,内则僭拟,外则专权,破坏诸营,尽据禁兵,群官要职,皆置所亲,殿中宿卫,易以私人,根据盘互,纵恣日甚。又以黄门张当为都监[④]，伺察至尊，离间二宫[⑤]，伤害骨肉，天下汹汹，人怀危惧。陛下便为寄坐，岂得久安？此非先帝诏陛下及臣升御床之本意也。臣虽朽迈，敢忘往言？太尉臣济等皆以爽为有无君之心，兄弟不宜典兵宿卫，奏永宁宫，皇太后令敕臣如奏施行。臣辄敕主者及黄门令'罢爽、羲、训吏兵，以侯就第，不得逗留，以稽车驾；敢有稽留，便以军法从事！'臣辄力疾将兵屯洛水浮桥，伺察非常。"爽得懿奏事，不通；迫窘不知所为，留车驾宿伊水南，伐木为鹿角[⑥]，发屯田兵数千人以为卫。

懿使侍中高阳许允及尚书陈泰说爽，宜早自归罪，又使爽所信殿中校尉尹大目谓爽，唯免官而已，以洛水为誓。泰，群之子也。

初，爽以桓范乡里老宿[⑦]，于九卿中特礼之，然不甚亲也。及懿起兵，以太后令召范，欲使行中领军。范欲应命，其子止之曰："车驾在外，不如南出。"范乃出。至平昌城门[⑧]，城门已闭。门候司蕃，故范举吏也，范举手中版示之，矫曰："有诏召我，卿促开门！"蕃欲求见诏书，范呵之曰："卿非我故吏邪，何以敢尔？"乃开之。范出城，顾谓蕃曰："太傅图逆，卿从我去！"蕃徒行不能及，遂避侧。懿谓蒋济曰："智囊往矣！"济曰："范则智矣；然驽马恋栈豆[⑨]，爽必不能用也。"

【注释】

①高平陵：魏明帝的陵墓，在洛阳南九十里。 ②秦王：指曹询(231—244)。沛国谯县(今安徽亳州市)人，魏明帝养子。 ③"臣言"句：太祖，即魏武帝曹操。高祖，即魏文帝曹丕。据史书记载，曹操并没有向司马懿托付后事。 ④"又以"句：黄门，即宦官。都监，宦官总监。⑤二宫：指皇宫和永宁宫，代指皇帝和皇太后。 ⑥鹿角：古时军阵营寨前面的一种防御工事。把带枝的树木削尖，半埋入地，以阻止敌人闯入。⑦"爽以"句：桓范是沛国(治今安徽濉溪县西北)人，曹爽是谯县(治今安徽亳州市)人。谯县在汉代属沛国，曹魏时设置谯郡，则同属豫州，故曹爽视桓范为"乡里老宿"。 ⑧平昌城门：洛阳城南出西头第三门。⑨"驽马"句：驽马，劣马。全句比喻曹爽顾恋家室，缺乏深谋远虑。

范至，劝爽兄弟以天子诣许昌，发四方兵以自辅。爽疑未决，范谓羲曰："此事昭然，卿用读书何为邪？于今日卿等门户，求贫贱复可得乎？且匹夫质一人，尚欲望活；卿与天子相随，令于天下，谁敢不应也！"俱不言。范又谓羲曰："卿别营近在阙南，洛阳典农治在城外[①]，呼召如意。今诣许昌，不过中宿[②]，许昌别库，足相被假；所忧当在谷食，而大司农印章在我身。"羲兄弟默然不从，自甲夜至五鼓[③]，爽乃投刀于地曰："我亦不失作富家翁！"范哭曰："曹子丹佳人[④]，生汝兄弟，犊犊耳[⑤]！何图今日坐汝等族灭也！"

爽乃通懿奏事，白帝下诏免己官，奉帝还宫。爽兄弟归家，懿发洛阳吏卒围守之；四角作高楼，令人在楼上察视爽兄弟举动。爽挟弹到后园中，楼上便唱言："故大将军东南行！"爽愁闷不知为计。

戊戌，有司奏："黄门张当私以所择才人与爽，疑有奸。"收当付廷尉考实，辞云："爽与尚书何晏、邓飏、丁谧、司隶校尉毕轨、荆州刺史李胜等阴谋反逆，须三月中发。"于是收爽、羲、训、晏、飏、谧、轨、胜并桓范皆下狱，劾以大逆不道，与张当俱夷三族。

初，爽之出也，司马鲁芝留在府，闻有变，将营骑斫津门出赴爽[⑥]，及爽解印绶，将出，主簿杨综止之曰："公挟主握权，舍此以至东市乎[⑦]？"有司奏收芝、综治罪，太傅懿曰："彼各为其主也，宥之。"顷之，以芝为御史中丞，综为尚书郎。

鲁芝将出，呼参军辛敞欲与俱去。敞，毗之子也，其姊宪英为太常羊耽妻，敞与之谋曰："天子在外，太傅闭城门，人云将不利国家，于事可得尔乎？"宪英曰："以吾度之，太傅此举，不过以诛曹爽耳。"敞曰："然则事就乎？"宪英曰："得无殆就！爽之才非太傅之偶也。"敞曰："然则敞可以无出乎？"宪英曰："安可以不出？职守，人之大义也。凡人在难，犹或恤之；为人执鞭而弃其事[⑧]，不祥莫大焉。且为人任，为人死，亲昵之职也，从众而已。"敞遂出。事定之后，敞叹曰："吾不谋于姊，几不获于义！"

【注释】

①洛阳典农：指洛阳典故中郎将、典农校尉。二者属于屯田官员系列，地位分别相当于郡守、县令。　②中宿：次日夜晚，即两天。　③甲

夜:初更时分,即晚上七至九点。五鼓:五更时分,即凌晨三至五点。④曹子丹:即曹真,真字子丹。⑤豘(tún 屯):同“豚”。小猪。⑥津门:洛阳城南出西头第一门,也称“建城门”。⑦东市:汉代在长安东市处决判死刑的人,后世因而以东市指代刑场。⑧执鞭:持鞭驾车。因驾车属于为他人服务的性质,因之引申为做他人的部属。

先是,爽辟王沈及太山羊祜,沈劝祜应命。祜曰:“委质事人,复何容易?”沈遂行。及爽败,沈以故吏免,乃谓祜曰:“吾不忘卿前语。”祜曰:“此非始虑所及也①!”

爽从弟文叔妻夏侯令女,早寡而无子,其父文宁欲嫁之;令女刀截两耳以自誓,居常依爽。爽诛,其家上书绝昏,强迎以归,复将嫁之;令女窃入寝室,引刀自断其鼻,其家惊惋,谓之曰:“人生世间,如轻尘栖弱草耳,何至自苦乃尔?且夫家夷灭已尽,守此欲谁为哉?”令女曰:“吾闻仁者不以盛衰改节,义者不以存亡易心。曹氏前盛之时,尚欲保终,况今衰亡,何忍弃之!此禽兽不行,吾岂为乎?”司马懿闻而贤之,听使乞子字养为曹氏后。

何晏等方用事,自以为一时才杰,人莫能及。晏尝为名士品目曰②:“‘唯深也故能通天下之志③’,夏侯泰初是也④。‘唯几也故能成天下之务’,司马子元是也⑤。‘唯神也不疾而速,不行而至’,吾闻其语,未见其人。”盖欲以神况诸己也。

选部郎刘陶⑥,晔之子也,少有口辩,邓飏之徒称之以为伊、吕。陶尝谓傅玄曰:“仲尼不圣。何以知之?智者于群愚,如弄一丸于掌中;而不能得天下,何以为圣?”玄不复难,但语之曰:“天下之变无常也,今见卿穷。”及曹爽败,陶退居里舍,乃谢其言之过。

管辂之舅谓辂曰:“尔前何以知何、邓之败?”辂曰:“邓之行步,筋不束骨,脉不制肉,起立倾倚,若无手足,此为鬼躁⑦;何之视候则魂不守宅,血不华色,精爽烟浮,容若槁木,此为鬼幽⑧;二者皆非遐福之象也。”

何晏性自喜,粉白不去手⑨,行步顾影。尤好老、庄之书,与夏侯玄、荀粲及山阳王弼之徒,竞为清谈⑩,祖尚虚无,谓《六经》为圣人糟粕。由是天下士大夫争慕效之,遂成风流,不可复制焉。粲,彧之子也。

【注释】

①“此非”句：羊祜大意是说当初也没估计到曹爽会被诛杀，意在不接受神机妙算之名。 ②品目：评论人物，定其高下。所下评语都很简洁，对一个人的评语很少见到有超出三十字的。 ③“唯深”句：与以下“唯几”“唯神”等句同出于《周易·系辞》。文中将这视为“圣人之道”，故何晏引用来品题人物。 ④夏侯泰初：即夏侯玄，玄字泰初。 ⑤司马子元：即司马师，师字子元。 ⑥选部郎：职官名，即吏部郎。吏部因主持官吏选举，故称为“选部”。 ⑦鬼躁：相术用语，指筋骨轻浮软弱。⑧鬼幽：相术用语，指容貌枯槁无神。 ⑨粉白：化妆用的白色粉末。⑩清谈：辨析名理的谈论。魏晋时，崇尚老庄的风气盛行，人们竞谈玄理，并自认为清雅，故称这类谈论为“清谈”。

丙午，大赦。

丁未，以太傅懿为丞相，加九锡[①]；懿固辞不受。

初，右将军夏侯霸为曹爽所厚，以其父渊死于蜀[②]，常切齿有报仇之志，为讨蜀护军，屯于陇西，统属征西。征西将军夏侯玄，霸之从子，爽之外弟也。爽既诛，司马懿召玄诣京师，以雍州刺史郭淮代之。霸素与淮不叶，以为祸必相及，大惧，遂奔汉。汉主谓曰：“卿父自遇害于行间耳，非我先人之手刃也。”遇之甚厚。姜维问于霸曰：“司马懿既得彼政，当复有征伐之志不？”霸曰：“彼方营立家门，未遑外事。有钟士季者，其人虽少，若管朝政，吴、蜀之忧也。”士季者，钟繇之子尚书郎会也。

王弼像

三月，吴左大司马朱然卒。然长不盈七尺[③]，气候分明，内行修洁。终日钦钦，若在战场，临急胆定，过绝于人。虽世无事，每朝夕严鼓，兵在营者，咸行装就队。以此玩敌，使不知所备，故出辄有功。然寝疾增笃，吴主昼为减膳，夜为不寐，中使医药口食之物，相望于道。然每遣使表疾病消息，吴主辄召见，口自问讯，入赐酒食，出赐布帛。及卒，吴主为之哀恸。

夏，四月，乙丑，改元。

曹爽之在伊南也，昌陵景侯蒋济与之书，言太傅之旨，不过免官而已。爽诛，济进封都乡侯，上疏固辞，不许。济病其言之失，遂发病，丙子，卒。

【注释】

①九锡：古代帝王尊礼大臣的九种器物。器物名目，古代典籍中说法不一，汉末曹操被加授九锡，名目采用《礼纬》中的说法，有车马、衣服、乐则、朱户、纳陛、虎贲、弓矢、斧钺、秬鬯。后来，魏晋南北朝权臣夺取政权、建立新王朝前，都加九锡，成为例行公事。　②“以其”句：夏侯渊之死，见本书卷第六十八汉献帝建安二十四年(219)。　③“然长”句：汉魏时期，一尺约为现在23厘米，“不盈七尺”便是身高不过1.6米。

秋，汉卫将军姜维寇雍州，依麴山筑二城[①]，使牙门将句安、李歆等守之，聚羌胡质任，侵逼诸郡；征西将军郭淮与雍州刺史陈泰御之。泰曰：“麴城虽固，去蜀险远，当须运粮；羌夷患维劳役，必未肯附。今围而取之，可不血刃而拔其城；虽其有救，山道阻险，非行兵之地也。”淮乃使泰率讨蜀护军徐质、南安太守邓艾进兵围麴城，断其运道及城外流水。安等挑战，不许，将士困窘，分粮聚雪以引日月。维引兵救之，出自牛头山[②]，与泰相对。泰曰：“兵法贵在不战而屈人。今绝牛头，维无反道，则我之禽也。”敕诸军各坚垒勿与战，遣使白淮，使淮趣牛头截其还路。淮从之，进军洮水。维惧，遁走，安等孤绝，遂降。淮因西击诸羌。

邓艾曰：“贼去未远，或能复还，宜分诸军以备不虞。”于是留艾屯白水北[③]。三日，维遣其将廖化自白水南向艾结营。艾谓诸将：“维今卒还，吾军人少，法当来渡；而不作桥，此维使化持吾令

三国魏砖画《坞壁图》

不得还，维必自东袭取洮城[④]。”洮城在水北，去艾屯六十里，艾即夜潜军径到；维果来渡，而艾先至据城，得以不败。汉军遂还。

兖州刺史令狐愚，司空王凌之甥也，屯于平阿[⑤]，甥舅并典重兵，专淮南之任。凌与愚阴谋，以帝暗弱，制于强臣，闻楚王彪有智勇，欲共立之，迎都许昌。九月，愚遣其将张式至白马[⑥]，与彪相闻。凌又遣舍人劳精诣洛阳，语其子广，广曰：“凡举大事，应本人情。曹爽以骄奢失民，何平叔虚华不治[⑦]，丁、毕、桓、邓虽并有宿望，皆专竞于世。加变易朝典，政令数改，所存虽高而事不下接，民习于旧，众莫之从，故虽势倾四海，声震天下，同日斩戮，名士减半，而百姓安之，莫之或哀，失民故也。今司马懿情虽难量，事未有逆，而擢用贤能，广树胜己，修先朝之政令，副众心之所求。爽之所以为恶者，彼莫不必改，夙夜匪懈，以恤民为先，父子兄弟，并握兵要，未易亡也。”凌不从。

冬，十一月，令狐愚复遣张式诣楚王，未还，会愚病卒。

十二月，辛卯，即拜王凌为太尉[⑧]。庚子，以司隶校尉孙礼为司空。

光禄大夫徐邈卒。邈以清节著名。卢钦尝著书称邈曰：“徐公志高行洁，才博气猛，其施之也，高而不狷，洁而不介，博而守约，猛而能宽。圣人以清为难，而徐公之所易也！”或问钦：“徐公当武帝之时，人以为通；自为凉州刺史，及还京师，人以为介，何也?”钦答曰:“往者毛孝先、崔季珪用事[9],贵清素之士,于时皆变易车服以求名高[10],而徐公不改其常,故人以为通。比来天下奢靡,转相仿效,而徐公雅尚自若,不与俗同。故前日之通,乃今日之介也;是世人之无常而徐公之有常也。”钦,毓之子也。

【注释】

①麴山:山名,在今甘肃岷县东南。 ②牛头山:山名,在今甘肃岷县南。 ③白水:河流名,即今川、甘二省交界处嘉陵江支流白龙江。④洮城:城名,在今甘肃岷县东。 ⑤平阿:县名,治今安徽怀远县西南。⑥白马:县名,治今河南滑县旧县东。 ⑦何平叔:即何晏,晏字平叔。⑧即拜:前往治所任命。王凌当时治所在寿春(今安徽寿县)。 ⑨毛孝先:即毛玠,玠字孝先。崔季珪:即崔琰,琰字季珪。 ⑩“于时”句:众人变易车服求名事,见本书卷第六十五汉献帝建安十三年(208)。

二年 夏,五月,以征西将军郭淮为车骑将军。

初,会稽潘夫人有宠于吴主,生少子亮,吴主爱之。全公主既与太子和有隙[1],欲豫自结,数称亮美,以其夫之兄子尚女妻之。吴主以鲁王霸结朋党以害其兄,心亦恶之,谓侍中孙峻曰:“子弟不睦,臣下分部,将有袁氏之败[2],为天下笑。若使一人立者,安得不乱乎?”遂有废和立亮之意,然犹沉吟者历年。峻,静之曾孙也[3]。

秋,吴主遂幽太子和。骠骑将军朱据谏曰:“太子,国之本根;加以雅性仁孝,天下归心。昔晋献用骊姬而申生不存[4],汉武信江充而戾太子冤死[5],臣窃惧太子不堪其忧,虽立思子之宫[6],无所复及矣?”吴主不听。据与尚书仆射屈晃率诸将吏泥头自缚,连日诣阙请和;吴主登白爵观[7],见,甚恶之,敕据、晃等“无事匆匆”!无难督陈正、五营督陈象各上书切谏[8],据、晃亦固谏不已;吴主大怒,族诛正、象。牵据、晃入殿,据、晃犹口谏,叩头流血,辞气不挠;吴主杖之各一百,左迁据为新都郡丞,晃斥归田里,群司坐谏诛放者以十数。遂废太子和为庶人,徙故鄣[9],赐鲁王霸死。杀扬竺,流其尸于江,又诛全寄、吴安、孙奇,皆以其党霸谮和故也。初,扬竺少获声名,而陆逊谓之终败,劝竺兄穆令与之别族。及竺败，穆以数谏戒竺得免死。朱据未至官，中书令孙弘以诏书追赐死。

冬，十月，庐江太守文钦伪叛，以诱吴偏将军朱异，欲使异自将兵迎己。异知其诈，表吴主，以为钦不可迎。吴主曰："方今北土未一，钦欲归命，宜且迎之。若嫌其有谲者，但当设计网以罗之，盛重兵以防之耳。"乃遣偏将军吕据督二万人与异并力至北界⑩，钦果不降。异，桓之子；据，范之子也。

十一月，大利景侯孙礼卒。

吴主立子亮为太子。

吴主遣军十万作堂邑涂塘以淹北道⑪。

十二月，甲辰，东海定王霖卒。

征南将军王昶上言："孙权流放良臣，適庶分争，可乘衅击吴。"朝廷从之，遣新城太守南阳州泰袭巫、秭归⑫，荆州刺史王基向夷陵⑬。昶向江陵，引竹絙为桥⑭，渡水击之。吴大将施绩，夜遁入江陵，昶欲引致平地与战，乃选遣五军按大道发还，使吴望见而喜，又以所获铠马甲首环城以怒之，设伏兵以待之。绩果来追，昶与战，大破之，斩其将钟离茂、许旻。

汉姜维复寇西平，不克。

【注释】

①"全公主"句：全公主，孙权长女，其与孙和结怨事，见本书卷第七十四魏邵陵厉公正始六年（245）。　②"将有"句：袁氏，指袁绍。袁绍二子袁谭、袁尚相争，终为曹操所灭，详本书卷第六十四汉献帝建安七年（202）。　③孙静：三国时吴宗室。字幼台，孙坚之弟。随孙坚起事。孙策攻会稽，静以家兵配合，策被太守王朗拒于固陵，静为其献计，遂攻克会稽。静因依念故土，留镇会稽。孙权时迁昭义中郎将，卒于家。④"昔晋献"句：前656年，晋献公听信宠妃骊姬的谗言，逼使太子申生自杀，次子重耳、三子夷吾也被迫出奔，致使此后几十年中，晋国为争夺君主之位的斗争一直很激烈。　⑤"汉武"句：戾太子冤死事，见本书卷第二十二汉武帝征和二年（前91）。　⑥思子之宫：宫室名。戾太子因巫蛊事被迫自杀后，汉武帝知其冤，于是作思子宫，并在湖县（今河南灵宝市西北）建归来望思之台。详见本书卷第二十三汉武帝征和三年（前

90）。 ⑦白爵观：楼阁名，在建业宫中。 ⑧无难督、五营督：武官名。孙权在征战中，挑选强壮的兵士设置左右无难营（取勇往直前之意）、五营，各置督统领。 ⑨故鄣：县名，治今浙江安吉县北安城镇西北。 ⑩北界：指魏、吴分界之地，在魏庐江郡（治今安徽六安市北），于吴为北。 ⑪堂邑：县名，治今江苏南京市六合区北。涂塘：堵涂水（即今安徽、江苏境内长江北岸支流滁河）为堰塘。 ⑫巫：县名，治今重庆巫山县北。秭归：县名，治今湖北秭归县。 ⑬夷陵：县名，治今湖北宜昌市东南。 ⑭絙（gēng 耕）：粗绳索。

三年 春，正月，王基、州泰击吴兵，皆破之，降者数千口。

三月，以尚书令司马孚为司空。

夏，四月，甲申，以王昶为征南大将军。

壬辰，大赦。

太尉王凌闻吴人塞涂水，欲因此发兵，大严诸军，表求讨贼；诏报不听。凌遣将军杨弘以废立事告兖州刺史黄华，华、弘连名以白司马懿，懿将中军乘水道讨凌，先下赦赦凌罪，又为书谕凌，已而大军掩至百尺[①]。凌自知势穷，乃乘船单出迎懿，遣掾王彧谢罪，送印绶、节钺。懿军到丘头[②]，凌面缚水次，懿承诏遣主簿解其缚。

凌既蒙赦，加恃旧好，不复自疑，径乘小船欲趋懿。懿使人逆止之，住船淮中，相去十余丈。凌知见外，乃遥谓懿曰："卿直以折简召我[③]，我当敢不至邪，而乃引军来乎？"懿曰："以卿非肯逐折简者故也。"凌曰："卿负我！"懿曰："我宁负卿，不负国家！"遂遣步骑六百送凌西诣京师，凌试索棺钉以观懿意，懿命给之。五月，甲寅，凌行到项[④]，遂饮药死。

懿进至寿春，张式等皆自首。懿穷治其事，诸相连者悉夷三族。发凌、愚冢，剖棺暴尸于所近市三日，烧其印绶、章服，亲土埋之[⑤]。

初，令狐愚为白衣时，常有高志，众人谓愚必兴令狐氏。族父弘农太守邵独以为："愚性倜傥，不修德而愿大，必灭我宗。"愚闻之，心甚不平。及邵为虎贲中郎将，而愚仕进已多所更历，所在有名称。愚从容谓邵曰："先时闻大人谓愚为不继，今竟云何邪？"邵熟视而不答，私谓妻子曰："公治性度[⑥]，犹如故也。以吾观之，终当败灭，但不知我久当坐之不邪，将逮汝曹耳。"邵没后十余年而愚族灭。

愚在兖州，辟山阳单固为别驾，与治中杨康并为愚腹心。及愚卒，康应司徒辟，至洛阳，露愚阴事，愚由是败。懿至寿春，见单固，问曰："令狐反乎？"曰："无有。"杨康白事，事与固连，遂收捕固及家属皆系廷尉，考实数十，固固云无有。懿录杨康，与固对相诘，固辞穷，乃骂康曰："老佣！既负使君[⑦]，又灭我族，顾汝当活邪？"康初自冀封侯，后以辞颇参错[⑧]，亦并斩之。临刑，俱出狱，固又骂康曰："老奴！汝死自分耳。若令死者有知，汝何面目以行地下乎？"

诏以扬州刺史诸葛诞为镇东将军、都督扬州诸军事。

吴主立潘夫人为皇后，大赦，改元太元。

六月，赐楚王彪死。尽录诸王公置邺，使有司察之，不得与人交关。

【注释】

①百尺：地名，即百尺堰，在今河南沈丘县东北。　②丘头：地名，一名武丘，在今河南沈丘县东南。　③折简：古人以竹简书写，简长二尺四寸，短者一尺二寸。单执一札称为简，折简即折半之简，比喻书写随意、不庄重。　④项：县名，治今河南沈丘县。　⑤亲土：以尸体贴近土壤，即裸葬。　⑥公治：令狐愚的表字。　⑦使君：汉代时对州刺史的尊称，汉以后沿用。另外，也用以尊称奉命出使的人。　⑧"后以"句：指杨康与单固的供辞有出入之处。

秋，七月，壬戌，皇后甄氏殂[①]。

辛未，以司马孚为太尉。

八月，戊寅，舞阳宣文侯司马懿卒。诏以其子卫将军师为抚军大将军、录尚书事。

初，南匈奴自谓其先本汉室之甥[②]，因冒姓刘氏。太祖留单于呼厨泉于邺，分其众为五部，居并州境内[③]。左贤王豹，单于於扶罗之子也，为左部帅，部族最强。城阳太守邓艾上言："单于在内，羌夷失统，合散无主。今单于之尊日疏而外土之威日重，则胡虏不可不深备也。闻刘豹部有叛胡，可因叛割为二国，以分其势。去卑功显前朝[4]，而子不继业，宜加其子显号，使居雁门。离国弱寇，追录旧勋，此御边长计也。"又陈："羌胡与民同处者，宜以渐出之，使居民表，以崇廉耻之教，塞奸宄之路。"司马师皆从之。

吴立节中郎将陆抗屯柴桑[5]，诣建业治病。病差，当还，吴主涕泣与别，谓曰："吾前听用谗言，与汝父大义不笃，以此负汝；前后所问[6]，一焚灭之，莫令人见也。"

是时，吴主颇寤太子和之无罪，冬，十一月，吴主祀南郊还，得风疾，欲召和还；全公主及侍中孙峻、中书令孙弘固争之，乃止。

吴主以太子亮幼少，议所付托，孙峻荐大将军诸葛恪可付大事。吴主嫌恪刚很自用，峻曰："当今朝臣之才，无及恪者。"乃召恪于武昌。恪将行，上大将军吕岱戒之曰："世方多难，子每事必十思。"恪曰："昔季文子三思而后行[7]，夫子曰：'再思可矣[8]。'今君令恪十思，明恪之劣也！"岱无以答，时咸谓之失言。

虞喜论曰[9]：夫托以天下，至重也；以人臣行主威，至难也；兼二至而管万机，能胜之者鲜矣。吕侯，国之元耆，志度经远，甫以十思戒之，而便以示劣见拒；此元逊之疏[10]，机神不俱者也！若因十思之义，广咨当世之务，闻善速于雷动，从谏急于风移，岂得殒首殿堂，死于凶竖之刃？世人奇其英辩，造次可观，而哂吕侯无对为陋[11]，不思安危终始之虑；是乐春藻之繁华，忘秋实之甘口也。昔魏人伐蜀，蜀人御之，精严垂发，而费祎方与来敏对棋，意无厌倦。敏以为必能办贼[12]，言其明略内定，貌无忧色也。况长宁以为君子临事而惧，好谋而成[13]，蜀为蕞尔之国[14]，而方向大敌，所规所图，唯守与战，何可矜己有余，晏然无戚？斯乃祎性之宽简，不防细微，卒为降人郭循所害，岂非兆见于彼而祸成于此哉？往闻长宁之甄文伟[16]，今睹元逊之逆吕侯，二事体同，皆足以为世鉴也。

恪至建业，见吴主于卧内，受诏床下，以大将军领太子太傅，孙弘领少傅；诏有司诸事一统于恪，惟杀生大事，然后以闻。为制群官百司拜揖之仪，各有品序。又以会稽太守北海滕胤为太常。胤，吴主婿也。

十二月，以光禄勋荥阳郑冲为司空。

汉费祎还成都，望气者云："都邑无宰相位。"乃复北屯汉寿。

是岁，汉尚书令吕乂卒，以侍中陈祗守尚书令。

【注释】

①殂(cú 徂)：死亡。 ②"南匈奴"句：西汉初年，汉高祖刘邦实行和亲政策，嫁宗女给冒顿单于。匈奴人因之认为自己是汉王室之甥，冒姓刘氏。 ③"分其"二句：分割匈奴部众事，见本书卷第六十七汉献帝建安二十一年(216)。 ④"去卑"句：去卑，南匈奴右贤王，曾侍卫汉献帝东归洛阳。见本书卷第六十一汉献帝兴平二年(195)。 ⑤柴桑：县名，治今江西九江市西南。 ⑥"前后"句：责问陆逊事，详见本书卷第七十四魏邵陵厉公正始六年(245)。 ⑦季文子(？—前568)：春秋时鲁国正卿。廉俭持重，遇事三思而后行，连相宣、成、襄三君，而府无金玉，妾不衣帛，马不食粟，对鲁国政局的稳定，颇有贡献。 ⑧"再思"句：语见《论语·公冶长篇》。《论语》中作"再斯可矣"。再，二次，作副词用，省去了后面的"思"字。 ⑨虞喜：东晋学者。字仲宁，会稽余姚(今浙江余姚市)人。博学好古，尤精天文历算，不应官府辟召。首次发现岁差，观测出每五十年冬至点西退一度，为后世制订精确历法创造了条件。著《安天论》一书，驳斥浑天说、盖天说。又释《毛诗略》，注《孝经》，撰《志林》三十篇。本处所引虞喜评论，即出自《志林》。 ⑩元逊：诸葛恪的表字。 ⑪哂(shěn 审)：讥笑。 ⑫"敏以"句：来敏料定必能取胜之事，见本书卷第七十四魏邵陵厉公正始五年(244)。 ⑬"况长宁"句：长宁，人名，生平不详，下文中有"长宁之甄文伟"之语，估计长宁为蜀人。"临事而惧，好谋而成"乃孔子之语，见《论语·述而篇》，大概长宁评论费祎时曾引述过这段话。 ⑭蕞(zuì 最)尔：形容小(多指地方小)。 ⑮"卒为"句：郭循，据《三国志·张嶷传》及《诸葛恪传》，当作"郭修"。下文中"郭循"之误不另注。 ⑯甄：鉴别。

四年 春，正月，癸卯，以司马师为大将军。

吴主立故太子和为南阳王，使居长沙；仲姬子奋为齐王，居武昌；王夫人子休为琅邪王，居虎林[①]。

二月，立皇后张氏，大赦。后，故凉州刺史既之孙，东莞太守缉之女也。召缉拜光禄大夫。

吴改元神凤，大赦。

吴潘后性刚戾，吴主疾病，后使人问孙弘以吕后称制故事。左右不胜其虐，伺其昏睡，缢杀之，托言中恶，后事泄，坐死者六七人。

吴主病困，召诸葛恪、孙弘、滕胤及将军吕据、侍中孙峻入卧内，属以后事。夏，四月，吴主殂。孙弘素与诸葛恪不平，惧为恪所治，秘不发丧，欲矫诏诛恪；孙峻以告恪。恪请弘咨事，于坐中杀之。乃发丧，谥吴主曰大皇帝。太子亮即位，大赦，改元建兴。闰月，以诸葛恪为太傅，滕胤为卫将军，吕岱为大司马。恪乃命罢视听，息校官[②]，原逋责，除关税，崇恩泽，众莫不悦。恪每出入，百姓延颈思见其状。

恪不欲诸王处滨江兵马之地，乃徙齐王奋于豫章，琅邪王休于丹阳。奋不肯徙，恪为笺以遗奋曰："帝王之尊，与天同位，是以家天下，臣父兄；仇雠有善，不得不举，亲戚有恶，不得不诛，所以承天理物，先国后家，盖圣人立制，百代不易之道也。昔汉初兴，多王子弟，至于大强，辄为不轨，上则几危社稷，下则骨肉相残，其后惩戒以为大讳，自光武以来，诸王有制，惟得自娱于宫内，不得临民，干与政事，其与交通，皆有重禁，遂以全安，各保福祚，此则前世得失之验也。大行皇帝览古戒今，防牙遏萌，虑于千载，是以寝疾之日，分遣诸王各早就国，诏策勤渠，科禁严峻，其所戒敕，无所不至。诚欲上安宗庙，下全诸王，各早就国，承无凶国害家之悔也[③]。大王宜上惟太伯顺父之志[④]，中念河间献王、东海王强恭顺之节[⑤]，下存前世骄恣荒乱之王以为警戒。而闻顷至武昌以来，多违诏敕，不拘制度，擅发诸将兵治护宫室。又左右常从有罪过者，当以表闻，公付有司；而擅私杀，事不明白。中书杨融，亲受诏敕，所当恭肃，乃云'正自不听禁，当如我何'？闻此之日，小大惊怪，莫不寒心。里语曰：'明鉴所以照形，古事所以知今。'大王宜深以鲁王为戒，改易其行，战战兢兢，尽礼朝廷，如此，则无求不得。若弃忘先帝法教，怀轻慢之心，臣下宁负大王，不敢负先帝遗诏；宁为大王所怨疾，岂敢忘尊主之威而令诏敕不行于藩臣邪？向使鲁王早纳忠直之言，怀惊惧之虑，则享祚无穷，岂有灭亡之祸哉？夫良药苦口，唯病者能甘之；忠言逆耳，唯达者能受之。今者恪等偻偻[6]，欲为大王除危殆于萌牙，广福庆之基原，是以不自知言至，愿蒙三思！"王得笺，惧，遂移南昌。

【注释】

①虎林：城名，在今安徽池州市贵池区西北长江南岸。　②校官：刺探臣民言行的官员，官名为校事。　③"承无"句：本句不顺畅，检《三国志·孙奋传》，"下全诸王"句下为"使百世相承"，现《通鉴》"承"上四字为"各早就国"。而"各早就国"在上文已出现，当是涉上文而衍，而本来的四个字反倒遗漏。　④"大王"句：太伯，周太王长子。太王晚年，欲传位少子季历，太伯于是与弟弟仲雍逃到江南，以满足其父传位给季历的心意。　⑤"中念"句：河间献王，即西汉武帝之兄刘德；东海王强，即东汉明帝之兄刘强。二王侍奉二帝，极为恭顺，其事详见本书卷第十八汉武帝元光五年（前130）、第四十三卷汉光武帝建武十九年（43）。⑥偻偻（lóu 楼）：勤恳、恭谨。

初，吴大帝筑东兴堤以遏巢湖[1]，其后入寇淮南，败，以内船[2]，遂废不复治。冬，十月，太傅恪会众于东兴，更作大堤，左右结山，侠筑两城，各留千人，使将军全端守西城，都尉留略守东城，引军而还。

镇东将军诸葛诞言于大将军师曰："今因吴内侵，使文舒逼江陵[3]，仲恭向武昌[4]，以羁吴之上流；然后简精卒攻其两城，比救至，可大获也。"是时征南大将军王昶、征东将军胡遵、镇南将军毌丘俭等各献征吴之计。朝廷以三征计异[5]，诏问尚书傅嘏。嘏对曰："议者或欲泛舟径济，横行江表；或欲四道并进，攻其城垒；或欲大佃疆埸[6]，观衅而动；诚皆取贼之常计也。然自治兵以来，出入三载，非掩袭之军也。贼之为寇，几六十年矣，君臣相保，吉凶共患，又丧其元帅，上下忧危，设令列船津要，坚城据险，横行之计，其殆难捷。今边壤之守，与贼相远，贼设罗落，又特重密，间谍不行，耳目无闻。夫军无耳目，校察未详，而举大众以临巨险，此为希幸徼功，先战而后求胜，非全军之长策也。惟有进军大佃，最差完牢；可诏昶、遵等择地居险，审所错置，及令三方一时前守。夺其肥壤，使还瘠土，一也；兵出民表，寇钞不犯，二也；招怀近路，降附日至，三也；罗落远设，间构不来，四也；贼退其守，罗落必浅，佃作易立，五也；坐食积谷，士不运输，六也；衅隙时闻，讨袭速决，七也；凡此七者，军事之急务也。不据则贼擅便资，据之则利归于国，不可不察也。夫屯垒相逼，形势已交，智勇得陈，巧拙得用，策之而知得失之计，角之而知有余不足，虏之情伪，将焉所逃？夫以小敌大，则役烦力竭；以贫敌富，则敛重财匮。故曰：'敌逸能劳之，饱能饥之[7]'，此之谓也。"司马师不从。

十一月，诏王昶等三道击吴。十二月，王昶攻南郡，毌丘俭向武昌，胡遵、诸葛诞率众七万攻东兴。甲寅，吴太傅恪将兵四万，晨夜兼行，救东兴。胡遵等敕诸军作浮桥以渡，陈于堤上，分兵攻两城；城在高峻，不可卒拔。诸葛恪使冠军将军丁奉与吕据、留赞、唐咨为前部，从山西上。奉谓诸将曰："今诸军行缓，若贼据便地，则难以争锋，我请趋之。"乃辟诸军使下道，奉自率麾下三千人径进。时北风，奉举帆二日，即至东关[8]，遂据徐塘[9]。时天雪，寒，胡遵等方置酒高会。奉见其前部兵少，谓其下曰："取封侯爵赏，正在今日！"乃使兵皆解铠，去矛戟，但兜鍪刀楯[10]，倮身缘堨。魏人望见，大笑之，不即严兵。吴兵得上，便鼓噪，斫破魏前屯，吕据等继至；魏军惊扰散走，争渡浮桥，桥坏绝，自投于水，更相蹈藉。前部督韩综、乐安太守桓嘉等皆没，死者数万。综故吴叛将，数为吴害，吴大帝常切齿恨之，诸葛恪命送其首以白大帝庙。获车乘、牛马、骡驴各以千数，资器山积，振旅而归。

初，汉姜维寇西平，获中郎将郭循，汉人以为左将军。循欲刺汉主，不得亲近，每因上寿，且拜且前，为左右所遏，事辄不果。

【注释】

①东兴堤：堤名，孙权黄龙二年（230）筑，在今安徽含山县西南。巢湖：湖名，即今安徽巢湖市。　②"其后"二句：指芍陂之战失败事，见本书卷第七十四魏邵陵厉公正始二年（241）。　③文舒：王昶的表字。④仲恭：毌丘俭的表字。　⑤三征：汉代设征东、征西、征南、征北四征将

军。其后又设四镇将军,有功进号,则由镇升为征。曹魏因之。毌丘俭这时尚为镇南将军,称为“三征”,是概而言之。 ⑥佃:耕作。 ⑦“敌逸”二句:这是《孙子兵法》中的一段话,傅嘏引来做自己上述大段议论的理论依据。 ⑧东关:地名,即今安徽巢湖市东南东关。 ⑨徐塘:塘名,在东关附近。 ⑩兜鍪(móu 谋):头盔。